レポート・試験はこう書く
新・社会福祉要説
社会福祉士・精神保健福祉士・認定心理士
をめざす人のための専門科目・関連科目学習ガイド

東京福祉大学 編

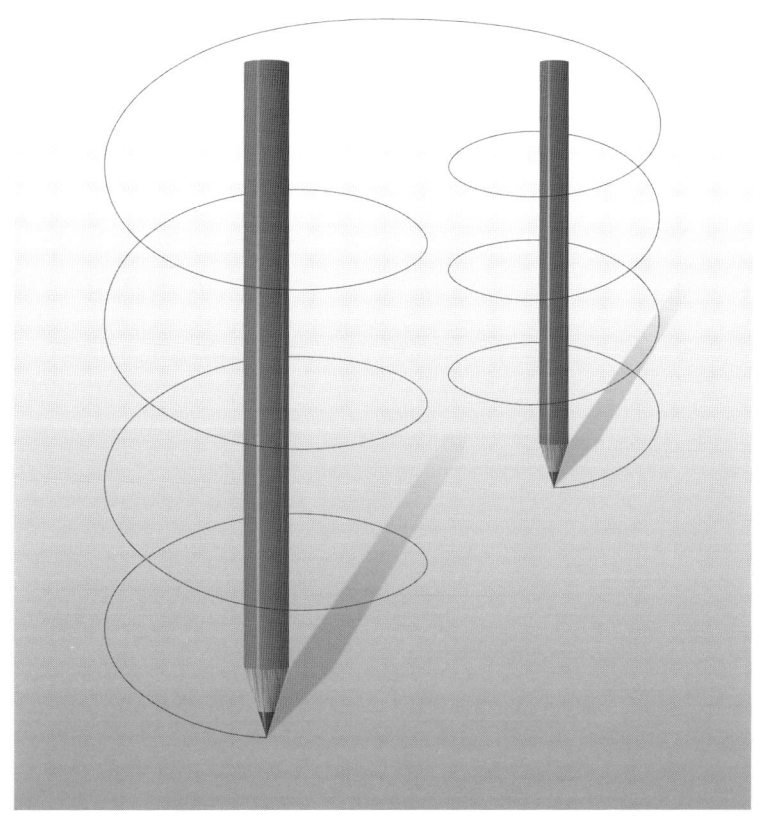

ミネルヴァ書房

編集にあたって

　この「新・社会福祉要説」は，社会福祉・精神保健や心理などのスペシャリストをめざす学生の皆さんのために，レポート作成や試験問題についての解答例を取りまとめたものです。

　学生の皆さんは，本書を参考にして，レポートの書き方，試験の解答の仕方，ポイントの押さえ方などを習得して頂ければ幸いです。

　本書の前身である「社会福祉要説」が刊行されてから約10年が経過し，これを全面的に改訂した「新・社会福祉要説」が刊行されてからも約5年が経過しました。この間，福祉や保健をめぐる社会・経済情勢は，大きく変動しています。

　この度の刊行にあたっては，新しい法律や，これまでの制度改正を取り入れるとともに，統計などの数値やデータについても，可能な限り更新したつもりです。

　しかし最近は，いわゆる政権交代もあって，新しい時代のニーズに沿った法律や制度改正が続いておりますが，本書はこうした動向を必ずしも十分反映したものとなっていないことをご理解頂きたいと思います。学生の皆さんは，めまぐるしく変動する福祉や保健の動向について，常に関心を持ち，新しい情報の収集に努めるとともに，新しいデータに基づいて，自分自身の考えをきちんと入れた，分かりやすい，より良い論文・レポートを作成するよう願っています。本書が，そのための参考書として，お役に立てれば幸いです。

　なお，2009（平成21）年度から，社会福祉士の教育カリキュラム（科目）の構成について変更がありましたが，本書では従前の科目名によっていることをご了承ください。

　本書を編集するにあたり，東京福祉大学グループの先生方には，大変お世話になりました。教員の先生方が作成された「学習参考例」のポイントを分かり易く整理し，作り直したものもあります。東京福祉大学名誉教授の小沼康夫先生には，各原稿の細かい点までチェックして頂いたことに感謝いたします。

　また本書の出版に際して，ミネルヴァ書房の担当者には，多大なご協力を頂いたことに改めて御礼申し上げます。

2010（平成22）年4月

東京福祉大学

目　次

*Aはレポート，Bは試験問題の学習参考例

編集にあたって

第1章　社会福祉原論

- 1　A　福祉国家の思想と原理について　3
- 2　B　社会福祉の対象・主体及び目的について　6
- 3　A　戦後社会福祉の展開と今日の課題について　7
- 4　A　戦後の社会福祉制度の動きについて　10
- 5　A　社会福祉士の社会的役割について　13
- 6　B　社会福祉の職業化について　16
- 7　A　民間社会福祉活動の歴史と今後の課題について　17
- 8　B　社会福祉制度と生存権について　20
- 9　A　ボランタリズムの思想と原理について　21
- 10　B　ボランタリズムの役割と使命について　24

第2章　老人福祉論

- 1　A　ライフサイクルの変化と高齢者福祉について　27
- 2　B　高齢化の進行と福祉社会の発展について　30
- 3　A　在宅福祉サービスの体系と介護保険制度について　31
- 4　A　介護保険制度について　34
- 5　B　在宅福祉サービスをめぐる今日的課題について　37
- 6　B　在宅福祉サービスの概念と実施主体について　38
- 7　B　老人ホームをめぐる今日的課題について　39
- 8　B　住民参加型の在宅福祉サービスについて　40
- 9　B　民間シルバーサービスの現状と今後の展望について　41
- 10　B　高齢者福祉と保健・医療の連携について　42

第3章　障害者福祉論

1　A　障害者福祉施策の概要について　45
2　A　障害者雇用の現状と課題について　48
3　A　障害者福祉の基本理念について　51
4　B　障害の概念について　54
5　B　ノーマライゼーションの理念について　55
6　B　障害者福祉の法体系とサービス内容について　56
7　B　障害者福祉における民間活動について　57

第4章　児童福祉論

1　A　児童福祉法の内容と児童福祉の発展について　61
2　A　「少子化」の要因と児童に及ぼす影響について　64
3　A　「児童の権利条約」制定の背景と意義について　67
4　B　児童福祉の理念と児童の権利について　70
5　B　児童福祉の法体系と実施体制について　71
6　A　児童福祉機関と児童福祉施設について　72
7　B　「児童福祉法」改正の動向について　75
8　B　児童虐待について　76
9　A　児童相談活動について　77
10　B　子育て支援策について　80
11　B　児童福祉施設について　81

第5章　社会保障論

1　A　社会保障の役割と機能について　85
2　A　医療保障制度の概要について　88
3　B　社会手当について　91
4　B　年金制度の現状と問題点について　92
5　B　社会保険制度について　93

| 6 | B | 雇用保険制度について　94 |

第6章　公的扶助論

1	B	生活保護法の基本原理について　97
2	A	生活保護の種類と内容について　98
3	B	生活保護の実施体制について　101
4	B	被保護者の権利義務について　102
5	B	生活保護の四原則について　103
6	A	保護の補足性について　104
7	A	生活保護の行政不服審査制度について　107

第7章　地域福祉論

1	A	地域福祉の機能的・構造的アプローチについて　113
2	B	地域社会の崩壊と変化について　116
3	B	地域福祉の概念の変遷について　117
4	B	地域福祉実践における公私分担のあり方について　118
5	B	ケアマネジメントの技術について　119
6	A	社会福祉協議会の地域組織活動について　120
7	B	社会福祉協議会の組織と機能について　123
8	B	在宅福祉サービスの基盤整備について　124
9	B	地域福祉活動における住民参加の意義について　125
10	A	在宅介護支援センターと在宅介護サービスについて　126

第8章　社会福祉援助技術総論

1	A	社会福祉援助活動の意義と社会的機能について　131
2	B	社会福祉援助活動における倫理について　134
3	A	社会福祉援助の技術と援助過程について　135
4	A	社会福祉援助活動の専門性について　138
5	A	社会福祉援助技術の実践方法について　141

6	A	社会福祉援助技術の歴史的展開について 144
7	B	ソーシャル・サポート・ネットワークについて 147
8	B	社会福祉援助技術の独自な社会的機能について 148
9	A	社会福祉援助活動の援助組織と対象分野について 149

第9章　社会福祉援助技術各論

1	B	直接援助技術の展開過程について 155
2	B	直接援助技術の性格と内容について 156
3	A	間接援助技術の必要性と問題点について 157
4	B	間接援助技術の領域について 160
5	A	個別援助技術（ケースワーク）の展開過程について 161
6	B	個別援助技術の理論と内容について 164
7	A	集団援助技術（グループワーク）の展開過程について 165
8	B	集団援助技術の理論と内容について 168
9	A	地域援助技術（コミュニティワーク）の特質と問題点について 169
10	B	地域援助技術の基本的性格について 172
11	B	地域の組織化と福祉の組織化について 173
12	A	地域福祉計画の必要性と実践方法について 174
13	B	地域福祉計画の策定過程について 177
14	A	統計調査と事例調査の相違について 178
15	B	標本調査の種類と方法について 181
16	B	社会調査法について 182

第10章　医学一般

1	A	生活習慣病について 185
2	A	難病対策について 188
3	B	リハビリテーション医療の概念について 191
4	A	先天性障害について 192
5	B	認知症について 194

第11章　介護概論

1　B　介護の意義と福祉専門職の資質について　197
2　A　高齢者が求める福祉専門職者について　198
3　B　介護の意義について　201
4　A　介護サービスの機能と責任について　202
5　B　介護活動の留意点について　205
6　B　日常生活を支える介護の基本技術について　206
7　B　介護のためのチームワークの重要性について　207
8　B　認知症高齢者の介護について　208

第12章　家族福祉論

1　A　家族福祉の概念について　211
2　A　介護の社会化と介護保険制度について　214
3　B　わが国における家族の変容について　217
4　B　家族の変化について　218
5　B　家族福祉の実践的課題について　219
6　B　家族福祉の援助対象としての家族について　220
7　B　家族の生活周期と家族福祉ニーズについて　221
8　B　家族の福祉機能について　222
9　B　家族間の紛争について　223

第13章　司法福祉論

1　A　犯罪者処遇の権力作用と刑罰や矯正教育の功罪について　227
2　A　犯罪者等への援助活動と援助専門職とボランティアの役割について　230
3　B　犯罪者及び非行者に対する援助について　233
4　B　人格的，社会的に未成熟な犯罪者・非行者に対する援助について　234
5　B　犯罪者・非行者への矯正的援助について　235
6　B　犯罪者・非行者に対する公的機関と地域社会の役割と機能について　236

| 7 | B | 更生保護の実態について　237 |

第14章　教育福祉論

1	A	今日の子どもの教育問題と教育福祉の役割について　241
2	A	教育福祉の視点からみた今日の教育問題について　244
3	A	教育福祉の概念と教育福祉の役割について　247
4	B	日本における教育制度の現状について　250
5	B	教職の専門性について　251
6	A	いじめの問題について――教育福祉の立場から　252
7	B	子どもの教育権・福祉権について　255

第15章　養護原理

1	A	児童養護の意義と基本原理について　259
2	B	児童養護の基本原理と具体的展開について　262
3	A	児童福祉施設の社会化について　263
4	B	施設養護における援助技術の意義と方法について　266
5	B	施設養護の実際について　267
6	B	施設養護に携わる職員の資質について　268
7	B	施設養護におけるチームワークについて　269

第16章　社会心理学

1	A	都市化と人間について　273
2	B	社会的相互作用と社会心理学の関連性について　276
3	A	スメルサーの集合行動論について　277
4	B	ル・ボンの群衆心理の特徴について　280
5	B	エリクソンの発達理論について　281
6	B	フェスティンガーの認知的不協和理論について　282
7	B	アニミズムとシャーマニズムについて　283

第17章　社会病理

1　A　「高学歴化社会」の社会病理について　287
2　A　「高齢化」に伴う社会病理について　290
3　B　「成熟社会」が抱える病理現象について　293
4　B　「学校化社会」について　294
5　B　「働きすぎ社会」の病理現象について　295
6　B　「資格化」の進展に伴う病理現象について　296
7　B　国際化と環境問題について　297

第18章　ボランティア論

1　A　ボランティア活動の自発性とNPOについて　301
2　B　ボランティア活動の基本的理念について　304
3　B　障害者とボランティアの関係について　305
4　B　高齢者とボランティアの関係について　306
5　B　ボランティアと行政の関係について　307
6　B　施設職員とボランティアの関係について　308
7　B　ボランティア活動における人権の視点について　309

第19章　精神医学

1　A　精神医療の歴史及び精神医学の概念について　313
2　A　精神療法及び環境・社会療法について　316
3　B　統合失調症について　319
4　B　気分（感情）障害について　320
5　B　心身症と神経症について　321
6　B　てんかんについて　322
7　B　地域精神医療について　323

第20章　精神保健福祉論

1　A　障害者福祉の理念と意義について　327
2　A　精神保健福祉施策の現状と課題について　330
3　A　精神保健福祉法の歴史的経緯について　333
4　B　障害者福祉の理念について　336
5　B　精神障害者の人権について　337
6　B　精神保健福祉士について　338
7　B　精神保健福祉法について　339
8　B　精神保健福祉施策の概要について　340
9　A　精神保健福祉施策の概要について　341

第21章　精神保健学

1　A　ライフサイクルにおける精神保健について　347
2　A　職場における精神保健活動の実際について　350
3　B　認知症高齢者対策について　353
4　B　アルコール関連問題について　354
5　B　統合失調症について　355
6　B　思春期精神保健対策について　356
7　B　精神保健施策の課題について　357

第22章　精神科リハビリテーション学

1　A　精神科リハビリテーションの概念について　361
2　A　精神科リハビリテーションの構成について　364
3　B　病院リハビリテーションについて　367
4　B　地域リハビリテーションについて　368
5　B　職業リハビリテーションについて　369
6　B　社会生活技能訓練について　370
7　B　デイケア及びナイトケアについて　371

第23章　精神保健福祉援助技術各論

1　A　精神障害者を対象とした集団援助技術について　375
2　A　精神障害者のケアマネジメントについて　378
3　B　SST（社会生活技能訓練）について　381
4　B　集団援助技術の過程について　382
5　B　セルフヘルプ・グループと精神保健福祉士の役割について　383
6　B　グループワーカーとしての精神保健福祉士の役割について　384
7　B　ケアマネジメントのプロセスについて　385

第24章　精神保健福祉援助演習

1　A　精神科デイケア通所者の事例について　389
2　B　個別援助技術の実践と展開について　392
3　B　集団援助技術の実践と展開について　393
4　B　地域援助技術の実践と展開について　394
5　B　地域ケア活動におけるチームアプローチによる援助について　395
6　B　地域ケア活動におけるケアマネジメントによる援助について　396

第25章　国際福祉研究

1　A　日米の老人ホームの特色と高齢者福祉施設の課題について　399
2　A　アメリカにおける医療制度とわが国の医療制度改革について　402
3　B　高齢者の心と健康の特色について　405
4　B　ソーシャルワーカー等の専門職の社会的地位の向上について　406
5　B　アメリカにおけるソーシャルワーカーの実践方法について　407
6　B　高齢者の自立とリハビリテーションの意義について　408
7　B　福祉を学ぶ人に求められる適性について　409

第26章　社会福祉政策論

1　A　産業革命期の労働問題と労働運動及び社会政策について　413

2	A	「社会福祉計画」策定の意義と課題について 416
3	B	イギリス救貧法解体から社会保険の成立までの過程について 419
4	B	賃労働と社会政策の関係について 420
5	B	地方自治体の「福祉計画」について 421
6	B	モニタリングについて 422
7	B	民間機関の「福祉計画」について 423

第27章　社会福祉法制

1	A	日本国憲法における生存権の保障について 427
2	B	社会福祉の法体系について 430
3	B	社会福祉法人の設立目的と規制について 431
4	B	社会福祉事業の区分について 432
5	A	児童福祉行政の概要について 433
6	A	生活保護行政の概要について 436
7	A	生活保護法における親族扶養優先の原則について 439

第28章　社会福祉史

1	A	帝国主義形成期の感化救済事業について 445
2	A	太平洋戦争と戦時厚生事業の特質について 448
3	A	昭和の大恐慌期に成立した救護法について 451
4	B	戦時中の児童愛護政策について 454
5	B	救済施設設立の社会的背景について 455
6	B	大正期における社会事業について 456
7	B	昭和期の戦時下における厚生事業について 457

第29章　国際社会と日本

1	A	日本の国際協力（国際貢献）のあり方について 461
2	A	今後求められる日米関係について 464
3	B	日本の経済援助について 467

4	B	今日の世界における紛争について	468
5	B	安全保障システムの変容について	469
6	B	地球環境問題への取り組みについて	470

第30章　社会学

1	A	社会変動の要因について	473
2	B	家族の構造と機能について	476
3	B	社会学成立の時代的背景について	477
4	B	「近代化」「産業化」「都市化」について	478
5	B	ウェーバーの理解社会学と行為論について	480
6	B	「メディア」とは何か，またその「変化」について	481
7	B	社会学における行為について	482

第31章　法　学

1	A	憲法の定める自由権について	485
2	B	環境権について	488
3	B	民法上の財産権について	489
4	B	近代憲法と現代憲法の特徴について	490
5	B	法の下の平等について	491
6	B	公務員の政治活動の制限について	492
7	B	不合理な差別の禁止について	493

第32章　心理学

1	A	人格形成に及ぼす環境要因とその役割について	497
2	A	発達の概念と理論及び諸問題について	500
3	B	発達のメカニズムについて	504
4	B	発達障害について	505
5	B	心理測定と診断について	506
6	B	心理療法と行動療法について	507

7	A	人格の諸理論について　508
8	A	人間の環境認知の特質について　511
9	A	心理学における環境の意味について　514

第33章　心理学研究法

1	A	面接法と質問紙調査法について　519
2	A	観察法と実験法について　522
3	B	「研究とは何か」について　525
4	B	データ収集と情報源について　526
5	B	サンプリングについて　527
6	B	人間科学における研究倫理について　528
7	B	実験論文の構成について　529

第34章　心理学基礎実験

1	A	心理学実験法の実験テーマと方法について　533
2	A	日常生活や社会問題に貢献する実験心理学研究について　536
3	B	グループ比較デザインと事例研究について　539
4	B	実験の利点と欠点について　540
5	B	感覚・知覚の特性と形やパターンの知覚について　541
6	B	記憶における符号化と検索について　543
7	B	外発的動機と内発的動機づけについて　544

第35章　カウンセリング演習

1	A	カウンセリングの歴史と課題・カウンセラーの資質について　547
2	A	現代人の生活とカウンセリングのあり方について　550
3	B	パーソナリティの成長論について　553
4	B	クライエント中心のカウンセリングについて　554
5	B	行動カウンセリングについて　555
6	B	精神分析的カウンセリングについて　556

7	B	交流分析について	557

第36章　児童心理学

1	A	家庭と地域社会における保育のあり方について	561
2	A	乳幼児の心理について	564
3	B	発達における個人差について	567
4	B	発達の理解の方法について	568
5	B	愛着の形成について	569
6	B	情緒の発達について	570
7	B	子どもの「社会化」について	571

第37章　障害児・者の心理

1	A	障害児・者に共通する心理問題について	575
2	B	障害児・者の学習困難の実態と原因について	578
3	B	障害児の親の心理について	579
4	B	知的障害児・者の心理的指導について	580
5	B	病虚弱児・者について	581
6	B	聴覚障害と社会生活上の問題について	582

第38章　政治学

1	A	現代社会における議会制民主主義について	585
2	B	現代民主主義における政治参加について	588
3	B	議員内閣制と大統領制について	589
4	B	国内政治と国際政治の相違について	590
5	B	大選挙区制と小選挙区制の長所と短所について	591
6	B	現代の民族問題について	592

第39章　経済学

1	A	インフレーションとスタグフレーションについて	595

2	A	公共料金の合理的決定の仕組みについて 598
3	B	福祉充実のための基礎的な社会政策について 601
4	B	国内総生産（GDP）の概念について 602
5	B	経済の目標と目標達成の仕組みについて 603
6	B	「産業構造とは何か」について 604
7	B	国際貿易と海外投資について 605

第40章　哲　学

1	A	プラトンの思想における二世界性について 609
2	B	認識の起源に関するデカルトとロックの説について 612
3	B	中世哲学における普遍論争について 613
4	B	キュルケゴールの実存思想について 614
5	A	ニーチェの自己認識について 615
6	B	エピクロス派とストア派の特色について 618
7	B	プラトンとアリストテレスのイデア論について 619
8	B	ヘーゲルの弁証法について 620

第41章　倫理学

1	A	古代ギリシアの哲学者について 623
2	A	幸福と理性の関係について 626
3	B	プラトンの「愛の説」について 628
4	B	アリストテレスの「存在論」について 630

第42章　死生論

1	A	死の受容，看取る側の死生観を踏まえ，末期医療がどうあるべきか 633
2	A	高齢者の死とその援助について 636
3	B	末期ケアの理念について 639
4	B	末期患者の家族のケアについて 640
5	B	末期がん患者の精神的問題への対処について 641

| 6 | B | インフォームド・コンセントについて 642 |
| 7 | B | ホスピスの役割について 643 |

第43章　性と役割

1	A	性差別と性の役割について 647
2	B	社会学におけるジェンダーについて 650
3	B	フェミニズム運動について 651
4	B	女性の労働について 652
5	B	アイデンティティとジェンダーについて 653
6	B	男らしさ，女らしさについて 654
7	B	近代家族と性役割について 655
8	A	家事労働の性別による役割分担について 656
9	B	ジェンダーの概念での現代社会の諸事象の理解について 659
10	B	セクシュアリティについて 660

第44章　生物学

1	B	染色体と遺伝子について 663
2	B	細胞内器官の核について 664
3	B	ホメオスタシスにおける神経とホルモンの関係について 665
4	B	卵発生とその機構について 666
5	A	生態系における有機物の合成と重要性について 667
6	A	炭酸同化作用と自然界に果たす役割について 670
7	A	細胞の原形質について 673

第45章　健康・スポーツ

1	A	わが国における健康観の変遷について 679
2	A	運動不足と生活習慣病について 682
3	A	身体機能の仕組みと人生を送るための身体運動について 685
4	B	人生とスポーツ活動との関わりについて 688

5	B	栄養素と運動エネルギーとの結びつきについて　690
6	B	酸素摂取と酸素負債について　691
7	B	運動時における呼吸・心拍・血圧の数値について　692
8	B	レジスタンス・トレーニングについて　693
9	B	有酸素運動について　694
10	B	ストレッチングについて　695

社会福祉士「指定科目」（教育カリキュラム）新旧対照表……………………696
参考文献 ………………………………………………………………………………697

東京福祉大学の著作権法遵守に関する学生指導方針

　本学では，学生が他の研究者の研究成果や論文を引用するにあたっては，著作権上の問題が発生しないよう，さまざまな機会を通じて全学的にその指導を徹底するものとする。大学の紀要，学術雑誌等に掲載する論文は無論のこと，演習における口頭発表等についても，他者の論文の研究内容と学生自身の考えとを明確に区分するよう，徹底する。

　具体的には，課題研究担当の教員が，資料の収集方法，検索方法，利用方法等について教室内だけでなく，図書館において実地に学生に指導する授業を行う。また，他者の研究成果を引用する際のルールについては，研究者としての基本的常識として指導を徹底する。具体的には，レポート等では，文中にどこからどこまでが他者の研究成果からの引用文であるかを明示し，注に引用書の著者名，書名（雑誌名・論文名），発行所，発行年を明記。正規の論文にあっては，上記事項に加えて，引用箇所のページ数，行数も含めて明記するよう，学生に指導する。これらのことは，授業において指導するのみならず，図書館等に掲示し，通信教育課程学生に配布する本学機関紙（「東京福祉大学通信」）においても取り上げることとする。

第1章
社会福祉原論

社会福祉原論

　社会福祉原論には，社会福祉の学習を進めるに当たっての基礎的な事項が網羅されており，社会福祉の原理はもとより，現代社会における基本的知識及び技術習得のための理論，さらには歴史，思想と幅広い内容が特徴である。そのため福祉専門職をめざす者にとっては入門的存在であるにもかかわらず，その内容の深さゆえに，繰り返しの学習が要求されるものでもある。

　なお，社会福祉原論は，社会福祉士養成課程のカリキュラム（指定科目）の改正により「現代社会と福祉」「福祉行財政と福祉計画」「福祉サービス組織と経営」に分割されることになった。

　これらの科目のうち「現代社会と福祉」の教育内容について例示すると，次のとおりである。

① 現代社会における福祉制度の意義や理念，福祉政策との関係について理解させる。
② 福祉の原理をめぐる理論と哲学について理解する。
③ 福祉政策におけるニーズと資源について理解する。
④ 福祉政策の課題について理解する。
⑤ 福祉政策の構成要素（政府，市場，家族，個人の役割を含む）について理解する。
⑥ 福祉政策と関連施策（教育政策，住宅施策，労働施策を含む）の関係について理解する。
⑦ 相談援助活動と福祉政策との関係について理解する。

　まさにこの科目は社会福祉の総大系であり，学習の難しさが理解できることと思う。また，法改正及び新たなる施策や制度の充実に従って，社会福祉の歴史が豊かになっていくと同時に，高齢社会を迎えての多様な課題をいかに解決していくかというテーマを常に抱き，模索しながら将来を見据えていかなければならない科目である。

　ここでは，社会福祉を学習していく上での理解の基盤となる基礎的内容を中心にまとめているが，過去の歴史から，現代の社会福祉，さらには新しい福祉理念に至るまで，幅広い内容となっている。ただし社会福祉の概念は諸説あることを念頭においた上で読みすすめる必要もある。社会福祉をどのように考えていくかは，むしろわれわれ一人ひとりが答えを見つけていくべきものであると考えるからである。

●社会福祉原論レポート学習参考例●

1-1 福祉国家の思想と原理について

　第二次世界大戦中のイギリスにおいて，戦時下の国民生活の一般的困窮状況の中で，個々人の努力ではどうすることもできない一般的生活水準の維持向上と，すべての国民にできる限りの快適な生活を保障するために，1942年，いわゆるベヴァリッジ報告書が提出された。「社会保険および関連する諸サービス」というこの報告書は，イギリス政府によって戦後の社会保障・社会福祉に関する国家的基本設計図として取り上げられた。これが世に言う「ゆりかごから墓場まで」，すべての国民の幸福を保障しようとする国家的福祉計画具体化の始まりであり，これによってイギリスは世界最初の福祉国家と呼ばれることになったのである。

　この福祉国家の政策的中身は，社会保険を中核に，それに公的扶助を補足的に組み合わせて，国民一般の「窮乏」からの解放を実現し，さらに，すべての国民の快適な生活を保障するための直接個々人にかかわる政策や制度としての「社会福祉諸サービス」を有機的に統合することによって，社会保障制度と社会福祉サービスを一体化した形で具体化し実施しようとするものであった。

　ベヴァリッジは，この福祉国家体制の中核をなす社会保険・公的扶助・社会福祉サービスの指導理念として，それらがそれぞれ「国家による広範な社会政策の一環」として相互連携的に運用されるべきことを強調した上で，「窮乏」をはじめとして，「怠惰（失業）」「疾病」「無知」「不潔（非人間的住居・環境）」を人間社会を脅かす「五巨人悪」であるとし，これに対する総合的な社会政策の取り組みが必要であり，所得保障としての社会保障制度は，その有機的な一環として行われることによって，福祉国家の機能の有効性が保障されるのであると主張した。

　福祉国家とは，国民全体の福祉向上のために国家が法律を作り，「金持ち」に税金をかける制度を定め，その税金で得たお金を貧しい生活困窮者に再分配し，生活に困った人々を助けるなど社会的弱者層の人々の生存の権利を守るため，福祉政策に積極的な役割を果たしているような国家である。福祉国家は第二次世界大戦後の新しい型の社会体制であって，身寄りのない高齢者や，障害者，親のいない貧しい子どもなど，働いてもほとんど生活費をかせげない人々の生活を保護するなどして，資本主義社会の欠陥を是正するために，政府が積極的に市場経済に介入し，国

民全体の福祉向上を国家に義務づけた。この目的は，国民所得の再配分をすること（つまり金持ちに税金をかけ，高額所得者から所得税として資金を集め，これを財源として低所得者に再配分すること）で貧しい人々の所得を保障し，それにより国民の健康で文化的な最低限度の生活を維持させることであった。

このように，所得保障を基礎に貧しい人々を無差別平等に救う政策，すなわち救貧及び防貧対策を総称して社会保障と呼んだ。福祉国家の政策目標は，貧困の解消，生活の安定，所得の平等化と，生活費を得るための就労や，より良い収入を得るために良い教育を受けたり，また技術を身につけるための機会の平等など，自立助長に対する国家責任の原理を定めている。

社会保険は，保険の仕組みを利用して，社会的に定型化された長期的な貧困事故（障害，老齢，死亡）と，短期的な貧困事故（傷病，出産，失業，業務災害）を予想して，あらかじめ普段の元気な時から拠出（保険料・掛金納付）し，つまり自分で保険料を支払い，毎日の生活のなかで万が一これらの事故にあっても，保険金（労災保険・雇用保険・健康保険等）や年金を受給して，生活水準が急激に低下すること（貧困）を予防する（防貧機能）とともに，権利として保険金や年金が支給される（普遍主義）仕組みである。

この社会保険が私保険と異なる点のひとつは，営利を目的としていない保険であり，保険者は，国または地方公共団体，及びそれに準ずる公的団体である。その費用負担は加入者以外に，事業主負担の保険料と国庫負担とがある。加入者の保険料負担は所得に対応して多かったり少なかったりもするが，保険料拠出と給付の関係は所得の再配分の目的のため，保険料と給付額は必ずしも正比例しない。社会保険は，社会的に組織され，かつ誰もが保険料を支払わなければならない強制加入保険の性格をもつ。

公的扶助は，結果として貧困に陥った者の最低生活を無償で国家が救済する制度であり，事後的な救貧的機能をもっている。また，公的扶助は社会保険の定型化された事故ではカバーしきれない貧困者を対象とするとともに，社会保険が将来の事故に備えて自分で保険料を支払うのを条件としているのに対し，公的扶助は国が税金でまかない，貧困者自身が保険料を全く支払っていなくても，貧困であることの証明であるミーンズテスト（資力調査）によって選別されて生活費等の給付が行われるもの（選別主義）である。

福祉国家では，社会保障の対象たる国民を貧困階層，低所得階層，一般階層に分け，それぞれの階層に対する施策を明らかにしている。貧困階層（その生活程度が最低生活水準以下である階層）に対する施策は，主として「公的扶助」である。低所得階層（最低生活水準以下ではないが，その生活程度

においてこれと大差のない，いわゆるボーダーライン層と，老齢・病気・失業等の理由でいつ貧困階層に落ちるかわからない不安定層を含む）に対する施策が「社会福祉」である。一般階層（これら二つの階層に属さないそれ以上の階層）に対する施策が「社会保険」であり，すべての階層に共通する施策が「公衆衛生・医療」である。国民が生活を維持できないような状態にならないように，国が法律をつくりお金持ちの富裕層や生活に余裕のある給与所得者層（中流サラリーマン）からも税金をとり，それを貧困層に再配分して，国民全体を守る福祉政策を実施するのが福祉国家である。しかし，現在でも発展途上国の中には国民全体の文化的な最低生活を守る法律が整備されておらず，かつての日本と同様に，地域社会の生活共同体である隣同士や親戚同士による助け合いか，教会やお寺が慈善活動としてほどこすなどの福祉をしているだけの国もある。

　なお，国により福祉における法律の形態は異なっている。北欧（スウェーデンなど）やイギリスは，租税中心で全住民対象，平等志向であり，日本・ドイツ・フランスは，社会保険中心で職域（被雇用者）を基本とする所得比例的な給付等が中心となっている。またアメリカは，最低限の国家介入が行われ，自己決定・自己責任による自立自助や，民間保険中心で，州政府が運営するメディケイド（公的扶助）と，ボランティア活動による部分が多く，富裕層による貧困層のための福祉と医療のための税金負担が少ない。

　福祉国家体制における社会福祉事業は，このようないわゆる貧困層のニーズに対応する過去の地域社会における慈悲やお恵みから脱却して，さまざまな援助を必要とするすべての市民のニーズに対応して，開かれたサービスを受ける権利として発展していったのである。このように，国民のすべてに対し，社会保障・社会保険の制度を確立し，また国の行政を中心とした社会福祉サービスの統一的提供を，サービスの科学化・専門化を保障しながら実践し，いわゆる「国民の基本的権利」としてこれらの受給を承認するというところに，現代社会福祉の基本的姿勢が置かれることになったのである。

　このようなイギリスに実現された福祉国家の思想と原理は，国内的に熱烈に迎え入れられただけでなく，国際的にもまた熱烈に支持されていった。戦後日本の国家再建の目標となったのもこの福祉国家体制の創出であり，その推進に当たっては，福祉国家のモデルとされている北欧諸国にも学びながら，イギリスにおけるその後の福祉国家運営上のさまざまな経験からも学び続けて今日に至っている。

　この福祉国家の思想と原理は，今後も揺らぐことはないと思われる。

1-2 社会福祉の対象・主体及び目的について

●社会福祉原論試験問題学習参考例●

　憲法第25条は「すべて国民は、健康で文化的な最低限度の生活を営む権利を有する。国は、すべての生活部面について、社会福祉、社会保障及び公衆衛生の向上及び増進に努めなければならない」と規定している。社会福祉の対象とは、国民の一員として、他のすべての国民と同様、人間らしい生活を営む権利を有する。

　生存権（憲法第25条「健康で文化的な最低限度の生活を営む権利」）、教育権（憲法第26条「能力に応じて、ひとしく教育を受ける権利」）、労働権（憲法第27条「勤労の権利」、なお、「人たるに値する生活を営むための必要を充たすべき」労働条件──労働基準法第1条──を保障される権利もこれに含まれる）がこれにはいる。社会福祉六法の対象者をあげると、生活困窮者、児童、母子世帯及び寡婦（こんきゅう）、高齢者、身体障害者などである。生活困窮者の場合でさえ、労働能力と意志があっても、なおかつ多くの人が貧困から逃れ得ないという現実をみるとき、われわれは貧困が基本的に、個人的ではなく社会的な原因に基づくものであることを否定することができない。障害者であるが故に、高齢者であるが故に、母子世帯であるが故に等々の理由で健康の保持さえも困難な生活状態に追い込まれ、人なみの教育を受けられず、適当な働く場が与えられず、たまたま与えられてもその労働条件は劣悪であったりしたのである。いまの社会が資本の支配する社会であり、人間が資本に剰余価値（利潤）をもたらす「労働力」の担い手であるからである。「労働力」の欠如している者、また資本にとって「労働力」を所有しない者、剰余価値を生み出せない人々、社会福祉の対象者はまさにこのような人たちによって構成されていた。彼らこそが終戦直後の生活困窮者対策を前提にした社会福祉の「権利」の観点からの対象なのであり、今日まで50年間維持されてきた。

　しかし、少子・高齢化による家庭機能の変化、低経済成長への移行により、社会福祉に対する国民の意識も変化し、福祉の対象は国民全体の生活の安定へと変わってきている。これに対応して1998年4月に児童福祉法の大幅な改正が行われ、2000年4月には介護保険法が施行された。さらに社会福祉の基礎構造改革を行うため社会福祉事業法の大幅な改正が行われ、2000年5月、社会福祉法の制定をみるに至ったのである。

1-3 戦後社会福祉の展開と今日の課題について

●社会福祉原論レポート学習参考例●

　1945（昭和20）年8月，第二次世界大戦が終了し，敗戦国である日本は，連合国総指令部（GHQ）の指令，勧告のもとに民主政治を行わなければならなくなった。戦後の社会福祉はこのようにGHQの指導のもとで始まった。敗戦直後の国民の生活は食料，住宅，物資などあらゆるものが不足し，失業者，戦災者，海外からの引き揚げ者，戦地からもどった軍人，浮浪者などすぐにでも生活苦から救済を必要とする者は，全国に約800万人以上と推定された。

　1945年12月，日本政府は，応急措置として，「生活困窮者緊急生活援護要綱」を決定した。しかし，この「援護要綱」は救済を「施し」「恵み」と考えるような戦前の日本の古い考えをひきずったものであった。

　そのため，GHQは，1946年2月，日本政府に対して基本的な公的扶助の原則として，「社会救済に関する覚書」を示した。これが，一般に「福祉四原則」と呼ばれ，戦後の日本の社会福祉を方向づけることになった。その内容は，①無差別平等の原則（困窮者すべてを平等に扱うこと），②救済の国家責任の原則（政府は，全国的なネットワークを備えた政府機関を設置する責任があり，食糧，住宅，医療などの援助などを実施する義務がある），③公私分離の原則（民間の機関などに対して，政府の救済の責任を譲ったり，任せたりしてはならない），④救済の総額を制限しない原則，である。

　1946年10月，日本政府は，この「四原則」をもとに，「（旧）生活保護法」を施行した。しかし，急いで制定されたため，法律的にも，実施体制の面においても不備な点が多かった。1946年に日本国憲法が公布されると，憲法第25条の「生存権」の考え方に基づく生活保護制度の確立が求められた。このような動きを受けて新憲法に基づき1950年「（新）生活保護法」が公布，施行された。この新しい生活保護法では，国民の側から保護を求める権利（保護請求権）が確立され，国民が不服を申し立てる権利も初めて制度として認められた。また「（旧）生活保護法」にあった素行不良の者は保護しないといった不適格者の規定が「無差別平等の原則」に基づき廃止された。

　1947年，戦災孤児，浮浪児などの対策として新憲法第25条に基づき「児童福祉法」が制定された。この法律は，それまでの「限られた子どもに対する救済」から「すべての児童に対する福

祉の保障」へ転換させることになった。

続いて1949年12月，負傷した旧軍人や戦災障害者を援助するために「身体障害者福祉法」が制定された。負傷した軍人を保護救済することが，GHQによる日本の非軍事化という政策に反すると思われたため，この法律の制定は遅れた。しかし，救済の四原則である「無差別平等の原則」に従って成立した。この法律は，障害者に対して保護やつぐないといった恩恵だけではなく，身体障害者に自立更生を促すところに特徴をみることができる。

戦後「生活保護法」「児童福祉法」「身体障害者福祉法」の「福祉三法」がやっと整えられて，わが国の社会福祉の骨格や福祉事業を運営していくための原則が確立した。

また当時深刻な問題であった病気と貧しさの悪循環を解決するため，1958年「国民健康保険法」が，翌1959年には老後の不安に対応して「国民年金法」が成立し，1961年には，すべての国民が健康保険・年金に加入する体制が実現した。

1960年代にはいり，日本は高度経済成長の時代を迎え，日本社会は大きく発展し国民の生活は豊かになった。しかし，その一方でさまざまな社会問題を生みだした。例えば，都市へ人口が集中して地域社会が大きく変化した。そのため隣近所による助け合いなどの相互扶助体制が弱体化し，核家族問題，高齢化による老人問題など，新たな生活問題があらわれた。経済成長の恩恵を受けられない高齢者，障害者，母子など，いわゆる社会的弱者にとっては逆に生活は苦しくなっていった。このような動きに対応して，1960年「精神薄弱者福祉法」（1999年，「知的障害者福祉法」となる）が，1963年「老人福祉法」，翌年「母子福祉法」（1981年，寡婦を対象に含めて「母子及び寡婦福祉法」となる）が制定された。

また，同じ時期に「朝日訴訟」（1957～67年）がおこされた。この訴訟は，故朝日茂氏が，生活保護では人間らしい生活ができないと憲法第25条に基づき当時の厚生大臣に提訴したものである。この裁判は「人間らしく生きること」の意味を国民に投げかけ，生活保護を受けることが国民の当然の権利であることを認識させ，社会福祉への関心をさらに高めるきっかけになった。

1970年代にはいると日本は高齢化社会を迎え，「福祉優先」「福祉充実」の声が高まり，1973年度の社会保障関係費の予算額は飛躍的に増大した。経済成長優先から福祉優先への転換が図られはじめたこの年は「福祉元年」と呼ばれた。しかし，福祉の充実は高度経済成長の豊かさを背景に行われていたので，同年，石油危機によって社会が不景気になると「福祉の見直し論」が主張されるようになる。そのため日本は，経済の低成長下における新しい社会福祉のあり方を模索する必要にせまられたのである。

1981年，政府は，福祉に関して国の関わりをできるだけ弱め，代わりに家庭や近隣，職場や地域社会での連帯をもとに個人の自立や自助努力を大事にする「日本型福祉社会」の構想をうちだした。これにより高額の医療費の自己負担額が引き上げられ，老人が医療費を一部自己負担することになった。

　1989年「高齢者保健福祉推進十か年戦略（ゴールドプラン）」が決められ，それまでの「施設収容」から「在宅介護」を中心に地域福祉活動を展開することになる。ゴールドプランを実現させるために，1990年，「福祉八法」（老人福祉法，身体障害者福祉法，精神薄弱者福祉法（1999年より知的障害者福祉法），児童福祉法，母子及び寡婦福祉法，社会福祉事業法，老人保健法，社会福祉・医療事業団法）が同時に改正された。この改正により，市町村の役割重視，民間の福祉サービスの育成，福祉の担い手の養成・確保，福祉のネットワークの整備など今後のわが国の社会福祉のあり方がうちだされた。ゴールドプランを見直して，1994年，新たに新ゴールドプランが策定された。また少子化に対して子育てを支援するために，同年「今後の子育てのための施策の基本的方向について（エンゼルプラン）」が，翌年「障害者プラン（ノーマライゼーション7か年戦略）」が作られた。なお，1999年新ゴールドプランの計画期間終了に伴い「今後5か年間の高齢者保健福祉施策の方向（ゴールドプラン21）」が策定された。またエンゼルプランについても，重点的に実施すべき施策を具体的・計画的に推進するため「重点的に推進すべき少子化対策の具体的実施計画について（新エンゼルプラン）」が策定された。

　これらの計画は，目標は高く掲げられているが，それらを実践するための現状は問題点が多い。例えば在宅介護を掲げているが，訪問介護員（ホームヘルパー）や看護師などの人材も充分確保できておらず，さらに大幅な充実が求められていた。1987年福祉専門職として「社会福祉士及び介護福祉士法」が制定され，社会福祉士，介護福祉士が専門職として生まれた。しかし，今までの社会福祉制度の基本的枠組みは終戦直後の生活困窮者を対象としたものであり，今日まで50年間維持されてきたものの，少子高齢化，家庭機能の変化，低経済成長への移行，社会福祉に対する国民意識の変化から，国民生活の安定を支える社会福祉制度への期待が増し，現状のままでは増大し多様化する福祉需要に十分に対応していくことは困難となった。このため，保育所の入所の仕組みを見直すなど児童福祉法の改正，高齢者の介護を社会全体で支える介護保険法の制定がなされたが，さらに社会福祉の基礎構造改革を行うため社会福祉事業法等の見直しが行われ，2000年5月社会福祉法が制定されるにいたった。

1-4 戦後の社会福祉制度の動きについて

●社会福祉原論レポート学習参考例●

1 占領期（1945～51年）と社会福祉改革

第二次世界大戦では，戦局末期からの激しい生活破壊と，戦後の経済的社会的混乱から「国民総飢餓」の状態となり，敗戦直後は食料不足，住宅不足，物資不足が深刻な問題であった。連合国総司令部GHQは有名な「社会救済に関する覚書」において，一般に「四原則」と呼ばれるものを明示した。それは①無差別平等の原則，②公私分離の原則，③救済の国家責任，④必要な救済は制限しない，という原則である。この四原則に基づいて「旧生活保護法」（1946年）が制定された。同年，日本国憲法が公布されると，第25条「生存権」の理念にそって旧生活保護法は全面改正され「新生活保護法」（1950年）が制定された。この時期「児童福祉法」（1947年），「身体障害者福祉法」（1949年）が次々と成立し「福祉三法」と呼ばれた。その後「社会福祉事業法」（1951年）が成立し，社会福祉の骨格及び社会福祉を実践する枠組みが出来上がった。

2 独立講和期（1952～57年）と社会福祉後退

日米共同による急速な再軍備化への方向は，社会福祉施策にも大きな影響を与えた。軍人恩給の復活が行われ，生活保護行政でも，「適正化」の名のもとに生活保護のひきしめを強化した。戦後復興の中で巨大資本産業の下請として，多数の中小零細企業が存在し，家内工業，日雇，臨時工，内職者など飢餓的低賃金で働く労働者も多く，低所得のボーダーライン層が約1000万人と推計されている。日本の社会福祉運動史上きわめて重要な意義をもつ「人間裁判」と称される朝日訴訟が，1957年東京地裁へ提訴され，生活保護基準の劣悪性，人間らしく生きることの意味，社会福祉行政の貧困性が明らかになる。

3 高度経済成長期（1958～73年）と社会福祉六法体制

1960年代へ突入した日本は「もはや戦後ではない」と『経済白書』が指摘している。

ことに，60年代からの本格的な高度経済成長政策の展開過程で，大都市に人口が集中し，都市問題，住宅問題，交通問題，公害問題，核家族化問題，高齢者問題等々が出現した。地方の農山村では，人口流出による過疎化問題，出稼ぎ問題，農業後継者問題（嫁不足問題）等々が深刻化することになる。これらに対応して「精神薄弱者福祉

法」(1960年),「老人福祉法」(1963年),「母子福祉法」(1964年)が成立し, ようやく「福祉六法」体制が確立することになる。1958 (昭和33) 年「国民健康保険法」が, 1959 (昭和34) 年には高齢者の老後不安に対応する「国民年金法」が制定され, 国民皆保険皆年金(かい)体制に進んでいった。

戦後日本の高度経済成長を達成させていくのは, 先進諸国では例をみない労働者の低賃金, 長時間労働, 零細な下請中小企業の存在,「ウサギ小屋」と称される劣悪な住宅事情と低水準福祉等々であったとされている。「豊かな社会」の中で「新しい貧困」層が拡大し, 生活環境の悪化と, 生活不安は解消されなかった。

4　低経済成長期 (1974～84年) と社会福祉見直し

いわば不況とインフレが同時進行する中で, 苦しい生活になった。そのため, 国民の福祉に対する関心が高まった。政府も経済優先から福祉優先政策に切り替わり, 1973年は「福祉元年」と呼ばれた。しかし, 同年, 秋のオイルショックから一転して「福祉抑制」「福祉見直し」論が登場することになった。そのような風潮の中で全国社会福祉協議会は, 施設収容主義の見直し, コミュニティ・ケアへの移行, 福祉要員確保とボランティア, 社会福祉の効果的運営, 民間福祉財源確保と社会福祉目的税などに言及し, 特に, 在宅福祉, コミュニティ・ケアと, 民間ボランティア活動の推進, あるいは「福祉の心」強調などが行政や社会福祉関係者から支持を受けた。

政府も1979年「新経済社会7か年計画」を発表した。その中で, 日本がめざす新しい「福祉社会」として, 個人の自助努力, 家族, 近隣との相互扶助・連帯を重視した「日本型福祉」を提案している。行政権限は「国から地方へ」, 福祉施策も「公立から民間へ」であり, しかもその重点は在宅福祉, 民間福祉に転換されていく流れとなる。こうした「福祉見直し」状況下にあっても, 日本の人口高齢化, 長寿化は進行し, 1996年女性の平均寿命が83歳を超え, 男性も77歳を超え世界一の長寿国となり,「人生80年」時代に突入する。

5　戦後政治総決算期 (1985～99年) と社会福祉士制度

労働者の多くが「ウサギ小屋」に住み,「過労死」と中高年者の自殺が年々増加するようになり, 大きな社会問題になっていた。

1987年「社会福祉士及び介護福祉士法」が制定され, 1989年「今後の社会福祉のあり方について」で市町村の役割重視, 在宅福祉の充実, 民間福祉サービスの育成などが提言された。政府も消費税導入の趣旨を踏まえて「高齢者保健福祉推進10か年戦略」(平成2年度から平成11年度までの目標：ゴールドプラン) を策定し, ホームヘルプサービス, デイサービス, ショートステイのいわゆる在宅福祉三本柱や在宅

第1章　社会福祉原論　11

介護支援センターの整備が進められることになった。1994年には，新ゴールドプランも策定され，整備の目標数値が上方修正された。

また，出生率の低下による子どもの成長や社会経済への深刻な影響が懸念され，1994年に当時の厚生，文部，労働，建設の4大臣が「今後の子育て支援のための基本的方向について」（エンゼルプラン）に合意し，今後の子育て支援施策の基本的方向と重点施策をまとめた。

1993年には障害者基本法が成立し，1995年には，精神障害者の社会復帰，福祉施策の充実，強化を図る観点から，「精神保健法」は「精神保健及び精神障害者福祉に関する法律」に改正された。1995年12月には「障害者対策に関する新長期計画」の重点施策に関する年次計画として，「障害者プラン」が策定された。さらに，「社会福祉士及び介護福祉士法」に続いて，1997年「精神保健福祉士法」が制定され，精神保健の向上と精神障害者の福祉の増進のための新たな資格制度が誕生した。

1999年には，新ゴールドプランの計画期間終了に伴い平成12年度を初年度とする「今後5か年間の高齢者保健福祉施策の方向（ゴールドプラン21）」が策定された。また，エンゼルプランについても見直しが行われ，「重点的に推進すべき少子化対策の具体的実施計画について（新エンゼルプラン）」が策定された。

6　21世紀に向けた社会福祉の新たな展開（2000年～）

わが国の社会福祉は21世紀の少子・超高齢社会の到来に備え，新たな展開が図られるようになった。

1997年には児童福祉法が改正され，保育所への入所の仕組みが，市町村長が入所を決定する「措置制度」から保護者との「利用契約」へと改められた。2000年4月から介護保険制度が導入され，高齢者の介護がこれまでの行政がサービスの内容を決める「措置制度」から社会保険制度に移行した。これにより介護サービスは，利用者と事業者との「利用契約」に基づいて実施され，その費用は，「社会保険」システムにより給付されるようになった。

2000年5月「社会福祉の増進のための社会福祉事業法等の一部を改正する法律」が成立した。これにより，わが国の社会福祉は，行政主導の「措置」から国民の意識の高まりに即した「契約」へと大きく転換し，基礎構造改革が進められることになった。

2004（平成16）年4月には，「発達障害者支援法」が施行され，自閉症，学習障害，強度行動障害などが従来の知的障害だけでなく，発達障害という考え方で捉えられるようになった。さらに2006（平成18）年4月には，「障害者自立支援法」が施行され，市町村を提供主体としたサービスの一元化，新しいサービス体系，利用者負担の定率負担（原則1割）などが導入された。

1-5 社会福祉原論レポート学習参考例

社会福祉士の社会的役割について

社会福祉士は「社会福祉士及び介護福祉士法」の制定により1988（昭和63）年4月1日より施行された福祉専門職の国家資格である。その中で，社会福祉士の性格を次のように定義している。社会福祉士とは「社会福祉士の名称を用いて，専門的知識及び技術をもって，身体上若しくは精神上の障害があること又は環境上の理由により日常生活を営むのに支障がある者の福祉に関する相談に応じ，助言，指導，福祉サービスを提供する者又は医師その他の保健医療サービスを提供する者その他の関係者との連絡及び調整その他の援助を行うことを業とする者をいう」（改正法第2条第1項）。この条文で，社会福祉士は，専門的知識と技術を統合的に修得し，社会福祉援助技術を体得し，主として相談援助を業とする専門職として位置づけられている。

例えば，人間にとって最も悲惨で，耐えがたいのは，周囲にいる身近な人間から意識的・無意識的に無視され，自己を理解してくれる人が誰一人としていないという孤独な環境に陥ることである。まさに，このような危機に社会的に介入し，社会資源を活用しつつ専門援助活動をしていくのが社会福祉士なのである。

1　社会福祉士制度誕生の背景

2014（平成26）年には人口の25.3％が65歳以上になるという世界に例をみない超高齢社会を目前にしているわが国では特段の資格制度がないことから，福祉専門職の養成の面でも立ち後れているという印象を与えてきており，国際的な視点からも資格制度の早期実現を図ることが望まれていた。

欧米先進国の福祉専門職資格の状況を見てみると，アメリカの大部分の州では免許又は登録制度が立法化されており，イギリスでは統一資格が設けられており，フランスやドイツでも一定の資格が公認されている。

わが国においても多様化・高度化した福祉ニーズへの専門的対応と急速に高齢化が進行したことで，高齢者，とりわけ後期高齢者が増大する状況となり，社会・経済・文化的状況の変化とともに高齢者や障害者，児童等の福祉ニーズも多様化し高度化してきている。このような福祉ニーズを充足するには，個々の高齢者等への相談や援助において，その状況を的確に把握し科学的な総合的評価を行った上で，多様化している各種のサービスの中からその状況に応じたものが適切に選択して提供される必要がある。つまり，相談援助活

動には，このような高度な専門的評価や判断を行うという専門的機能が強く求められる時代になった。

ところが，当時，福祉事務所等の公的機関や社会福祉施設職員等について一定の資格要件があるものの，このような専門的機能についてはその位置づけ等が必ずしも十分ではなかった。したがって，このような相談援助を行う分野において，専門的知識及び技術をもって相談に応じ，助言や指導を行う人材の養成が緊急の課題であった。具体的には，社会福祉士の養成と確保がこれにあたる。

社会福祉士は，人間としての尊厳や自立的生活への援助の意味を理解し，守秘義務等職業倫理を身につけ，幅広くかつ深い専門知識・技術・関連知識をもち，これらを駆使して福祉に関する相談援助業務を行う専門家である。また，社会福祉士には，信用を傷つけるような行為をしてはならないという信用失墜行為の禁止，その業務に関して知り得た人の秘密を漏らしてはならないという秘密保持義務，その業務を行うにあたっては医師その他の医療関係者との連携等の義務が課せられている。

社会福祉士制度が誕して20年が経過した2007（平成19）年，「社会福祉士及び介護福祉士法」の改正が行われた。この改正は，いわゆる団塊の世代が高齢者となる2015年を目前にして，さらに75歳以上の後期高齢者が2000万人を超えることが見込まれている中で，ますます多様化，高度化する福祉ニーズに的確に応えることのできる質の高い人材を安定的に確保していくための環境の整備を図ることを目的としている。

2 社会福祉士に求められる役割

社会福祉士に求められる社会的役割については，近年，介護保険制度，障害者自立支援法等の制度に基づくサービスの充実や地域における支援体制の強化を図っていく中で，各制度間におけるサービスの利用支援の調整や相談援助など活動分野が拡大してきた。

とりわけ高齢者世帯や認知症高齢者の増加，孤立死，児童虐待，ホームレス等の地域における様々な福祉課題の発見・把握，地域の社会資源の調整やネットワークづくり，成年後見，権利擁護等の相談援助等，地域福祉の増進において社会福祉士が専門性を発揮し果たすべき役割は大きくなっている。

社会福祉士の主な業務として，社会保障審議会の意見書では，次の3つに整理し，取りまとめている。

① 福祉課題を抱えた者からの相談に応じ，必要に応じてサービス利用を支援するなど，その解決を自ら支援する役割

② 利用者がその有する能力に応じて，尊厳を持った自立生活を営むことのできるよう，関係する様々な専門職や事業者，ボランティア等との連携を図り，自ら解決することのできない課題については，当該担当者への橋渡し

を行い，総合的かつ包括的に援助していく役割
　③　地域の福祉課題の把握や社会資源の調整・開発，ネットワークの形成を図るなど地域福祉の増進に働きかける役割

　社会福祉士が上記の業務を的確に果たしていくために必要な環境整備を図るため，前記の法改正では，社会福祉士の定義の見直し，義務規定の見直し，資格取得方法の見直し，任用・活用方法の見直し等，幅広い改正が図られたところである。

3　社会福祉士の具体的な業務

　社会福祉士の業務を具体的に例示すると，次のものが挙げられる。
〔相談業務〕
　①　寝たきりや認知症等の要介護高齢者に対する介護の内容（種類・程度・頻度等），体制（家族・サービス供給体制・他の専門家等）及び環境条件（家族の心構え・居住空間等）に関する相談。
　②　高齢者等の保健・医療，年金の利用に関する相談，並びに金融商品や土地等の資産に関する相談。
　③　障害者（児）の介護の内容，体制及び環境条件等に関する相談。
　④　児童や家族に関わる問題事例に関する相談。
〔援助業務〕
　①　相談ニーズの把握と整理。相談時に，相談者が置かれている問題状況やニーズを明確に把握するとともに，相談者自身の問題解決能力を把握した上で，相談者側の主体的な取り組みを促進するとともに，他の専門職による援助の要否を判断する。
　②　援助プログラムの策定業務。相談事例に応じた最終目標や援助に要する期間を設定するとともに，最終目標に向けての中間目標を設定し，これらの目標達成に必要な専門サービスの種類や程度，頻度を決定する。
　③　援助プログラムの実施，評価並びに管理。援助プログラムの実施過程において，相談者との面接や訪問，介護担当者等からの定期報告，関係する他の専門職や機関との情報交換等によって援助対策の状況を明確に把握するとともに，援助プログラムの効果を測定する。その際，援助対象の変化を踏まえ，必要があれば関係する他の専門職や機関との密接な連携の下に，援助プログラムを変更し実施に移す。

　以上のような相談援助業務を行うためには，社会福祉に関する専門知識や技術とともに，保健・医療等の関連領域に関する深い知識が必要である。また，福祉の問題は生活と密接に係わっていることから，生活をトータルにとらえ相談ニーズに関するサービス，情報を提供する能力と知識が必要である。

1-6 社会福祉の職業化について

イギリスの産業革命期に発生した民間社会福祉では，恵まれない人々を収容し保護するための社会福祉専従者が必要になり，信仰を基盤とする人々がいわゆる奉仕として参加した。19世紀後半になるとチャリティーオーガナイゼーションソサイエティー（COS）やセツルメントの事業は市民の参加を必要とする社会福祉へと発展するが，これがアメリカへ輸出されると，かえって専門職としての従事者，ソーシャルワーカーを生み出すことになった。

社会福祉は20世紀になってから職業として働く人とボランティアで協力する人の二つに分かれるようになってきた。

わが国においても明治時代に収容保護から大正期の方面委員制度，セツルメントを通して市民の社会福祉への参加がみられた。敗戦後には国の責任が明確化され，同時に社会福祉の専門職化がなされ，方面委員は民生委員となり，ボランティア活動もさかんとなって現代に至っている。

社会福祉の前近代社会の形態がムラ社会における相互扶助，宗教的な慈善，秩序維持のための政策であったが，社会の近代化は都市生活，核家族化とともに近代国家という世俗権力を強化させ，福祉国家を形成させたのである。

かつて教会の牧師や村の長老たちが行ってきた生活の不安を感じる人たちへの相談に応じる仕事が社会の近代化を通して無料相談から職業化したといえる。

ソーシャルワーカーという職業が必要となったのは社会が近代化したからであり，それは孤独な個人が大量に生産されたということによるのである。ソーシャルワークは，そのような個人の孤独からの解放を目的とする職業である。孤独は社会への不信である。まず，ソーシャルワーカーは，クライエントの信頼を獲得せねばならない。クライエントがワーカーに対する信頼感をもつとしてもそれによって彼の家族や周辺の人たちとの間にも信頼を回復するということにはならない。ソーシャルワークは社会の側の協力を必要とする。ソーシャルワークは，社会からの脱落という人間の根源的な不安に対する援助として発生し，医療，教育，裁判などの専門職がそれだけでうまく問題を解決できない場合の協力者として発展したのであるが，ソーシャルワークもまたそれだけで解決できないことが多いのであり，社会の側の他の専門職の協力と補完が最も必要なのである。

1-7 民間社会福祉活動の歴史と今後の課題について

●社会福祉原論レポート学習参考例●

　社会福祉は人間が人間に対して働きかける行為の一つである。西欧では，社会福祉の原型である救済は，ずばり神の行為であったが，18世紀を境にしてこの行為は人間の行為となった。それは，18世紀西欧の哲学であり，その内容は「すべての人間は理性を神から与えられている」という宣言であった。ここから人格の尊厳性が謳われ，人権の思想が発生した。

　救済事業が教会から分離したとき，その先駆的な役割を果たしたのはイギリスであったが，救済の主体は16世紀のチューダー王朝のもとで教会から貴族へ，そして19世紀の改正救貧法によって国家へと移行した。しかし，この社会福祉の主体には依然として宗教も並存するというのが特色であった。わが国でも大寺院が救済活動を行った例がみられるが，これはムラ社会（地域の管理）を越えた宗教活動である。また，広域の凶作などの場合では，支配層による救済が宗教活動とともに行われた例も多かった。

　このように前近代の社会福祉は，ムラ社会の相互援助，宗教による救済，支配層による政策的救済という3つの形態があった。社会の近代化はこのムラ社会から都市社会への移行，家系的家族から核家族への移行であり，経済的には資本主義社会の成立へと向かっていった。それは封建的身分社会の否定であり，身近な地域社会であるムラ社会からの解放でもあった。しかし，このため18世紀のヒューマニズムがもっていたバラ色の夢は実現されることもなく，ムラ社会から都市に流入する大量の労働者によって，大都市の一隅に多くの貧困者と脱落者が移住するスラム街を発生させることとなった。

　ムラから来た労働者たちは工場における技術を最初からもつはずがなく，単純作業や未熟練労働につかざるをえず，その結果労働市場は供給過剰となり，賃金は低下し，生活のためになお一層低賃金で働かざるをえないという悪循環を引き起こしたのである。このような状況の中で家族が解体し，ムラにあった相互援助はもちろん，相談する人もいないために孤児や孤独な高齢者もあらわれ，病気と貧困と犯罪の町（スラム）が存在するようになった。

　しかし彼らに対して，裕福な資本家たちは，貧困は怠慢が原因であり，貧困者は「働かない」不道徳者であり，貧困はその結果であると考えた。そのため19世紀では貧困は個人の責任として国家が貧困問題に積極的に関わるこ

とはなくなっていったので，民間の社会福祉が貧困問題に対応して，孤児院事業や救済事業を行わざるをえなくなったのである。これらの社会福祉の事業を行った人たちの多くはクエーカーやメソディストなど宗教的信仰をもつ人たちであった。

こうした多くの民間社会福祉の活動にもかかわらず，19世紀の後半になっても貧困者の数は増加する一方であった。逆に，これらの民間社会福祉は，真の意味で救済を必要としないものを救済していると批判されるようになった。この批判に応えたのが COS（Charity Organization Society）である。

彼らは友情訪問者（Friendly Visitor）と呼ばれ「職業乞食」と言われた人たちをしめだすことに成功した。COS が扱う貧困者は「努力して自立しようとする貧困者」でこれを「価値ある貧困者」といい，その他を「価値なき貧困者」といった。

同じ頃セツルメント運動（Social Settlement Movement）が生まれている。ロンドンのスラム街にあった聖ユダヤ教会の牧師に赴任したバーネット師がはじめた，地区の貧困者たちと友人となり，地区の人々の教養を高めようとする運動（Friendly Relationship）である。こうした市民の社会福祉参加は，その後，アメリカに渡って独自の発展を遂げ，やがて社会福祉の技法の確立とソーシャルワーカーという職業の成立へと向かっていくのである。

イギリスの社会に比べて，民間社会福祉そのものがまだ十分発達していないアメリカにおける COS は，民間社会福祉の発展と整備がその使命であり，セツルメントは社会運動的側面が強くあらわれるものであった。そして，COS からは社会福祉援助技法であるケースワークとコミュニティ・オーガニゼーションが，セツルメントからはグループワークが生まれた。特にケースワークは COS の職員であったメアリー・リッチモンドによる「社会診断」によって体系づけられ，ケースワーカーという専門職となった。

一般的に福祉国家は次の5つの特色をもっている。①国家における根幹になる産業の公有化，②累進課税の強化，③完全雇用と最低賃金制，④社会保障によるすべての国民所得保障，⑤ソーシャルワークの導入による個人指導である。こうした社会福祉のための諸制度によって国民の生活はほぼ安定すると考えられたが，なかにはこれらの諸制度を利用できない個人が生じてきた。これらの制度は国民一般の多数の人を対象とするもので，さまざまな問題を抱えた，福祉を本当に必要とする個人に対応するものではなかったからである。しかしながら，個々の国民が主体的にこれらの福祉制度を利用することによって制度も生きることから，社会福祉の一方法としてのケースワークがアメリカにおいて採用され，発達した。

日本における民間社会福祉は，1918（大正7）年の大阪府令第255号，方面委員制度として発足した。これはイギリスのCOSにおける友情訪問の大阪版であり，市民の社会参加としてのボランティア（Volunteer）であった。この同時期セツルメント活動も盛んとなり，大阪の石井記念愛染園，北市民館，東京の東京帝国大学セツルメントなどの事業活動で初めてボランティアの名称が使われた。これらのセツルメント活動はキリスト教の信者によるものと社会運動的色彩の強いものとに分かれるが，後者の多いのがわが国の特色である。

　戦後のわが国の社会福祉の課題と目標は，いかにして戦前から引き継がれてきた救貧的性格から脱皮し，全国民を対象とすることが可能かにあった。これまでの施設処遇に偏っていた社会福祉サービスへの反省と，高齢化社会を迎えての福祉需要の増大などさまざまな理由から，在宅福祉サービスの充実と，社会福祉の施設も含めた地域福祉の確立の必要性が，各方面から叫ばれてきたのである。

　老人福祉法の制定により，施設福祉・在宅福祉及び社会活動の老人福祉制度の基本的枠組が形成され，特に特別養護老人ホーム等の施設ケアの枠組が確立された。在宅ケアについては，1980年代までにほぼサービスメニューが提出されたが，量的供給は十分ではなかった。福祉八法の改正により，在宅福祉サービスの積極的推進や保健・福祉の連携とともに，地域における総合的ケアシステムの形成がめざされた。

　いままで，高齢者・障害者家庭への訪問介護員（ホームヘルパー）等の派遣を主として在宅介護支援が制度化されている。全国で施設の地域社会への開放や，市町村社会福祉協議会（社協）等による老人に対する食事・入浴・排泄などの介護サービスが取り組まれてきた。

　人口の高齢化と要介護高齢者の増大に対応すべく，介護サービスの基礎整備を軸とする総合的ケアシステムをめざし，新ゴールドプランや介護保険法など国や地方自治体を中心にさまざまな介護政策が打ち出されている。

　しかし，現実に地域福祉サービスをどのように組織化し体系化していくかは，社会福祉の基礎構造改革が提案され，新しく2000年からの介護保険制度の導入及び社会福祉法の施行によって実行されるようになってきた。

　21世紀を迎え，新たに策定される市区町村の「地域福祉計画」「介護保険事業計画」や社会福祉協議会の「地域福祉活動計画」により，民間事業者や非営利組織等民間活力の活用も含め介護サービスの基盤整備がさらに推進されようとしている。

1-8 社会福祉制度と生存権について

●社会福祉原論試験問題学習参考例●

　日本国憲法は，第25条に国民の健康で文化的な最低限度の生活を営む権利を明らかにし，同条第2項は国が社会福祉，社会保障及び公衆衛生の向上及び増進に努めるべき責務を規定している。生存権の法的権利に関する最高裁判所の判断は，朝日訴訟（行政について），堀木訴訟（立法について）等によれば，おおよそ次のとおりである。

　① 個々の国民が請求することのできる生存権の具体的な内容は，直接に憲法第25条によって定まるのではなく，同条を具体化する各々の法律によって定まる。すなわち，例えば生活保護法は同条に基づく法律であるが，この生活保護法によって生活困窮者は一定の保護を国に対して請求する権利をもつ。

　② 上記の意味で，憲法第25条はそのような立法（法律を作る）の義務を国に課したものである。第2項が定める国のなすべき努力の中には，当然，このような立法（例えば生活保護法のような法律を作ること）の努力も含まれる。

　③ 憲法第25条を具体化するために必要であると考えられる立法がいまだになされていない場合に，国民が直接に同条を根拠としてその立法がなされていないことは違憲（憲法に違反する）であると主張することはできない。

　以上のように，憲法第25条は国のなすべき努力を，国の立法や行政活動に広範に委ねており，その法律によって課せられている具体的な義務を国が履行しない場合に，その法律に基づく請求権を国民は主張することができる，とするものである。

　また，生活保護法に基づく保護基準は，国民生活最低限（National Minimum）と考えられるが，この決定は生活保護法第8条により厚生労働大臣に委任されている。したがって，保護基準は厚生労働大臣の目的に合うための自由な判断と決定に委ねられており，その判断は正しいかどうかの問題として政府の政治責任が問われることはあっても，その基準が現実の生活条件を無視した著しく低いものであるなど，憲法及び生活保護法の趣旨・目的に反し，法律によって与えられた裁量権からはずれてしまったり，または乱用していると考えられる場合以外には，すぐに違法性を問われることはないとしている。以上のように，憲法第25条は，そこから直ちに生存権保障の法律的効果を生ぜず，単に国の政策の方向を宣言したものにすぎない，という意味において「プログラム規定」である。

1-9 ボランタリズムの思想と原理について

●社会福祉原論レポート学習参考例●

英語のボランティアは「自発性に裏付けられた奉仕家・篤志家(とくしか)」の意に用いられている。語源的にこのような意味づけをもっているボランタリズムが社会福祉の思想と原理として用いられるようになるのは19世紀のイギリスにおいて、博愛事業家たちが自由な発意に基づいてボランタリー・アソシエーションとしての博愛事業協会を組織し、政府の行う救貧事業の枠外でそれと関係なく、彼ら自身の資金で救済保護の慈善事業を自主的・主体的に開始した頃に始まる。次いで彼らの事業の限界に気づいた慈善組織協会運動やセツルメント運動の活動家たちがボランタリーな（自発的な）活動を始めた頃からであろうと考えられる。そこではボランタリーな精神から、自主的・民間的な思想にと拡大解釈され、公的救済事業に対する私的救済事業として、しだいに「民間性」といった意味に使われるようになったと思われる。

したがってボランタリズムによる活動には、国家との関係において緊張関係があり、市民の自由な意志による自発性に支えられた実践行為としてのボランティア活動は、常に時の国家政府の行う社会福祉のあり方に「異議を申し立てる」という伝統的姿勢を今日に至るまでも保持し続けているのである。

20世紀前半は、社会福祉の国家政策化が始まり、福祉国家成立の時代に入っていくのであるが、ボランティア活動は、このような国家政府の活動からは自由で自発的な市民活動として、ヨーロッパやアメリカで幅広く行われ定着していくのである。

その点、日本においては、ボランタリー・アソシエーションとしての民間社会事業では、国家権力との関係において対立や抵抗した歴史をもったことがない。むしろ昔も今も、国家の補足的・代替的役割を果たし、両者の協調による活動展開の歴史であったというところから、西洋流の観点からのボランティア活動は、1960年代に至ってようやく日本に根付き始めたということができよう。民生・児童委員の活動を、欧米ではみることのできない独特のボランティア活動としてとらえる見方もあるが、民生委員制度として法制度化されているところに、市民の自由な自発性に基づいた主体的な活動というには欧米人の目から見れば多分に疑義をもたれかねないし、国家権力による制約を受けた活動という性格を否定しきることは困難であるといわざるを得ない。

しかし，現代における社会福祉が，公的責任の強調，法による制度化・規制化，有給専任職員の専門職化を原則とするようになってきて，無報酬で時間や労力を社会福祉目的の事業に提供することを原則とするボランティア活動が，不活発になってきたかというと否である。激しく絶えず変動していく現代社会にあって，公的社会福祉事業の不備を補い，必要ならば時にはそのあり方に対して異議の申し立てを行い，絶えず発生している新しい社会福祉問題に対して先駆的開拓的役割を果たすものとしてのボランティア活動の必要性と重要性はますます増大していくであろうし，また社会福祉活性化のためにそうなっていかなければならない。その意味においてボランタリズムの思想と原理は，現代社会福祉事業の中に，確固とした市民権を得つつあるということができよう。

　特に，地域福祉，在宅福祉サービスの強化，市民参加による福祉社会の実現，といったことが時代の要請として叫ばれている今日，ボランティアの位置づけが重視されるようになってきている。

　ボランタリズムの思想と原理に基づく，人間援助としてのボランティアによる社会福祉活動は，相互扶助による人間援助活動の歴史に絶えず深くかかわって今日に至っているということができる。

　最近企業の社会的貢献ということでわが国に新しい広がりをみせつつある企業や企業人のメセナ活動も，地域社会福祉の分野にボランティアの新しいメンバーとして登場してくる日が期待される。それは遠く18世紀イギリスで，企業や民間人が行った社会貢献活動や民間の公益活動であるフィランソロピーの活動にさかのぼる欧米の博愛主義の伝統につながりをもっているからである。

　このようにみてくると，ボランタリズムのもっている自主・自立・自発・自由・非国家権力指向といった強い民間性の伝統は，地球規模の連帯による持続可能な社会開発のための国際開発協力の重要性が日増しに高まっていく21世紀において，ボランティア活動の新しい展望を切り開いていくのではないか。

　おわりに，1998年に制定されたNPO法（特定非営利活動促進法）についてふれておきたい。

　NPOとはNon-Profit Organizationの略で，民間非営利組織の意味であり，NPO法は，ボランティア活動をはじめとする，市民が行う自由な社会貢献活動としての特定非営利活動の健全な発展の促進を目的として制定されたものである。

　法人格取得が比較的容易であることが特徴で，法人格をもつことによって権利義務の主体となり，活動上の責任問題や財産の所有，契約関係にも効力をもつ。税制上も寄付者に対する税控

除，NPO法人の特定事業の法人税が軽減される道が開かれた。

1　NPOの定義

「特定非営利活動」とは，不特定かつ多数のものの利益の増進に寄与することを目的とするもので，次に掲げるものを指している。なお，これまで活動分野は，保健，医療，福祉などの12項目に限定されていたが，2003（平成15）年の法改正により雇用や消費者保護など5項目が加わり，次の17項目となっている。

① 保健，医療又は福祉の増進を図る活動
② 社会教育の増進を図る活動
③ まちづくりの推進を図る活動
④ 文化，芸術又はスポーツの振興を図る活動
⑤ 環境の保全を図る活動
⑥ 災害救援活動
⑦ 地域安全活動
⑧ 人権の擁護又は平和の推進を図る活動
⑨ 国際協力の活動
⑩ 男女共同参画社会の形成の促進を図る活動
⑪ 子どもの健全育成を図る活動
⑫ 情報化社会の発展を図る事業
⑬ 科学技術の振興を図る事業
⑭ 経済活動の活性化を図る事業
⑮ 職業能力の開発・雇用機会の拡充を支援する活動
⑯ 消費者の保護を図る事業
⑰ 前各号に掲げる活動を行う団体の運営又は活動に関する連絡，助言又は援助の活動

2　NPO法人の要件

・特定非営利活動を行うことを主たる目的とするもので
・営利を目的としない
・次のいずれにも該当する団体
　① 社員の資格の得喪（取得と喪失）に関して，不当な条件を付さない
　② 報酬を受ける役員が，役員総数の3分の1以下
・その行う活動が次のいずれにも該当する団体
　① 宗教活動を主たる目的としない
　② 政治上の主義の推進・支持・反対を主たる目的としない
　③ 特定の候補者等又は政党の推薦・支持・反対を目的としない

NPO法人の数は，2009（平成21）年6月現在，3万7785法人が認証を受けており，広く市民参加による福祉社会形成の条件整備に寄与することが期待されている。

1-10 ボランタリズムの役割と使命について

　ボランタリズムとは，市民の自由意志に基づき，自らの資金で報酬なしに社会福祉実践を行う思想であり，「自主性」「公共福祉性」「民間性」を特徴とする活動を展開する。一般的には社会福祉，医療，教育などの社会的な公共活動に自主的に参加する。

　歴史的にみるとボランティア活動は，19世紀初頭の貧困問題に関心をもち，隣友運動などの活動を通して，慈善事業を契機として20世紀前半にヨーロッパやアメリカにおいて成立し，発展してきた。このころ，COS（Charity Organization Society）やセツルメント活動にボランティアという言葉が使用されはじめた。学生や一般市民がそれぞれ市民として生活をしながら社会福祉に参加することであり，特にセツルメント事業では社会改良の意図があり，社会悪とたたかう戦士という意味をもったと考えられる。例えば，イギリスで始まった慈善組織協会の活動に従事するボランティアは，要保護者（つまり，貧困者）の個別調査や友愛訪問「施しではなく友人を」という標記の下で，友愛の精神をもって彼らを訪問指導し，その人格の力をもって彼らの自立を図ろうとするものであった。「友愛訪問」によって「矯正」することが当時のCOSの考え方であったのである。

　このようにボランティア活動は，社会福祉事業の基礎を築き，また公的な社会福祉制度を生み出す原動力になるなど，古くから社会福祉援助活動の貴重な担い手であった。

　日本におけるボランティア活動が，本格的に根付き始めたのは1960年代になってからである。欧米に比べその歴史は浅く，そのため日本のボランティア活動は，必ずしも社会において定着しているとは言い難い。日本では「補完的役割」が強いといえよう。つまり，公的責任で行われるべき事業をボランティアで補うことによって，行政は結果的に福祉を安上がりなものとして利用している傾向が少なからずある。

　今日，地域福祉や在宅介護の推進や福祉行政の地方分権化にともない，ボランティア活動の重要性は以前にもまして増大している。

　ボランタリズムの思想と原理に基づく，人間援助としてのボランティアによる社会福祉活動は，相互扶助による人間援助活動の歴史に，絶えず深くかかわって今日に至っているということができる。

第 2 章
老人福祉論

老人福祉論

　わが国の総人口は，2008（平成20）年10月現在，1億2769万人となっているが，このうち，65歳以上の高齢者人口は2822万人であり，総人口に占める割合（高齢化率）は22.1％となっている。65歳以上の高齢者人口は，1950（昭和25）年には，総人口の5％に満たなかったが，1970（昭和45）年に7％を超え（いわゆる「高齢化社会」），さらに1994（平成6）年には14％を超えており（いわゆる「高齢社会」），高齢化が進んでいる。今後も，高齢者人口は2042（平成54）年まで増加を続け，その後は減少に転ずると見込まれている。一方で，総人口が2006（平成18）年にピークを迎えた後，減少に転ずることから高齢化率は上昇を続け，2013（平成25）年には高齢化率が25.2％で4人に1人，2035（平成47）年には33.7％に達し，国民の約3人に1人が65歳以上の高齢者という本格的な高齢社会の到来が見込まれている（平成21年版『高齢社会白書』）。

　このように急速に進む高齢化によって，さまざまな問題が生じ，高齢者を取り巻く環境も大きく変わってきている。それに伴いわが国の老人福祉は，大きな転換期を迎えている。

　従来の老人福祉は，施設中心のサービスによってまかなわれていた。しかし，平均寿命が伸び高齢者の数が増えてくると，それらの老人施設サービスのみでは，すべての入所希望者が入所できず，常に長い順番を待たなければならない状態が生じている。高齢者自身の老後の生活の充実が叫ばれる中，住み慣れた地域や家庭で暮らしたいというニーズが増大し，在宅福祉サービスの必要性がより高まってきたのである。

　在宅福祉サービスは，ゴールドプラン（平成元年）等の策定を期に，ホームヘルプ事業，ショートステイやデイサービス事業の三本柱をはじめその拡充がなされてきた。その後も，在宅介護支援センターの創設や，介護福祉士等の人材の養成確保など高齢者のニーズに対応するさまざまな在宅サービスの開発がなされ，現在もさらに広がりをみせている。また，2000年には，介護を社会全体で支える介護保険が導入され，サービスを受ける側が効率的で質の高いサービスを選択していく時代が到来した。しかし，今後，ますます多様化する福祉ニーズに対応するため，地域において在宅福祉と施設サービスがバランス良く配置され，それぞれ質の高い地域福祉サービスが総合的に提供されることにより，一人ひとりの高齢者が生活上の困難を抱えることなくより豊かな生活を営むことが可能となることが重要である。したがって，これらのサービスは，今後もより一層の発展・拡充が期待されている。

2-1　●老人福祉論レポート学習参考例●
ライフサイクルの変化と高齢者福祉について

　大正時代以降第二次世界大戦終わり頃までわが国は，人生50年時代と言われていたが，経済成長に伴って長寿社会への歩みを速め，平成20年の簡易生命表によれば，平均寿命が男性は79.29歳，女性は86.05歳となり男女ともに世界最高の水準に達している。

　この急激な変化は人間の一生のライフサイクルに大きな変化を与えただけでなく，家族関係の変化や少子化など長寿社会を取り巻く周辺の環境にもさまざまな影響を及ぼした。

　まず『男女共同参画白書』，平成16年版を基に，大正期（大正9年）と最近（平成14年）を比べ，その特徴的な変化を5つ述べてみたい。

　①　晩婚化になったことである。男25歳から29.1歳へ，女21歳から27.4歳へと初婚年齢が伸びており，晩婚化の傾向はますます拍車がかかっているようだ。

　さらに最近は結婚しない女性が増える傾向にあり，結婚＝女性の幸せと言う価値観はすっかり喪失してしまったように考えられる。

　②　少産少子化の現象である。ひとりの女性が生涯に産む子どもの数は大正期は5人だったが，平成20年は1.37人にまで下がっている。平均2.08人が現状維持の出産数（人口置換水準）なので，子ども人口と出産人口が減少して高齢者人口が増加するのは明白であり，将来年金等への影響が心配される。

　晩婚化や少子化の傾向には，女性の高学歴，社会進出が特に要因として考えられる。

　③　定年後の期間の長期化である。大正期は6.5年だったが，現在は17年である。余生という言葉は死語となり，新たな人生のスタートに相応しい長い期間が待ち受けているのである。

　妻は子離れの40歳代から老後の準備を進めることができるが，夫はそれまでの仕事一途の人生が定年によって一転し日常生活の変化に即応できず，「粗大ゴミ」や「濡れ落ち葉」などと言われるようになる。

　最近は大企業を中心に，定年間近の従業員やその妻を対象にして定年準備セミナーを開催して，定年後の生き方のアドバイスを行っているところもある。

　④　寡婦期間の長期化である。老人福祉施設などに入所している男女の比率は3対7が一般的のようで，大正期も現在も女性の方が長生きするのが普通であり，また自然な形に見える。しかし夫死亡後の期間，すなわち寡婦期

間はおよそ16年前後の長さにあり，高齢期になってから長期間のひとり暮らしをどう過ごすかは，重要なテーマである。

⑤　三世代同居期間の長期化である。長寿社会の到来は必然的に子どもや孫との同居期間を長くすることになる。大正期は，三世代同居を基本として家庭生活が営まれ，老後の生活もその子どもの世代の扶養や介護に支えられていた。しかし，世帯構造の核家族化が進み，ひとり暮らしや高齢者夫婦のみの世帯が急増した。

また家族観も変化し，親が元気なうちは，子ども世帯は別世帯を形成する風潮が強まっている。今後さらに，国民の扶養意識も変化し，子どもに頼らないという親が増え，また，子どもにとっても今後親の扶養についての意識が希薄化する可能性も考えられる。

こうした長寿化によるライフサイクルの変化に伴って，高齢社会の問題がでてきた。

少子化によって，平成11年の国民年金制度全体の成熟度は27.1%で１人の受給者を3.7人で支えていることになる。また，核家族化や女性の社会進出の進展に伴う家庭内の介護機能の低下もみられ，高齢者の生活，特に寝たきりや認知症になったときの介護をどのように確保していくかが，きわめて重要な問題となってきている。

老人福祉法や老人保健法等の施行により，特別養護老人ホームや老人保健施設など高齢者の入所施設が急速に整備されたが，いかに環境がよくても，また看護や介護が優秀であってもできれば避けたいのが本音である。高齢者にとっては，できる限り住み慣れた地域社会の中で人生を全うすることが強い願いであり，在宅における介護の重視が求められる。

国民の誰にとっても介護を受ける必要が生じ得るのであり，このとき，世帯所得の多少を問わず質量両面にわたって必要かつ適切な介護サービスが受けられるような社会的対応が強く求められている。

さらに，超高齢社会に対応するためには，要介護高齢者の増加をできるだけ少なくすること，すなわち寝たきりをつくらないための施策も重要である。また，現在でも，高齢者の大半は十分な健康状態を維持しており，日常生活を自立して送ることができる。そのため健康状態だけでなく，家族関係，所得や資産，趣味や娯楽など個人差の多様化が見込まれ，単に生活上の不安や困難を取り除くことだけにとどまらず，生きがいに満ちた心豊かな老後を実現するための条件整備も大切な課題になってきている。

生きがいを感じるには，生きていること自体に充実感を感じることである。高齢者の生きがい対策のひとつとして，老人クラブの助成がある。これは高齢者の半数近くを組織している活動である。現在では，高齢者が生きがいをも

って社会活動を行っていけるように，都道府県に「明るい長寿社会づくり推進機構」を，中央に「長寿社会開発センター」を設けて基盤整備が進められ，高齢者の社会活動の啓発や高齢者のスポーツ活動・健康づくり活動・地域活動推進のための組織づくりや指導者の育成等を行っている。

社会福祉は，チャンスや条件をなるべく多様に作り出すことであり，生きがいは，その人自身でつかみ出すものである。よって，本人の生きがいを感じることがあってはじめて，生きがいということが認められるのである。しかし高齢になってから，この生きがいをみつけるのは，なかなか難しい。やはり，若い頃から，余暇の送り方，あるいはゆとりのある生活の送り方，そのなかでその人自身の個性に応じた趣味や余技を身に付けていくか，いかないかで高齢時の生きがいが違ってくるものと考えられる。高齢社会の問題というのは，高齢化だけを問題とするのではなく，若い頃から高齢化について考えていかなければならない。それには，どのように準備したらよいか，4つの心構えがある。

① 老後の幸，不幸の大きなポイントは健康如何にかかっている。健康維持のために，若い頃から，運動と食事療法を心掛ける。

② 老後の人生の設計にプラスになるよう，経済力を確保する。

③ 健康につながる身体を動かす趣味と病弱になってもできる趣味の2種類の趣味をもつことが大切である。

④ 配偶者との真の絆，もしくは良き友人をたくさん作っておくことである。高齢時に備え，将来を見据えた生活について総力をあげて取り組んでいかなければならない。

高齢化の進行と福祉社会の発展について

かつては栄養・衛生状態が悪く，子どもを多く産んでもほとんどが乳幼児のうちに死んだ（多産多死）。また人間を取り巻く自然環境は過酷で，医療も未発達だったため，平均寿命は50歳程度だった。このような時代，65歳以上の高齢者は少数であった。しかし近年は，栄養・衛生状態が良くなり，乳幼児が死ぬことはほとんどなくなり，一方あまり子どもを産まなくなった（少産少死）。また医療の発達などで，平均寿命は80歳程度にまで延びた。これにより社会の人口構造は大きく変化した。人口構造を，年少人口（0～14歳）・生産年齢人口（15～64歳）・高齢者人口（65歳以上）の3つに分けて捉えると，かつては生産年齢人口が多かったが，今は高齢者人口が多くなっている。高齢化とは，このように社会を構成している人々の中に高齢者の占める割合が多くなることである。

高齢化状態を示すのに使われるのは，総人口に占める老年人口の割合（高齢化率）である。国連では，これが7％以上の社会を「高齢化社会」，14％以上の社会を「高齢社会」と定義している。現在の日本は高齢社会である（平成20年の総務省推計による高齢化率は22.1％）。

社会の高齢化が問題とされるのは，それが大きな社会変動と考えられるからである。高齢者の中には，働いている人から介護の必要な人までさまざまな人たちがいる。

現在の日本は，成長・競争・効率といった価値を追求し，経済大国となった。しかし，豊かな生活を送るために必要な社会資本の整備は，先進諸国と比べて非常に低いレベルで留まっているのが現状である。その中で真っ先に生活に困るのが，高齢者や障害者である。例えば，日本の街はまだ高齢者が住みやすいようにはつくられていないし，福祉サービスも不十分である。福祉社会の発展には，3つの段階が考えられる。

① 家族（特に女性）内で私的な福祉ニーズの充足が行われ，これが機能しない場合に社会福祉制度が使われる段階。

② 働くことで企業の制度（雇用，賃金，年金等）に保護され，個人の福祉ニーズの充足が行われる段階。

③ 社会福祉が社会の統合的制度となり，個人の福祉ニーズが必要に応じて充足される段階。

現在の日本は①と②の段階にあり，今後は福祉社会の実現に向けて，③の段階をめざすよう努力すべきである。

2-3 在宅福祉サービスの体系と介護保険制度について

●老人福祉論レポート学習参考例●

1 在宅福祉サービスの体系

在宅福祉サービスは，地域社会の中で居宅で生活する高齢者に対して，市町村が主体となって実施提供される諸々のサービスである。これまで「在宅三本柱」として①ホームヘルプサービス，②ショートステイ，③デイサービスを中心に整備拡充が図られている。寝たきりの状態にある高齢者が，特別養護老人ホームや養護老人ホームを利用しなくとも在宅サービスを活用することにより，家庭を基盤とした地域社会での生活が継続できるような条件を整えるものである。この３つのサービスのほか，福祉用具（車いす，特殊ベッド，緊急通報装置等）の給付，配食サービスや訪問入浴サービスなどがあり，今後は訪問介護サービスのさらなる拡充が期待されている。また地域における高齢者にかかわるサービス調整にあたる在宅介護支援センターが設置され，在宅の高齢者とその家族からの介護上の相談や緊急対応を含む24時間にわたる「窓口」となってきた。

平成元年12月，「高齢者保健福祉推進十か年戦略（ゴールドプラン）」が策定され，平成12年に至るわが国の高齢者に関する保健医療福祉サービス整備の基本的方向性が明らかにされた。そして平成２年の老人福祉法及び老人保健法の改正により，平成５年４月から「老人保健福祉計画」が各市町村及び各都道府県ごとに策定されることが義務づけられた。また，前記の「ゴールドプラン」は，平成６年12月見直しが行われ「新ゴールドプラン」として新たな整備計画が立てられたが，計画期間が終了することから平成11年12月に「今後５か年間の高齢者保健福祉施策の方向（ゴールドプラン21）」が策定され，平成12年度から推進されている。

ところで，在宅で生活している高齢者の居住形態としては，ひとり暮らし，夫婦のみ，三世代世帯のように，多様な形態をとっている。また，親族や友人・知人との密接な関係が維持できている場合もあれば，孤立的生活を余儀なくされている場合もある。住居についても，１戸建て住宅居住者，借家居住者，アパートなど集合住宅居住者等と多様である。経済的にも貧富の差はかなり大きい。身体状況，精神状況についても壮年とかわらない健康度を維持して完全に自立している人から，継続的な介護を必要とする人までさまざまである。このように，施設サービスを受けている高齢者に比べて在宅高齢

者の生活構造は千差万別であり，そのニーズもまさに多様である。

このような在宅高齢者とその家族に提供される在宅福祉サービスの形態には，①ホームヘルプサービスのように自宅で提供されるサービス，②デイサービスセンターなどに通所して利用する通所型サービス，③通所施設やその他の目的地までの外出サービスのように，移送そのものを主たる目的とするサービス，④家族介護者の相談にのったり，介護技術指導，休養機会提供や健康管理などの高齢者を介護している人に対するサービスがある。

2　介護保険の給付制度

平成12年4月から介護保険が導入され，寝たきりや認知症（痴呆症）等で常時介護を必要とする「要介護者」や日常生活を営むのに支障がある状態「要支援者」になった場合，介護保険の給付制度により次の在宅サービスを受けることができる。

(1)　居宅介護支援

在宅サービスなどを適切に利用できるように，居宅介護支援事業者が心身の状況・環境・本人や家族の希望などを聞いて，介護サービス計画（ケアプラン）の作成や，介護サービス事業者との調整，介護保険施設への紹介等を行う。

(2)　訪問介護（ホームヘルプサービス）

介護福祉士や，ホームヘルパーなどが家庭を訪問して，入浴・排泄・食事等の介護や，調理・洗濯・掃除などの家事，生活等に関する相談・助言等の必要な日常生活上の援助を行う。

(3)　訪問入浴介護

看護師やホームヘルパーが移動入浴車等で各家庭を巡回し，浴槽を家庭に持ち込んで入浴の介護を行う。

(4)　訪問看護

症状が安定期にある要介護者等に対して，訪問看護ステーションや病院，診療所の看護師などが家庭を訪問して，療養上の世話や必要な診療の補助を行う。

(5)　訪問リハビリテーション

病院，診療所及び介護老人保健施設の理学療法士，作業療法士が家庭を訪問して，心身機能の維持回復を図り，日常生活の自立を助けるための理学療法，作業療法その他必要なリハビリテーションを行う。

(6)　居宅療養管理指導

通院が困難な要介護者等に対して，医師，歯科医師，薬剤師，歯科衛生士，管理栄養士などが家庭を訪問して，心身の状況，置かれている環境等を把握して療養上の管理や指導を行う。

(7)　通所介護（デイサービス）

老人デイサービスセンター等に通い，日中の食事・入浴の提供とその介護，生活等についての相談・助言，健康状態の確認等，日常生活上の世話と機能訓練を行う。

(8)　通所リハビリテーション（デイケア）

介護老人保健施設や病院，診療所に通い，心身機能の維持回復を図り，日常生活の自立を助けるために行われる理学療法，作業療法その他必要なリハビリテーションを行う。

(9) 短期入所生活介護

老人短期入所施設や，特別養護老人ホーム等に短期間入所し，入浴・排泄・食事の介護等の日常生活上の世話や機能訓練等のサービスが提供される。心身の状況や，家族の病気・冠婚葬祭・出張等のため，または，家族の精神的・身体的な負担の軽減等を図るために，一時的に在宅での日常生活に支障がある場合に利用する。

(10) 短期入所療養介護

介護老人保健施設や介護療養型医療施設などに短期間入所し，看護，医学的管理の下における介護，機能訓練その他の必要な医療や日常生活上の世話等のサービスが提供される。

(11) 福祉用具貸与

心身の機能が低下し，日常生活を営むのに支障のある要介護者等の，日常生活の便宜を図るための福祉用具や，機能訓練のための福祉用具の貸出を行う。

【貸与の対象となる福祉用具】

①車いす，②車いす付属品，③特殊寝台，④特殊寝台付属品，⑤じょく瘡予防用具，⑥体位変換器，⑦手すり，⑧スロープ，⑨歩行器，⑩歩行補助つえ，⑪認知症老人徘徊感知機器，⑫移動用リフト（つり具を除く）

(12) 福祉用具購入費

在宅の要介護者が，入浴や排泄等に用いる福祉用具を購入したときは，購入費の9割が支給される。

【購入の対象となる福祉用具】

①腰掛便座，②特殊尿器，③入浴補助用具，④簡易浴槽，⑤移動用リフトのつり具の部分。

(13) 住宅改修費

在宅の要介護者が，手すりの取付け等の住宅改修を行ったときは，住宅改修費の9割が支給される。

3　今後の課題について

最近の在宅福祉サービスは，介護保険の導入とともに市町村や社会福祉法人のほか，NPO法人，民間企業など，さまざまな組織が担っている。いずれにしても今後は在宅福祉サービスの質を高めることが必要である。利用者にとって利用しやすく在宅で生活する高齢者の生活支援に有効に機能するものでなければならない。そのためには，サービスを提供する事業者が自らのサービスを自己評価したり，第三者評価の仕組みを活用してサービスの質的向上を図る必要がある。在宅福祉サービスの基盤整備として，量的な拡大とあわせ質的な面からの充実が重要となっている。

なお介護保険については，法改正により，要支援者や介護度の低い人を対象として「介護予防サービス」（新予防給付）の創設などの制度改正が行われた。（2006年4月実施）

2-4 介護保険制度について

●老人福祉論レポート学習参考例●

　戦後，わが国の平均寿命は著しく伸び，2008（平成20）年の簡易生命表によれば，男79.29歳，女86.05歳にまで伸長し，文字通り世界の最長寿国となっている。日本の将来推計人口によれば，65歳以上人口の割合は今後も上昇し続け，2023（平成35）年には30.0％になり，人口のおよそ3.5人に1人が高齢者となり，2055（平成67）年には40.5％となり，およそ2.5人に1人が65歳以上という，超高齢社会が到来することが予測されている。

　なかでも，とくに75歳以上の高齢者の増加により，介護を必要とする寝たきりや認知症の高齢者が急速に増えることが予測される。厚生省（当時）の「国民生活基礎調査」（平成10年度）によれば，これら要介護高齢者の発生率は加齢にともない上昇し，65歳から69歳では1.5％程度であるが，年齢層が高くなるにつれて要介護の発生率も上昇し，80歳から84歳では約9.2％，85歳以上では約20.8％が介護を必要とする状態になるものと見込まれている。

　このほか，常時介護は必要としないが，日常生活を送る上で何らかの支援が必要な，いわゆる虚弱老人が多数存在し，やはり何らかの介護が必要とされている。高齢化の進展とともにこのような介護を要する高齢者は急増し，2025年には520万人に達するものと見込まれている。21世紀の超高齢社会では，介護の問題は決して特別のことでも，限られた人のことでもない。国民のすべてが真剣に考えなければならない問題となるのである。

　戦後，都市部への人口の集中に伴い，家族の形態も多世代が同居する大家族から核家族へと変容した。

　高齢者（65歳以上）のいる世帯についてみると，世帯数は昭和47年の658万世帯から大きく増加し，平成2年に1082万世帯，平成19年では1926万世帯となっている。急速に進行する人口高齢化に即して高齢者世帯の数も全世帯の40.1％を占めている。高齢者世帯について，その世帯構成をみると，三世代世帯が昭和50年の54.4％から平成19年に18.3％へと減少する一方，夫婦のみの世帯が昭和50年の13.1％から29.8％へ増加，また単独世帯も昭和50年の8.6％から22.5％へと増加している。このように，高齢者の「夫婦のみの世帯」や「単独世帯」の増加が著しい現状にある。

　こうした状況にもかかわらず，要介護者を抱える家庭には「福祉サービスを利用することへの抵抗感」や「他人

を家庭に入れたくない心理」がはたらくことも多く，わが国の高齢者介護の多くは，家族による介護に依存している。また，実際に介護をしている者の状況を調べると，約5割は60歳以上の高齢者となっており，高齢者が高齢者を介護するいわゆる「老々介護」という状況は，すでに現実のものとなっている。こうした状況のなか，心温まる介護を続け高齢者を支えている家族は多いが，家族の心身の負担は非常に重くなってきている。

このように，高齢化の進展に伴い，高齢者の介護問題は老後の最大の不安要因となっている。しかし，高齢者介護サービスは，従来の制度においては，老人福祉と老人保健の2つの異なる制度の下で提供されていたことから，利用手続きや利用者負担の面で不均衡があり，総合的なサービス利用ができなくなっていた。また，①老人福祉制度については，行政がサービスの種類，提供機関を決めるため利用者がサービスを自由に選択できない，②老人保健制度については，介護を主たる目的とする一般病院への長期入院（いわゆる社会的入院）が生じているなど医療サービスが非効率に提供されている面がある，などの問題が指摘されていた。

介護保険制度は，高齢者介護が福祉と医療に分立していた従来の制度を再編成し，社会保険方式を導入することによって，福祉も医療も同様の利用手続き，利用者負担で，利用者の選択により総合的に利用できる仕組みを構築することをねらいとし，介護保険法が制定され，2000（平成12）年から導入されている。介護保険制度の概要は以下の通りである。

(1) 保険者

保険者については，国民に最も身近な行政単位である市町村を保険者（運営主体）とする。その上で，国，都道府県，医療保険者，年金保険者が市町村を財政・事務面から支援することとなっている。

(2) 被保険者の範囲

被保険者は40歳以上の者とし，65歳以上の第1号被保険者と40歳以上65歳未満の医療保険加入者である第2号被保険者との2つに区分している。これは，65歳以上の高齢者と，40歳から65歳未満の者では要介護の発生率が異なるほか，保険料の算定の考え方や徴収の方法が異なることによる。

(3) 保険給付の手続き・内容

要介護状態にある被保険者（要介護者）または要介護状態となるおそれがある状態にある被保険者（要支援者）に対し保険給付が行われる。その場合要介護状態等の給付が行われる状態にあるかどうか，またその介護の必要の程度を確認するために，要介護認定が行われる。要介護者については，住宅・施設両面にわたる多様なサービス等を給付することとし，要支援者に対しては，要介護状態の発生の予防という観点から，在宅サービス等を供給す

ることとする。また，介護保険では，利用者が自らの意思に基づいて利用するサービスを選択し決定することが基本となる。この場合，そうした利用者の決定を支援する仕組みとして，居宅介護支援事業者（ケアプラン作成機関）に配置された介護支援専門員（ケアマネジャー）がサービス計画（ケアプラン）を策定して，サービス事業者との調整を行う仕組みとなっている。

(4) 利用者負担

利用者負担については，サービスを利用する者としない者との負担の公平，サービス利用についての費用の意識の喚起等の観点から，1割の利用者負担が設けられている。

なお，2005（平成17）年の介護保険法の改正により，特別養護老人ホーム，老人保健施設，介護療養型医療施設の3施設では，光熱水費を含む居住費や食費が介護保険の対象外になり，入所者負担になる。これは家賃や食費を自己負担している在宅サービス利用者との不公平の解消がねらいで，平成17年10月から実施されている。

(5) 公費負担

公的介護保険の総給付の2分の1を公費負担とすることとしている。公費のうち，国，都道府県，市町村の負担割合は，2：1：1（それぞれ総給付費の25％，12.5％，12.5％）とする。

(6) 市町村への支援

財政面の支援としては，①要介護認定に係る事務経費の2分の1相当額を国が交付する，②都道府県に財政安定化基金を置き，給付費増や保険料未納による保険財政の赤字を一時的に補填するための資金の貸与・交付を行うほか，③総給付費の5％に相当する国費負担額を，第1号被保険者の保険料負担の格差を是正するため市町村に対する交付金に充てることとしている。

(7) 基盤整備

介護保険制度を円滑に実施するためには，介護サービス基盤の整備を着実に進めていくことが必要不可欠である。このため，都道府県及び市町村は，国が策定した基本方針に基づきそれぞれ都道府県介護支援計画，市町村介護保険事業計画を策定し，介護サービスの基盤整備を推進している。

介護保険制度導入の最大の目的は，介護を必要とする状態になっても自立した生活を送り，人生の最期まで人間としての尊厳を全うできるよう介護を社会全体で支える仕組みを確立することにある。

2005（平成17）年の法改正では2006年4月から高齢者が寝たきりや認知症になるのを予防する「介護予防サービス」（新予防給付）や「地域支援事業」が導入された。今後とも制度のより一層の充実が期待されている。

2-5 在宅福祉サービスをめぐる今日的課題について

　高齢者が住みなれた地域で自立した生活を送る上で，在宅福祉サービスはきわめて重要である。地域社会の中での充実したサービスは高齢者が介護を要する状態になることを予防することにもなる。在宅サービスの中でもホームヘルプ，デイサービス，ショートステイ事業は，在宅福祉の三本柱といわれ，高齢者の地域生活を支援するサービスとして重要視されている。

（1）訪問介護（ホームヘルプ）事業
　訪問介護は，居宅で入浴，排泄，食事などの日常生活上の世話を受けるものである。この制度は1962（昭和37）年の制度発足時には所得税非課税世帯に無料で配布されていたが，1982（昭和57）年には，課税世帯に拡大されるとともに，有料化が導入された。
　その後，サービスを受ける必要のあるすべての世帯に対して派遣されるなど制度の拡充が行われた。
　2002（平成12）年に介護保険が導入されてから民間事業者の参入が進んでいる。その一方，コスト重視による経営でサービスの質の低下やパート職員の増加などの問題も起きてくる。
　今後の課題としては，競争原理の導入によりサービス内容や質の向上が求められ，業界全体のレベルアップと資質の高い訪問介護員の養成確保が期待されている。

（2）通所介護（デイサービス）事業
　このサービスは，在宅の高齢者が老人デイサービスセンターなどに通って日常生活上の世話や機能回復訓練を受けるものである。運営主体は市町村または社会福祉法人であったが，介護保険が導入されてから民間事業者も参画するようになった。また最近は，生きがい活動を支援する事業として旅館やホテル，入浴業者が参入するなど，まさに競合時代に入っている。
　今後の課題としては，利用者が急増している認知症高齢者への対応やリハビリテーションの充実など運営面への配慮が必要とされている。

（3）短期入所（ショートステイ）事業
　この事業は，家族介護者が病気などのため一時的に介護が困難になった場合，一定期間，施設に預かってもらって日常生活上の世話をしてもらうものである。最近では家族の休養・休息の際に利用するレスパイトサービスにも活用できるよう改善されている。
　今後の課題としては，今後ますます需要の増加が見込まれていることから身近な地域の中に数多く整備されることが望まれている。

2-6 在宅福祉サービスの概念と実施主体について

●老人福祉論試験問題学習参考例●

1 在宅福祉サービスの概念

在宅福祉サービスは大別して、狭義と広義の2つに分けられる。まず狭義の在宅福祉サービスについては、さらに専門的介護と在宅介護の2種類に分けることができる。また広義の在宅福祉サービスは、狭義の概念に予防的サービスと福祉増進サービスを加えたものとされている。

専門的介護とは、家族等だけの援助ではできない、例えば医療、看護、リハビリテーションなどといった専門的な分野からなるサービスである。

在宅介護とは、ホームヘルプ、給食、入浴、排泄など家族の援助を補完、代替するものである。

予防的サービスとは、健康教育、早期検診などの保健活動や食生活の改善などといった予防的な活動である。

福祉増進サービスとは、老人クラブ活動、高齢者学級、レクリエーション、旅行など高齢者の社会参加を促進させたり、その教養を高めたりするサービスである。

2 在宅福祉サービスの制度的枠組み

在宅福祉サービスの制度的枠組みについては、介護保険制度の給付事業として提供されている福祉サービスのほか、①国、②都道府県、③市町村、④民間団体により行われている。

(1) 国について

在宅福祉サービスの実施主体である市町村に対して国は、国庫補助という形で原則として3分の1を助成している。

(2) 都道府県について

国庫補助事業の在宅福祉サービスについて窓口的役割と経費の3分の1の助成を行っている。なお、都道府県独自によりサービスを提供するなどその取り組みは多様化している。

(3) 市町村について

在宅福祉サービスの実施主体として、直接、または社会福祉協議会などに委託して実施している。なお、住民ニーズに応え市町村独自の事業を行っているところもある。

(4) 民間団体について

民間団体は認可型、自発(参加)型、市場型の3つのタイプがある。これらの民間団体のサービスは、活動の余地が広く、その創造性、効率性への期待は大きい。なお最近は、NPO法の成立により特定非営利活動法人(NPO法人)を組織し在宅福祉サービスを提供する団体が増加している。

2-7 老人ホームをめぐる今日的課題について

●老人福祉論試験問題学習参考例●

1 老人ホーム体系の問題

老人ホームは養護老人ホーム，特別養護老人ホーム，軽費老人ホームの3つの体系からなっている。入所基準としては，要介護度や健康度，経済状況，環境上の諸理由といった複数の基準が入り混じっている。より効果的に各施設の機能を引き出すためには各施設の機能に従った入所基準が必要である。

2 老人ホームの機能の問題

特別養護老人ホームは要介護者の施設機能のほか在宅で生活する高齢者を短期入所させる「ショートステイ事業」や通所により生活上の面倒をみる「デイサービス事業」を併設し，地域福祉の拠点としての機能をあわせもつようになってきている。

3 入所方法の問題

かつては，特別養護老人ホームへの入所は福祉事務所に申請を行い，決定されるという「措置方式」がとられていた。これは本人の意思や利益を損わないように配慮されてはいたが，実際には利用者の入所に関する希望が入る余地はなかった。2000（平成12）年度から介護保険制度が実施され利用者と施設との「利用契約」により入所できる手続に変更された。しかし，養護老人ホームについては，従来通り「措置方式」がとられている。

4 費用負担の問題

老人ホーム利用者の費用負担については，サービスを利用する者としない者との負担の公平，サービス利用についての費用の意識の喚起などの観点から問題となっていたが，特別養護老人ホームについては介護保険の導入に伴い，利用者が費用の1割を負担することとなった。なお，1割負担でも高額になる場合，高額介護サービス費により負担の上限が設定されている。また，施設入所者の食費と光熱水費を含む居住費については，在宅で生活している要介護者との負担の公平を図るため，2005（平成17）年10月から保険の対象から外れ利用者負担となった。

5 サービスの問題

施設を利用する老人へのサービスは，ノーマライゼーションの理念が大きく関係しており，地域生活だけでなく，施設生活のノーマライゼーションという側面も含めて考えていかなければならない。また，サービス水準の点では，施設によってサービスの内容や職員の実践水準に，格差が生じないよう公平なサービスの質的向上を図る必要がある。

● 老人福祉論試験問題学習参考例 ●

2-8 住民参加型の在宅福祉サービスについて

住民参加型在宅福祉サービスとは、地域住民の参加を基本として社会福祉協議会、住民自主組織など営利目的としないで活動する団体の行うホームヘルプサービス等の在宅福祉サービスをいう。以下、その特徴、現状及び課題について述べる。

1 特徴

特徴として次の5つがあげられる。①住民参加、住民主体という性格をもっており、公共的な福祉サービスとは異なる。②提供者と利用者が会員制等の組織により平等のメンバーシップが与えられている。③サービスが有料で提供される。④金銭的利益は追求しない。⑤有料、有償という面からボランティア活動とは性格が異なる。

2 現状

平成17年現在の全国社会福祉協議会の調査によれば、団体数は2200団体で、その数は増加の一途をたどっている。そのうち最も多いのは、4割以上を占める住民互助型が646である。続いて社会福祉協議会運営型、ワーカーズコレクティブ、協同組合型、行政関与型、ファミリーサービスクラブ、施設運営型、その他となっており、ほとんどの都道府県で活動が行われている。

多くの団体は、事業を始めた理由として「公的なサービスではできない多様なニーズに応えるため」をあげている。実際の事業運営費の確保の方法については、「入会金、会費」でまかなっている団体が多い。サービスについては、対象は「ひとり暮らし老人」が最も多く、次いで「老人夫婦世帯」となっており、その内容は、「家事援助サービス」が最も多い。利用者の負担についてみると、生活保護家庭は無料であるが1時間あたり737円が平均となっている。

サービス利用者の規模については、利用登録者は全国で13万人程度、利用実人員は14万1000人程度である。

3 課題

最大の課題は「マンパワーの確保」である。この課題は公共のサービスにおいてもいえることでもある。その他、「財源の確保」「利用者の発掘」「利用者と提供者の人間関係」「公的サービスとの連携」等があげられる。今後はこうした課題について適切な方策を明らかにし、取り組んでいくことが必要である。なお最近は、NPO法人（特定非営利活動法人）による在宅福祉サービス提供が増加しつつある。

2-9 民間シルバーサービスの現状と今後の展望について

●老人福祉論試験問題学習参考例●

　民間シルバーサービスは，高齢者のニーズの多様化，年金制度の成熟化による購買力の増加等によりそのニーズが増加の傾向にあるといえる。

1　住居関連分野について

　生活の基盤として有料老人ホームが増加の傾向にあり，最近の傾向として認知症高齢者等，要介護高齢者専用の有料老人ホームやショートステイを行うものも出現しはじめている。

2　介護サービスについて

　具体的にはホームヘルプサービス，つまり食事，排泄，入浴サービスなどの在宅福祉サービスを行っている。このサービスに求められるものは，一時的に家族の介護を代替するものではなく，長期にわたり高齢者の心身の状態を良好に保ち，家族介護を可能なものにしていくという専門的かつ総合的なシステムの確立である。また課題として，良質の介護サービスの確保とそれが正しく認識できるシステムの確立，医療関係者と円滑な連携が図れるようなシステムの確立があげられる。

3　介護用品について

　具体的には車いす，介護用ベッドなど，この他にも多くの介護用品があるが，最近ではこうした介護用品のレンタル事業が増えている。

4　金融関連分野

　経済面や疾病など高齢者の不安を解消するものとして，不動産を担保とした年金式融資など，金融関連分野においても民間でさまざまな商品が開発されている。これは最近注目されている分野であるが，信頼できる専門のシステムが重要といえる。

5　生きがい関連分野

　カルチャーセンター等の生きがい関連分野のサービスは老後を充実感のある，より豊かなものとするための重要なサービスであり，質の高いサービスの供給が望まれる。

　民間シルバーサービスは公的サービスではできない枠を超えたサービスとして大きな期待がよせられており，今後は高齢者の多様な福祉ニーズに応えられるよう努めていく必要がある。そのために，行政サイドとしては，民間事業者がもつ創造性，効率性を損なうことのないよう十分配慮しつつ指導し，十分に連携を図っていくことが望まれる。また民間事業者が福祉サービスの供給者であるという職業倫理を確立し，利用者等から信頼される質の高いサービスが提供できるように努めるよう指導していく必要がある。

2-10 ●老人福祉論試験問題学習参考例●
高齢者福祉と保健・医療の連携について

　高齢者の抱える福祉や保健・医療にわたるさまざまなニーズに応えていくためには，各制度のサービスが適切に提供されるよう，それぞれのサービス提供者が十分な連携を図る必要がある。

　老人福祉法（第10条の2）や老人保健法（第24条の2）においても，サービスを実施する際，連携や調整に努めなければならない旨規定されている。

　高齢者福祉や保健・医療の各サービスにおいては，1987（昭和62）年から都道府県・指定都市ごとに「高齢者サービス総合調整推進会議」，市区町村ごとに「高齢者サービス調整チーム」が設置され，サービスの総合的推進体制の確立が図られてきたが，2000（平成12）年からはさらに，サービスを総合的に調整することを目的として「地域ケア会議」が設置され，連携の強化が図られている。

　また，従来から介護サービス面で指摘されてきた福祉や保健・医療各制度の違いによる利用の不便さも，2000（平成12）年の介護保険制度の導入によって総合的に利用できるよう改善がはかられた。この制度では，介護支援専門員（ケアマネジャー）を中心に各専門職者の連携が十分に図られるよう，介護支援サービス（ケアマネジメント）の理念や手法が掲げられ，サービス担当者会議（ケアカンファレンス）の開催などをはじめとして，各分野の専門職者間の具体的な連携のあり方が示されている。

　このように高齢者福祉や保健・医療においては，さまざまなレベルで連携の強化が図られている。しかし一方で，各専門職種間には，援助方針や方法論の違い，地域性の違い，連携に取り組む姿勢の違いなど連携を図りにくい要素も存在し，実際に連携を行う際の難しさも指摘されている。このような状況の中で，さらに円滑な連携を図っていくためには，連携のための方法論の確立やシステムの整備など連携への取り組みの体制整備に加え，ソーシャルワーカーなど個々の専門職の幅広い知識の修得や専門職者相互のコミュニケーションの強化など一層の向上が必要となる。

　また，今後は，高齢者や家族が福祉や保健・医療サービスをできる限り必要としないよう予防に努めることや，住民一人ひとりがさまざまな活動や計画に参加できるようにすることなど，福祉や保健・医療だけでなく地域社会全体による協力・連携を図ることが必要である。

第3章
障害者福祉論

障害者福祉論

　障害者基本法において「障害者とは，身体障害，知的障害，精神障害があるため継続して日常生活又は社会生活に相当な制限を受ける者」と定義されている。
　障害は医学的，生理学的現象であり，本人の人格や選択とは無関係な属性であるにもかかわらず，現実の社会生活では障害をもっている人に対して，教育や就職の機会を狭めたりするような社会的不利（ハンディキャップ）が生じている。障害者福祉は，障害をもっているという生理学上の問題を個人の不幸に転化してしまう社会の差別や偏見，障害をもつ人をより不利にする競争社会のしくみに対して，障害を理由とした生活の危機に見舞われないよう，福祉施策とその実践行動を行うことである。障害者問題は，「人権」に関わる面が濃い。国際連合の「人権宣言」や「障害者の権利宣言」，あるいは「日本国憲法」を引用するまでもなく，障害者の「基本的人権」も同様に保障されなければならない。しかし，世界及び日本の過去から今日までの現実は，その建前通りではない。障害者のような社会的不利益を被る者の人権や，人間としての尊厳は必ずしも守られているとは言いきれない。障害者の人権や人間としての尊厳を守ることは，障害者福祉の目標とするところである。
　また，障害者福祉は障害者一人ひとりの「自立と社会参加」を目標としている。このため，①障害者のもつ自立生活力，社会生活力といった全人的復権をめざす「リハビリテーション」理念と手法の重要性，②障害者の自立と社会参加を可能にするような社会環境を作り上げる「機会均等化」施策の大切さ，③すべての人が「ともに生きる」社会（バリアフリー社会）づくりを支える「ノーマライゼーション理念」の本質と具現化の方策など，これからの障害者福祉の基本的な考え方，方向を学ぶことを目的としている。
　なお，障害者福祉をめぐる新たな動向として，これまで福祉の対象とされていなかった自閉症，アスペルガー症候群などの発達障害のある人に対する支援を定めた「発達障害者支援法」が2005（平成17）年4月から施行されている。
　また身体障害者（児）・知的障害者（児）・精神障害者の福祉サービスを一元化する「障害者自立支援法」が2005（平成17）年に成立し，2006（平成18）年4月から施行された。これにより，障害者の総合的な自立支援システムが構築されるとともに，応益負担が導入された。この応益負担の導入は，法律の本来の目的である地域での自立生活の推進を阻害するものとして多くの批判があることから，いま，「廃止」を含めた法改正が検討されている。

3-1 ●障害者福祉論レポート学習参考例●

障害者福祉施策の概要について

わが国の障害者福祉の基本となる法律として「心身障害者対策基本法」が1970年に制定されたが，1993年にその後の社会経済情勢の変動に対応して「障害者基本法」に改められた。障害者福祉の施策は，この障害者基本法を頂点として，医療，教育，労働，所得保障，社会福祉，住宅などそれぞれ関連する法律と制度によって実施されている。

障害者基本法の主な内容は，①法律の目的として障害者の自立と社会参加の促進を規定し，「完全参加と平等」をめざすことを明らかにしたこと，②法律の対象となる障害を身体障害，知的障害または精神障害のため継続的に日常生活に支障のある者としたこと，③基本理念として，すべての障害者は社会，経済，文化，その他あらゆる分野の活動に参加する機会を与えるとしたこと，④国民の間に広く障害者福祉についての関心と理解を深めるために12月3日～9日を「障害者週間」としたこと，⑤国は「障害者基本計画」を策定する義務があり，都道府県や市町村においても「障害者計画」を策定することが義務づけられたこと（平成16年改正）。

これまで障害者福祉施策はこの障害者基本法に基づいて身体障害者福祉法，知的障害者福祉法，児童福祉法及び，1995年に改正された精神保健及び精神障害者福祉に関する法律（精神保健福祉法）の4つの法律を中心に行われてきた。

1 障害者自立支援法の概要

こうした中で，2005（平成17）年10月，障害者自立支援法が成立した。これにより，それまで身体障害・知的障害・精神障害という障害種別ごとに異なる法律に基づいて行われていた福祉サービスや公費負担医療などが共通の制度で実施されるようになった。これと合わせて，障害者（児）が必要とするサービスを障害の種別にかかわらず利用できるようサービスを利用するための仕組みを一元化するとともに，障害者に身近な区市町村が責任をもってサービスを提供するなどさまざまな制度改正が行われた。

障害者自立支援法の目的は，障害者基本法の理念を具体化すること，すなわち「障害の有無にかかわらず国民が相互に人格と個性を尊重し安心して暮らすことのできる地域社会の実現に寄与すること」（第1条）と謳われている。

また，これまでの福祉サービスは，

在宅サービス，施設サービスの2つのグループに大別されていたが，障害者自立支援法による新しい体系では，「自立支援給付」と「地域生活支援事業」で構成されている。

「自立支援給付」としては，介護給付，訓練等給付，自立支援医療が行われている。また「地域生活支援事業」については，地方自治体が地域の実情に応じ創意工夫をこらした事業を行うこととしている。これらのサービスの利用者は，原則1割の定率負担が導入されることになった。

2　身体障害者福祉施策の概要

身体障害者に対する福祉施策の基本である身体障害者福祉法は第1条で，「障害者自立支援法と相まって，身体障害者の自立と社会経済活動への参加を促進するため，身体障害者を援助し，及び必要に応じて保護し，もって身体障害者の福祉の増進を図ることを目的とする」と規定している。

また，第2条においては，「自立への努力及び機会の確保」として，「すべて身体障害者は，自ら進んでその障害を克服し，その有する能力を活用することにより，社会経済活動に参加することができるように努めなければならない」。ならびに本条第2項で「すべて身体障害者は，社会を構成する一員として社会，経済，文化その他あらゆる分野の活動に参加する機会を与えられるものとする」とされている。第3条においては，「国及び地方公共団体は前条に規定する理念が実現されるように配慮して，身体障害者の自立と社会経済活動への参加を促進するための援助と必要な保護を総合的に実施するよう努めなければならない」。また，同条第2項で「国民は，社会連帯の理念に基づき，身体障害者がその障害を克服し，社会経済活動に参加しようとする努力に対し，協力するように努めなければならない」と地方公共団体と国民の責務を規定している。

またこの法律には，障害の範囲，身体障害者更生相談所，福祉のサービス内容等が定められており，障害の程度に対応した身体障害者手帳が交付されることとなっている。

3　知的障害者福祉施策の概要

知的障害者福祉法は，知的障害者の自立と社会経済活動への参加を促進するため援助するとともに，必要な保護を行い，その福祉を図ることを目的としている。特例を除いて，18歳未満の知的障害者については児童福祉法に基づき，18歳以上の知的障害者は本法の対象として，福祉事務所が相談窓口となり福祉サービスを行っている。一方，知的障害者更生相談所は高度な専門的な事柄についての相談指導，福祉事務所に対する指導，施設入所の判定，巡回指導などを行っている。また民生委員や，知的障害者の保護者などで都道府県知事から委嘱を受けた知的障害者相談員は福祉事務所に協力して相談活動を行っている。

知的障害者に対しては，身体障害者手帳のような法律による手帳制度ではないが，福祉サービスを受けやすくするため「療育手帳」が交付されている。そのための判定は児童相談所又は知的障害者更生相談所で行うことになっている。なお，知的障害者と知的障害児は満18歳で分けているが，現実には一貫した処遇の必要性から特例を設けて「児者一元化」が行われている。訪問介護員派遣事業などの18歳未満の知的障害児や重症心身障害児に対する施策の多くは，18歳以上の知的障害者や重症心身障害者にも適用されている。特に障害児の福祉施設への入所については，重度者の場合，成人になった後も引き続き入所でき，逆に知的障害者施設への入所が適当と認められた場合には15歳からでも入所できる。

4　障害児福祉施策の概要

障害児に対しては，身体障害手帳や療育手帳が交付され，児童に対する一般的な福祉サービスのほかに，障害に伴う各種の福祉サービスが提供されている。乳幼児期の障害の発生予防・早期発見は，主に母子保健対策として行われているが，発見された後の療育や相談指導は，主として児童福祉法に基づいて行われており，障害児福祉施策として主に①育成医療（身体障害者の更生医療に相当する制度），②通所・通園による療育，③在宅障害児への援助，④施設入所による療育などがある。

5　精神障害者福祉施策の概要

精神障害者福祉の施策に関して，「精神衛生法」が1987年に「精神保健法」と改められ，精神障害者福祉を保健医療の枠から一歩進んだ社会復帰対策が設けられることになった。これにともない社会福祉事業法（現，社会福祉法）も改正され，社会復帰施設の運営が（第2種）社会福祉事業として規定された。そして病気のみならず生活上の障害に対して，その克服のための援助を行うこととなった。現在，社会復帰施設としては，精神障害者生活訓練施設，精神障害者授産施設，精神障害者福祉ホーム，精神障害者福祉工場，精神障害者地域生活支援センターの5種類がある。

1993年の法改正では，精神障害者の処遇に関して，「施設から地域生活へ」の視点が導入され，グループホームの法定化などが行われた。さらに，1995年の改正で精神保健及び精神障害者福祉に関する法律（精神保健福祉法）となり，これに基づき，精神障害者の社会復帰の促進に加え，その自立と社会経済活動への参加の促進のための援助，精神障害者保健福祉手帳制度の創設など充実が図られている。続いて1999年の精神保健福祉法の改正により在宅サービスが法定化され，他の障害と同様に在宅福祉の充実が図られることとなった。これを受けて，平成14年4月からホームヘルプサービス，ショートステイ事業が実施されるようになった。

●障害者福祉論レポート学習参考例●

3-2 障害者雇用の現状と課題について

1 障害者雇用促進法について

学校教育を終えた障害者には，可能な限り雇用・就業の場が与えられるべきである。障害者が何らかの仕事に就くことは，障害者自身人生の目標になり，それと同時に社会の利益と発展に結びつくものである。

わが国では，1987（昭和62）年に身体障害者雇用推進法が改正され，「障害者の雇用の促進等に関する法律」となった（法律名の変更は1988（昭和63）年から）。この法律では，「障害者の職業の安定を図ることを目的とする」とされ，障害者の雇用を促進するだけでなく，その後の職業生活の安定を支援することまでもが含まれている。また，身体障害者だけではなく，知的障害者や精神障害者も新たな対象となったが，障害者に関する雇用安定の施策は，まだ十分でないのが現状である。

この法律は，障害者の雇用を義務づけることで障害者の雇用を促進している。日本ではドイツやフランスなどにならい，民間企業や国，地方公共団体に対して全労働者数に占める障害者の割合が一定レベル以上になるように義務づけている。この制度を「障害者雇用率制度」と呼んでいる。従業員全体の中で障害者の占める割合を障害者雇用率と呼ぶ。雇用率を計算する場合に，重度の障害者1人は身体障害者又は知的障害者2人として算入される。こうして計算された割合を法定雇用率と呼ぶが，これは民間企業（常用労働者56人以上）では1.8％，国及び地方公共団体（職員数48人以上）では2.1％とされている。つまり，56人以上の労働者を雇っている民間企業では，最低1人以上の障害者を雇用しなくてはならない計算になる。

この法定雇用率を達成していない事業所は雇用納付金として一定の金額を納めなければならない。金額は，法定雇用率に不足する障害者1人につき，1か月あたり5万円とされている。集められた雇用納付金は，雇用率を達成している企業に，雇用調整金や報奨金という形で支払われる。また，障害者の雇用に取り組むための助成金として支払われる場合もある。このような障害者雇用納付金制度は，雇用率を達成している企業と，そうでない企業との間の経済的バランスをとる，という役割ももっている。

2 障害者雇用の現状について

ところで，身体障害者及び知的障害者の雇用の現状はどうであろうか。厚生労働省によれば，2008（平成20）

年6月1日現在の民間企業での状況は以下のとおりである。民間企業の法定雇用率は1.8％であるが、実雇用率の平均は1.59％である。企業規模別にみると、従業員が1000人以上の企業で実雇用率の平均は1.78％で、平均を超えているが、その他の規模の企業はいずれも平均を下回っている。法定雇用率未達成の企業の割合を見ると、全体で55.1％と過半数を超えている。そして、従業員が1000人以上の企業で56.2％、56人以上99人未満の企業で55.1％と、企業規模が大きいほど未達成率が高いという傾向が出ている。

また業種別にみると、平均以上である業種は14業種中、製造1.75％、農林漁業1.87％、電気・ガス・水道業1.88％、運輸業1.75％、医療・福祉1.94％であるのに対し、卸売・小売業、飲食店、金融・保険・不動産業、サービス業など、9業種が平均以下である。これらの産業の実雇用率が低い原因としては比較的接客を必要とする仕事であるという共通点がみえる。

3 「福祉的就労」の場について

このように、障害者の一般雇用の職場は少ないというのが、日本での現状である。そのために、授産所や小規模作業所などに、別に障害者の働く場所をつくることになる。障害者がこのような場所で働くことを「福祉的就労」と呼ぶ。今まで授産施設や作業所などは、社会復帰のための通過点としてとらえられることが多かったが、現在では、仕事を基本とした生活をするための拠点としての役割を強めつつある。すなわち、障害者の生活のなかでも、「生活をするための仕事をする」場として、これらの施設を位置づけるようになりつつある。どんなに重度の障害をもつ人でも、仕事をして収入を得ることで社会的に自立して、同時に生き甲斐をみつけることは、福祉的就労の大切な目的の一つでもある。

障害者自立支援法の施行により、従来の身体障害者福祉法、知的障害者福祉法による入所（通所）授産施設は、「就労移行」及び「就労継続支援（非雇用型）」の事業に位置づけられることになった。このうち就労継続支援事業は、「一般企業等への就労が困難な障害者に働く場を提供するとともに、生産活動の機会の提供、就労に必要な知識及び能力の向上のために必要な訓練等の支援を行う施設」とされている。

厚生労働省の社会福祉施設等調査によれば、2008（平成20）年10月現在、身体障害者の入所授産施設144か所、通所授産施設220か所、小規模通所授産施設147か所、また知的障害者授産施設は、入所施設210か所、通所施設1220か所、小規模通所授産施設166か所が設置されている。なお、これらの授産施設のほか、地方自治体独自の助成やボランティアなどに支えられている無認可の共同作業所が全国に相当数存在している。

作業所の形態はさまざまであるが、

地域社会に根ざしたものがほとんどである。なかには，作業所でつくった商品を売ったり，喫茶店を開いたりといった，店舗型の作業所も存在する。また，一般の工場のように，多くの賃金が支払われている作業所もある。障害者のもつ障害の重度化・高齢化に伴って，このような施設の需要は今後も高まるものと考えられる。

このように，障害者の就労の場のニーズは増えつつあるが，まだ多くの課題が残されている。まず，重度の障害者に対する施策である。福祉的就労の場を確保するだけでなく，一般雇用の可能性を増やすためにも，視覚障害者に点字ワープロを使ってワープロを教えるなどといった能力開発が重要な課題となる。

4　精神障害者の雇用について

とりわけ精神障害者の雇用は重要な課題である。

現行の「障害者雇用促進法」は，精神障害者については，企業に雇用義務を課していなかった。しかし2005（平成17）年の法改正により，精神障害者の雇用を企業に義務づけることは見送られたものの，法定雇用率（民間企業の場合，現行1.8％）の達成度合いを見る際は，算定対象に精神障害者を加えることとなった。なお法定雇用率は現行のままであり，精神障害者の雇用は依然として厳しいのが現実である。

これに対して，精神障害者の雇用対策の一環として精神障害者福祉工場がある。この福祉工場は，従来の精神保健福祉法に定められた社会復帰施設で，専門職の指導員が配置され医師や看護師も配置されている。2008（平成20）年10月現在，全国で10か所が設置されている。このほか福祉的就労の場として，精神障害者授産施設が入所20か所，通所186か所，小規模通所授産施設216か所が設置されている。

これらの社会復帰施設は，国の「新障害者プラン」によって増設が図られているが全国的にも不足しているのが実情である。こうした認可施設とは別に小規模の共同作業所が全国で約1500か所があるといわれ重要な役割を果たしている。

5　障害者雇用の課題

最後に，障害者の一般雇用を増やすために，雇い主側の障害者雇用に対する考え方や姿勢を改めさせる必要がある。障害の種類や程度によっては，長時間の就労が困難であったり，社会生活上特別の配慮が必要な場合もある。

また，特に精神障害者の場合，就労後も引き続き医療面での支援を必要とする場合が多く，プライバシー面への配慮も欠かせない。このため，障害者の雇用促進にあたっては医療，保健分野とも緊密に連携しつつ，それぞれの障害者の特性に応じた弾力的な就業支援がなされるべきである。また，作業設備の改善をはじめ，雇用に関する知識や理解を深めていくための活動を確立することが重要である。

3-3 障害者福祉論レポート学習参考例

障害者福祉の基本理念について

　障害者福祉の基本的理念は，障害者をひとりの人間として尊び，その人とともに生き，その人の能力の発揮ができるように働きかけ，その人が障害者であっても充実した人生を築き上げようとすることを社会全体で支え，援助していくことにある。今日まで障害者に対する社会の意識は，長い間，差別と偏見の中にあった。日本国憲法の第25条，第1項に「すべて国民は，健康で文化的な最低限度の生活を営む権利を有する」と記されている。また，第2項には，「国は，すべての生活部面において，社会福祉，社会保障及び公衆衛生の向上および増進に努めなければならない」と，障害者も含むすべての国民の生活権と，国家による国民の権利の保護義務を明らかにしている。

　このように，どのような状況におかれていても，障害者を特別扱いせずに，障害者にも権利や義務の主体があると考えることが，障害者福祉の基本理念である。

1 「世界人権宣言」

　1948年に国連で採択された「世界人権宣言」が戦後初めて，地球上のすべての人々の人権の基本的理念について触れている。第1条では人間の自由権と平等権について，第2条では平等な社会権の保障について約束されている。これらの権利内容は，地球上の障害者を含むすべての人々の基本的な権利を述べたものであり，障害者も社会の一員として，国際的な流れの中では，その権利を主張できる人々の一員であると解釈されている。

　その後，1959年に採択された「児童権利宣言」の第5条において，障害児も福祉やリハビリテーションを受ける権利があることが保障されている。1971年には「知的障害者の権利宣言」として，知的障害者の権利保障の原則や，就労の権利，法律的な援助を受けることができる権利などが示されており，世界各国がこれらの権利を守ることを努力目標とした。

　さらに，1975年の国連総会では，「障害者の権利宣言」が採択された。この宣言は知的障害者，精神障害者，身体障害者の垣根を取り払ったすべての障害者の権利に対する決議であった。この決議の中で，「障害者」を「先天的か否かにかかわらず，身体的又は精神的能力の不全のために，通常の個人または社会生活に必要なことを確保することが自分自身の力だけでは完全にまたは部分的に行うことができない人のことを意味する」と定義している。

そして，この宣言はすべての障害者に対して，さまざまな人間としての権利を保障することを守ろうとしているものである。障害という特別な事情や特性への配慮が，個別的になされて初めて，公平な人間としての権利保障となるという考え方が，この「障害者権利宣言」の根底に流れているのである。

2 国際障害者年と「世界行動計画」

以上のように，国連はいくつかの形で障害者に対する権利の保障を呼びかけてきたが，現状としてその実施は，各国においてほとんどなされていなかった。そこで「障害者の権利宣言」が出された翌年の1976年，国連総会において，世界中の政府や民間団体が障害者問題を再確認し，権利の保障が完全実施されることを目標とする計画が提唱された。その結果，1981年を「国際障害者年」とし，障害者の社会における「完全参加と平等」が呼びかけられたのである。

さらに，1982年には国際障害者年の目的や理由を世界のすべての国々に徹底して伝達し，国連運動の目的を達成するために，世界中の人々の心に訴える説得力のある指針を発表した。これが「障害者に関する世界行動計画」である。この行動計画は，世界の障害者に対する問題点を分析し，その上で各国がなすべきことや，国際活動が今後果たさなければならない課題について，具体的な提案を201項にまとめ，1冊の計画書として記したものである。

この計画書の要点は，①平等と参加の原理（障害者が地域社会の中で生活することを当然の権利とする），②障害者政策を総合政策の中に位置づけること（さまざまな政策の中に，障害者に対する政策を取り入れていく），③障害に対する考え方を広める（障害に対して，地域社会の人々の理解を深める），④障害についての考え方を明らかにする（障害の3つのレベルの理解），⑤障害者のおかれる社会環境問題の理解と解釈（障害者自身も自らのおかれている社会条件の問題を理解し，自らと環境の両方から不自由をなくすように努力すること），⑥あるべき社会像としての「共生の原則」を明らかにする（すべての人が利用しやすい社会へと変えていく）ことである。国連はこの行動計画によって，世界の関係者に障害者福祉の原理と原則を具体的に提示した。

そして人間は，いろいろな個性をもっているように，どのような障害があったとしても，それは単なる個性にすぎない。したがって，それぞれの人に対する障害の受け止め方も，人の数だけある。障害者を援助するにあたっては，その人にあった解決方法を見つけて，援助していくことが大切である。

また，社会の人々は車椅子や補聴器などといった，障害者の外見に目を向けがちである。これらの道具は，障害者にとって単に不自由を補うための道具であり，その人の身体の一部ではな

い。私たちは障害という部分に注目してしまうが，障害のあるなしにかかわらず，人間が共通にもつニーズの方が大きいことに気づく必要がある。趣味や，進学や就職，日常生活や結婚など，誰もがもっている共通のニーズを，障害者はそれぞれに工夫して，達成しようとしている。障害者のもっている能力を活かして，自分の力で目標を達成することへの援助や，別の方法を考えることが必要である。これが障害者側からも本当に求められる障害者福祉である。

　そして，障害者も社会の一員としてすべての人々がもっている社会は，障害者にも開放されるべきである。したがって，隔離された生活の場や，特別な施設に障害者を隔離・収容することは，とても不自然なことである。住み慣れた地域社会の中で，障害をもつ人ともたない人が「ともに生きる」ことこそが，障害者福祉の理念の実践である。例えば，車椅子に乗った人でも電車に乗ったり，学校に行ったり，ひとりで旅行をしたりできることが機会均等なのである。これが実現できて初めて，障害者の生活と障害のない人との生活との垣根が取り外されることになる。この状況こそが「対等にされた（ノーマライズ）」という状況である。機会均等によって実現された，差別がなく，すべての人に開かれた状態がノーマライゼーションなのである。

　このように，障害者だからといって，構えることなく，さりげなく，あたり前のこととしていく基本的な生活が営める状況が，障害者福祉の基本理念であり，ノーマライゼーションの達成された社会なのである。

3　「障害者の権利条件」について

　1971年の「知的障害者の権利宣言」，1975年の「障害者の権利宣言」の採択，さらには1981年の「国際障害者年」，1982年の「障害者に関する世界行動宣言」など，これまでの国連の活動は，障害者問題を人権の観点で捉える世界的な潮流となって各国を動かすことになった。

　1990年の「障害をもつアメリカ人法」，1992年の「オーストラリア障害者差別禁止法」，1995年のイギリスにおける「障害者差別禁止法」など，これらの国や地域において法律の制定や修正が行われ，1990年代頃から改めて条約を求める声が高まっていった。こうした中で，2006（平成18）年12月，国連総会において「障害者権利条約」が採択された。

　わが国は，2007年に外務大臣がこれに署名し批准のための準備を進めているところである。当事者団体等からも「障害者差別禁止法」の制定が強く求められている。

障害の概念について

1 障害の概念

　障害の概念は，狭義には身体または精神の機能の低下あるいは身体の一部の欠損など医学的な立場からみたものである。一方，欧米諸国では，障害の概念を広義に捉え，障害に伴って生活上の困難があるため何らかの援助を必要とする人を含めて使われるのが一般的である。

　わが国の法律では，障害の定義を次のように規定している。

　障害者基本法第2条に，「障害者とは，身体障害，知的障害又は精神障害があるため，継続的に日常生活又は社会生活に相当な制限を受ける者をいう」とある。また，身体障害者福祉法第4条は，「身体障害者とは別表に掲げる身体上の障害がある18歳以上の者であって，都道府県知事から身体障害者手帳の交付を受けたものをいう」と定義している。また，知的障害者については，知的障害者福祉法では定義されていないが，国の実態調査において，「知的機能の障害が発達期（おおむね18歳まで）にあらわれ，日常生活に支障を生じているため，何らかの特別な援助を必要とする状態にある者」とされている。精神障害者については，精神障害者保健福祉法第5条に「この法律で精神障害者とは，統合失調症（精神分裂症），精神作用物質による急性中毒，又はその依存症，知的障害，精神病質その他の精神疾患を有する者をいう」と定義されている。

2 国際的分類

　世界保健機関（WHO）は，2001年に新しい障害に関する分類として，「国際生活機能分類」を発表した。その大きな改定点は，これまでの「機能障害，能力障害，社会的不利」の国際分類を見直し，マイナスのイメージを与える「障害」という名称を中立的な名称にしたことである。すなわち，「機能障害」という言葉を「心身機能の構造」に，また「能力障害」を「活動」に置き換え，これによる障害の状態を「活動制限」とした。そして「社会的不利」を「参加」に置き換え，これによる障害の状態は「参加制約」としたことである。この「生活機能」は，病気がわかれば障害が決まるという簡単なものではなく健康状態と環境，その人の個性がさまざまに影響しあって決まるものであるという考え方である。

　つまり，障害とは活動や参加が制限・制約されている状態で，特定の人だけでなく，誰にでも起こり得ることであるということを明確にしたのである。

3-5 ノーマライゼーションの理念について

●障害者福祉論試験問題学習参考例●

1 ノーマライゼーションの意味

ノーマライゼーションの意味は「障害をもつ人も高齢者も子どももすべての人が特別視されることなく、同じように社会の一員として、あたり前の個人として、社会生活に参加し、行動することができ、また日常の生活においては、障害をもつ人たちのいろいろな欲求が社会のすべての人と同等に、ごく自然に満たされていくことが当然であるという考え方」である。例えば、車いすでも生活できるような環境の改善として階段の段差を除去したり障害に対する理解を求める啓発活動などを含むものである。ノーマライゼーションの理念を実現することは、障害者や高齢者などに限らず、障害のない人や若者も含めた社会全体で取り組んでいく問題である。

2 ノーマライゼーション思想の起源

「ノーマライゼーション」の起源はデンマークの親の会の運動に始まり、バンク・ミケルセン（デンマーク）が1959（昭和34）年に知的障害者に対する法律作成の際に導入したことにあると言われている。これは、彼が戦時中に体験した収容所での生活が大きく影響している。そこでの非人間的な扱いは解放後の世の中でも行われていた。特に知的障害者など社会的に弱い立場の人たちがその対象になっていたことから、そうした人々にできるだけノーマルに近い生活を提供することがノーマライゼーションの目的であると考えたといわれる。

1970年代にはアメリカでは、知的障害者たちが地域社会の中にとけ込むことのできるグループホームなどを受け入れていくことが強調された。こうしてアメリカでは、障害者問題に地域社会で取り組む変化が現れたのである。1971年、国連は「知的障害者の権利宣言」の中に、知的障害者に対してできるだけ家庭に近い条件下で暮らせるような、つまりノーマライゼーションの考え方を導入している。

このようにノーマライゼーションの思想は広まりつつあるものの、世界の障害者の生活はいまだに差別と不公平が断ち切れていないという状況であった。そこで国連は、1981年を国際的規模で啓発活動を行う「国際障害者年」とすることを決め、障害者の社会における「完全参加と平等」という目的を掲げた。この目的達成のために国際連合は「障害者の10年（1983～92年）」を設定し、各国がさまざまな活動を展開したのである。

●障害者福祉論試験問題学習参考例●

3-6 障害者福祉の法体系とサービス内容について

1 障害児（者）福祉の法律

これまで，障害児福祉は，児童福祉法がその中心となっており，障害者福祉については，身体障害者福祉法，知的障害者福祉法，精神保健福祉法を中心として施策が進められてきた。

こうした中で，2005（平成17）年10月，障害者自立支援法が成立した。これにより，それまで身体障害・知的障害・精神障害という障害種別ごとに異なる法律に基づいて行われていた福祉サービスや公費負担医療などが共通の制度で実施されるようになった。

2 サービス内容

(1) 手帳の交付・相談援助

障害者が福祉サービスを受けるために身体障害者手帳，療育手帳，精神障害者保健福祉手帳の交付を受けることが必要となる。これに基づき療育などについての相談援助も行われる。

(2) 自立支援医療

障害の軽減・除去を目的とした更生又は育成に対する援助制度である。また，精神障害者に対する通院公費負担制度及び肢体不自由者に対する福祉用具や補装具給付の援助などがある。

(3) 家庭生活援助

障害者の在宅生活を容易にするための援助として，訪問介護員の派遣，日常生活用具給付，グループホーム，ショートステイなどがある。また，障害者の社会生活が円滑に送れるようにするため，デイサービス，生活福祉資金の貸与，職親委託などがある。

(4) 生活環境改善

障害者の生活の環境を改善するため，障害者の住みよい福祉のまちづくり事業，在宅生活を支援するための住宅改造援助事業，公営住宅優先入居，住宅資金貸与優遇が行われている。

(5) 福祉施設利用援助

障害者を対象とする福祉施設は，身体障害者，知的障害者，精神障害者，心身障害児とそれぞれ対象ごとに設置されてきた。これに対して，障害者自立支援法における施設体系では，これまでの障害種別ごとの施設体系をすべて介護給付，訓練等給付，地域生活支援事業の3種のサービス体系に統合化していくことになった。これにより，これまで障害種別ごとに分立していた33種類の施設・事業体系は，「日中活動」と「居住支援」活動に再編されることになった。

(6) 障害者の雇用援助

「障害者の雇用の促進等に関する法律」を根拠にして，事業主への雇用援助，障害者への就職援助などがある。

3-7 障害者福祉における民間活動について

●障害者福祉論試験問題学習参考例●

　障害者福祉における公的サービスは、国や地方自治体が中心となって行われる。これに対して、主に障害者自身や、その家族、専門家などの関係者、市民などが中心の組織・団体・グループによる民間活動が行われている。

　障害者自身や、家族、専門職に従事する者が中心となって組織する障害者団体は、運動団体・要求団体としての役割を担う。その活動は、全国大会、地方大会などの集会や研究会を開き、自分達のかかえる問題を話し合い、その結果を多くの人々に伝えること、また、自分たちの考えを国あるいは都道府県などの地方自治体に伝え、対策や改善などを要望することである。

　障害者やその家族が、国や地方自治体に改善を要求している主な問題は、無年金者などの経済的な保障の問題、利用しやすい建物・交通機関などに関する環境改善などがあげられる。

　また、社会福祉法人、社団法人などの法人格を取得し、国からの補助金や専門家の協力を得て活動している全国規模の障害者団体もある。例えば、社会福祉法人全日本手をつなぐ育成会は、在宅の心身障害児・者及びその家族に対する療育指導・相談や会報による情報提供、ボランティア研修事業などを行っている。これらの活動は、国や都道府県の障害者対策の一部を担う役割を果たしている。

　障害者福祉における民間活動は、障害者の生活向上のために、障害のある人もない人も理解し合える地域社会をつくるために、重要な役割を果たす。

　アメリカにおいては、障害者自身が中心となって「自立生活運動」に取り組んでいる。この運動は、重度の障害者が、今までの周囲への依存から抜け出した生活を送るため、自分の意思で人間としての権利を得ることを目的とした運動であり、世界のさまざまな国の障害者施策に影響を与えた。1990（平成2）年7月には、「障害をもつアメリカ人法」（ADA法）が成立し、教育・雇用などのあらゆる分野において、障害のある人の社会参加の権利を守る法律ができている。

　わが国においても、障害をもつ人ももたない人も、同じ権利をもち、同じ社会でともに生活するというノーマライゼーションの達成された社会をつくるために、今後、民間活動の活発化により、障害者福祉に対する人々の理解・関心が深まることが期待されている。

第4章
児童福祉論

児童福祉論

　児童の基本的人権を守っていくことは，児童の健やかな成長を保障するものである。しかし，児童が成長・発達していく過程には，健全な成長発達を損ねるさまざまな生活問題や環境問題が生じ，生活そのものが不安定な状況に陥る場合もある。とりわけ，急激に変動する現代社会において，児童が直面する問題は，多様化，深刻化しているのが現状である。

　児童の健全な成長・発達や権利を保障するためには，正しい児童観に基づいて児童福祉を実践しなければならない。そのためにまず，現代の児童がおかれている社会状況の中のさまざまな生活問題を正確に把握し，専門知識と技術に裏づけられた解決方法を考えていかねばならない。複雑かつ多様な問題を解決をしていくことで，児童が生活の主体者として，また，社会的存在として健全に成長・発達を遂げることができるのである。ここに児童福祉を学ぶ意義がある。

　児童福祉の学習内容は，大きく５つに分けて考えることができる。第一に，児童福祉の概要，第二に，児童福祉の法体系とその実施体制，第三に，児童福祉施策の現状と課題，第四に，児童福祉従事者と専門性，第五に，児童に対する相談援助活動である。児童福祉の概要では，児童福祉の理念を基に，児童をとりまく家庭や地域社会の状況について学ぶ。児童福祉の法体系では，児童福祉法を中心として，関連法について学び，実施体制では，行政機関やさまざまな児童福祉施設の活動内容について知ることである。

　今日，新たに児童福祉の分野で課題となっているのは，少子化が急速に進む中で児童虐待，不登校や少年非行などの問題である。全国の児童相談所が扱った児童虐待相談対応件数は年々増加し，2007（平成19）年においては，児童虐待防止法が施行される直前の1999（平成11）年度の約3.5倍の４万639件となっており，質的にも困難な事例が増加してきている。また，わが国においては，少子化が急速に進行し，生まれてくる子どもの数についても第二次ベビーブーム時に比較すると約半分の109万人（2007年）となっているが，今後50年間でさらにその半分となることが見込まれている。このため，「地域における子育て支援」など少子化対策も重要な課題となっている。21世紀の児童福祉は，子どもを「権利の主体」として子どもたちをめぐる家族や地域社会のあり方を見直し，早急に児童の権利擁護のシステムを構築していくことが重要である。

4-1 児童福祉法の内容と児童福祉の発展について

●児童福祉論レポート学習参考例●

わが国の児童福祉は，第二次世界大戦後の児童福祉法成立をきっかけにして，大きく発展を遂げることになる。アメリカから受けた民主主義の考えは，わが国の戦前の児童福祉の概念・政策を根本的にくつがえすものであった。まずわが国の児童福祉の歴史をたどってみることにする。

わが国の近代化は明治維新によって始まり，それと並行して児童保護事業も行われるようになってきた。戦争での兵士が必要になり，児童は「国の宝」といわれ，産めよ増やせよの時代が続く。また1868（明治元）年の堕胎禁止令により，将来の兵士となるべき胎児の生命を奪うことが禁止され，貧困な児童等を対象として，各種の救貧法により米や金銭が支給された。その他，育児事業や託児事業，障害児の保護事業などが行われ，それらは現在の児童施設や事業の基礎となっている。

しかしながら当時の育児に対する考え方は，子どもをひとりの独立した存在としての認識をもって扱ってはおらず，あくまで家や父親の所有物であり，子どもは親に絶対服従することとなっていた。また救貧法により貧困な児童を対象とした米や金銭の支給は確かに行われたものの，支給を受ける対象が非常に厳しく限定されていた。結果として支給を受けた子どもは，法成立当初で1万人に1人，最も多い時期でさえ1万人にたったの6人の割合にすぎなかった。他の各種児童保護事業についても一部の先駆者によって実施されたものであったといえる。

大正中期になると，児童個人の人格や権利を保障していこうとする，近代的・西洋的な児童観が登場し，制度にも取り入れられるようになった。いわゆる大正デモクラシーの思想の中で，児童福祉は量的な拡大と質的充実が図られることになる。しかし，昭和に入ると世界大恐慌，関東大震災，大凶作等により生活は苦しくなる。それを打破する方法としてわが国は軍国主義の道を進み始め，近代的な児童観や児童保護事業の広がりはそこでストップすることとなるのである。

軍国主義の下において，児童保護事業は名称を児童愛護事業と改称し，救済を受ける対象こそ広がりをみせたものの，あくまで事業の目的は戦争を遂行するための人的資源（＝将来の兵力・軍需工場の労働力）の確保であった。ここにおいては，児童の人格の尊重や権利を保障していこうとする考え方は完全に否定されている。児童とは，

国家に従属する存在であり，ただ単に将来の兵力や軍需工場の労働力としてしかとらえられていないことに注意する必要がある。こうした考え方の下で，わが国における近代的児童観は歴史の表面から姿を消すことになる。

この状況は，第二次世界大戦の敗戦により大きな転換を迎えることとなる。敗戦直後，わが国は社会の混迷と混乱の中で，国民の生活は極端に低下し貧困にあえいでいた。児童のおかれた状況も深刻で，敗戦孤児，街頭浮浪児と呼ばれた児童の中には，住む家もなく，歩きまわり，落ち着く所もないままに非行化する者も多く，児童問題は緊急の課題であった。「戦災孤児等保護対策要綱」「浮浪児その他の児童保護等の応急措置実施に関する件」により対策が図られたが，救済された児童の数はわずかであり，対象も浮浪児のみであった。ここにきて児童に対する根本的対策を立てる必要性が表面化した。

またアメリカもわが国の児童問題に大きな関心を示し，GHQの覚え書「監督保護を要する児童の件」により児童保護・児童福祉の必要性を強調した。ここにおいてわが国は，児童保護の問題の根本的解決のために，すべての児童の健全育成を図ることを目的とした，「児童福祉法」の成立をめざすことになる。

児童福祉法は，1947（昭和22）年8月に新憲法下の第1回国会に「児童福祉法案」として提出され，同年11月に可決，「児童福祉法」が成立した。児童福祉法は同年12月に公布され，1948（昭和23）年1月から一部施行，同年4月1日から全部施行された。

児童福祉法はそれまでの「児童保護」の考え方を改めて，「明るく積極的な福祉の増進」をめざして，「児童福祉」の考え方・言葉を導入，すべての児童を対象とした点において大変すぐれたものであった。同時に児童福祉は国の責任であることを明確にし，その観点から法律を確立したことにも大きな意義がある。

次に児童福祉法の内容であるが，まず冒頭に児童福祉の理念が規定されており，それが新しい児童観となっている。この新しい児童観とは以下の2点である。

① 児童は社会の一員として，大人と対等の人格をもつ者として認められているということ。

② 児童は心身共に未熟であるが，未来に無限の可能性を秘めている。それを尊重して，個性の自由な発展を図ることが必要であること。

その他児童福祉法には，(1)児童福祉法の対象となる児童，(2)児童福祉の調査，審議，事務を実際に行う機関，(3)福祉の内容及び保障，(4)児童福祉施設の種類・設置・目的・運営方法，(5)児童福祉に必要な費用の負担者，等についてそれぞれ規定されている。

児童福祉法は「児童の保護」から「児童の福祉」へ考え方を転換したす

ぐれた法律であるが，その後の社会情勢の変化は著しく，社会の変化や時代のニーズに応じて，成立以来繰り返し改正が行われている。

主なものとして，3次改正にて児童の人身売買を禁じたこと，4次改正にて里親の最低基準を設けたこと，16次改正にて未熟児の訪問指導や養育医療の給付を新設したこと，45次改正にて身体障害児・知的障害児の自宅における介護の措置を追加したこと等があげられる。

児童福祉法も制定当初は，理念と現実とのギャップが大きく十分な成果も上がらず，児童問題が次々と起こっていた。そこで児童福祉の立ち遅れを補うため，「児童の権利を守るための規範というべき憲章」をつくろうとの声により，1951年の5月5日，児童憲章が「こどもの日」に制定された。

児童憲章は「日本国憲法の精神にしたがい，児童に対する正しい観念を確立し，すべての児童の幸福を図るために」定められた。主な内容は以下の2点である。

① 児童は人として尊ばれ，社会の一員として重んじられ，よい環境の中で育てられること。

② 児童の生活保障，家庭環境，教育環境，社会環境，人権擁護等。

戦後60年，社会の著しい変化の中で，児童を取り巻く生活環境・社会環境も大きく変化してきている。(1)過疎過密化等の社会・経済状況の変化，(2)共働き，核家族化，少子化，離婚の増加による家庭の形態・育児機能の低下等はその代表的なものである。その結果として，児童の心身問題の増大・深刻化等の新たな課題も起こってきている。

そうした社会変動の大きな流れとともに母子保健法，母子福祉法，児童手当制度，エンゼルプラン等が成立・実現するなど，わが国の児童福祉も大きな変化を遂げている。

また児童福祉法制定後初めての大幅な改正が1997（平成9）年に行われ，保育所の入所の仕組み，児童福祉施設の機能と名称の変更などが行われた。

2003（平成15）年には，市町村における「子育て支援事業」の実施，市町村保育計画の策定などを規定する改正が行われている。

さらに2004（平成14）年には，児童虐待防止対策の充実強化を図るための改正が行われ，児童相談について市町村の役割の見直し，児童福祉施設・里親などのあり方の見直し，保護を要する児童について家庭裁判所が関与できる仕組みの導入などが行われている。

2008（平成20）年の改正では，子育て支援に関する事業と家庭的な環境での養護を充実するための施策の強化が行われた。

以上述べてきたように，戦後の児童福祉法の成立をきっかけにして，わが国の児童福祉はその後の社会の変動と共に，発展・変化し続けている。

4-2 「少子化」の要因と児童に及ぼす影響について

●児童福祉論レポート学習参考例●

1 少子化の要因

わが国の少子化は，1955（昭和30）年頃始まったと言われている。戦前は1世帯あたり平均5人の子どもがいたが，1955（昭和30）年以降3人を下回りはじめ，合計特殊出生率（1人の女性が一生の間に生む子どもの平均数）は，2008（平成20）年には1.37人となって，人口を維持するのに必要な2.08人を大幅に下回る状況が続いている。このように少子化が進んできた要因として，次のことが考えられる。

第一は，結婚する時期（年齢）が遅くなってきている，いわゆる晩婚化である。女性の高学歴化や社会進出に伴い，専業主婦よりも安定した専門的な職業につきたいという希望者が増加してきた。その結果，晩婚化という状況が見られるようになった。1975（昭和50）年の平均初婚年齢は，男子27.0歳，女性24.7歳であったが，2007（平成19）年には男性30.1歳，女性28.3歳となり特に女性の初婚年齢の上昇が目立つ。晩婚化は出産するタイミングの遅れや，20歳代で子どもを生む女性が減り，全体の出生率に大きく響くことになる。

第二は，非婚率の上昇である。婚姻関係や子育てに拘束されるよりも，ひとりの人間としての自由や社会的自立を志向するというものである。国立社会保障・人口問題研究所の「出生動向基本調査」によれば，「一生結婚するつもりはない」とする男女も増加しているが，「理想的な相手が見つかるまでは結婚しなくてもかまわない」という人が，男女とも半数を超えていることは特徴的なことである。

第三は結婚をしても，子どもを産むという選択をしない場合や，子どもをあまり多く産まない選択をする人が多くなっているということである。少ない子どもを大切に育てようとする親の価値観，養育費，塾，おけいこごと，大学などの教育費の経済的負担といったことが理由のひとつである。1970（昭和45）年代以降，子育てにお金をかけることが豊かな生活の象徴のように考えられ，子育て費用の増大は家計を大きく圧迫している。子育てによる自分の時間の減少や，子育てのための精神的負担，身体的負担，そして女性の社会における自己実現志向ということなども背景としてあげられる。

かつては一定の年齢になったら結婚し，子どもを産み育てることがごく自然のこと，当然のことのように考えられてきたが，結婚するかしないか，ま

た子どもを産むか産まないかは，当人たちが選択することだというようにその価値観が変わってきたといえる。わが国の少子化は，このようなさまざまな要因が作用しあって進んできた。

2　少子化が児童の福祉に及ぼす影響

　少子化は，子どもの健全な成長・発達にどのような影響を及ぼしているのだろうか。少子化は子どもの遊び仲間の減少となり，それは，遊びそのものの変化となり，子どもたちの健全育成に多くの影響を与える。

　かつては兄弟姉妹の中で，また，年齢の異なる近隣や学校の多くの友人たちと，野原や空き地・路上などで体を動かし，知恵を働かせて工夫しながら遊ぶことが一般的であった。その遊びのなかで互いに思いやりや忍耐すること，協力しあうことなど人間関係について，また，工夫したり失敗したりしながら創造力・思考力・問題解決能力など人間として生きていく上での基本的なことや，知識・常識・技術などさまざまなことが培われ身についていった。しかし，最近では，遊び仲間や遊び空間の減少やテレビ，コンピュータなどの普及という社会環境の変化があいまって，遊びの形態は同年齢の少人数化もしくは自分ひとりだけの室内遊びへと変化してきている。かつてのように暇さえあれば仲間と外遊びに興じるといった姿は，公園や路上から消え去り，今日の子どもたちの生活は，ほとんどテレビと勉強とで構成されていると言って過言ではない。このような状況は，大都市だけではなく地方や過疎の地でも同じである。遊びの内容も，マンガを読む，テレビやコンピュータゲームで遊ぶなど，商品化された受け身なものが中心になっている。

　このため，子ども同士の触れ合いは減少，希薄化され，子どもが主体的に遊び，自発性や社会性を開花させ，人間としての生きる力の基礎を培うことができなくなっている。大人たちはより豊かな人生をと，自己啓発や自己充実を求めて意欲的に活動しているのに対し，子どもたちの世界からは生産的，創造的，活動的な遊びが消え，大人とは逆行する形で個人的，静的，受動的な方向へ進んでいるという現象がおこっている。子どもの遊びはまさに「集団から孤独へ」「動から静へ」「自発から受け身へ」と変化し，われわれ大人の願いとは反対に，子どもたちの生きる力の弱体化が進行しているといえるのではないだろうか。

　少子化によるこのようなひとり遊び，機械操作的な遊び，静的な遊び，自然との接触のない遊びへという変化は，子どもの健康や体力にも影響している。児童の体力は，文部科学省が毎年行っている体力・運動能力調査の結果を見ると，近年目に見えて低下している。2002（平成14）年度の同調査結果で，10歳・11歳の「50ｍ走」及び「ソフトボール投げ」について，30年前（子どもたちの親の世代）の

1972（昭和47）年の調査と比較すると，両テストとも親の世代を下回っている。また，体格と体力の関わりについて，「身長」と「握力」により比較すると，今の子どもたちは，体格（身長）は親の世代を上回っているが，体力（握力）は下回っている。このような体力や基本的運動能力は，かつては自然に行われた遊びの中で獲得していった。

また，少子化による室内遊び，ひとり遊びへの変化は情報化社会の進展とあいまって，ビデオやテレビゲームでの遊びへの変化が中心となってきているが，特にテレビゲームは長い時間テレビの前にくぎづけになり，目の健康にも悪く，また，夜更かしの原因ともなり生活習慣の乱れや疲労，ストレスとなる。こうして，テレビづけやひとり遊びに慣れ，人間関係が保てなくなり「ひきこもり」となるケースも多いといわれ，深刻な問題を与えている。

さらに，少子化が進行するなかで，少ない子どもに親が過大な期待をかける傾向が見られるが，こういった子どもの教育に対する親の関心や過剰な期待，また期待に伴う過干渉，過保護などは見えない圧力となり，子どもにストレスを与えたり，子どもの自立をさまたげたりしている。また，少子化社会における豊かすぎるともいえる物質的環境も問題である。欲しいものがすぐ手に入る環境の中で，我慢することや自制を学ばずに育つことや，お金さえあればという価値観が，児童の心に形づくられることは望ましくない。

いま子どもたちは，ごく限られた友人や人間関係，制限された遊び場所や時間の中で生活し，両親からの過度の期待をかけられ，学校では競争関係の中にさらされているのである。

このように少子化がもたらす影響は子どもの成長や発達に多くのマイナスの影響を与えているが，子どもがのびのびと育つようにするためには，ゆとりある住居や遊び場の整備，女性の雇用対策の充実や育児休業の活用，保育サービスの充実等を推し進めなければならない。そして，子どもの生きる力を育てていくように，社会も学校も家庭も努力していく必要がある。

現在，政府も少子化対策，次世代育成支援対策を国の基本政策に位置づけ，仕事と子育ての両立支援など，さまざまな取り組みを行っている。

また，2003（平成15）年には「少子化社会対策基本法」が施行され，同法に基づき，少子化に対処するための施策が総合的に推進されている。

さらに同年には，次代を担う子どもが健やかに産まれ育つ社会の形成を目的とする「次世代育成支援対策推進法」が制定されている。この法律は，国や地方自治体，事業主などの責務を明らかにするとともに，地方自治体や企業が国の策定指針のもとに行動計画を2005（平成17）年3月末までに策定することが義務づけられた。

4-3 ●児童福祉論レポート学習参考例●

「児童の権利条約」制定の背景と意義について

　近年，子どもの人権が強く叫ばれ，子どもを1人の人間として尊重する思想が強調されるようになった。しかし，その歩みはまだ始まったばかりである。子どもが身分や階層にかかわりなく，尊重されるべきであるという思想は，18世紀の教育思想家ルソーによって強く明確に主張された。ルソーは，児童を単に大人を小さくしたものではなく，1人の人間としてその価値や人権を認めることの重要性を説いた。20世紀初頭には，エレン・ケイが20世紀を「児童の世紀」とすることを提唱し，児童の権利が最大限に尊重される社会を築くよう強調して以来，それは徐々に具体化されてきた。

　しかし，1914（大正3）年に第一次世界大戦が始まり，多くの子どもたちが犠牲になった。こうしたことから，2度とこのような痛ましいことを起こすことがないようにと，国際連盟が結成され，1924（大正13）年に「児童の権利に関するジュネーブ宣言」が採択された。宣言の前文で「全ての国の男女は，人類が児童に対して最善のものを与えるべき義務を負う」と明言されている点はきわめて重要である。この観点はやがて「児童の権利宣言」に受け継がれた。しかし，この「ジュネーブ宣言」は，児童を権利の主体としてみるのではなく，不利な条件にある児童に，特別な保護をしようとする性格をもち，児童の生存のための最低保障を意図するものにすぎなかった。

　平和への祈りもむなしく，1941（昭和16）年，再び戦争が引き起こされた。そして1945（昭和20）年，多くの人命を奪い人類を不幸のどん底におとしいれた第二次世界大戦が終わった。この大戦で児童の被害は大きく，1300万人の児童が死亡したと言われる。

　そして1945（昭和20）年，永遠の平和を確保しようと国際連合が結成され，1946（昭和21）年から児童の権利に関する憲章の作成が開始され，1959（昭和34）年には，「児童の権利宣言」が成立した。この宣言は，社会的弱者である児童の人権の保障を可能にするための特別の措置と配慮の必要性を宣言するだけではなく，児童を権利の主体としてとらえる姿勢が特に注目される。しかし，宣言は宣言以上の何ものでもないことから，1978（昭和53）年にポーランド代表から児童の権利宣言を法的に拘束力のある条約にしようという提案があった。そして，その後検討が重ねられ，1989（平成元）年，国連総会において「児童の権利に関する条

約」が，全会一致で採択されたのである。

同条約は，前文と54条の条項で構成されている。前文には，「児童の調和のとれた発達のため」条約を定めたと，その趣旨が述べられている。1条から5条までには，子どもの定義，差別の禁止，子どもの最善の利益の第一次的な考慮，締約国の実施義務，親の指導の尊重があげられている。6条からは，生命への権利や親を知りかつ親に育てられる権利などの子ども固有の権利，自由に意思表明する権利や思想の自由など市民的権利，生活水準や教育への権利，さらに，経済的搾取（さくしゅ）や有害労働，麻薬や性的搾取・虐待からの保護，そして少年司法にいたるまで規定の内容は広範囲に及ぶ。

この条約は，憲法を除くほかの法律に優越するものであり，国内の法律や規則と条約の間に矛盾が生じた場合には条約が優先される。

また，この条約には報告審査制度があり，条約を批准した各国政府は定期的に自国の児童の権利の状況を国連に報告しなければならない。国連では世界から選ばれた10人の子どもの権利委員がその報告を審査し，その結果を発表するという制度である。日本については，1998（平成10）年に提出した報告書に対し，本条約に対する日本の取り組みは不十分であるとの判断を国連が下し，22項目にのぼる改善点が指摘されている。

この権利条約の意義は次のようなことである。

第一に宣言や憲章とは異なり，国家間の条約は署名，批准（ひじゅん）した国々の政府に対して拘束力が生じることである。締約国は条約に盛られた内容を，国家の義務として誠実に実行していかなければならない。

第二に従来，児童は権利の主体ではなかったが，この条約では児童を権利の主体として位置づけていることである。また，児童に自由権を成人と同じように認めたことは画期的なことである。

第三に危機的状況の中にある多くの開発途上国の権利擁護に大きなウェートをかけていることである。

第四にこの条約の内容は，非常に範囲が広く多岐にわたり，世界のすべての国々にあてはまることである。

わが国は，国連で採択された5年後の1994（平成6）年にようやく国会で批准が決定され，わが国の児童福祉にさまざまな影響を及ぼした。50年ぶりに大きく改正された「児童福祉法」には，条約に謳われている子どもの「意見表明権」を尊重した制度が，新たに組み入れられた。

具体的には児童福祉施設への入所のプロセスにおいて，児童相談所所長は，子どもや保護者の意向を確認することが必要になった。また，保育所への入所の前提として，市町村や保育所が，保育に関する情報を提供し，保護

者が希望する保育所を選ぶことができるようになった。

また，1999（平成11）年には「児童売春，児童ポルノに係る行為等の処罰および児童の保護等に関する法律」が制定された。また地方自治体においても「条約」を尊重した施策が展開されている。

ところで，この条約が成立した今日，児童をめぐる世界各国の現状はどうなっているのであろうか。

1990（平成2）年9月30日，国連で「子どものための世界サミット」が開かれ，世界の71人の大統領や首相が一堂に会した。これは児童問題に関する政府首脳の集まりとしては歴史上最も大きなものであり，前年に採択された「児童の権利に関する条約」を世界的に尊重し守っていこうという趣旨のもと具体的な方策が話し合われた。そして，子どもたちにひとつの大きな約束が与えられた。「2000年までに現在のような規模の，子どもの死や栄養不良をなくすとともに，世界のすべての子どもの心身の健全な発達を可能にするための，基本的な保護を与える」という約束である。

だが，約束は守られたのか。非営利活動法人ワールド・ビジョンの2002（平成14）年12月の報告によれば，今なお続く紛争のもとで故郷を追われ難民となった子どもは世界で2500万人，過去10年間に戦争で死亡した子どもは200万人といわれる。地雷や砲弾の後遺症で苦しむ子どもたちが600万人，戦争で親を失った孤児が100万人いるといわれている。その他，戦闘に加わっている子どもたち，戦争や避難の中でおそいかかってくる性暴力や心の傷を受けた子どもたち，そして，貧困ゆえに飢えで死ぬ子どもたちなど，その犠牲数はおびただしい。

一方，豊かさの中にある日本の子どもたちはどうであろう。1998（平成10）年に子どもの権利委員会が日本に下した勧告の項目の中には，生徒たちが受験というストレスにさらされていることや，学校が閉鎖的で，子どもの自主性を損なっていることなどの指摘がある。その他，いじめや体罰，虐待などさまざまな問題にさらされている児童など，児童の人間としての権利は守られているといえるだろうか。また，環境はどうであろうか。森林の破壊や温暖化などの環境の悪化は，子どもたちの健康や成長を妨げている。

今一度，「児童の権利に関する条約」の意味を確認し，一人ひとりの子どもが人間として尊重され，豊かな子ども時代を過ごすことができるよう，大人は努力しなければならない。

また，これからの子どもの福祉は，国内だけではなく地球規模で考えなければならない。戦争をなくし平和を実現することや，地球環境を保全するために世界中の国が協力することが世界の子どもの福祉につながるのではないだろうか。

4-4 児童福祉の理念と児童の権利について

●児童福祉論試験問題学習参考例●

児童福祉法第1条では，国民は児童が心身ともに健やかに生まれ，育成されるよう努める義務があり，児童は生活を保障され，愛護されなければならないと示されている。この考え方は，憲法の根本となっている基本的人権の尊重に基づいたものである。そして，第2条では，児童の育成について，その責任は国と地方公共団体，保護者が負うことが示されている。なお，ここで保護者もその責任を負うとあるが，親の権利である親権とは，児童の権利を守るために存在するものである。

以上のように，児童福祉の理念には「心身ともに健やかに生まれ，成長し発達していく権利」と「生活の保障と愛護を受ける権利」が存在することが明らかにされている。これは，心身ともに未熟な児童が，自らの要求を十分主張できるまでに成長していないことから，国や保護者など周囲がそれを実行する主体となって児童の権利を守っていこうという考え方が基本にあると考えられる。

児童福祉の理念は，児童福祉法の他に「児童憲章」(1951年)，「児童権利宣言」(1959年)，「児童の権利に関する条約（通称「子どもの権利条約」)」(1989年) にも示されている。

「児童憲章」では「児童は人として尊ばれ，社会の一員として重んぜられ，よい環境のなかで育てられる」とある。これもまた，児童の権利という視点からみると，「育てられる」という，受け身の権利である。

「児童権利宣言」では「人類は，児童に対し，最善のものを与える義務を負うものである」とある。これも児童の権利という視点にたってみると，「人類によって与えられる」という，受け身の権利である。

以上の3つの児童福祉の理念を児童の権利という視点にたってみると，いずれも児童の権利は，国や保護者などによって守られるという受け身の権利であり，児童自らが主体的に主張するものではないのである。

しかし，1989年「児童の権利に関する条約（通称「子どもの権利条約」)」では，児童の権利として，自分の考えを自由に表す「意見表明権」や「表現・情報の自由」が示された。これは上記の3つとは異なり，児童の権利は「保障される」といった受け身の権利だけではなく，児童自らが「主張する」という能動的な権利であることをあらわしている。

4-5 児童福祉の法体系と実施体制について

わが国の児童福祉の法体系は、日本国憲法第13条を基本とし、国民すべてが有する基本的人権に基づいている。

「児童福祉法」は、戦後の混乱の中、親を失った子どもたちが浮浪児となり、児童の福祉が著しく低下した1947(昭和22)年に制定された。当時の状況からして、浮浪児の保護が第一の課題ではあったが、「児童福祉法」は、法の対象を「すべての児童」とし、「すべての児童が心身ともに健やかに生まれ、かつ、育成される」ことを理念として掲げた。この点で「児童福祉法」は、当時、国際的にみても先進的な法律であった。また、国民すべてが児童の健全育成に道義的責任を負うことが謳われており、保護者のいない子どもに対しては、その直接的な養育責任を国及び地方自治体が負うと明言されている。

その後「児童福祉法」のほかにも、「児童扶養手当法」(1961(昭和36)年)、「特別児童扶養手当等の支給に関する法律」(1964(昭和39)年)、「母子及び寡婦福祉法」(1964(昭和39)年)、「母子保健法」(1965(昭和40)年)、「児童手当法」(1971(昭和46)年)が制定され、これらをまとめて児童福祉六法と呼んでいる。

わが国の児童福祉は、「児童福祉法」に規定された理念に基づいて実施されている。実施体制の中心となる国の行政機関は厚生労働省であり、雇用均等・児童家庭局が児童福祉行政全般の総合的な企画、監督指導を行っており、具体的には、児童福祉行政は、都道府県、市町村により行われている。

児童福祉の実施機関としては児童相談所・福祉事務所・保健所などが設置されている。児童相談所は都道府県及び政令で定める市に置かれ、児童福祉法に基づき市町村での対応が困難な相談への対応、施設への入所措置、市町村への技術支援などの業務を行っている。福祉事務所は、「社会福祉法」に基づき社会福祉全般にわたる事務を担当し、児童問題に関しては、児童相談所との連携のもとに業務を行っている。

保健所は地域における公衆衛生の向上を目的とし、児童に関しては特に母子保健にかかわる施策を行っている。

これら児童福祉の調査審議機関として、都道府県に児童福祉審議会が設置されている。

さらに、児童養護施設や障害児施設など、個別な役割を担う14種の児童福祉施設が設置され、児童の抱えている問題に応じて、養護、療育、相談などを行っている。

4-6 ●児童福祉論レポート学習参考例●

児童福祉機関と児童福祉施設について

児童福祉機関とは児童福祉法に基づき，児童福祉に関する事務を実際に処理したり，必要な調査，審議等を行う専門機関である。この機関は国や県，あるいは市町村に置かれている。

これらは大きく福祉行政機関，審議会，実施機関，関係機関，の4種類に分類することができる。

1　児童福祉行政機関

児童福祉の行政機関は，国によって行われているものと，都道府県，市町村によって行われているものとがある。国においては厚生労働省雇用均等・児童家庭局を中心に，都道府県，市町村においては民生部（または福祉部等）を中心として児童福祉行政が行われている。

2　児童福祉審議会

児童福祉を実際に実施していく際には，世論や専門的なことが関わってくることが多い。それらの世論や専門家の意見を反映するための機関が，児童福祉審議会である。

児童福祉審議会は社会福祉審議会で統合審議する場合を除き各都道府県に置かなければならないことになっている。主な仕事は，①都道府県知事・市町村長等の諮問（相談）に答えること，意見を述べることと，②児童向けの図書やTV番組を推薦したり，有害なものについては，それを作った業者に対し勧告したりすることである。

3　児童福祉実施機関

(1) 児童相談所

すべての児童が健やかに育ち，児童の力を充分に発揮できるように児童や家庭を援助することを目的としている。

児童相談所は，都道府県と政令指定都市に置かなければならないことになっており，2008（平成20）年4月現在，全国に197か所置かれている。また，2004（平成16）年12月の児童福祉法改正により中核市等で政令で定める市にも児童相談所が設置できることとなった。その主な役割は下記の通りである。

①　相談：児童の福祉に関することであれば何でも，家庭その他からの相談のうち，専門的な知識・技術を必要とするものに応じること。

②　判定：相談を受けた児童や家庭に必要な調査を行うとともに，医学的・心理学的・教育学的・社会学的及び精神保健上の判定を行う。

③　指導：児童と保護者について②の判定に基づいた指導を行う。

④　一時保護：保護者の急死・家出による場合，短期間に集中的な心理療法・生活指導を行う場合に一時的に保

護を行う。
⑤ 措置：施設入所等の措置を行う。
⑥ 市町村への必要な助言：市町村に対して専門性の高い相談について技術的援助・助言を行う。
(2) 福祉事務所

福祉事務所は児童福祉だけでなく，高齢者福祉，生活保護等をも含む総合的な福祉の向上をめざした重要な福祉の実施機関である。

都道府県，政令指定都市，特別区，市に置かなければならないことになっている。2009年4月現在で，全国で1244か所置かれている。主な役割としては，以下のことがあげられる。
① 実情の把握：児童及び妊産婦の福祉に関する必要な実情をつかむように努める。
② 相談・調査・指導：児童と妊産婦に関するさまざまな相談に応じ，必要な指導を行う。

このほか，助産施設・母子生活支援施設・保育所への入所の取り計らいを行う。

一部児童相談所と内容が重なるが，比較的簡単なケースを福祉事務所が担当している。
(3) 保健所

保健所は，地域における公衆衛生の向上と増進をめざした重要な機関である。

都道府県と政令で定められた32の都市，特別区に置くことになっており，2009年4月現在，全国に510か所置かれている。児童福祉に関する主な役割は，以下の通りである。
① 児童の保健について，正しい知識の普及を図ること。
② 児童の健康相談に応じ，健康診断を行い，必要があれば保健指導を行うこと。
③ 身体障害児の障害を早期に発見・診察し，必要な助言指導を行うこと。

4 児童福祉関係機関
(1) 児童委員

児童委員は児童の福祉のために活動する民間の奉仕者である。児童や妊産婦の生活や環境の状態をつかみ，援助・指導を行う。民生委員がこれを兼ねており，任期は3年で改選が行われる。2007（平成19）年12月現在，児童委員の定数は主任児童委員（2万1100人）を含め23万2103人である。

最近では，「心豊かな児童を育てる」運動が児童委員によって展開され，母と児童の福祉の向上に役立っている。
(2) 家庭裁判所等

家庭裁判所は福祉に関わりの深い家庭問題や非行問題をあつかう機関でもある。

家庭裁判所では，離婚，養子縁組や少年の非行の調停・審判を行っている。
(3) 児童福祉施設

父や母がいなかったり，障害があるために，家庭において適切に育てられない児童を父や母に代わって育てたり，保育したりする所で，入所型と通所型とがある。児童福祉法においては，次の14種類に分類されている。

① 助産施設：経済的理由により入院助産を受けることができない妊産婦の助産を行う。

② 乳児院：乳児を入院させて養育する。

③ 母子生活支援施設：配偶者のいない女子又はこれに準ずる事情のある女子及びその監護すべき児童の入所，保護をする。

④ 保育所：保護者の委託を受けて，保育に欠ける乳幼児又は幼児の保育を担当する。

⑤ 児童養護施設：乳児を除いて，保護者のいない児童，虐待されている児童，その他環境上養護を要する児童を入所，保護し，児童の自立を支援する。

⑥ 知的障害児施設：知的障害児の入所，保護と自立生活に必要な知識・技能を与える。

⑦ 知的障害児通園施設：知的障害児を保護者のもとから通わせて保護を行い，自立生活に必要な知識・技能を与える。

⑧ 盲ろうあ児施設：盲又はろうあ児の入所，保護と自立生活に必要な指導・援助を与える。

⑨ 肢体不自由児施設：肢体不自由のある児童を治療するとともに，自立生活に必要な知識・技能を与える。

⑩ 重症心身障害児施設：重度の知的障害及び肢体不自由が重複している児童の入所，保護と治療及び日常生活の指導をする。

⑪ 情緒障害児短期治療施設：軽度の情緒障害を有するおおむね12歳未満の児童の短期入所，又は保護者のもとから通わせて，その情緒障害を治療する。

⑫ 児童自立支援施設：不良行為を為し，又は為すおそれのある児童を入所させ，これを教育し，保護する。また，生活指導等の必要な児童の自立を支援する。

⑬ 児童厚生施設：児童に健全な遊びを与えて健康を増進，又は情緒を豊かにする。

⑭ 児童家庭支援センター：児童養護施設などのすでにある児童福祉施設内に設置され，地域の児童の福祉に関する相談に応じ必要な助言，指導を行う。

また児童福祉施設に加えて，認可を受けていない保育所や民間クリニックもある。これらは「無認可施設」と一般に呼ばれている。

児童福祉施設はさまざまな課題を抱えている。とりわけ，児童養護施設，乳児院，母子生活支援施設などの施設は，不登校や虐待など，入所児童自身や家庭環境が複雑・多様化しており，時代のニーズに即して新たな対応が求められている。また，保育所については，働く母親の増加や労働形態が多様化していることもあって，多くの待機児童を抱えているのが現状である。

また近年「施設のオープン化」が叫ばれている。これは，施設を地域の人に公開し使用してもらったり，施設行事に地域の人の参加を図るものである。

「児童福祉法」改正の動向について

1 児童福祉法制定の経緯

第二次世界大戦後の日本は，貧しさと混乱の中にあった。街には戦災孤児，浮浪者，飢えた子どもたちがあふれ，これらの子どもたちは放浪して物を乞い，また盗みをする者もいた。このような社会状況の中で，児童の保護は緊急の課題となっていた。

そこで政府は，1947（昭和22）年，すべての児童の健全育成のための「児童福祉法」を制定した。

2 「子ども家庭福祉」制度の充実

児童福祉法が制定されてから半世紀余りが過ぎ21世紀を迎えた。この間，少子高齢化の進行，家庭における子育て機能の低下など，児童を取り巻く環境は大きく変動し，その対策が急務となっていた。さらに国際連合が「児童の権利条約」を採択し，子どもの人権の確保について具体的な事項が定められた。

こうした背景をふまえて児童福祉法の大改正が行われ，1998（平成10）年4月から施行された。この改正は，子育てをしやすい環境の整備を図るとともに児童の健全育成と自立を支援するため，「子ども家庭福祉」制度の構築をめざすものである。具体的には保育制度の見直し，児童自立支援や母子家庭施策などの充実がはかられた。また国連の「児童の権利条約」が規定する子どもの最善の利益並びに子どもの意見表明権を尊重した制度が新たに取り入れられた。

3 2000年以降の児童福祉法の改正

2000（平成12）年には，児童虐待の増加と深刻化を背景に，児童委員を介して児童相談所や福祉事務所に通告できるようにする等の改正が行われた。

さらに2001（平成13）年11月には，児童が地域の中で安心して健やかに成長できるような環境を整備するため，児童委員活動の活性化，保育士資格の法定化，認可外保育施設に対する監督の強化などが図られている。

2004（平成16）年には，児童虐待防止対策の充実強化を図るための改正が行われ，児童相談について市町村の役割の見直し，児童福祉施設・里親などの在り方の見直し，保護を要する児童について家庭裁判所が関与できる仕組みの導入などが行われている。

2008（平成20）年には，子育て支援に関する事業を法律に明記するとともに，虐待を受けた子どもや家族に対し家庭的な環境での養護を充実するため里親制度などの整備が図られた。

近年の社会の変化に対応して，児童福祉法は改正を繰り返している。

● 児童福祉論試験問題学習参考例 ●

4-8

児童虐待について

1 児童虐待とは

児童虐待とは，親または親に代わる養育者（保護者）あるいは同居人によって子どもに加えられた行為で，子どもの心身を傷つけ，健やかな成長・発達を損なう行為を言う。「児童虐待の防止等に関する法律」第2条は，以下の行為が児童虐待であるとしている。

(1) 身体的虐待

児童の身体に外傷が生じる，または生じる恐れのある暴行を加えること（殴る，ける，など）。

(2) 性的虐待

児童にわいせつな行為をすること，又は児童にわいせつな行為をさせること（子どもへの性交や性的行為の強要，性器や性交を見せるなどの行為）。

(3) ネグレクト（保護の怠慢・拒否）

児童の心身の正常な発達を妨げるような著しい減食または長時間の放置，その他保護者としての監督を著しく怠ること（病気やけがをしても適切な処置を施さない，乳幼児を家に置いたままたびたび外出するなど）。

(4) 心理的虐待

児童に著しい心理的外傷を与える言動を行うこと（ののしる，無視する，家庭における配偶者に対する暴力，配偶者間の暴力を見せることも含む）。

2 児童虐待を防ぐために，保育者として何をすべきか

一般的に虐待が起こる要因として，親の孤立状態から起こる子育て不安や，夫の無理解や非協力による母親の育児ストレス，育児知識の不足や誤解などがあげられる。保育者のなすべき援助として次の4つが考えられる。

① 保育所において，園児の保護者や近隣の人たちが子育てについて気軽に相談できるよう園便りや広報などで知らせたり子育てについて相談，援助を積極的に行う。

② 虐待が疑われる場合には早期に子どもの保護者と養育について話し合ったり，悩みを聞いたり，適切なアドバイスをする。必要に応じて児童相談所，保健センターなどの関連機関との連携を図る。

③ 子育ての一環として，未就園児たちの一時保育や育児サロンなどに積極的に取り組む。乳幼児を一時的に預けることによって，親は子育ての緊張や疲れから解放され安らぎの時間を得ることができる。

④ 母親教室，講演会などにより，子育ての楽しみ方や必要な知識などを伝えたり，保護者からの質問に答えたりして子育てを援助する。

児童相談活動について

1 児童に対する相談援助活動

児童相談援助活動（以下「児童相談」という）については，統一された定義はないが，ここでは「児童の性格，行動，知能，身体等種々の問題並びにその家庭，学校，地域等の環境上から起こる児童の問題等について，児童本人あるいは保護者，学校等から相談を受け，それに対して専門的な方法で援助活動を行い，児童が心身ともに健全に成長し，そのもてる力を最大限に発揮することができるよう援助してゆくすべての諸活動の総体」であると考える。

2 児童相談の特徴

児童相談において，児童本人が自分自身の問題を理解，認識してその解決を図るために他人に相談をもちかけることは少ない。そのため相談を持ち込む保護者，関係人等，第三者の要望（ニーズ）と児童本人の要望とが必ずしも一致しないことが多くある。したがって，来談者と児童相談をうける担当者の信頼関係（ラポール）を最初に築き上げていく中で，真の児童相談のニーズがどこにあるかを見いだしてゆく必要がある。

3 児童相談の方法

児童相談の方法としてはいろいろあるが，次の3つに分類する。

(1) 指　導

これは問題改善の目的で必要な助言を与えることである。助言の仕方には，1回きりのものから継続的なもの，言語によるものと書物等他のメディアによるもの，また，それらを組み合わせたもの等がある。指導にかかわるレベルも認知的なレベルから心の深層のレベルまで種々あって，人と場合によって対応も異なってくる。

(2) 継続指導としてのソーシャルワーク，カウンセリング，心理療法

これは来談者が自らの問題を解決することができるようにソーシャルワーカーが実施する種々の継続的な心理的，または社会的援助活動である。

(3) 訓　練

これは特定の児童，保護者等に具体的な課題を設定し，新たな態度や技能等を習得させることを目的とする。知的障害児や肢体不自由児の療育，訓練等があり，主として児童福祉施設で実施される。

4 児童相談の過程

児童相談の過程はおよそ次のようになる。

(1) 相談の受付

紹介・問い合わせ等により，児童相

談の必要性（ニーズ）の表明と申込み等。

(2) 受理面接，受理会議

相談内容の把握，受理の可否判断，受理する場合，その後の手順の決定，不受理の場合でも他機関への紹介，斡旋等について会議する。

(3) 調査，診断，判定の実施と関連諸会議における検討

面接，電話，照会等による調査と社会診断，面接，検査，観察等による心理診断，医学診断等による諸資料の収集と分析，問題の分析と原因の究明，処遇指針の検討，決定，どの専門家を担当させるのか等を検討する。

(4) 援助

訪問，通所，入所等による援助，即ち，助言指導，心理療法，カウンセリング，ソーシャルワーク，訓練，その他の援助等の実施，援助効果の評価とそれに基づく指針・修正等を行う。

(5) 終結

援助の目的達成度評価，目的達成による終結と援助能力の限界による終結（この場合他機関を紹介する場合が多い），その他の理由による終結等がある。

(6) 事後指導

学校不適応，家庭生活不適応に対する援助，問題再発の予防等を行う。

5 児童相談実施上の留意点

児童相談実施上の留意点として次のようなことがあげられる。

(1) 受　容

これは，これが良いとか悪いとかなどという判断や偏見をもたずに来談者のありのままを無条件に受け入れることである。来談者の経験や態度，その児童の感情がどのようなものであろうと，その人の一部としてありのまま受け入れなければならないのである。しかも受け入れる際も，「もし〜したら，受け入れる」というように，受け入れるための条件をつけてはならない。

(2) 個別性

相談者は2つと同じものはない人間個々の特性をもっている。対応を類型化することはできても，個々の相談はあくまで1回きりの個々の問題であり，一つひとつの特別な事例としてみることが重要である。

(3) 相互信頼関係

この相談員になら何でも話せそうだという相互信頼と親和の関係（ラポール）が成立しなければ個々の相談は問題解決へ向けて進展しない。

(4) 自己決定，自立への援助

相談の目的はあくまで相談に来た人の自己決定，自立への援助であり，相談援助が来談者の主体性をつみ取って解決方法を決定してしまうことのないよう十分注意しなければならない。

(5) 総合的アプローチ（解決手段）の必要性

これには相談を受け，関わる側の総合性と来談者側の総合性とがある。すなわち，児童の問題は素質，養育環境，誘因等，種々の要因の複合体として存

在するので，そのため，医師，臨床心理学者，ソーシャルワーカー等種々の各々の専門領域をもつ人々による総合的な解決方法が必要である。同時に来談者側も児童本人を含む家族・所属集団を含めて総合的に解決していくことが必要である。

(6) 内的世界の尊重

児童の問題については客観的な資料を集めて判断することも重要であるが，来談者の語る主観的な世界は，たとえ客観的事実に基づかない思い込みであり，またそのように見えても，それが来談者にとっては現実であり，正しい見方であると思い込んでいることを理解しなければならない。

(7) 守秘義務

相談活動を行う上で，相談により知り得た相談者の個人の秘密を守ることは最も基本的な援助専門職の義務である。

(8) 自己知覚

相談活動は来談者の個人的な内面に関わることが多いだけに，相談を受ける者自身の人間観や価値観，パーソナリティ（個性），子育て観等が深く関与することが多い。そのため，相談を受けるソーシャルワーカー自身が自己の人格と教養を高め，理解を深めておくこと（自己知覚）が必要である。

(9) スーパービジョン（管理指導）の必要性

相談担当者（ソーシャルワーカー）は，相談を続けていくうちに種々の困難に突き当たったり，自分自身気がつかないうちに来談者のペースに巻き込まれたりすることもあり，自分自身が何がなんだかわからなくなったりすることがある。このため，相談内容や対象の正確な理解を深め，自己の知識・技術の不足を補い，修正するため，上司や同僚の専門家から助言・指導を受ける機会をもつことが必要である。

6 養護問題に関する相談の留意点

養護問題については，両親の不和とか，家出，離婚等，両親の関係が良くないことや虐待等親子関係の不調により，親の側には罪悪感，児童の方には人間不信感やさまざまな社会への不適応感が見られることが少なくない。そのため養護問題解決には温かい人間関係を必要とする。そして養護上の問題が真実にはどのような要因から起きたかを慎重に検討する必要がある。どのような良くない家庭であってもその児童自身にとっては唯一の家庭であり，家族の再編成に向けての援助を試みることも必要であり，状況によっては生活保護や施設入所等の行政措置も必要な場合もあるが，最も適切な対応を考慮しなければならない。

子育て支援策について

　近年，少子化の進行，核家族化，共働き家庭の増加，家庭や地域の子育て機能の低下など子育てをめぐる環境が大きく変化している。このような現状をふまえ，安心して子どもを産み育てられる環境づくりを社会全体で支援するため1994（平成6）年に「今後の子育て支援施策の基本的方向について（エンゼルプラン）」がつくられた。

　さらに1999（平成11）年には，国の少子化対策推進関係閣僚会議において「重点的に推進すべき少子化対策の具体的実施計画について（新エンゼルプラン）」が決定された。この新エンゼルプランは，従来のエンゼルプランを見直し各種サービスの充実に加え，相談支援体制，母子保健，教育，住宅などについて2004（平成16）年度までの目標を掲げた総合的な実施計画である。

　このように国はさまざまな少子化対策をとってきた。しかし，合計特殊出生率（1人の女性が生涯に産む子どもの数）はこの数年やや上昇したとはいえ，2008（平成20）年の段階で1.37まで低下した。こうした出生率の低下の要因として，未婚率の上昇，晩婚化の他夫婦の出生力の低下という新たな要因が加わったと言われている。これは「子どもを産み育てることに夢がもてなくなった社会」の構造的な病理を反映したものであると言えよう。このような状況から厚生労働省は少子化対策を一層推進するため，2002（平成14）年，有識者による「少子化社会を考える懇談会」を設置しこの提言をふまえて「少子化対策プラスワン」と題する提案を行った。この提案をふまえて地方自治体や企業に行動計画の策定を求める「次世代育成支援対策推進法」や「少子化対策基本法」が制定された。

　次世代育成推進法の基本理念は，父母などの保護者が子育てについての第一義的責任があるという認識の下に，子育ての喜びの実現が配慮されなければならないとし，すべての地方自治体や大企業において行動計画の策定が期待されている。また少子化社会対策基本法は，施策の基本理念を明らかにするとともに，国や地方自治体の責務などを定めている。

　さらに，2004（平成16）年に策定した「子ども・子育て支援プラン」に基づき，若者の自立と子どもの育ち，働き方の見直し，地域の子育て支援等，総合的な取り組みを推進するとともに，2007（平成19）年12月に「子どもと家族を応援する日本重点戦略」を策定した。

児童福祉施設について

　家庭の中において適切な養護を得られない児童や心身の障害のために通常の家庭での療育が難しい児童に対し，家庭に代わり，あるいは，家庭の養護・保育機能を補うものが児童福祉施設である。

　① 助産施設は，経済的理由により，入院助産を受けることができない妊産婦の入院助産施設である。

　② 乳児院は乳児を入院させて，これを養育する。必要な場合は，満2歳まで入所を認められる。

　③ 母子生活支援施設は，配偶者のない女子又はこれと同じような事情のある女子とその児童（子ども）の入所，保護をする。

　④ 保育所は，保護者の委託を受けて保育に欠ける乳幼児の保育を行う。

　⑤ 児童養護施設は，保護者のいない児童（特に必要のある場合には乳児），虐待されている児童，その他家庭環境上養護を要する児童の入所，保護をし，児童の自立を支援する。

　⑥ 知的障害児施設は，知的障害のある児童の入所，保護と，独立自活に必要な知識・技能を与える。自閉症児施設も含まれる。

　⑦ 知的障害児通園施設は，知的障害のある児童を日々保護者のもとから通わせて，これを保護し，独立自活に必要な知識・技能を与える。

　⑧ 盲ろうあ児施設は，盲児又はろうあ児の入所，保護と，独立自活に必要な指導・援助を与える。

　⑨ 肢体不自由児施設は，上肢，下肢又は体幹機能に障害のある児童を治療するとともに，独立自活に必要な知識・技能を与える。

　⑩ 重症心身障害児施設は，重度の知的障害及び重度の肢体不自由が重複している児童の入所，保護と，治療及び日常生活の指導をする。

　⑪ 情緒障害児短期治療施設は，軽度の情緒障害のある児童の短期間の入所，又は保護者のもとから通わせて，その情緒障害をなおす。

　⑫ 児童自立支援施設は，不良行為をなし，又はなすおそれのある児童を入所させて教育・保護を行う。また，生活指導を行い自立を支援する。

　⑬ 児童厚生施設は，児童遊園や児童館等，児童に健全な遊びを与えてその健康を増進し，情操を豊かにする。

　⑭ 児童家庭支援センターは，地域の児童福祉に関する問題について相談に応じ必要な助言を行うとともに児童相談所等との連絡調整を行う。

第5章
社会保障論

社会保障論

　わが国においては，少子化と平均寿命の延びによる高齢化が急速に進展しており，今後社会にどのような影響が出てくるのかを考えていかなくてはならない。
　今後の日本の高齢化は，2013年には全人口に対して25.2％，つまり4分の1以上になり，2035年には，33.7％を占め約3分の1が高齢者になるという予測が厚生労働省（平成21年版『高齢社会白書』）から発表されている。
　また，高齢化の速度について高齢化率が7％を超えてからその倍の14％に達するまでの所要年数を比較すると，フランスが115年，スウェーデンが85年，ドイツが40年，イギリスが47年であるのに対し，わが国は1970（昭和45）年に7％を超えると，その24年後の1994（平成6）年には14％に達している。
　このように日本の高齢化率のスピードの速さと高齢者の人口比率の高さの双方ともに，先進諸国の中でも突出している。
　それだけに，公的年金や高齢者医療，介護，就労のあり方など，社会全体にさまざまな変革が求められている。
　これまで人々が社会保障・社会福祉について認識し関心を深めるきっかけは，自分がさまざまな社会問題に直接出会い，実際に自ら体験する機会以外にあまりなかったのではないか。しかし，現代のような成熟した社会の発展段階にいたると社会保障・社会福祉がますます不可欠なものになってきている。
　社会保障は，何らかの理由で生活の基盤である所得（収入）を失ったり，あるいは病気のためその所得が減少，中断などしたとき，最低限度の所得の保障をすることで生活が極度に貧困化しないような機能をもつものである。
　しかしながら，社会保障はあらゆる原因に対して対応できるわけではなく，原因の明らかなものなどに限られているなど制度的な側面も大きい。これからの社会保障制度は一部の限られた人のためのものではなく，誰でも利用でき，多くの人にとってなくてはならない普遍的な制度にしていくことが望まれている。

5-1 社会保障論レポート学習参考例

社会保障の役割と機能について

1 社会保障とは

社会保障とは，国家が国民の生活を保障することである。イギリスの有名な政治家チャーチルは，これを一言で説明した。「ゆりかごから墓場まで」。すなわち，人が生まれてから死ぬまでの一生の間を通じて，国家が生活の保障を行うことである。

この社会保障は，人の一生を通じての生活の保障による安定であるが，その安定は常に最低生活を基盤にしており，働いても不足する場合の生活の保障であり，完全保障でなく，何らかの理由で生活ができないときのみに生活の保障が行われるということである。

社会保障が国民生活に果たす役割及び機能については，①社会保障の要件，②最低生活保障，③公的扶助，④社会保険，⑤社会手当，⑥所得の再分配に分けられる。

2 社会保障が国民生活に果たす役割及び機能

(1) 社会保障の要件

社会保障とは，「ゆりかごから墓場まで」の生活の保障である。

資本主義社会においては，国民一人ひとりの生活は，すべて個人の責任によって維持されるという本来的な原則がある。その原則に対して，国民のすべてに少なくとも最低生活についての保障を行うということは国家のみが行うことができ，国家の責任と負担のもとに国民生活の保障をすることが国家の任務であり，積極的に社会保障を進める福祉国家の出現を促したのである。このような社会保障制度がつくられた背景は，戦後の混乱期に国民に最低生活を保障することで国民生活の回復をはかる必要があったからである。社会保障の内容の基本は，最低生活の水準を国民に保障することであり，その限りで社会主義原理を導入したことになる。しかし，最低生活以上の豊かな生活水準は，あくまで個人の経済的能力によって維持することになり，この点では本来の資本主義原理は生きている。

(2) 最低生活保障

最低生活には，2つのことが考えられる。ひとつは人間の肉体を維持できる程度のもの，これを生理的最低生活と呼ぶ。いまひとつは，今日の社会で生きていくためには単に肉体を維持するにとどまらず，社会生活をおくる生活費が必要で，これが満たされてはじめて社会的人間として生きていけるのである。この意味での最低生活は生理的最低生活より上位にあるので，これを文化的最低生活と呼ぶ。人間らしい

生活の保障といえるためには，この文化的最低生活が保障されなければならない。

最低生活は，生活保護法において，具体的に設定されている。最低生活に必要な費用を計算し，その基準を生活保護基準と呼んでいるが，それより下回った生活をしている者はすべてこの基準に達するよう，生活費を支給するのである。ここですべての国民が最低生活を保障されることになる。

(3) 公的扶助

公的扶助とは，健康で文化的な最低生活を国が保障することである。

わが国では，憲法第25条の生存権規定をうけて公的扶助，具体的には生活保護法でこの保障がされている。

外国では，社会保障は社会保険を中心としている国が圧倒的に多く，それに公的扶助が伴っていることである。わが国の社会保障制度も外国と同様に社会保険制度が中心になっていることに変わりはない。

公的扶助は，その性格上，生活上の資力調査が行われるが，受給者はこれを拒否できない。調査内容は，受給者の経済的な背景はすべて調査する。ところが，最近は，現在の生活を営むための現金収入の把握に変わっている。

(4) 社会保険

多くの国においては，社会保障の中心は，社会保険である。わが国もその例外ではない。

保険制度は，保険加入者が保険料を拠出し，一定の条件を満たした場合に保険金をうける相互扶助制度である。社会保険も保険である点では同じであるが，社会保険の性格上固有要件がある。それは，国家管理，国庫負担（管理運営費）及び強制加入である。

主要な社会保険をあげると傷病に備える「健康保険」，障害・老齢等に備える「厚生年金」や「国民年金」，失業に備える「雇用保険」，介護を社会で支える「介護保険」などがある。

社会保険の特徴は，最低生活の保障的要素もあるが，それ以上に現在の生活が何らかの理由で下降した場合に従前の所得水準にあるいはできるだけそれに近い水準を維持しようとするのが社会保険の役割である。この意味からすれば，社会保険は，予防的機能があるといえる。

社会保険制度は，保険制度の趣旨から国民が保険料を拠出し，不慮の危険に備える制度であるが，国も憲法第25条第2項の規定で「社会保障及び公衆衛生の向上及び増進に努めなければならない」とされていることから，これを受けて社会保険に関する各法を制定したのである。

(5) 社会手当

社会手当とは，公的扶助と社会保険の中間にあるもので，ある程度の所得制限などを受給者につけるものでこれには児童手当や児童扶養手当などがある。なお，2010（平成22）年度から所得制限をつけない「子ども手当」が創

設された。

(6) 所得の再分配

このように，公的扶助と社会保険によって，われわれの生活は，「ゆりかごから墓場まで」といわれるように一生にわたって社会生活が保障されている。しかし，経済的な保障は，所得の再分配の要素をもっている。資本主義社会の社会保障はもてる者が出し，もたざる者がこれを受けとることによって，所得の均等化が期待できる。このような所得の再分配は，国民の所得を均等化するわけではないが，所得の不平等を緩和していく方向をとっているといえる。

3　最適な社会保障システムの構築に向けて

社会保障は，人の一生の生活を国が保障する制度である。これには，公的扶助と社会保険の制度がある。公的扶助は，現に生活に困窮している者に健康で文化的な最低生活を保障するもので，受給者の拠出金はない。これに対して，社会保険制度は最低生活の保障は当然，むしろそれ以上に疾病・高年齢等で現状生活が下降するときに，現状或いはそれに近い生活の維持を保とうとしている。したがって拠出金による相互扶助制度が原則である。わが国をはじめ多くの国では，社会保険と公的扶助を中心として社会保障を構成している。社会保険で最低生活ができないときは公的扶助を受けることができるのはもちろんである。

社会保険と公的扶助には，それぞれメリットとデメリットがあるので，両者を上手に組み合わせ全体として最適な社会保障のシステムを構築していくことが重要である。

●社会保障論レポート学習参考例●

医療保障制度の概要について

1　医療保障の概要

　医療保障制度の各国の現状をみると大別して，2つに類型化できる。第一は，公費負担で国民に必要な保健と医療をサービスする保健医療サービス方式である。第二は，保険料負担で加入者に必要な医療を費用負担する医療保険方式である。

　わが国の医療保障は，医療保険方式を中心に，高齢者医療制度などの保健医療サービスも採用している。

2　医療保障の基本的な考え方

(1)　医療保障とは

　医療保障の目的は，国民が「健康で文化的な生活を営む」ために，病気，傷病，出産などの際，必要な医療サービスを受ける機会を平等に保障することである。医療保障が必要な理由は，けがをしたり病気になったときに収入が減って貧乏になること，つまり傷病に伴う貧困の解消である。世帯の皆が元気に暮らしているときには医療費は家計費の中に生じない。ところが一家の働き手が病人となったときには，家計の収入は減収したり，皆無になる。この場合家計への収入が減収するのに対し，他方で医療費の支出が多くなる。これは，家計にとって収入減と支出増という二重の圧迫が加わることになる。

　次に，このように貧困化することがさらに傷病を生むことを考える必要がある。一家の中に病人が出て出費が増加すれば，医療費の分だけ他の支出費を節約しなければ家計は保てない。そのため粗衣粗食になり，栄養不足になって，他の病気になったりする場合もあり，気持ちも落ち着かない。

　働いて収入を得る者は，収入を増やすために残業をしたり内職をしたりして過労に陥りやすい。ただでさえ栄養が低下し，気持ちも落ち着かないという条件下では，けがや病気になりやすい条件が備わっている。傷病は，貧困化の原因になっていたが，ここでは貧困なるがゆえに新たな傷病を生むことになってくる。貧困との結びつきを断ち切るためには，どうしても医療の問題を社会保障として取り上げざるをえない。

(2)　医療保障の方式

　医療保障の各国の制度をみると，大別して2つに類型化される。第一は，保健医療サービス方式で，公費負担で国民に必要な保健と医療を提供する方式である。第二は，医療保険方式で，保険加入者に保険料を負担させ，必要な医療を，保険の現物給付又は医療に要した費用を現金給付で行う方式であ

る。世界の医療保障制度はこの方式をとる国が多く，資本主義国は圧倒的にこの方式を採用している。

この2つの方式のうち，いずれが望ましいか。すべての国民が必要とする医療を直ちに受けることができる制度を考えるならば，それは第1の方式が望ましい。にもかかわらず第2の方式が資本主義国で圧倒的であるのは，医療保障が，健康保険からの発展であることと，医療制度が，国営医療管理でなく自由開業医制度の上に医療保険が行われていることを理由としてあげることができる。

現実の問題としては，保健医療サービス方式は，サービスの内容は現物給付になっている。これに対して，医療保険方式は，医療そのものを給付する現物給付と医療に要した費用を給付する現金給付とがある。現物給付の場合，保健医療サービスと同一形式になる。現金給付の場合，診療料金に対しての保障となるため，医師はこの保険制度に直接参加しない。結局，サービスも保険も現物給付である限りは，現物を提供する医療制度が如何に組織化されるかという問題をもっているのである。

イギリスの社会保障では，傷病の際の傷病手当金は国民保険で扱うが，医療そのものは国民保健サービスと呼ばれる保健医療サービスの方式で全国民に医療の保障をする。病院をすべて国有・国営化し，地域の公衆衛生活動・医療組織を整備し，一般開業医を家庭医と位置づけている。

医療制度そのものが，自由開業医制度を基盤として何ものにも拘束されない時代は去ったようで，医療保障のもとでは開業医も公共的性格をもたざるをえない。

3 医療保障の現状と問題点

(1) 医療保障の現状

わが国の医療保障制度は，諸外国と同じく医療保険制度と国民皆保険制度が採られている点で諸外国より一歩進んでいるといえる。

(2) 医療保障の問題点

① 医療保険について

わが国の医療保険は，国民皆保険制度でありながら，各種の既存制度がバラバラであり，制度間の負担と給付に不均衡を生じている。この医療保険制度は，適用範囲から，被用者保険と地域保険の2つに大別される。被用者保険は，企業別・職業別等に分断された制度になっている。皆保険を実現した場合，各種保険制度を統合して一元的な制度となることが望ましい。ところが企業別保険組合や共済組合は，統合をきらって現行の維持を主張する。その根本にあるのは，企業のエゴイズムもあるが，根本的問題は各保険集団ごとの財政面の強弱があるからである。しかし，膨大な保険集団の管理上のロスは大きい。そのため実質的な統合論である財政調整論におもむかざるをえない。保険集団の財政強弱の国庫負担による調整は望ましいことではないが，

低所得者や高齢者を多く抱える国民健康保険の財政問題は国庫負担で解決せざるをえないであろう。

② 医療制度について

わが国の医療制度は，体系的に整備されていない。都市集中型の地理的偏在がある。都市に集中した医療機関は，病院と診療所が乱立競合している。病院は入院患者を扱うという本来の機能を失いかけて，多くの外来患者を吸収している。この原因は，診療報酬制度が，技術差のない単純出来高払であるためである。同じ診療報酬ならば少しでも技術の高い病院に患者が集中することは無理からぬことである。実情に合った診療報酬制度に改定して解決する必要がある。

③ 保険診療について

わが国の医療保障は，保険診療である。その医療内容は，自由診療と違って一定の限界がある。その理由は，保険財政の観点と社会的妥当性である。保険診療に規格があることは認めざるをえないが，人の生命がかかる診療には自由競争の原理を取り入れながら弾力ある運用ができるルールも必要と思われる。

④ 患者負担等の見直し

医療保険財政が厳しい状況の中で健康保険法等が2002（平成14）年に改正され，各保険間の給付率を7割に統一し患者負担を3割とすること，老人医療の対象を70歳以上から75歳以上に引き上げること等の改革が実施された。

2006（平成18）年には，①70歳以上の現役並み所得者の3割負担化，②療養病床に入院する高齢者の食費・居住費の見直し，③70〜74歳の高齢者の2割負担化（2011年3月までは1割据え置き），④後期高齢者医療制度（長寿医療制度）の創設等を内容とする制度改革が行われた。この後期高齢者医療制度については，様々な意見や批判があることから制度の見直しが検討されている。

4　今後の課題について

医療保険制度の最大の課題は，国民に医療サービスを提供する上で，財源をいかに調達するかということである。

保険料の負担能力が低い低所得者が大勢加入している国民健康保険においては，その保険料減額分を国庫負担で補填している現状である。

また被用者保険の財政についても，景気の動向が不透明で倒産など相次ぐなか保険料の引き上げは難しく，高齢者医療制度への拠出金の増加が見込まれるなど，保険財政を圧迫している現状である。

今後の医療保険制度は，伸び続ける医療費をいかに抑制し，増加する負担をいかに国民全体で分かちあっていくかが重要な課題となっている。

5-3 社会手当について

●社会保障論試験問題学習参考例●

「社会手当」とは，社会保険と公的扶助の中間的方法としての無拠出（給付を受けるためにお金を出す必要がない）の現金給付で，その財源は，税金あるいは事業主が出したお金である。社会保険と違うのは，事前の加入や拠出が給付条件となっていないことである。また，最低生活の保障を目的とする公的扶助とも異なる。社会保険が加入者相互の助け合いの側面をもっているのに対し，この社会手当は前述のように税金あるいは事業主の出したお金を財源とし，加入者の負担は必要ない。また，税金を主な財源とすることから，社会手当は，本人又は扶養義務者の収入により支給に制限が設けられている。

1　児童手当・子ども手当

児童手当は，子どもを育てている家庭に対して支給することを目的とした金銭給付である。2006（平成18）年に対象が小学校修了までに拡大された。給付金は，3歳未満は一律月1万円，3歳以上の第1・2子は月5000円，第3子以降は月1万円である。ただし，受給者に一定以上の所得がある場合は給付されない。

なお，2010（平成22）年度から「子ども手当」が創設された。

子ども手当は，中学卒業までの子ども1人当たり月額2万6000円（初年度は半額の1万3000円）を所得制限なしで支給するもので，従来の児童手当は，暫定措置として，子ども手当の一部として併給されるものである。

2　児童扶養手当

母子家庭を援助することを目的とした，金銭給付である。離婚などにより，母子家庭となっている子どもの養育費として支給されている。子どもは，18歳の誕生日の年度末までが対象であり，子どもに障害がある場合は，20歳未満まで対象となる。費用は国が3分の1を，都道府県又は市が3分の2を負担し，その財源は税金である。児童1人の場合の給付額は，最高で月4万1720円（2009（平成21）年度）である。

3　特別児童扶養手当

20歳未満の障害児を育てている家庭に支給される。費用は国が全額負担し，財源は税である。20歳未満は国民年金制度に加入できないため，障害があっても障害基礎年金が支給されない。このため障害による介護などの特別な出費を保障するもので，児童扶養手当と同じく，社会保険を補完する性格をもっている。

5-4 ●社会保障論試験問題学習参考例●

年金制度の現状と問題点について

1 公的年金制度の仕組み

公的年金制度は，老後の生活保障である。元気で働ける間は保険料を支払い，老齢化して働けなくなったら年金を受けて生活する。その仕組みの基本は支払保険料をプールして老後にその元金と利子を受け取る制度である。しかし現実には，「世代と世代の支え合い」すなわち，働けない老齢世代は年金を受け，働く世代はこの年金財源を年金保険料として支払う仕組みとして運営されている。

2 公的年金制度の現状

公的年金制度には2つの問題がある。
第1の問題は，高齢社会の進展で，年金を受ける世代が多くなることである。高齢化が進むと年金受給者は多くなり，保険料を支払う若い世代が少なくなる。その結果，この公的年金制度は行き詰まるので，抜本的改革が課題となっている。

第2の問題は，国民年金（個人事業主等が加入）・厚生年金（会社員が加入）・共済年金（公務員が加入）に大別される。これらの公的年金制度は，各々の保険料，給付額に格差があり，年金制度一元化が議論されている。

3 年金制度改革の必要性

こうした中で，もし現行の年金制度をこのまま維持するとすれば，高齢者の生活や現役世代の生活に大きな影響を及ぼすことになる。

例えば，厚生年金の標準的な年金額は，現在，現役世代の平均賃金の約6割となっているが，これをこのまま維持するためには，保険料率を13.5％から25.9％まで，また国民年金の保険料は，2004年当時の1万3300円から2万9500円まで引き上げる必要があった。年金額については給付水準を3〜4割削減しなければならないと言われ，このため給付と負担の見直しが急務の課題となっていた。

4 今後の問題点について

こうした中で2004（平成16）年に国民年金法等の改正が行われ，将来の現役世代の負担を過重なものとしないように保険料水準を法定化するとともに，給付水準を自動的に調整することを主眼として，70歳代の在職老齢年金の創設，保険料の多段階免除制度などが導入された。

しかし今後は，国民年金の未加入者や未納者の問題，基礎年金の国庫負担の2分の1への引き上げに伴う財源問題，いわゆる消えた年金の記録問題など，多くの課題を解決していかなければならない。

5-5 社会保険制度について

●社会保障論試験問題学習参考例●

1 社会保障制度における社会保険の役割

社会保障の方法には，社会保険と公的扶助のほかに社会手当や社会福祉サービスなどがある。わが国においては，社会保険を中心として，公的扶助を伴う方式をとっている。少なくとも保険料の負担能力のある者は，社会保険によってその生活を守ることを原則としている。もし，社会保険への参加の経済的能力がない場合には，公的扶助の対象となり，それは，最後の支えである。社会保険がまず始めに生活保障の役割を果たすよう機能すべきである。

保険制度は，保険料を通じて同一保険集団を形成し，その集団内で保険事故が発生したとき保険金でその損失を補填するシステムであり，特徴として，社会保険の性質上国家管理であること，不時の災害に備える生活保障保険であること，強制加入が原則であること等があげられる。

2 社会保険の3つの条件

保険の仕組みが成立するためには，次の3つの条件が成立することが必要である。

① 危険率の測定：保険が成立するためには，危険率，すなわち支払い保険金の測定ができることが必要。

② 共同準備財産の形成：保険は保険集団内の共同危険に備えて共同準備財産ないし保険基金として財産をプールする必要がある。

③ 収支均等の原則：収入保険料と支出保険金とが均等であることが必要である。

3 保険事故

保険事故は，統計的には一定の規則性をもって必ず生じる。労働者の生活は賃金によって家計が成立しているが，傷病・失業・高年齢等で労働不能になり，賃金が減少・中断・断絶したとき社会保険により補うという役割がある。

4 社会保険制度の種別

社会保険は，健康保険・厚生年金保険・雇用保険等に大別される。

① 健康保険：傷病等に適用される。

② 厚生年金保険：労働不能の場合に障害年金保険・老齢年金保険・遺族年金保険として給付される。

③ 雇用保険：勤労意欲があるが失業した場合に適用される。

④ 労災保険：業務上の傷病等に適用される。

⑤ 介護保険：高齢者の介護や看護の支援が必要になった場合に適用される。

5-6 雇用保険制度について

●社会保障論試験問題学習参考例●

雇用保険は，失業した労働者の生活の安定を図ると同時に失業を予防し，雇用機会を増大させ，労働者の能力を開発する目的をもっている。このような目的を受けて，この保険では被保険者が失業状態になったときに求職者給付金が支給されるほか，就職促進給付，教育訓練給付及び高年齢雇用継続給付，育児休業給付，介護休業給付からなる雇用継続給付がある。

また，雇用保険制度には，被保険者に対する給付のほか，労働者の職業安定のために，雇用安定事業，能力開発事業が行われている。これを雇用保険二事業と呼び，失業等給付の保険料は労使折半負担であるが，雇用保険二事業の保険料は全額事業主負担である。

雇用保険法に定められた失業とは，「被保険者が離職し，労働の意思および能力を有するにもかかわらず，職業に就くことができない状態にあること」をいう。この離職（退職）とは，解雇，自己都合，定年退職，会社の倒産などその理由を問わない。ただし，「労働の意思や意欲のある」「労働の能力がある」「就職できない」といった要件がそろったとき，はじめて「失業の状態にある」と認められる。失業状態の認定が，失業給付を受けるための第1条件である。

雇用保険の被保険者の範囲と種類は，雇用状態と年齢によって，一般被保険者，短期雇用特例被保険者（季節労働者や出稼ぎ労働者など），日雇労働被保険者，高年齢継続被保険者の4種類がある。週20時間未満勤務の者は被保険者にはならない。

雇用保険の財源は，保険料と国庫負担で，その割合は給付の種類により異なる。失業したときに受ける求職者給付については，給付費の4分の1，雇用継続給付については給付費の8分の1が国庫負担となっている。残りは保険料を財源としている。

被保険者が失業したときに給付される求職者給付金は，失業前の賃金の5割から8割をもらえる基本手当であるが，賃金の高かった人ほど給付率は低い。60歳以上65歳未満の賃金の高い人については，さらに45％まで給付率が下がる。65歳以上の高年齢継続被保険者が失業した場合の求職者給付については，基本手当ではなく一時金として給付される。

第6章
公的扶助論

公的扶助論

　公的扶助とは，原因のいかんにかかわらず現に生活に困窮している人たちに対して公費で生活保障を図る制度であり，その代表的なものが生活保護制度である。
　現行の生活保護法は，1950（昭和25）年に制定され，半世紀余りを経過して現在に至っている。しかし，その間，社会構造が変化し，国民の生活に対する価値観も多様化してきた。はたしてその中で，この制度はその変化に対応し真に国民の生活保障を行えているのであろうか。これからの社会福祉従事者にとって，そのことを探究することには大きな意義がある。

(1) 生活保護制度の見直しの背景

　今日の国民生活を取り巻く状況は，現行制度が成立した1950年代はもとより，高度経済成長時代，バブル経済崩壊後における産業構造の変化，技術革新や情報化の進展，核家族化などにより，失業の増加や収入の低下，地域社会からの孤立や孤独，児童虐待，自殺の増加など，社会問題も多様化・複雑化している。このような時代にあって，生活保護制度が国民の最低限度の生活を保障する最後のセーフティネット（安全網）としての役割を果たし続けるために，制度のあり方や生活保護基準の水準についての見直しが課題となっている。

(2) 近年の生活保護の動向

　保護率は，1995（平成7）年以降，急激に上昇し，2007（平成19）年度には，12.1‰（千人比）に達し，第二次石油ショック（昭和54～58年）の水準に近づいている。また被保護世帯数は，過去最高の110万5275世帯に達している。世帯数の増加は，単身世帯の急増による影響が大きい。また世帯類型別では，高齢者世帯，特に高齢単身世帯が増加しているほか，母子世帯や障害や傷病のない世帯も増加している。

(3) 制度見直しの基本的視点

　生活保護制度は，上記の制度の見直しの背景及び近年における動向を踏まえ，大きく変貌しつつある国民生活に適合した制度とすることが求められている。
　このため「利用しやすく自立しやすい制度へ」という目標のもとに，生活保護のあり方を最低生活保障を行うだけでなく，生活困窮者の自立・就労を支援する観点から2005（平成17）年度より自立支援プログラムが導入された。

　公的扶助論は，現行制度の成り立ちや目的・原則を理解するとともに，生活保護法の実施体制や現状と問題点などを学び，自立支援プログラムの意義と実際など，将来に向けての課題についても探究する。

6-1 生活保護法の基本原理について

●公的扶助論試験問題学習参考例●

生活保護法は，憲法第25条に定める「生存権の保障」を実際に行うための重要な法律である。この法律の基本原理には，①「無差別平等の原理」，②「最低生活の原理」，③「補足性の原理」の3つがある。このうち①，②の2つは，国が守るべきことであり，最後の③は，生活保護を受ける国民の側に要求されるものである。

1 無差別平等の原理

生活保護法第2条では，「無差別平等の原理」が規定され，生活に困っている国民は，その人の性別，身分，性格，人格，主義，信条あるいは役所の担当者の好き嫌い等によって差別されず，逆に優遇もされず，どの人も平等に生活保護が受けられるということである。また，生活に困っている原因が何であるかにも関係なく，その経済的状況をみて生活保護が行われるのである。なお，この原則は，差別しないといっても，保護を受ける人の個々の事情やニーズの違いを無視した画一的な生活保護をするという意味ではない。

2 最低生活の原理

生活保護法は，第3条において，「この法律により保障される最低限度の生活は，健康で文化的な生活水準を維持することができるものでなければならない」と規定している。

3 保護の補足性の原理

第4条は「保護の補足性の原理」を規定している。これは，生活保護に必要な費用は国民の税金によるため，生活保護を受けるためには，生活に困っている人自身が自分の力に応じて最大限の努力をすることが先であり，そのような努力をしてもなおかつ最低生活が維持できない場合にはじめて生活保護が行われる，という意味である。

① 生活保護を受けるためには，生活に困っている人が，自分の現在もっているお金，品物，能力，その他生活のために必要なあらゆる物や手段をまず利用することが条件である。貯金があるならそれを使い，財産があれば，まずそれを売ってお金に換えるなどの努力をし，それでも足りなくて生活ができない場合にはじめて国が生活保護で補足をするということである。

② 民法では，人が生活に困っている場合，まずは家族・親族が援助すべきであると定めており，このような援助の方が，生活保護による援助よりも優先する。つまり，まず民法その他の法律を活用して，他の法律では援助しきれない部分を生活保護が補足するのである。

6-2 生活保護の種類と内容について

●公的扶助論レポート学習参考例●

生活保護法による扶助には、日常生活の基本的なニーズを満たす「生活扶助」のほか「住宅扶助」「教育扶助」「医療扶助」「介護扶助」「出産扶助」「生業扶助」「葬祭扶助」の8種類がある。以上のうち、1種類の扶助だけが行われる場合を「単給」、2種類以上の扶助が行われる場合を「併給」と呼ぶ。また、扶助を実施する際に、金銭で給付する場合を「金銭給付」、物品や医療サービス等を給付する場合を「現物給付」と呼んでいる。

1 生活扶助

(1) 基準生活費（第1類・第2類の経費）

生活保護法によって実施される扶助のうち、もっとも基本的な扶助である生活扶助は、飲食物、衣服、電気・ガス・水道等の料金、家具や日常生活用品など、国民としての最低生活のニーズを満たすための給付が中心である。

生活扶助は、国民全てに共通する最低限必要な生活費としての「基準生活費」と、さまざまな個人の事情によってこれに追加される「加算」の2つに大きく分けられる。そして、基準生活費はさらに「第1類」と「第2類」に分けられている。第1類の経費とは、飲食費や衣服費のように、世帯の中の「個人」が消費する生活費であり、第2類の経費とは、電気、水道、ガス等の料金、家具や生活用品などのように、世帯単位で消費する経費である。

生活扶助の経費が、このように第1類と第2類に分けて算定されているのは、それぞれの家庭で家族構成等の事情が異なるので、個々の世帯について客観的に、また正確に生活費が算定できるように考慮されているためである。

なお、保護を受ける人が入院している場合には、「入院患者日用品費」が、保護施設に入所している場合には「救護施設等基準生活費」が生活扶助として給付されることとなる。

(2) 加算

上記の第1類・第2類の経費は、国民すべてに共通する日常生活の上で最低限必要な生活費である。これに対して、障害者・妊産婦等について加算制度が設けられている。例えば障害者の場合、最低の生活水準を維持するためには、多くの経費が必要である。また、妊産婦や病人の場合には、そうでない人に比べてより多くの栄養補給が必要となる。このような特別な生活費の需要を満たすために、加算制度が設けられている。障害者、妊産婦、母子等の加算対象者は、加算を追加で受けるこ

とによって，加算がない者と同水準の生活が保障されることになる。

（3）一時扶助

生活扶助のみでは最低限の生活水準の維持が困難な世帯に限って，一時扶助という形で，一時的に一定額の支給が認められている。例えば，これから生活扶助を受けようとする世帯が，布団等の最低限の品物も持ち合わせていない場合や，出産，子どもの入学，病院への入院・退院等の場合がこれにあたる。主な一時扶助は次のとおりである。

① 期末一時扶助：年末から正月の期間を無事に乗り越えるための一時金。

② 被服費：次のような場合が一時扶助の対象となる。

布団：全く持っていないか，持っていても使えないほどひどい場合。

被服：服を持っていない場合。

新生児被服など：これから出産を控えて産着（うぶぎ）等を必要とする場合。

寝巻等：病院に入院する者が，寝巻等を全く持っていないか持っていても着られないほどひどい場合。

おむつ：常時失禁（おもらし）状態にある者でおむつ着用が必要な場合。

③ 入学準備金：子どもの小学校または中学校への入学準備が必要な場合

④ 家具什器（じゅうき）（身の回りの生活用具）：地震，洪水，火山の噴火等の災害で住家をなくした世帯や，長期の入院後に退院する単身者などで，家具や身の回り品が必要な場合。

⑤ 配電設備：はじめて配電設備を設置して電気を引く場合。

（4）勤労控除（こうじょ）

生活扶助は，勤労収入のない世帯を基礎にして生活費を算定している。しかし，誰かが働いていて勤労収入のある世帯でも，生活保護が必要な場合もある。このような場合は，勤労収入のうち一定額を控除する（差し引いて計算する）勤労控除の制度がある。主な勤労控除としては，「基礎控除」「特別控除」「新規就労控除」「未成年者控除」の4つがある。

2　教育扶助

日本国憲法は，国民には就学の義務があると定めている。国民の最低生活水準を守り，日本国憲法が定める義務教育への就学を保障するため，教育扶助の制度が設けられている。

教育扶助は，義務教育を対象にしており，義務教育でない高等学校などの費用は対象外である。教育扶助の具体的内容としては，小・中学校教育を受けるために必要となる学用品費，実験実習見学費，通学用品費及び教科外活動費などの費用が，小中学校別に定めた基準額によって支給される他，教科書に準ずる副読本的な図書，練習帳や辞書の購入費，学校給食費及び通学のための交通費，児童・生徒が学校又は教育委員会の行う夏季施設（キャンプ等）に参加するための費用が支給されることとなっている。

3　住宅扶助

　住宅扶助は，最低生活を保障するのが目的であり，住居の確保のための費用や，補修などの住宅の維持のために必要な費用の扶助である。具体的には，保護を受ける世帯が借家住まいをしている場合に，家賃，部屋代，地代にあてる費用として所在地域別などに定めた基準額の範囲内の額が支給される。なお，基準額は一般基準で需要を満たすことができない場合に，厚生労働大臣の承認を得た都道府県（指定都市）別の特別基準が使用できる。

　また，保護を受ける世帯が，現在住んでいる住宅が災害等により破損し，最低生活水準が維持できなくなった場合には，住宅の補修に必要な一定額の経費が家屋補修費として支給される。

4　医療扶助

　医療扶助は，病気やけがによって入院又は通院を必要とする場合に，生活保護の「指定医療機関」に委託して行う現物給付である。この給付は，入院，診療，投薬，注射や手術などが対象となることはもちろん，入退院，通院，転院の場合の交通費（転移費）や治療のために必要な輸血，眼鏡等の治療材料の給付も対象となっている。なお，医師の同意があるものについては，柔道整復，あん摩・マッサージ，はり・きゅう等の費用も給付対象となっている。

5　介護扶助

　介護保険制度の導入に伴い，「居宅介護，福祉用具，住宅改修」又は特別養護老人ホーム等への「施設介護」の介護サービスを受ける人は，原則としてかかった費用の1割を自己負担することになっているが，これを負担できない人に対し，介護扶助を支給して，介護サービスを受ける権利を保障しようとするものである。

6　出産扶助

　出産扶助は，出産の介助や出産後の処置などのいわゆる助産のほか，出産に伴って必要となる一定の額の範囲内のガーゼ等の衛生材料費である。

　なお，病院などの施設において分娩する場合には，入院料等の入院に要する必要最小限度の額が支給される。

7　生業扶助

　生業扶助は，生業費，技能修得費，就職支度費からなっている。生業扶助は，生活保護を受ける人の働く能力を引き出し，それを伸ばすことによって自立を図ることを目的としている。

8　葬祭扶助

　葬祭扶助は，保護を受けている人が死亡した場合に，遺体の運搬，火葬その他葬儀に必要な経費を対象として支給される。

生活保護の実施体制について

保護の実施機関は福祉事務所であり，補助機関は社会福祉主事であり，協力機関として民生委員制度がある。

1　実施機関（福祉事務所）

国民の最低生活を保障することは，憲法において，国家の責務としていることからみれば，その保護の実施も当然，国家において直接実施されるのが本来のあり方であり，「法定受託事務」として都道府県が処理するものとされている。

また，保護の実施機関は，都道府県知事，市長及び福祉事務所を設置する町村長とされているのであるが，その実際の保護事務は，社会福祉法に定められている福祉事務所に委任によって実施されることになる。法において，直接，福祉事務所長を保護の実施機関とせず，こうして委任形式とした。なお，要保護者の自立助長のために行う相談・助言は「自治事務」（自治体の本来的な事務）とされている。

2　補助機関（社会福祉主事）

これは，生活保護事務については，社会福祉法に定められている「社会福祉主事」が都道府県知事又は市町村長の補助機関として，その実施にあたるとしたものである。社会福祉主事の業務は，①保護の決定（要否，変更）に必要な基礎的調査をすること。②調査に基づいて，保護決定に必要な事務処理をすること。③保護の決定実施後に対象者（ケース）に対して指導及び援助することである。

3　協力機関（民生委員）

民生委員の任務は，「社会奉仕の精神をもって，常に住民の立場に立って相談に応じ，及び必要な援助を行い，もって社会福祉の増進に努めるものとする」と規定されている（民生委員法第1条）。

また民生委員の職務内容として，その基本理念の趣旨に照らして，①住民の生活状態の把握，②援助を必要とする者が自立した生活を営むことができるように生活に関する相談・助言を行うこと，③福祉サービス利用のための情報提供と援助，④社会福祉を目的とする事業を経営する者，活動を行う者との連携と支援，⑤福祉事務所その他の関係機関の業務への協力，⑥住民の福祉の増進を図るための活動が規定されている（法第14条）。

6-4 被保護者の権利義務について

●公的扶助論試験問題学習参考例●

生活保護は，日本国憲法第25条で保障されている国民の最低限度の生活の維持のために実施されるものである。そして，生活保護実施の経費はすべて国民の税金から支払われている。そこで，被保護者（生活保護を受ける人）には憲法に基づく権利があると同時に，果たすべき義務もあるのである。

1 被保護者の権利

被保護者の権利としては，「不利益変更の禁止」「公課禁止」「差し押さえ禁止」の3つがある。生活保護が最低生活の維持のための保護であるため，これらの権利が保障されている。

① 不利益変更の禁止：被保護者は，正当な理由がない限り，すでに決定された生活保護を，保護の実施機関（福祉事務所）の都合で本人に不利な形に変更されることはない。

② 公課禁止：被保護者は，国や地方自治体から税金（直接税）やその他の公課（税金以外に国や地方自治体に支払う，公の目的のための分担金。例えば手数料，使用料等）を取り立てられることがない。

③ 差し押さえ禁止：被保護者は，生活保護によってすでに給付を受けたお金や品物，又はそれらを受け取る権利を差し押さえられることはない。

2 被保護者の義務

① 譲渡の禁止：被保護者は，生活保護を受ける権利を他の人に譲り渡すことはできない。

② 生活上の義務：被保護者は，常に自分の能力に応じて勤労に励み，支出の節約を図らなければならない。

③ 届出の義務：被保護者は，収入，支出，住所，家族構成等の生活状況に変化があったときは，福祉事務所長に届け出なければならない。

④ 指示などに従う義務：保護を行う実施機関（福祉事務所）は，被保護者に対して，生活の維持向上その他生活保護の目的達成に必要な指導や指示をすることができるが，被保護者は，保護の実施機関からこれらの指導や指示を受けたときは，言われたとおり実行する義務がある。

⑤ 費用返還義務：緊急の事情などのため，本来自力で生活できる力があるにもかかわらず生活保護を受けた者は，その受けたお金や品物に相当する金額の範囲内で，保護の実施機関（福祉事務所）が定める金額を返還する義務がある。

6-5 生活保護の四原則について

●公的扶助論試験問題学習参考例●

1 申請保護の原則

生活保護法第7条は「申請保護の原則」を定めている。これは，生活保護を必要としている本人，または本人の親族からの，生活保護を受けたいという申請を受けてから生活保護を開始するのが原則である，ということである。生活保護の申請は，保護を受ける本人のほか，扶養義務者，又は同居親族に限られている。

なお，第7条では利用者が緊急に生活保護を必要とする状況にあるときは，保護の申請がなくとも保護を行うこと（職権保護）もできるとしている。

2 基準及び程度の原則

第8条に「基準及び程度の原則」が規定されている。これは，①生活保護は，厚生労働大臣の定める基準によって利用者のニーズを計った上で，利用者本人がもっている金銭や品物だけではニーズを満たすことのできない不足部分を補う程度の保護のみを行い，②生活保護の実施にあたっては，利用者が最低限度の生活をするために十分な保護でなければならず，しかも，最低限度を越えるような過度の保護であってはならない，ということである。

生活保護を受けられるかどうかの基準には，利用者の収入が関係し，①冠婚葬祭のお祝い金や香典，②市区町村等から障害者や高齢者等の福祉増進のために条例に基づいて定期的に支給される金銭のうち一定額以内の額，等については収入に含めない。さらに勤労収入がある人については，その収入を得るための必要経費（例えば材料の購入費等）を収入から控除する（差し引いて計算する）。また，利用者の勤労意欲を増進するため，各種の勤労控除等の控除制度が設けられている。

3 必要即応の原則

第9条では「必要即応の原則」を定めている。これは，生活保護法をどの人にも画一的・機械的に当てはめるのではなく，各人の事情（性別，年齢，居住地，健康状態，家族構成等）に応じて，その人に合った保護を実施すべきであるという意味の規定である。

4 世帯単位の原則

第10条は，「世帯単位の原則」を規定している。これは，「世帯をひとつの単位として，生活保護の要・不要や，どの程度の保護を行うかを定める」ということで，ここでいう世帯とは，同じ住宅に住み，生計をともにしている人々の集まりを指し，家族以外の他人を含む場合でもひとつの世帯とみなす。

6-6 ●公的扶助論レポート学習参考例●

保護の補足性について

1 「保護の補足性」の原理

日本国憲法第25条に規定される「生存権の保障」を，国が具体的に実行するための手段のひとつとして制定されたのが生活保護法である。生活保護法は，生活に困っている国民に，憲法上の権利としての「健康で文化的な最低限度の生活」を保障することを目的としているが，それだけではなく，これらの人々の自立を支援していくことが，最終的な目的であると考えるべきである。

人生には思いがけない出来事があるので，貧困をすべてその人の自己責任の問題であるとは考えることができない。そして，自己責任だけではカバーできない問題，つまり不慮の病気，自然災害，失業，老齢などによって生じた貧困に対して，国として保障していこうとするのが，「生活保護制度」である。

生活保護法は「保護の補足性の原理」という考え方を基本においている。「保護の補足性」とは，生活保護に必要な費用が公費（国民の税金）によってまかなわれているため，生活保護を受けるためには，各自が自分のもっている能力に応じた最善の努力をすることが先決であり，そのような努力をしても，やはり最低生活が維持できないという場合に，はじめて国民の税金によってまかなわれる生活保護が行われることを意味している。つまり，まず「各自が自分のもっている能力に応じた最善の努力をする」ということが，生活保護を受ける国民側が守るべき最低限の条件なのである。

2 生活保護を受けるための条件

(1) 資産を活用する

生活保護を受けるためには，まずその前に，利用者がもっている自己資産を，最低限度の生活維持のために活用しなければならない。ここで言う「資産」の意味は非常に広く，土地，家屋はもとより日常生活用品なども含めて「資産」と言っている。これらの資産をどのように活用するかについては，その資産の本来の用途にしたがって活用すること（例えば，家屋であればそこに住むことが本来の用途）と，売却してその売却代金を生活費にあてることの2つに分けられる。そこで，資産を今の状態で保持すべきか，売却して現金に換えるべきかの判断基準が必要となるが，その原則的な考え方は次の通りである。

① 資産のうち，現在，世帯の最低生活の維持のために活用されており，

また，処分して現金に換えるよりも，保有している方が最低生活の維持と自立のために役に立つと思われるものは，処分しなくてもよい。

② 資産のうち，現在は活用されていないが，近い将来活用されることがほぼ確実で，また，処分して現金に換えるよりも，保有している方が最低生活の維持と自立に役に立つと思われるものは処分しなくてもよい。

なお，具体的な取り扱いは，一応上記の原則に従いながら，個々の世帯の事情や地域の実態に応じて決められるべきものであって，機械的，画一的に決めるべきものではない。どのような資産は保有が認められ，どのような資産は売却して生活費に当てるべきか，具体的な例をあげる。

① 例えば，現在，実際に居住用に使っている宅地，家屋については，その「宅地・家屋」としての利用価値と，売却処分して現金に換えた場合の価値とを比べて，売却処分した場合の価値の方が著しく大きい場合以外は，保有が認められることになっている。また，田畑は現に耕作しているなど利用価値の高いものは，その地域の農家の平均耕作面積までは保有が認められることになっている。

② 日常生活用品については，その世帯の人員，構成等から判断して利用の必要があり，また，その地域でのその生活用品の普及率が70％程度を超えるものについては，保有を認めている。

公費（国民の税金）が財源となっている生活保護を受けるためには，地域の他の住民の生活状態とのバランスからみて，その資産の保有が「健康で文化的な最低限度の生活」の内容として容認できるものかどうかが判断の基準となると言える。

③ 自動車については，原則として保有は認められていないが，身体障害者や交通不便な山間部等に居住する者で，自動車通勤以外に通勤の方法がないか，あるいは通勤するのがきわめて困難な場合には保有が認められていることもある。

なお，資産については，機械的な取り扱いはできるだけ避け，その世帯の自立の芽を摘むことのないよう，配慮して取り扱うことが基本的な考え方となっている。

(2) 能力の活用

能力についても前述の資産と同様，それを最低生活の維持のために活用することが前提とされる。したがって，現に労働能力があり，適当な職場があるにもかかわらず，働こうとしない者については，「保護の補足性」の要件に欠けるものとして，保護を受けることができない。ただし，働く意志と能力があり，かつ求職活動を行っていても現実に職場がないときには，保護を受けることができる。

なお，能力の活用の要件に欠ける場合であっても，保護が受けられない対象をその要件を欠く者だけに限定し，

他の世帯員（同居家族）については保護が受けられるように取り扱う場合もある。

(3) その他あらゆるものの活用

さらに，この補足性は，資産や能力だけではなく，その他のあらゆるものについて適用される。例えば，他の公的な「生活福祉資金貸付制度」などによって貸し付けを受ければ，現在及び将来にわたり安定した生活を営むことができるような場合には，まず，この貸し付けを受けて，自分の力で生活が維持できるように努力することが必要とされる。

(4) 扶養の優先

民法は，直系血族，兄弟姉妹，夫婦は互いに扶養の義務があると定めている。この民法に規定されている扶養義務においては，特に夫婦相互間及び未成熟の子（義務教育終了前の子）に対する親には，きわめて強い扶養義務が課せられている。この民法に定める親族間の扶養は，生活保護法による保護に優先して行われることになっている。つまり，親族の中の誰かが生活に困っている場合，親族による扶養が行われることが先決で，それでも最低限度の生活が維持できない場合に，生活保護を受けることになる。

(5) 他の法律による扶助の優先

生活保護法は，わが国の公的救済制度の中でも最終段階の救済制度であることから，他の法律による扶助を受けることが可能な場合には，まずその扶助を受ける必要があるという，いわゆる「他法他施策優先の原理」を定めている。

したがって，具体的には，介護保険法，老人福祉法，身体障害者福祉法，知的障害者福祉法等による福祉サービス等を受けることができるときは，まず，これらの福祉サービス等を受けるのが先決であるとされる。

以上が，保護の補足性の原理と称される保護受給の要件であるが，個々の要保護者（世帯）について，当事者の努力だけにまかせていたのでは，生存が危なくなるとか，社会通念上放置しておけない程度に事態が切迫しているような場合には，とりあえず生活保護を行うことを妨げるものではないとされている。

6-7 生活保護の行政不服審査制度について

●公的扶助論レポート学習参考例●

1 行政不服審査制度の仕組み

保護の決定及び実施に関する不服の申立てについては，生活保護法第9章に4カ条にわたって規定されている。

この不服の申立て制度は，1962（昭和37）年行政不服審査法が制定され，行政処分一般に不服の申立ての道がひらかれることになったことから，生活保護法の不服申立て制度も，法制定当時条文に定めていた，提起の要件，審理の手続，裁決の方法，行政訴訟との関係等を規定した6カ条から成っていた。

この法律の趣旨は第1条に明文化されている。

第1条　この法律は，行政庁の違法又は不当な処分その他公権力の行使に当たる行為に関し，国民に対して広く行政庁に対する不服申立ての途を開くことによって，簡易迅速な手続による国民の権利利益の救済を図るとともに，行政の適正な運営を確保することを目的とする。

行政庁の違法，不当な処分に対し，これを争うための行政争訟の方法としては，行政事件訴訟によるものと，この行政不服審査法によるものがある。行政事件訴訟は，手続的にも，時間的にも，また経費的にも負担の多くかかるものであることから，行政不服審査法により，国民の権利利益の救済を簡易迅速な方法により行うことを目的としたものである。しかし，第1条に規定されているように，「簡易迅速な手続による国民の権利利益の救済」に併せて「行政の適正な運営を確保」することもあるので，行政内部に対しての再チェックの機会を与えるという意味を併せ含ませていることになるものである。

行政不服審査法の不服の申立ては，次の3種類があり，その内容は次のとおりである。

(1) 審査請求

処分庁（行政処分を行った行政機関）の直近の上級行政庁に対して，不服審査の請求を行う。

(2) 異議申立て

処分庁に対して，直接行うものである。上級行政庁がある場合は，通常，この異議の申立てはせず，上級行政庁に審査請求を行うことになる。

(3) 再審査請求

審査請求の裁決を経た後で，その裁決を不服とする場合，再審査を請求するもので，裁決を出した行政庁の，さらに上級の行政庁に対して行うものである。

2 行政不服審査制度の現状

具体的に生活保護法の場合をみてみると、生活保護法に基づく保護の決定に関する行政処分は、通常は、福祉事務所によって行われるので、その審査請求は、上級行政庁、それも直近の行政庁に対して行うことになる。具体的には、都道府県知事の設置する福祉事務所長の行った保護に関する処分については、その都道府県知事によって行われることになる。また、市町村長の設置する福祉事務所長の行った処分については、直近の上級行政庁は、市町村長となる。この点については、生活保護法では、第一審的な審査庁を統一するという考えから、法第64条（審査庁）において、その審査請求も都道府県知事に対して行うとされている。

この都道府県知事に対して行われた審査請求の裁決に不服があれば、さらに、その上の上級行政庁、すなわち、厚生労働大臣に対して再審査請求ができる。

この場合、都道府県知事の設置する福祉事務所長の処分については、厚生労働大臣に対して再審査請求をすることができる。市町村長が設置する福祉事務所長の処分については、行政不服審査法の一般原則による限り再審査請求を行うことはできない。このため生活保護法では、法第66条第1項において、特例規定を設けて、再審査請求ができることとしている。

(1) 口頭による審査請求

審査請求については、第9条で書面の提出が定められているが、第16条では、口頭による審査請求ができることも定められている。

(2) 代理人による不服申立て

不服申立てについては、第12条で、代理人によって行うことができることになっている。

(3) 裁決すべき期間

行政不服審査法においては、裁決すべき期間については、特に定めていない。しかし、生活保護法による保護の決定実施に関する処分については、生存権保障にかかわるという性質上、もし、違法不当があるとすれば、できる限り速やかに保護救済を必要とするものである。生活保護法では、第65条で、保護の決定実施に関する処分についての審査請求については50日以内に、同じく再審査請求については、第66条第2項で、70日以内に裁決しなければならないことが規定されている。

さらに、それぞれの裁決をすべき期間内に裁決がないときは、厚生労働大臣又は都道府県知事が請求を棄却したものとみなすことができるとしている。

3 訴訟との関係について

生活保護法第69条で、保護の実施機関がなした処分の取消しの訴えは、審査請求に対する裁決を経た後でなければできないことになっている。これは、行政不服審査前置主義といわれるもので、すべての不服申立てについて行われるものではないが、生活保護法では、

この前置主義をとっている。

　つまり、保護の実施機関の処分についての行政訴訟は、行政不服審査法による審査請求をして、その裁決があった後でなければ、提訴することはできないのである。しかし、この規定は、再審査請求には関係がないので、その時点で、再審査請求をするか、行政訴訟をするかは請求人の意志にまかされるが、さらには、その両者を同時に行うことも可能である。

　以上のように、保護に関する権利については、行政不服審査法により、その権利利益が救済されることになっている。すでに、同法の目的のところで見たように、その審査は行政内部で行われるもので、行政の再チェック機能ともいえる。

　反面、そのために審査の客観性、公平性が保たれるのかについては疑義なしとはいいがたい。特に、現状の諸制度のものと比較してみると、そこに述べられていたことは、まことに色あせたものにみえる。それは、現行の審査保護という点からみるときわめて不十分なものであるからである。

　社会保険各法が、被保険者が保険料という「費用負担」をしていることから、不服申立てについても一定の制度を確保しているとすれば、社会福祉各法は、そうした意味での「費用負担」はないことから、その「権利」を社会保険と同じように認めていないのであろうか。そうであるとするならば、社会福祉は「権利」から「恩恵」へと転落することになる。社会保障制度関係の中では、社会福祉各法によるものが、一番権利保障から遠いところに位置づけられているといえよう。

　また、外国人には不服申立ての権利は、一切認められていない。

第7章
地域福祉論

地域福祉論

　かつての社会福祉は，福祉援助を必要とする人を社会福祉施設へ入所させ援護するという考え方が主流であった。しかし，近年は，ノーマライゼーションの理念が浸透し，「住み慣れた地域の中で家庭を基盤にして，地域社会の人々と交流しながら自らの能力を最大限発揮し誰もが自分らしく誇りをもって社会の一員として暮らしていける社会」があるべき姿であるという考え方が大勢を占めている。そして，社会福祉施策は，社会福祉の基礎構造改革により成立した社会福祉法の中で，「地域福祉の推進」が明確に位置づけられている。

　このように，社会福祉の考え方や施策の方向が，施設福祉から在宅福祉へと変化するにつれて「地域福祉」が重要視されるようになってきた。またその背景のひとつに，福祉の対象者を隔離し施設の中に封じ込めるような社会は，「弱くてもろい社会である」という考え方が国際的な共通見解となってきたことがあげられる。わが国でも，援助を必要とする人々を地域社会にあたりまえに受け容れ，障害をもつ人と障害をもたない人が，住み慣れた地域の中で「ともに生きる」社会が当然であるという"ノーマライゼーション"の理念に基づく新たな福祉思想が定着している。

　また，近年急速に進行しつつある高齢社会の到来も，地域福祉の実現による新たな社会福祉の体制づくりを急がせる要因となっている。とりわけ寝たきりの高齢者や，認知症高齢者など，特別な医療や介護サービスを必要とする要介護高齢者が増加し，ますます在宅福祉サービスの充実とそれを支える地域福祉の推進が大きな課題となっている。

　さらに，伝統的な地域社会の崩壊によって著しく希薄になった地域住民同士の絆を，新たな理念によって再生し，住民の主体的な参加により福祉サービスを提供する地域共同体，いわゆる福祉コミュニティ形成を目的とした地域援助活動も地域福祉推進の大きな原動力となっている。

　地域福祉論は，このような現代の社会福祉において急速にその重要性を増してきた地域福祉について，日々発展しつつある社会福祉理論と社会福祉の実践を包括的にとらえようとするものである。したがって地域住民の生活問題を解決していくための現行の社会福祉理論と社会福祉の実践，そして今日の地域福祉の現状に関する認識を深めるとともに，新しい理論と実践を視野に入れた幅広い理解が求められるのである。

7-1 地域福祉の機能的・構造的アプローチについて

●地域福祉論レポート学習参考例●

　地域福祉の概念がどのようなものであるかを明確にすることは難しい。なぜならば、地域福祉の概念は、複雑多岐にわたるものだからである。例えば、地域福祉はその時々の状況によって、①理念、②地方自治体が行う福祉行政、③地域住民がお互いに助け合う相互扶助活動等であったりする。

　このように複雑な地域福祉の概念を整理して、とらえていくためのアプローチとしては、構造的アプローチと機能的アプローチがある。

　これら両アプローチは、地域福祉政策や事業活動を地域福祉のもつ機能と構造からとらえている。構造と機能は、互いに相手がいなければ識別できない相互補完的な関係にある。したがって、地域福祉がもつ、①相互扶助機能、②福祉ニーズ充足機能、③生活問題解決機能等は、(1)法律・行財政、(2)組織・資金・人材等の構造的枠組みがなければ実現できない。また逆に、構造的枠組みがあっても、機能が働かなければ、地域福祉は成り立たない。

　このように、地域福祉の概念を把握するためには、構造と機能の両方からのアプローチが必要になる。以下に両アプローチの特徴について述べる。

1　構造的アプローチ

　構造的アプローチは、地域福祉を政策としてとらえたものである。

　これは、社会福祉理論における制度政策論と運動論（社会・住民運動）の立場からさらに、①制度政策論的アプローチ、②運動論的アプローチに分かれる。

(1)　制度政策論的アプローチ

　資本主義化に伴い、必然的に生み出された住民（労働者・勤労住民）の地域生活条件をめぐる不備・欠落や悪化・破壊が進行する中で、これに抵抗する社会運動を媒介として提起された地域生活問題に対する社会的対策として地域福祉を規定する。つまり、このアプローチでは、地域福祉を貧困低所得者層への地域における生活問題対策とし、地域福祉が生活問題のすべてに対応するのではなく、最終的に生存権を保障する一施策として位置づけている。

　その生活問題対策の内容は、①雇用保障、賃金・労働条件の確保などに関する労働施策、②社会保障施策、③住宅・環境整備等の社会的共同生活手段、教育・医療等の社会的共同サービスからなる。

(2)　運動論的アプローチ

地域福祉を地域社会の産業構造の改変まで含めた幅の広いものとしてとらえ，地域住民による地域福祉政策への参加運動に重点をおく。そして，地域福祉が対象とする課題を，産業政策を通して地域の経済的基盤を強め，住民の生活の基礎を発展させること，過疎・過密問題に見られるような生活の社会的・共同的な再生産の部分の遅れやゆがみを正すこと，これらの措置を住民の自主的な参加＝運動の支えによって行うとする。

(3) 構造的アプローチの特徴

① 地域福祉を国・地方自治体がとる社会問題対策のひとつとして規定する。

② 地域福祉政策の対象を資本主義の生み出す貧困問題を中心とした生活問題とし，おおむね貧困・低所得階層に対応する。

③ 最低生活保障を基本とした，地域における生活水準の向上を底辺から支える。

④ 地域福祉施策の内容は，地域の住民運動等の運動を通じて決定される。

⑤ 地域福祉政策は，公的責任に基づいて行われることから，福祉サービス受益者負担に関しては，料金の無料化をめざす。

2 機能的アプローチ

機能的アプローチは，地域福祉を社会的ニーズを充足する社会的サービス，及び社会的資源の供給システムとしてとらえている。機能的アプローチについても，①福祉サービスを受ける住民・要援護者側から地域の福祉システムを機能的に展開していく主体論的アプローチと，②福祉サービスを供給する側から福祉サービスや社会資源を備えもつ地域の特徴に着目し，地域福祉の供給システムを構想する資源論的アプローチの2つに分かれる。

(1) 主体論的アプローチ

地域社会で発生する福祉問題を可能な限り，その地域社会内で解決を図るという点に着目し，地域福祉を問題解決への機能システムとみなす。

主体論的アプローチは，地域住民の主体的で，組織的な問題解決プロセスを重視する。

したがって，地域福祉の概念も，①コミュニティ・ケア，②予防的社会福祉，③地域組織化活動の3要素から成る。

①のコミュニティ・ケアとは，要援護者に対する地域的，個別的，直接的，保護的な介護サービスを指す。一定の地域性を基盤とする点では，施設ケアも在宅ケアもコミュニティ・ケアに統合されるものと考えられる。

②の予防的社会福祉は，地域福祉がどちらかといえば保護的・事後的に対応しているのに対し，福祉問題の発生を予防したり，地域福祉の増進を図る社会福祉援助サービスといえる。予防的社会福祉は，社会保障・保健医療・完全雇用・教育・住宅などの普遍的な施策への連結が主な役割である。

③の地域組織化活動は，地域福祉や予防的社会福祉を効果的に進めるための前提条件として，地域社会の構造や福祉関係の機関に働きかける活動を指す。地域組織化活動には，地域福祉の実現にふさわしいコミュニティづくりをめざす一般的地域組織化活動と，要援護者層を中心とする福祉コミュニティづくりをめざす福祉組織化活動がある。

(2) 資源論的アプローチ

在宅福祉サービスの展開過程から発展しており，地域福祉の中核に在宅福祉サービスを置く。在宅福祉サービスは，現金給付よりも現物給付・役務的給付が重要となるので，サービスに必要不可欠なマンパワーの調達・提供において，一定の地域的な制約を受けてしまう。

このような問題に対して，資源論的アプローチは，地域福祉の対象を要援護者層に絞ることにより，地域福祉供給システムの機能を明確にできるだけでなく，福祉サービスの性質・特質から地域福祉の成立根拠を組み立てようとしている。

機能的アプローチの特徴を以下にまとめる。

① 地域福祉を一定の地域社会の福祉ニーズを充足する供給システムとしてとらえる。

したがって地域福祉は，社会における福祉ニーズの拡大と多様化に伴い，福祉ニーズと社会資源の需要と供給のバランスが崩れるところから発展する。

② 地域福祉が対象とするのは，福祉ニーズを必要とする要援護者の問題を中心とした多様な生活問題であり，要援護者層を中心にした国民諸階層に対応する。すなわち，経済的諸階層による対象限定は取り除かれ，福祉ニーズによる対象階層の限定がなされる。

③ 地域福祉を公的施策と限定せず，公私の複合的な供給主体から構成されるものとする。その供給主体となる組織体の施策レベルは，最低生活保障ではなく，標準的生活の確保をめざす。

④ 地域福祉の形成では，地域の住民参加を強調するが，住民運動的な性格は脱落する。

⑤ 福祉サービスの受益者負担は，福祉ニーズの多様化と拡大による対象階層の上昇という認識から，応能負担を原則とする。

7-2 地域社会の崩壊と変化について

●地域福祉論試験問題学習参考例●

　「地域社会」（コミュニティ）とは，強い共同意識をもち，病気や災害などにより，生活が困難になったときには，お互いに助け合う地域の人々の集まりである。その代表的なものが，日本の戦前の農村社会である。戦前の農村社会では，その家の主人は長男から次の代の長男へ受け継がれた。同じ地域に，代々長男によって受け継がれる家（本家）と，次男以下が結婚してできた家（分家）が暮らしていた。このように「家」と「家」が血縁（同じ一族同士の結びつき）や地縁（同じ土地に住む結びつき）で強く結びついており，農作業等の生産労働やお祭りや余暇活動等を含む生活のあらゆる面で共同し合っていた。

　しかし，戦後，社会の近代化，工業化，都市化，核家族化によって，戦前の共同体的なコミュニティは壊れていった。工業や商業が発展するとともに，農家の家を継がない息子（次男や三男など）や娘たちは村を出て都市で就職するようになった。農村に住む人々が急激に都市へ出ていったため，農村社会では血縁や地縁の結びつきも弱まり，それまでのように日常生活をお互いに助け合っていくことができなくなった。さらに過疎化が進んで，農村の人口が少なくなったので，診療所の経営が困難になったり，小学校や中学校が統合されたり廃校になったりした。このように生活の基礎として必要な医療や教育の施設までも困難な状況になっていった。

　一方，都市では，農村の人々が都市に入ってきたため，都市人口が増加し核家族化が進み，他の家を干渉しないという意識も強まった。したがって，住民同士で協力し合うという意識が失われ，都市においては，子ども会や町内会などのお互いに助け合ったり協力し合ったりする組織は形ばかりのものになってしまった。

　現在，農村社会でも都市社会でも，高齢者だけの世帯が増え続け，親と子が一緒に住む同居世帯は減り続けている。また，都市を中心として近所の住民同士の交流も少なくなってきている。介護保険制度における要介護高齢者は，2006（平成18）年度末で425万人（平成21年版『高齢社会白書』）と見込まれ高齢者人口の16％を占めているが，今のままでは，高齢者とその家族が安心して生活できるような地域社会であるとはいえない。このような状況から，住民が主体的に行う新しい地域福祉のコミュニティづくりが期待されている。

7-3 地域福祉の概念の変遷について

●地域福祉論試験問題学習参考例●

　地域福祉の概念は，福祉施設中心のケアに対する反省から生まれた考え方である。そして，「住み慣れた地域社会の中で誰もが人間らしく社会の一員として自立した生活を続けることができるような状態を創っていくこと」と定義される。

　歴史的にみると地域福祉は1950年頃，イギリスで生まれた考え方である。その時には，精神病院と自宅との間に中間施設をおくことが，精神障害者の社会復帰に役立つと考えられたのである。その後，精神障害者に限らず，社会福祉のあらゆる分野において，地域福祉であるコミュニティ・ケアの考え方に基づく地域サービスが拡大されていった。

　こうした地域福祉の考え方が日本に紹介されたのは，1960年代中頃であった。それまでの施設中心の日本の社会福祉のあり方に大きなショックを与えた。そして，施設中心の福祉から，地域中心（在宅福祉中心）の福祉へと方向転換するきっかけになった。しかし，1970年代では，まだ，主に知的障害者や身体障害者のための地域でのケア体制の確立に関心が向けられており，地域福祉を基本的な理念や方法とするところまでは，至っていなかった。コミュニティ・ケアの考え方が取り入れられたのは，1980年代に入ってからである。多様な福祉ニーズをもつ利用者一人ひとりが住み慣れた地域で，できるだけ自立した生活を維持していくことができるように，まずホームヘルプサービスなどのサービスから始められた。さらに利用者が施設に通所してサービスを受けるデイサービスやショートステイが，市町村を主体として本格的に行われるようになった。

　現在，多くの老人ホームでは，施設に入所させるケアだけでなく，在宅介護支援センターを併設して，ホームヘルプサービス，デイサービス，ショートステイ等を同時に行っている。

　これは，「施設の社会化」といわれるように，地域社会にとって施設も重要な社会資源であるから，これをうまく役立てていくという考え方に変わっている。したがって，これまで以上に，施設の機能が重視されるようになってきている。

　さらに2000（平成12）年には，社会福祉基礎構造改革のため社会福祉法が制定されたが，この中で「地域福祉の推進」が明確に規定された。これにより地域社会を基盤にした「地域福祉」の取り組みが展開されている。

7-4 地域福祉実践における公私分担のあり方について

1 公私分担について

わが国における福祉の公私責任分担論は，第二次世界大戦後，GHQの統治下で福祉改革が行われ，「公私責任分離の原則」が打ち出されたことに端を発する。法的には，憲法第89条で公的財産を私的慈善事業のために使うことを禁止し，また社会福祉法第61条で「事業経営の準則」を定めている。これは，国・地方公共団体は，その責任を民間事業者に転嫁したり，財政的援助を求めてはならず，事業者の自主性を尊重し，不当な関与を行わないこと，そして，民間事業者は，不当に国・地方公共団体の財政的援助を受けない，という主旨の準則で，これらの法律が日本における福祉の公私関係の分離の論拠となっている。

これらの準則は，国や地方公共団体及び社会福祉法人等の民間の社会福祉経営者がそれぞれの責任を明確にするために，従うべきことを示したものである。しかし行政が民間の社会福祉経営者に対して施設への入所などの措置を委託することを妨げるものではないことも規定されている。これを根拠として児童福祉法等の福祉各法に行政措置に関する規定を置いている。例えば児童福祉法第27条第1項では，都道府県知事が保護を要する児童を児童養護施設などに入所させる等の措置をとらなければならない旨を規定し，措置費または措置委託費の支出の道を開いている。なお，この措置制度は，保育所や特別老人ホーム等でも実施されていたが，社会福祉基礎構造改革により，福祉サービスの提供事業者とサービスの利用者による「利用契約」制度へ移行している。

2 地域福祉の実践基盤について

地域福祉の実践過程においては，社会福祉協議会が中核的な役割を担っている。地域福祉の時代を迎え，地域の福祉ニーズと社会福祉資源を的確に把握するとともに，社会福祉協議会が行政計画とは異なる地域福祉実践計画を策定することで，住民の福祉活動の実践が推進される。それにより地域住民と社協，行政が地域の福祉ビジョンを共有し，住民参加型の新しい福祉実践活動を創り出すための地域福祉計画を策定することが求められている。

今後は，措置制度から利用者の選択による契約制度の導入，そしてサービスの提供主体が多様化しつつあるということを踏まえ，時代の変化に即した新たな公私関係を確立することが重要である。

7-5 ケアマネジメントの技術について

　ケアマネジメントとは多様化，複合化した今日の福祉ニーズに対応するため，公私の福祉サービスを調整し提供する個別援助技術のことをさす。社会福祉施策が従来の施設福祉から地域福祉中心に移行する中で，特にこのケアマネジメントの必要性が説かれている。ケアマネジメントが必要とされる主な理由としては，福祉サービスが，専門化，細分化してきているため，多くの人はそれぞれの専門機関へ行って援助を受けなければならない。このため，ひとつの窓口でさまざまな福祉サービスを調整して提供するケアマネジメントが必要とされていることがあげられる。

　また，ケアマネジメントの展開課程は次のとおりである。

　① クライエント（援助対象者）の発見：自治会役員，民生委員，開業医などからケアマネジメントが必要なクライエントを発見した場合，すぐに連絡が入るようなシステムを作りクライエントを発見していく。

　② アセスメント（事前調査）：クライエントの抱える問題点やニーズを調査，評価する。アセスメント内容としては，精神的，身体的，経済的状況，家庭環境，対人関係のもち方などクライエントの社会生活を総合的に捉えていく。

　③ ケア計画の作成と実施：先のアセスメントに基づいて，クライエントに最もふさわしいサービスが提供できるように，フォーマル，インフォーマル双方の社会資源を組み合わせ調節していく。インフォーマルな社会資源というのは，家族，友人，ボランティアなど制度化されていない福祉サービスをさし，フォーマルな社会資源というのは行政や法人化された福祉施設等による福祉サービスをさす。

　④ モニタリングとフォローアップ：クライエントのニーズが変化していないか，ケアを提供している者が適切なケアを継続しているかなどをチェックする。また，ここでクライエントのニーズとサービスが合致しない場合には再度アセスメントをして計画を変更していく。ケアマネジメントの展開過程において重要なことは，クライエントの人権を尊重し，プライバシーに留意しなければならないということである。そして，クライエントのニーズを的確に把握するとともに，そのニーズに即して総合的なサービスが提供できるよう関係機関等との調整をはかることが必要である。

●地域福祉論レポート学習参考例●

社会福祉協議会の地域組織活動について

近年，われわれの生活を取り巻く地域環境は，都市部への過度の人口集中，農村部における急激な過疎化の進行，少子高齢化に代表される人口構造の変化，さらには家族形態や扶養意識の変化などにより，さまざまな問題を生み出している。一方，地域社会のもつ相互扶助機能が弱体化しているのが現状である。地域生活に特別の問題を抱えていない人たちであっても，家族や近隣の人たちの支援は欠かせない。とりわけ高齢者や障害者など社会的に弱い立場にある人たちは，こうした問題に深刻に直面することになる。

人々が生活する上で，精神的不安や不満，また何らかの援助を必要としているときに，適切なサポートや必要な援助をして，豊かで自立した人間生活を送れるようにするのが社会福祉の目的である。その目的を果たすために，積極的にこれらの問題を解決して行かなくてはならない。

解決の手段のひとつとしてあげられるのが，地域組織化活動（コミュニティ・オーガニゼーション）と呼ばれるものである。これは，①特定の地域の中で，人々が生活する上で抱えている問題や福祉ニーズを発見し，②地域住民一人ひとりの共通問題としてとらえ，③問題解決に向けて共同して計画を立てて，役割を分担し，地域住民全体で社会福祉活動を展開していこうとするものである。また，この地域組織化活動は，ノーマライゼーションや地域福祉といった福祉の新しい考え方やあり方を具現化し，発展させて行く役割を担っているといえる。

このような地域組織活動を行う中心的な役割を担っているのが社会福祉協議会である。社会福祉協議会は，社会福祉法第107条および第108条に基づく民間団体である。当初は都道府県レベルで設置されていたが，現在では市町村レベルや地区レベルまで広がり，全国社会福祉協議会を中央として，都道府県には都道府県社会福祉協議会，市区町村には，市区町村社会福祉協議会が設置されている。社会福祉協議会の活動は，社会福祉活動への住民参加を推進する事業，住民参加による社会福祉を目的とする事業の実施が中心となっている。このため住民に身近で地域福祉の直接の担い手である市区町村社会福祉協議会及び地域の実情により組織されている地区社会福祉協議会が中心的な役割を果たしている。そのすべてが社会福祉法人であり「地域福祉の推進」を目的としている。

また民間組織としての「自主性」と地域住民や社会福祉関係者に支えられた「公共性」という側面を併せもっていることが特徴となっている。

地域組織化活動を具現化するために，市区町村及び地区社会福祉協議会は主に次のような活動を行っている。

1 住民，援助の対象者，社会福祉関係者の組織化・支援

小地域ごとに地区社会福祉協議会を組織し，また自治会や子ども会といった既存の住民組織と連携して，住民や当事者の福祉活動を行う。

民生委員・児童委員，社会福祉施設などの社会福祉事業関係者，また保健，医療などの関連専門分野と連絡組織を設置して，地域内の福祉活動を組織化し，協同事業の推進を図る。

2 福祉問題の把握，地域福祉活動の策定，改善運動の実施

地域における福祉問題を明らかにし，また福祉ニーズを把握して，その課題について住民，関係者などに理解させ，その課題について実際に解決していく。

活動例として，安否確認運動，実態調査活動，個々のニーズ活動（訪問活動，電話訪問）などがある。

3 福祉サービスなどの企画・実施

地域の実情を踏まえて，住民一人ひとりのニーズに具体的に対応する体制をつくるために，福祉事業関係者と連携して，自ら福祉サービスの企画・実施を行う。

活動例として，グループホームの運営，地域福祉センターの運営，特別養護老人ホームの運営，コミュニティセンターの運営，デイサービスセンターの運営などがある。

4 総合的な相談，援助活動，情報提供活動

住民の心配事の相談にのり，生活福祉資金貸付事業など，福祉ニーズを持つ住民に対する総合的な相談援助活動を行う。

5 福祉教育・啓発活動，社会福祉の人材養成

児童・生徒から成人まで幅広く福祉教育を行い，住民のボランティア活動，また福祉問題の理解の促進を図る。

活動例として，福祉施設見学，機関誌・広報誌の発行，学習会，講演会，福祉の集いなどがある。

6 在宅福祉サービスの推進

高齢社会が進む中，市区町村社会福祉協議会において特に活発な活動となっているのが，在宅福祉サービスである。活動例には，ホームヘルプ（訪問介護），デイサービス（通所介護），配食サービス，訪問入浴介護，ケアプランの作成（居宅介護支援）などがある。

7 地域福祉財源の確保，助成の実施

民間地域福祉活動に関わる基金の造成，国及び地方自治体からの財政支援，寄付金の確保を通して，地域の福祉問題解決の財源を確保する。

市区町村社会福祉協議会及び地区社会福祉協議会は，以上のように，地域組織活動を行っているが，最も大切な

ことは，住民が主体とならなければならないということである。住民一人ひとりが，福祉活動の，当事者として問題の発見，ニーズの要求を行わないならば，依然として行政主導の福祉活動が行われ，住民一人ひとりの具体的な問題やニーズに具体的に対応していこうとする地域福祉活動は，全く機能しなくなり，ノーマライゼーションや地域福祉の推進も望み薄となる。そればかりか，今後の福祉活動自体の存在が危ぶまれる。どれだけシステムが充実しても，住民主体という理念がしっかりと浸透しなくては，活動はスムーズに行われない。住民一人ひとりが福祉に関心をもつならば，住民にとってより適切な福祉活動が行われ，またさまざまな問題を早期に発見し解決することができる。問題が深刻化する前に対応策がとられるならば，福祉問題の予防的役割も果たすことになる。それはそのまま住民一人ひとりが，自らの生活をよりよいものにしていくことにつながっていく。

住民が福祉に関心をもち，問題を早期に発見し，問題解決のためにさまざまな要求や計画を掲げ，実際に改善していくこと。それが住民主体の福祉活動である。福祉に関心をもち，認知症高齢者のグループホームの運営に取り組んでいる住民が，高齢者の人間としての尊厳を獲得し，維持しようと考えた場合，住民の努力だけではその実現が不可能と感じれば，地域内の福祉の充実，創造を望まざるをえない。それが理解と共感を得て，地域全体の認識となり，ついには自治体を動かす。それが真の住民主体の福祉といえるだろう。これまで福祉は，特定の人の問題として考えられてきたが，複雑に入り組んだ社会生活や急激に進む高齢化によって，それはすべての人に関わる問題となった。ますます多様化する住民一人ひとりの抱える問題やニーズを具現化し，住民一人ひとりがよりよい生活を送れるようにするためには，住民一人ひとりが，主体的に福祉活動に参加することが重要なのである。

7-7 社会福祉協議会の組織と機能について

　わが国において，地域福祉を推進する中核的な役割を担ってきたのは，社会福祉協議会である。社会福祉協議会とは，「地域社会において，住民が主体となり，社会福祉，保健衛生その他生活改善向上に関連ある公私関係者の参加，協力を得て，地域の実情に応じ，住民の福祉を増進することを目的とする民間の自主組織」である。

　この社会福祉協議会は，市町村，都道府県，全国といった形で系統的にネットワーク化されている。

　社会福祉協議会の性格と組織，機能のあり方や目標については，「社会福祉協議会基本要項」に示されている。この基本要項はその後の社会福祉協議会の活動を支える指針となり，今日においてもその影響力は失われていない。この基本要項の特色としては次の点があげられる。

　①　住民主体の原則を掲げ，社会福祉理念の普及の発展に貢献した。

　②　社会福祉協議会の主な機能が福祉計画の策定と地域組織化活動（コミュニティ・オーガニゼーション）であると明らかにしたこと。このコミュニティ・オーガニゼーションは，地域住民の抱える福祉問題を，地域住民の共通の課題として捉え，問題解決に向けて地域住民が共同して計画を立て，地域ぐるみで福祉活動を展開していこうとするものである。

　③　社会福祉協議会組織の基本的単位を市区町村として系統的に積み上げられるものとして，市区町村社会福祉協議会の構成，活動方法，財源などの基本的なあり方を示し，その強化策を明らかにしたこと等である。

　なお，社会福祉事業法の抜本的な改正により「社会福祉法」が誕生した。

　この法律は，「地域福祉の推進」を基軸とする今後の社会福祉の道筋を示しており，その一翼を担う社会福祉協議会に対する期待は大きい。

　この法律によれば地域住民や福祉サービス提供者が地域社会の一員として参加が可能となるよう相互の協力を求めている。また新たに創設された「地域福祉権利擁護事業」を含め，総合相談機能を強化するとともに，地域住民の意識向上をめざし啓発活動を行うこと，さらには経営基盤の自主的な強化と事業経営の透明化を求めている。

　地域福祉の一翼を担う社協の組織は，こうした動向を踏まえて，再構築することが期待されている。

7-8 在宅福祉サービスの基盤整備について

●地域福祉論試験問題学習参考例●

　わが国の社会福祉は、第二次世界大戦後、新憲法のもとで生活保護法をはじめさまざまな法律が制定され、推進体制が整備されていった。戦後間もない頃の社会福祉は福祉施設への「収容保護」が中心であり、それも質量ともにきわめて不十分なものであった。昭和30年代頃の社会福祉は、低所得者対策として、金銭給付か貸付金制度が中心となっていた。昭和40年代に入ると高度経済成長時代を迎え、国民所得も大幅な伸びを示した。その一方で消費者物価の上昇が続き、高齢者や障害者といった社会的弱者と呼ばれる人たちの生活は、厳しい状態に置かれていた。また核家族化や扶養意識の変化等から在宅の寝たきり老人や障害者の介護問題が社会問題となった時代である。

　この頃、英国において「コミュニティケア」に関する研究が進み、わが国の伝統的な社会福祉の処遇のあり方も見直され、地域福祉の中で特に在宅福祉のあり方についての議論に発展した。すなわち、低所得者対策と施設収容中心であった福祉施策を見直し、援助を必要とする人たちが住み慣れた地域の中で、できる限り温かい家庭的な雰囲気に包まれて、人間らしく生活できるように、社会福祉を地域社会に根ざしたものに再構築しようとするものであった。

　これを契機として、わが国の福祉施策は、「施設福祉」中心から「在宅福祉」中心へと移行し、法的な整備が進められていった。1990年には、社会福祉関係八法の改正がなされ、居宅支援事業（ホームヘルプ、ショートステイ、デイサービスの事業）が法定化されるとともに、市町村が主体となって在宅福祉サービスを展開することとなった。こうした背景から、「今後5か年間の高齢者保健福祉の方向」（ゴールドプラン21）及び「障害者基本計画」（新障害者プラン）では、在宅福祉を重視した整備計画が樹立され基盤整備が進められている。また2000年4月から導入された介護保険制度では、ホームヘルプ等の事業に多様な民間事業者が参入し、在宅福祉サービスは、競争原理による新しい展開が開始されている。

　さらに2000年5月には、社会福祉の基礎構造改革の一環として社会福祉法が成立した。この法律は、福祉サービスの新しい理念として「利用者の保護」と「地域福祉の推進」を謳っている。この理念のもとに在宅サービスの基盤整備は、今後さらに進展していくことが期待されている。

7-9 地域福祉活動における住民参加の意義について

●地域福祉論試験問題学習参考例●

1 住民参加の重要性

　地域・在宅福祉活動において大切なことは，その地域で生活する住民自身が，近い将来，自分自身も福祉サービスを利用する当事者として，現時点で積極的に地域の福祉活動に参加することである。

　地域社会には，障害をもつ人やもたない人，また，若い人や高齢者など，さまざまな人々が生活している。今は若くて健康な人でも，将来いつかは福祉援助を必要とする可能性がある。そういう意味で，地域住民すべてが，いつかはその地域に育成され整備された福祉サービスを利用することになり，すべての地域住民が地域・在宅福祉活動の当事者であるといえる。

　また，地域の福祉活動が効果的に実施されているか，地域住民自身がチェックやモニターの機能を果たすことも重要な役割である。

2 地域住民と行政・福祉施設との連携

　地域の在宅福祉活動は，地域住民の力だけで十分に行えるものではない。効果的な福祉サービス実施のためには，行政（市区町村）からの財政的な援助と専門的な相談・援助が欠かせないのである。そして，住民の潜在的な福祉ニーズを発見し，地域社会が積極的に行政と交流し，福祉サービスをよりよくするためのフィードバック機能を果たす必要がある。特別養護老人ホーム等の施設運営に，地元住民の代表（例えば町内会長や民生委員など）が理事や評議員等として実際に関わることも，より地域と福祉施設との交流を図る上で大切である。

　老人ホーム等の施設も，「地域に開かれた」存在であることが大切である。例えば，老人ホームがデイサービスやショートステイ等のサービスを提供することによって，地域住民の在宅介護を支援し，家庭で高齢者や障害者の世話をしている介護者が「介護疲れ」で倒れるのを未然に防止することにも役立つ。

　また，老人ホーム等の行事への地域住民の参加，地域の行事への老人ホーム利用者の参加等によって，施設と地域住民の交流を図り，あるいは，福祉施設が住民に対し，効果的な介護方法等についての講習会を行うなどの活動が考えられる。

　このようにして，地域・在宅福祉活動に住民が当事者として参加し，行政（市区町村）や施設との交流を深める公私協働によって，地域の福祉の質の向上がさらに図られるのである。

●地域福祉論レポート学習参考例●

7-10 在宅介護支援センターと在宅介護サービスについて

1　在宅介護支援センター

在宅介護支援センターは，在宅の寝たきりの高齢者やその家族が，専門家による介護の相談や指導が身近なところで受けられ，必要なサービスが受けられるように関係機関等との調整を図る24時間体制のセンターとして設置された。このセンターでは専門職員が配置され，相談業務や介護方法の指導，及びサービス調整を行っている。

(1)　設立の背景

この在宅介護支援センター制度ができるまでは，地域で在宅サービスを提供する拠点としての役割は福祉施設が担ってきたが，医療と福祉の両面にわたる在宅介護サービスが一元的に提供されるには十分ではなかった。1989年に策定された「ゴールドプラン」及び1994年に策定された「新ゴールドプラン」の推進により，在宅介護サービスをはじめとする高齢者保健福祉の基盤整備が進み，この計画の中で在宅介護支援センター制度が設置されることになった。

(2)　運営基準

在宅介護支援センターの多くは市町村によって運営されるが，平成10年度以降は，市区町村が民間事業者などに対して設置・運営の委託を行えるようになった。その運営費については，担当地域の対象者数に応じて実態把握に必要な経費を補助する事業費補助方式が導入されている。市町村は，①地域のすべての在宅介護支援センターを含む連絡支援体制（ネットワーク）を形成することや，②各センターの担当地域，委託内容，委託条件を明示すること，③このセンターにおいて在宅介護サービス利用予約ができるなど，具体的なサービス利用の利便性の確保を図るものとされている。

(3)　設置基準

在宅介護支援センターの設置基準としては，社会福祉協議会等が相談業務を行う形で運営される「単独型」，特別養護老人ホーム等の施設内に設けられる「併設型」がある。

(4)　機　能

「基幹型」在宅介護支援センターの機能としては，①各地域型支援センターの統括・支援，②介護サービス機関（ケアマネジャーを含む）の指導や支援，③ケア・カンファレンス（地域ケア会議）の招集，④介護保険サービスに含まれない介護予防・生活支援サービスの調整などがある。

これに対して「地域型」在宅介護支援センターは，基幹型センターの統括

の下，①総合相談，②介護保険の対象とならない人に対する援助（保健福祉サービスの申請代行等），③地域のインフォーマルな住民グループ活動の支援や育成などを行っている。

また，介護保険制度の施行に伴い，センターで次のような役割を担うことが求められていた。

① 要介護認定を申請した高齢者への訪問調査を行うこと。

② ケアマネジメントを担う機関として，介護ニーズを把握・発掘する。利用者のニーズに最もふさわしい介護サービスに結びつけていく重要な役割を担うため，個々の要介護高齢者に最も必要なサービスは何か，どのようなサービスを組み合わせて提供することが適切かを把握・判断するケアマネジメント機能を強化すること。

③ 援護を必要とするが介護保険給付の対象とならない人のための配食サービス等，福祉サービスの調整を行うこと。

④ 地域見守り活動を行うこと。例えば高齢者が自宅で倒れるなど，緊急の際には，家族や近隣ボランティア，消防署と連携し，連絡ステーションとして機能する，などである。

このように，在宅介護支援センターには，地域においてサービスを必要とするすべての住民と，多元化したサービス供給機関とを結ぶ有機的なネットワークの中枢として機能し，その役割を有効に果たすことが期待されている。

2　地域包括支援センターの創設

こうした中，2005（平成17）年の介護保険法の改正により，「地域包括支援センター」が創設されることとなり，多くの在宅介護支援センターが「地域包括支援センター」に移行している。近年では，「地域包括支援センター」が従来の在宅介護支援センターの機能を包含した地域ケアシステムの中核として市町村などを設置主体として運営されている。

地域包括支援センターの業務内容は，①介護予防，②総合相談，③権利擁護，④ケアマネジャーの支援等で，保健師，社会福祉士，主任介護支援専門員といった専門の職種が配置されている。この3職種が連携して，所管地域内の居宅介護支援事業所を支援するとともに，関係機関のネットワークづくりや住民活動をサポートすることで地域包括支援を行っている。

なお地域包括支援センターの設置数は，2008（平成20）年4月現在，3976か所である。

3　在宅介護サービスについて

加齢に伴う身体的機能の低下や，障害をもつこと等により，在宅での生活を継続することが困難な場合であっても，多くの人は「住み慣れた地域の中で暮らしつづけたい」という希望をもっている。このような人たちに対する，身体の状況，家庭の状況に応じた，在宅における自立生活に必要とされる介護サービスが提供されている。

(1) 介護保険サービス

介護保険法で定められている保険給付対象のサービスであり、訪問介護員（ホームヘルパー）や医療関係者、その他の福祉専門家により提供される。その内容には、訪問介護（ホームヘルプ）、訪問入浴介護、訪問看護、訪問リハビリテーション、福祉用具貸与・購入費支給、居宅療養管理指導、在宅改修費の支給、などがある。

(2) 施設等と連携した在宅介護サービス

これは在宅での自立生活の援助のための福祉施設や中間施設、病院等の施設がもつ専門的機能との連携の上に成り立つサービスである。施設サービスは、単なる入所サービスの提供にとどまらず、在宅サービスを積極的に提供するための拠点として機能することが求められる。例としては、特別養護老人ホームにおける短期入所生活介護や老人保健施設における短期入所療養介護（ショートステイ）、通所介護（デイサービス）、通所リハビリテーション（デイケア）、認知症対応型共同生活介護（認知症高齢者グループホーム）、特定施設入所者生活介護（有料老人ホーム等）などがある。

(3) 生活支援サービス

これらは日常生活のニーズに対応したサービスで、サービスの提供にあたっては専門家だけでなく地域住民やボランティアなど幅広い人たちの参画が重要である。生活支援サービスは多種多様な利用者のニーズに応えるものであり、例としては、配食サービス、寝具乾燥消毒、外出時や散歩の付き添い（ガイドヘルプ）、理・美容サービスなどがあげられる。

(4) 家族介護者に対する支援

介護保険を補充する位置づけで家族介護者同士の交流会の組織・開催、家族介護者を対象とした介護教室、訪問介護員（ホームヘルパー）養成研修受講費用の助成などを実施している自治体もある。

これらの在宅介護支援の担い手は、社会福祉協議会や福祉施設の専門職員、学校や社会教育機関の関係者、各種相談所の職員のほか、住民自身の参加が望まれる。

今後、高齢社会が進展する中で地域福祉を推進するためには、地域に根ざした情報提供や研究、企画づくりを支援していくことが求められる。さらに、生活圏域における住民の支え合いのための連携体制や拠点の整備を支援すること、必要な介護サービスの総合的・一体的な提供、また、施設間とデイケア、訪問看護等との連携がとれていることも重要である。これらを実現していくため、「地域包括支援センター」による支援・調整機能を充実させていくことが求められている。

第8章
社会福祉援助技術総論

社会福祉援助技術総論

　この科目は、社会が複雑化・多様化する中で、人々のさまざまな福祉ニーズに対し、社会福祉サービスはいかにあるべきか、また、その援助活動はどのように展開されるのが望ましいかを学び、福祉専門職として必要な社会福祉援助技術（ソーシャルワーク）について理解することを目的としている。

　社会福祉援助技術は、一定の範囲の援助対象者（サービス利用者）に対し、専門の援助者によって用いられる方法であり、社会福祉援助技術総論は必要な専門技術についての基礎として位置づけられている。

　社会福祉援助技術総論では、社会福祉援助活動の意義・目的・価値・体系・内容を中心に、社会福祉援助活動の対象領域について学ぶものである。

　社会福祉援助技術の具体的内容としては、ミクロレベルの直接援助技術（個別援助技術・集団援助技術）、メゾ・マクロレベルの間接援助技術（地域援助技術・社会福祉調査法・社会福祉運営管理・社会活動法・社会福祉計画法）、関連援助技術（ネットワーク、ケアマネジメント、スーパービジョン、カウンセリング、コンサルテーション）等があげられる。それらの技術を用い、さまざまな対象領域（公的扶助・高齢者福祉・障害者福祉・児童福祉等の領域）、つまり「生活課題をもった人間」を対象に援助する。

　人間一人ひとりの生活パターンが異なるように、相談・援助を必要とする人たちが抱える問題、福祉ニーズは当然のことながら一人ひとり異なる。さまざまな事例を通して、社会福祉援助技術を学び、その共通の課題とは何かをみていくものである。

　少子高齢化が進み、高齢者世帯が多くなっている中で、個人への援助と同様に在宅介護をする家族への援助が必要となり、さらに地域援助活動への取り組みが期待されている。このように社会福祉援助を広い視野で捉えることのできる専門的援助者の育成が期待されている。

8-1 ●社会福祉援助技術総論レポート学習参考例●
社会福祉援助活動の意義と社会的機能について

　社会福祉とは，社会を構成しているすべての人々が，生きるために必要な衣食住等の基本的欲求を充足した生活状況下にあることを目標とし，それを達成させるため，日常生活における社会的な生活障害・生活破壊の克服や予防のために展開される公・私の社会福祉制度による権利保障の諸サービスと社会福祉援助・活動，個人的努力などの実践の総称であるが，一般には社会福祉の援助実践を表す言葉として使われている。

　「ソーシャルワーク」(social work)とは，「社会福祉援助」等を表す言葉として用いられている。「ソーシャルワークとは，人間関係に関する科学的な知識と技術を基礎にした専門的な福祉サービスのことであり，個人・グループあるいはコミュニティが個人的もしくは社会的な満足感と自立をとげるうえで有用なものである」と定義されている。「社会福祉援助活動」は具体的には，個別援助技術（ケースワーク）を中心に，集団援助技術（グループワーク）及び地域援助技術（コミュニティワーク）の3つを総称した専門的な援助活動を包括的に表現したもので，ソーシャルワーク（社会福祉援助活動）は19世紀後半のイギリスで生まれ，アメリカに渡って理論化され，高度な専門技術として成立し，日本に導入されている。

　わが国では，戦後，欧米文化の影響と社会的な努力によって，憲法第25条の「すべて国民は健康で文化的な最低限度の生活を営む権利を有する。国はすべての生活部面について，社会福祉，社会保障及び公衆衛生の向上及び増進に努めなければならない」という理念にそって，個人の諸権利を保障するための社会福祉の制度的体系が整備されてきた。

　社会福祉の実践を行うソーシャルワーカーの機能は3つに大別できる。

　①専門援助的機能，②運営管理的機能，③社会変革的機能，である。

　①　専門援助的機能とは，ソーシャルワーク（社会福祉援助技術）の利用者いわゆるクライエントに直接向かい合う実践から生ずる生活問題についての相談と，その問題解決のための過程での援助及び社会資源の利用を中心とする機能である。

　②　運営管理的機能とは，専門援助的機能のように利用者に直接向かい合うところから生ずるものでなく，社会福祉実践が行われる「場と条件」の整備とソーシャルワーカー（社会福祉士

など)の訓練・指導を中心とする機能である。

③　社会変革的機能についていえば,現代の社会福祉問題は,個人の責任に帰すのではなく,資本主義体制の生み出す社会問題を把握し解決する,すなわち制度や行政の欠陥を正すというのが,根本的な方法である。

以上の3つの機能は相互に関連し,効果を高めているのである。

また,社会福祉援助技術の実践方法としては,金銭・物資等の公的扶助と,非貨幣的なソーシャルワーカー(社会福祉士)の支援とがあるが,特に後者のソーシャルワーク実践は人間の諸権利を守るために必要不可欠なものである。

さらに,ソーシャルワーク(社会福祉援助技術)実践の専門技術としては7つあげられる。それは,①個別援助技術,②集団援助技術,③地域援助技術,④ソーシャル・ウェルフェア・アドミニストレーション(社会福祉運営管理),⑤ソーシャルワーク・リサーチ(社会福祉調査法),⑥ソーシャルアクション(社会活動法),⑦ソーシャル・ウェルフェア・プランニング(社会福祉計画法)である。

この,①から③はソーシャルワーク(社会福祉援助技術)実践に固有な専門技術として,④から⑦は前者をより効果的に展開していくための促進的専門技術として,位置づけられている。

ソーシャルワーク(社会福祉援助技術)の実践的専門技術は実践がその時代,時代の人間のニーズに対応するところから出発し,先駆者の努力と社会的,文化的,経済的な諸条件との相互作用の中から,それぞれの技術が理論化され,発展してきている。これらの専門技術は専門分化と総合文化が実践の課題となってきている。

一般的に,所得水準が上昇し,消費水準が向上するに伴い,社会福祉の分野でも同様の傾向が見られる。それは,社会福祉ニーズにおいての生活面における経済的ニーズ(貨幣的ニーズ)から非経済的ニーズ(非貨幣的ニーズ)への移行である。この移行は,ニーズの性格や内容に多様化をもたらす。それは,非貨幣的ニーズは,貨幣的ニーズと異なり,質的に多様である。

福祉ニーズは,社会福祉意識(価値観,権利意識など)や地域性,その個人・家族の帰属している生活環境などの諸条件にも大きく規定され左右されることになる。そのため,共通に認められた定義はなく,いろいろな分野からの試論が提示されている段階である。

例えば,「福祉ニーズとは,何らかの依存性を持ち,援助を必要としながら,家族や市場ベースでは充足できず,社会福祉の援助を必要としている状態の人びとに対しての援助である」との試論もそのひとつである。現代社会では,個別的な福祉ニーズを抱える生活障害児童,障害者,寝たきり高齢者,独居高齢者,疾病者,生活困窮者,

母子家庭，などをはじめとして，単なる個人や家族，地域の努力や支援のみでは社会的な生活障害や生活破壊の克服，生活の安定や発展を得ることが困難な場合が増加し，問題も複雑化している。また，近年急増した乳幼児・学童を抱える父子家庭の父親が，子どもの教育や家事など日常生活上の福祉ニーズを抱えているにもかかわらず，公的施設が未整備であることでサービスが受けられないことなどが大きな問題となっている。

社会福祉援助技術の独自な社会的機能としては次の4つがある。

① 個別化とは，多数の人々の共通する福祉ニーズに効果的に対応する制度を個性化することにより個人，家族，地域等の福祉を高め，守るための諸機能である。

② 主体的展開化とは，個々の人間の主体性を支援するために，相談，指導，育成，トリートメント（処遇），社会的援助活動などの非貨幣的なサービスを提供することで，個人，家庭，地域等の潜在的可能性を最大限に発揮させる諸機能である。

③ 組織の連帯化とは，社会福祉機関・施設その他の関連機関に関するものが連帯感を深め，社会福祉供給主体を重層化することで，個人，家族，地域の福祉を高め，守るための諸機能である。

④ 改良化とは，社会的に阻害されている市民の福祉ニーズや諸権利の適正で有効な政策や制度の改良・創設を促進し，活用することによって，個人，家庭，地域等の福祉を高め，また，守るための諸機能である。

戦後の高度経済成長に伴う急激な社会変動は，人間の生活構造や生活環境，さらには価値観までをも変容させてしまい，家族の扶養機能の弱体化，社会的連帯性の欠如などをはじめとする諸現象を増大させ，新たな福祉ニーズを生み出した。さらに，短期間での高齢社会への突入も各種の社会問題をひき起こしている。こうした現代社会にあって，国民の側の福祉ニーズは多様化・拡大化・高度化しつつ増大し，行政の側では財政窮迫化を背景に福祉サービスの質の低下や，所得制限を導入することで対象の限定化が進行している。その谷間で，ひとり親家庭の問題，ベビーホテルの問題などが社会的問題として注目されてきている。

また，公的責任による社会福祉の制度的体系が整備されても，不完全なものであり，社会変動による生活構造の変化などは，常に，新たな個人的，家族的，地域的な福祉の必要性を生起させやすい。そこで，ソーシャルワーク（社会福祉援助活動）が，権利の主体としての個々の人間の福祉を高め，守っていくために，制度や価値観の変革を含み，顕在化・啓発化・改良化・活性化の諸機能を十二分に発揮していくことがきわめて重要である。

●社会福祉援助技術総論試験問題学習参考例●

8-2 社会福祉援助活動における倫理について

　社会福祉援助活動は，生活上の問題を抱える人たちを対象として行われるが，多くの場合そのような人々は，さまざまな面で不安定な事情を抱えている。その人たちの生活全体に深くかかわりながら福祉活動を実践する福祉専門職者には，これら援助を必要とする人たち（クライエント）の生存権を保障するとともに，その個性を尊重し，発達の可能性を最大限に保障するなど高い倫理性が求められる。

　この倫理性は，福祉専門職者が援助活動を行う際の行動や判断の指針として，専門職者たちが自主的に策定した「倫理綱領」の中に具体的に示されている。

　倫理綱領は，専門職の能力，役割，責任や地位を明らかにするとともに，それに準拠しないものに対して規制，統制する役割を果たすものである。

　わが国における代表的な倫理綱領として，日本ソーシャルワーカー協会が1986（昭和61）年に策定した「倫理綱領」がある。

　この倫理綱領は，2005（平成17）年5月に改訂され，現在，「ソーシャルワーカーの倫理綱領」として，日本ソーシャルワーカー協会，日本社会福祉士会，日本医療社会事業協会，日本精神保健福祉士協会の福祉関係専門職団体に共通するものとして機能している。この倫理綱領では，その前文において専門職を「平和を擁護し，人権と社会正義の原理に則り，サービス利用者本位の質の高い福祉サービスの開発と提供に努めることによって，社会福祉の推進とサービス利用者の自己実現をめざす専門職」であると宣言し，「価値と原則」として，①人間の尊厳，②正義，③貢献，④誠実，⑤専門的力量について示している。

　さらに「倫理基準」について①利用者に対する倫理責任として，利用者の自己決定・プライバシーの尊重，秘密の保持，記録の開示，性的差別・虐待の禁止などを掲げている。このほか，②実践現場における倫理責任，③社会に対する倫理責任，④専門職としての倫理責任について具体的に明示している。

　しかしながら，近年，社会福祉従事者による虐待行為や補助金の不正受給など倫理に反した事件が起こっているのも事実である。今後とも，社会福祉従事者一人ひとりが社会福祉活動における倫理を深く認識し，実践していくことが求められている。

8-3 ●社会福祉援助技術総論レポート学習参考例●
社会福祉援助の技術と援助過程について

　一般にソーシャルワークの諸援助技術は、ソーシャルワーク（社会福祉援助技術）そのものをさす場合が多い。

　ソーシャルワークの諸援助技術は、大きく直接援助技術・間接援助技術・関連援助技術に分けられる。

　直接援助技術は、個別援助技術（ケースワーク）と集団援助技術（グループワーク）から成り立つ。

　間接援助技術は、地域援助技術（コミュニティワーク）、社会福祉調査法（ソーシャルワーク・リサーチ）、社会福祉運営管理（ソーシャル・ウェルフェア・アドミニストレーション）、社会福祉計画法（ソーシャル・ウェルフェア・プランニング）、社会活動法（ソーシャルアクション）から成り立つ。

　関連援助技術としては、ケアマネジメント、ネットワーク、スーパービジョン、カウンセリング、コンサルテーションが重要である。

　以下、ソーシャルワークの伝統的な援助技術といわれる直接援助技術、間接援助技術を中心に述べていく。

1　直接援助技術

　個別援助技術（ケースワーク）は、利用者（クライエント）がケースワーカー（専門家）のいる機関をたずねたり、訪問を受けたりして個別に援助を受ける過程である。

　ケースワークの過程は、ケースワーカーと利用者との対人関係を軸に、①インテーク（受理）、②調査、③アセスメント（事前評価）、④介入の段階をおって展開される。

　①　インテーク（受理）は、利用者の問題が社会福祉機関に持ち込まれる最初の段階で、機関としてその問題を取り上げるか否かを決定する。

　②　インテークの結果、機関としてその問題を取り上げることが決まると調査の段階に進む。調査は、利用者と利用者をとりまく社会環境について必要な事実を収集する段階で、事実の収集においては、利用者の気持ちの流れにそって、利用者自身から情報を収集するのが原則で、他から収集する場合でも利用者の了解を得て行われねばならない。

　③　アセスメントは、調査によって収集された事実を整理、分析して援助の見通しがたてられるように解釈していく過程をいう。ケースワーカーの実力が問われる段階であり、ケースワーカーは、ひとりよがりに陥ることなく、熟練したケースワーカー（スーパーバイザー）の援助指導（スーパービジョ

④　介入は，近年の積極的な社会福祉実践活動の総称であるが，狭義には個別援助過程での援助計画に基づく処遇の実施段階を意味する。援助目標を達成することに焦点化された個別援助技術の中心をなす重要な過程である。利用者の抱える問題の特性，何に焦点を置き，どのような援助を提供するのかにもよるが，面接を中心にした手法によって，利用者に直接働きかけ，その適応能力を高め，問題解決への動機付け，自助能力の育成を直接的に援助する手法である。他方では，社会資源の開発と活用を通じたサービスの提供，社会環境の調整と改善による間接的援助手法もある。

集団援助技術（グループワーク）は，利用者がグループのプログラム活動に参加することで，メンバー間の相互作用の影響を受け，個人が変化（成長，発達）をする援助の過程をいう。

グループワークの展開過程として，①準備期，②開始期，③作業期，④終結・移行期の4段階が考えられる。

①　準備期は，利用者の問題・課題と，援助の内容を明確にする時期である。グループワーカーは，利用者の生活状況，感情，関心事，心配事を理解して，援助活動の過程で起こりうる出来事を予測しておかなければならない。

②　開始期は，利用者個人を集団になじませることから始まる。集団の目的，援助活動の日時や回数，期間の予定，費用，プログラム活動の内容，利用者同士の役割分担，約束事などを確認して，提供する援助活動が利用者の期待・要求と一致したものかどうかを確認する時期である。

③　作業期は，集団が発達する時期である。集団内での個人の心理的交流で，対人的結びつきが強まり，集団の目標と個人の要求が一致し集団に対する魅力が増す。集団独特の行動の仕方やものの考え方が生まれ，集団内の個人は一致した行動をとることが要求される。グループワーカーは，このような集団内での個人の相互作用の様子を観察して，利用者個人の具体的な目標を明らかにする。

④　終結・移行期は，集団援助活動を終わらせ評価をする。援助活動の意義，学んだことを明らかにして，援助後の個人のアフターケアを計画する。

2　間接援助技術

地域援助技術（コミュニティワーク）は，地域社会に生じるさまざまな社会問題を，住民参加によって，組織的に予防・解決し，望ましい地域社会へと変えていくことを目標とする。そのために，地域の特性や歴史，アンケートによる住民意識の調査などから，住民に共通する問題を発見し，問題解決のために必要な事業・組織・財政計画をたてる。そして計画をスムーズに実施するために広報活動をし，計画実

施のための協力体制を確立する。

　この時，政府や社会に対して，福祉施策の確立や福祉制度の運用を求める社会活動法（ソーシャルアクション）が同時に行われる。以上のように展開された活動を評価し，その効果を測定して今後の活動のために資料をまとめる。

　社会福祉調査法（ソーシャルワーク・リサーチ）とは，社会集団における，社会福祉事業を現地調査によって直接に観察し記述する過程である。
　①調査の枠組みの設定
　②調査手段の設定
　③調査票作成
　④予備調査
　⑤実施前に調査員に留意点を確認
　⑥調査の実施
　⑦データ集計整理と分析
　⑧調査の正確性と信頼性を検討する
　⑨結論
　⑩報告書
の順に展開される。

　社会福祉運営管理（ソーシャル・ウェルフェア・アドミニストレーション）は，地域社会のニーズに合っている社会福祉行政・施設などの合理的運営・管理の技術である。地域社会を診断して，社会福祉のニーズを検討し，解決可能な問題を選び，その問題解決の必要性を広く広報し，施設や地域社会の協力を求め，解決のための計画を作る。計画は全体の目標を個人の目標に細分化し，長期の目標を短期の目標の積み重ね式に置き換える。そして，最後に達成度の評価がなされる。

3　関連援助技術

　社会福祉は，人間の生活を総合的な視野から援助する施策の総称であることから，利用者への援助技術も，その背景をなす課題がますます拡大・多様化してきている。まず社会福祉援助技術そのものが統合化して実施される動向，人間の生活を人と環境とのトータルな視野から考察する視点，利用者援助への支援方法の整備，隣接科学からの方法や援助諸技術の摂取，さらにコンピュータ科学の導入などから，社会福祉援助技術と活動の体系はこのところ飛躍的な変貌と発展をしてきている。伝統的な個別援助技術や集団援助技術，地域援助技術などに代表される直接・間接的な社会福祉援助技術に対して，関連する援助技術が注目されるようになってきた。ネットワーク，ケアマネジメントやスーパービジョン，カウンセリング，コンサルテーションのような社会福祉援助技術を支援する組織や方法，さらに隣接科学の特徴ある援助技術などである。

●社会福祉援助技術総論レポート学習参考例●

8-4 社会福祉援助活動の専門性について

1 社会福祉の方法とは

　一般に「方法」とは，目的を達成するための手段や手続き，ものの進め方を意味する。したがって，社会福祉の方法とは，社会福祉の専門職（ソーシャルワーカー）が社会福祉の目的を達成して，援助活動の効果を高めるために用いる実践手段の体系をまとめたものである。また，利用者の側からいえば，自らが抱える福祉の問題の緩和・解決のために利用者が活用する手段をまとめたものである。

　実際の手段として，現物・金銭給付，精神・心理面への援助，施設入所・在宅の援助，社会保険などの公的扶助があげられる。したがって，「社会福祉の方法」とは，本来的には社会福祉に関するすべてを含めて考えるのが妥当である。しかし，実際の社会福祉は，援助を目的とした具体的な政策や制度で成り立ち，援助者（ソーシャルワーカー）による人手を介した社会福祉援助技術が具体的に政策や制度を実現することになる。社会福祉援助技術がなければ，社会福祉はうまく機能しない。「社会福祉の方法」とは，伝統的に米国流の社会福祉援助活動（ソーシャルワーク）のみをさしていう場合が多い。

　以下，社会福祉の方法を社会福祉援助活動（ソーシャルワーク）を中心に述べる。

　社会福祉の方法は大きく2つに分けられる。第一は，社会制度の改善・変革をめざす実践の方法で，地域援助技術（コミュニティワーク），社会活動法（ソーシャルアクション）などの援助技術（ソーシャルワーク）が行われる。

　第二は，個々人の適応・成長をめざす実践の方法で，個別援助技術（ケースワーク），集団援助技術（グループワーク）などの援助活動（ソーシャルワーク）が行われる。

2 社会福祉援助活動（ソーシャルワーク）

　社会福祉の方法の具体的な実践である援助活動（ソーシャルワーク）は，①価値，②知識，③実践の方法と技術，④実践の場と制度，⑤実践の主体の構成要素，で成り立つ。

　(1) 価　値

　社会福祉の実践は，人間愛，人間性の尊重，個の自由と平等のためという価値をもち，それらの価値を現実の社会の中でどのように実現するかが課題となる。常に価値をもつ社会福祉援助技術活動（ソーシャルワーク）は単なる作業ではないのである。

(2) 知　識

援助活動（ソーシャルワーク）には，人間の理解，環境の理解，社会状況の理解などが重要な役割を果たす。これらの理解には，社会福祉の専門的知識である社会福祉学だけでなく，関連する心理学，社会学，経済学，法学，医学，生理学，生物学などの科学的知識も必要になる。しかし断片的な知識の寄せ集めではなく，知識をまとめて整理し，さらに深く理解することで，社会福祉援助技術の質を高めていかなければならない。

(3) 実践の方法と技術

実践の方法，つまり社会福祉援助技術活動（ソーシャルワーク）として伝統的に，直接援助技術（ミクロレベル）である個別援助技術（ケースワーク）・集団援助技術（グループワーク），そして間接援助技術（メゾ・マクロレベル）である地域援助技術（コミュニティワーク）・社会福祉調査法（ソーシャルワーク・リサーチ）・社会活動法（ソーシャルアクション）・社会福祉運営管理（ソーシャル・ウェルフェア・アドミニストレーション）・社会福祉計画法（ソーシャル・ウェルフェア・プランニング）があげられている。援助技術は，社会福祉援助活動（ソーシャルワーク）という一定の目的をもつ活動のプロセスの中で使われる。したがって，援助対象を把握・評価するための技術，把握した内容を計画化する技術，計画に基づいて実施する技術，援助活動を終結する技術が考えられる。援助技術は援助目的の遂行具合によって，フィードバックしたり，技術を統合したりして，技術の内容を豊かにしたり，援助者の技能を高めたりする技術で，社会福祉援助技術活動（ソーシャルワーク）の手段として用いられ，その中味を深め，促進させる。

(4) 実践の場と制度

方法や技術も実際に活用する場が与えられて実体をもち，実践の内容を決定づけるものである。具体的に実践の場とは，文字どおりの場所である公私の社会福祉関係機関や施設をさす他に，ソーシャルワーカー（社会福祉士）といわれる専門職の公的・社会的地位や，実践の内容そのものである，実践の行われる社会福祉の各分野をさす。さらに実践の場を決定づけるのは，具体的な社会福祉制度や社会制度である。

(5) 実践の主体

社会福祉現場で働くソーシャルワーカーやボランティアなどの社会福祉従事者をさし，豊かな人間性と温かい心が求められる。

さらにソーシャルワーカーなど社会福祉に携わる者は，専門的な方法・技術を用いて，専門職者として，クライエント（利用者）の福祉問題に介入する。したがって，社会福祉の方法の質は，専門性の程度やあり方で決まるといえる。従来，技術を高めることは援助の専門性に即反映されるため，専門

性において，技術が強調される傾向があった。しかし技術のみでは，社会福祉の本質（目的）を十分に理解できずに，適切な社会福祉援助技術活動（ソーシャルワーク）はできない。

3 社会福祉の専門性

社会福祉の専門性は，援助担当者の①専門技術，②専門知識，③福祉の倫理，の三要素で成り立つ。

(1) 専門技術

先に述べた個別援助技術，集団援助技術などの社会福祉固有の援助技術を指す。

(2) 専門知識

社会福祉の知識と社会福祉以外の知識で成り立つ。前者は，社会福祉の歴史，公私の社会福祉制度に関する知識，児童，高齢者，障害者など援助の対象を理解するための専門知識であり，後者は，社会学，医学，心理学，法学など，利用者の置かれている状況や人間をより深く理解するための知識である。(1)や(2)の体系的理論は，同情や憐れみといった援助する側の一方的な思い入れを根拠に援助するのではなく，利用者にとって真に必要なニーズを明らかにして有効で公平な援助が行われる条件となる。

(3) 福祉の倫理

福祉の倫理は，社会福祉の専門性の基本であり，知識や技術はこの倫理の基盤の上に成り立つ。ソーシャルワーカーの倫理については「倫理綱領」が定められている。このなかでは利用者（クライエント）の基本的人権の尊重，自己実現・自立への援助，ソーシャルワーカー（社会福祉士）の守秘義務など，利用者とソーシャルワーカーの信頼関係を築くために，ソーシャルワーカー（社会福祉士）の良心，責任，義務，行動の基準などの心構えが述べられている。

以上のように，社会福祉の方法は，援助活動（ソーシャルワーク）によって実践される。近年，援助活動（ソーシャルワーク）においては，社会福祉士・介護福祉士の資格制度をつくり，専門の資格として社会的に広く認められるようになっているが，専門職としての権威を得るためには，今後の実際の援助活動の質が問われるものと考えられる。そしてその上で，社会福祉独自の専門的文化をはぐくみ，社会的に認められることでさらに充実していくものと考えられる。

8-5 ●社会福祉援助技術総論レポート学習参考例●

社会福祉援助技術の実践方法について

　社会福祉援助技術の実践方法は、大きく2つに分けることができる。貨幣的・物質的保障と非貨幣的な実践である。日本は第二次大戦後から国民の権利を保障するため、社会福祉の制度的体系がつくられてきた。しかし、内容的には低水準で、貨幣的・物質的な保障が先行してきた。個人の主体性（自立性と共存性）の発達を援助するため、非貨幣的な実践の充実が必要なのである。制度的体系が完全に整ったとしても、一人ひとりの人間に適するとは言えない。制度的体系による貨幣的・物質的保障に伴う、非貨幣的実践体系が重要である。直接的に個人の主体性の発達を援助する実践体系が、これからの社会福祉援助活動に求められているのである。

　社会福祉の専門援助技術には、①ケースワーク（個別援助技術）、②グループワーク（集団援助技術）、③コミュニティワーク（地域援助技術）、④ソーシャルワーク・リサーチ（社会福祉調査法）、⑤ソーシャル・ウェルフェア・アドミニストレーション（社会福祉運営管理）、⑥ソーシャル・ウェルフェア・プランニング（社会福祉計画法）、⑦ソーシャルアクション（社会活動法）があげられる。これらの専門技術は、①②の直接援助技術と、③④⑤⑥⑦の間接援助技術に分けられる。このような分類の仕方は伝統的なものである。

　直接援助技術は、利用者（クライエント）の問題に個別に働きかける個別援助技術と利用者の問題に集団的に取り組む集団援助技術に分けられる。個別援助技術は、社会生活上の困難を抱えている利用者に対し、その問題の緩和・解決をソーシャルワーカーとの専門的対人関係を中心に個別的に援助する技術である。集団援助技術はグループという人の集まりを通じて個人の社会的課題解決能力を高め、また民主的なメンバー間の相互作用の力も増強されるように、ソーシャルワーカーが専門的援助をする技術である。

　間接援助技術は、直接援助技術を効果的に機能させるための方法であり、併用、総合的に活用される。そのうちのひとつである地域援助技術は、地域社会のさまざまな問題解決に向け、地域を組織化する専門援助技術である。

　集団援助技術の実践例をあげてみる。この事例は、キャンプという共同生活を通して一人ひとりの成長、グループの成長がみられるものである。異年齢の女子の集団8名とソーシャルワーカ

ーがキャンプ生活をする。消極的，依存的，リーダー的等，性格はさまざまである。キャンプ経験回数もバラバラである。ソーシャルワーカーは常時，全体の様子を冷静に見つめ，メンバーの性格を把握する。メンバー一人ひとりが最大限の力を発揮するよう援助する。グループのメンバー同士，遊び・食事・ハイキング等を通じて人的交流をし，その相互関係を通じて人格形成がなされる。結果として，問題のあったメンバーも自己実現でき，グループ内の問題もメンバー間の相互作用で解決できるようになった。個人の人格と共に，この集団がより高度に成長した例である。グループワーク（集団援助技術）はこのように青少年育成の面で活用されているが，各施設，障害者，老人等の分野でも効果を上げている。

　社会福祉援助技術実践の方法は，社会的技術のひとつである，という考えもある。これは制度論（政策論）的立場である。この立場によると社会福祉の方法体系は，①社会保険，②社会手当，③公的扶助，④社会的サービス，という4つの制度的方法から構成されている。ある問題は個人的で社会性のないもののように思えても，その中の社会的性質を見抜き，「社会的，組織的に問題の解決を迫るのが社会福祉の方法体系」だとしている。

　社会福祉援助技術（ソーシャルワーク）の原型となる運動は，イギリスで19世紀後半にはじまった。後にアメリカに移り，さまざまな影響を受け展開した。そして高度な専門技術として体系化し，専門分化していったのである。現在，ソーシャルワーク実践の抱えている課題のひとつに「社会福祉援助技術の専門分化と統合化」がある。

　福祉ニーズは年々多様化，複雑化，高度化している。しかし，対応する供給側は専門分化していて，他の分野の機関との連携がとれない。例をあげてみる。母・子ども2人・祖母という家族構成。子どもの1人は幼児，1人は肢体不自由で障害者，祖母は寝たきりの生活，母親自身も虚弱体質で十分労働できない，という場合である。まず，収入面で経済的に生活困難であるから公的扶助のケースで生活保護を受ける。幼児に関しては，保育所入所などの方法をとる。障害児は申請して肢体不自由児施設に入所又は通所する。この2つは児童福祉のケースである。そして老人福祉のケースとして祖母は，介護保険法により，施設入所又は通所などのサービスを受ける。この家族はいくつかの福祉ニーズを抱えており，社会福祉サービスを受けることができる。そのために家族の主（母親）が福祉事務所に行き，相談・申請をする。しかし，子どもについては児童福祉，祖母のことについては介護保険や老人福祉，というように役所の窓口が分けられている。母親はサービスを受けるための申請で，福祉事務所の窓口を行き来しなければならない。時間がかかるし，

かなり労するだろう。そのために仕事は休まなければならない。このような例は極端であるかもしれない。しかし実際、多くの問題が複雑に絡み合ったケースが増加している現象がある。各専門分野の発展と共に総括的な対応が要求されるのである。

　一人ひとりの人間の社会的生活の維持、保障を目的とする社会福祉援助活動においては、まず、個別援助技術（ケースワーク）、集団援助技術（グループワーク）、地域援助技術（コミュニティワーク）等の高度な専門技術を会得し、有効に活用することができる専門家が必要である。専門家が専門技術を使ってこそ、効果的な社会福祉援助技術が実現する。そうした専門家を一般にソーシャルワーカーと呼ぶ。ソーシャルワーカーの定義や専門性について共通の認識はないため、さまざまな試論がある。ソーシャルワーカーの専門性を支える条件を述べると、

(1)　主体性（自立性と共存性）

　最も根底にあるべきもの。ソーシャルワーカーというより一人の人間としての人間性が問われる。利用者との専門的関係を成立させ、生活問題に対応するには、ソーシャルワーカーの主体性は重要である。他者への依存や同一化をせず、常に自己実現できなければならない。そのため、ソーシャルワーカーには自己覚知が求められる。

(2)　倫理性（人間観・福祉観などの価値観や思想）

　基本的に理解すべきことは、人間すべてを存在価値のあるものとして人格を尊重する人間観である。また、人間は環境との相互作用によって成長するということである。そして現代社会にふさわしい、めざすべき福祉観や、厳しい自己規制の倫理綱領をもっている必要がある。

(3)　技　　術

　社会福祉の理論や知識、関連する諸科学の理論・知識、社会福祉援助技術の技能・理論・知識、臨床経験などを総合的に理解し、技術とすることが求められる。「ソーシャルワーカーには『あたたかい心と冷たい頭』が必要」だという。利用者はさまざまな福祉ニーズをもっている。ソーシャルワーカーにとっては数多い問題のひとつかもしれないが、生死がかかわってくる問題なのである。利用者側の立場に立つことと、感情的でなく、冷静で適切な対応ができることの両方が要求される。

　現在の複雑多岐な福祉ニーズの増加に伴って、専門家の必要性が叫ばれている。専門職としての人材確保、社会的地位・身分等が完全に確立されてはいないことが、今後の大きな課題のひとつである。

● 社会福祉援助技術総論レポート学習参考例 ●

社会福祉援助技術の歴史的展開について

社会の変化に伴ってすべての歴史は変化するものであり，社会福祉援助技術の歴史もその例外ではない。社会が発展し変化するにつれて，人々が生活上抱える問題も変わっていく。そして，問題が変化すれば，それらの問題の解決援助の方法も当然変わるのである。

例えば，現代の日本の企業社会を見ると，20世紀型の経営方式から脱皮できずに，経営不振に陥る企業がある一方で，不況の時代にも着実にさらに業績を上げ，利益を得ている企業もある。ある企業は成長するが，他の企業は競争に敗れてつぶれるといった形の「二極分化」が進むと，社会の中に新たな弱者（貧困層）が生じる。このように，社会の変動は，新たな少数の富裕層を生み出すとともに，新たな多数の貧困層をも生み出してきたのである。

また，「変動」は，国全体の変動ばかりでなく，より小さな家族，地域の中にも生じる。例えば，一家の大黒柱である父親が失業した場合や突然病気や事故で亡くなった場合，その家族にとってそれは大きな社会変動である。今まで普通に営んでいた生活ができなくなり，貧困層の仲間入りをするということを意味する場合もある。社会変動の激しい現代社会では，国民の間の貧富の差がますます拡大し，少数の金持ちはますます金持ちに，多数の貧困層はますます貧しくなるという傾向が生じやすい。政府がこうした貧困者や社会的弱者を放置しておけば，彼らが生活できなくなり，それが原因で社会への不満が爆発して暴動等の社会不安や強盗，窃盗，ひったくり等の犯罪の増加という結果を生じかねない。

このような社会不安を未然に防ぎ，すべての人が安心して住みよい社会を築くためにも，社会福祉援助技術も時代の要請に応じて変化しなければならないし，これからも変化し続けるであろう。

1 近代以前の社会福祉

人類の歴史が始まって以来，人と人とが互いに助け合うということは，近代以前にもさまざまな形で行われてきた。しかし，近代的社会福祉以前の助け合いは，家族や親戚または同じ村の中で生活に困っている人を助けるとか，同じ仕事をしている人同士が助け合うといった，血縁や地縁の同質の集団内部での助け合いに限られていた。同じ集団に属する人々が，互いのために，互いのもつ力で助け合うことは，福祉の原初的な形ではあるが，狭い集団の範囲を越えたものではなく，今日的な意味の社会制度的な福祉には発展しな

かった。

こうした原初的な助け合いの枠を越えるものが「慈善」「博愛」という考えである。例えば，金持ちの人が極貧の人を援助する活動等がこれにあたる。この場合，「社会問題の解決」という観点よりも，援助者個人の「貧乏な人はかわいそうだ」という感情や自己満足，あるいは「商売で得た利益は社会に還元しなければならない」というキリスト教的倫理観が主な動機となっており，すべての人の最低生活を保障する社会制度としての援助ではないという点で，今日の社会福祉とは異なっている。

2　産業革命以後の社会福祉

19世紀末に始まったヨーロッパでの産業革命の結果，多くの労働力が必要となり，かつての農民の次男や三男が都市に出て労働するようになった。都市では貧富の差が拡大し，労働者が低賃金で過酷な労働に従事させられるようになった結果，スラム街の発生，劣悪な労働環境による病気，貧困，犯罪の増加等，個人の力だけでは解決できない社会問題が大規模に発生するようになった。このような産業革命後の社会では，それまでのような小規模で個人レベルの慈善や博愛ではなく，そこから発展して組織化・事業化された慈善事業・博愛事業となり，当時の西欧の人道主義的な思想とも結びついて民間の社会福祉事業が発達した。

19世紀には，YMCA（キリスト教男子青年会，1844年）やYWCA（キリスト教女子青年会，1855年）に代表される青少年運動の団体が活動を開始した。

これらにやや遅れて1869年にはイギリスのロンドンでCOS（慈善組織協会）が設立された。それまでのキリスト教的信仰と隣人愛に基づく援助から発展して，民間の社会奉仕団体として発足したCOSの活動は，今日の個別援助技術（ケースワーク）や地域援助技術（コミュニティワーク）の源流となり，その後の社会福祉援助技術（ソーシャルワーク）の発展に与えた影響はきわめて大きかった。

次にこの時期の社会福祉に関する運動で特筆しなければならないのは，セツルメント運動である。これは，有志の人々がスラム街等に住み込み，貧困者の隣人という立場でスラム地域の問題解決を図ろうとしたもので，1884年，ロンドンに設けられたトインビー・ホールが，最初のセツルメントハウスとされている。こうした初期のセツルメント運動は，社会問題を社会科学的に分析し福祉ニーズを捉えることによって，社会制度の整備につなげていこうとする，今日の社会福祉の精神につながる運動でもあった。

同質の集団内部での助け合いに比べて，宗教，民族，文化，職種の違い等，さまざまな社会的背景をもった人々に対して公平に援助を行うのは困難であり，そのような援助を行うためには，社会科学的な視点と専門的な援助技術が必要になるのは当然である。

3 社会福祉援助技術の専門化（19世紀末～20世紀前半）

この時期の社会福祉援助技術の歩みは，援助者個人の経験，技術に頼った援助から，科学的・合理的・専門的な援助への変化と言えるであろう。有志の人々による社会奉仕的な運動には限界があり，専門家としての技術と知識を備えた援助者が求められるようになったのである。

『社会診断』（1917年）の著者で，「ケースワーク（個別援助技術）の母」として知られているメアリー・リッチモンドは，それまでの援助者個人の倫理観，経験，技術等に依存した社会福祉援助活動を近代化し，今日のような専門的・科学的社会福祉援助技術につなげたという意味で特筆される。リッチモンドは，福祉ニーズを客観的にとらえ，問題を解決していくための社会調査，ケーススタディ等の，今日の社会福祉援助技術においても重要な考え方を既に提唱していた。

4 第二次大戦後の社会福祉援助技術の発展

『ソーシャルケースワーク―問題解決の過程』（1954年）の著者である H. パールマンは，教育学者 J. デューイの問題解決学習理論等を取り入れ，ケースワークとは「専門的援助者（ケースワーカー）と利用者との問題解決の過程」であると主張した。パールマンは「4つのP」すなわち，人（person），問題（problem），場所（place），過程（process）が，ケースワークの構成要素だとしている。パールマンによれば，人生とは問題解決の過程であり，人が悩みや問題を抱えていることは決して異常なことではない。そして，問題解決の主体は利用者自身であるとしている。

5 これからの援助技術のあり方

複雑化する21世紀の現代社会においては，人びとの抱える問題も多種多様であり，社会の変化とともに問題の質も変化している。そのため，現代社会の問題を解決するためには，以上のような個別援助技術（ケースワーク）の他に，集団援助技術（グループワーク），地域援助技術（コミュニティワーク）をも含めた3つの援助技術を活用するとともに，福祉ニーズをとらえるための社会調査，社会福祉政策論などを含む間接援助技術や，社会福祉サービスの利用者と社会資源とを結び付け，利用者のよりよい問題解決のために必要なサービスを調整していくケアマネジメントの技術等，さまざまな専門技術が必要とされている。

今日のように社会が急激に変動する時代には，その変化のスピードに適応できない高齢者や子ども等の弱者が最も大きな被害を受ける。そうした社会的弱者も含め全ての国民に最低限の生活を保障するため，問題を解決していく手助けが社会福祉援助技術であり，社会の変化に伴って，人々の生活を守るために変わってきていたのが社会福祉の歴史である。

8-7 ●社会福祉援助技術総論試験問題学習参考例●
ソーシャル・サポート・ネットワークについて

アメリカにおいて1970年代に入って,まだ明確な定義はなかったものの,「ソーシャル・サポート」(社会的支援)という概念が考えられ,疫学(流行病・集団中毒などの原因を調べる学問)や地域精神医学の領域を中心に活動が行われるようになったのがこの活動の始まりと言われている。

これは「サポート」(＝支える)という言葉に「インフォーマル」(＝私的)な援助という考え方が表わされている。

「フォーマルな援助」とは,公的な援助,つまり行政などの公的機関によって,訓練を受けた経験ある専門家から提供される社会福祉援助活動である。これに対して,「インフォーマルな援助」とは,必ずしも訓練を受けていない私的な人間関係の中でお互いを支えあう援助の事を意味している。

インフォーマルな援助を指す「ソーシャル・サポート」は,専門的援助が注目されるなかで,身近な支えあいの重要性を指摘する理論として登場した。この「ソーシャル・サポート」は,従来の専門的援助では受け身で援助されがちだった利用者が,当事者として主体的に生活をする中で周囲と支えあうという意味がある。

ここでの生活の支えあいとしての「ソーシャル・サポート」は,狭い意味で使われている。だが利用者の生活を支えるためには専門家(ソーシャルワーカー・医師)の援助が必要であるから,「ソーシャル・サポート」には,広い意味ではフォーマルな援助も含まれる。こうした「ソーシャル・サポート」の連携の網をソーシャルサポートネットワークと言うのである。

このように,利用者の生活を支える連携の網を作るときは,サポートの種類及びネットワーキングという手法に注意しなければならない。J.ハウスは,サポートの種類を情緒によるサポート,評価によるサポート,情報によるサポート,物的手段によるサポートの4種類に分けている。これは,利用者のサポート・ニーズを明らかにするために重要である。

また,ネットワーキングとは,現在あるネットワークを分析し,新しいネットワークを形成することをいう。ネットワークには,新しい集団と規則を作る「統制型ネットワーク」と,いろいろな価値観をもった人が主体性をもったまま参加する「参加型ネットワーク」がある。いずれの場合でも状況に適したネットワーキングが必要である。

8-8 ●社会福祉援助技術総論試験問題学習参考例●
社会福祉援助技術の独自な社会的機能について

　社会福祉援助を必要とする対象者の把握，つまり社会福祉のニーズの把握は，主に市町村自治体の福祉関連部局，特に福祉事務所を通じて行われることが多いが，加えて，社会福祉に関連する団体や関係者，特に民生委員（児童委員）やボランティアなどを通じての情報の収集は欠かせないものである。また，町内会，自治会などの地域団体を通じて社会福祉に関する情報を提供し，逆に，援助をする人々に関する福祉ニーズの情報を集めておく必要があるとされている。

　このような福祉のニーズ把握の組織的な取り組みが必要な理由は，社会福祉援助の大部分が利用者の申し込みに基づいて始められるからである。

　この「申請主義」の原則は，本人のサービスの自発的な利用を促すという意味では重要であるが，場合によっては，必要な情報が伝達されていなかったりする。これを改善するためには，各機関のサービス担当者が援助を必要とする人々と日常的に関わり合う姿勢が望ましく，サービスの積極的な利用を勧める必要がある，とされている。

　社会福祉の目的が対象者の「保護」や「養護」などの消極的な段階から，自立をめざした「リハビリテーション」や「発達保障」などの積極的な段階になるにつれて，さまざまなサービスを総合的に利用する必要が出てきている。このためには，サービスの内容について，専門的な立場からサービス利用者の特性に応じた相談や判定をするスタッフ（ケアマネジャー）を備える必要があり，そのためには，医師，保健師，看護師などの医療関係者，理学療法士，作業療法士，言語療法士等のコ・メディカル・スタッフ（医師以外の医療従事者），ソーシャルワーカー（生活指導員，児童指導員，現業ケースワーカー，医療ソーシャルワーカー，社会福祉士等），心理判定員などのスタッフを含む判定チームが必要であるが，現状ではこのようなスタッフはかなり不足している。

　ソーシャルワークの独自な社会的機能とは，制度としての社会福祉諸サービスの提供をして，利用者による問題解決を可能にする援助活動を展開することである。他方では，社会の発展に対応した社会福祉の維持と，その諸条件の改善・向上を目標にした専門的援助活動を実践するのがソーシャルワーカーであり，それがソーシャルワーカーの社会的機能である。

社会福祉援助活動の援助組織と対象分野について

8-9 ●社会福祉援助技術総論レポート学習参考例●

社会福祉援助技術はさまざまな対象・分野において実践・提供されている。これを援助の対象・分野及び援助機関の性質から分類して考えてみる。

1 対象別社会福祉援助技術

(1) 高齢者福祉

高齢者とは、障害や疾病（しっぺい）の有無、要介護状態にあるか否かを問わず、生活者としての基本的なニーズをを充足するために、さまざまな支援を必要としている人々であると言える。高齢になると心身の機能が弱ってくるとともに、仕事からの引退等によって社会とのつながりが希薄になるという、社会的側面における老化も見逃せない。老化によって高齢者は心身の健康を損（そこ）ね、疾病の不安と恐怖に悩み、社会関係が希薄になり、日常生活でつき合う人の数も減り、社会や地域での役割が失われ、経済的自立も困難になり、ついには生きがいを見失うということになりやすい。このような高齢者に対する援助技術のポイントとして、高齢者の人格と自尊心を尊重し、主体性を重んじ、自己の存在価値を認識させると同時に、回りの人々から必要とされている、大切にされているという実感が伴うよう心がけることが大切である。

(2) 障害者福祉

障害者は身体障害、知的障害、精神障害等をもつことによって、生活上の不便をもつだけでなく、障害が原因となって人間として当然持つべき権利が剝奪（はくだつ）されたり、制約を受けることによって、社会生活上の不利をこうむる人々であると言える。こうした社会的生活上の不利は、障害者が所得を得る機会を奪い、貧困状態に陥らせる。また教育、就業、職業訓練等の問題など多くの困難を派生させる。これらの困難を除去し、障害者の社会生活上の不利をなくすことができて、はじめて社会福祉は本来の目的と機能を果たすことになる。

(3) 貧困者、低所得者福祉

「生活に必要なものが欠乏してくると肉体的、精神的な生活力が消耗した状態になる」と言われるように、貧困とは単に物質的・金銭的に恵まれないことだけではない。物質的欠乏が原因となって、生活の困難、肉体的な疲労・衰弱のみならず、人間としての活力が失われ、精神的にも荒廃し、無関心、無感動、無気力状態に陥る等、本来人間のもっているべき健全な感性や感情、理性が消耗した状態を指して貧困と言い、貧困者とはそのような状態に陥っている人を示す。

貧困者，低所得者福祉の目的は保護，回復，自己変革である。貧困者や低所得者に対する社会福祉援助技術の役割は，損われた人間性の修復，社会的関心の回復，社会生活の適正化を図ることにある。

(4) 児童福祉

児童福祉の目的は，①児童の心身の健全な育成を図り，②児童の発達を保障し，③それらの条件を整えるために，児童を取り巻く生活の基盤を強化することにある。

2 分野別社会福祉援助技術

現在の福祉は，上に述べたような限られた人々のみを対象にしたものではなく，地域に暮らすすべての人を対象にしたものである（ノーマライゼーションの精神）。地域の人々を対象にした福祉援助技術には次のようなものがある。

(1) 家族福祉

災害，疾病，失業，加齢，障害，配偶者の死亡など家族生活の経済的基盤に関わる問題に対して，主として経済的給付によって対処する支援のほか，子女の養育，老親の介護，夫婦の円満など家族関係の維持，強化を目的とした相談援助業務等がある。

(2) 医療福祉

医療福祉は医療制度に取り入れられた社会福祉の方法と技術の実践の体系であり，それが展開される場としては病院，保健所，老人保健施設などがある。

(3) 司法，更生保護

司法福祉は「国民の司法活用の権利を実質化することを目指しており，それは司法を通じて一定の社会問題の個別的，実態的緩和ないし解決を追求する政策とその具体的業務であるとともに，その種の社会問題の一般的緩和，予防政策の発展にも寄与するものである」といわれるように，犯罪や非行などの社会問題を規範的な解決を求めて個別的，実態的な方法でもって解決する方策である。

(4) 地域福祉

地域福祉は，地域社会という生活の場における住民の地域福祉問題を，市町村の協力により，住民の自覚と責任によって組織的に解決していく諸施策であり，地域社会環境の改善と自立困難な個人や家族に対して，地域で生活が可能なように必要な福祉サービスを提供することである。

(5) 学校福祉

学校福祉の目的は，児童の心身に障害があったり，児童を取り巻く環境上の理由により，親子関係や家族関係に問題があったり，あるいは親が貧困や疾病，失業などで経済的な困難に見舞われ，児童の就学や教育が軽視又は剝奪される場合，児童の就学を阻む問題を緩和，解決して学習権の保障をめざすものである。その基本理念は国民の権利としての教育権の行使と平等化を求める基本的人権保障である。

(6) 産業福祉

① 労働者福祉：労働者福祉とは，狭義には「労働者の福祉に関する自主的事業（労働金庫，労働者共済生協，住宅生協，医療生協，消費者生協など）をさし」，広義には「労働組合福祉を包括し，賃金，労働条件以外の生活面で行われる自主的福祉活動をさして用いられる」とされており，労働者の主体的で自主的な連帯によって暮らしと健康を守る共済活動であるといえる。

② 企業内福祉：企業内福祉は「特定の経営に属している労働者と家族に対して賃金以外の給付として，雇主が行う福祉をいう。それは労務管理の一手段であり，企業労働力の確保，維持あるいは要求される能力の保持を目的とし，さらに労働者の経営帰属意識の強化を図る」といわれ，企業に所属する労働者の確保や帰属意識，能率強化の一手段として用いられている。

3 社会福祉機関の果たす機能

上記のようなさまざまな分野・対象に向けての社会福祉援助実践のためには，さまざまな専門的機能をもった社会福祉機関が必要である。これらの専門的機関は，社会福祉援助の利用者と援助者とを結びつける働きをし，地域の中でさまざまな福祉サービスを効果的に提供・配分し，人々の社会的ニーズを充足させるために必要なものである。

こうした社会福祉機関の分類にはさまざまな方法があるが，その中に，援助技術の展開される領域をもとに「第一次分野」と「第二次分野」に大別する方法がある。

(1) 第一次分野の福祉相談機関

専門の援助者が，社会福祉援助技術や福祉サービスを提供することを主たる目的として設置されるものを，第一次分野の社会福祉機関と呼ぶ。これには社会福祉協議会，福祉事務所，児童相談所，婦人相談所などの公私の社会福祉機関及び施設がある。また，これらの機能を備えた市区町村もひとつの組織体として考えられる。

① 社会福祉協議会：社会福祉協議会は，各市町村に設置されるものであるが，住民主体，住民参加の原則に基づいて，地域社会における社会福祉問題を解決し，改善を図るために，公私の機関・団体・関係者の参加を得て，自主的な福祉活動を組織的に推進していく民間組織である。

② 福祉事務所：社会福祉法第14条5項では「都道府県の設置する福祉に関する事務所は生活保護法，児童福祉法，母子及び寡婦福祉法に定める援護，育成又は更生の措置に関する事務のうち都道府県又は都道府県知事の行うものをつかさどるところとする」（平成15年4月施行）と規定され，福祉三法を現業とする機関であり，市町村福祉事務所はさらに身体障害者福祉法，知的障害者福祉法，老人福祉法の福祉六法事務所になる。

福祉事務所の援助技術の特質は地域

における「福祉行政の中核的な第一線現業機関」である。

③児童相談所：児童相談所における援助技術は，個別援助の一環として，相談，調査・判定，指導，措置，一時保護などが展開されている。児童相談所の業務については，児童福祉法に次のように規定されている。

児童福祉法第10条では，市町村の業務として，児童の福祉に関し必要な実情の把握・情報提供や家庭等からの相談に応じ必要な調査・指導を行うことが規定されているが，このうち専門性の高い相談等については，児童相談所に技術的援助・助言を求めなければならないこととされている。また児童相談所は，こうした業務の実施に関して市町村相互間の連絡調整，情報の提供，その他必要な援助などの業務を行うこととされている。

このほか児童福祉法第12条第2項により，児童相談所は次の業務を行うこととされている。

①　児童に関する家庭などからの相談のうち，専門的な知識および技術を必要とするものに応ずること。

②　児童及びその家庭につき，必要な調査並びに医学的，心理学的，教育学的，社会学的及び精神保健上の判定を行うこと。

③　児童及びその保護者につき②の調査・判定に基づいて必要な指導を行うこと。

④　児童の一時保護を行うこと。

なお，上述の児童福祉法の規定は，次世代育成支援対策を推進する一環として児童虐待問題に適切に対応するため市町村及び児童相談所の体制の整備充実を図る目的で2004（平成16）年12月法改正が行われ，2005（平成17）年4月から施行されたものである。

(2)　第二次分野の福祉相談機関

社会福祉援助の実践を主たる目的として設置された機関ではなく，他の職種（医師，教師等）によって実施されるサービスの提供が本来の目的であるが，本来の目的（医療，教育等）を達成させるために，社会福祉援助技術が必要とされる場合がある。例えば，病院や診療所，保健所などの医療・保健機関，精神保健福祉センター，学校における相談室，司法福祉領域における保護観察所などで行われる社会福祉援助である。

第9章
社会福祉援助技術各論

社会福祉援助技術各論

　社会福祉援助技術は,「直接援助技術」「間接援助技術」「関連援助技術」に大きく分けられる。
　① 「直接援助技術」は,まさに人が人に直接関わる関係の中で活用される技術という側面がある。複雑多岐にわたる利用者の問題解決には,その個人の問題解決に直接取り組む「個別援助技術」(ケースワーク)と,集団のもつ力を利用することによって個人の問題の解決を図る「集団援助技術」(グループワーク)を使い分け,あるいは並行して使う技量が援助者に求められる。
　② 「間接援助技術」は,地域援助技術・社会福祉調査法・社会福祉運営管理・社会福祉計画法・社会活動法から成り立っている。
　③ 「関連援助技術」としては,ケアマネジメント,ネットワーク,スーパービジョン,コンサルテーション,カウンセリング等の技術がある。

　社会福祉援助者(ソーシャルワーカー)は,社会福祉援助技術の理論を社会福祉の実践として具体化する専門職である。したがって,ソーシャルワーカーは,援助を必要とする利用者(クライエント)の主体性を尊重し,自己決定を促すといった実践活動はもちろん,家族関係や社会関係の調整や社会資源の活用など幅広い業務を行わなければならない。
　このため,社会福祉の専門職をめざす人は,直接援助技術及び間接援助技術を用いる施設や相談機関等における適用場面を学び,援助過程を記録し,その効果を測定することの意義や方法等について習得する必要がある。また,サービスを提供していく上で必要とされる管理・教育・指示を行う過程(スーパービジョンやコンサルテーション)等についても学ぶことが必要とされる。
　さらに,専門職者としてふさわしい倫理や態度を身につけ,利用者や地域社会に対してサービスの質を保障することが期待されている。
　社会福祉援助技術各論は,前記の考え方を踏まえ,社会福祉の専門職に必要とされる直接援助技術,間接援助技術,関連援助技術について学び,相談援助の質の向上に寄与するものである。

9-1 ●社会福祉援助技術各論試験問題学習参考例●
直接援助技術の展開過程について

　直接援助技術の展開過程とは，社会福祉の目標を利用者の生活の中に直接，しかも個別的，対人的に実現しようとする社会福祉援助活動の過程である。それは，主として個々人や家族を対象に，問題解決への援助をめざした個別援助技術過程と構成員による小集団活動を通じ社会福祉目標の追求を援助する集団援助技術過程とがある。

1　個別援助技術の過程

　個別援助技術過程の概念は，「ケースワークの母」といわれるM. リッチモンドによる定義を出発点にして体系化されてきている。

　「個別援助技術過程」とは，人とその社会的環境との間に個別的な効果を意識して行う調整によってその人のパーソナリティーを発達させる諸過程である。

　① 開始期：利用者と援助者とが問題を明確にし，利用者の解決への意志形成，援助手順・目標の確認を行い，信頼関係を築く段階。一般に，面接によるインテーク（受理），資料収集・分析によるアセスメント（事前評価），具体的な援助・実施計画や，当面の目標を設定するプランニング（計画づくり）からなる。

　② 展開期（援助の実施）：モニタリング（見守り・監視）を行い，援助の効果を常に把握し，必要に応じて再アセスメントを繰り返し，援助計画の見直しを行う。

　③ 終結期：利用者と共に問題解決過程の評価を行い，今後解決していかねばならない問題を確認していく。

2　集団援助技術の過程

　集団援助技術がもっている最大の特徴は，対象となる人々の課題解決能力を，集団援助活動の場面を通じて援助しようとするところにある。したがって，グループワークの援助過程は，グループメンバーがさまざまな経験を通して個人の成長と発展を図り，専門家（援助者）の援助によって社会的な目的をめざして実践される。

　① 準備期：援助の必要性が生じ，援助者が利用者たちに接触する以前の準備，及び予備的接触開始までの段階。

　② 開始期：最初の集まりから集団として動き始めるまでの段階で，援助関係の樹立，契約の確認，プログラム計画への援助，評価と記録を行う。

　③ 作業期：「個人」と「集団」が自らの課題に取り組み，展開し，目標達成への成果が出るよう進める過程。

　④ 終結期：援助関係を終わらせる過程。終結準備からさらに利用者の現集団から次の生活への移行援助を行う。

●社会福祉援助技術各論試験問題学習参考例●

9-2 直接援助技術の性格と内容について

　直接援助技術とは，利用者（クライエント，社会福祉援助サービス利用者）のニーズや問題点に対し，援助していく直接援助活動の方法と技術を総称したものであり，個別援助技術（ケースワーク）と集団援助技術（グループワーク）に分類される。それを理論化，体系化したのが M.リッチモンド（1861～1928年）で，『ソーシャル・ケースワークとは何か』『社会診断』の著作がある。

1　直接援助技術の性格

　直接援助技術の性格は，〈対人援助〉であるということに特徴があり，対人関係を多面的・包括的にとらえていく必要性が強調されている。近年，利用者のニーズや問題が複雑化している中，直接援助技術の傾向として，社会的支援ネットワークが注目されるようになってきた。社会的支援とは，社会生活をしていく中で，①「配慮されている」，②「尊重されている」，③「承認されている」ことを福祉サービス利用者とコミュニケーションをとる中で認識されていく状態であると規定している。

2　直接援助技術の内容

　個別援助技術，集団援助技術に共通する技能として，コミュニケーション，関係，問題解決に関わる技能があげられる。その過程は，①準備段階，②開始段階，③介入段階，④終結段階，となり，それぞれの状況に応じて必要な技能を適用，開発，発展させていかなければならない。しかし，すべての人が社会福祉サービスを利用するわけではない。直接援助技術は，福祉援助サービスの利用者の主体性を尊重し，一人ひとり個別に展開していくところに特質がある。「利用者のワーカビリティ」つまり，利用者が福祉サービスを利用して，自分の問題解決に取り組んでいく力（workとability）を考えに入れることが必要である。利用者のワーカビリティの3つの要素は，①動機づけ：問題解決に取り組む意欲があるか，②能力：問題解決に取り組む能力があるか，③機会：問題解決に取り組む条件が整っているか，の3つの要素に着目して援助を行い，これらによって効果が異なってくる。

　利用者が直面している問題の中で重要なものは何かを考え，最初に取り組んでいく課題を確認する。そうした課題中心アプローチの枠組みは，社会福祉援助活動の新しい発展方向を示すもので，直接援助技術の性格と内容は社会とクライエントの福祉ニーズに対応して発展することが期待されている。

9-3 ●社会福祉援助技術各論レポート学習参考例●

間接援助技術の必要性と問題点について

1 間接援助技術の必要性

　間接援助技術とは，直接援助技術（援助者と利用者との対人関係に基づく援助）の背景となる，社会福祉の運営体制の基盤づくりを行う技術であり，直接援助技術と間接援助技術とは密接不可分の関係にある。

　社会福祉士等の援助者が相談援助業務を行うためには，利用者の抱える問題を解決するための社会資源や社会福祉サービスが整備され，各サービス間の連携がとれていなければならない。社会福祉・医療・保健などの施設や，在宅介護サービスなどの整備，福祉活動への住民参加の促進，ボランティアも含めた福祉人材の育成，関連法令の整備等，地域全体の社会資源が整備され，それぞれのサービス間の連携のとれた社会福祉運営体制の基盤がなければ，効果的な援助は望めないのである。

　間接援助技術の性格としては，第一に，地域社会援助技術としての性格，第二に，組織的援助技術としての性格があげられる。

(1) 地域社会援助技術としての性格
① 地域社会の共通課題に対応する働き
　間接援助技術は，地域に暮らす福祉サービス利用者に，共通する課題を解決するための援助技術という性格をもっている。直接援助技術が，特定の利用者（個人，家族，集団）に働きかける援助技術であるのに対して，間接援助技術は，地域社会に住む利用者に共通する課題に対応し，利用者たちが自立して生活しやすいように環境や条件を整備するなどの組織的な活動をする援助技術である。

　具体的援助内容としては，第一に，社会福祉関係機関やサービス相互の間の連携や調整，あるいはサービス内容の改善を図ること，第二に，社会の変動に伴って，これから新たに必要とされる，あるいは不足する社会福祉施設や在宅福祉サービスなど，社会資源の開発を図ること，第三に，住民参加の促進を図ることなどがあげられる。

② 社会福祉調査の理論と技術
　間接援助技術は，地域社会に働きかける技術としての性格をもっている。その地域社会がどのような条件をもっているかによって，間接援助技術の内容や働きかけ方が変わってくる。したがって，間接援助技術においては，地域社会のニーズ把握のための社会調査の理論・技術，社会福祉の計画技術が必須のものとなる。

　社会調査の対象としては，次のようなものがあげられる。

① 地域社会の経済・社会・文化

地域社会の人口規模と人口構成（高齢者の割合がどの程度か），都市であるか農山村であるか，地域社会の経済状況，就業構造（産業別就労人口）等の相違について調査し，地域の性格を理解する。

② 地域の福祉サービス利用者の状況

地域住民の現状と将来の動向，福祉サービス利用者の人口の推移と，利用者が抱える問題の質と量，利用者本人や家族の意識等について調査する。

③ 社会資源の整備状況

地域の福祉施設の整備状況，在宅介護サービスの提供状況，保健・医療・住宅・教育・環境等の施策について調査し，活用可能なサービスとこれから開発すべきサービスを把握する。また，地域社会の住民や公私の福祉関係者の中に，地域社会福祉活動にかかわった経験が，蓄積されているかどうか調査する。

(2) 組織援助技術としての性格

直接援助技術の重要な基盤となる，社会福祉施設・機関・団体等の運営管理をするという領域である。間接援助技術は，直接援助技術とは異なって，主に社会福祉施設や社会福祉協議会，福祉行政などの運営管理といった領域で活用される援助技術である。したがって，間接援助技術の発揮のためには，まず，社会福祉施設等が直接援助技術の基盤として的確に運営されていて，利用者のニーズに応えるように，効果的に機能していることが求められる。

社会福祉関係の団体としては，①社会福祉事業そのものを目的とした，社会福祉施設や，社会福祉協議会，②共同募金会等の助成団体，③障害者団体等の当事者組織，④ボランティア組織等がある。これらの社会福祉の団体そのものの運営管理も，間接援助技術の重要な領域である。また，これらの団体がその会員の組織化を図り，地域社会へ働きかけていくための地域援助技術，団体としての目的を果たすための社会調査の理論・技術，あるいは団体の中長期の運営計画を策定するための計画技術等の援助技術も必要になる。

2 間接援助技術の問題点

間接援助技術が活用される主要な領域のひとつは，「地域社会における社会福祉機関・団体等の相互の連携・調整を図ること」である。

在宅の利用者への福祉サービスについては，利用者側の立場に立った総合的な援助や，社会の変化に柔軟に対応していけるための連携と調整のシステムが整備されていなければならない。しかし，それぞれの地域によって，受けられる社会福祉サービスの質と量に差があるのが現状である。そして，実際には，地方自治体による福祉サービス，民間の福祉活動など，非常に広範囲のサービス提供機関からサービスがばらばらに提供されているというのが現状である。このことは今後の社会福祉援助における大きな問題である。

では，このような問題に対して，間接援助技術をどのように用いて解決を図っていけばよいのだろうか。まず第一に，間接援助技術のひとつである社会福祉調査の技術を駆使して，地域社会の中でどのような社会福祉サービスが求められているのか，既存の社会福祉施設やショートステイ（短期入所事業），デイサービス（通所介護），在宅介護サービスなどの評価をもとに検討していく必要がある。特に在宅介護サービスについては，事業としての歴史も浅く，利用者の側にもサービス内容についての理解が不足していることなどもあって，ニーズの把握（社会福祉調査）が難しい分野でもある。

　第二に，表面化していない福祉ニーズの掘り起こしである。例えば，大都市地域での障害者の福祉ニーズ把握，あるいは行政が十分に把握していない寝たきり高齢者の実態把握などが，その例である。

　第三に，それらの作業をふまえて，地域援助技術を活用し，各サービス間の連携・調整を行うことが大切である。事業実施の主体をどこにするのか，行政と民間との役割分担をどうするのか，保健・医療・住宅等のサービスとの連携をどうするのか，なども併せて検討されなければならない。

　このような問題点はほんの一例にすぎないが，間接援助技術におけるさまざまな問題点は，直接援助技術に多大な影響を及ぼすものであり，その解決は急務である。

9-4 社会福祉援助技術各論試験問題学習参考例

間接援助技術の領域について

1　社会福祉の連携・調整システムの開発

　援助利用者の立場に立って，福祉施設や在宅サービスを行う側の連携システムを開発し，たえずそのシステムが効果的に働くよう調整することが間接援助技術の領域である。

　また，地域福祉の連携・調整は，高齢者以外にも身体障害者，知的障害者，児童福祉など，各分野でそれぞれ必要である。

2　社会福祉資源の開発を図る

　社会福祉資源の開発には，①福祉施設，②在宅福祉サービス，③福祉資金の造成，の領域がある。

　福祉施設は在宅で生活が困難になったとき，あるいは社会復帰のための訓練やリハビリテーションの施設として，重要な社会福祉資源である。これは地域の福祉施設を住民のニーズに対応させること，福祉施設の機能を在宅福祉サービスに生かしたり，福祉施設の社会化を進めること，ホームヘルプ（訪問介護）事業やショートステイ（短期入所），デイサービス（通所介護）といった事業の検討という領域がある。

　社会福祉資金の造成は，行政，民間それぞれが，社会福祉を安定的に進めていくための資金を確保していくことが重要である。1991年から地方自治体において，「地域福祉基金」の基礎となる地方交付税措置がとられた。

3　住民参加の福祉活動の開発，促進

　援助利用者とその家族が，地域社会で生活していくためには，地域社会の人々による理解と支えが大切である。このときの住民参加は，地域の中の援助利用者と，その家族に働きかけるものである。また，ボランティア活動も，福祉活動への住民参加を図る重要な領域である。地域ぐるみの住民参加の福祉活動の組織化を図る方法としては，小学校区や旧町村など，昔からその地域で住民自治の単位とされている地域を単位として，福祉活動の組織化を働きかけることである。こうした協働活動の組織化が図られることにより，例えば地区単位の高齢者や障害者の配食サービス事業が定期的に実施できるようになったり，福祉活動を計画的，総合的に進めることが可能になる。

4　社会福祉の運営管理の分野

　社会福祉施設等の運営管理は①福祉施設，②福祉団体，③地域社会全体の福祉事業，の3つがある。

　福祉施設の運営管理には，日常の業務，人事，財務，施設などの的確な運営管理をいかに確保するかという課題がある。

9-5 ●社会福祉援助技術各論レポート学習参考例●
個別援助技術（ケースワーク）の展開過程について

1　ケースワークにおける「過程」の意味

　利用者（問題を抱える個人あるいは家族）に対する社会福祉援助の提供は、援助活動の時間の流れにそって、一定の手順と方法をもって提供される。この手順と方法を「過程」と呼ぶ。パールマンは、ケースワークを問題解決の過程としてとらえ、開始期→診断→問題解決をケースワークの過程と考えた。

　社会福祉援助活動は、援助者と利用者の双方によるさまざまな試行錯誤の過程の中でも進められていく。援助の効果に対する評価と、問題の再分析とが繰り返されることによって、利用者の抱える問題の本質をよりよく把握し、より効果が上がる援助が行われるようになる。

2　インテーク（受理）

　個別援助はインテーク（受け入れ）によって開始される。インテークは通常、問題が持ち込まれた時点で面接するという形式で行われる。この際の面接は、1回ないし数回で終了するのが普通である。最初の段階で問題がどのような形で援助者のところへ持ち込まれるかについては、利用者本人から直接相談が持ち込まれる場合ももちろんあるが、本人以外の家族や隣人、関係者からの相談、あるいは専門機関からの通告等による場合もある。また、入所施設や通所施設の利用者に関しては、援助者側が利用者の問題を発見してアプローチするケースもあるだろう。このように、利用者以外の人が相談を持ち込む場合は、利用者本人に問題解決の意思を形成させることも課題となる。また、援助者が地域の中で問題を抱えながら孤立している個人や家族（利用者）を発見することも重要である。このような利用者に対しては、援助のための地域とのネットワークづくりという間接援助技術の応用も求められる。

　利用者自身が相談を持ち込んだ場合には、直面している問題について話を聞く中で、インテーク（受理）の機能に当たる作業がなされる。個別援助におけるインテークの特徴は、この段階から援助の一部が開始されていることである。この点は、医師が診断を下すまで治療を開始しないことと比較して、個別援助技術の特徴となっている。

3　対応時の留意点

　利用者本人が問題を持ち込んだ場合も、本人以外の他人が問題を持ち込んだ場合も、問題解決過程の主役は利用者本人なのだということが重要である。援助者は利用者を専門的知識と技術と

によって支え，共に問題解決にあたるものでなければならない。インテーク段階での安易な励ましや請け負いは，援助者への過度の依存や，問題解決がうまくいかないときの利用者の援助者に対する，あるいは援助者が所属する機関や施設に対する不信につながる可能性がある。

4　援助の開始期

　援助は，利用者自身の意思に基づいて開始される場合と，利用者本人は援助に対して消極的・拒否的であっても，社会福祉関係機関や施設側の判断で開始される場合とがある。利用者の意思でなく，機関や施設側の判断で援助を開始しようとする場合は，援助者側が積極的に利用者のところへ出向いていくことも必要である。また，援助者と利用者との信頼関係形成のための相談や面接にまずは十分時間をかけて，解決すべき問題の本質を明らかにする作業をしばらく先に延ばすこともあり得る。

　援助者は，利用者が問題解決に関する道筋を選択し，自らの力で問題解決に取り組むよう，利用者の不安を受けとめ，支持し，助言を行っていくことが必要である。

5　援助開始期の課題

　援助の開始期には，利用者と援助者とが，解決すべき問題の本質を明らかにし，利用者が社会資源を利用しながら，自らの力で問題を解決しようとする意思を形成し，問題解決の方法と目標について，利用者と援助者の双方が確認することが大切である。また，この段階で，利用者と援助者との間に信頼関係が築かれていることが，その後の援助を効果的に実施していく上で重要である。問題解決は必ずしも順調に進むとは限らず，また仮に順調に進んだとしても，目に見えるような効果がすぐには上がらないこともしばしばである。援助者は，このような場合の利用者の不満や不安についても，その感情を受け止める役割を果たし，支えていくことが必要となる。問題解決が困難で，目に見える効果が上がっていない場合でも，援助者が利用者の不満や不安をよく聞き，受け止めることによって，利用者は自分が「受け入れられている」という感覚を持つことになる。

　自分の抱える問題について他者（援助者）に話すという行為は，利用者が自分の内面にわだかまった不安を吐き出し，緩和すると共に，問題を自分自身が整理する機会ともなる。インテーク段階で提供されるこの援助は，利用者の問題解決意欲を高めるとともに，援助者と利用者の信頼関係を構築する第一歩ともなる。

6　援助の展開期

　援助者は，提供した援助の効果を常に把握し，必要があればインテーク段階に戻って問題を再検討し，援助計画の見直しを行う。

　具体的な援助は個別の事例ごとに異なり，それを定式化することは，むし

ろ援助内容を硬直化させることになるだろう。重要なことは，利用者の「歩調」に合わせた援助を展開し，利用者による問題解決を実現していくことである。

7 援助の終結

個別援助技術による援助は，利用者本人が援助の対象となった問題を解決した時点で終結を迎える。終結は，援助の単なる打ち切りを意味するのではなく，あくまでも援助過程の一環として位置づけられる必要がある。

8 残された課題の確認

個別援助は，利用者が抱えるすべての生活上の問題を解決することを意図していない。社会の中で日常生活を営む利用者には，常に新たな問題があらゆる方面で生じるものだからである。

また，現時点では問題になっていなくとも，将来利用者が対処すべき問題となることが予想できる場合もある。援助者は，利用者の今後の生活展望を明らかにし，将来の課題についても示唆を与えて，利用者がそれに向けて対応する準備ができるよう援助することが必要である。

9 利用者の理解

問題を解決するために，援助者は利用者の抱える問題の把握とともに，利用者と利用者をとりまく状況・環境についても理解する必要がある。利用者からは，生活歴や家族状況，現在直面している問題に対するこれまでの対応や，その問題がもたらしている不安や悩みなどを聞くことができる。生活歴を聞くということは，利用者やその家族が形成してきた固有の文化を専門的立場から理解し，それを尊重しながら援助計画を立てることを目的としているのである。

援助者の任務は，利用者が自ら問題解決に取り組んでいくことを，側面的に支えることである。したがって，援助計画立案の段階では利用者の意思を確認し，必ず同意を得ることが必要である。その際，利用者が自分の解決すべき問題，援助実施の意味や手順などがわかるように説明し，合意を得ることが利用者の権利擁護と，効果ある援助の展開にとって必要となる。

9-6 社会福祉援助技術各論試験問題学習参考例

個別援助技術の理論と内容について

　M. リッチモンドは20世紀初めに『社会診断』等の著書を出し、個別援助技術（ケースワーク）を初めて理論化・体系化した。リッチモンドは、利用者の置かれた状況、抱えている問題、福祉ニーズを適切に把握するための社会的な調査、診断、治療の必要性を説いた。利用者個人の抱える問題と、その原因を正しく把握・理解するとともに、利用者の気持ちや意思を十分に尊重しながら、利用者本人のもっている力を引き出し、利用者自身が主体的に問題を解決していけるように、その人に応じて援助することが援助者には期待される。

　個別援助技術の理論化を進めたF.P.バイステックは、人間関係について次のような7つの基本原則を提唱している。

　①一人ひとり異なった個人として取り扱われたい（個別化の原則）、②感情を自由に表出したい（感情の表出の原則）、③共感的反応を示して欲しい（情緒関与の原則）、④あるがままの人間として取り扱って欲しい（受容の原則）、⑤裁きを受けたくない（非審判的態度の原則）、⑥自分自身で選択し決定したい（自己決定の原則）、⑦自己に関する秘密は守って欲しい（秘密保持の原則）。

　この7つの原則に基づいて、利用者一人ひとりを個人として尊重し、援助することが、個人援助技術にとって大切なことである。

　個別援助技術は次の5つの要素から構成されていると言われる。

　① 利用者（クライエント）：社会生活上の問題に対して、自分自身の力だけでは問題解決が困難であるため、社会福祉援助サービスを必要とする人。

　② 援助者（ソーシャルワーカー）：利用者の自主的な問題解決活動を、専門的知識と技能とをもって援助することを職務とする社会福祉の専門職。

　③ 援助目的：利用者が、自らの問題を自分の力で解決できるように、また、社会環境が改善されるように、さまざまな援助を行うこと。

　④ 援助関係：効果的な援助のためには、利用者と援助者との間に良好なコミュニケーションと、互いの尊敬や信頼関係を築くことが不可欠である。

　⑤ 社会資源：社会福祉援助の目的を効果的に達成するために必要なものとして、社会的に存在し、また利用することができる一切の物的・人的な要素、例えば、制度、機関、組織、施設設備、物品、金銭、公私の団体、個人、技能、知識、専門職やボランティアなどがある。

●社会福祉援助技術各論レポート学習参考例●

9-7 集団援助技術（グループワーク）の展開過程について

　集団援助技術（グループワーク）の展開過程は，通常「準備期」「開始期」「作業期」「終結期」の4つの段階に分けて考えられる。効果的な集団援助技術を実践するため，念入りな準備を行った上で援助を開始し，援助の過程で発見された問題を解決するための作業を行い，最後に次の段階の活動を考えて，まとめをして，終結するという一連の過程である。この4段階を繰り返しながら，集団援助技術の目標を達成していくのである。また，何回かにわたって繰り返される集団援助活動の1回1回の中にも，同様にこの4つの段階が含まれているということも見逃してはならない。

1　準備期

　準備期とは，援助者が利用者たちへの接触を始めるためのいろいろな準備をし，利用者たちに予備的な接触を始める段階までを指している。

（1）職員全体との合意

　援助者は，集団援助活動を開始する前に，同じ施設・機関に属する職員全員に，この援助の意義を理解させておく必要がある。つまり，これから始まる集団援助活動は，援助者が個人として行うのではなく，施設・機関が行う援助活動の一環として，この担当者が担当し，実践するのだということを職員全員に明確に示しておかねばならない。施設・機関の職員全員が，これから始まる集団援助活動の意義や目的を十分に理解し，それぞれの専門的立場から支援することが重要である。援助者もその他の職員も，自分たちの果たすべき役割を，このように理解しておかねばならない。

（2）利用者への理解

　集団援助技術の対象は，ひとつは一人ひとりの「個人」であり，もうひとつは，その「個人」から構成される「集団」である。ただし，「個人」への援助（個別援助）と「集団」への援助（集団援助）は無関係ではなく，表裏一体の関係にあるといえる。集団援助技術とは，「集団」の力を利用して「個人」一人ひとりを援助していくことに他ならない。

　集団を構成する一人ひとりの個人の中には，比較的元気な人もいれば，障害を抱えた人もいる。これらの利用者一人ひとりは，どのような生活状況にあり，どのような問題やニーズをもっているのか。また，もしも，これらの人々を集めて集団援助活動をしていくとしたら，それはどのような集団になり，何が問題になり，どのようなニー

ズが出てきそうか，そのとき，自分はどのように対処するか，などについてあらかじめ予測しておくことも必要である。

(3) 予備的接触

以上のような準備を終えて，はじめて利用者に集団援助活動への参加を促すための予備的接触が始まる。集団援助活動への参加を促していくために，援助者は利用者一人ひとりに直接声をかける。その際，援助者はこれから行う集団援助活動とはどのような援助であるか，どのような目的で行うのかを，利用者にできるだけわかりやすく，かつ十分に説明することによって，参加を促すのである。

2 開始期

開始期とは，「個人」である利用者たちが集まってから，「集団」を形成して活動し始めるまでの段階をさす。援助者は，これから行われる活動が，利用者一人ひとりのニーズ充足につながるものであることを明確にしながら，「個人」と「集団」とが目的達成に向かって自ら取り組んでいけるように援助していくのである。

(1) 対人関係樹立・集団形成への援助

援助者は集団の成員（メンバー）である各々の「個人」が「集団」にスムーズに入っていけるように援助行動を始めていく。援助者はまず，「個人」同士がスムーズに知り合えるような対人関係の樹立を援助する。さらに，援助者と「個人」「集団」との援助関係も樹立していかねばならない。援助者は，この集団は援助者のためのものではなく，参加している利用者のための集団であることを理解させるよう，意図しながら援助を行わなくてはならない。

援助者の態度，行動が「個人」や「集団」に大きな影響力を持ち，援助の効果にも影響してくるのである。

(2) 目的の確認

集団がめざしていく今後の目的に対して，援助者側がどのような援助を提供できるか，それが利用者「個人」一人ひとりのニーズと一致しているのかどうかを確認しておく必要がある。「これからここで自分は何をしようとしているのか」「自分はどんな参加の仕方をしたらよいのか」を利用者は改めて確認することになる。

(3) 活動プログラム立案

援助者は，援助の目的と利用者の興味，関心，能力にあった活動プログラムを利用者とともに考え，検討し，選択しながら立案していく。

3 作業期

作業期とは，「個人」と「集団」が自分たちの課題に取り組み，発展させ，目的達成のために，明らかな成果が出るように進めていく段階である。

援助者は，「集団」の存在が「個人」一人ひとりにとって，必要な存在となるような援助行動を行う。つまり，参加者同士の相互援助によって，目的が

達成できるような集団援助技術の体制をつくっていくのである。活動プログラムにおける個人と個人の交流によって、集団を構成する者同士としての心理的結びつきが強まってくる。

集団の発達過程においては、個人同士の人間関係に摩擦が生じたり、集団の中で孤立する者が出てきたりする状況がしばしば見られる。しかし、こうした危機的状況を乗り越え克服した集団は、一層のまとまりが出てくることになる。

4　終結期

終結期とは、集団援助活動を終わりにする段階である。利用者はこの集団での活動で得た成果を活用して、次の生活へ移っていくことになる。援助者は利用者が次の生活にスムーズに移行していけるように援助しなければならない。

(1) 終結への準備

「終結期」は、利用者「個人」一人ひとりにとっては、次の生活への「移行期」ともなるのである。集団援助活動の過程で、援助者と「個人」、そして利用者同士が懸命に積み重ねてきた援助関係を、ここでぷっつりと断ち切ってしまうのではなく、活動の成果を整理し、まとめるために十分な時間が必要である。援助者は、早めに作業の終結が近いことを告げ、利用者一人ひとりに終結への準備をさせることが必要となる。

また、援助者はこの集団援助活動終結後の、それぞれの「個人」のアフターケアについても計画を立てておかなければならない。

(2) 評　価

援助者は、利用者と共に集団の開始期からこれまでの活動内容を振り返り、まとめ、評価することが重要である。今回の活動にはどのような意義があったのか、そこからどのような成果を得たのか、何を学んだのかなどを評価していく。

(3) 記　録

援助者は「個人」一人ひとりと「集団」とのこれまでの記録をまとめておく。記録を通じてこの集団援助技術の評価をするとともに、次回の集団援助のための参考資料とする。

●社会福祉援助技術各論試験問題学習参考例●

集団援助技術の理論と内容について

集団援助技術（グループワーク）とは，「集団」を構成する「個人」同士の間に働く相互作用を活用して，「個人」一人ひとりの問題を解決させ，ニーズの充足を達成するための技術・方法である。

1 集団援助技術の特質

集団援助を実施する援助者は，集団を構成する福祉サービス利用者同士が，互いに援助し合う体制を作らねばならない。利用者の変化は，「援助者対利用者」との相互作用によって起こるだけではなく，「利用者同士」の相互作用によって起こるのである。援助者が果たす役割は，利用者同士が集団内で互いに助け合い，変化していく過程（集団発達過程）を利用者に理解させること，利用者が他の利用者に与える影響の理解を深めさせることである。

集団援助技術の援助は，通常，ソーシャルワーカー（社会福祉士）が中心となって実施されるが，援助者はソーシャルワーカー一人だけではなく，同じ機関・施設に属し，ソーシャルワーカーの助言指導を受けて働くケアワーカー（介護福祉士）や，ボランティア指導者も含めて援助者と考えていくべきである。

2 集団援助技術の基本的実践原則

個別援助と集団援助とは別々のものではなく，表裏一体をなしており，個別援助の原則であるF.P.バイステックの7つの原則は，福祉サービス利用者を集団場面の中で，援助する場合にも適用される。バイステックの7つの原則とは，①個別化の原則，②自己決定の原則，③受容の原則，④非審判的態度の原則，⑤秘密保持の原則，⑥統制された情緒関与の原則，⑦意図的な感情の表出の原則，である。

集団援助技術は，集団を構成する利用者（個人）同士の相互作用を意識的に活用し，個人の問題解決を図る社会福祉援助技術である。利用者は，自分と同じような課題・問題をもつ，他の利用者との活動や交流を通して，さまざまな人の異なった見方，感じ方，解釈に耳を傾けることで，いつしか自分の問題に対して新しい見方ができるようになる。さらに，このような集団の中で，自分の見方，感じ方等が他の利用者の役に立つという機会や役割が与えられることによって，利用者は自分自身を尊重できるようになり，他者への愛情や信頼感を強めていくことにもなる。このような相互作用が働くことによって，集団援助技術の目標が達成できるのである。

9-9 地域援助技術（コミュニティワーク）の特質と問題点について

●社会福祉援助技術各論レポート学習参考例●

1 地域援助技術（コミュニティワーク）の機能について

(1) 地域の福祉ニーズと社会資源との間の連絡調整をする機能

地域住民の福祉ニーズを充足し、問題を解決するために、地域に存在する社会資源が有効に活用され、福祉サービスが効果的に実施されるように、公私の社会福祉・医療・保健機関や施設、あるいはボランティア団体等の間の連絡や調整を行うという機能である。

(2) 地域福祉への住民参加を促進する機能

地域が抱える福祉問題、あるいは、福祉関係の制度や技術などの学習の機会を、住民に提供するという機能である。具体的には次のような活動が含まれる。(1)地域の環境問題、保健衛生の問題、高齢者介護の問題などのさまざまな問題の解決に向けて、福祉サービスを利用する当事者である住民の組織化を働きかけるとともに、これらの活動を側面的に支援する。(2)「社協だより」のような地域福祉のための広報誌や出版物などを用い、福祉関係者や住民に地域の福祉問題や福祉の動向を知らせる。(3)こうした普及活動によって、地域住民の福祉に対する意識がさらに強化され、地域福祉への住民参加が促進されるように働きかける。

(3) 地域の調査・診断の機能

地域の福祉問題や社会資源について調査や診断をし、地域の抱えている福祉問題や、地域にどのような福祉ニーズが存在するかを明らかにする。

(4) 地域の福祉計画を企画立案・運営する機能

地域全体を視野に入れて、中・長期の地域福祉の推進を図ること。

例えば、在宅福祉サービスのためにボランティアグループを新しく結成する、新たにボランティア活動を企画する等の活動によって、地域の社会資源を開発する。また、新しい福祉関連条例の制定や新施設の設置等について、行政に働きかける。

2 地域福祉活動における福祉サービスの組織化と地域の組織化について

地域援助技術は、地域福祉活動とその組織化が深く結びついたものである。この地域組織化活動の2つの大きな流れ（考え方）が、「福祉サービスの組織化」と「地域の組織化」の流れである。

現代の社会福祉は、老人ホームや児童福祉施設等の施設中心の考え方から、在宅福祉、地域福祉を重視する方向に変わってきている。地域に暮らす、福

祉サービスを必要とする人々が，安心して自立した生活ができるよう，地域に存在する福祉サービス機能を組織化し，また，そこに住む地域住民が福祉に関心と理解をもって，福祉増進のための活動に積極的に参加するような地域づくりを目指さねばならない（ノーマライゼーションの思想が生きている地域社会）。

「福祉サービスの組織化」と「地域の組織化」を推進し，ノーマライゼーションの思想に基づく，新たな福祉社会を創造しようとする活動が，地域福祉活動だということができる。

(1) 福祉サービスの組織化

現代社会の急激な変化と，それに伴う福祉ニーズの高度化・多様化・複雑化によって，地域にある社会福祉施設，社会福祉関係機関・団体などの活動内容もさらに高度化・多様化・複雑化している。そこで，これらの制度的なサービス（民間組織やボランティアによるものも含む）の組織化を図り，より質の高い福祉サービスが安定的に供給できる体制を作る必要性が生まれてきている。

① 施設・機関における福祉サービスの総合調整

地域において福祉サービスを効果的に，また効率よく提供するためには，各種福祉サービスを計画的・総合的に調整する機能がますます重要になってくる。さらに，地域社会で今後新たに生ずるであろう福祉ニーズに対応して，施策や目標を設定し，多様な福祉サービスを有機的に統合したり，創設したり，計画化したりする機能が地域福祉活動には求められている。

② 福祉サービスの専門性の強化

社会福祉施設，社会福祉関連機関や団体の専門的機能を充実し，実務研修や訓練の実施などによって福祉サービスの水準を維持し，さらにその安定的供給を保障するための専門職員などのマンパワーの整備，ハード面での改善などの専門性の強化が求められる。

③ 福祉財政の確立

社会福祉サービス実施のための資金は，公費（税金），介護保険の保険料，赤い羽根共同募金，年末助け合い等の募金や一般住民からの寄付などによっている。募金や寄付金の金額の多い少ないは，地域住民による地域福祉サービス評価の結果であり，福祉への関心の高さを計る指標でもある。量・質ともに充実した福祉サービスを実施していく上で，福祉財政の確立とその効果的な運用は欠かせない。

(2) 地域の組織化

福祉サービスの組織化とともに，福祉サービスの受益者である地域住民を組織化し，その地域が抱えている福祉問題を解決することが求められる。

地域の組織化の具体的内容として，第一に組織的な活動を通して，地域住民の連帯を強化し，地域の福祉問題やニーズを知り，地域住民自身の手によって，自らの地域の福祉の問題を解決

していくということがある。また，福祉サービスを必要としている当事者や，その家族の組織化（障害者団体，認知症高齢者を介護する家族の会，難病患者の会など）やボランティア活動の組織化など，さまざまな活動がある。第二は予防的な役割で，地域住民が抱える福祉問題，福祉ニーズを早期に発見し，問題が大きくならないうちに迅速に対応することが求められる。第三はソーシャルアクション（行政への働きかけ）である。地域住民はボランティア活動などを通して，地域の福祉問題を地域住民自身だけで解決するのでなく，在宅福祉サービスの充実要求など，施策や設備の充実へ向けての行政への提言，働きかけを積極的に行い，施策に迅速に反映させることが求められる。

「福祉サービスの組織化」に比べ，「地域の組織化」には困難が伴う。なぜならば，地域社会に住民同士が相互に支え合おうとする連帯，相互扶助といった「共生社会」の思想が十分になければ，地域の組織化は掛け声倒れに終わってしまうからである。上からの強制という形でなく，地域住民の側に地域の福祉の問題を解決していこうという主体性や連帯意識を十分定着させることが先決であり，そこに難しさが存在する。

●社会福祉援助技術各論試験問題学習参考例●

9-10 地域援助技術の基本的性格について

　① 地域援助の基本的性格は，それぞれの地域社会を個々にとらえ，独自性をもつ地域として理解することである。これを地域の個別化というが，具体的にいえば，人口やその地域の環境，あるいは歴史的にも文化的・社会的にもふたつとない存在として地域社会を理解することである。

　② 地域を援助するにあたって，地域の福祉問題を総合的・関係的にとらえること。これは，対象を「全体として（as a whole）」理解しようとする社会福祉援助技術（ソーシャルワーク）の視点でもある。例えば，認知症高齢者を抱えた家族の問題一つを取り上げても，家族内の問題として地域福祉援助からそれを切り離さず，近隣関係やボランティアなど，地域社会との関係や，保健・医療，福祉制度，あるいは福祉施設などの地域資源との「関係」の中でとらえ援助することを意味する。

　③ 地域の福祉問題の解決に，住民自身が主体的に取り組むことができるように側面から援助していく点にある。地域福祉あるいは社会福祉が高いレベルのものになるか，低いままかは，住民の主体性，住民の自治力や福祉への参加力に左右されるからである。コミュニティワーカーが，地域の福祉問題を一方的に解決するようなことはあってはならない。したがって，さまざまな状況を考え，住民の問題解決能力などその主体性を強めるために，コミュニティワーカーとしての専門的知識・方法・技術などを提供するのである。

　④ 地域援助技術は，地域の福祉問題の解決に向けて，人材，施設，資金，制度，アイディア等，フォーマル，インフォーマルな社会資源を調整したり，結びつけたりしながら再び創造し，計画化していく組織化の機能である。地域援助は，住民がもつ自立，自助，協働の理念に働きかけ，社会適応というよりは，地域にある社会資源そのものの効果的な調整や創設，あるいは開発に力点を置くという性格をもつ。

　⑤ 地域の福祉問題や社会資源の把握から計画をつくり，さらに実施・評価へと移していく。このプロセスの重視は，始めはそうではなくても，住民が地域活動に参加するその過程の中で，住民の自立する力，協働していく力，問題を解決する力などの主体性を強めて組織化を図っていくことである。

地域の組織化と福祉の組織化について

1 地域の組織化

　地域の組織化の目的は，地域住民が地域福祉を自分たち自身の問題としてとらえ，地域での情報交換や学習活動を行い，地域の福祉問題を地域住民自身が主体となって参加し，解決していく福祉の実現にある。

　地域の組織化の拠点として，代表的なものに全国，都道府県，市町村ごとに設置されている社会福祉協議会がある。社会福祉協議会は，公私の社会福祉関係機関，施設，団体，そして住民の組織化の拠点であり，それらの連絡・調整や学習，あるいは情報発信のセンターである。また，ボランティア活動など住民参加の拠点でもある。このような社会福祉協議会を拠点にした「組織化」のほかに，福祉ニーズをかかえる本人や家族等の当事者の団体である「手をつなぐ親の会」や「〇〇病患者の会」などの組織化も行われている。こうした社会におけるさまざまな活動を通じて，地域住民の主体性と自治力を強めることが重要である。福祉ニーズをかかえる当事者である地域住民自身が活動することによって，より具体的な地域福祉施策への提言ができ，早い時期に行政による対応や住民による参加が可能になるのである。

2 福祉の組織化

　地域の組織化が，地域住民を主体とした組織化であるのに対して，「福祉の組織化」は，地域にある福祉施設，専門機関・団体などの制度的な福祉サービスの組織化をいう。

(1) 社会福祉関係施設・機関におけるサービスの総合調整

　多様化・高度化する地域の福祉ニーズにこたえるためには，地域に存在するさまざまな異なった種類の社会福祉施設・機関が互いに連携し，各種福祉サービス間の連絡調整が行われて，より高度で実効性のある社会福祉援助が行われることが必要である。

(2) 福祉の社会化

　社会福祉施設や機関をその地域に開放し，地域住民の参加を受け入れていく方向と，福祉ニーズに対応して社会福祉施設等がもつ専門的な機能を，社会に提供していく方向がある。

　地域福祉は，市町村などの地方自治体と，地域の住民とが共に主体となって行われるべきものであり，地域の組織化と福祉の組織化のいずれも不可欠のものである。

9-12 ●社会福祉援助技術各論レポート学習参考例●
地域福祉計画の必要性と実践方法について

　世界の歴史上に例をみない超高齢・少子化が進行しているわが国において，今後ますます増大し，高度化，複雑化，多様化する福祉ニーズに対応するため，政府では「ゴールドプラン」（高齢者保健福祉推進10か年戦略）や，その後に発表された「新ゴールドプラン」「ゴールドプラン21」をはじめとして，さまざまな社会福祉計画を立ててきた。これらの計画においては，全国レベルでの高齢者福祉施設の増設，福祉を担う人材の増員等について数値目標を示している。こうした政府レベルの社会福祉計画とともに，市区町村等の各地域や地方においては，その地域の財政規模などの独自の事情に応じて，それぞれの地域や地方独自の地域福祉計画を立てていく必要がある。

　「地域福祉計画」とは，社会福祉法第107条に基づく市町村地域福祉計画と第108条に基づく都道府県地域福祉支援計画があるが，地域住民と行政とが主体となって，①地域住民のかかえる福祉ニーズや生活の実態を社会福祉の視点から調査し，解決すべき問題を発見すること，②それらの問題を合理的，効果的に解決するための，社会福祉施設の整備や，福祉人材の確保等の具体的な計画を立てること，③計画の実施状況と効果について，評価することなどの取り組みを指している。

　地域の高齢者や障害者が要介護状態になっても，住み慣れた地域で自立して生活できるためのデイサービス（通所介護），ショートステイ（短期入所），ホームヘルプ（訪問介護）等の福祉サービス供給体制の整備，地域福祉の拠点としての在宅介護支援センターの整備，ボランティアを含めた福祉人材の育成といったさまざまな事業が，それぞれの地域の特性や財政規模等に応じ，地域に存在する現実のさまざまな問題を解決できるように計画されることが重要である。

　平成2年には，福祉関係八法の改正があり，市区町村による高齢者福祉計画及び高齢者保健計画の策定が平成5年度以降義務づけられている。つまり，政府は地域住民の福祉ニーズに即した，実効性のある高齢者保健福祉計画の策定を各地方自治体（市区町村）に義務づけたのである。

　次に，「地域福祉計画」の実践方法について，①調査，②計画策定，③実施，④評価の4段階に分けて考えてみる。

（1）地域福祉計画のための調査
① 地域の福祉ニーズに関する情報の

収集

　福祉ニーズに関する情報の収集は，アンケート調査等による場合と，利用者への面接などによって直接収集する場合とがある。

　アンケートや面接調査等に基づく，最新のデータの収集はもちろん重要であるが，それとともに既存の資料の収集も重要である。その地域の人口動態（年齢別や職業別人口，1世帯あたりの人数等の移り変わりを示す統計）を含む人口統計，地域の福祉関連団体・機関の活動状況や相互の連携の状態，法律に基づく全国一律の福祉サービスや，自治体単独実施の福祉サービスの現況，福祉に関連する施策や計画など，公私による既存資料の収集も不可欠である。

　地域福祉では，面接や懇談による意見の聞き取りも大切な作業になる。地域福祉の実践には地域住民の参加が不可欠であり，こうした面接や懇談が住民参加のひとつのきっかけとなることもある。また行政と地域住民との会議によって，さまざまな人の異なった意見やアイデアを引き出すことも重要である。

② 情報の整理・分析

　以上のようにして収集した情報を整理・分析することによって，地域の福祉ニーズや地域住民のかかえる問題点を明らかにし，問題解決のために考えられた複数の候補案を比較検討したりして，具体的な地域福祉サービスの計画を立てていく。こうした比較検討を経て立てられた計画を，どのように実施に移すかという手続きもあらかじめ明確にしておく必要がある。地域福祉の実施計画を，いつ，誰が，どこで，何を，どのような方法で進めるか，ということをはっきりさせるだけでも，計画はかなり具体的になる。

(2) 地域福祉計画の策定

① 構想計画

　構想計画とは，地域福祉計画全体の構想と方向づけが示される段階である。今までに収集した地域の福祉ニーズに関する情報をもとに，どのような福祉ニーズや問題点を，どういう方針で解決していくのかという，地域福祉計画の目標や方向性，基本的な考え方を明確にする。

② 課題計画

　構想計画の段階で明らかにした，地域福祉計画の目標を達成するための具体的な計画をつくる段階である。地域の福祉ニーズの明確化によって，それらのニーズを解決あるいは充足するための，いくつかの候補案が考えられる。そして計画の目標に照らして，候補案の優先順位が定められる。そして具体的な問題解決方法を示す。計画期間の設定や計画実施に必要な社会資源の開発，地域住民の参加なども課題となる。

(3) 地域福祉計画の実施

　候補案の中から，市町村が予算，人材等の条件を考え合わせて，実現可能なものを最終案として選択し，地域福

祉計画を実行に移す段階である。また，都道府県地域福祉支援計画においては，市町村地域福祉計画を支援するための方策を示すものである。

(4) 地域福祉計画の評価

評価とは，地域福祉計画の策定過程や実施過程を評価したり検討することである。計画実施のために用いられた社会資源のもたらした効果，投入した予算に対する目標達成の度合い等が，客観的に測定されることが大切である。客観的な評価は，新たな地域福祉計画策定の参考になる。また，計画の責任の所在をあいまいにしないためでもある。

以上の(1)～(4)の手順は，必ずこの順序で進めるというものではなく，常に計画の進行状況を見ながら，時には前の段階に戻ってみるような柔軟性が求められる。

9-13 ●社会福祉援助技術各論試験問題学習参考例●
地域福祉計画の策定過程について

　「地域福祉計画」は，社会福祉法第107条及び第108条の規定に基づく，市町村地域福祉計画と都道府県地域福祉支援計画とがある。いずれもそれぞれの地域がかかえる福祉ニーズについての調査に基づき，その地域の実状に合わせて，合理的に策定されねばならない。策定の過程については，構想計画，課題計画，実施計画，評価の4段階に分ける考え方がある。

　「構想計画」の段階では，どのような問題の解決をめざして，どのような方針で地域福祉計画を実施していくかという，基本的な考え方を明らかにする。この際，福祉の専門化や行政の担当者だけでなく，いろいろな人々からの異なった意見を求め，異なった社会的背景をもつ人同士が話し合いをもち，意見やアイデアを交換することが大事である。また，地域の福祉ニーズについての情報の収集も大切である。アンケート調査や面接に基づく最新情報の収集は，もちろん重要であるが，参考となる過去の資料の収集も重要である。その地域の人口などの基礎データ，地域の福祉関係団体・機関の活動状況や連携の状況，過去に実施された福祉施策や計画などの資料の収集と分析が不可欠である。

　「課題計画」の段階では，その地域のニーズをひとつずつ明らかにすることによって，それを解決あるいは充足するためのいくつかの候補案が考えられ，計画の目標が達成できるように，それぞれの候補案が検討される。そして最終的に具体的な計画案が示され，決定される。

　「実施計画」の段階では，まず計画の実施期間を設定する。次に計画実施のための予算をたてる。そして計画を実施するために必要な施設，人材等の社会資源を確保した上で，計画全体の実施手順を明らかにしていく過程である。地域福祉計画の策定過程の最後は，「評価」である。計画の策定過程，また実施過程が評価，検討され，用いた社会資源の効果や目標達成の度合いが測られる。客観的な評価は新たな計画づくりの参考になるであろうし，また計画の責任をあいまいにしないためでもある。

　以上の地域福祉計画の策定過程は，構想計画から評価へと単純に一方向へ進められて終了するのではなく，常に計画の進行状況を見ながら，必要であれば前の段階に一歩戻ってから進めるといった柔軟性が求められる。

9-14 ●社会福祉援助技術各論レポート学習参考例●

統計調査と事例調査の相違について

　統計調査は，社会のさまざまな問題やその広がりあるいは動向を数量的に明らかにするための調査である。この調査によって，世論の動向やその要求内容・水準を把握して社会福祉サービスの種類や給付水準を策定したり，社会福祉サービスの対象の範囲を確定するための基礎となるという大きな役割を果たすことになる。

　統計調査の主なものには，全数調査と標本調査がある。全数調査とは，対象に決められた調査単位すべてをとって調べる。そのため，調査がもれなく行われ，正確な資料が得られた場合，最も信用性の高いものであるとされている。しかし，対象範囲が狭いときはよいが，それを全国規模で行おうとすれば，要する人員，経費，時間が莫大にかかりすぎ，個人や私的団体などでは実行不可能であり，公的機関の下でしか実施できない場合がある。また調査結果をまとめるのにも数が多すぎて時間がかかり，意識や世論のように変化が激しいものをとらえすばやく結果を発表しなければならない調査には不向きである。そこで，この場合には調査単位を一部に限定し，その調査結果から全体を推定する標本（一部）調査が行われる。

　標本調査では，選ばれた調査単位がその対象全体をいかによく代表するかどうかが大切になる。標本調査は対象の全範囲に，つまり母集団から一定の部分（標本）を取り出して調べ，その結果から対象（母集団）の特性を推定しようとするものである。この方法は全数調査の難点をカバーし，現実の制約条件（人・金・時間）に合わせて，できるだけ少ない費用で効率を上げるのが目的である。全数調査にくらべその標本ひとつについての費用を多く使えるので，調査項目を増やしたり，調査する人をよく訓練して資料の収集に力を入れることが可能になる。また，整理・集計も十分でき，より正確な調査結果をまとめ上げることができる。ただし，標本抽出には高度の専門知識と技術を要する。あらかじめ誤差は管理できるが，全数調査にくらべると誤差は大きくなるという欠点がある。しかし，統計学や確率理論の発達によって十分実用に耐えるものになっている。

　統計調査の内容は，①調査目的の検討，②調査の企画と準備，③現地調査（field work）の実施，④調査結果の整理・集計・分析と報告書作成という4つの段階から成り立っている。

　第1段階では，調査目的を明確にし，

取り組むテーマに関する問題意識を掘り下げて作業の仮説を設定する。

第2段階では，調査の全般的な企画を立案し，次の段階の現地調査を確実かつ能率的に進めるための準備を整える。具体的には調査項目の選定，質問（調査票）の作成，対象（集団）の選定，標本の抽出，現地での調査法の選定，調査班の編成と訓練，予算の編成，日程表の作成，準備調査の実施，対象（集団）との緊密な関係の設定などを行う。

第3段階では，定められた方法に従い現場で具体的な情報・資料の収集にあたる。

第4段階では，得られた資料を誤りなく点検・整理・集計し，分析と考察を加えて調査報告書としてまとめ上げる。

一方，事例調査は，個別の対象を科学的にとらえ，社会福祉の実践援助活動に必要な知識と資料を提供するという目的をもつ。もともと個々の社会現象には，特殊性と一般性が同時に含まれるものである。事例調査では対象の個別性，つまり一定の条件の下における対象の特殊性や具体的な現れ方の相異をとらえることにまず主眼が置かれる。そういう意味では，援助者がとる基本的な姿勢ともいえる F.P. バイステックの7つの原則のうちのひとつの原理である一人ひとりを別々のものとして処遇することが個別化の原則によく適合する。

したがって事例調査は，社会事象の歴史的背景や文化的発展の要素や過程を明らかにしたり，個人の精神生活や欲求・関心・動機など社会的な行動に意味づけを行いとらえようとするとききわめて有効な調査方法となる。それによって得られるデータは，調査の対象の生き生きとした質的に高い調査結果を与えてくれるからである。そこに，統計調査にはみられない事例調査特有の重要な意味と性格がある。

統計調査と事例調査の相違については，

① 統計調査は大量の対象を量的に，また調査の全範囲において取り扱うのに対し，事例調査は少数の特定の対象をくわしく質的に高く集約的に取り扱う。

事例調査では，意味ある結果を得るために，調査目的にあった最もふさわしい対象が慎重に選び出されねばならない。

② 統計調査は標準化された手法で測定できる資料を収集し，その整理・分析を行うのに対し，事例調査はいろいろな手法でどこからでも資料を収集し，その結果を整理し分析する。

事例調査では観察法・自由に面接する方法が主な資料収集の方法となる。これらの方法は統計調査とは違い，観察も面接も型にはまらない手法で行われる。したがって得られる資料は，その質も量もそのときの調査者の技量に大きく左右される。

③ 統計調査は対象を静態的・横断的に把握するのに対し，事例調査は対象を動態的・縦断的に把握しようとする。

④ 統計調査は客観的計量化と分析を通じて普遍的認識をめざすのに対し，事例調査は主観的・洞察的に対象者の個別的な認識をめざし，あるいは個別に記述を行う。

しかし，事例調査における対象を認識する過程も，それが科学的であることをめざす限り，複雑な要因やそれらの関連の中に，一般的な傾向や法則性を見出すことも可能である。ただ，特殊な条件の規制を強く受ける事例調査では，それがきわめて困難である。そこで事例調査では地道に調査を積み重ねながら，やがて，それらをあわせて一般性・法則性に到達する。その際の法則性の把握は，同種のものの研究の豊富な蓄積と何らかの共通の基準による比較によってのみ可能となる。

また，事例調査も統計調査と同じように，4つの段階を踏んで手順よく行われねばならない。しかし，各段階での調査内容はかなり統計調査と異なるものがある。

第1段階の調査目的の明確化は，事例調査では対象が限られているので実施しやすいようである。しかし，全体の関連的な把握をめざしているので，それだけ問題意識や作業するための仮説は，より深く掘り下げて明確にしておくことが重要である。

第2段階では，対象・方法・調査項目の選定が統計調査のように面倒ではない，という違いがある。標本抽出や調査票作成の企画や作業も要しない。しかし，観察法や自由に面接する方法には主観が入り込む余地が多い。それらをできるだけ除くため，最低調査すべき項目と要領を示した観察記録票や質問の手引きなどを用意しておくべきである。準備作業で特に重要なのは，現地との親密な信頼関係（ラポール）の設定である。事例調査は深く立ち入って情報・資料を求めることが多いので，抵抗なく現地に受け入れられる雰囲気作りが大切である。必要によっては，聞き取りに応じてもらえる対象の代表に事前に接し，その応諾を受けておくとよい。

第3段階の現地の資料収集では，柔軟かつ多様な手法を用いる。そのため資料の質や量が調査員の個性や技量に大きく左右されるので，絶えず緊密に相互の情報交換や討議を行い，補充調査も重ねねばならない。

第4段階の整理・分析の作業では，統計調査とはおよそその性格を異にする。事例調査の場合，全体的関連の中から資料を分析・解釈して，対象の全体像を明らかにするという困難な知的作業を伴う。

9-15 ●社会福祉援助技術各論試験問題学習参考例●
標本調査の種類と方法について

標本調査で，一般に用いられる抽出法は以下の通りである。

(1) 単純無作為抽出法

単純無作為抽出法とは，母集団の完全な名簿の中から，無作為にくじ引きや乱数表などで標本を抽出するやり方である。客観的な調査が可能となる。

(2) 系統無作為抽出法

系統無作為抽出法とは，母集団の数が膨大である場合，上記の単純無作為抽出を行う労力を軽減するために母集団に対する標本の縮小の比率に従って等間隔に名簿から対象者を選んでいく。

(3) 多段階無作為抽出法

多段階無作為抽出法とは，段階に分けて無作為に標本の範囲を限定し，抽出していく方法である。

(4) 層化無作為抽出法

層化無作為抽出法とは，母集団の属性の中で構成比があらかじめ分かっている集団を用いて，その構成比が母集団と標本が同じように抽出するやり方である。

(5) 割当無作為抽出法

割当無作為抽出法とは，特定の集団についての比較調査を実施する場合に，調査対象である集団に対して，分析の精度を保つために必要な標本数を割り当てる方法である。

(6) エリア抽出法

エリア抽出法とは，名簿の入手が不可能な場合（個人のプライバシーを守る等の理由），それがなくとも無作為抽出法と同じ効果を確保できるように開発された抽出法である。エリア抽出法では，まず，調査地点を無作為抽出法により抽出し，住宅地図などを使い世帯を単位とする名簿を作成する。その名簿をもとに無作為抽出を行う。個人を調査対象とする場合であれば，割当抽出法の原理のもとに性別や年齢などの割当に従って，世帯の中で対象となる個人を選定する。

(7) スノーボール抽出法

スノーボール抽出法とは，調査を実施する度に，雪だるま方式に標本が増えていく抽出法のことである。ある特定の社会・階級・集団などにおける友人関係などの人間関係のネットワーク構造などを調査する場合に効果がある。まず，「はじめの調査対象」を無作為により抽出し，次回の調査からは，「はじめの調査対象」が指名した者を標本として調査を実施する。そして，新しく標本となった者が，次の標本を指名する。この一連の作業を繰り返し，標本を抽出していく。

●社会福祉援助技術各論試験問題学習参考例●

社会調査法について

　社会調査法とは，何らかの問題意識によって実際にデータを集め，その整理・分析を行う方法である。研究対象は，個人，家族，企業，学校，市民団体，都市，農村，国など多様である。社会調査法は，大きく分けて統計的方法と事例研究法の2つがある。

　統計的方法は，多数の調査対象のある特徴を数量化し，平均・分布・比率などの数理統計学を用いて研究する量的な研究方法である。例えば，都市には人口，企業の数，面積などのさまざまな面があるが，そのうち，多数の都市の人口という特徴を調べ，詳しく比較することがこれにあたる。数量化することで社会の様子がはっきりと分かるので，統計的調査は多数行われている。また，そうした事実の観察としてだけでなく，人々の考え方や意識も，統計的調査法が利用されるようになってきた。世論調査などがこれにあたる。統計的方法では，一般化を重視する，広く浅く研究する方法である。

　一方，事例研究法は，少数の事例を対象に，全体的にいろいろな側面について観察・資料集めなどを行い，記述を中心として研究する質的な研究方法である。事例研究法では，多種多様なデータを集めることが必要である。このとき統計的方法では，先に述べたように，例えば都市を研究するときに人口なら人口という面を，他の数多くの都市と比較しつつ論じる。しかし，事例的方法では，人口，面積，企業の数，地形，気候，産物，人々の生活や文化など，幅広くさまざまな面からその都市のことだけを研究する。また，特定の人々の生活やものの考え方を調べる場合は，最初から特定の職業，地域，年齢層，性別などの人々を何人か選び出して，詳しく聞き取りなどを行う。すなわち，事例研究法は，狭く深くその特色を研究する方法だといえる。そのため，研究結果は，他の都市や人物や集団にも，同じことがいえるとは限らない。その他の事例との比較や検証は難しく，すぐにその調整結果が普遍的なものだとすることはできない。

　実際の研究においては，2つの方法は補い合うように利用することが望ましい。例えば，多数の都市を事例として，人口や産業などの要因に限って統計的方法で調査し，それに基づいてひとつの平均的な都市を選び出す。次に，その都市だけを事例として，事例研究法によって深く調査研究することもできる。

第10章
医学一般

医学一般

　超高齢社会を迎え，これからは，いかに長く生きのびるかの時代ではなく，いかに健康で，人間らしく長寿を全うすることができるかが重要な課題となっている。今後，保健・医療と福祉の連携はますます重要となってくる。
　現代の医学は，日進月歩といわれるようにめざましく発展しその知識と技術は膨大なものになっているが，基本的には次の4つにまとめることができる。
(1) 人体の基本的構造と機能
　病気を学ぶときに，まず正常な人体の仕組みや働きを知る必要がある。人間の体は，ひとつの系統ごとに類似の仕組みがあり，一定の働きをしている。そのため，臓器系統別にまとめられる。人体の構造や機能，疾病や障害についての知識を学ぶにあたっては，人の成長・発達や日常生活との関係を踏まえて理解することが重要である。また，国際生活機能分類（ICF）の基本的考え方や概要についても理解しておく必要がある。
(2) 代表的疾患の知識
　高齢化が進む今日，特に必要なのは生活習慣病や慢性疾患といわれるものである。さらにリハビリテーションの概要について知っておかなければならない。
(3) 保健・医療対策
　超高齢社会で長生きできても，充実した人生でなければその意味は薄れる。そのためには健康であることが肝心である。保健医療はそのための学問である。現在，厚生労働省が進めている保健対策には，健康づくり対策，生活習慣病対策，老人保健対策，精神保健対策，感染症対策などがある。
　医療対策としては，2006（平成18）年の医療法改正（第5次）によって，地域において切れ目のない医療の提供を実現する観点から医療計画制度の見直しが行われ，医療機関の機能の分化・連携が推進されることになった。これに基づき，脳卒中，がん，急性心筋梗塞，糖尿病の4疾病の治療・予防と，救急医療，災害時における医療，へき地や離島の医療，周産期医療，小児医療の5事業が医療計画の中に位置づけられることになった。
(4) 医事法制
　医事に携わる者には，それぞれ自分の守備範囲がある。患者には医療を受ける権利がある。また医療施設にもいろいろな制約がある。こうしたさまざまな「法的な決まり」を設けて，医療を一定水準に保ち，患者との医療関係をよりよいものにしようというのが医事法制である。

10-1 生活習慣病について

●医学一般レポート学習参考例●

1 生活習慣病の概念

高齢になってかかる多くの疾病の中で，高血圧，脳卒中，心臓病，がんは，若い頃からの食習慣，運動不足などの生活スタイルが積み重ねられて発病することが明らかとなり，健康的な日常生活を心掛ければ，こうした慢性の成人の病気は防ぐことができるという見解が一般化した。

そこで，がん，虚血性心臓病，脳血管疾患，高血圧，糖尿，動脈硬化性疾患，アルコールによる肝障害，肥満，高脂血症，高尿酸血症（痛風）など生活習慣の改善が一次予防の重要な要素となる病気を生活習慣病と呼ぶようになった。生活習慣病の中でもがん，心臓病，脳血管疾患は現在の日本人の死因の上位を占める。

生活習慣病増加の要因としては，喫煙，不適切な食生活（高食塩，高脂肪，カロリーの取り過ぎ），運動不足，睡眠不足，ストレス過剰，その他の不健康な生活習慣などが指摘されている。

2 主な生活習慣病

(1) がん

がん（悪性新生物または悪性腫瘍）は，がん細胞が異常に数を増し，臓器を占拠破壊しながら，腫瘍として増殖を続けたものである。がん細胞は，増殖する過程で直接，周囲の組織を破壊・浸潤したり，血液やリンパ液の流れを介して身体の各所に転移し，人はついには死に至ることになる。しかし，最近は，医学の進歩で生存率も高まっている。

がん（悪性新生物または悪性腫瘍）の多くは，上皮性組織から生じる（これを癌腫あるいは狭義のがんと呼ぶ）。その他頻度は少ないが，上皮以外の組織，すなわち筋肉，骨，結合性組織などより生じるものや，血液系の悪性腫瘍である白血病，悪性リンパ腫，多発性骨髄腫等もある。わが国では，胃がんや肺がんが上位を占めている。

悪性腫瘍の治療の原則は，早期発見と早期治療につきる。発病頻度の高いがん（胃，直腸・結腸，子宮，乳房，肺，肝臓など）の早期発見のためには，定期がん検診の一層の充実普及が望まれるところである。しかし，最も大切なのは，一次予防すなわちがん発生の原因を日常の生活習慣の中からとり除くことである。現在，発がん原因の3分の1は食生活，3分の1は紙巻きタバコ喫煙に関係があると考えられている。

以下に国立がんセンターが提唱しているがん予防のための12か条を示す。

① バランスのとれた栄養をとる。

② 毎日変化のある多くの種類の食品をとり，食品中の発がん物質の作用を相殺（そうさい）する。
③ 食べ過ぎず，脂肪はひかえめにする。
④ 深酒をしない。
⑤ タバコをやめる。
⑥ 適量のビタミンと食物繊維を多くとる。食物繊維は便量を増し，腸内に発生する発がん物質を外に出してしまう効果がある。
⑦ 塩分過多や熱いものは避ける。
⑧ 焦げた，発がん物質が含まれる部分は避ける。
⑨ ピーナッツなどのナッツ類やとうもろこしにつくカビの毒素には強い発がん性がある。
⑩ 日光に当たりすぎない。
⑪ 過労を避け，適度にスポーツする。過労やストレスは免疫力を低下させる。
⑫ 体を清潔に保ち，衛生的な生活をする。

(2) 循環器疾患

① 虚血性心疾患：虚血性心疾患には狭心症と心筋梗塞（こうそく）があり，いずれも，心筋表面を走る冠状動脈の動脈硬化が原因である。動脈硬化をひきおこす危険因子としては，喫煙，高血圧，高コレステロール血症，糖尿病，肥満，運動不足などがある。

狭心症：心筋が一過性に虚血つまり酸素欠乏に陥るために生じる胸痛（狭心痛），胸部圧迫感ないし胸苦しさの発作を主要な症状とする。発作の持続時間は1～5分，長くても10分以内であり，それ以上痛みが続くときは心筋梗塞を考えねばならない。この病気は，特有の自覚症状と発作時の心電図異常を確認することで診断される。狭心症の発作時はニトログリセリンの舌下投与（ちょっか）が著効を示す。

心筋梗塞：冠状動脈の血流がとだえ心筋に壊死（えし）を生じた病態をいう。通常，激しい胸痛で発症する。胸痛ないし強い絞扼（こうやく）感は30分以上持続し，ニトログリセリンは効果がなく，モルヒネを用いないと痛みがとれない場合が多い。ただし，高齢者では非定型的な症状を示すことも珍しくなく，痛みを伴わない無痛性心筋梗塞もある。死亡率がきわめて高い。

② 高血圧症：心臓から送り出された血液が動脈壁を押し広げる圧力（動脈圧）を血圧といい，各臓器の血液循環を維持するため，生体は神経性又は体液性の巧妙な血圧調整機構をもっている。

高血圧症の初期は一般に無症状であるが，高血圧状態が長年にわたって持続すると，重要な臓器の障害が現れるようになり，脳合併症（脳血管障害），心臓合併症（左心室肥大や心不全），腎臓の変化（腎硬化症や腎不全），眼底の異常（眼底出血や乳頭浮腫（にゅうとうふしゅ））などの合併症が出現してくる。

食塩摂取の制限，肥満者の減量，アルコール摂取制限，適度な運動などの一般療法を行う。こうした非薬物療法で適正な降圧が得られない場合，薬物

療法を行う。

(3) 脳血管疾患

脳血管疾患とは，脳血管の破れや閉塞による神経脱落症状としての運動麻痺，感覚障害，言語障害や意識障害を主症状とする症候群である。高齢者の脳血管障害は死亡率も高く（65歳以上の高齢者の死因別死亡率の第3位），寝たきり高齢者の大半は脳血管疾患後遺症によるものである。

(4) 糖尿病

インスリン作用が不足した状態でみられる慢性の高血糖状態を糖尿病という。膵臓からのインスリン分泌がほとんどないインスリン依存型糖尿病と，インスリン分泌は保たれているインスリン非依存型糖尿病とに分かれる。

糖尿病に特有の症状としては，口渇，多飲，多尿，倦怠感，体重減少などがあるが，高齢者ではこれらの症状に乏しく，むしろ，糖尿病性の網膜症，腎症，神経障害などの糖尿病の合併症状が自覚症状の中心となることが多い。

糖尿病の大部分を占めるインスリン非依存型糖尿病に対しては，糖尿病治療の原則にしたがい，十分な食事療法と可能な範囲での運動療法を行う。これらで良好な血糖のコントロールが得られない場合にのみ，経口血糖降下薬やインスリン注射が用いられるが，ともに低血糖の副作用をもつので，高齢者ではコントロールの基準をやや甘くして治療が進められる。

(5) 脂質異常症（高脂血症）

脂質異常症は，血液中のLDLコレステロールや中性脂肪が異常に多い状態，あるいはHDLコレステロールが少ない状態が続く病気である。

脂質異常症は，高血圧，喫煙とともに動脈硬化性疾患の主要な原因であり，心臓及び脳の血管障害発症を予防するためにその治療が必要である。

原因としては，糖尿病，肥満，甲状腺疾患，肝臓・腎臓疾患に起因するものや，アルコール過剰摂取，食事，運動不足など生活習慣に起因するものに大別される。

(6) 痛風（高尿酸血症）

欧米化した食生活（高プリン食）とアルコール摂取過多によって体内の尿酸蓄積があるレベルを越えると，高尿酸血症の状態となり尿酸が結晶化する。これが関節内に沈着すると，痛風発作（激しい痛みを呈する急性関節炎発作で，足の親指に多い）を生じることになる。

高尿酸血症には，一次性高尿酸血症と二次性高尿酸血症があるが，若年者に比べ高齢者では，腎からの尿酸排泄能力低下に基づく腎性高尿酸血症や肥満，糖尿病，悪性腫瘍などに伴う二次性高尿酸血症が少なくない。

高尿酸血症は痛風の原因となるのみならず，腎障害（痛風腎），尿路結石，脳梗塞，心筋梗塞の発症にもつながる。食事療法，薬物療法による適切な治療を継続することが合併症の発症予防に重要である。

難病対策について

1 難病とは

医学の進歩により，かつて「難病」と言われていた病気が，今日では治療方法も確立され，恐ろしい病気ではなくなった，という例も多数ある。したがって，「難病」というのは，ある特定の病気を指す医学用語ではなくなり，医学の進歩とともに何をもって「難病」とするかは，変わっていくものである。

例えば，かつて「らい病」と呼ばれ人権問題にもなっていたハンセン病は，現在では治療可能な病気になっている。しかし，医学の進歩した今日でも，原因不明であったり，治療法が確立されていない難病はまだ数多く存在する。

2 わが国の難病対策

厚生省（当時）は，1972年度の重点施策のひとつとして特定疾患（難病）対策を取り上げ，同省内に特定疾患対策室を設置した。そして1972年10月には，「難病対策要綱」を作成している。同要綱では難病対策として取り上げる疾患の範囲を次の2つの項目に整理している。

① 原因不明，治療法未確立であり，かつ後遺症を残すおそれがある疾病（例：ベーチェット病，重症筋無力症）

② 経過が慢性にわたり，単に経済的な問題のみならず，介護などに著しく人手を要するために家族の負担が重く，精神的にも負担の大きな疾病（例：ネフローゼ，進行性筋ジストロフィー）

また，これらの難病に対する対策は，現在，①調査研究の推進，②医療施設の整備，③医療費の自己負担の軽減，④地域における保健医療福祉の充実・連携，⑤QOLの向上をめざした福祉施策の推進，を五本の柱として施策が進められている。

3 難病の調査研究の推進

今日につながる難病対策のきっかけとなったのがスモンである。

スモンは，脊髄や神経に変化が起こり，初めは両脚のしびれなどの知覚異常が生じ，それが次第に身体の上部へと広がり，症状が進行すると歩行障害や視力障害などを起こす難病である。このスモンに対し，当時の厚生省は，原因不明の病気として1964年度から研究を進めていた。1969年度には，それまでの研究がスモン調査研究協議会として組織され，専門家からなる研究班によるプロジェクト方式で，スモンの調査研究が進められるようになった。このような研究班による調査研究の推

進は，その後他の難病に対する調査研究（難治性疾患克服研究事業）として行われている。なお対象疾患は，2009年4月現在130疾患である。

4　医療施設の整備

難病患者の医療施設の整備については，旧国立病院に治療や研究を進める臨床研究部等が設置され，旧国立療養所を中心に治療施設専門病床の整備を図り，診療にあたっている。特に，精神・神経・筋疾患等については，1986年10月，国立精神・神経センターが設置され，治療，研究等が総合的に実施されている。

5　医療費の自己負担の軽減

この分野の代表的な事業として，「特定疾患治療研究事業」がある。これは，難病として調査研究の対象となっている疾患のうち，①診断技術が一応確立し，②難治度，重症度が高く，③患者数が比較的少ないため，公費負担という方法で受療を促進しないと原因の究明が進まず，治療方法が確立できないおそれのある疾患を対象に，医療費の公費負担を行う事業である。

公費負担の対象となる疾患は，特定疾患対策懇談会の所見を聴き，決定される。1972年度にこの制度が発足した時は，4疾患であったが，2009年10月現在，56疾患となっている。

【特定疾患治療研究事業（公費支給）の対象となっている疾患の一覧】

1　ベーチェット病　2　多発性硬化症　3　重症筋無力症　4　全身性エリテマトーデス　5　スモン　6　再生不良性貧血　7　サルコイドーシス　8　筋萎縮性側索硬化症　9　強皮症，皮膚筋炎及び多発性筋炎　10　特発性血小板減少性紫班病　11　結節性動脈周囲炎　12　潰瘍性大腸炎　13　大動脈炎症候群　14　ビュルガー病　15　天疱瘡　16　脊髄小脳変性症　17　クローン病　18　難治性の肝炎のうち劇症肝炎　19　悪性関節リウマチ　20　パーキンソン病関連疾患　21　アミロイドーシス　22　後縦靭帯骨化症　23　ハンチントン舞踏病　24　ウイリス動脈輪閉塞症　25　ウェゲナー肉芽腫症　26　特発性拡張型（うっ血型）心筋症　27　多系統萎縮症　28　表皮水疱症（接合部型及び栄養障害型）　29　膿疱性乾癬　30　広範脊柱管狭窄症　31　原発性胆汁性肝硬変　32　重症急性膵炎　33　特発性大腿骨頭壊死症　34　混合性結合組織病　35　原発性免疫不全症候群　36　特発性間質性肺炎　37　網膜色素変性症　38　プリオン病　39　原発性肺高血圧症　40　神経線維腫症　41　亜急性硬化性全脳炎　42　バッド・キアリ症候群　43　慢性血栓塞栓性肺高血圧症（肺高血圧症）　44　ライソゾーム病　45　副腎白質ジストロフィー（その他11疾患）

これらの疾患の患者は保健所の窓口に申請して特定疾患医療受給者証の交付を受け，医療機関でこの受給者証を

見せて受診する。患者の医療費の自己負担分については，国と都道府県より補助がなされている。なお，従来はこの自己負担分の全額が公費負担とされていたが，1998年5月から，重症患者以外の患者については，定額による患者の一部負担が導入されている。

また，このほかに小児慢性特定疾患治療研究事業，更生医療，育成医療，重症心身障害児（者）措置，進行性筋萎縮児（者）措置等により医療費の公費負担が行われ，医療費の自己負担が軽減されている。

6 地域における保健医療福祉の充実・連携

長期にわたる入院・闘病生活を強いられている難病患者やその家族の，疾患に対する不安や生活上の悩み等の解消，緩和を図るため，専門の医師，看護婦，ケースワーカー等による総合的・専門的な「難病患者医療相談モデル事業」が1989年度より実施されている。

また，寝たきり等で受療が困難な在宅の難病患者に対しては，患者宅を訪問して病状に応じた診療，看護及び療養上の指導，患者及びその家族に対するリハビリテーション及び介護方法の指導等を行う難病患者訪問診療事業が，1990年度からモデル的に実施されている。これらの2つの事業は1992年より，「難病患者地域保健医療推進事業」として実施されている。

また，1998年には，難病患者の在宅療養を支援し，安定した療養生活の確保と患者の家族を含めた生活の質（QOL）の向上をめざし，難病特別対策推進事業が始められ，加えて2001年には，神経難病患者在宅医療支援事業や難病患者認定適正化事業も開始され，難病対策が強化されている。

さらに2004年より，在宅人工呼吸器使用特定疾患患者訪問看護治療研究事業が行われている。

7 QOLの向上をめざした福祉施策の推進

難病患者やその家族の生活の質（QOL）の維持・向上を図る観点からみると，特定疾患患者についても福祉施策の対象者と同様に，介護等の福祉サービスが必要である。そのため，1997年1月より難病患者等居宅生活支援事業として，難病患者等ホームヘルプサービス事業や難病患者等短期入所事業，及び難病患者等日常生活用具給付事業などが行われている。

10-3 リハビリテーション医療の概念について

●医学一般試験問題学習参考例●

　リハビリテーション医療は，障害の予防や障害によって低下あるいは失われた機能・能力などを評価し治療訓練することによって，障害をもった人ができるだけ早期に自立し社会復帰ができるようにするための医療である。

　従来のリハビリテーションは，急性期治療が一段落してからリハビリテーション医療を行い，治療が完全に終わってから福祉または社会リハビリテーション，職業リハビリテーションへという流れが標準的であった。しかし近年では，医療を受けている間でも可能ならば社会的リハビリテーションや職業訓練などを並行して受け，早期社会復帰をめざすようになった。

　具体的には，リハビリテーション医療は急性期リハビリテーション，回復期リハビリテーション，維持期リハビリテーションという流れで行われる。

　急性期リハビリテーションは，二次的合併症や障害の発生を予防し，早期離床を目的として病院のベッドサイドで行われることが多い。早期社会復帰をめざすためにはこの時期は非常に重要な時期である。

　回復期リハビリテーションは，障害を残した人々に対して機能回復訓練のほか，日常生活動作訓練，家庭復帰へ向けた動機づけなどの訓練も行う。維持期リハビリテーションは，施設や在宅の高齢者等が，現在の心身機能障害の状態を維持し，生活の質（QOL）の低下を防ぎ，社会参加を促進する目的で実施されるものである。

　このようなリハビリテーション医療の中では，医師，看護師，理学療法士，作業療法士，言語聴覚士，義肢装具士，臨床心理士，ソーシャルワーカーなどがチームを組んで治療・訓練にあたることが大切である。

　ＷＨＯ（世界保健機関）は，2001（平成13）年に障害の評価の方法としてICF（国際生活機構分類）を採択した。これは従来のICIDH（国際障害分類）を改定したもので，障害者の権利を尊重する世界的な動向を受けてつくられたものである。ここでいう生活機能とは人が「生きること」の3つのレベル（生命，生活，人生）に対応する「心身機能・身体構造」，「活動」，「参加」のすべてを含むものであり，さらに背景因子として環境因子と個人因子を加えている。これによって人間が「生きること」を総合的にみることができるようになり，この評価をもとにリハビリテーション医療がすすめられるようになってきている。

●医学一般レポート学習参考例●

先天性障害について

1 先天性障害は個人差の一種

「先天」とは「生まれる前に」という意味であり、「先天性障害」とは、「生まれる前に起こった何らかの原因で、障害をもった状態」という意味である。しかし、先天性障害をもつ人の間でも、その障害の程度は重いものから軽いものまでさまざまである。このことは五感、言語能力、知能、身体などすべての障害についていえる。

したがって、先天性障害は生物学的な自然現象のひとつとして誰にでも起こる可能性のある「個人差の一種」であると考えるべきなのである。人間も生物である以上、人間の集団は常に一定の割合の障害者を当然に含むものであることも知っておかねばならない。

2 先天性障害の分類

先天性障害は大きく分けて遺伝障害、胎児障害、周生期障害の3つがある。

遺伝障害には、遺伝子の異常によるもの（遺伝病と呼ぶ）と、染色体の異常によるものとがある。

　(1) 遺伝障害

　① 遺伝病：子どもの遺伝子は、父親と母親から1組ずつもらい、2組でできている。それぞれの遺伝子には、父親からと母親からの2つの遺伝子（これを対立遺伝子という）がある。このような対立遺伝子1組の働きで疾患が現れるものを単一遺伝子病（又は単純な遺伝病、メンデル遺伝病）と呼ぶ。対立遺伝子1組のうち、ひとつの遺伝子の性質だけが現れたものを「優性遺伝病」、2つの遺伝子が揃わなければ現れないものを「劣性遺伝病」と呼ぶ。

ヒトで知られている単一遺伝子病の数は約6600で、その発生頻度は約1％、そのうち優性遺伝病は約4500でその代表的疾患には、軟骨形成不全がある。さらに、劣性遺伝病の数は約1700で、その代表的疾患にはフェニルケトン尿症などの先天代謝異常症の多くが含まれる。また、男性のみに現れる血友病や筋ジストロフィーは、その遺伝子がX染色体に載っており、男性にはX染色体が1本しかないので、この遺伝子があると発病するが、女性ではX染色体を2本もつので発病せず、保因者となる。このような疾患を伴性劣性遺伝病、またはX連鎖遺伝病と呼び、その数は約400が知られている。

その他、複数の遺伝子が関連して起こる「多因子遺伝病」（又は複雑な遺伝病）もある。量的同義遺伝子（ポリジーン）と呼ばれている同じ働きをする遺伝子が、複数でその効果を現すものである。この遺伝子が性質を現すた

めには環境の影響が大きいのが特徴である。疾患としては，気管支喘息や鼻炎のようなアレルギー疾患，糖尿病，高血圧，近視などありふれたものがあり，誰でもこの量的同義遺伝子（ポリジーン）をいくつかもっている。

遺伝病の中には，代々受けつがれてきた遺伝子の異常によるものばかりでなく，親の生殖細胞中の遺伝子の突然変異によって起こるものもある。このような遺伝子の異常（変異遺伝子）を作り出すものを「変異原」または「遺伝毒物」と言い，放射線，化学物質，ウイルスなどがある。

② 染色体異常：染色体異常には染色体の数の異常と構造の異常とがある。

ヒトの細胞の染色体は23組46本である（1番から22番までの，22組44本の染色体と，性染色体と呼ばれる1組2本の染色体。性染色体にはX染色体とY染色体があり，男性はX染色体とY染色体を1本ずつ，女性はX染色体を2本もつ）。染色体の数の異常は，減数分裂（細胞が分裂して精子や卵子ができる際に，細胞の中にある2本ずつ対になった染色体が，1本ずつ精子または卵子に入る）の時に起こる。ヒトの染色体は，父親と母親からそれぞれ23本ずつ（23対の染色体計46本）もらったものである。したがって，減数分裂で配偶子（精子や卵子）ができるときに2本で1対の染色体が1本ずつに分離する。このときに分離に失敗すると，染色体が1本多いものと1本足りないものができる。この異常が大きな染色体で起こると生存できないが，一番小さい染色体やX染色体で起きた場合は生存し，胎児を経て出生する。このような染色体の数の異常による症状の代表例がダウン症候群（21番染色体の過剰）である。また，女性のX染色体の1本が欠けているターナー症候群，男性にX染色体が過剰にあるクラインフェルター症候群がある。

また，染色体の構造異常とは，細胞分裂の時に染色体が細く切れやすい状態となり，切れて他の部分とつながったものである。染色体の構造異常による症状として「猫泣き症候群」等がある。

(2) 胎児障害
① 胎芽病：胎芽期（妊娠3か月までの期間をいい，胎児の外形や各器官が少しずつ整う時期）に起こる胎児障害である。

その例として風疹胎芽病，サリドマイド胎芽病，無脳症，無眼球症，四肢奇形，癒合体双生児，唇裂などがある。

② 胎児病：発育中の胎児に比べて子宮が狭いなどの原因で，胎児の体に異常な力が加わった結果起こるものに「股関節脱臼」「内反足」「小下顎」等がある。

また，いったんできた胎児の手足等体の一部がなんらかの原因で切れて生じる「絞扼輪症候群」「末端低形成症」等がある。

(3) 周生期障害

子どもが生まれる前後を「周生期」又は「周産期」という。この時に脳の酸素欠乏などの結果，脳障害が起こることがある。これを周生期障害と呼ぶ。

認知症について

1 認知症の定義

認知症は、脳の病気によって起こる症状であって、単なる「年をとって物忘れが激しくなった」というのとは異なる。こうした物忘れ等の知能低下は、通常の老化現象であって、脳の病気ではない。これに対して「脳の後天的な障害によって、知能が持続的かつ比較的短期間のうちに低下し、日常生活に支障を来すようになること」を認知症と言っている。その原因としては、脳血管性、アルツハイマー型、及びこれら両者の混合型があり、これら3種で全体の80～90％を占めると考えられている。なお、以前は脳血管性認知症の占める割合が高かったが、最近の調査では、アルツハイマー型の方が脳血管性より多いといわれている。

2 老化現象による「ぼけ」との違い

① 老化現象で忘れっぽくなった高齢者は、さきほどの食事で何を食べたか忘れるが、認知症高齢者はさきほど食事をとったこと自体を忘れてしまう。

② 認知症高齢者は、単なる物忘れにとどまらず、判断力の低下、失見当（場所や時間などがわからなくこと）へと進行する。

③ 認知症高齢者は、日常生活に支障があり、介護を要する。

3 認知症の主な症状

認知症高齢者は主たる症状の記憶障害に加え、次のような症状を示す。

① 徘徊（さまよい歩いて行方不明になる）、弄便（大小便をもてあそぶ）、暴行等の問題行動。

② 妄想（ありもしないことを考える）、幻覚（現実にないものを見聞きする）等の精神症状。

③ 日常生活動作（ADL）の低下（失禁（おもらし）等）。

④ 身体疾患の合併（歩行障害、言語障害等）。

4 認知症高齢者の介護

認知症高齢者には、上記のような精神症状や問題行動が見られることが多く、症状が改善しない場合も多い。これらの症状は、同居する家族にとっては、記憶障害以上に介護上の問題が多いが、人によって症状の現れ方はさまざまで、画一的な介護方法では対処できない。認知症高齢者を家庭で介護するにしても、老人ホーム等の施設で介護するにしても、一人ひとりの症状に応じて、その人に必要な医療や介護を提供していく思考力や問題解決能力が求められるのである。

第11章
介護概論

介護概論

　人間は，一人ひとりさまざまな困難を伴いながらも，よりよい暮らしを求めて生きている。よりよい暮らしを営んでいくためには，心身共に健康であることが望ましいが，人々は常にそのようなより良い状態，環境におかれているわけではない。時に，健康で自立していた生活に何らかの支障が生じる。

　介護福祉の従事者の役割は，そのような困難な状態の人々が人間としてあたりまえの願望を実現できるよう，それらの支障を取り除き，足りない部分を補っていくことにある。

　「介護概論」は，介護福祉の意義や目的を理解するとともに，介護技術や介護過程，関係法律等の知識や技術，さらに，他の福祉専門職種との連携や地域における社会的役割等，広範囲にわたって学ぶものである。

　高齢化の進展，介護福祉従事者の専門職化など，介護を取り巻く環境が変化する中，ますます「介護」の重要性は，増してきているといえよう。さらに，社会福祉の基礎構造改革の一環として，2000（平成12）年4月に介護保険が導入され，介護を必要とする人々が介護サービスを自ら選んで利用していくという，介護サービス利用者と介護提供者（老人福祉施設等）との対等な関係が確立される時代が到来した。このことはまさに，これまで以上に介護を行う側，つまり，社会福祉援助従事者全体に対して，多様な需要へ対応し得る質の向上が求められているということである。そのためには，介護を理論と実践の双方から学んだ資格取得者の質的量的な増員はもとより，介護支援サービス（ケアマネジメント）を円滑かつ適正に管理・運営・計画するには，介護支援専門員（ケアマネジャー）をはじめ，サービス提供者の質的向上を図ることが求められている。

　そして，介護福祉従事者のみならず国民一人ひとりが，介護に対する認識を高め，自分自身のよりよい暮らしとは何なのか，問い直すことも必要であろう。なぜなら，この介護福祉の問題は，今後，だれもが自分自身あるいは身近において直面する，国民全体の問題だからである。

　社会福祉施設や機関，専門職者による地域社会の人たちに対する介護についての研修等，社会的な枠組みとして介護を浸透させていこうとする試み（いわゆる「介護の社会化」）は，国民全体の生活の安定を支えるためにも，社会福祉制度の整備・拡充とともに今後さらに進むことが期待されている。

11-1 ●介護概論試験問題学習参考例●

介護の意義と福祉専門職の資質について

　わが国は，少子高齢化に加え，核家族化や，女性の社会進出などの社会現象が進んできた。このため，近年になり「介護」をめぐる問題が深刻化し，社会問題となってきた。これに対応する施策として，介護の専門職として介護福祉士が誕生し，訪問介護員（ホームヘルパー）が法制化され，さらに介護を社会全体で支える介護保険制度が導入されたのである。

　「介護」とは，身体及び精神に何らかの障害がある人に対して，心身の状況に応じて日常生活を援助し，社会的に自立した生活を実現できるよう支援することである。また，介護福祉士や訪問介護員などの専門職は，要介護者の人間としての尊厳と個性，価値観などを尊重することが重要である。

　介護の専門職は，利用者の生活の自立を促し，安全かつ快適に生活できるように援助することが業務である。したがって介護の過程においては，利用者の安全がおびやかされる行為があってはならない。介護の対象者である高齢者や障害者は，軽い怪我をしたり風邪をひいただけでも寝込む場合がある。食事の介助をしていて誤嚥（食物や水などが気管に入ってしまうこと）をさせてしまえば，窒息の可能性があり，時には生命が危険な状態になることもある。あるいは移動の介助をしている時，転落や転倒の事故を起こしたり，入浴介助の時に火傷を負わせてしまえば，感染症にかかるなどの事態にもなりかねない。本来，日常生活を援助し，社会的自立を支援しなければならないのに，結果として危害を加えてしまい，重大な事故を招くことにもなる。

　このため介護の専門職は，どのような状況のもとでも利用者の安全に十分配慮するとともに，自分自身も日頃から体調に気を配り，心身の自己管理ができるよう心掛けることが必要である。

　また介護の専門職は，個人尊重の考え方に立って，可能な限り利用者の「自己決定」を尊重しなければならない。しかし，利用者の中には，意思表示が十分にできない場合もある。そのため，日頃から利用者の症状や体調の変化などについて，正確な観察力や的確な判断力をもって対応することが求められる。このように介護の専門職は，どんな時でも利用者の「生きている命」を最大限に尊重する視点に立って，最善の援助は何かを考え，人間としての尊厳と個性・価値観を尊重した介護サービスを提供しなければならない。

11-2 高齢者が求める福祉専門職者について

●介護概論レポート学習参考例●

近年，平均寿命が著しい伸びを示すとともに，核家族化が進み家族のあり方においても，変化がみられる。それは，社会的には高齢化の進展に伴うひとり暮らし高齢者や家族介護の困難な要介護高齢者の増加を促した。

1 高齢者世帯の生活を理解する

ひとり暮らしの高齢者は一般的には，孤独で不安な気持ちで生活している。また身体状況としては，なんらかの疾病があり，身体機能は低下しているものの，それぞれの病状は軽症で，日常生活動作は一部援助によってなんとか可能な状態にある。このようなひとり暮らし高齢者には，次のような点を十分理解しておく必要がある。

① 生活していく上で欠かすことのできない，衣食住の整備，金銭管理，近隣や親戚とのつき合い，地域における共同作業など，すべてひとりでやらなければならない。このため，高齢者は考え判断し，行動に移すことが緩慢になり，精神的な負担が大きくなる。

② 家族によるなぐさめ，励ましといった情緒面での安定がはかられず，気分転換ができず，悩み落ちこんでしまう。

③ 生活を共にして，健康状態をみる人がいないため，けがをしたり，心臓病，脳出血など一刻を争う場合の救急時の対応が難しく，手当てが遅れ，命を落としたり，死亡後の発見が遅れるといった事態になりかねない。

④ 病気発生と同時に，特に食事作り，洗濯，掃除，買い物などの家事機能が低下し，生活全体が不安定になり，病状の悪化にもつながりやすい。

⑤ 経済基盤が脆弱なため，出費をおさえ，衣食住に関しても改善ができず，生活用具などの情報がないため，不便な生活をしている。

2 福祉専門職の援助目標

高齢者の精神的な不安を取り除き，不足している家庭機能を補うことによって，在宅生活の継続をできる限り可能にすることである。さらに地域からの孤立を防ぎ，地域社会との交流をはかる援助を行うことが重要である。

しかし，ここで留意しなければならないことは，ひとり暮らしの生活を単に延長させればよいというものではない。本人の身体状況，精神状況，経済状況，生活環境の変化などによって，施設入所，同居の方向を考えなければならない必要もある。その場合，本人の意志を尊重し，自らの生き方，生活する場の決定ができるよう，的確な情報を提供し不安な気持ちを支えること

が大切である。

3　福祉専門職としての留意点
特に次の点に留意し，本人の生活状態を把握しておく。

① 身体機能はどうか，どこが不自由で，日常生活のうえで一番困っていることは何か，これらを把握する。

② 身体機能の状態に照らし合わせ，住宅構造や居住環境の改善すべき点を把握する。

③ 隣近所，又は友人との関係はどうか，心を許したつき合いをしているか，緊急時に対応してもらえるか，これらを把握する。

④ 親戚との関係はどうか，緊急時に介護力になり得るか，身体状況が悪化した場合，どの程度介護してもらえるか，これらを把握する。

⑤ 医療機関とのつながりはどうか，主治医は誰か，通院している日時，投薬の有無などを知っておく。

⑥ ひとり暮らしの生活をどのように考えているか，何故ひとりになったのか，それはいつからか，今後の生活をどのように考えるか，これらの本人の意識を理解する。

4　高齢者との信頼関係
高齢者は孤独な生活の中で，すっかり気持ちがゆがんでしまい，心を閉ざしている場合が多く，こうした高齢者のニーズをつかむことはかなり困難である。また，高齢者と介護職との密室空間においての援助活動であるから，何よりも信頼関係を早期に成立させる必要がある。

① まず高齢者の訴えをよく聴くこと。老人の生活態度や考え方は，他人から見ると不十分であっても，批判をしたり，評価をせずありのままを受け止める。まず本人の意志を尊重することから始まる。（傾聴・受容）

② 具体的・日常的な援助を通して安心感を与え，共感し，共に生きていこうとする姿勢を示す。（共感・共生）

③ 日常生活に必要な行為を共同する。本人の要求通り，介護職が一方的にやってしまうのではなく，共同することによって，本人の生活していこうとする意欲を引き出し，育てるよう働きかける。（意図的な情緒関与）

5　家事援助の意味
ひとり暮らしの高齢者にとっては，視力，聴力，歩行などの身体機能の低下によって，買い物ができなくなり，食事の準備，掃除や整理整頓，洗濯など，日常生活にとって切り離すことのできない生活行為の自立が困難になって，生活が不安定になり，病状が悪化し，生命の危険を招く結果にもなりかねない。したがってひとり暮らしの高齢者への家事援助とは，単なる家事機能の代替えや補完ではなく，生活全体を支える基本的な援助である，という視点をもつことが重要なことである。

6　介護における留意点
① 家庭の現状を把握し，必要な介護の手だてをさぐる。それには，本人の身体状況を把握し，全面介助を要す

るのか，それとも一部援助でいいのかを調べる。また介護のどの部分の負担度が高いかを調べる。

② 本人に回復する意欲があるか，もし意欲が認められない場合は，その原因を調べる。

③ 高齢者の状態や介護者の状態に照らし合わせ，優先すべき介護内容を考え，援助する頻度や時間帯を決める。一気に何もかもやろうとせず，段階的に考えることが大切である。

④ 1週間を1単位としてとらえ，介護者と十分話し合いのうえ介護スケジュールをたてる。

⑤ 家族の介護を認め，介護の苦労を分かち合うことによって，介護職に対して信頼感をもつようになる。また，どんなささいな工夫でも評価し，理論づけすることによって，介護者に自信をもっていただくことである。

⑥ 病状を正しく理解するよう助言する。介護職は，病状の変化を見逃さず，医療につなげると同時に，医療関係者の指示のもとに，的確な介護方法を伝える。

⑦ 家族と本人との間にトラブルが生じている場合，介護職に対して，家族，本人が相手の非を訴えるであろう。こうした場面では中立の立場で，冷静に双方の言い分に耳を傾け，家族関係を調整していかなければならない。

⑧ 福祉サービスや介護用具を使用することによって介護負担の軽減をはかり，家族が介護を続けていく意志をかためさせる援助が必要である。

⑨ 介護不足から生じた，不自由な生活をたて直すためには，集中的に援助することが必要になる。本人や家族のおかれている状況を理解して，その家庭に必要な具体的な援助を提供するとともに，本人と家族を精神的に支えていくことが介護職に求められるのである。

7　介護の基本

① 一人ひとりの生理的・病理的老化の程度や疾病歴，そして現在の状況を把握する。

② 人間関係（家族・入所者・職員との関係など）の状況把握と調整。

③ 利用者のもっている課題について適切な分析と判断を行う。

④ 可能な限り自立した生活のために，心身機能の維持・増進，さらに回復・発達に向けての援助を行う。

⑤ 援助の個別化と集団活動・社会活動のプログラムの活用。統一された援助（介護）理念に基づく職員のチームワークの徹底を図る。

11-3 ●介護概論試験問題学習参考例●
介護の意義について

　「介護」とは，病気や障害・加齢などが原因で，日常生活を営むことが困難な状態にある人を対象とし，その人らしさを尊重した自立生活や，日常の生活習慣を維持できるように援助することである。

　「介護」は，まず介護を必要とする人の，これまでの生涯に獲得してきた生活力に注目することから始まる。その人が自分自身の生活力を十分に発揮できないような状態にあるとき，どこまでを援助し，どこまでを残存機能に委（ゆだ）ねるかを見極めたうえで，適切な介護の方法を考え実行しなければならない。

　介護福祉士や訪問介護員（ホームヘルパー）のような介護の専門職は，専門的な知識と技術を基礎に，要介護者一人ひとりの身体的，精神的，社会的に健康な生活の維持・確保をめざし，要介護者が満足できる生活の自立を図ることを業務としている。しかし，専門家として介護に従事する者だけが介護の担い手ではない。つまり，介護福祉士や訪問介護員，家族やボランティアなどによる介護もある。また，福祉施設や医療機関では，看護師，保健師などの専門職も介護に携わっており，ボランティアの中にも，優れた介護を行える人材は少なくない。

　近年では，核家族化の進行などから，かつて家族がもっていた機能の一部が，介護を取り巻く専門職に委ねられるようになった。しかし，介護の機能が，家族から完全に失われたのではない。とりわけ精神的な面で，家族の果たす役割は大きいものがある。

　また，これまでの高齢者介護は，家族の中で行われるべきもの，という考えが根強かったため，介護者自身が高齢化し，高齢者が高齢者を介護する，いわゆる「老老（ろうろう）介護」が現実問題となっている。加えて，ひとり暮らし高齢者の増加によって，家族に介護を依存する介護のあり方についても，見直しを迫られるようになった。

　こうした社会的背景から，介護福祉士などの介護専門職が誕生し，介護保険などの社会制度が導入された。しかし，これで介護問題が全面的に解決したわけではない。社会制度としての介護サービスは，介護する家族の負担軽減になっても，高齢者の生活を全面的に支えるものにはなっていない。

　21世紀の超高齢化社会を迎えて，今後の介護問題は，地域ぐるみによる支援のネットワークづくりが急務となっている。

●介護概論レポート学習参考例●

介護サービスの機能と責任について

1 介護とは

　介護とは，高齢，心や身体の障害などさまざまな社会的要因によって，日常生活を営む上で困難な状態にある人を対象として，身体的，精神的，社会的に健康な生活の確保と生活の自立をはかるために行われる。その内容は，日常動作の支援，家事の代行，健康管理などの専門的対人援助である。つまり，身体的，心理的，社会的，その他すべての面において，利用者自身が人間らしい人生を生き抜こうとしているのを，病気や障害または単に高齢のためにあきらめてしまうことのないように，「介護する」という独自の方法で利用者の不便を補い，援助していく活動である。

　また，利用者の学習やレクリエーションなどの社会参加を直接的，間接的に支援できるように，よりよい方法を見つけていく活動でもある。具体的には食事，排泄，入浴などの介助，掃除，洗濯，調理，買い物代行など，日常生活のさまざまな面にわたり，必要な支援を行うことである。

　こうした介護サービスは，訪問介護員（ホームヘルパー）などによって在宅で提供される場合もあり，介護福祉士などが主体となって，特別養護老人ホームなどの入所施設内で提供される場合がある。

2 利用者との関わり方

　介護とは，利用者の障害や病気がどの程度であっても，その人が今まで行ってきた自立的な日常生活が続けられるよう，補い支援することである。介護者は，利用者がこれまでの人生の中で身につけてきた生活能力に注目しなければならない。そして，利用者が今まで維持してきた生活能力や生活習慣が病気や障害，あるいは高齢のために維持できなくなった時，利用者が自分で日常生活を回復できるように補い，助けることである。

　介護を実施する上で注意すべき原則は大きく3点ある。①利用者自身ができる限り自力で自立して生活し，活動するようにさせること，②利用者が身体を動かしやすい，楽な環境を作ること，③利用者にとって快適な生活条件をつくることである。

　介護者は，利用者が自立した生活を維持できるように，心身両面の苦痛を取り除き，その人の残存能力を活用しなければならない。身体のある部分の障害によって，日常生活に支障があれば，それを補う方法を考えねばならない。また，身体障害や病気のために，

人間らしい感情が抑制されたり，苦痛や苦悩をもたらしているなら，その原因を除去し，人間らしい感情と安らぎが得られるように介護しなければならない。

3　介護者の心構え

①　最善の介護方法を追求すること。

「寝ているほうが楽だから」と言う人を寝たきりのままにさせることや，「死にたいから食べない」と言って食べることを拒絶する人を，「本人の自由だ」と割り切って放置しておくことは介護者として正しい行為ではない。「しかたのないことだ」とあきらめて放置しておいてよいのだろうか。

介護者はこうした問題に直面するたびに，深刻な悩みを抱える。しかし，介護者はこのような放任や放置という形の役割放棄を決してしてはならない。

利用者の自由な意思による自己決定は，もちろん尊重されなければならないが，専門家としての介護者は「死にたいから食べない」と言う人の気持ちを考え，利用者の苦痛を和らげる方法を考えねばならない。介護者は，利用者に対して，実現可能な最善の介護行為を行うよう努力するべきである。介護者として，利用者が人間としての幸福感をもつことのできる最善の方法を，利用者と一緒に考えていくという姿勢を忘れてはならない。

「生きている命」に最善の方法は何かと考えることによって，介護の技法は身についていくものである。介護者が介護についての専門知識や技術をもっているということだけが問われるのではなく，介護者が利用者とともにどういう生き方をし，利用者にどういう接し方をしたかが問われるのである。

②　介護者として，してはならないこと，できないことに耐える勇気をもつこと。

介護福祉士等の介護者は，利用者のプライバシーを守らねばならない（秘密保持義務）。介護福祉士は，正当な理由なく，その業務に関して知り得た人の秘密を漏らしてはならない。これは介護福祉士という職業を辞めたあとも同様である。

また，例えば，医療関係のデータを勝手に自己判断して，利用者の医療についての質問に答えることや，指示をすること，症状に対する自己流の処置等，これらについて，「私にもできるはず」「頼まれたからする」「私以外に手伝える人がいないし，人手も足りない」というような行為は絶対に避けなければならない。なぜならば，これらのことは，介護者の責務ではなく，医師や看護師の責務であるからである。これは，人の安全を保障するための必要な約束事である。

4　福祉・医療に携わるさまざまな職種との連携

介護者は利用者の最も身近にいて，利用者の健康状態，生活状況について最も多くの情報を直接入手できる立場にある。この情報を基にして，利用者

の希望を代弁し，要求し，連携し，必要とされる援助を必要としている人々のために用意することができるように，医師，看護師，理学療法士，作業療法士，柔道整復師，社会福祉士，精神保健福祉士等，福祉・医療関連のさまざまな職種の人たちと連携し，そのことで介護福祉士自らのもつ責務を果たしていくことにエネルギーを燃やせる人でありたい。

11-5 介護活動の留意点について

●介護概論試験問題学習参考例●

1 在宅介護の視点

(1) 生活主体者としての尊重
　介護利用者を生活の主体者として尊重する。
　たとえ寝たきりであっても，個人として尊重されるべきである。本人の意向を無視した介護活動はしてはならない。

(2) 利用者の生活様式の尊重
　利用者が長年培ってきた，その人なりの暮らし方や考え方を尊重することが大切である。そうしなければ，毎日苦しい思いをしてリハビリテーションに励むことなど期待できない。

(3) 介護の継続性の確保
　施設や病院での介護と在宅での介護が切り離されることなく，一貫性を持って提供されなければならない。

(4) 援助関係の深まりの中から介護利用者の生活改善を図る
　介護活動が開始された当初は，介護利用者と家族の信頼を得ることに目標をおくべきであろう。介護者が自分達の味方であることが分かるにつれてより本音が語られるようになるであろう。

2 介護における留意点

① 家庭の現状，身体状況を把握し，また介護のどの部分の負担度が高いかを調べる。

② 本人に回復する意欲があるか，もし意欲が認められない場合は，その原因を調べる。

③ 本人の状態や介護者の状態に照らし合わせ，優先すべき介助内容を考え，援助する頻度や時間帯を決める。

④ 家族の介護を認め，介護の苦労を分かち合うことによって，介護職に対して信頼感をもつようになる。また，家族の介護のどんな些細な工夫でも評価し，それを理論づけすることによって，自信をもたせることである。

⑤ 病状を正しく理解するよう助言する。介護職は，病状の変化を見逃さず，医療につなげると同時に，医療関係者の指示のもとに，的確な介護方法を伝える。

⑥ 家族と本人との間にトラブルが生じている場合，介護職に対して，家族，本人が相手の非を訴えるであろう。冷静に双方の言い分に耳を傾け，中立の立場で，家族関係を調整していかなければならない。

⑦ 福祉サービスや介護用具を使用することにより介護負担の軽減を図る。

⑧ 本人や家族のおかれている状況を理解して，精神的に支えていくことが介護職に求められるのである。

11-6 日常生活を支える介護の基本技術について

●介護概論試験問題学習参考例●

1 コミュニケーション

障害者や，高齢者の介護による家族の疲労感，病気の悩みや心配，家族間の不調和などをできるだけ取りのぞくことも介護の大切な仕事である。

また，利用者のことについて自分の立場で考えるよりも，その人と共に考え，その人の身になって感じることが大切で利用者の訴えを「よく聴く」ことが求められる。

介護利用者の話す内容に積極的に関心をもち，相手の立場に自分の身を置き替えてその苦しみ，訴えや想いを理解する。高齢者や障害者の中には言葉で表現することが困難な人もいるが，その人々に接する場合にも，「優しいまなざし」と「ゆとりのある動き」で静かに「うなずく」「そうですね」と相づちを打ち，関心を向けて応答するだけでも理解した感情は伝わっていく。

介護利用者の気持ちや考えを，肯定も否定もせず，あるがままに無条件に認めるのが受容ということである。

たとえ利用者の訴えが間違っていると感じ，自分の価値観と異なることがあっても，それを自分の思考の枠内だけで判断しないことが大切である。

2 秘密を保持する

この原則を厳守することによって相互の信頼が育っていくのであるから，援助者には守秘義務があることを覚えておきたい。

3 レクリエーションの必要性

レクリエーションは，人間が生得的に求める「快さ」の根源であり，人の日常生活をより一層充実させ，精神的安定をもたらす作用をもっている。自分で移動できない人，寝たきりの人に，感情の豊かな快適さを援助し，保障することも不可欠である。

4 観 察

介護者は，利用者を観察し，気になることが，何かの疾病の徴候であるかも知れない時は，すみやかに医療機関やかかりつけの医師又は保健師か訪問看護師に情報を提供すべきである。

5 各生活場面における介護

食事・排泄・清潔・睡眠などは，人間の生存のために必要な基本的ニーズに基づく生活行為であるが，それらの行為がスムーズに行えるか否かは，その人の生活すべてに影響を与えるものである。さらに，それらの日常繰り返して行われる基本的な行為は，安全・安楽に援助する必要性がある。介護をとおして，利用者に喜びや生活の豊かさが体験できるような工夫がほしい。

11-7 介護のためのチームワークの重要性について

●介護概論試験問題学習参考例●

　介護の利用者の疾病，障害のレベルはその精神性と身体性において非常に複雑であり，そして変動する。

　ある利用者は障害があっても住居さえ整備されていれば自らのやり方で自立的生活を支えること（セルフケア）ができ，他人の援助を必要としないレベルの人がある。また他の利用者は時々の家事サービスが比較的早い時期に必要になり，かつまた家事サービスに加えて毎日の食事，入浴，洗面，移動等の介護サービスが必要になる場合もある。またある利用者はこれらの介護サービスに加えて，看護サービスや医療サービスを必要とすることもあるであろう。

1　介護のチームを構成する職種

　チームを構成する職種は非常に多い。特に家庭を拠点としている利用者とその家族を援助あるいは支援するには，家庭に不足するものの多くを，家庭内に運び入れることや，施設内に用意されているプログラムに参加してもらうことを状況に応じて準備していかなければならないから，多種の専門的な職種を必要とし，チームを組んで相互に助け合う必要がある。主な職種として介護福祉士（ケアワーカー），訪問介護員（ホームヘルパー），社会福祉士（ソーシャルワーカー，生活指導員，職業指導員），医療ソーシャルワーカー（MSW），精神保健福祉士（PSW）などの職種に加えて，民生委員，組織されたボランティア，福祉行政関係者などの職種，また一般医，専門医，歯科医師，薬剤師，看護師，保健師，管理栄養士，栄養士，理学療法士（PT），作業療法士（OT），言語療法士（ST），臨床心理士，柔道整復師，技能訓練士，レクリエーション指導員など非常に多くの職種がある。

2　医師・看護師・保健師等医療専門職との連携

　①　社会福祉士及び介護福祉士は，その業務を行うに際し，医療が必要となった場合の医師を，あらかじめ，確認しておくことが必要である。

　②　社会福祉士及び介護福祉士は，その業務を行うにあたり，医師その他の医療関係者の関与が必要となった場合には，医師その他の医療関係者に連絡しなければならない。

　具体的な連携方法として，①には，業務を行う際に主治医の有無についての確認の必要性が義務づけられており，また②としては，常時業務を行う際に，医師その他の医療関係者への必要な情報等の連絡が義務づけられている。

11-8 認知症高齢者の介護について

　高齢者を介護する基本は，本人の残された能力を生かし，その人らしい人生を穏やかに全うできるように援助することである。とりわけ認知症高齢者を介護する場合は，その心理状態や症状を十分理解し，次の点に留意した上で介護にあたることが大切である。

　① ありのままに対応することである。高齢者一人ひとりについて，残存能力を正しく評価するとともに，保持している能力を生かし，失われた能力を補い，人格的に不完全であると感じさせないようにする。

　② プライドを尊重することである。認知症の症状が進んでも，人間としてのプライドをもっている。高齢者はプライドを尊重されると信頼感を回復し生きがいを感じる。その人のことをよく知り，その人の個性を尊重し，決して恥をかかせないように注意する。

　③ 認知症高齢者のペースでつきあうことである。認知症高齢者は現状を誤って認識していることがある。介護者は，そのことをよく理解し，その高齢者にとっては，それが現実であるということを認識しておかなければならない。そして，その人にあったペースでの介護を工夫し，根気よく付き合うことが大切である。

　④ 否定をしたり，指導的態度をとらないことである。一方的に「説得」するのではなく，本人の「納得」が得られるよう援助することである。介護者の価値観を押しつけようとしたり，相手を否定するのではなく，高齢者自身が主体的に「自己決定」できるように働きかけることが大切である。

　⑤ 高齢者が安心して生活できるような環境づくりを心がけることである。認知症高齢者は必要以上に不安がることが多いので，その不安を取り除き安心感をもたせることが必要である。そのために，介護者は高齢者との信頼関係を築くことが大切である。

　⑥ 心理的な交流を大切にすることである。心理的な交流を深めることで，不安や孤独感を解消させることができる。認知症高齢者は特に感情的になりやすいので，相手の気持ちを察して心理的な交流を心がけることが必要である。

　⑦ コミュニケーションをとることである。高齢者は，認知症の症状が進むと使える言葉や理解できる言葉が少なくなる。そうした場合，相手が使い慣れた言葉を使うようにし，短く簡単に，ゆっくり，はっきりと話すと理解が得られやすい。

第12章
家族福祉論

家族福祉論

　現代日本の家族間の人間関係は，複雑・多様化している。この現象は，離婚後のひとり親家庭はもちろんのこと，未婚の母子家庭や事実婚の核家族，並びに共働きの意図的に子どもをつくらない夫婦，生涯独身といった新しい多様化・複雑化した社会を反映したライフスタイルといえる。このような家族多様化の時代において，さまざまな家族形態がライフスタイルとして選択できるような社会的サポート・システムの確立が必要になる。

　「家族福祉」とは，今日における家族形態の複雑・多様化のためにおきる家族の問題を，家族成員の一人ひとりがだれも犠牲にならずに，自己実現していくことをサポートすることにある。

　しかしながら，日本においては，家族そのものを対象とした制度や機関としての「家族福祉」はいまだに確立していない。その一方，時代の推移とともに家族は核家族化，小家族化，そして弱体化したため，家族に対する社会福祉サービスを欠くことはできなくなってきている。例えば，離婚，不登校，家庭内暴力，児童虐待，高齢者の介護などによって，現代の家族はさまざまな危機的状況に直面している。

　従来，このような個々の家族の問題に関わってきたのは，臨床心理学や精神医学，社会福祉の個別援助技術などの領域が中心であった。これらのアプローチは，家族成員の個人の心理面での対応を中心としてきたのであり，「家族」を集団としてとらえるという視点は見落とされがちであった。しかし，臨床的な実践活動が進展するにつれて，これらの問題は，社会の経済情勢，家族内部の状況，他の家族員がかかえている問題によって，より悪化するがゆえに，個々の家族成員への対応だけでは不十分であること，「家族」をより集団としてとらえるということが必要であることが明らかになってきたのである。

　このように「家族福祉」は，個々の家族成員に加えて，家族という集団そのものの援助を重視し，また，その対象領域は多岐にわたっている。今後の日本の社会福祉においては，家族福祉の立場に立って，一貫して家族政策を実施する制度や機関を確立することが大きな課題となっている。

12−1 ●家族福祉論レポート学習参考例●
家族福祉の概念について

　われわれ人間は，この世に生まれてくると同時に，人間として社会的に成長し発達していくことになる。家庭はその最初の生活の場であり，そこで家族の一員として生活することになる。「家族」という集団の中で，家族の一人ひとりが自己実現をどのように図っていくかは，その家族の考え方にも大きく左右され，影響を受ける。家族はさまざまな社会制度の中で最も個人と個人が深いかかわりをもつ最小単位の「社会集団」なのである。

　われわれは日常生活の中で，さまざまな困難や問題とぶつかり合い，それを解決しながら生活を営んでいる。通常それらの諸問題は「核家族」においても家族の機能が円滑に働いていれば，社会生活に大きな影響を及ぼすことはない。しかし，例えば家族の死や離婚，一家の働き手である父親の失業あるいは病気や事故などといった予期しなかった困難や問題に出会うと，家族の機能がマヒしてしまうこともある。

　戦後のわが国においては，家族の機能が失われ，生活苦などの問題が発生するとそれは社会福祉の分野において対応されてきた。戦前までは日本の家族は，家父長制大家族制度のもとに家族成員の生活責任は「戸主」に求められており，戸主は家族の経済的保障を行い，近隣（地域）とのつきあい，育児や教育，疾病や介護などのすべてを大家族という利点を生かし，家族の中で処理してきた。現代における福祉そのものを「大家族」の中で代行してきたともいえる。家族内で発生する問題は，家族の中で解決されるべきものとされてきたため，家族そのものが崩壊したり，子どもや高齢者，あるいは障害をもつ個人の問題をその家族で対応しきれなくなったときに初めて社会福祉の手が差し伸べられていたのである。

　日本の社会福祉は，このように家族が崩壊した後，あるいは家族から脱落した個人を対象としていたため，その当時の家族全体をサポートするという意味での家族福祉は想定されていなかった。わが国で家族福祉が注目されるようになったのは比較的新しいことなのである。

　英米においては，社会福祉の一分野としての「家族福祉」が百数十年の歴史の中で確立され，重要な機能を果たしている。一方，日本の法体系は児童福祉，高齢者福祉，障害者福祉などと対象別に構成され，行政的にもそれぞれの機関が独立して実施しており，十分な取り組み体制ができているとはい

えないのが実状である。

「家族」の定義については，ここでは「夫婦・親子・兄弟姉妹などの血縁関係によって結ばれた親族を主要な構成員とし，深い感情的な関わり合いをもつ小集団で，社会を構成する基本単位」と考えることとしたい。

また，家族を対象とする「家族福祉」についても，いろいろな定義づけがされており，オーソドックスな定義はないが，ここでは，「全体としての家族を対象に支援していく社会福祉の一分野」ととらえておく。ちなみに『社会福祉用語辞典』（ミネルヴァ書房刊）では，「家族福祉」について「家族成員としての個人を家族集団に適応させたり，家族生活そのものの維持，安定，向上を図ることを目的とする社会福祉の一分野。社会福祉の分野は，社会福祉の諸施策や各種サービスの対象となる個人（児童・高齢者・障害者など）によって分類される場合が多いが，家族福祉は諸施策やサービスの対象者毎に分類するのではなく，全体としての家族に焦点を当てて支援していく分野であるといえる」と説明されている。

ところで，家族は，個人のライフサイクルと同様にその家族ごとに独自のライフサイクルをもっている。それはある一定の年代的区切りにより展開され，ライフステージと呼ばれる。そこで，家族福祉の問題を次のライフステージに沿って考えてみたい。

① 新婚期：新しい家族として夫婦関係を形成する時期であり，出産，育児を含む家族生活に対する長期的な計画を立てる時期。

② 養育期：乳幼児の健全な保育を行う時期。

③ 教育期：子どもの学習の保障を図り，子どもの進路や生き方について考える時期。

④ 排出期：子どもの教育を終え，その子どもたちが就職したり結婚し，独立する時期。

⑤ 老年期：子どもたちを自立させ，自分たちも仕事の第一線から退き，安定した老後のための生活設計が必要になる時期。

これらのライフステージの中で，現代家族の抱える大きな課題は，養育期における子育て問題であり，老年期における介護問題である。

まず，子育て問題であるが，核家族の中で，両親が「共働き」で子育てをしようとする場合，家事や育児の分担をどうするのか。また，子育て経験者のいない家庭での子育てをどのように支援するのか。これは次世代を育て，教育するという家族がもつ機能を果たす上で大きな課題である。

かつて育児や家事は，大家族の中で，祖父母，兄弟姉妹などの協力を得て主として女性が行っていたが，女性の社会進出の進んだ現代では子育ては保育所や幼稚園などに依存することになる。また，核家族化が進み，夫婦と子どもだけの世帯が増えている中で，専業主

婦であっても育児の悩みを抱えることになり，育児ノイローゼや児童虐待などの問題が生じている。

これに対応して，児童相談所や児童家庭支援センターによる相談援助が行われ，保育所や学童保育，ショートステイ（短期入所生活援助事業）やトワイライトステイ（児童夜間養護事業）など，国や地方自治体による少子化対策が進んできてはいる。しかし子どもの出生率は年々低下の一途をたどっており，2008（平成20）年における合計特殊出生率は1.37にまで減少し，人口を維持するために必要な水準である2.08を大きく下回っている。その背景としては晩婚化，未婚化が進んでいることにもよるが，結婚している若い夫婦にとって「子どもを産み育てることが，積極的な意欲をもてる魅力あるものでなくなっている」ことが明らかになっている。

こうした状況を踏まえ，これまでの「子育てと仕事の両立支援」を中心とする少子化対策に加えて，国や地方自治体，企業などが一体となって「男性を含めた働き方の見直し」「地域における子育て支援」「社会保障における次世代支援」「子どもの社会性の向上や自立の促進」といった対策を総合的・計画的に進めることが期待されている。

次に高齢者介護の問題である。

わが国の2008（平成20）年における65歳以上の高齢化率は全国平均で22.1％であるが，2035年には約33.7％，全人口のおよそ3人に1人になると予測されている。また，急速に高齢化が進む中で，寝たきりや認知症の要介護高齢者の増加が見込まれている。こうした介護が必要とされる高齢者もできる限り住み慣れた地域の中で，家族と共に暮らせることが目標とされている。

かつての家族制度のもとでは，妻や息子の嫁など女性が高齢者の世話をすることが当然とされていたが，家族制度が崩れてきた現代でも，介護する側，される側共にその考え方が強く，介護保険が導入された今日でも，介護は圧倒的に女性によって担われているのが現状である。

家族福祉は，これまでの固定的な価値観のもとに理想的な家族像をめざすという形で行われてきている。つまり，家族内の女性に育児や介護の役割を果たすことが社会的に求められ，また高齢者や子どもにとっても，家族と暮らすことが最善であると考えられてきた。しかし，家族のライフスタイルが多様化している現代においては，単に核家族化の問題を超えた問題も大きく登場してきている。例えば，未婚の母，子どもを産まない家庭，同性カップルなどといった新しい考え方に基づく家族も発生してきている。

これからの家族福祉は，固定的な従来の家族観から離れ，それぞれの家族のライフスタイルのあり方を受け入れた上で行うことが必要となっている。

12-2 介護の社会化と介護保険制度について

●家族福祉論レポート学習参考例●

1 介護の社会化

今日の福祉サービスの多くは，家族のもつ生活上のさまざまな機能を社会化することで成立してきた施策・制度であるといえる。つまり，伝統的に家族が本来もっていた生活機能を，時代の変化の中で社会化というプロセスを通じて制度化してきたといえる。

その中での「家族福祉」は，欠陥と問題を抱える「全体としての家族」を補完，支援するものとして登場してきたものであり，その代表的な機能である家事，育児，介護のいずれをみても，家族との関係を考察しなければ，地域福祉の構造と機能の理解も得られないといえよう。

家族福祉は，本来すべての福祉問題を内包するものであるが，ここでは介護の社会化に焦点を当てながら，地域問題からみた家族福祉を考察していきたい。それにはまず，「介護の社会化」とは何かということを明確に定義する必要がある。要介護者が残存する自立能力を開発し，自己実現を可能とするために，また要介護者家族の介護力を維持し高めるためにも，介護を家族のみに過重に依存していてはいけない。それには，家族以外の社会資源を積極的に活用しながら，家族と社会の間での共同的介護もしくは協働的介護が行われる必要があり，そのプロセス及び取り組みを「介護の社会化」と規定することができる。

この介護の社会化をさらに分析すると，家族専任型，地域共同型，社会協働型の3つに分類することができる。これはおおむね，家族専任型から地域共同型へ，そして社会協働型に発展していくものであるが，介護サービスの利用や介護にかかる費用負担などを社会全体で支える仕組みが介護保険制度である。

わが国の高齢者介護は，家族による介護に依存している。平成21年版『高齢社会白書』によると，介護者の約6割が同居している家族に依存しており，このうち妻や娘，息子の妻など女性が介護者の半数を占めている。また高齢者が高齢者を介護する，いわゆる「老老介護」が現実になっている。こうした中で，家族の心身の負担は非常に重いものがある。

2000（平成12）年4月にスタートした介護保険制度のねらいは，高齢者介護が福祉と医療に分立しているそれまでの制度を再編成し，社会保険方式を導入することによって，福祉も医療も同様の利用手続き，利用者負担で，利

用者の選択により総合的に利用できる仕組みを構築することにある。

介護保険制度では、民間事業者や非営利組織等の多様な供給主体の参入により、サービスの質の向上、費用の効率化を図るとともに、保険の対象となるサービスとそれ以外のサービスとの組み合わせを弾力的に認め、多様なサービス需要についても、民間保険の活用等を図ることが必要となる。このような方向性は、規制緩和という時代の要請にも応えるものである。

2　介護保険制度の概要

(1) 保険者（保険の運営主体）

保険者については、国民に最も身近な行政単位である市町村を保険者とする。またその上で、国、都道府県、医療保険者、年金保険者が市町村を重層的に支えあう制度とする。

(2) 被保険者の範囲

被保険者は40歳以上の者とし、65歳以上の第1号被保険者と40歳以上65歳未満の医療保険加入者である第2号被保険者との2つに区別している。

(3) 保険給付の手続き・内容

要介護状態にある被保険者（要介護者）または要介護状態となるおそれがある被保険者（要支援者）に対し保険給付が行われる。ただし、40歳以上65歳未満の第2号被保険者は、老化に伴う15種類の疾病が原因である場合に限られる。要介護状態等の給付が行われる状態にあるかどうか、また、その介護の必要の程度を確認するために、要介護認定が行われる。要介護者については、住宅・施設両面にわたる多様なサービス等を給付することとし、要支援者に対しては、要介護状態の発生の予防という観点から、在宅サービス等を供給することとする。また、介護保険制度では、利用者が自らの意思にもとづいて利用するサービスを選択し決定することが基本となる。この場合、そうした利用者の決定を支援する仕組みとして、介護支援専門員（ケアマネジャー）がサービス計画（ケアプラン）を作成して、サービス事業者との調整を行う仕組みとなっている。

(4) 利用者負担

利用者負担については、サービスを利用する者としない者との負担の公平、サービス利用についての費用の意識の喚起等の観点から、1割の利用者負担が設けられている。また介護保険法の改正により、施設入所者については、2005（平成17）年10月から光熱水費を含む居住費や食費は介護保険の対象外になり、利用者負担になった。これは、家賃や食費を自己負担している在宅サービス利用者との不公平を是正することなどが理由である。

なお低所得者などには、減免制度が設けられている。

(5) 公費負担

介護保険の総給付の2分の1を公費負担とすることとし、公費のうち、国、都道府県、市町村の負担割合は、それぞれ総給付費の25％、12.5％、12.5％

となっている。

(6) 市町村への支援

財政面の支援としては，①要介護認定に係る事務経費の2分の1相当額を国が交付する，②都道府県に財政安定化基金を置き，給付費増や保険料未納による保険財政の赤字を一時的に補塡するための資金の貸与・交付を行うほか，③総給付費の5％に相当する国費負担額を，第1号被保険者の保険料負担の格差を是正するために市町村に交付する交付金に充てることとしている。また，事務実施の面については，市町村は，介護認定審査会の共同設置が可能であるほか，都道府県が介護認定審査会の共同設置の支援や，市町村の委託を受けて審査判定業務を行うこととなっている。

(7) 今後の課題

高齢者の介護を社会全体で支える制度としてスタートした介護保険は，制度発足後5年目の見直しの時期を迎え，2005（平成17）年の通常国会で介護保険法の改正が行われた。

介護保険の最大の課題は，サービス給付費の伸びをいかに抑え，介護保険財政を安定されるかである。高齢化の進行と利用増で給付費は，年々膨張し続けている。これに伴って財源の半分を担っている介護保険料は上がり続けている。厚生労働省は，保険料を徴収する年齢を現在の40歳以上から引き下げるとともに，サービス給付の対象を障害者などに拡大することをめざしたが，2005年の改正では，見送りとなり，今後も検討することが改正法の付則に盛り込まれている。

今回の改正の柱は，高齢者が寝たきりになったりするのを防ぐための「介護予防サービス」（新予防給付）の導入である。

このため，新たに「地域支援事業」による介護予防も導入される予定である。また高齢者が地域で生活するためには介護だけでなく，医療や財産管理，虐待防止などさまざまな問題を解決する必要がある。市町村の地域介護の中核拠点として「地域包括支援センター」が導入されているが，今回の介護予防の導入でどの程度，給付が抑制できるかは，まだ明らかになっていない。

介護保険の最大の目的は，高齢者が介護を必要する状態になっても自立した生活を送り，人間としての尊厳をもって人生を全うできるような，社会的支援の仕組みを確立することである。

2005年の介護保険法の改正では，「負担と給付」の課題は先送りされているが，今後とも長期的に持続可能な制度として見直しをすることが重要な課題となっている。

12-3 わが国における家族の変容について

●家族福祉論試験問題学習参考例●

1 戦前の家族

　武家社会には封建的な家制度があった。家制度とは、「家」が世代を超えて存続することを最も重要だと考え、そのためにつくられた決まりである。例えば、戸主である父親が隠居すると長男が戸主となり、家の仕事や財産を相続する。明治から戦前までの、家父長（戸主）によって統率される家族を、「家父長制家族」という。彼らは家長を中心に大家族で一緒に住み、地域と共に宗教や教育など生活全般に伴う機能を担っていた。戦後の民法改正により、家制度はなくなった。しかし現在も、家族は家制度の影響を受けている。

2 戦後の家族

　戦後の新憲法の制定により、結婚は両性の合意でするものとなった。また近代化が進み、都市に働く場が増えると、人々は仕事を求めて都市に移り住み、新たに家族をつくった。こうして、1960年代の高度経済成長期以降、夫婦が中心の「近代家族」が広まった。この時期、仕事に専念する夫と家事や育児や介護をする妻（専業主婦）の組み合わせ（性別役割分業）が奨励された。しかし、近代家族は小家族で地域社会とのつながりも薄く、従来、地域社会と家族が果たしていた宗教や教育や福祉などの機能を担うことは難しくなった。こうした機能は、専門の人や機関に代行され、選択が可能になった。

3 現代の家族

　家族員の数が減少すると、家族員の関係は夫婦や親子などに限られ、家族は愛し合うべきという理想が生まれた。こうして情緒的な要求が高くなったが、それに充分に応えることは難しくなっている。例えば、さまざまな欲求が家庭外で満たされるようになると、家族が共に過ごす時間は減少し、家族の維持よりも個人の自由が尊重されるようになった（家族の個人化）。一方、女性（妻・母）は、だれにも頼らずに子育てや介護をひとりでしなければならないため、育児不安・幼児虐待、介護倒れ、離婚などの問題が起きている。これを解決するには、孤立化した小家族の弱さを補うために、個を大事にしながらネットワークを結ぶことが求められている。

　また少数ではあるが、「結婚は家と家の結びつき」といった家制度から続いている古い家族意識を打ち破るために、事実婚や夫婦別姓などの方法で、家族に対する問い直しが行われている。

家族の変化について

1 核家族化

家族とは共に生活するための集団であり、近代までは、親から子へと代々受け継がれていく二世代の大家族の「家」が社会の最小単位と考えられていた。それが現代では、家族は一世代限りという考え方が主流になり、核家族が一般的になった。

2 産業化・都市化の影響による家族機能の変化

家族の変化に最も大きな影響を与えたと考えられるものが、産業の進展に伴う「家族機能の外部化」である。今日のわれわれの生活では、生産機能は工場に、教育機能は学校に、保健機能は病院に任されている。これらの機能は、昔はすべて家庭の中で行われてきたのであるが、産業の進展に伴い、工場や学校、病院といった家庭外の専門機関に機能が移行したのである。その結果、現代の家族に残された役割はわずかなものになり、より精神的なものに集中した。

また都市化の影響も家族意識を変化させることになった。大都市のように人が大勢いるところで、個人は、職業人としてより専門家になるために、また、他人より優れた職業人になるために個別化を強める。そしてその影響が家族にも影響し、家族内でも子どもは受験勉強のための塾通い、父親は仕事中心の会社人間などという個別化が進んだ。

3 女性の社会進出による家族の変化

伝統的に「男は外、女は内」という考え方によって、女性は家にしばりつけられてきた。しかし、時代とともに女性は積極的に外に働きに出るようになる。さらに最近は結婚してからも、働きつづける女性が多くなってきた。そのため以前のように、女性だけが家庭内での仕事を担うことが困難となり、家族内における男女の役割分業が見直されるようになった。例えば、炊事・掃除・洗濯などの家事労働を夫婦間で分担することや、育児休業制度の活用が進んでいることなどである。

4 家族の変化に伴い噴出してきた問題

こうした家族変化は、離婚・家庭内離婚、急速な高齢化による老人介護、子どもの不登校や情緒障害などの新たな問題を登場させた。これらの問題を解決していくためには、家族内だけでの問題として扱わずに、社会の中の家族さらには個人と家族という広い見地に立って考えていく必要があろう。

12-5 家族福祉の実践的課題について

●家族福祉論試験問題学習参考例●

　家族福祉は，家庭内に生じたさまざまな問題に対して，その解決の機能をもたない家族に，社会資源としての多様な福祉サービスを提供して援助をしていけるようにするものである。その意味で，家族福祉の実践にとっての直接的な援助対象となる家族は，何らかの理由によって，その家族機能の自立的遂行に支障をきたしている家族であるということができる。

　こうした家族福祉を実践していくにあたっての課題の中でも特に重要なのは，援助過程において家族が抱える問題の原因・理由を明らかにし，客観的な理解に基づいて，家族自らが主体的に改善に向けて努力するように援助していくことである。

　家族には，もともと家族が有しているはずの「家族内資源」がある。家族福祉の実践者には，その資源を見出し，機能していけるよう助言指導をしていくことが求められる。

　「家族内資源」とは，個人的資源（健康・時間・資産など）や家族的資源（協力分担など），親族的資源（経済的援助や精神的支え）などを指すが，実践の段階では，これらが対象となる家族にどの程度備わっているかを的確に把握した上で，その資源に合わせて，相談・助言・ボランティアなどの「準社会的資源」や公的サービスなどの「社会的資源」によって援助しなければならない。家族が危機に陥った場合，それに対応できる家族内資源や社会的資源が多ければ多いほど家族を危機から守るからである。

　家族は，その人的構成，有している資源や背景も多様であり，たとえ類似の問題であっても，その家族にとって何が欠け，何が開発され，何が活用されるべきかは個々別々な対応が求められる。また，家族福祉の援助実践者は，社会の変化の中で多くの対象者にとって共通の援助課題があれば，それらに対応可能な新しい社会的資源や制度が開発されるよう，社会に働きかけていかなければならない。

　多様化する家族を抱える現代社会においては，今やこうした家族福祉の課題は，さまざまな福祉の分野における課題でもあり，対応が急がれている。

12-6 家族福祉の援助対象としての家族について

●家族福祉論試験問題学習参考例●

　家族福祉という概念は、英米においてはケースワーク（個別援助技術）の発展とともに注目され、理論化されてきた。しかしわが国では「家族福祉」の理論的体系づくりはまだまだ発展途上にあるといってよい。日本において家族福祉の理論としての体系が遅れている理由としては、家族の中に発生したさまざまな問題は、その家庭内の個人の問題として児童福祉や老人福祉の分野において処遇されてきたことがあげられよう。

　事実、戦後のわが国は、日本国憲法第25条（生存権）に守られ、社会福祉や社会保障の施策・制度が整備された中にあっても、多くの家族の問題は、それまで長く続いてきた「家制度」をもとにする日本型家族形態に支えられてきた。つまり、それまでの家族はさまざまな福祉機能を家庭内に有していたのである。

　そのため家族内に生じた問題のほとんどは、むしろ社会的に恥ずかしい私的な問題として家族間において解決され、そこからはみ出した福祉の対象者のみを社会の福祉機関が扱ってきたのである。

　しかし、高度経済成長期を迎えたことによって核家族化がさらに進み、育児・教育・経済・介護などといった従来の家族機能に関連する問題を、施設や学校といった社会的資源に依存しなければならなくなってきた。これは、社会の構造が機能的に分化してきたことによる結果であり、家族では対応しきれなくなった諸問題を、育児は保育所に、教育・しつけは学校にといった、より高度で専門的な機関を作り、効果的に解決していかざるをえなくなってきたのである。そのため、新しい家族としての機能が定義される必要が出てきた。

　家族福祉の援助対象としての家族は、「個々の家族成員を内包した、集団としての家族」である。そのため、これまでの社会福祉の対象者が個人に絞られてきていたことから脱皮し、家族そのものを「生活主体の集団」とみなして、家族を認識しなければならない。つまり、家族福祉では、個人の問題の根本的な解決が家族員の協力のもとにはじめて成し得ることに注目し、福祉援助を行わなければならない。

12-7 家族の生活周期と家族福祉ニーズについて

●家族福祉論試験問題学習参考例●

　家族の生活周期についての考え方は，もともと個人のライフサイクルについての考え方に基づいて，それを家族にあてはめたものである。それは，個人のライフサイクルが，家族生活と密接な関係にあり，個人に強く影響を与えるという認識の上に立っている。

　これまでのわれわれの生活は，その地域あるいはその時代に一般的な家族生活周期のモーダル・パターン（何歳で結婚して，いつごろ何人ぐらいの子どもを産むかなどといったことの社会通念）を基準として生活を営んできた。そのため，それ以外の家族周期のパターン，つまり，子どものいない夫婦や，離婚した女性や，結婚しない男女などを，社会の家族生活周期からの逸脱，あるいは異常と考えるようになったのである。そして，基準としてのモーダル・パターンから外れた家族生活周期のパターンは病理であり，改善や治療を必要とすると誤解し，援助の対象としてきたのである。

　例えば，子どもを6歳で小学校に入学させることが家族生活周期のモーダル・パターンである場合，障害のある子どもをもつ家庭であれば，何とかしてその子どもを6歳で小学校に入学させ，健常児に近づけたいと躍起になってしまう，ということがしばしばみられた。そして社会福祉サービスそれ自体も，福祉的ニーズに対する援助の名のもとに，家族に対してそのような努力を促してきたことも否めない。

　確かに，「就学」や「就労」などは，すべての人々にとっては普遍的なニーズである。普遍ニーズは特殊ニーズに優先されなければならないことは鉄則であるかもしれない。しかし，家族生活周期を基準にしてそれを押しつけるのは，むしろ基本的な人権の無視といってよい。重要なことは，それぞれの人に固有の自己実現に適した生活周期を見出すこと，あるいは見つけだすように援助し，助長することであり，それこそが福祉的援助の基本であり，家族福祉のニーズに応えることである。

　家族の生活周期という概念は，当然のこととして，それぞれの家庭にとって個別的なものであって，どのような形態をとるものであっても，その中での家族一人ひとりの自己実現をめざすものでなければならないのである。

　そして，こうした家族固有の家族生活周期のパターンを確認し，それにそった家族機能の自立的遂行を援助することが，家族福祉なのである。

家族の福祉機能について

家族の中では，働いて収入を得る稼得的行動を中心に，家事的行動，家政的行動，文化的行動，交際的行動などが営まれる。そのほかには，個々人の生理的行動，あるいは家族周期の中で比較的若いときに行われる生殖・出産・育児行動のほか，病人や障害者がいる場合の介護行動などといった特定的行動などもあげられる。しかし，こうした家族の中で行われる生活行動は，何らかの理由で停止したり，機能マヒを起こしてしまうことがある。例えば，家族員のだれかが高齢のため身体的機能を低下させたり，家族員の死亡などを契機に，いずれかの生活行動の遂行ができなくなったり，また，収入の減少などにより生活水準や内容が低下してこれまでの役割のバランスが崩れてしまったり，といった問題が発生した場合，今までの生活行動がマヒしてしまったり，低下してしまう。病人や障害児（者）などの介護を要する世帯では，この問題は一層深刻化する。

家族の福祉機能とは，これらの欠落した生活行動を他の家族員が補うことであり，また，新たに加わる生活行動，特に育児行動，介護行動を円滑に行うことなどを意味する。しかしその福祉機能は，時によって，家族員の能力を超えて過重に負担がかかり，低下してしまうことがある。このようなとき，社会は，家族の福祉機能が崩壊してしまわないよう制度的福祉サービスによって補完・支援していく必要がある。具体的には，養育には託児所や保育所が，独居老人の介護や障害児（者）の自立支援には，在宅介護サービスや施設サービスが家族の福祉機能の低下部分を補っている。これら社会福祉サービスの多くは，家族のもつ生活諸機能を社会化することで成立してきた施策・制度であり，さまざまな生活問題の処理及び解決のための機能として登場し，発展してきた。

このように，われわれの日常生活は，家族を中心とした親族，近隣，職場などの個人をとりまく人間関係（ヒューマンネットワーク）や社会制度の活用により，福祉機能を充分に活用させ，家族生活を安定させていくのである。

近年，女性の社会進出，核家族化，離婚の増加などにより，家族の福祉機能はますます低下状態にある。今後は家族崩壊・解体を防止すると同時に，崩壊・解体してしまったものをいかに再組織化させ，家族の生活を安定させることができるかにも力を入れていかなければならない。

12-9 家族間の紛争について

●家族福祉論試験問題学習参考例●

　家族という集団の特徴をあげるとしたら，だれもが「愛情による結びつき」と答えるだろう。家族は人間にとって安らぎの場であり，自分をそのまま受け入れてくれる，ほとんど唯一の集団である。ただし，それは家族の理想的な一側面にすぎない。現実の家族は，決していつも愛情に満ちているわけではなく，激しい感情的対立が起こることもめずらしくはない。家族の関係がうまくいっているときは，確かに家族の間には他の集団にはみられないような強い感情のつながりが存在するのだが，何かのきっかけでその感情が強い憎悪に変わり，激しい対立が生じることもある。なぜならば，家族は，他の集団以上に感情が作用する集団だからである。

　家族紛争の代表的なものとしては，「離婚をめぐる紛争」や「遺産相続をめぐる紛争」「高齢となった親の扶養問題」などがある。こうした家族紛争は，解決に長い年月が必要とされることが多い。他の集団においては，経済的な利害関係の面で折り合いがつけば多くの紛争は，それで解決するものである。しかし，感情が納まらない限り家族間における紛争の解決は難しく，しばしば長い時間を要する。

　家族紛争における多くの場合，家族メンバーは，次のような四者に分類することができる。例えば①同居している嫁や長男には何もいわずに，娘にばかり愚痴をこぼす母親のように，紛争の種をまく者である。②母親の嫁への愚痴などに正義感から憤激し，話し合いももたずに思慮に欠ける行動をとってかえって紛争をこじらせる者である。③本来リーダーとして家族をまとめるべきもの（多くは長男など）がみんなの信頼を失っているような場合であり，このような家族においては，ちょっとしたもめごとが大きな紛争にまで発展しやすい。④紛争から距離を置き，客観的に的確な判断を下しているようであるが，家族のために骨を折ることは，全くしない無責任な傍観者であり，そのため家族からも信頼されない者である。以上のように四者がからみあうとき，紛争を解決に導くことは非常に難しく，ますます混迷していきがちである。このような人たちは自分が家族間の紛争をこじらせていることへの自覚が薄かったり，感情的になっていて自己をおさえることができないのである。「人間は感情の動物」といわれるが，感情が収まるには，ある程度の時間が必要だと思わざるをえない。

第13章
司法福祉論

司法福祉論

　司法福祉とは，非行少年・犯罪者の社会的復帰と更生を援助する福祉サービスのことである。少年による凶悪事件が多発している今日，この「司法福祉論」の研究の進展が切に望まれている。
　このような意味から司法福祉論とは，非行少年が非行を繰り返さないよう援助するための理論と実践を担う社会福祉の関連領域の一つであり，それらを学ぶ学問であるといえる。もともと，司法福祉という用語は，家庭裁判所を中心とする少年審判の分野で用いられてきたが，従来わが国では司法分野における福祉研究は未成熟であった。しかし今や，この司法の分野においても，福祉サービスが問われることになった。
　非行少年を扱う基本の法律が少年法であり，その運用を担当しているのが家庭裁判所である。家庭裁判所には，非行少年に対する処遇（処分）の決定を言いわたす裁判官が存在しているが，その他に，家庭裁判所調査官も配置されており，彼らのアドバイスや，関係機関（警察，検察，少年鑑別所）の意見を参考にして裁判官が「健全育成」という理念に沿った非行少年処遇の決定をする。これが少年審判であり司法福祉実践の基本である。
　そして後に，非行少年が地域社会で行われる保護観察処分になってからは，保護観察官や保護司などによる相談助言，進路指導を実施することにより，彼らの自立更生を促すのである。また青年のボランティア団体であるＢＢＳ会による「ともだち活動」なども行われるが，これらの活動も非行少年の社会適応や社会化を助けているのである。
　このように，非行問題については，実に多くの機関や関係者が，その解決のために携わっている。社会は，少年が犯罪や事件を起こしても，彼らを排除することなく自立更生していけるように援助していかなければならないのである。それが社会の責任でもあるからである。
　ここに少年への司法的処罰に対する，福祉的な援助の役割がある。この意味からも，司法福祉論の研究範囲とは，非行少年が自立更生していくための非行少年処遇の領域であると言えよう。「罪を憎んで人を憎まず」という格言が，司法福祉の思想である。いかにして非行少年の閉ざされている心を開かせ，少年に再出発の意欲と希望を芽生えさせるかが司法福祉実践の要であり，その実践のための方法・手段・理論を研究する学問が司法福祉論なのである。

13-1 犯罪者処遇の権力作用と刑罰や矯正教育の功罪について

●司法福祉論レポート学習参考例●

1 犯罪者処遇としての権力的作用の目的

犯罪・非行行為とは，その社会の構成員が等しく認め合う価値観（規範）に基づいて形成された法律を犯す行為である。そして，犯罪・非行行為は，社会の安定や秩序を乱し，時には社会そのものの存続や，社会の構成員の生命まで脅かす危険性を持ち合わせている。

社会が安定・発展していくためには，その社会の構成員が等しく認め合う価値観（規範）が維持されることが必要不可欠である。そのため，社会は，公権力を行使してでも，犯罪者・非行者の行動に干渉し，その社会のもつ規範を守らせ，維持していかなくてはならないのである。その公権力を背景にした，犯罪者・非行者への干渉が，犯罪者処遇である。

したがって，公権力による犯罪者処遇の目的は，①社会の安定や秩序を維持していくこと，②そのために，犯罪者・非行者にその社会のもつ平均的価値観（規範）を習得させること，③そして犯罪者・非行者が再び社会に参加できるように援助していくことにある。これは同時に，公共と個人との福祉の維持・発展を意味している。

しかし，ここで社会が公権力を行使してまで維持しようとする「社会の構成員が共通してもっている価値観」には，大きな問題が含まれている。

民主主義社会において，「社会が共通してもっている価値観」とは，単に社会の多数の人々が賛成している価値観を意味し，また，その価値観とは常に正しいとは限らないということである。

さらに，社会とは，それ以前の価値観とは異質な，新しい価値観が常に形成されることによって，発展していくことができる。そのため，社会がその時の「平均的価値観」の維持のみに固執するならば，社会の新たな発展を望むことはできない。したがって社会は，「社会の構成員が共通してもっている価値観」の維持については，柔軟にとらえ，対応していかなくてはならないのである。

2 犯罪者・非行者処遇である刑罰や矯正教育の教育的効果と問題点

(1) 刑 罰

犯罪者処遇としての刑罰には，犯罪者・非行者に対して，応報的罰を与えることによって，

① 犯罪者・非行者が再び犯罪を犯すことを防ぐ，

② 社会への「みせしめ」として新たな犯罪・非行行為を予防する，

③ 社会の犯罪者・非行者に対する怒りを静める，といった考え方が根底にあり，刑罰の本質は社会の安定，秩序を維持していくことにある。

(2) 矯正教育

矯正教育とは，犯罪者・非行者の身体的，精神的自由に制限を加え，犯罪・非行行為の背景にあった歪（ゆが）んだ価値観や思考を矯正することにより，彼らが，再び社会と健全に関わることができるようにしていくことである。

この矯正教育には，社会と犯罪者・非行者個人の両者にとって，さまざまな効果が期待されている。

まず，社会の側から期待されている矯正教育の効果には，次のようなことがあげられる。

① 犯罪者・非行者を社会から隔離することによって，社会が防衛される。

② 犯罪者・非行者の問題点が矯正されることにより，新たなる非行・犯罪行為の予防的効果がある。

③ 犯罪者・非行者への集中的な矯正教育により，社会適応能力が付き，社会の健全な構成員が養成される。

犯罪者・非行者個人の側からは，矯正教育に次のような効果が期待されている。

① 矯正教育によって，社会に害をなしたり，社会と対立するような思想や行動が矯正されるために，社会に順応できる人格をもつことができる。

② 矯正教育によって，犯罪者・非行者は社会から疎外されないだけの社会的共通価値を習得できるために，再び，社会に参加していくことが容易になる。

③ 教育的援助を受けることによって，犯罪者・非行者は，自己を見つめ直し，自己をより深く理解していくことができる。これは犯罪者・非行者の社会的視野の拡大，自己概念の再構築にも大きく貢献する。

④ 犯罪者・非行者が，刑に服することによって，自身に対しても，社会に対しても過去を清算し，新たな自己を踏み出すきっかけをもつことができる。

しかしながら，この権力的作用としての刑罰や矯正教育には，いくつかの問題点も指摘されている。そのひとつには，刑罰や矯正教育は，犯罪者・非行者の主体性を阻害したかたちで行われるため，犯罪者・非行者の人格的，社会的成長が十分になされず，その結果として，再び，犯罪・非行行為を繰り返してしまうことが多い，といったことがあげられる。

例えば，犯罪者・非行者に対して応報的罰を与えることによって，一時的には犯罪・非行行為の再発を抑止することはできる。しかし，権力による力ずくでの行動抑止は，犯罪者・非行者の人間的成長を促していくことにはつながらない。そのため，犯罪者・非行者は，権力の圧力を受けているときは，

刑罰に従ってはいるものの，いったん権力からの圧力から解放されると，それまで抑圧されていた感情が爆発して，再び犯罪・非行行為を犯しやすいのである。

また，矯正教育は，犯罪者・非行者に，その社会の平均的価値を習得させるために，彼らの社会復帰を容易にするという利点がある。

しかし，矯正教育においても，犯罪者・非行者の自らの意思を抜きにして，強制的に行われるため，犯罪者・非行者の人格や主体性は損なわれやすい。

一般的に人間の成長には，その成長への自らの主体的欲求抜きにしては十分な効果は期待できない。そのため，矯正教育は，犯罪者・非行者が，再び社会に参加していけるだけの最低限度の成長を促すことはできても，犯罪者・非行者が，よりよく社会と関わっていけるまでの人格的，社会的成長を促していくことは難しいのである。

以上のようなことから，近年の犯罪者処遇では，公共の福祉に反しない限り，犯罪者・非行者の主体性を重視して，犯罪者・非行者が，人格的にも，社会的にも成長していけるように援助していくことが望まれている。

3　権力的作用の人権侵害の可能性

また，公権力による犯罪者処遇には，犯罪者・非行者に対する基本的人権の侵害という大きな問題がある。確かに社会は，公権力を背景に社会秩序の維持を図ろうとする。

しかし，社会が，犯罪・非行行為の防止を重視するあまり，犯罪者・非行者の基本的人権を軽視するようなことがあっては，国民の社会に対する信頼感を失わせ，逆に社会秩序が維持できなくなる可能性が高い。したがって，社会は，犯罪・非行行為の防止と犯罪者・非行者の基本的人権の両立を常に考えて，犯罪者・非行者に対処していかなければならない。

13-2 犯罪者等への援助活動と援助専門職とボランティアの役割について

●司法福祉論レポート学習参考例●

1 犯罪・非行への社会の責任

社会は，社会や個人に対して大きな迷惑をかけた犯罪者・非行者に対して，多大な経済的・物質的・人的援助を行っている。その一方で，社会は犯罪の被害者を十分に保護しているとは言い難い。それでも社会が犯罪者・非行者に対して援助を行うのは，社会自体がもつさまざまな責任を果たしていくためである。

社会の果たさなければならない責任には，社会の防衛と基本的人権の保障がある。

社会の防衛とは，社会の規範や正義を守り，社会の秩序や安定を維持していくことである。いうまでもなく，犯罪・非行行為は社会の秩序，平和，正義などを脅かす。そこで，社会は，犯罪者・非行者に対して，何らかの働きかけをして，社会の秩序や安定を維持していくように努めなければならないのである。

また，社会は，犯罪者・非行者に対しても基本的人権を保障する責任がある。犯罪者・非行者は，たとえ社会や個人に対して大きな迷惑をかけたとしても，社会の重要な構成員のひとりでもある。そこで，社会は，犯罪者・非行者に対して，彼らの基本的人権を保障し，彼らが社会生活の上で自己実現していけるように協力していかなくてはならないのである。

このような社会の犯罪者・非行者に対する働きかけが刑罰であり，一方では援助関係である。

刑罰は，犯罪者・非行者の行動を抑制し，彼らに再び犯罪・非行行為を犯させないことを目的としている。一方，援助関係は，犯罪者・非行者の人格的，社会的成長を促し，一人の健全な社会人として，再び社会に参加できるように援助していくことを目的としている。これは，公共の福祉と同時に個人の福祉の増進をもめざしているのである。

2 犯罪者・非行者の成長の援助者としての援助専門職とボランティア

犯罪者や非行者を援助していく援助者には，公的援助専門職とボランティアがあげられ，両者はそれぞれの役割を担っている。

(1) 公的援助専門職

公的援助専門職は，まず何より，援助を必要としている人に対して，適切な援助をしていかなくてはならない。そのために，公的援助専門職は，被援助者にとって，どのような援助が必要か総合的に分析する能力，また被援助者にとって必要な援助を総合的に実践

していく能力が求められる。

公的援助専門職が行う援助は，まず，地域社会の規範の維持・形成という目的をもっている。犯罪者・非行者は社会の規範を維持できなかった人々である。そのために，公的援助専門職による援助は，まず，犯罪者・非行者が，社会規範に適応していけるように援助していくことが求められるのである。

その限りにおいて，公的援助職による援助は，犯罪者・非行者に対して指導的，そして強制的に行われる。しかし，それらの援助は，犯罪者・非行者の自らの主体性を阻害するものであってはならず，あくまで，彼らの自らの主体的な成長を促すものでなくてはならない。

被援助者の多くは，個人的にも，社会的にも自立できていないために経済的・物質的援助をも必要としている場合が多い。この場合でも，公的援助専門職によって行われる援助は，単に経済的・物質的援助に終わることなく，被援助者が個人的にも，社会的にも自立していけるように，精神的援助をしていくことが求められる。

ここで，公的援助専門職に期待される精神的援助とは，被援助者との精神的援助関係を形成するとともに，被援助者に対する経済的，物質的援助を必要とするに至った背景をすべて整理，調査することにある。そして，援助者と被援助者の双方で共通理解を深めながら，その問題の再発防止のために，被援助者の新たなる成長の可能性を確認することにある。犯罪者・非行者はその過程で，主体的に，問題の再発や防止に向けて行動していけるようになるのである。

しかし，精神的援助は，被援助者の独立性やプライドを傷つけやすいために，被援助者自らの主体性を最大限尊重し，援助者が，犯罪者・非行者の人権を侵害しないように行わなくてはならない。

(2) ボランティア

被援助者とボランティアなどの非援助専門職による援助関係は，報酬などを期待していないが故に，援助専門職との援助関係とは異なり，強い精神的なつながりで支えられている。それは必ずしも合理的なものとはいい難く，情緒的なものであるが，被援助者にとっては，非常に強い精神的な支えとなる。

このボランティアによる情緒的な援助は，特に被援助者の人格的，社会的成長に大きく貢献し，特に犯罪者・非行者にとっては，再び社会に参加していくのに大きな手助けとなる。

被援助者は，ボランティアとの情緒的な強いつながりを築けた場合，ボランティアに対して，自分自身を全面的にゆだねることができるようになる。そのため，被援助者の抱える不安は軽減され，精神的にも落ち着けるために，被援助者の人格的・社会的な成長が促されるのである。

また、ボランティアがたとえ、客観的、理論的根拠がなくても、被援助者の存在、能力の可能性などを認めることによって、被援助者は、自分自身に自信がもてるようになり、自ら積極的に行動していけるようになる。そこで、被援助者は結果として、社会適応や社会参加をスムーズに行うことができるのである。

ボランティアによる援助活動は、客観的、理論的根拠に乏しく、一貫性に欠ける援助となる場合が少なくない。また、時に援助者側の価値観に基づいて援助活動が行われるため、被援助者の真の欲求や主体性が疎外されるといった危険性ももち合わせている。

しかし、これらの欠点を十分自覚した上で、被援助者の主体性を尊重したボランティア活動が行われる時、ボランティアによる援助活動は、援助専門職に勝るとも劣らない役割と機能があるといえる。

一方、ボランティアによる援助活動は、被援助者だけでなく、ボランティア自身においても、大きな意味をもっている。

ボランティア活動とは、そもそもボランティアにとってきわめて主体的な社会参加活動であり、自己表現していく活動である。社会において、自己の能力を発揮する機会や場所をもつことは人間的成長を促す。したがって、ボランティア活動は、ボランティア自身の自己形成、自己成長にもつながるのである。

一般的にボランティアによる援助関係はボランティア自身が、何らかの価値を見出したとき、はじめて、真の援助関係となる。そこで、ボランティアなどの非専門職自身の価値とは、まず、自己の存在がいかに社会にとって役立つかということを確認することにある。ボランティアは、援助活動を通して、被援助者の成長に自分自身が関与できること、あるいは被援助者から感謝されることによって、自分自身がいかに社会にとって価値のある存在かということを自覚していけるのである。

13-3 ●司法福祉論試験問題学習参考例●
犯罪者及び非行者に対する援助について

　人間は，出生から成人に達するまで，家族と共に地域社会の中で自然に成長する。したがって，犯罪とか非行などというような社会と対立した形で自己表現や自己主張をすることもなく平穏な社会生活をなし得る。ということはすなわち，犯罪者・非行者などは，一面において自然な成長の可能性をどこかで，あるいは何かに阻害されてきた状態にあるということができる。

　犯罪者・非行者が，このように人格的にも社会的にも未成熟であったから，彼らが，犯罪時点において社会的に適切な問題処理，解決能力をもっていなかったと考えることができる。また，犯罪時点で自己あるいは人間の本質に対する理解に欠けていたり，自身が立っている諸状況を充分に理解し，その諸状況との関係を円滑に維持したり発展させることができていなかったという理解もできる。

　そこで，犯罪者・非行者などと援助関係をもつ者は，まず彼等を理解すること，同時に彼らが置かれているあらゆる環境とそれらの変化状況を十分に把握し，その意味を理解し，変化に対応した援助関係を持つ努力が必要となってくる。

　人間が，社会的存在として健全性が認められ，評価されるのは他者への思いの深さからである。それは取りも直さず他者の存在の意味，人間存在の本質を理解することによるといえる。そして，その背景にはそれなりの人間観がありその人間観が成熟していればいるほど他者の存在を認め，尊重することとなり，社会関係は円満，健全となるのである。他者の人格を尊重できれば，他者との衝突や葛藤などといったものは少なくなり，また，他者を拒否したり，無視したりすることもない。当然，反・非社会的行為を起こすこともない。

　原因は何であれ，反・非社会的行為を行う，繰り返すということは，自己統制力が弱いということである。別の言葉でいうと問題処理能力，自己解決能力の弱さ・不十分さということであり，再び犯罪・非行を起こさないために，本人が問題処理能力・解決能力を十分にもてるような他者の効果的援助が必要である。

●司法福祉論試験問題学習参考例●

13-4 人格的，社会的に未成熟な犯罪者・非行者に対する援助について

　犯罪・非行者への援助とは，昔は刑罰などの権力的作用を用いながらも，彼らの改善教育（改善更生）を行うことであった。すなわち，犯罪者・非行者たちの再犯防止のために，彼らの主体的変化を期待する教育的要素を用いた援助のことである。

　そして最近では，犯罪者・非行者の社会化，再社会化などの社会適応に重きが置かれ，矯正教育や社会内処遇といった保護観察が基本的な理念となってきているのである。

　一方，社会規範やルールを守らない社会的逸脱者や，社会にうまく適応することができない社会的未成熟者への援助は，特に社会的逸脱者の場合には，当人がその逸脱状態を認識できていないとき，外部からの公権力による矯正的援助が必要となってくる。また，社会的未成熟者の場合には，家族やボランティアなどによる保護的・教育的援助が必要である。そうして，彼らの社会適応能力の向上や社会的自立を促すのである。

　したがって犯罪・非行者への援助と一般的な社会逸脱者・社会的未成熟者への援助の共通性とは，その状態，状況によって時に公権力による矯正的援助が必要となる点である。また，当人たちを社会復帰させるためには，双方共に社会化，再社会化，社会適応への援助が必要となってくる点であろう。

　公権力による矯正的援助は，公共の福祉と個人の福祉を守る意味があるが，特に，公共の福祉を守る場合に，矯正という形で犯罪・非行者たちの個性や主体性を抑圧してしまうことがないように注意しなければならない。つまり，彼らの基本的人権が侵害されないようにしなければならない。また，犯罪・非行者の再犯防止という教育的側面を十分に含み，彼らの自己修正や主体的変化を導ける可能性を残したものでなければならない。さらに，犯罪・非行者にせよ，社会的逸脱者・未成熟者にせよ，いずれは社会復帰しなければならず，そのためには，援助専門職や非援助専門職であるボランティアや家族などによる，社会化，再社会化，及び社会適応へのさまざまな援助が大切となってくる。彼らがよりよく社会適応していくためには，援助専門職による，技術的・専門的援助と，ボランティアなどの非援助専門職による精神的・情緒的援助が何よりも必要となってくるのである。

13-5 犯罪者・非行者への矯正的援助について

●司法福祉論試験問題学習参考例●

　犯罪者・非行者の人格的・社会的成長への援助の直接的目的とは，単に欠乏しているものを補充しようとするのではなく，今あるそのままの状態で彼らの精神的なもの，つまり考え方を中心にして，その人格的・社会的成長を促すことである。

　人間は成長の目的を一時的・段階的にでも具体的にもっている時期はあるが，人生の中において次々に具体的にもち続けることは至難の業である。しかし，人間は生ある限り精神的に成長し続ける存在であり，その精神は，自身の意志で成長させ，円熟の方向に維持・発展させることができるのである。このような時，援助者の存在は援助必要者の精神安定やその向上に対する適切なる支えとなり，非常に大きな役割をもち得る。

　次に，犯罪者・非行者のもつ社会的価値観への歪みが社会的な適応を阻害し，あるいは当人の成長の可能性を阻害しており，それを当人が認識できない場合に，外部から刑罰などの矯正的・教育的援助が必要となってくるが，この目的は，あくまでも公共の福祉を守るためにあり，また同時に個人（当人）の福祉を守るために行われるのである。

　以上に述べた2つの援助関係の特徴として，犯罪者・非行者に対する人格的・社会的成長への援助においては，文字通り精神的安定のための援助的作用が強く，また，矯正的・教育的援助においては，当人たちが自ら更生していくことが難しいゆえに権力的作用が強いといえよう。

　犯罪者・非行者の矯正的・教育的援助関係においては，刑罰などといった権力的作用が大きな比重を占める。公共への福祉を守るためにしかたがない部分があるにせよ，矯正という形で個性や主体性を抑圧したり，圧殺するというように，一方的に個人の福祉を阻害するということは，その個人の存在を否定することを意味する。つまり，彼らの基本的人権を侵害してしまうのである。よって公権力による矯正的援助はその援助を行うことによって当人の社会内存在を社会が認めることが必要であり，また，犯罪者・非行者の再犯防止という教育的側面を十分に含み，彼らの自己修正や主体的変化を導びける可能性を残したものでなければならない。また，その場合に限り社会の一定の支持を得ることができるのである。

13-6 犯罪者・非行者に対する公的機関と地域社会の役割と機能について

　犯罪者・非行者に必要な援助とは、彼らが再度の犯罪を犯さないための改善教育的援助、及び矯正的援助であるといえる。つまり、犯罪者が社会で生きていけるように社会化・再社会化などの社会適応を促すための援助である。

　それまでの罪を罰するという因果応報的要素が弱まり、社会適応への援助にその比重が移されてきており、少年院や刑務所といった施設内処遇より、身体、生活面では自由を許しながら更生し、社会適応できるように援助する社会内処遇が、犯罪者処遇のより進んだ現代的な形と理解されてきている。

　その援助能力をもった公的機関の役割と機能には、援助専門職が援助必要者に対してより有効な価値のある、経済的・物質的な側面にとどまらない援助をする能力をもつことが第一条件となってくる。

　援助を求めている人は、個人的あるいは社会的自立が結果として自力でできなかったがゆえに、公的な援助を求めていると考えることができる。援助専門職は、援助を必要とするに至った時間的・歴史的背景を調査する中で、援助を必要とする人と援助専門職が当面する問題について共通理解を深め、専門知識・専門技術をもちいた問題解決と再発防止を図り、犯罪者・非行者の成長の可能性を確認することが大切となってくる。

　次に、地域社会の役割と機能とは、ボランティアを中心とした経済的報酬を求めない精神的な援助が最も重要となってくる。

　また、ボランティアによって援助必要者と社会が関係を結び、その関係をもつことができた援助必要者は、多くの自己成長・自己実現の機会を得ることとなるが、これは、他者の成長の機会を増やすことであり他者の成長を促すことでもある。つまり、人々が相互に支え合い成り立っている社会においては、個人の成長は必然的に他者との相互関係を高め、それが他の社会構成者との役割分担の拡大と発展につながるのである。

　このことから考えてみても、ボランティアによる特定、あるいは不特定の人々へのお互いを必要とし認め合う地域社会との相互援助関係は、犯罪者・非行者を含む個人の健全化だけでなく、より広く社会全体を健全に育てる上で非常に大切な要因となっているのである。

13-7 ●司法福祉論試験問題学習参考例●
更生保護の実態について

　更生保護とは，犯罪を犯した者や非行のあった少年に対して，それまでの犯罪や非行と結びつきやすい考え方や生活を改め社会に適応していけるように，刑務所や少年院の施設内処遇ではなく，通常の社会生活のなかで指導・監督や援助をして更生を図る制度（社会内処遇）のことである。

　この制度が効果的に働くためには，公的な機関による処遇とともに，罪を犯した人を受け入れる地域社会の温かい理解と協力が不可欠である。したがってこの制度は国の機関と地域社会の人々が連携して運営されている。

　更生保護制度の中心は，保護観察である。保護観察とは，犯罪や非行をした人に一般社会での生活を送らせながら，一定の約束事を守らせつつ，助言・指導を行い彼らの更生を手助けしていくものである。またさらに，彼らの就職紹介や生活上の相談などにも乗り，その立ち直りをサポートしていこうとするものである。更生保護においては，法務省所管の全国約50か所の保護観察所の保護観察官が，無給の民間篤志家である約5万人の保護司と協力して，更生に向け社会復帰への日常的な支援を行っている。また，彼らが社会復帰までに身を寄せる民間の約100の更生保護施設や職場を提供する協力雇用主なども更生保護における重要な役割を担っている。この他，非行少年の相談相手になる青年組織ＢＢＳ会や，母親代わりの「更生保護女性会」などの民間組織も，非行少年たちの社会復帰を支援している。近年は，少年非行の低年齢化などにより在学少年の保護観察の増加が著しいことから，保護観察の専門性の向上，学校教育と更生教育との協力関係の強化が不可欠である。

　また，最近の少年非行の凶悪化に対応して，2001（平成13）年には，刑事処分年齢が14歳以上へ引き下げられ，さらに，2007（平成19）年には，少年院送致年齢が「おおむね12歳以上」へ引き下げられるなどの少年法等の改正が行われた。今後は，より一層の学校や地域・親を含めた非行防止のためのネットワークづくりが重要になってくる。

　近年，長引く不況により保護観察対象者の就職は厳しくなる一方で，犯罪者に厳しいわが国の社会が，さらに排他性を強めていくことが憂慮されている。こうした状況の中で，更生保護の原点に立ち返り，この制度を支え育ててきた奉仕の精神を，幅広く結集することがいま求められている。

第14章
教育福祉論

教育福祉論

　今日，学校教育の現場では，いじめ，非行，校内暴力，不登校などさまざまな問題を抱えている。これらの問題に対して，文部科学省や教育委員会等は教育行政や現場の教育に危機を感じ，福祉的な対応の必要性も含め，多角的な視点から問題解決を図ろうとしている。

　教育はさまざまな状況の中で生活し，さまざまな問題や課題を抱える子どもを受け入れながら行われるものである。したがって，教育が専門的立場から一人ひとりに応じた人格の形成と心身の発達を促すものであると考えるならば，子どもの自立を促進する教育活動の中で，福祉的教育観を積極的に導入し，きめ細かな福祉的サービスをも提供していく必要が生じる。ここに教育福祉論を学習する意義を見出すことができる。

　教育福祉論では，第一に，児童福祉の発展と教育との関係を学ぶ。歴史の発展とともに福祉の対象として子どもはどのように保護されてきたのかを明らかにし，子どもに対する見方や捉え方を学ぶことを目的とする。

　第二に，教育に対する福祉的アプローチのあり方について学ぶ。ここでは学校教育や就学前教育の場でどのような福祉サービスが必要かを考えていく。教育福祉論の先進的立場にあるアメリカの実践を参考にし，わが国へも導入していくことが求められている。中でも，わが国の学校教育において教育福祉の理論を実践に移し，さらに充実させることが，学校の教育活動をより活性化させ，種々の問題解決へとつながるといえよう。

　第三は，教育福祉における指導者の課題である。特に障害者の学校教育への受け入れに関する教育者の理解や指導の方法についてノーマライゼーションの理念に基づいて考えていく。

　教育本来の機能は，福祉の機能と共に働くことによって発展すると考えられる。福祉機能が子どもをとりまくさまざまな環境の中で十分に働いてこそ，子どもが幸せに生活できるのである。子どもの生活が安定した状態にあって初めて教育の効果が上がる。このような立場から今日の教育状況を見ると，子どもたちが何の不安もなく十分に学習に打ち込める環境となっていない。生活に望ましい環境を作り上げていく福祉の機能が働いてこそ子どもたちの成長・発達に見合った教育権，福祉権が保障されるのである。したがって今後は，教育と福祉の機能を関連させる具体的な実践として教育福祉を定着させていくことが重要である。

14-1 ●教育福祉論レポート学習参考例●
今日の子どもの教育問題と教育福祉の役割について

　今日の学校教育の現場は、多様な問題をかかえており、教育福祉による援助の手がさしのべられる必要にせまられている。教育福祉を、組織的に推進しなければならない理由が、ここにある。

　現在、学校は、校内暴力、不登校、いじめ問題、少年非行など、さまざまな対応を迫られており、しかもそれに必要な要員も十分に配慮されないままに、教師がそれらのすべてを処理しなければならなくなっている。そのため教師の負担はきわめて過重で、本来の教育業務に専念することができず、教育の現代化に対応すべき研修・研究の時間もほとんど見出しえないのが現状である。

　また事務職員や福祉関係要員の配置が十分でない中で、今後、学校における福祉関係の活動や業務はますます拡大されるであろうし、カウンセリングなどの新しい分野も充実されなければならない。この意味で、学校における教育福祉の方策を確立すると同時に、そのために必要な要員の確保をはかり、教師が本来の「教える」という業務に専念できるような組織と体制を確立することは、学校経営上の急務だといわなければならない。

　われわれは、「社会福祉の立ち遅れの中の教育」がもたらした「教育の欠損的現象」をあらためて認識し、「子どもの福祉を進める教育」の実現を国民的な願いとし、同時に、教育福祉こそがこの教育の重要な担い手であり、「学校教育を本来的なものにするための支援活動」をするものであることを理解したい。

　教育と福祉の2つの社会機能を結びつけるため、必然的に教育福祉を有効に作用させようとする考え方は、子どものもつ教育権や福祉権を重く見て、これを尊重しようとする発想に基づく。

　社会福祉というものは、その国々の政治的、経済的、社会的な成り立ちの相違によって、その特色がみられる。わが国の場合でも、社会福祉全般の後進性をはっきりと認めたうえで、日本的なるものの確立をめざして、研究を進めていかなければならない。教育福祉は、児童福祉のひとつとして発生したものとみてよいのである。

　教育福祉に従事する人々は、もちろん単独ではその機能を果たしうるものではない。常に学級担任教師と、他の学校職員とのチームワークの中で、その専門的なケースワークの技術を用い、例えば重症心身障害児の治療にあたっ

ては，精神保健福祉センターに配置されている精神保健福祉相談員の診断・助言・指導を受けつつ行動する社会福祉援助技術の実践等が必要である。学校は確かに児童の人格形成において重大な影響をもつものであるから，良い学校経験は非常に重要である。

教師と児童・生徒，学級集団内相互の人間関係の問題についてふれると，児童・生徒の好ましい欲求に応えるためには，現実における教師の指導に限界があることを指摘できる。

良い教師が必ずしも家庭（両親）教育が上手なわけではなく，この種の仕事は特別な訓練が必要であることが見出された。「学校と家庭の円滑的な関係」を成立させるためには，それ相応の専門的な職能の存在と活動の必要性がある。

このようにみてくると，教育福祉は「子どもの福祉を進める教育の重要な担い手」で，「学校教育を本来的なものにするための支援的活動」をするものであることがわかる。

この理解をさらに確固としたものとするために，教育福祉論はきわめて有用であると考える。学校に備えつけてある通常の施設や器具をすべての児童・生徒が使いこなせるとは限らないし，標準化ないしは規格化されたカリキュラムをすべての子どもに適用させ得るともいえない。難聴児には補聴器が，肢体不自由児には特別の机が必要なように，身体に障害をもつ子どもには，それぞれ特別な設備や器具を必要とする。また盲児やろうあ児の教育のためには特別の訓練を受けた教師や専門家を必要とする。さらに何らかの理由で登校できないでいる子どもの教育のためには訪問教師が必要である。つまり障害をもった児童のためには特別の教師や治療指導員や整形外科医などの専門家が必要であり，この特別の専門家の存在があってこそはじめて「すべての児童」に教育の機会や能力発揮の機会が保障されるものであることを，教育福祉にあたる人々はもちろんのこと，保護者や市民が十分に理解することが必要である。

すでに若干の学校では各方面の専門家をスタッフに加えて学校制度を組み立てている。すなわち，心身障害児などで，特別の専門家の援助がなくては正規のカリキュラムを学習することができない子どもたちのために，言語聴覚士や，心理学者，精神科医，ソーシャルワーカー，理学療法士，整形外科医，看護師などを配置しているのである。しかもそのかなめの役割を担っているのが教育福祉である。

① 教育福祉を成立させるためには，国並びに地方自治体の，児童福祉及び教育に対する関心度，財政の規模等を基本条件とする。

② 教育福祉は，学校教育を側面的に支援し，教師の「教職の専門性の確立」，効率の高い指導の実現に資する。

③ そのため学校教育は，高度の専

門的な教育を受けた教育福祉の援助を必要とする。

④　教育福祉にあたる人々は教師集団のメンバーには入らない。本質的にはソーシャルワーカーである。

などがあげられる。

　ほとんどの学校が，参観日等に「懇談を要する保護者」の欠席に頭を痛めている。来校の少ない保護者をタイプ別にすると，両親とも働き，子どもの教育に無関心，学校まかせ，等に大別されよう。

　家庭においてもほんとうに子どもを教育するだけの力がない。子どもの教育は先生まかせ，何かあると「全部学校が悪いんだ」と教師に責任を転嫁する。家庭の親子関係の危機が叫ばれ，学校教育にも危険がある。このような現状から，ソーシャルワーカーの必要性が出てくる。

　教育福祉に従事する人々は本質的にソーシャルワーカーであるが，同時にスーパーバイザー的存在でもある。

　このような人々は，豊かな見識と知性をそなえ，人間関係諸科学を究め，福祉的な視点から，教育並びに子どもとその現場理解に積極的な熱意を示すとともに，問題解決のための専門的なすぐれた実践力も必要とする。

　専門の教育福祉従事者を各学校に配属して教育活動を支援し，子どもの福祉をはかろうとする教育福祉は，いってみれば，一人ひとりの子どもを大切にしようとする学校教育を，側面から援助する機能であるはずである。

　わが国の教育現場では，1950年代の終わり頃から不登校，校内暴力，いじめ，学級崩壊といった現象が広まり，さらには少年非行が吹き荒れていった。こうした中で，2001（平成13）年には，文部科学省から全国のすべての公立中学校にスクールカウンセラーを配置する方向が打ち出された。また小学校や高等学校についても，都道府県や市町村の教育委員会が中心となって，独自にスクールカウンセラーを配置する例もみられるようになった。今後，学校現場において臨床心理の専門家によるスクールカウンセラーの需要と期待は，ますます高まるものと予想されている。

　わが国においてもようやく教育福祉の実践活動が開始されたところである。

14-2　教育福祉の視点からみた今日の教育問題について

●教育福祉論レポート学習参考例●

　福祉とは，すべての人間が心身ともに健全に発達し，自分の力で物事を成し遂げ，社会の一員としての役割を十分に果たすことができるように，必要な保護や援助を行うことである。具体的には，援助を必要とする人たちが幸せに生きることができるようにしたり，自分の力を精一杯発揮して生きることを妨げられている人たちの，その妨げとなっている原因を取り除いたりして，基本的人権を保護し確立することである。

　一方，教育の目的は，子どもが自分の力で物事を成し遂げ，社会の一員としての役割を十分に果たすことができるように，必要な教育や訓練を行うことである。

　「教育福祉」とは，こうした福祉や教育の目的を同時に達成させるためのものである。つまり，すべての子どもが心身ともに健やかに成長し，自立することができるように，平等に教育を受けるための保護や援助を与えることである。

　しかし，こうした教育福祉の精神が，教育の場において十分に達成されているのであろうか。例えば，障害児に対する教育の現状をみると，残念ながらそうとはいえないことがわかる。

　例えば，1971年，血友病というわずかな傷口からも大出血する病気でほとんど車椅子の生活を余儀なくされていた中学生がある高等学校を受験したところ，学科試験で合格点をとっていたにもかかわらず，その病気のためによる低い評点の内申書が原因で，結果的にその高校への入学を拒否されてしまった。というのも，この学生は中学生の時，体育は見学，理科その他教室を移動する教科には参加させてもらえず，自分の教室での自習を余儀なくされていたのである。しかも，その参加できない教科についても，成績が内申書に記録され，結果としてその病気のために低い評価にされてしまったのである。この中学生の障害が，教育において考慮されなかったのである。

　他にも，1991年，鹿児島市内の二人の全盲の子どもが普通小学校への入学を希望したが，この願いは拒否された。それ以前にも，福岡県では全盲の中学生の点字による高校受験が，県の教育委員会によって拒否された。さらに，1995年には，埼玉県の中学生が高校受験にあたって，第一志望の高校に「車椅子という理由で受け入れることはできない」として断られた。

　こうした問題を解決するには，まず

教育を教育福祉の立場から考えていくことが必要なのである。言いかえれば，福祉の精神が活かされなければ，教育の目的は達成されないのである。

こうした教育福祉の視点から今日の子どもの教育問題について考える時，まず取り上げなければならないのは，前述した障害児に対する教育である。

ところで，わが国では，特別支援学校1026校において，約11万2000人の子どもたちが教育を受けている。

また，小・中学校の特別支援学級では，約12万4000人が教育を受けている（平成21年4月現在）。

障害児のための教育環境は，このように数多くあるが，問題は，教育が障害児の教育福祉の実現に十分に貢献しているのかということである。障害児教育の現状をみると，そのようにはいえないということがわかる。具体的には，次のような問題点が指摘される。

(1) 障害児に対する差別

人々の間には，障害児に対する偏見や差別意識がある。こうした意識が根強く残っているため，障害児が必要とする保護や援助，教育や訓練が満足に与えられなかったり，社会生活に参加することが妨げられたりしているのである。

子どもたちの間には，身長や体重，学力や運動能力，あるいは性格などの個人差がある。しかし，障害児の場合，個人差が障害のある不自由な部分にのみ目を奪われがちである。そして人間として，また子どもとして障害のない子どもたちと基本的に同じであるということが見落とされやすいという問題がある。そのため，「障害児は障害のない子どもとは違った子どもである」と誤解されるようになるのである。

こうした見方は，障害児に対して，無関心や拒否などの間違った接し方につながり，障害児の心身両面での健全な発達を妨げることにもなる。

(2) 選択権の問題

選択権とは，人が自分の興味や要求に応じて，多数の中から自分に最適なものを選び出し，それを活用できることである。障害児教育においては，この選択権がいまだに十分に保障されてはいない。

例えば，最近では障害児の普通学校への入学を希望する親が多くなってきている。しかし，教育委員会は，障害児はその障害の種類や程度に応じて特別支援学校や特別支援学級が用意されているのだから，そこに行かせようと，親を説得することがある。

このように，市町村の教育委員会などといった側が一方的に障害児が入る施設や教育内容を決めてしまい，障害児の要求が無視されているのである。これはいうまでもなく，障害児（もしくは親）が自分から進んで自分に適した学校や教育内容を選ぶことができないということになる。

(3) 障害児の教育環境の整備の遅れ

前で述べたように，障害児教育の目

的とは，自分の力で物事を成し遂げ（自立），社会の一員としての役割を十分に果たすことができるように（社会参加），教育や訓練を与えることである。しかし，これも保障されていないのが現状である。障害児のための教育や福祉の環境はそれなりに整っているように見えるが，それは障害児に対し，単にその場限りの教育や訓練を与えるだけで，障害児がわれわれの社会に積極的に参加し，とけ込んでいけるようにするという目的が十分に果たされているとはいえない。

(4) 教師の専門性の不足

障害児の教師には，障害児に対する専門的な知識や正しい理解を身につけ，公平に障害児の教育や訓練にあたるという姿勢が必要である。しかし，現実には，障害児を「扱いにくいから」「他の子どもの迷惑になるから」などと決めつけて差別したり，十分な教育を与えていなかったりすることがある。障害児の障害の種類や程度，本人や家庭の状態，そして彼らの要求を把握し，それらを教育に有効に活かすことができる有能な教師を養成することが必要である。

以上のように，教育福祉の視点からみた障害児教育の問題点は多い。各種の制度や施設の整備は進んでいることは事実だが，それだけでは不十分である。障害児に充実した教育福祉を提供するためには，まず根強い差別意識をなくし，最適な学校や教育内容を障害児自身が選べるようにし，彼らの自立や社会参加を達成できるような教育環境を整えるとともに，障害児に対する教師の考え方を改め，また専門性を高めて，より的確な教育や訓練を提供できるように努力する必要がある。

つまり，障害児も同じ人間として，その人らしさを発揮して生きることへの手助けを行うことこそ，これからの障害児に対する教育福祉の課題である。

今後は，障害児教育に限らず，他の教育問題，例えばいじめや不登校なども，社会福祉の視点から考えていく必要がある。そして，すべての子ども，最終的にはすべての人々を対象として十分な教育福祉が行われることが望ましい。いずれにせよ，障害による何らかの理由により教育を受けることが十分にできない人々に対しては，正しい理解と温かい協力が必要なのである。それが，教育福祉に求められる考え方である。

14-3 ●教育福祉論レポート学習参考例●

教育福祉の概念と教育福祉の役割について

　教育権は，能力に応じて受けることのできる教育活動が，豊富に用意された中から，自主的・能動的に選択して環境に働きかけながらの教育を受ける固有の権利，として捉えることができる。

　この，教育権と並んでいまひとつの基本権として子どもの福祉権——その在り方と現実——をも認識する必要があろう。子どもの福祉権とは「生活が充足され，自立が可能な方向で愛護される。環境に積極的に働きかけ社会に好ましく適応することができる権利」である。

　教育権や福祉権という基本権を主体的に保持するのが児童であるとする認識にたって，一人ひとりの子どもを理解，尊重し，彼らの自立促進に積極的に寄与しようとする考え方こそが児童福祉観の中枢を占めるものでなければならない。

　教育基本法や学校教育法の理念では，目的を達成するために，現実の子どもたちへの福祉的アプローチの必要性を，子どもに対する見方，考え方の中に確かに位置づけることが望まれ，期待されている。一人ひとりの子どもが生きていく上で，現に欠けているものは何なのかを明らかにしていかなければならない。とりわけ，社会的，経済的あるいは精神的，肉体的に障害をもつ子どもについては学校や地域社会に受け入れるための格別の配慮が必要である。

　小学校学習指導要領では「心身に障害のある児童については，児童の実態に即した適切な指導を行なうこと」と謳われているが，これをむしろ積極的に受けとめて福祉的に対応することへの着目が，教の専門的見識の中に確立されていなければならない。

　この専門的見識にかかわる児童福祉観は教師養成の段階で，十分に認識され体得される必要がある。

　教師の専門性とそのあり方について考えてみると，教師は単に知識や，現代における多様な情報，技術等を子どもに一方的に伝達すればよいということにはならない。

　実際に，一部の教師の言動には，一見，論理的であるようにみえてその実，教育や福祉に対しての無見識，誤った見解が潜在的にかなり存在するのではないかと思われるものも多い。。

　教師に必要な5つの要素について概観してみたい。

　(1) 史 観

　歴史的現実にたって，教育における歴然とした未来志向をもたなければな

らないであろう。眼前の子どもの将来像（この子どもをどう育てたらよいかという）にまで及ぶ教育観が問われよう。教育というものは，それほどに長期の見通しのもとに展望され，計画的に機能されなければならない性格を基本にもつからである。

(2) 倫理観

教師の全人格を基底としたさまざまな行為はそのまま子どもの成長に影響する。教育労働が，他の労働と異なるゆえんと特質は，まさに教師の倫理観に発する人格陶治(とうや)が重視される点にあるといってもよい。豊かなヒューマニズムに根ざす倫理観は，とりわけハンディキャップをもつ子どもの，歪められようとする性格形成に，たくましい生命力の何であるかを暗示させずにはおかないし，自己実現のために生きぬくことの克己(こっき)的精神力を呼びおこすのに十分であるに違いない。

(3) 努力の実践

教師自らが示す模範，実践の能動性こそ，有形無形のうちに子どもに好ましい影響を与えずにはおかないものである。何ごとにつけ自分は何もしないで見ているだけで，いくら勉強しろと言っても良い教師とはいい得ることができない。すべからく謙虚で地道な自らの努力の実践的態度こそ隠れたる教育力でなくて何であろう。

(4) 教材観

いうまでもなく，教育の内容に精通し，生徒の能力が伸びてできる子にな るような教え方の技術にすぐれることは教師にとって欠くことのできない専門性でさえある。これまで教職の専門性というと，とかくこのことにのみ集中し，重視されてきた傾向はなかったか。ここでは単なる教育技術至上主義をよしとするのではなく，さらに学習そのものを子ども，教師，教材の相互的かかわりあいをみつめながらとらえなおしていかなくてはならない。

子どもの学習のニーズをどう組織だて，学習の思考方法養成過程をどのように展開すればよいのか，その過程のなかで，教師も子どもも真剣になって価値発見のために創造的に学習対象と取り組む，また，集団内の人間関係をも改変させずにはおかない姿勢をつくり，積み上げていく，というような学習の全体構造やその中に含まれる教育的な諸機能を十二分にした総合的教材観（学習観）こそ必要不可欠のものである。

(5) 社会観

現実社会を教師自らが正しく見つめ，それを教育に生かそうとする社会認識は，教育がすぐれて次の世代に期待してふさわしい価値観を託そうとする際の，さらにあるべき理想社会追求の場においてひとつの拠点ともなり得るであろう。学習は子どもとともに創造するという立場にたてば，教師の社会観を一方的に子どもに押しつけようとするものであってはならない。

好ましい社会観というものは，子ど

もの素朴な社会認識を認めて受けとめながら、現実の社会事象に対する考え方が試行錯誤を繰り返し、練られ、少しずつ客観化され拡充されるものであろう。

　教師が鋭く正しい社会認識を働かせるということは、それが子どもの思考活動と望ましく結びつくことによって、学習を生気あふれた、みずみずしさに満ち、迫力に富んだ次元に高めずにはおかない何ほどかの保障ともなり得るものである。

　以上、教職の専門性を形成する各要素をみてくると、どの要素とも関連してその基底をなす積極的な児童福祉観が、きわめて重要な意義をもっていることを、あらためて強調しないわけにはいかないのである。

　考えてみれば、教育のあり方が多面的に問いなおされている今日ほど、この児童福祉観が教師の専門的資質のひとつとして要請されている。今日の教師養成課程では、この観点からも福祉施設等での実習が位置づけられているのである。

14-4 日本における教育制度の現状について

●教育福祉論試験問題学習参考例●

　わが国の大学・大学院の教育レベルは，アメリカなどの教育先進国に比べると低いと言われている。一流と言われる大学を卒業した者でさえ，基礎学力が低いと見られているのである。

　このような原因のひとつに，日本の「大学入試制度」がある。大学入学試験は，どの国にも存在するが，日本の場合，社会的成功を約束する目安と考えられ，少しでも有名（偏差値の高い）大学に合格するために熾烈な受験戦争が繰り広げられている。

　なぜ熾烈な受験戦争が繰り広げられるかというと，日本では，いかに知名度の高い一流大学へ入学するかがその後の人生を左右するからである。つまり，偏差値や知名度のより高い大学に入学することが一流企業への就職につながっていたのである。

　従来，日本では，いったん就職すると終身雇用によって生活や身分が保障されてきた。したがって，知名度の高い大学に入ることがよりよい人生の決め手となっていた。

　大学入学試験の合否は，ペーパーテストの得点で決まる。そこで生徒たちは，少しでも高い得点が取れるように努力する。大学入学試験問題の多くは，多肢選択によるもの，ごく短い文章や単語の記入を求めるものが多く，理解力や表現力を求める記述式や論述式は少ない。そこで生徒たちは，必死に教科書や参考書の内容を暗記するのである。

　大学に入学してからの教育もまた問題視されている。大学の授業では，教授の一方通行型の授業が行われ，学生たちは教授が板書することをノートにとるというスタイルが一般的である。

　試験も教授が「ここを出す」といった部分を学生が暗記し，その教授の学説のみを書けば点数が取れる。逆に，自分なりの論理を展開して書いたりすると，その教授の講義内容を無視したことになり，点数がもらえないことさえある。これでは，高校までのような暗記中心の教育と何ら変わらない。

　以上は，これまで日本で行われてきた典型的な教育制度の実情であるが，現在，世界は情報化・国際化し，人々の価値観も多様になっている。今後の社会で求められる能力は，思考力・創造力及び問題の発見と解決能力などである。

　これからは，これまでのような既存の過去の事例や知識だけを暗記していたのでは，さまざまな問題に答えていくことはできないであろう。

14-5 教職の専門性について

●教育福祉論試験問題学習参考例●

　教師は子どもを，今の時点だけでとらえるのではなく，人生という長い期間の中の現在という視点でとらえ，一人ひとりの必要と能力に応じた教育的支援をしていかねばならない。この教育的支援の方法は，具体的な教育計画に基づいて行われなければならない。

　教師自らが現実社会を正しく見つめ，それを教育に正しく生かそうとする態度が必要である。現代社会に生きる子どもたちの生活は機械化・高速化・情報化した生活であり，また，人間関係の希薄化，遊びにおける孤立化，受験戦争の激化などが進んでいる。教師は子どものおかれている社会状況をしっかりと見つめ，子どもの成長・発達によりふさわしい教育と環境を提供して行かねばならない。教師の生き方そのものも教職の専門性のひとつである。子どもたちは日常生活の中での教師を見てそれを模倣し，さまざまな事柄を学んでいく。教師の行為は，直接子どもの成長に影響を及ぼすものである。このため教師の人間のとらえ方や他人との接し方が重視されるのである。特に，心身に障害をもつ児童にあっては，教師の豊かな人間性や倫理観が彼らの生きる力となり得る。また，教師自らが示す行為によって，言葉では言い尽くせぬ真実を子どもたちに伝えることができる。つまり，教科の学習においての知識・技能を口頭で教える以上に，子どもたちは教師の態度や言葉から，現実社会でよりよく生きていく姿勢や方向性を明らかにしていくのである。したがって，教師の謙虚で地道な生き方や教育実践そのものが，子どもたちにとっての真の教育となり得るのである。

　教師は，教科科目の内容を詳しく研究し，教育と指導に生かしていくことが大切である。したがって，教材研究は教師にとって不可欠な要素である。しかし，これまでの教職の専門性というとこの教材研究のみを指し，教科科目を超えた人間的な触れ合いや生き方にまで及ぶ教育は軽視されていた。今後は，各教科を学ぶことによって，子どもたち一人ひとりに何かを伝え，生きる上でその科目がどのような知恵となり得るのかを明らかにしていくことが重要である。また，わが国の教育体制は，一斉授業が主流となっているが，その中でも子ども一人ひとりの能力とニーズに応じて，学習できるように組織立て，個に応じた教育を展開していかなければならない。

14-6 ●教育福祉論レポート学習参考例●

いじめの問題について――教育福祉の立場から

　日本国憲法は，第26条において，国民の教育権を保障している。この教育権によって，すべての子どもは，その能力に応じて，ひとしく教育を受ける権利を有しており，健全に成長していく権利が保障されている。

　しかし戦後の教育事情は，不就学児童，長期欠席児童，貧困児童，非行問題，障害児教育などのさまざまな問題を抱え，現実には子どもの教育権は著しく阻害されてきた。特に1960年代の高度経済成長期に始まる偏差値教育や能力主義教育への傾向は，いじめや不登校の原因となり，子どもの教育権を必ずしも保障してはいなかった。

　そこで，高度経済成長期以降，子どもの教育権を尊重するために，教育制度の中に福祉的機能を取り込む教育福祉の考え方が注目されるようになった。

　スキッドモアの見解によれば，教育福祉とは「学校に備えつけてある通常の施設や器具をすべての児童・生徒が使いこなせるとは限らないし，標準化ないしは規格化されたカリキュラムをすべての子どもに適用させ得るともいえない。難聴児には，補聴器が，肢体不自由児には，特別の机が必要なように，身体に障害をもつ子どもには，それぞれ特別な設備や器具を必要とする。

また盲児やろうあ児の教育のためには訓練を受けた教師や専門家を必要とする。さらに何らかの理由で登校できない子どもの教育のためには訪問教師が必要である。つまり，障害をもった児童のためには特別の教師や治療指導員や整形外科医などの専門家が必要であり，この特別の専門家の存在があってこそはじめて「すべての児童」に教育の機会や能力発揮の機会が保障されるものである。このことを社会事業家はもちろん，保護者や市民も十分に理解することが必要である」と述べている。

　つまり教育福祉とは，何らかの理由，例えば，身体上の問題やいじめ問題などで教育を受けることのできない子どもに対して，社会的・経済的，及び身体的に援助し，子どもの教育権を守ることである。

　ここで，今日の子どもたちが教育を受ける上で抱えている問題の中から，特にいじめの問題を取り上げ，教育福祉の観点からどのような援助が必要か考察してみたい。

　文部科学省の調査によれば，小・中・高等学校及び特別支援学校における「いじめ」の認知件数は，約8万5000件（平成20年度）で，前年度比約16%減となっている。

いじめの態様で最も多いのは，小・中・高等学校では「冷やかし・からかい」，特殊学校では「言葉での脅し」とのことであるが，その内容は陰湿なものが多く社会的にも深刻な問題となっている。

　しかし学校現場において，これまで教育委員会の指導のもとに行われてきた「いじめ対策」には根本的な欠陥が指摘されている。例えば，いじめが必ずしも「弱いものいじめ」という形をとっていない現状や，いじめる側の子どもへのケアも必要であるという認識をもっていないこと，いじめを生み出す学校教育制度そのものを改革しようとする姿勢が見られないことなどである。

　そこで，いじめの問題に対して，教育福祉の観点から，学校現場で次のような援助が求められる。

　(1)　人権侵害の正しい認識

　いじめが，いまだに子ども同士の悪ふざけに多少，度が過ぎたもののようにとらえられたり，単にいじめられる側に問題があると認識されていては，いじめを解決していくことはできない。いじめとは，人権を侵害する行為であるということをはっきり認識させる必要がある。

　人権とは，人間が自分のあり方を自分で選択して決定することができるということである。そこでいじめが，人間としての自信や尊厳を傷つけ，子どもたちの生きる力までも奪ってしまう危険性のある人権侵害行為であることを子どもだけでなく大人自身も正しく認識する必要がある。

　そのために，人権教育の研究に取り組み，日々の生活の中から教師と生徒，生徒同士の間で人権を尊重しあう関係が生まれるようにしなくてはならない。

　(2)　いじめを生み出す背景の直視

　いじめの背景には，子どもの人権に対する認識の低さだけでなく，大人が知らず知らずのうちに，子どもの人権を侵害していることもその大きな原因としてあげられている。例えば，教師は，文部科学省の検定を受けた教科書を使って，一方的に生徒に知識を教えこむ授業を行っている。これは，まさしく画一性の強制といえる。さらに，子どもは，厳しい校則や体罰によって，彼らの主体的な行動や自由な選択は抑えられ，大人の価値観が強制されてしまっている。

　家庭においても，学校と同一の価値観に従い，親による子どもの管理，体罰，過保護が行われている。

　子どもたちは，こうした大人たちによる人権侵害の被害者である。人間としての尊厳を傷つけられ続けてきた子どもは，大人への反抗が許されないために，そのストレスの発散として，いじめという人権侵害をやり返しているのである。

　子どもたちは，自らの尊厳を重視されることで，はじめて人権の重要さに気づき，人権を守ることの大切さを学

ぶことになる。政府及び教育関係者は，①いじめ問題の背景には，学校，家庭において子どもへの人権侵害があること，②これを解決しない限りいじめ問題は解決されないということ，を認識した上で対応を図るべきである。

(3) 子どもの主体的な力を発揮させるための方策の確立

人間の尊厳の回復の第一歩は，子どもたちが自らの救済策を自ら選択できるようになることである。そのため，大人は子どもに対して解決の道を教えるのではなく，子どもたち自身が選択できるように助言し，サポートを与える役に徹するべきである。先回りして大人が解決策を指導することは，子どもの主体性を阻害し，子どもの人生における選択権を侵害することにもなる。

そのため教育行政において，いじめ問題の対策を作り上げる場合，必ず子どもたちの意見を聞き，彼らの意見をその対策に反映させるべきである。

特に大人は子どもとの関係の中で，子どもの訴えを正面から受け止め，その苦しみを共有し，共に悩むという姿勢が求められる。しかし多くの子どもたちが，教師や親にいじめの苦しさを相談しようとは考えていないという現実を謙虚に受けとめなければならない。

(4) 学校と親，地域，専門家との連携

いじめの問題は，教師の対応だけで解決できるものではない。そのため学校はこれまでのような閉鎖的な態度を改めて，親，地域の青少年問題関係者，カウンセラー，弁護士などの専門家と連携して，子どもへのサポート体制を築き上げなくてはならない。そこで，文部科学省がスクールカウンセラーを導入したり，地域でいじめ問題を論ずる場を設けることは，意義のあることだといえる。

人権理念の普及，子どもの人権保障の必要性の認識，いじめ問題に対する子どもの主体的参加，学校の開放，これらがあいまってこそ，はじめて意義のあるいじめ問題対策が可能になる。政府や地方公共団体，教育関係者は，その視点から改めて現在のいじめ対策を見直し，教育権が阻害されている子どもたちを援助していかなくてはならない。

14-7 子どもの教育権・福祉権について

●教育福祉論試験問題学習参考例●

　子どもの教育権とは，すべての子どもがその能力に応じて，ひとしく教育を受ける権利があり，国がこれを保障することである。そのためには，まず教育の"場"が豊富に用意されていなければならない。例えば，普通学校や障害児学級等の学校教育の場をはじめとし，児童館や公民館その他諸機関で行われている幅広い教育実践などがあげられる。このようなさまざまな教育の"場"があってこそ，子どもが自らのニーズにふさわしい教育のあり方を選択することができるのである。

　子どもの福祉権とは，子どもが心身共に健やかに成長できるように，生活を保障され，愛護される権利である。この権利は，子どもの保護者を始め，国及び地方公共団体が保障していかなければならない。なぜなら，子どもの生活が十分満たされることによって，子どもは社会に好ましく適応し，また，自立して生きていく基礎学力を獲得するからである。

　しかし，今日子どもの教育権と福祉権は，まだ広く社会に認められてはいない。今日の学校教育では，多くの子どもが学習内容を消化しきれないでいる。地域社会にあっては，子どもたちの生活を高めるためのよりよき教師や指導者が不足している。また，核家族化がもたらす子どもの集団からの逸脱，さらには孤独化傾向など，子どもの社会化や自立・自主性の伸びをはばんでいる要素が多く存在している。

　教育権・福祉権の両権利がその機能を発揮するために，まず，学校・教師への期待は大きい。そして，学校が何よりもまず，子どもにとって魅力ある存在となる必要がある。子どもの教育権・福祉権を保障するためには，子どもの社会化や自立を願う立場に立って，環境適応に欠けているものは何かを明らかにし，その問題を解決することがまず必要である。つまり，教育条件や環境のよりよい整備充実をはかっていかなければならないのである。その前提として，現在の学校の教職員だけでは，学校におけるすべての活動に対処しきれないことを認め，子どもの福祉部門を担当する専門職員の配置も望まれる。

　学校や教師に対する期待は，同時に地域社会に対する期待でもある。教育行政機関や学校を中心に，地域の児童の福祉を担当する機関が連携して，地域全体による総合的な教育・福祉の展開が今後いっそう期待される。

第15章
養護原理

養護原理

　児童の養護とは，次代を担う児童の健全な育成発達を援助・促進させるための社会的責任として大人側からの働きかけを意味している。児童の健全な心身の発達は，乳幼児期から青年期に至って完成するまで継続的に展開され，その間に人間としての健全な基礎が培われるべきである。したがって，児童期の養護のあり方は，その人間の将来を左右する重要な意義をもち，いかなる場合でも適正に行われなくてはならない。本来は，すべての児童が健全な家庭で養護を受けることが望ましいが，現実には家庭に恵まれない児童が多数存在する。家庭が児童の養育機能を果たせなくなった場合，国，地方自治体，国民が家庭に代ってその育てる責任を負うことは，社会の義務になっている。

　「養護原理」とは，家庭の代替的機能を果たす「社会的養護」を中心とし，その展開のための考え方，内容，方法などを総称したものである。ここでは児童施設のうち，主に入所施設における児童の養育・保護のあり方を問いながら，児童養護の意義や目標を確認し，家庭や社会の仕組み，関係，方法などを学ぶ。

　その内容は児童養護の基本的な考え方，児童福祉施設の歴史と体系，施設養護の基本原理，児童養護の技術と方法，養護を担う職員のあり方と課題，施設運営と管理などである。

　近年，核家族化，少子化が進行し，ひとり親家庭が増加している。さらに共働き夫婦の増加に加え，就労形態の多様化が生活様式を変化させ，子育ての変容をもたらしている。喜びであるべきはずの子育てが，負担となり児童虐待につながることも多い。物質文明社会は，生活観，子育て観を変化させ，親子関係を歪める原因となり，親子の愛情を希薄化させている。このような環境上に問題をもつ児童は，地域社会に潜在的に存在している。これらの潜在的ニーズに対しての対応と，児童福祉施設が「開かれた施設」としての機能を発揮することが期待されている。

15-1 ●養護原理レポート学習参考例●
児童養護の意義と基本原理について

1　児童養護の意義について

　児童養護の意義は，自分の力だけでは，生きることも健全な成長発達も困難な未成熟の児童に対して，家庭や地域社会，施設などにおいて，児童を守り，さらに健全な人間育成のための働きかけや取り組みにあると考えられる。

　児童は両親から家族へ，さらに近隣社会へと次第に生活領域を広げていく。よって，両親や家族ばかりでなく，それぞれの生活の場における大人や社会の営みも健全な児童の育成には欠くことができない。

　児童は，未成熟な段階の人間ではあるが，しかし全面的に発達する可能性を内在している。保護され，健全な育成を保障される権利をも有している。ところが現実には児童自らの力ではこれらを行使することは困難なため，児童の権利は保護者またはすべての大人によって行使されなければならないのである。

　親や保護者に代わって国や地方公共団体の責任において養護されなければならない児童は決して少なくない。こういった養護を「社会的養護」といい，生活形態で分類すると「家庭的養護」と「施設養護」に分けられる。

　「家庭的養護」の代表的なものは，里親制度である。また民法上の制度として養子縁組制度がある。

　「施設養護」としては，乳児院，児童養護施設，児童自立支援施設，障害児施設などがある。これらの施設は，保護者のいない子どもや，虐待などのため養護を必要とする子どもを養護する施設である。わが国においては，乳児院や児童養護施設などの施設養護が施策の中心となっている。

　こうした中で，養子縁組を目的にせずに一定期間家庭において養育する東京都独自の「養育家庭制度」が行われている。このほか里親など一定の経験のある人が6人程度の児童を家庭で養育する「ファミリーホーム」がある。

　なお，「児童権利条約」（第20条）では，施設養護よりも里親制度などの家庭的養護を優先する考え方をとっており，国際的な潮流となっている。

　わが国においても，今後，社会状況や家庭の質的変化に対応して「社会的養護」の必要性はますます高まってくると思われるが，ノーマライゼーションの理念に沿った取り組みが期待されている。

2　児童養護の目標

　児童養護の目標は，児童養護の意義や目的を正しく理解し，それらの実現

にあたって効果的に児童を養護できるようにすることにある。つまり、児童の心身の成長を助ける働きと、児童の社会性を育成していく働きの2つが、密接に結びついて行われなければならないことが児童養護の特徴である。またこの2つの働きは、どちらも人間としての健全な成長・発達を促すために重要なものである。

このため、児童養護は、まず十分な栄養と衣服、そして住まいを与え、疾病と災害から児童を守るという、物的・人的な環境を整え、児童の生活を保障し守ることが第一の目標となる。

また、正しい愛情と知識・技術によって、児童の個性と能力に応じた教育・保護・治療などを提供し、児童が社会・文化の創造的な担い手となるのに十分な準備期間をもてるようにすることが必要である。

3　児童養護の基本原理

家庭が児童の養育機能を果たせなくなった場合、国・地方自治体・国民が家庭に代わってその育てる責任を負うことは社会の義務にもなっている。家庭における養護の場合、親子関係を基本にして、自然のうちに養育機能が営まれており、親の人格や養育態度の影響を受けながら、児童は日々成長発達している。施設入所によってこの家庭の営みを中断された児童たちは、職員との信頼関係を結ぶことになる。将来の家庭復帰に備えて、適切な養育がなされるための基本理念が、次に述べる5つの児童養護の基本原理である。

(1) 人間性回復形成の原理

これは入所児童の、中断されたり歪められたりしている人間性を、より良い性格の再形成へ積極的にもっていくことである。社会的養護の場としての児童福祉施設に措置されている児童は、より良い性格の形成が、さまざまな理由によって阻害されたり、歪められたりして入所してくるものが多い。その原因が、虐待・過保護・放任・無視などいずれであっても、子どもたちは、自分の周囲の人々、特に大人に対する不信感や恐怖感や反感をもつようになったり、あるいは逆に依存心や自己喪失・挫折感につきまとわれたりすることも多い。そのことが、子どもたちを本来所属していた家庭や集団からますます遠ざけていく。こういった児童を養護していくためには、児童自身のあるがままの姿を受け入れ、自己決定権を尊重し、その主体性・自立性の確立を援助していくことが大切である。

(2) 親子関係尊重・調整の原理

施設養護は、家庭養護との相互補完的で緊密な連携によって初めて一人ひとりの児童のニーズに応じた養護内容が期待されうるものであることを、その開始の段階からその完了の段階に至るまで、たえず念頭に置いて進めることがきわめて重要である。具体的には児童が親や家庭から引き離されていることから生じる心理的不安をいかに受け止め、いかに和らげていくかが大切

である。また児童やその家庭が必要とする期間，できるだけ効果的な施設養護を実施して，早期に家庭や社会生活に復帰できるようにすることも大切である。例えば，児童の家庭復帰や社会復帰の円滑化を図るために，親たち自身を施設内に何日かその子どもたちと共に寝起きさせたりする両親教育などのファミリー・ケースワーク・サービスが強調されている。

(3) 個別化の原理

ここでは，一人ひとりの児童をそれぞれ異なった独自の性格をもつ主体的な人格として尊重して，具体的にどう接するのかを考えることが重要となってくる。児童と職員との個別的人間関係の恒常的一貫性の確保・維持のために，グルーピングなどの年齢，性別，縦割り，横割りの構成の「集団構成」についても問題にされてきている。最近欧米でハウス・ペアレントと呼ばれる日常養護職員が，24時間の日常生活中で起こる児童の身体的，情緒的などの養護ニードを一貫継続して世話をしていく方法などが実践されてきている。

(4) 集団生活の活用の原理

これは，施設養護における集団的枠組みを，児童の人間形成の過程においてプラスとなるように積極的に社会化の過程として，集団性の利点を活用しようとするものである。集団の構成メンバー相互間に影響しあうグループ・ダイナミックスを正しく把握し，集団所属感や帰属感を発達させることにより，集団の一員としての安定感や自信感を深めていくものである。

(5) 積極的な社会参加の原理

これは，入所児童が家庭復帰や社会復帰を円滑にすることを通じて，広い社会生活へ積極的に参加できる道筋を切り開き，その日常生活を地域社会生活へとつなげていく工夫をすることである。施設退所後，半年，1年，2年など経過を追ってアフターケアを充実していくために自立援助相談も行われている。また近年，地域の住民参加型の社会福祉の実践活動のひとつの試みとして，施設から家庭復帰や社会復帰への中間的ケアとしての「養育家庭制度」や施設を退所して働く青少年のための中間的な社会復帰準備施設として「ファミリーホーム」が東京などの大都市にはある。

15-2 児童養護の基本原理と具体的展開について

●養護原理試験問題学習参考例●

家庭が児童の養育機能を果たせなくなった場合，国及び地方自治体，国民が代わってその責任を負う。そこで，児童養護施設では，将来の児童の家庭復帰に備えて適切な養育がなされるための基本的な「原理」を掲げ，児童養護を実践している。

第一は，人間性回復形成の原理である。これは児童養護施設に入所している児童の健全な家庭生活が中断されたり，そのために歪められてきている人間性を正常なパーソナリティにもっていけるように積極的に努力することである。

第二は，児童の家庭復帰や社会復帰の円滑化を図るために，親達を施設内に何日か寝起きさせたりして両親のための教育などのファミリー・ケースワーク・サービスを行うことである。

第三は一人ひとりの児童をそれぞれ異なった個性をもつ人格として尊重し，具体的にどう受け入れ，接するのかを考えることである。児童と職員との個別的人間関係の恒常的一貫性の確保・維持のために，グルーピングなどの年齢，性別縦割り，横割りといった「集団構成」も大切なことである。例えば最近，欧米でハウス・ペアレントと呼ばれる日常養護職員が，24時間の日常生活の中で起こる児童の身体的，情緒的な養護のニーズを一貫して継続的世話をしていく方法があげられる。

第四は，施設における集団生活を児童の人間形成の過程においてプラスとなるように積極的に社会化の過程として，その利点を活用しようとすることである。集団の構成メンバー相互間に影響を与えるように働くグループ・ダイナミックスを正しく把握し，集団所属感や帰属感を発達させることにより，社会の集団の一員としての安定感や自信を深めていくものである。

第五は，積極的な社会参加を促すことである。これは，入所児童が家庭復帰や社会復帰を円滑にすることを通じて，広い社会生活へ積極的に参加できる道筋を切り開き，その日常生活を地域社会生活へとつないでいく工夫をすることである。施設退所後，半年，1年，2年など経過を追ってアフターケアを充実していくために児童の自立のための援助相談も行われている。また近年地域の住民参加型の社会福祉の実践活動のひとつとして，施設から家庭復帰や社会復帰への中間的ケアとしての養育里親制度や専門里親制度などがある。

15-3 ●養護原理レポート学習参考例●
児童福祉施設の社会化について

1 施設の社会化の意義

児童福祉施設の社会化とは，一般に，社会福祉制度の一環としての社会福祉施設が，施設利用者の人権保障，生活の擁護という公共性の視点にたって，その施設における援助内容を向上させるとともに，その置かれた地域社会の福祉ニーズを充足，発展させるために，その施設がもっている設備，機能などの物的資源や人的資源などを，地域社会にも開放・提供し，また地域社会の側からの利用，学習，参加などの活動に応ずるという，社会福祉施設と地域社会との相互の交流のことをいう。

今日では，目まぐるしい社会の変動につれて，児童養護の質的変化がみられる。少子化や核家族化が進む中で家族の結びつきが弱くなり，家族の機能が果たせなくなっている現在，要養護児童の実態も変化してきている。

児童福祉施設は，単に施設に入所している児童に対する援助内容を充実させるのみでなく，地域社会における家庭崩壊等の危機的状況に対応できる対策にも視点を向けるべきである。

またこうした現状を踏まえて，地域福祉・在宅福祉という考え方の台頭，ノーマライゼーションや施設の社会参加の強調により，従来の施設中心型のサービスのあり方から，施設の社会参加，地域との協働による在宅福祉サービスの充実へと変化がみられる。この考え方は，家庭崩壊の予防的役割を施設が担うことを求められているということである。例えば，在宅福祉サービスや通所施設などの利用により，生活維持が可能な家族に対しては，諸サービス間の調整とネットワーク化を推進していくことが必要である。

施設の社会化の具体的な骨組みは，次の8つに区分される。すなわち，①地域の公共施設の利用，②広報活動，③施設の地域開放，④地域との交流事業，⑤教育・啓発事業，⑥相談・助言・指導など，⑦専門サービス，⑧地域福祉の推進である。

2 施設の社会化の現状

社会福祉施設の社会化活動とは，施設のもつ機能・設備・専門知識などを積極的に地域に還元し，今までの受け身の立場から地域の中核として頼られる存在として奉仕し，開かれた施設として福祉の向上に努めることである。

ここで児童福祉施設における社会化につながる実際の活動例を見ていくことにする。

(1) 行事などの相互参加

雪の多いN県N市の児童養護施設で

は，施設創立当初は，園内に地元の人々を招いて「年末感謝祭」と称して，いわゆるクリスマス会をひらいた。そのとき，「施設の子どもは，国から費用をもらっているのにクリスマスをやる」と批判され，その後も，「施設の子どもと一緒ではやる気がしない」という親の声が絶えなかった。しかしながら今では，地元の子どもの親たちも，親から離れて園に来ている子どもたちが明るくのびのびとしているのに感心し，中には自分の子も施設に入れて指導・教育してもらいたいというほどになっているという。

(2) 地域への労働参加

H県N市にある知的障害児・者関係の4施設は合同で「微笑み会」を組織して，福祉の町づくりをめざしている。これは，障害児・障害者が，精神的・環境的に，平等に明るく生活できる町をつくろうとするものである。例えば，地区のバス停や神社や公園の清掃を行う活動をしてきている。

(3) 諸設備の開放

G県K町にある知的障害児・者施設は，地元の人々の心身の鍛練を兼ね，交流の場の中核とするために，施設内のグランドづくりや，フィールドアスレチックの建設を進めている。

(4) 教養を高める活動

G県O町にある児童養護施設は，町内の2つの施設と合同で，福祉祭や福祉講座を開催している。「青少年の健全育成と福祉の町づくり」をテーマに福祉シンポジウムを開いたり，演芸・創作教室・スポーツなど多彩な催し物が展開された。

(5) 劇や音楽などの活動

S県M町の児童養護施設は，ホームの職員が人形劇団をつくり，施設の子ども相手に公演をしていくうちに，観客であった子どもたちが，人形劇に深い興味を抱くようになり，ついに子どもたちだけで人形劇団をつくり，活動を始めた。人形劇は，人形や道具類を作る喜びがあるし，ひとつのものを作り上げるために必要な協力の精神が生まれ，子どもたちははきはきと明るく活発になっていった。10年間に，施設外公演も含めて，65回の公演がなされたという。

(6) 相談・指導など

A県N市にある知的障害児通園施設は，障害児の療育相談として，母親のための学習を中心とした「水曜療育」を行っている。職員は昼休みを返上して，療育を行い，ボランティアが援助している。また乳児院や保育園では，子どものための育児相談や，在宅障害児の機能訓練，介護相談などを行っているところが多い。

3　施設の社会化の問題点

施設の社会化の問題点の第一は，職員の労働負担の増加につながっていく可能性が高いことである。例えば，福祉シンポジウムの開催を考えてみても，その準備や運営のためにボランティアを動員できたとしても，その活動全体

のコーディネーターとしての職員は，時間外にも働くことになり，どうしても労働の負担が重くなる。

また高齢社会に向けて社会的ニーズや地域性などの配慮のもとに，施設体系の整備がまだまだ遅れていることも問題である。

さらに資金不足，人手不足，専門的人材や技術，スタッフの適正配置，法的制限の存在，事故保障の問題，行政・職員・住民の無理解などがあげられる。

こういった問題を解決していくためには，まず地域社会の施設に対する理解を深め，良い関係をつくっておくことがなにより大切だと思われる。こうした意味では，施設の社会化を単なる労働負担の増加と考えないで，それは施設における援助に必要な延長線上の実践であると考えるべきである。なぜなら，施設の仕事は，施設内で完結するものではなく，退所後の社会生活を順調に送ることができるようにしていくにはどうしたらよいかという視点で考えざるをえないからである。となると，地域福祉・在宅福祉サービス時代といわれる中で，まさに施設はその地域社会の一員として，専門的機能の拠点としての働きをしなければならないと考える。

こうして地域の社会化から，施設資源のネットワークへ，ネットワークから地域福祉システムへとつながっていくと考えられる。つまり，施設が存在することによって，専門機能が地域に提供され，住民が施設にかかわることによって，コミュニティを形成する力が育てられる。このことにより「地域の社会化」がなされていくことになるにちがいない。

施設養護における援助技術の意義と方法について

　施設養護の基本原理として,「個別援助技術」と「集団援助技術」がある。「個別援助技術」においては,一人ひとりの児童をそれぞれ異なった個性をもつ主体的な人格として尊重し,さまざまなニーズを抱えた存在であることをふまえて家族養護における個別化とは異なった配慮が加えられなければならない。具体的には,まず入所児童の過去の生活背景を考えた個別理解と把握が重要となる。養護の方法としては,一般的には施設養護職員個人と子どもとの1対1の人間関係を,どのように信頼できるものにするか,また,維持していくことができるかが大切である。さらに欧米でハウス・ペアレントと呼ばれる日常養護職員が,24時間の日常生活の中で起こる児童の身体的,情緒的な変化などの養護ニーズにあわせて継続的にケアしていく方法などが高く評価されてきており,わが国においても一貫性があり継続した日常養護が考えられなければならない。

　「集団援助技術」は,集団生活において児童の人間形成の過程においてプラスとし積極的に集団性の利点として活用する援助方法である。児童の人間形成の過程は,一面において社会化の過程としてもとらえることができる。その過程を通して社会生活に必要な人間関係を作り出し,その状態を維持し続けていける能力を学習や経験を通して習得していくことが重要となる。養護専門職員のグループワーカーなどが中心となり,入所児童の社会化の現状とその背景にある問題点を整理し,社会化の過程を是正し,進展させていくことができるように施設が提供できるさまざまな集団的枠組みの操作を行う必要がある。また集団関係において,集団の構成メンバー相互間に互いに影響し合う事を正しく把握し,集団所属感や帰属感を発達させることにより,集団の一員としての安定感や自信感を深めさせていくことも大切になる。

　以上のように個別的援助と集団的援助は,常に適切なバランスをとって進行されていかなければならない。またそのことは,個別援助技術と集団援助技術の調整・協同の不可欠さをも指し示している。

15-5 施設養護の実際について

●養護原理試験問題学習参考例●

　施設における養護内容は，①生活指導と教育機能，②心理治療的機能，③社会的機能の3つに分けられる。

　①　生活指導と教育機能とは，施設における衣食住とそれに伴った生活指導をすることである。これは，家庭環境の欠損などのために入所してくる児童に将来社会の荒波を乗り越えていくための生活の知恵と力を与え，よりよい生き方を指導していく教育の場として捉えることである。

　②　心理治療的機能とは，①の生活指導と関連しながら，集団的，個別的に実施される。つまり児童指導員などと児童との間で行われる，個別指導における個別援助技術と，集団における規律と組織の相互作用を利用した集団力学的効果をねらった集団援助技術の併用が望ましいと考えられている。

　③　社会的機能とは，施設が積極的に地域社会と連携し，その社会福祉センター的役割を果たすことである。

　入所児童の家庭復帰や社会復帰の円滑化を図るために，地域住民との友好関係を深め，地域社会のニーズに応える努力をしながら，広く社会の現実を理解・学習させることである。

　養護を行う上でまず大切なことは，時間的な展開を考えることである。施設で生活する児童と職員との間に構築される信頼関係や仲間との相互作用を基に，日々の生活が日課に基づいて展開され，それが1日，1週間，1年と繰り返される中で正しい生活リズムが築き上げられていくのである。次に，対象となる児童について，常に集団として，また個別としての接し方を同時に大切にしていかなければならないのである。さらに，養護者側になる職員体制として一貫性・連続性を維持するために養護計画の段階で，内容・時間などの分担・役割を明確にしておくことが重要である。

　また対象となる児童の実態の正しい把握とニーズに照らし合わせて，施設における養護機能と能力の確認がなされていなければならない。具体的には人的専門スタッフの充実，施設環境，予算や経済的問題などについても十分に理解しておくことが重要である。

　もし1か所の施設の機能や能力に限界があっても，他の施設や公的機関，もしくは地域社会などと協同・連携することによる児童への援助の正しい実現の可能性などを探り，積極的に周辺環境体制を充実させていくことが大切である。

15-6 施設養護に携わる職員の資質について

●養護原理試験問題学習参考例●

施設養護に携わる職員がその仕事を進めていく上で必要とされる資質は主に8つある。

まず第一は，児童福祉の理念に立ち，児童養護に使命感をもつことである。このため，対象児童を「人として尊ぶ」ことを基本として常に理解するように努力し，「児童の立場に立つ」ことが大切である。

第二は，職員がそれぞれの異なった役割を担い，共に仕事を進めていくためには養護職員同士の立場やその役割を理解し合うことが必要である。

第三は，自分自身の性格傾向をよく熟知することである。自らも欠点をもつ人間としてそれを克服しようとする姿勢で努力していかなければならない。

第四は，児童を人間として良い悪いと決めつけずにあるがままに受け入れることである。つまり，職員対子どもの受容的・信頼的人間関係の形成に主体的に取り組むことが大切である。

第五は，人間理解のために医学や心理学，教育学などの幅広い知識，教養を持ち常に自己研鑽に努めることが大切である。

第六は，社会的感受性と社会科学的視点を常にもち続けることである。

第七は，養護技術の専門性である。養護技術として求められるものは，日常生活の児童の隠された潜在能力を見つけ，それを引き出し伸ばすような働きかけである。

第八は，職業意識の明確化である。日々の実践が社会的にいかなる意味をもち，またいかなる役割を果たしていくかを常に考え，さらに児童福祉の現状を把握・分析しておくことが必要である。

このような8つの資質は，すなわち「人間性」に関わるものが中心である。そして，それが施設養護の展開において，児童援助の専門知識と技術を駆使する基本的な前提条件となるわけである。

「人間性」とは，施設職員が入所児童と共に生活することによって，児童の生命を守り，人権を擁護する強い決意とともに，「人格の尊厳」「あるべき人間性の回復」を願って，自らも専門職業人として成長していこうとする態度ともいうことができる。

15-7 施設養護におけるチームワークについて

●養護原理試験問題学習参考例●

　児童養護施設の入所児童にとって，職員との人間関係が，その児童の成長（あるいは治療効果）とその人格形成に多大な影響を与える。また児童の眼は，児童養護施設の職員相互間の人間関係のダイナミックスをとらえることにより，感情・態度・行動に，非常に大きな影響を受けるともいえる。

　施設におけるチームワークが必要とされる理由は，主に3つある。

　第一は，児童の養護過程はすべての職務が互いに関連し，児童の日常生活に深く関わっているので，職員集団の意志統一が必要だということである。

　第二は，職員の勤務形態によって職員が交替するために，勤務中の児童にまつわる出来事・情報を伝達し，効果的な養護にあたることが大切であり，そのために児童養護施設の職員同士のチームワークが必要となってくることである。

　第三は，養護過程を進める場合，児童の問題やニーズに応じてより専門的処遇方法や療育が必要とされることで，例えば医師，看護師，保育士や児童指導員などがそれぞれの役割分担の明確化，調整そして全体的統合をもとにチームワークを築いていかなければならない。

　チームワークを具体的に進めていくためには，職務分担・責任と権限の確立が必要である。特に留意点としては，①業務計画策定への職員への参加，②自己，③責任と相互援助，④職員同士の認め合い，確実な情報交換，⑤労働条件の確保，⑥資質の向上，⑦リーダーの役割がある。職員会議は，意思統一を図る場として重要であり，ケース検討会議や打ち合わせ会で検討したことをまた全体会議でフィードバックして討論することが大切である。

　職員同士は，職員相互の共感的理解をもとにして，お互いの弱さとか欠点を抵抗なく補い合える関係ができていくと考えられる。ここから，まず職員相互の受容的態度が生まれ，そして職員は児童の行動・態度・感情などを深く理解しようとする受容的態度（専門職業的態度）が形成されていく。つまり各職員の役割遂行をめぐる人間関係は，職員相互の安定性＝定着性を達成するために重要である。個人の主観的な価値観を排除し，本当の意味での児童の側に立つ視点を堅持する，あるいはもつことができるように育てる機会を与えられるというところにチームワークの基本的な目標があると思われる。

第16章
社会心理学

社会心理学

「社会心理学」は，定義上，心理学と社会学の隣接領域に成立する学問であるが，現状では，この2つの立場からするアプローチ（心理学的社会心理学と社会学的社会心理学）に集約される流れがあって，まだ両者を統合することは困難なようである。

心理学的社会心理学は大筋において，個人的特性，学習，パーソナリティなどの概念を用いて個人の行動を明らかにすることを基本的な狙いとしている。すなわち，人は，社会からどのような影響を受け，それがどのように個人の行動に反映されるのかを分析していくものである。

一方，社会学的立場からは社会的役割，その獲得過程としての社会化，その統合形象としての社会的自我など，社会（集団）レベルでの人間性の問題が重視され，そこから，社会的相互作用のあり方や，社会的システムの形成，変動の問題に接近することを主要な課題としている。すなわち，社会（集団）は，人にどのような影響を与え，その結果として社会がどのように変化していくのかを分析していくものである。

これらの2つのアプローチの関係，すなわち社会的相互作用は個人優位か社会優位かを軸とした論争が，主として社会学の分野で長年論争されてきたが，社会心理学の立場からすると，どちらの考えが正しいかという問題よりも，両者の相互の関係に関心がもたれるべきである。

社会心理学の性格や輪郭がはっきり浮かんでこなくても，身近な出来事からイメージし，社会心理学と関連のある出来事を探り当てることは難しくない。日常的に見られる家族や地域社会，職場における人間関係の葛藤，価値の多様化，世代間対立，流行，住民運動と住民意識の変化，社会病理現象，国民性など，現代の社会心理が凝縮して現れる社会的場面は非常に多い。いずれの場面も一見とらえどころのないような出来事であるが，多種多様な社会的意味をもつ出来事に直面して，それらの事象を自己との関わりの中から，社会心理的な場面に再構成していく視点やイメージをもつことは，社会心理学を学ぶ上で欠かすことができないものである。

16-1 都市化と人間について

●社会心理学レポート学習参考例●

　都市化という概念が意味するところは，農村から都市への人口流入による都市居住者の増大や，都市的居住様式，便益の近郊への拡大といった変動であると言えよう。しかし，ここでは，そうした変動を可能にし，またそうした変動によって加速される人間関係のあり方にみられる変化として考えたい。農村社会に典型的に見られるのは，家族や地域共同体の中でその土地の風習に堅く縛られ，伝統や慣習によって強く強制された人間関係であり，人々の結びつきは強力ではあるが，個人の個性や自発性に基づく自由さはない。これに対して都市社会では人々は伝統や慣習に支配されず，人間関係を結びつけているのは利害の共通性や相補性であって，協力的ではあるが，部分的，かつ打算的であったりする。つまり，都市化というのは農村的な人間関係から，都市的な人間関係への移り変わりが，全社会的な規模で生じていることであると考えられる。ドイツの社会学者テンニエスは，「ゲマインシャフト的結合」から「ゲゼルシャフト的結合」へという定式化で，この変化をとらえている。前者は自然的かつ本質的な結びつきで，家族，近隣，共同体などに見られる。後者は利害に基づく選択的，部分的結合で，商業や取引契約のうちに顕著にあらわれている。そして"ただ偶然的な任意に選ばれた住所として，共同の場所を有するにすぎない"として，大都市生活の基調をなすのは，このゲゼルシャフト的結合であると，彼は言っている。

　テンニエスはこれを，社会の歴史的な発展を示すものとして用い，ゲマインシャフトの時代のあとにゲゼルシャフトの時代が続くと考えた。

　現代社会の特徴をその形態面でとらえると，社会のさまざまな領域における規模の巨大性と，構成要素間の相互依存関係の複雑性であると言えよう。政治過程に参加する大量の有権者，経済活動に見られる大量生産と大量消費，膨大な人口の都市集中，マス・メディアによって伝達される大量の情報など，どれをとってみても，この過去数10年間に急激に膨張し，拡大した現象であり，しかも，これらの巨大な現象を動かしている組織もまた巨大である。現代社会の各領域は，巨大であると同時に部分間の複雑な相互依存関係によって，いろどられている。

　社会生活のさまざまな領域で，分業関係が成立してくると，相互間は入り組んだ依存関係によって結びつけられ

るようになる。現在では，その関係はきわめて複雑なものとなり，ある部分の変化は，他の部分に影響を及ぼしやすく，ひいては，全体の問題に波及する可能性を常にはらんでいると考えられる。

都市の住民は，その生活資源を農村や運輸機関に依存しなければならないし，農村はその農耕機械を工場に依存しなければならない。ある産業が不振に陥れば，多くの関連産業を脅かし，膨大な量の失業者群を生み出すことになる。規模があまりにも大きすぎること，また，相互関係が複雑であることが，事態を正しく認識する妨げになっている。自分の生命の死活に関する問題でありながら，戦争にしても，公害にしても，物価の高騰にしても，それがどのような要因から起こり，また，どのような組み合わせによって，生じているのかを十分に理解することはきわめて困難であり，結果だけを否応なく受け取らねばならない。

しかし，現代社会におけるコミュニケーションの形態もまた，顔を知り合える共同社会をはるかにこえてしまった大社会の中で，人々に情報を伝達するためには，マス・メディアが必要である。

ライト・ミルズが指摘しているように，そこでは公衆は単なるメディア市場となる。その上マス・メディアは大衆の心理的管理と操縦の手段として，権力エリートによって利用される可能性が大きい。

マンハイムは知識エリートに期待したが，社会の大衆化の流れはエリート集団自体をも変質させ，数の増大流動化，選択原理のあいまい化，視野の偏狭化などをもたらした。マンハイムはこれらの過程を「否定的民主化」と呼び，知的世界の中に，必要以上の人間が流れ込むことによって，「知識階級のプロレタリア化」という現象が生じたと嘆じているのである。

民主化によって，政治過程に登場する機会を与えられてきた大衆は，名目的には主権者でありながら，実質的には無力な存在である場合が多い。こうした政治的疎外状況におかれた大衆は，社会に構造的危機（例えば経済恐慌，激しいインフレ，慢性的失業，戦争の切迫など）に直面した場合には，極度の不安に陥って爆発的な盲動やパニック状態を起こす。さらに具体的な「敵」が示されれば，諸悪の根源としてそれを的にして，狂気のように攻撃を加えるのである。

しかし社会的危機がそれほどはっきりあらわれない場合，疎外された大衆の政治的心理は，投票所にも行かない政治的無関心という形であらわれる。しかもそれは，政治を拒否し，政治的責任を果たさないという無関心なのである。

ライト・ミルズは，アメリカのホワイトカラー層の政治的無関心を生み出した社会構造的原因のひとつとして，

国民の実収入の継続的上昇をあげている。

　都市化が，進むにつれて，エリートと大衆は何らの接点もなくなる。

　また，ジンメルは，社会集団の分化という視点から，この変化過程を考え，それは集団に対する個人の依存と，個人に対する集団の要求とが，ともにその程度を減らし，個人は個性と自分の所属する集団からの独立性をもって，他に自分の好きなものとの新しい結びつきを求めるようになるというのである。

　都市化と交通手段の発達により，分業をもたらす社会関係の増大と社会的体積の拡大があるとデュルケムは言う。人間の活動に対して，社会的規制が働かず，人々が自らの活動の意味を見失って，いたずらに欲望が強くなることのみが生じる状態を彼は「アノミー」と名づけ，これが自殺の社会的原因になることを論じた。

　社会の近代化という面から「都市化」は，人間をその中に埋没させ，人間の全体を吸収しつくすような集団の解体を意味し，個性と自律性に基づいて形成される新しい集団の誕生を予兆する。さまざまな特性をもった人達の連帯からなる，多様な集団の存在は，コーンハウザーの言う「多元的社会」を可能にする。

　しかし，現代の都市社会に残されているのは，ばらばらに分離した対立的な個人の間の関係のみだとテンニエスは言うのである。

　このように，「都市化」に象徴される現代社会の人間関係は，一方で，合理的，自立的な紐帯を予想させながら，他方では，孤立化し，集団結合から疎外された分離状態として，描き出されるのである。集団規模が巨大化し，社会関係が複雑化することは，集団と個人との結びつきを，次第に距離のある薄いものとし，個人の独立性を強くしていくようであると考えられる。

16-2 社会的相互作用と社会心理学の関連性について

●社会心理学試験問題学習参考例●

　社会心理学が研究対象としているのは，われわれが日々出会う「ありふれた」現象である。このような現象は，個人的・主観的な現象であるため，経験や実感としてとらえる領域の問題と感じられるかもしれない。しかし，社会心理学は社会科学的な立場に立った科学であり，この主観的現象を客観的にとらえてこそ，問題の科学的解明が可能となる。

　アメリカの社会心理学者オールポートによれば，社会心理学とは，「個人の思想，感情，行動がどのように他の人間の現実の存在，あるいは想像ないし暗黙の存在によって影響を受けるかを理解し，説明することを企図するもの」である。つまり，個人の心理を基本的単位として，個人の所属する集団や社会における社会心理の全体像を把握するのが社会心理学なのである。しかし，個人の心理を個々に切り離してとらえ，それを寄せ集めてみても，社会の心理は必ずしも浮かび上がってこない場合がある。なぜなら，ある一定の社会的条件のもとで個人の心理が相互に作用し，その結果，社会全体としての心理が生み出されるからである。

例えば，個人の意見や思想を調査し，その総和として全体の意見や思想をつかむことはできるが，それが現実の世界の中で展開されている大衆の思想や行動を必ずしも表しているとは限らないのである。

　社会心理学と社会相互作用の関係は，19世紀後半欧米において，資本主義が生んだ矛盾が直接又は間接的にさまざまな緊張や社会的問題を生み出し，社会心理学的な解明や診断が要求されたことから始まっている。従来，社会的・政治的に阻害されていた労働者や大衆が歴史の表舞台に登場し，彼らの意識や行動を究明することが実践的にも政策的にも重要な課題となったからである。したがって，社会心理学は，社会の条件や存在に対しての自然発生的な大衆の思想なのである。

　人間は日常生活の中で互いに影響を与えあって生きている。そして，そのような人と人との「相互作用」が社会心理を構成しており，社会の意識や行動に影響を及ぼしているのである。このような人と人との相互作用のあり方を研究するのが社会心理学である。

16-3 ●社会心理学レポート学習参考例●
スメルサーの集合行動論について

　われわれ人間は生活していく上で、なんらかの地位や役割を担い、そして組織に属し、安定した日々を送っている。そこで、社会の構造を見てみると、社会体系の単位はつまるところ役割であるといえよう。社会体系の内実は、複数の行為者の相互行為過程なのだから、行為者間の関係が社会体系を作り上げているといえる。

　地位とは、行為者間の社会関係における位置であり、これに対して役割とは、その位置において課された規範的期待の実現である。かかる役割期待は、当該行為者の行為を制御する機能を果たしている。それが可能なのは役割期待がパーソナリティに内面化され、また行為状況に制度化されているからである。このように、役割期待によって社会体系とパーソナリティ体系が連結している。けれども、それと同時にパーソナリティ構造と役割構造は分析的にはあくまでも別個のものである。いずれにしても、制度化された役割が、社会体系の単位であり、かかる役割の関連が社会の構造にほかならない。

　そうした過程から、一定の目的にそって環境に順応しながら一定の目的を達成し、成員の要求を満足させるために構成された地位又は役割の体系が組織と呼ばれる。そして組織が組織として存続するためには、次の要件が必要である。それは、明確な目標の共有・成員間の一定の役割分化と分業・成員の相互関係を規制する規範の存在・他の組織との相互作用による組織の境界の規定と、われわれ感情・相互作用の持続と継続であり、これらの要件を多少なりとも満たすことによって、組織は安定を保ち存続可能となるのである。

　集合行動は、組織的特性を欠いているために、組織された集合行動の対極に位置するものとして、これまでは描かれてきた。しかし集合行動は必ずしも構造性を欠いているとは限らない。流言でさえ、しばしばある種の社会関係のパターンを反映しているのである。一般的にいえば、集合行動は規範的な特性と構造的な特性の両面を含んでいる。集合行動における規範には、習慣的なものと非習慣的なものとがあり、その社会関係は組織構造のレベルという点では、単純ないし中間に位置するのである。これをスメルサーにそってみると、スメルサーの集合行動論はもとはパーソンズの社会学理論の影響を受けたものであるといえる。

　「社会的行為を再規定する信念にもとづく動員」がスメルサーの集合行動

の定義であり、スメルサーはまず、社会的行為の4つの基本的な構成要素を区別する。すなわち、より一般的なものから、価値、規範、組織化された行為のための動機づけの動員、状況的便益である。また、各構成素は、高次から低次まで7つのレベルに分けられる。

スメルサーによれば、集合行動が生じる特徴が何かといえば、それは、いったん、高レベルの構成素の意味の再構成がなされた後に、社会的行為を再組織するためにひとつずつレベルを下って再限定するのではなく、きわめて一般的な構成素からストレーン（緊張）の焦点へと、一挙に短絡するような一般化された「信念」を発展させることである。いいかえれば、「集合行動は、ストレーンによって作りだされた問題を攻撃する圧縮された方法」であり、「非制度的な行為の動員」という性格をもっている。

ところで、「集合行動」が生じるには「ストレーン」と「信念」だけでは不十分であり、まず、最も基本として、「所与のタイプの集合行動を許容しやすい」という意味での「構造的誘発性」に、先に述べた「ストレーン」と「一般化された信念」が結合し、さらに、これに「きっかけ要因」と「行為に向かっての参加者の動員」が結びつくことによって、「集合行動」が生じる十分条件となる。このようなプロセスをスメルサーは、経済学の用語を借りて「価値付加過程」と呼んでいる。

これは、最終の完成品にいたるまでに次々と価値が付加されていく製品形成過程になぞらえているわけである。

ところで社会運動は、集合行動のカテゴリーにいれない場合も多いが、スメルサーは2種類の社会運動を含めている。その一つが「規範志向運動」である。これは、「一般化された信念の名において、規範を復興し、防衛し、変革し、あるいは創造しようとする試み」であり、「経済的、教育的、政治的、宗教的な」規範が運動のテーマとなる。また、これは「もっと全面的な変化を求める価値志向運動」とは異なり、所与のシステム内での変化を求める。このような運動は組織体によって担われるが、そのメンバーは、社会的状況に起因するさまざまな「不満」を抱いている。いいかえれば、この運動は「多岐的な構造的ストレーンから生ずる」。

スメルサーのあげるもうひとつの社会運動は、「価値志向運動」である。これは、「一般化された信念の名において価値を復興、防衛、変容、創造しようとする集合的な企て」であり「千年王国運動」「ユートピア運動」「宗教改革」「政治改革」などを含む。この運動は、「改革への通路の欠如」によって構造的に誘発される。

先に述べた社会運動に集合逃避、願望表出行動、敵意表出行動の3つを加えたものが、スメルサーの5つの基本類型である。集合逃避は最も低次の未

組織集合行動で，曖昧（あいまい）な状況に対する不安を，一般的脅威に変形させるものである。それにかわって意味づけの困難な状況への不安を，問題解決効果のうすい願望の行動で解消させることが願望表出行動というものである。敵意表出行動は不安や危機の責任主体と目された人物を，破滅，除去，損傷することにより解決をくわだてることを言う。

　スメルサーの理論でもう1点ふれておかなければならないのは，社会的行為の構成要素論に見られる「短絡化」という概念である。各構成要素はそれぞれ全社会的レベルから個別の役割レベルまで設けている。例えば，状況的便益のレベル1では目的・手段，因果関係についての一般的先入観があり，それがさらにいくつかのレベルで具体化され，最後に組織や役割に配分される。こうして4つの構成要素ごとに7つのレベルで合計28のセルからなる。各構成要素において，各レベルごとに，一般から特殊のハイアラーキー関係（上下階層関係）が想定されているのである。ところで集合行動が生ずるのは構造的ストレーンが既存の方法で解決されていないときである。そのストレーンを克服するために，諸要素，諸レベルを再構成し，新たな原理を合体させたうえでもとのレベルに戻る。つまり一般化がなされ，ついで再特殊化がなされる。ところがスメルサーは，いくつかのレベルの行為の構成要素を単一の信念に圧縮し，その信念から特殊化された解決が一挙に流出するものと期待し，これを短絡化といっている。

　スメルサーは分析単位を諸個人の相互作用に求め，その集合として集団や社会に接していくのではなく，集団，社会の特質そのものを全体的，総合的に捉え，諸個人の行動や相互作用を全体的な構成のなかの部分に位置づけるものと考えられるとしている。

16-4 ル・ボンの群衆心理の特徴について

●社会心理学試験問題学習参考例●

　社会心理学における群衆論の領域を確立したのはル・ボンである。群衆においては，既存の社会的諸関係，個人的諸特性のいかんにかかわらず，人間の「意識の層」にある個性が消滅し，没個性的な「無意識の層」が優勢になるとされる。人によって，知能，才能，気質，職業がどのように違っても，群衆になれば人々は同質化する。群衆の本質的特性はこのような水平効果をもつ同質化作用である。

　この同質化作用のメカニズムとしては，多勢でかたまっていると，自分の個人名を出さなくてもよいので，責任感がなくなる。多人数の力の感覚の増大，病気の伝染に似た心理的「感染」，意識的パーソナリティを失い，暗示を無批判に受け入れる「被暗示性」の3つが指摘されている。いずれにせよ群衆は，これらのメカニズムを通じて，形成された精神的統一体であり，その精神構造の特徴は，"衝動的，すぐに高まりやすく，軽く信じやすくなり，盲動的，被暗示的，偏狭，横暴"である。ときに群衆は，自己犠牲や献身などの特性を発揮し，英雄的行為をすることはあっても，基本的には，本能，感染，被暗示性を媒介として成立する「考えのない集団精神」に支配されており，あくまで非合理的・情緒的な集合体であって，文明の進歩の担い手である「少数の貴族的な知識人」とは正反対の位置にあるものであった。"人間は，群衆の一員となるという事実だけで，文明の階段をいくつもくだってしまう"とル・ボンは述べている。

　しかもル・ボンにとって群衆とは，政党，宗派，職業集団，階級等の社会集団や集合体一般を含む概念であった。それは"社会集団ないし社会生活の全体を群衆という方向に抽象化しようとする態度の表現"であり，"群衆は全ての集団の典型"なのであった。

　ル・ボンの集団論は人種差別の偏見が混入していたり，個人を離れた「集団心」には「別の心」があるなどの欠陥を含んでいる。ル・ボンが，群衆論を社会心理学の一分野として確立した功績は大きい。フランス革命以後の社会的激動の時代に，個人としては知的で温和な人間が，集団状況のもとで熱狂と盲信の心理状態におそわれる事例を，ごく近い歴史として，あるいは同時代の体験として，つぶさにみてきたル・ボンとしては，あらゆる集団のなかに街頭の群衆の影を過敏に感じ取ったのも，無理からぬことであったかもしれない。

16-5 エリクソンの発達理論について

●社会心理学試験問題学習参考例●

　エリクソンは，個人の一生を，乳幼児期から老年期に至るまでの8段階のライフサイクルに分けている。各発達段階には中心となる発達課題があり，その習得によって個人は次の発達段階へと進み自我が成長していく。しかし，発達課題の達成に失敗すると，危機（crisis）がもたらされる。つまり，発達課題の達成か失敗かによってパーソナリティの発達は，プラスの方向へもマイナスの方向へも変化するのである。

段階1（生後1年目）　発達課題
　信頼　対　危機（→不信）
　受けた養育の質により，信頼感または，恐れ・疑いをもつようになる。

段階2（生後2～3年目）　発達課題
　自律　対　危機（→疑惑）
　自信をもつようになるが，過度の批判や制限により羞恥心や自分の適正さに対する疑惑の感覚をもつこともある。

段階3（生後4～5年目）　発達課題
　自発性　対　危機（→罪悪感）
　自発的な知的活動・運動活動に周囲がどう対するかによって，自由や自発性，罪悪感が生まれる。

段階4（生後6～11年目）　発達課題
　勤勉　対　危機（→劣等感）
　規則の定式化，体制化，秩序化等の勤勉性が生まれるが，結果につながらないと劣等感をもつこともある。

段階5（12～18歳）　発達課題
　同一性　対　危機（→役割の拡散）
　他者と異なる一貫した自分自身の同一性の確立と受容。同一性を発達させることができないと，自分は何者なのか混乱したり，社会的に受容されない役割（「暴れ者」等）を作り上げる。

段階6（若成年期）　発達課題
　親密感　対　危機（→孤独感）
　家族以外の他者に対する性的，情緒的，道徳的親密感がもてないと，親密な人間関係からの孤独感が生じることがある。

段階7（中年期）　発達課題
　生殖性　対　危機（→自己耽溺）
　家族や社会，次世代へと関心が広がる。こうした将来への志向が発達しないと，自分の物的所有や身体的健康だけに関心をもつようになる。

段階8（老年期）　発達課題
　完全性　対　危機（→絶望）
　生涯最後の段階で今までを振り返り，完全性の感覚で一生の成就を楽しむが，それが不満足で誤ったものであると絶望に直面する。

16-6 ●社会心理学試験問題学習参考例●
フェスティンガーの認知的不協和理論について

　新しい事実を認識したとき，それが自分の考えとたいへん違って不愉快を感じたとき，または自分の考えとあわないとき，人間には自然にこのいやな感情の高まりを抑え，またそれが増大するのを避けようとする傾向が生じる。つまり，不協和ないし数々の認知の間の不適合関係の存在は，それ自体現実をも否定してしまうひとつの動機づけの要因となる。

　フェスティンガーの認知的不協和の理論が魅力的なのは，人間がほかの動物たちとは違って，自分の生きる世界にたえず意味秩序をもたらすような行為をしている“考える動物”だという点を，さまざまなデータを用いて巧みに解析したことによる。意味の一貫性をめざすいかにも人間的な性質は，しばしば目の前の現実の否定という代償をはらってまで貫徹されていく。意味のシステムのなかでしか生きられない人間のこの悲しさを，偏見・デマ・流言などの具体的ケースに即して解き明かしたところに，本論がとりわけ衝撃的だった理由もある。

　「黒人はジャズ・ミュージックには向いているが，数理的な訓練には向かない」などと思い込んでいる差別主義者がいたとしよう。彼の目の前に，現に黒人で偉大な数学者である人が現れたとしたらどうなるのか。彼の凝り固まった偏見にとって，この事実は不協和を引きおこすような（耳ざわりの悪い）データのはずである。しかもこの認知要素は，現実との即応性が大きく，一見否定しようもないようにみえる。にもかかわらず，彼は，この現実のデータを認識するという以上に，この事実を否定してしまうことすらできるのだ。「その黒人の父親は実は白人だった。ただ，母親がそのことを恥じて，本人には内緒にしておいただけなのさ…」と。

　以上が認知的不協和の理論の本質であるが，より一般的な命題の形で要約すると次のようになろう。

　"不協和を増大させる傾向のある新しい情報に，強制的かつ偶然に直面すると，その人は不協和の増大を避けようとして，しばしば新しい真実の情報を誤解または誤認することになるであろう"。

16-7 アニミズムとシャーマニズムについて

●社会心理学試験問題学習参考例●

　宗教的な行動は，きわめて主観的な個人の体験である。しかし，宗派や教団へ入信して忠誠を誓い，その宗教を信じている人との人間関係をむすび，一集団として行動するのであるから，同時にそれは社会的な現象でもある。また，日本人の心の奥底に共有されている死生観や他界観は，日本文化の深層を反映したものであるから，それぞれの民族や地域が培ってきた文化の影響を宗教は大きく受けている。生活様式の均一化した狭い日本ではあるが，宗教現象は，仏教，神道，修験道(しゅげんどう)をはじめ大小無数の教団・教派，各地の民間信仰まで，実に多彩であり，多様性と雑居性においては諸外国に例を見ない。

　その中でも，日本の神については，生理心理学的な研究が世界に広く知られている。瞑想(めいそう)や「行(ぎょう)」で体験される神秘体験などの日常からはずれた意識状態は，一括して「変性意識状態」と呼ばれるが，そうした一見異常な意識状態に繰り返し入ることが蘇生作用や自己治癒作用をもつことが判ってきている。

　シャーマン（巫女(みこ)）が神がかる際のトランス状態も，この「変性意識状態」のひとつである。シャーマンを媒介とし，霊的存在との交流を中心とする宗教現象をシャーマニズムといい，シャーマンが，自らをトランス状態（忘我・恍惚(こうこつ)）に導き，神・精霊・死者の霊などと直接交流し，その力を借りて託宣・予言・治病などを行う。このような現象は，世界中で見られるのだが，その形態はそれぞれ異なる。日本では，青森県にある恐山のイタコと呼ばれる女性によってこのようなシャーマニズムのような宗教活動が現在でも行われている。

　宗教の原初的な超自然観のひとつにアニミズムがある。自然界のあらゆる事物は，具体的な形象をもつと同時に，それぞれ固有の霊魂や精霊などの霊的存在を有するとみなし，諸現象はその意志や働きによるものと考える信仰である。例えば，日本古来の風神・雷神などは，それぞれ風や雷の神として嵐をおこしたり，しずめたりする力をもっていると考えられていた。その他にも，山開き・海開きなどでは，必ず山の神・海の神に捧げものをして，山や海が荒れないように拝む行事がある。このような自然観には，地域性と民族性が大きく影響しており，文化の一部となっており，アニミズムと呼ばれている。

第17章
社会病理

社会病理

　1980年代から21世紀初頭へと連なる日本社会を捉え，これを成熟社会として位置づけ，この成熟社会に潜む病理性と成熟社会が作り出す社会状況を社会病理学の枠組みにおいて分析しようとするのが，この学問の特徴である。

　成熟社会とは，経済と人口の成長率の低下ないし鈍化をもとに，少子化，高齢化，国際化，情報化，高学歴化，個人主義化など，人口，社会，経済，文化構造の成熟化とそれに応じた社会病理の状況の拡大が見られている社会である。

　現代社会における成熟化プロセスに注目し，そこに内在する病理性を考察することを目的とし，大きく2つの観点から構成し，この学問に取り組んでいく。

　まず，成熟社会の諸局面とその病理性として，日本社会の成熟化の傾向を，全体的，概括的に考察した上で，その個別的局面として少子化，高齢化，高学歴化，国際化についておさえる。

　さらに，病理性がさまざまな社会的条件とのからみ合いの中で多様にあらわれている日本社会の現実の状況を成熟社会，ないし特定の局面から考察する。具体的には，高齢化，高学歴化，国際化といった日本社会の成熟化の個別的局面がそれぞれに内在している病理状況，例えば「高齢者を介護するマンパワー問題」「学校社会の病理」「資格化の病理」「国際化と環境問題」といった各論的テーマのもとで多面的な観点から検討する。

　現代社会の病理現象は，さまざまな形をもって現れている。少年犯罪の凶悪化，児童虐待，不登校，ひきこもり，家庭内暴力，校内暴力，環境や自然の破壊，国際間の葛藤や戦争など，時代の流れと共に多種多様化している。社会病理では，これら成熟社会のプロセスと社会病理現象がいかなる関連があるか，現代社会，特に1980年代以降の日本社会で生じている病理現象を識別し，関連性について実証的に明確化していくことを目的としている。

17-1 ●社会病理レポート学習参考例●

「高学歴化社会」の社会病理について

　明治時代になると，士農工商の身分制度は廃止され，「人は皆，平等であって，教育によってのみ差ができる」というやや近代的な考え方が広まり始めた。また，新たに学校制度が整備された。この新しい制度によって，人は「生まれ」とは関係なく，学歴が高いほど良い仕事に就くことができるという考えが浸透し，人々は学歴を重視するようになった。

　しかし当時は，大学などの高等教育機関へ進学できるのは，ごく少数のエリートに限られていた。文部省の「日本の教育統計」によれば，明治8年に大学へ進学した人の割合は，男子0.7％，女子については皆無であった。

　その後，高等教育課程へ進学する人々の割合は年々増加し，文部科学省の「学校基本調査報告書」によれば，2008（平成20）年における4年制大学および短大への現役進学率は，52.8％（男子51.4％，女子54.3％）となっている。

　このような，社会のなかで高等教育課程へ進学する人の割合が多くなる傾向を，「高学歴化社会」という。現在のわが国はまさに「高学歴化社会」である。

　こうした高学歴化は，一方でさまざまな社会病理を生んだ。

　学歴とは本来，人が何を学び，どんな学位を得たのかということであるが，わが国では「何を学んだか」よりも「どこの学校を出たか」という「レッテルとしての学歴」が重視されてきたようである。つまり，人が教育を受けることによって，どのような知的能力や問題解決能力を身につけたかよりも，どこの学校を出たか，例えば最終学歴が高卒なのか大卒なのか，入学試験の偏差値がどのランクかなどによって，人間の能力を判断しようとする傾向がある。

　一般に，日本は「学歴社会」と言われるが，このような「レッテルとしての学歴」を重視する考え方は「学歴主義」というよりも「学校名主義」であると言える。

　大学で学んだ内容よりも，入学した学校名を重視するわが国の風潮は，さまざまな社会病理を生むことにもなった。まず高学歴化の過程をたどり，次にそうした問題について考えたい。

　わが国の高等教育は，戦後特に1960年代半ば以降，私立の大学・短期大学を中心に急速に広がった。大学は，1949（昭和24）年に180校が新制大学として発足したが，文部科学省「学校

基本調査」（2008（平成20）年）によると，現在では大学数は1949年の約4.3倍に当たる765校に達している。短期大学は，初めは一時的な位置づけであったが，1964（昭和39）年に制度化されてから急速に普及した。近年は，4年制大学への改組などにより廃止される短大もあるが，現在417校が存在する。高等専門学校は，工業技術の高度化に伴う技術者不足の対策として1962（昭和37）年から設置され，現在64校を数えている。

これらの高等教育機関の増加は，必然的に高学歴化をもたらした。しかし，こうした高学歴化は，次のような問題を引き起こしている。①大学教育が大衆化した結果，「何を学ぶか」という目標意識のない学生が増加し，教育や研究の質も欧米の大学に比べて低レベルになっている。②高校までの教育が大学受験準備のための暗記中心教育になってしまっている。「高学歴化の社会病理」現象と言える。

(1) 学習意欲のない学生と教える意欲のない教員の増加

高学歴化の進行と，大学へ進む学生の増加とともに，「何を学ぶか」という学習目的をもたずに，とりあえず大学へ進学する者が増えた。この現象の主な原因は，暗記中心で，入試に合格することのみを目標にして勉強させる日本型の教育システムにあると言える。大学入学試験とは，長い人生のなかのひとこまに過ぎないにもかかわらず，あたかもそれが人生の最大の目標であるかのごとく錯覚して，大学生になったと同時に人生のすべての努力目標を失って，いわゆる「五月病」になってしまう学生は多い。また，大学には在籍しても，授業には出席せず，アルバイトやサークル活動に明け暮れる学生，授業に参加しても，真剣に教授の話を聞かず居眠りをしたり，他の学生と授業とは関係のないおしゃべりをしたり，平気で遅刻をするなど，学習意欲がない学生も多数存在する。これは学生自身にも問題があるが，同時に，教授の一方通行式で，学生の理解度・満足度に無関心な授業方法，十年一日のごとく同じノートを読み続けるだけで，現代社会の現実の問題から遊離した授業内容，難解な専門用語が多く，誰も理解できない教科書，能力が身についていない学生にも合格点を与え，卒業させてしまう評価方法など，教育の内容にも問題がある。

このような大学の状態では，学生はどんどん怠けてしまい，専門家としての高い知的能力を身につけることができないだけではなく，学生にとっては大学で教育を受けたことによって，自らが成長し優秀になったという意識をもつことができない。

(2) 偏差値至上主義による教育のゆがみ

欧米では，学校で何を学んできたかが重視される。また，いったん就職して社会経験を積んだ後に，何歳からで

も大学院に入ってより高いレベルの教育が受けられ，獲得した学位や能力に応じて地位や収入も上がる。

こうした欧米の業績主義に比べ，今日までのわが国では，18歳のときに受験する大学入試の合否結果が，その後の人生を左右していた。わが国ではその後の人生でいかに頑張っても，大学入試時点での一回勝負の評価が一生ついてまわるので，やり直しがきかない社会のシステムがあった。

日本では，高校よりも大学を卒業すること，そしてより入試の偏差値の高い大学へ入学することが重要視され，大学で何を学んだかということは重要でなく，有名大学を卒業さえすれば，有名会社に就職でき，将来は管理職などの高い社会的地位に就くことができるという間違った風潮があった。終身雇用制度が崩壊しつつある今も，中年になってからの転職がまだまだ困難な日本では，安定した大企業に就職し，定年まで勤務しようとして，入試の偏差値の高い大学をめざす。こうして，教育の内容ではなく，入試の偏差値の高低によって大学のランクが決まる。しかも，入学さえすれば，ほぼ自動的に卒業できるので，入試に合格したとたんに勉強しなくなってしまう学生が多い。このような偏差値至上主義は，以下のような教育のゆがみをもたらす。

① 生徒は，「自分の入りたい大学」という基準よりも「自分の偏差値に見合った，合格できるランクの大学」という基準で志望校を選択するように，親や教師からなかば強制されるようになる。親や教師から勧められた大学では自分が本当に興味のある科目を学べない，あるいは希望する学校に入学できなかったため，やむを得ず別の偏差値の低い大学に入学したなどの場合，大学生活に適応できない無気力な大学生，中退者の増加等といった現象につながってしまう。

② 中学，高等学校の授業は相変わらず受験中心に行われるため，受験に必要な暗記力のみが重視され，本来重要であるべき思考力，創造力，表現力などが軽視されがちになる。そのため，大学生になってもまともな文章を書けない学生，授業内容が難しく理解できない学生が多数いるが，多くの教授は学生の能力が伸びたかどうかには無関心である。

③ 偏差値が生徒を評価する基準になる。すなわち，テストによる偏差値の高い子は「良い」生徒で偏差値の低い生徒は「悪い」生徒と世間から思い込まれるようになる。

④ 大学受験に向けての暗記中心の勉強が主体となるため，文章力，思考力，創造力，問題解決能力などの人が生きていく上で大切な能力が身につかない。また，暗記型の勉強が苦手な生徒は勉強についていけず学校生活に不適応を起こす，または不登校になるなどの問題が生み出されている。

●社会病理レポート学習参考例●

17-2 「高齢化」に伴う社会病理について

1 高齢化とは

　高齢化とは，ある社会を構成する総人口の中で，高齢者（通常65歳以上の人を指す）の割合が多くなっていくことを言う。つまり，ある社会のなかで平均寿命が伸び，乳幼児の死亡率が減り，長生きする人が増えれば，その社会はより高齢化が進むことになる。

　社会の中で長生きする人が増えるには，乳幼児や高齢者のように体が弱く病気にかかりやすい人でも健康に生きていける，良好な生活環境が整っている必要がある。例えば，乳幼児が栄養失調や病気にならず，大人になるまで生き残るには，栄養失調にならないだけの食物がいつでも手に入り，身体や住環境を清潔に保つことができ，保健や医療制度が整っている必要がある。また高齢になって体力が落ちた人が快適に過ごせるように，室温調整を行うなど，環境を調節できるだけの技術が発達していなければならない。医療機関の発達が不十分で，衛生状態の悪い社会では，多くの人が長生きすることはむずかしい。

　つまり「高齢化」とは，欧米諸国や日本など，科学技術が発達し，医療や保健衛生の進んだ先進国に共通する，世界的な流れである。

　国連は，1956（昭和31）年の報告書で，高齢者（65歳以上の人）が総人口の7％以上を占める社会を「高齢化社会」，14％を超えた社会を「高齢社会」と定義している。現在ではこれが高齢化の度合いをみる国際的な目安となっている。

2 わが国の高齢化過程

　先の国連報告が出された1956年当時，わが国の総人口に占める高齢者の割合はまだ5.4％に過ぎなかった。この数字は，1970（昭和45）年に7％を超えてわが国が「高齢化社会」となった後も伸び続け，1994（平成6）年に14％を超えて「高齢社会」となった（総務庁統計局「人口統計」）。

　高齢化の過程は，社会の高齢化がゆっくり進んでいるのか，それとも急速に進展しているのかといった面からもみることができる。高齢化の速度は，高齢化社会から高齢社会になるまでに何年かかるかで測られる。わが国は高齢化社会から高齢社会になるまでに24年かかっている。この高齢化の速度が，遅いのか速いのかは，他の国と比べてみるとよくわかる。

　わが国より先に高齢社会となったヨーロッパ諸国をみると，ドイツの高齢化の速度は40年，イギリスで47年，ス

ウェーデンが85年で，フランスは115年である。アメリカはいまだ高齢化社会であるが，高齢社会になるまでに73年かかると予測されている。諸外国と比較すると，わが国の高齢化の速度がいかに急であったかがよく分かるが，これは，世界的にみても今までに例をみないものであった。

それでもまだ20世紀末の時点では，わが国の高齢化率は欧米諸国と同じ程度であった。

国立社会保障・人口問題研究所『日本の将来推計人口』（2006（平成18）年12月推計）によると，わが国の2000（平成12）年現在の高齢化率は17.4％であるが，これが2013（平成25）年には，高齢化率が25％以上に達して4人に1人が65歳以上の高齢者となり，老年人口が3000万人を超える。その一方で，生まれる子どもが減る（少子化）ため，わが国の総人口はこの頃から減り始めると予測されている。高齢者人口はその後も増加を続け，2055（平成67）年には40.5％前後に達し，人口のおよそ2.5人にひとりが高齢者になることが予測されている。

3　高齢化に伴う社会病理

高齢化の社会病理は，①高齢者自身の問題，②高齢者を抱える家族の問題，③高齢化していく地域社会や社会全体の問題，に分けて考えることができる。ここでは，①と②の側面から，高齢化の社会病理について考えたい。

(1)　高齢者の抱える病理

厚生労働省発表の「簡易生命表」でみると，日本人の平均寿命は，2008（平成20）年には，男性が79.29歳，女性が86.05歳で，男女とも前年を上回っており，依然として上昇傾向にある。

これを第二次大戦終戦直後の1947（昭和22）年の「第8回生命表」と比べると，当時日本人の平均寿命は，男性が50歳，女性が54歳でしかなかった。当時の人々は，高齢者年齢に達する前に，現役で仕事をしている年代で死亡するのが珍しくなかったことになる。それからわずか50年ほどの間に，男性は約29年，女性は約32年，寿命が延びたことになる。こうして高齢者が増え，高齢者になってもさらに十数年生き続けることがあたりまえになった今，高齢者にとっては，長い老後をいかに生きるかが大きな課題となっている。

高齢者が低所得階層あるいは要介護状態で家族の扶養も社会の援助も期待できなければ老後の生活は崩壊してしまうが，心身ともに健康で金銭的にも恵まれている高齢者にとっては，仕事を引退し，子育てからも解放された「老後」という長い自由な時間が与えられたと言える。老後をどのように生きていくかは，学校や会社が決めてくれるのではなく，高齢者自身が選択しなければならない。しかし，わが国の現在の高齢者は，戦前の自由な思想や生き方に制約があった時代に青春時代

を過ごし，会社に入ってからは，老後の生活設計や生きがいを考える余裕もなく，「企業戦士」「会社人間」として猛烈に働いてきたのが実状である。こうしたことが老後の生活適応障害を生み出す一因となっている。それだけに，特に男性の高齢者にとっては，老後に与えられた自由時間がかえって，悩みのもとになったり，心の負担になる場合もある。男性の高齢者の場合，社会とのつながりが「会社」しかなく，会社を定年で退職した途端に生きがいを失い，元気がなくなる人が多いと言われている。こうした高齢者自身の病理に対しては，地方自治体や地域社会が中心となって，高齢者が学ぶ機会や交友を深める機会を提供したり，生きがいづくりの提案を行ったり，シルバー人材センターで仕事を紹介するなどの，さまざまな援助を行っていく必要がある。

(2) 高齢者を抱える家族の病理

家族の中の高齢者が健康であるか，健康を害しているかによって，家族の負担は全く異なってくる。

例えば，高齢者が健康な場合は，親子2世代が同居する場合，共働きの夫婦が老親に家事や子育てを手伝ってもらったり，同居することで食費，光熱費その他が節約できるなど，さまざまな点で親子双方にメリットが多い。また，老夫婦だけの世帯にしても，夫婦がともに健康であれば問題は比較的少ない。

しかし，家族の中の高齢者が寝たきりや認知症になった場合は，さまざまな社会病理が発生することになる。

例えば同居している親が要介護状態になると，介護のために共働きの夫婦のどちらかが仕事をやめることで収入が減り家計が苦しくなったり，介護者に身体的・精神的に大きな負担がかかることで夫婦関係が悪化したり，家を留守にできなくなる，自分の時間もてなくなる，夜もゆっくり休めないなど，生活に支障が出るようになる。

現在，高齢者の介護をする人がやはり高齢者であるといういわゆる「老老介護」が深刻な問題になっている。老夫婦のみの世帯で，どちらかが要介護になった場合は，問題はさらに深刻である。体を拭く，排泄の世話をする，食事の介助をするといった介護は，若い人にとっても相当に体力を要する仕事である。ところが，老夫婦世帯の場合は，介護者自身も高齢であるにもかかわらず，年老いた体にむち打って介護にあたるしかなく，いつ介護者自身が要介護状態になるかわからないような不安定な状態にある。

要介護高齢者を抱える家族の病理に対しては，家族の負担を軽減し，要介護高齢者の機能回復をはかり，快適な生活環境を提供するためのデイサービス（通所介護）やショートステイ（短期入所介護）の整備など，在宅介護を支えるシステムやネットワークのさらなる整備が必要であろう。

17-3 ●社会病理試験問題学習参考例●
「成熟社会」が抱える病理現象について

　経済的，物質的に豊かな社会を「成熟社会」という。しかし，成熟社会といわれる現代においても，われわれの生活は，本当の意味での「豊かさ」とは程遠いのが実態である。

　人々は，戦後の高度経済成長期には，「経済的な豊かさ」を求めて必死に働いた。そして，人々は貧しさを克服し，生活するための基本的な条件を満たすために，「物質的豊かさ」のみに目を奪われ，「こころの豊かさ」を忘れていたのである。しかし1970年代に入って，経済的に豊かになり国民の大半が中流意識をもつ段階に至って，ようやく「精神的な豊かさ」や「生活の質の高さ」について考えるようになってきたのである。どんなに経済的・物質的に豊かになったとしても，過労死の危険があるような長時間労働では，本当の幸福とは言えない。どれほど世の中が便利になろうと，周りの生物を傷つけ，環境を破壊し続けるような文明のあり方では，こころの安らぎは得られないであろう。成熟社会といわれる今日，本当に豊かで質の高い生活とは何かということを，いま改めて考え直さなければならない。

　また，それと同時に，貧しいときには考えもしなかった新しい社会問題が生じてきた。それは，先進国だからこそ起こってくる病理現象，いわゆる先進国病と呼ばれるものである。たとえば「高齢化」は，高度な医療が発達し，人が健康で長生きできるような条件や環境が整わなければ起こり得ないことであり，それ自体は決して悪いことではない。しかし，社会が急激な高齢化に対応できず，高齢者が生きがいのある豊かな生活を送れないようでは，それは先進国特有の大きな問題だと言わなければならない。実際，高齢者の孤独死が報じられたり，重い介護負担が家族にかかる介護地獄や高齢者虐待といった事態が起こっている。

　このほか最近は，親などの保護者による児童虐待の事件が多発し，大きな社会問題となっている。

　日本では，これからも少子化・高齢化が進み，さらに国際化・情報化が進んで成熟社会はますます進展していくであろう。

　成熟社会は，豊かに美しく成長していく社会でなければならない。これからは，がむしゃらに成長だけを目標としないで，あらゆるものと調和しながら先進国病を克服し，生活の質を高めていくことが，成熟社会の段階に達した先進諸国の課題なのである。

「学校化社会」について

　社会は教育機能の働きをもっており，学校に行かなくても，毎日の生活を通じて私たちは社会から多くのことを学んでいる。

　しかし，近代に入ると産業の高度化が進み，生活のなかで自然に身につけさせていた，社会の教育機能はそれだけでは通用しなくなり，都市などで働くためには，高度な技術や体系的な専門知識を身につける必要が出てきた。そこで，それらの技術や知識を効率よく多くの人が学べる場として「学校」がつくられた。こうして教育を必要とする人々は，日常生活から切り離されて，もっぱら教育をする学校に集められたのである。

　学校のような専門の教育制度が，人間を進歩させると信じられている社会を，「学校化社会」と呼ぶ。学校化社会の社会過程は，次の2段階からなる。

(1) 社会の教育機能が制度として独立する段階

　すべての人に，平等に技術や基礎知識を学ぶ機会を，義務教育という形で与えることによって，子どもたちは社会生活で必要な基礎の知識や技術を学校で勉強するようになった。これを「子どもの学校化」という。やがて産業が高度化してくると，より高度な知識や術を学校で身につけることが必要となり，就学期間は次第に延長されていった。また，社会の動きが加速化されてくると，大人でも常々新しい知識や技術を学び続けなければ，新たな社会変動についていけなくなり，よりよい生活が送れなくなってきた。

(2) 教育の成果が社会に結びつく段階

　教育制度は，教育の成果を何らかの方法で実践に結びつけ役立てることで初めて，多くの人に評価される。こうした制度は学歴や学校名によって，誰がどの職業につき，どの会社に入れるかを事実上決めるものである。このように，教育の成果を実生活に結びつける見方が学歴主義である。こうして社会の中で教育制度に対する信頼が生まれると，今度は社会の中のあらゆる営みが学校化され始める。教育制度は，社会生活を送るために必要なことを効率よく身につけるためにつくられた制度なので，その特徴である「専門性」・「体系性」（系統的で組織的になっている）・「測定可能性」（点数化できる）は，よりよい生活を送るための尺度として，社会内のすべての制度に採り入れられ，「社会の学校化」が進められたのである。

17-5 ●社会病理試験問題学習参考例●
「働きすぎ社会」の病理現象について

　わが国は，第二次世界大戦後の高度経済成長によって，急速に「経済大国」となった。しかしながら，われわれの生活は，本当の意味での豊かさからはほど遠いのが実態である。経済的に豊かな社会になったと言われる一方で，多くの人々は時間的にも精神的にも空間的にも余裕のない生活を送っている。

　特にわが国の長時間労働は世界でも有名であり，「カローシ（過労死）」は世界共通語として知られている。この長時間労働は，男性が家庭生活において妻や子どもと家族らしい団らんをもつことさえできなくしている。

　加えて，近年の経済不況によってリストラが行われ，職場に残ることができた人々ですら，リストラされた人の分も仕事をこなさなければならなくなっている。これらの仕事は，場合によっては「サービス残業」として，割り増し分も含め賃金が払われないことすらある。

　男性がこのように何もかも犠牲にして働くのが当然とみられる一方で，女性には補助的な仕事しか担当させないなど，日本ではいまだに男女差別が残っている。また，人材募集の段階で年齢制限を設けることがあたりまえのように行われており，高齢者差別を禁じる具体的な法律もない。

　労働は人間にとって欠かすことのできないものであり，その生活に多大な影響を及ぼす。労働現場がこのような状態では，生活の質の向上をめざす成熟社会の達成にはほど遠いものがある。真に豊かな社会，成熟した社会のためには，まず人間らしい働き方のできる環境を整えることから始めなければならない。

　長い間，高い失業率に苦しんできたヨーロッパでは，ワークシェアリング（仕事の分かち合い）という考え方で雇用を安定させ，同時に長時間労働をも改善してきた。フルタイムで働くのが原則ではなく，子育てをする人，親の介護をする人など，個々人が自分の生活に合わせて働き方を選択し，正社員かパートかにかかわりなく，仕事内容と時間に応じた賃金を得るという方法である。かつては働き手が職場に合わせて生活を変えてきたが，現在では，人々の生活に合わせてさまざまな雇用形態を用意するのが職場の社会的責任となってきている。終身雇用制が崩壊しつつある日本においても，働き方の根本からの見直しが不可欠となってきている。

17-6 「資格化」の進展に伴う病理現象について

　資格とは，地位や身分を手に入れるための条件であり，特定の仕事についたり，評価を受けるために必要な知識・技術・能力を有していることの証明である。資格は大別すると「職業資格」と「教育資格」に分けられる。職業資格とは，例えば，看護師や弁護士など，特定の職業に就くために必要とされる免許状のことである。教育資格とは，高卒か大卒かといった「学歴」や，いわゆる有名大学かどうかといった「学校歴」のことである。例えば，高等学校の教員の免許は4年制大学でしか取得できないといったように，どの段階の学歴を経験しているかによって，就ける仕事や取得できる資格が異なってくる。社会においてこれらの資格を整備，制度化し，社会全体に浸透させていくことを，「資格化」という。

　近代社会になると，学歴あるいは資格しだいで，どのような仕事にも就けるという社会に変わった。つまり資格制度は，いわば人の能力を資格で評価する身分制度である。しかし，現代では，次のような問題が生じている。

　①より高レベルの教育資格を身につけることは，大学入試のために暗記力重視の偏差値教育を助長し，落ちこぼれや非行の根本的な原因を引き起こしている。②たとえ本来の期待されるべき実力が備わっていなくても，職業資格を取得さえしてしまえば，社会的成功と収入が保障されるので，人はその職業資格を求めるようになる。その結果，特定の職業の人が必要以上に増え，例えば「医者余り」といった状況になってしまう。③あらゆる分野で資格化が進むと，能力主義が進み，難しい資格を取得している人は立派な人，そうでない人は大したことのない並の人という評価をするようになる。

　これらの問題を解決するには，①学歴だけで人を評価せず，実務経験を必要とする資格を重視する社会にする。②高い地位や高収入を得られるために人気があり，必要以上に人が殺到する職種では資格を取得するための資格条件を厳しく設定する。③3K（汚い・きつい・危険）と言われて人気のない職種も，資格化したり職場環境を改善することで社会的評価を高め，職種による人気の不均衡をなくしていく。④大学，大学院などの卒業時にそれに見合った実力をつけられるように教育内容の改善を図ることが必要である。

17-7 国際化と環境問題について

●社会病理試験問題学習参考例●

多くの先進国がそうであったように，日本においても開発の途上期には，さまざまな形で公害が社会問題化した。大気汚染，川や湖の水質汚染など，経済発展の生み出したものが自然を破壊し，人々の健康に深刻な影響を及ぼすようになった。そして1980年代になると，環境問題は国内問題のみならず，国境を越えた複数国間の国際問題へと変わっていく。

ヨーロッパでは，汚れた強い酸性の雨があちこちに降り注ぎ，土が酸性化して木々が立ち枯れ，湖や川には魚が住めなくなった。酸性雨の原因は，最初に被害を受けた北欧諸国からではなく，むしろイギリスやドイツなど他国から広がった大気汚染物質であったことが明らかにされている。また，フロンガスによるオゾン層破壊は，フロンガスがどこで放出されようと，地球全体に深刻な影響を与えている。

このような国際的な環境問題は，人類全体が関心を寄せ，早急に対策を立てなければならない問題である。しかし，地球の環境をここまで悪化させてきたのは，疑いもなく先進諸国であり，これらの国々はこれまで地球を汚すことによって高い生活レベルに達したのだった。今，これらの先進諸国が環境保護を呼びかけ，厳しい国際規制を導入しようとしても，発展途上国からすれば，それは身勝手な主張としか思われない。この点に国際化した環境問題の難しさがある。

発展途上国では，現に多くの人々が飢えて死に瀕しており，毎年，何百万という子どもたちが安全な飲み水さえなく感染症で死んでいる。その原因は，まさにこれらの国々の貧困と開発が遅れていることにある。したがって発展途上国には，自国の開発のために環境対策を後回しにせざるをえないという事情がある。確かに環境問題は，このままにしておけば大変な被害をもたらすかもしれないが，今，それによって多くの人間が死んでいるのではない。発展途上国側にしてみれば，開発を続けて貧困から抜け出すことの方が優先課題なのである。環境問題に関しては，まず先進諸国の人間が犠牲を払わなければならないのは明らかである。そして，発展途上国からすれば開発をやめるわけにはいかない以上，「持続可能な開発」をめざさなければならない。この言葉は，人類が生き残れるような形で開発を続けていくという，きわめて困難な道を言い表しているのである。

第18章
ボランティア論

ボランティア論

　ボランティアという言葉は，これまでは「奉仕」「献身」「慈善」などのイメージが強く，特別な人が特別な人に対して行う行為と捉えられることが多かった。しかし，ノーマライゼーションの理念のもと，地域福祉の重要性が叫ばれ始めたことによって，公私の役割分担の「私」を担うものとして見直され，ボランティア人口も急速な増加を見せてきている。

　とくに，心のケアをはじめとする対人サービスの担い手として，行政の制度やサービスだけでは不足する部分を補う補足性，あるいはボランティアのもつ自由性を駆使して住民の新たなニーズを発掘し，行政に働きかけていく先駆性や活動性をもつものとして，社会福祉活動に不可欠な位置づけがなされ始めていることは，わが国の社会福祉の歴史の中で大きな進歩といえよう。

　古くから行われてきた一部のお金持ちの篤志家(とくしか)の行為としてではなく，住民一人ひとりの意識に根づいたボランティア活動が定着してきた背景には，「震災」などに駆けつける献身的な人たちの姿があり，彼等の献身的な行為が感動を呼んだということも事実であろう。しかし，それが一過性の流行のようになってしまう可能性があることは，わが国の国民性を考えた場合，残念ながら有り得ないと言いきることができないのが現実でもある。

　そのため，ようやく市民権を得られはじめたボランティア活動の芽を育てていこうとする取り組みも現れはじめている。職場でのボランティア休暇やボランティア休職といった制度がそのひとつであり，民間レベルからの自主的な活動としてNPO（特定非営利活動法人）も誕生してきている。とはいえ抱える課題も多い。特に自由な活動であるだけに，善意が自己満足に終わったり，専門知識がなかったり，正しい順序でやらなかったり，いやになったり飽きたりしたらすぐ途中で放り出したりするといった弱点も目につく。

　ボランティア活動は，障害者や高齢者などがかかえている福祉的課題を解決に導くための「住民参加」の社会福祉活動であり，超高齢社会にあっては一人ひとりが当事者の視点で捉えることが重要となってきている。

　このように，今日わが国のボランティア活動は拡大化・多様化の傾向にあるなかで，ボランティア活動を効果的に行っていくにはどうすればよいのか，何が大切なのか，どう関わっていけばよいのかなどを，さまざまな角度から検討，分析することが必要である。

18-1 ●ボランティア論レポート学習参考例●
ボランティア活動の自発性と NPO について

　これからの社会における福祉の充実を考える場合，その内容は物やお金等の援助よりも，むしろ人間らしく生きがいをもって生きるための，教育，文化，体育などの対人的サービス等の援助が求められる。社会福祉ニーズとして求められるものが，単なる物やお金などの物質的なものにとどまらず，より人間的で心のかよったものであるならば，それは国の政策による福祉プログラムだけでは不十分である。なぜならば，国や政府の福祉への努力は金銭的な面や人材確保において貢献しやすいが，その人材のやる気や精神的なものに対する配慮においては限界があるからである。まさにこの点において市民の自発的・自主的エネルギーの活用による「ボランティア活動」がより必要とされるのである。

　ボランティア活動とは，「個人の自由な意思に基づき，金銭や名誉の対価を求めず社会的貢献を行い，何らかの重荷を背負っている他人に対して，その相手の了解のもと，その重荷を取り除くために，理解と支援の手をさしのべることによって，共に人間らしく生きようとする連帯の活動である」といえる。

　ボランティア活動とは，あくまでも他人から強制されたり，命令されたり，号令をかけられたりして動くものではなく，自らが社会正義を尊び，正しいと信ずる自由で自発的な意思に基づいて行動するものである。そして，経済的・時間的余裕の有無によってボランティア活動をするのではなく，人間の普遍的価値の実現として行動するのである。

　それは決して，「ある者がない者にしてあげる」とか，「～のために」「上下関係」などという関わり方ではなく，相互に対等な「～と共に」「共に育っていく取り組み（共育）」でもある。また，ボランティアは「われ」から「われわれ感」を育てていく取り組みであり，「お互いに幸せに暮らしていこう」「共に人間らしく生きていこう」という取り組みでもある。

　ボランティアの本質は，なによりも活動の主体である個人のあり方にかかわっている。それはまず，特定の活動を行うかどうか，行うとしたらどのような内容の活動を行うか，その選択が，個人の自由な意思に基づいていることである。この場合の自由とは，前述した通り，活動の選択が強制や義務によるものではなく，個人の心の内から自然に発する自主的・自発的な活動であ

るといえる。例えば，ドイツやスペインでみられるような「兵役」の代わりに義務として一定期間課せられて従事する障害者や高齢者の介助・介護の活動は，活動形態と内容は同じでも，これはボランティア活動とは言い難い。

以上のことから，ボランティアの本質は，個人の「自由意思と自発性」にあるといえる。

この自由には2つの捉え方がある。そのひとつは「〜からの自由」であり，自由を消極的否定的にとらえ，「拘束のないこと」とする考え方である。これは，「自由とは，個人の幸福を保障するために必要な社会的条件に何ら拘束が加えられない」ということである。例えば，法律や政治の領域で自由といえば，言論の自由，信教の自由などの「諸自由権」というかたちで規定されている。

もうひとつの自由とは，「〜への自由」であり，単なる拘束の欠如の範囲ではない。それは自己実現（責任・決断としての自由）という言葉で表すことができる。自己実現とは，自己の個性と能力を発揮することにより，主体性の確立をめざすことにある。それは何らかの目標をめざしてひたすら努力する姿勢の中にみられる。また，この場合の自由を別の見方をすれば「自発的参加」ということができる。ただし，自己実現のために自由を活用する意欲と責任は，一人ひとりの個人の意思によるものである。

自発性というのは，その人々の主観的意識に関わることであり，何をもって自発的とするかは，簡単に判断することはできない。時にはその人の所属している団体，組織等の取り決めによって参加する場合もあろうし，あるいは同情等から活動に参加したりする場合もある。その点で，この自発性をどのようにとらえるかはきわめて困難であるが，通常は権力関係とか利害関係から一定の距離をもって，自主的に行動するというぐらいの意味で捉えられている。

活動の選択におけるこの自発性とともに，ボランティア活動は，活動に必要な活動資源（時間，労力，技能，資金等）に関するボランタリズム（ボランティア活動の意義・理念・役割＝主意主義）と，活動の結果に対する無償性を原則としている。だが手間ひまをかけ，身銭を切って活動した以上，一定の報酬を受けるのは当たり前であると考えることもできる。しかし，今日のボランティアは，自らの意思で費やす活動資源に対する金銭の報酬や名誉を期待しないということが一般に認識されている。あえて活動の対価があるとすれば，それは，自分の活動が相手から喜んでもらえたことへの内的な喜びである。そして，その喜びが活動を持続する動因となる。

ここで，1998年3月に成立した，新しいボランティアに関する法律，「特定非営利活動促進法」（NPO法）につ

いて考えたい。NPO法は，国際協力，福祉，環境等，公共的な分野で活動しているNPO（non-profit organization：民間非営利組織）の活動を支援するものである。

このNPO法に基づくボランティア活動は，さまざまなニーズに対応し得る特性をもち，市民の自発性であるとか，市民活動であるという点が，非営利組織財団法人や社団法人といった従来の公益法人とは大きく異なっているところである。

NPOには，多くのボランティアグループのように任意団体の形で活動しているものはもちろん，住民参加型在宅福祉サービス団体や社会福祉協議会，社会福祉法人，あるいは生協，農協といった団体まで含まれる。

わが国では，1980年代には，NPOやボランティアなどが社会的にあまり注目されていなかったが，90年代初頭から状況が変わり，市民の自発的な活動が盛んに行われるようになってきた。また，企業でも，社会貢献に関心の目が向き始めた。

そうした住民サイド，企業サイドの自発的活動がそれぞれ活発化してきたときに，阪神・淡路大震災が発生し，ボランティア活動がある意味で，全国的に注目を集め，普遍化されたともいえる。そこで，いままで取り上げられてこなかった課題が表面化し，その解決に向けて，NPO法の議論がはじまったとも考えられる。

NPO法の成立により，市民活動に法律上明確な位置づけがなされ，社会的な信頼が増し，社会福祉ニーズに応える社会資源として，さらにサービス提供に力を発揮できるようになった。

ボランティア活動では，これまで活動すればするほど，個人の負担が重くなっていた。震災当初は140万人近いボランティアが活躍していたが，徐々に減らざるを得なかった。社会的認知がなく任意団体のままで活動を続けていく中で，事務所にはお金もなく，継続が困難になったボランティアグループも多いと聞く。

従来，ボランティアは無償のものとされてきたが，最近では，サービスを利用される方の気持ちの負担の軽減と，ボランティアをする側の金銭面での負担を軽減するためにも，有償ボランティアが地域社会で認知されるようになっている。まったくの非営利で，ボランタリーな精神に基づくボランティア活動に参加する人が，やる気をもち続けて自発的に活動を維持させるためにも，有償ボランティアの普及は必要だろう。

NPO法は，なかなか理解されなかったNPOの社会的認知を助け，法人格がないために得られなかった信頼を補う意味でも大いに役立っていると考えられる。

●ボランティア論試験問題学習参考例●

18-2 ボランティア活動の基本的理念について

　ボランティア活動は，自由性・自発性を前提として人間だけが行い得る行為である。社会福祉は，かつては国から与えられるものだと考えられてきたが，現在では国民の側から要請し，自ら作り上げていく福祉へと変わってきているように，ボランティア活動も，慈善という名のもとに特別な人が行うことと考える人は少なくなった。

　ボランティア活動は，ボランティアが存在するだけでは成立せず，その一方でボランティアを必要とする人，つまり，障害をもっている人や高齢者，また，病人や彼らを抱える家族，社会福祉関係者のニーズがあって初めて存在するものだといえる。

　社会福祉関係者とボランティアの両者の関係に共通するものは，人間としてより良く生きようとする連帯的感情であり，その時代のその社会が抱える問題に対して，共に取り組む姿勢である。

　例えば，何を称してボランティア活動というかという問題がある。民生委員は，無給であるからボランティアだという人もいれば，行政委嘱によるものだからボランティアではないという人もいる。保護司の立場も同様である。また，手話通訳といった特殊な技術を要する場合でも，無給であればボランティアであり，有給で行えば仕事になる。地域での公園の清掃は，継続して行われればボランティアであろう。人によっては，座席を譲るなどの日常的に行われる親切もボランティアだとする分け方もある。

　このようにボランティアそのものをどこまでの範囲に捉えるかは明確ではなく基準が多様である。そのため，ボランティアをする人の善意の心に基準を置き，ボランティアには「自発性」「継続性」「無償性」「福祉性」「公共性」「先駆性」そして社会的「運動性」があると考えるのが，現在では一般的になっているといえよう。

　運動性とは，ボランティアが先駆的な役割をもって行政の不足する側面や，支援を必要とする人々のニーズに応えるために社会に働きかけることを指し，そこから新たな制度や施策をも作り出していくことができるというソーシャル・アクションのことをいう。

　ボランティア活動はまさに，「自分の意思に基づいて，社会が抱えるさまざまな問題に対して，その解決や支援を自発的に行う」という活動理念によって支えられているのである。

18-3 ●ボランティア論試験問題学習参考例●
障害者とボランティアの関係について

　在宅で介護を受けている障害者の多くは，ボランティア等に介護を一部または全部依存しているのが現実である。つまり，障害者や高齢者の日常生活は，ボランティアの善意の行為によるところが大きい。しかし，こうしたボランティアの行為を，障害者が必ずしも喜んで受け入れているかといえば，そうとはいいきれない。

　障害者の側にも，「介護をしてもらっている」という負い目があり，そのため，遠慮したり，肩身の狭い立場に追い込まれることにもつながる。例えば，本当はもっと違う介助や介護をしてほしい，もう少していねいに接してほしいなどという思いがあっても言い出せず，とにかく来てもらえるだけでも，という気持ちが強いのである。「有償ボランティア」の出現が，もともとは介助や介護を受ける側からの要望であったという事実が，これらの実情を語っているのではないだろうか。

　一方，ボランティアにとっても，障害者と関わることは，頭で理解している以上に大変なことである。それは，介助される障害者につい甘えが生じたり，ボランティアの行う介助が自己満足に終わってしまったり，長い間に障害者に情を移してしまって，客観的判断ができなくなったり，気をつけなければならない点が多いからである。しかも，そうしたコミュニケーション・ギャップが障害者とボランティアの相互不信を招き，思わぬトラブルのもととなって，人間関係をも危うくしていくのである。このようなトラブルを防ぐためには，機会あるごとに率直な話し合いの場をもち，お互いに不満のない介護をめざしていくことが必要である。

　次に，障害者に対するボランティア活動を行う際のボランティアの役割を3つあげておきたい。

　①障害者自身の自立や発達的課題や生活拡充のニーズに応えること，②行政的施策への提言をしたり，ソーシャル・アクションを行うこと，③地域住民に障害者の抱える問題を理解させ，障害者が受け入れられる社会の基盤づくりをしていくこと，である。

　より人間的なものへとQOL（生活の質）の向上をめざし，ボランティアは，常に障害者の福祉ニーズに関心をもち，障害者が抱える福祉的課題が決して他人事ではないことを，社会に訴えていく役割をもっているのである。

18-4 高齢者とボランティアの関係について

　今日の高齢社会では、高齢者に対する医療、介護、年金、住宅等の福祉ニーズは増大する一方で、しかも、もはや家族だけでは高齢者への介護を支えきれない状態になっており、ボランティアの働きが期待されている。

　現在のボランティア活動は、施設での清掃や各種行事の手伝い、在宅での家事や介護、あるいはさまざまな相談に応じたり、多種多様にわたっており、専門的な知識も求められるようになってきた。例えば、高齢者の身体介護のボランティア活動はその一例といえる。

　高齢者は、若い人に比べて身体機能が全体的に低下しているので、ベッドに寝かせたままでいると床ずれができたり、筋力の低下や関節の硬直が進んで寝たきりになってしまう危険性が大きい。また、高齢者は常に孤独と隣り合わせで、気を許す仲間も少なくなり、新たな趣味も見つけられず、無為な時間をいたずらに送ることになりやすい。しかし、高齢者は喜びや悲しみを分かち合い、趣味や行動を共にできる仲間を求めている。高齢者を対象とするボランティア活動に、これらの高齢者の心身の特性をよく理解した上で取り組めば質の高い活動が可能になる。

　また、高齢者がボランティアの担い手となる「高齢者によるボランティア活動」という視点もある。確かに、老後は肉体的には衰え、社会関係も希薄になってくる。しかし、重い病気でない限りは、できるだけ社会との関わりをもって活動したほうがよい。高齢者には、長い人生経験によって得た知識があり、青年期・壮年期に比べて自由時間も多い。こうした高齢者の特性を考えれば、高齢者はボランティアの担い手としての可能性を秘めていて、それを引き出すことが高齢者の生きがいにも通じる。

　現在行われている高齢者によるボランティアとしては、民生委員、老人クラブ、婦人会の役員といった公的活動、消費者運動や市民運動、伝統文化の継承等がある。しかし、ボランティア活動について未経験である高齢者の半数以上が「条件が整えば活動したい」と答えているものの、活動の場や方法がわからないとか、身近に活動の場がないなどの理由でボランティア活動に参加していないという実情がある。今後は、ボランティアセンターなどのサポートシステムを整備し、多くの高齢者がボランティアに参加できるよう、一層の開拓が求められている。

18-5 ボランティア論試験問題学習参考例

ボランティアと行政の関係について

　ボランティア活動とは，まず行動を起こす自分自身の心のあり方，つまり自分自身の心に正直に行動することから始まるものであり，他人の意見に拘束されずに取り組む自由で自発的な活動である。それは極端にいうならば，活動に伴う負担を引き受けるなら，法律及び社会的規範に反しない限り，何をしてもよいということになる。もちろん，その結果に伴う責任は自分自身が負わなければならないことはいうまでもない。

　わが国の福祉サービスは，民間社会福祉活動家，ボランティアが自発的に始めた活動が元になり，行政の福祉サービスに発展したものも多い。しかし，行政の取り組みは，何より制度としていかに長期的に継続できるものであるかが重要となる。そのため，制度を作るにあたっては，有識者を始めとするさまざまな人たちの意見を聞き，どこからも批判がでないよう，特に住民の過半数の賛成が得られるようにプログラムが組まれるので，どうしても，サービスの柔軟性や機敏性という面での問題が生じやすいと言える。その点ボランティア活動は，自由性，自発性が基本の活動なので即応性のある柔軟なサービスが作りやすく，行政の施策の補完的役割としての期待が大きい。

　ボランティア活動においては，行政に必要な「公平性」は絶対の原則ではない。ボランティア活動には，特定の相手のために，自分にできる範囲で，思いのまま援助ができるという大きな特徴がある。例えば，児童養護施設への訪問活動を始めたとすると，それは当然，その施設で生活している子どもたちだけに対しての特別援助ということになる。しかし，ボランティア活動が報酬や対価を求めず，自分の時間をやりくりして行う行為であるからには，世の中の困っているすべての人や，彼らの抱える課題に平等に対処することは不可能である。また，ボランティアを行う人の社会的背景もさまざまであるから，できることにも限界がある。

　このようにボランティア活動は，行政の補完的役割が強調されており，逆にそれがわが国の福祉行政を遅らせているとの意見もある。しかし，ボランティアと行政は役割が違うことを考えれば，それぞれの立場から福祉を支えていかなければならないことは明らかである。まさに，ボランティア活動と行政の関係は車の両輪であり，両者のバランスがあって初めて豊かな福祉社会が可能となるのである。

18-6 ●ボランティア論試験問題学習参考例●
施設職員とボランティアの関係について

1 施設職員の役割

社会福祉施設職員の役割としては次のようなものがある。

① 援助相談や問題解決のための過程での専門的援助および社会資源の活用。

② 日常介護・介助や、身の回りの世話。

③ 運営管理条件の整備、運営・処遇計画の立案・実施、従事者の訓練・指導など。

④ ネットワーク作り。

⑤ アドボカシー（代弁）――「おとなしい」利用者に対し、「声なき声」を積極的に掘り起こしていくこと。

施設の職員は施設全体の中で、上記のように多岐にわたる役割を担っているので、特定の対象のみに関わったり、十分時間をとってひとつのことに専念することができないことも多く、また刺激や習慣が慢性化してしまっていることがある。しかし、施設において職員がいかに増えても、その人たちだけでは、当初の目的を十分に果たすことができない。それには、ボランティア活動と補い合い、良いチームワークを作ることが必要である。

2 ボランティアの役割

施設においてボランティアは、入所（利用）者の話し相手や子どもの学習指導、職員の手助け（職員でなくてもできる比較的単純な作業や、職員ではできない仕事を自分の特技を利用して行う作業）などの役割を担っている。

福祉施設では、好むと好まざるとにかかわらず閉鎖的になりやすい。そのため職員自らは気がつかないままに単純な仕事（生活）の繰り返しになることがある。このような状況に対し、ボランティアは「広い社会の風を施設の中に持ち込む」という大きな役割を持っている。これは、施設入所者や職員にとって、期待・希望することである。

つまり、施設におけるボランティアの役割は、直接的人格対応にもあるが、施設そのものの「社会化」、「地域化」に貢献するところにある。施設と地域社会との交流を進め、多面的な処遇関係の拡大、進展を目指し、そのことを通して自立の援助をすることにある。

3 役割分担の明確化

施設においては、ボランティアにしかできない役割、ボランティアが行った方が職員が行った場合より効果のある役割、さらに職員が基本的にすべきで、ボランティアがすべきでない役割など、職員とボランティア双方の役割分担を明確化する必要がある。

18-7 ●ボランティア論試験問題学習参考例●
ボランティア活動における人権の視点について

　ボランティア活動とは、「個人の自由な意思に基づき、金銭や名誉等の見返りを求めず、何らかの重荷を背負っている他人に対して、その相手の了解のもと、その重荷を取り除くために協力し、理解と支援の手をさしのべることによって、共に人間らしく生きようとする活動である」といえる。それは決して、「ある者がない者にしてあげる」とか「～のために」というような恩着せがましい上下関係ではなく、お互いに対等な「～と共に育っていく取り組み」である。つまり、「お互いに幸せに暮らしていこう」「共に人間らしく生きていこう」という目的のために協力し合う活動である。

　人間らしく自分らしく生きていきたいという想いは、誰でももっている基本的な欲求である。それは、国家や社会の枠組みや条件によって左右されたり、差別されたりしてはならない。つまり、人間は生まれながらにして自由に、自己実現や自立をめざして生きていくものである。それゆえ、一人ひとりの人権や尊厳が大切にされなければならない。

　ボランティア活動は、その名のように実践的行為そのものである。しかしそれはスポーツやレクリエーションなどと違って、社会性を強くもっている。したがって、ただ無原則に活動すると、迷惑をかけたり誤解を受けたり、いらぬ衝突をしたりする。そのため、ボランティア活動をしていく場合には、人間が人間らしく生きていくための権利（基本的人権）や、人間としての尊厳の正しい理解を根拠とし、それを出発点にして活動しなければならない。

　ボランティア活動は、自由な表現活動を通じて、快適生活権、平等権、生存権、教育権などを尊重し、より人間らしく生きていくための社会づくりをめざすものだといえる。したがって、ボランティア活動は初めは善意の活動であっても、究極的には人権意識、人権感覚をしっかり身につけて、それをボランティア活動の基本とすべきである。

第19章
精神医学

精神医学

　「精神医学」は，20世紀の終わり頃から21世紀の今日にかけて，大きく様変わりしつつある。

　アメリカ精神医学会が1980年にとりまとめた「精神疾患の分類と診断の手引き」（DSM）は，それまでの精神障害の分類を見直し，明確な診断基準を示したばかりでなく，文化や学派の違いを超えた「共通言語」をもたらした。また，近年に至り，脳の構造や機能が画像で捉えられるようになり，今や生物学的精神医学は全盛期を迎えている。さらに，ヒトゲノムの解読が完了し，精神疾患の分子レベルの解明が急ピッチで進められている。

　治療面では，副作用の少ない新薬が開発され，精神障害者の生活の質（QOL）の向上に貢献している。他方，家族の感情表出をめぐる心理社会的研究も，新たな介入技法や治療戦略へと結びついている。

　わが国では2002（平成14）年に，「精神分裂病」という呼称は「統合失調症」に変更され，これによって病名の告知や病気・治療法の説明を含む「心理教育」に拍車がかかった。

　「精神医学」の知識は，精神保健福祉士などソーシャルワーカーが行う援助技術にとって必要不可欠な学問であるが，いうまでもなく医学の一分野であることから，難しい疾患名や症状名がたくさん出てくる。しかし，このことにたじろぐことなく，けっして丸暗記しないで，相互のつながりを理解するように努め，実際に使える知識にすることを望みたい。

　精神保健福祉士の働く場は，今後ますます拡大されていくことが予想される。精神科病院はもとより，急増中のメンタルクリニックからの求人も多くなっている。精神保健福祉センター，保健所・保健センターなどの相談援助機関でもチームに不可欠のスタッフである。また生活訓練施設，地域生活支援センターなどの社会復帰施設には必置の職種であり，むろん小規模作業所においても重要な支え手である。

　どこで働くにしても，専門職としてのアカウンタビリティー（説明責任）を果たさなければならない。「精神医学」はその意味でも，精神保健福祉士など社会福祉の専門職を志す者にとって必須科目なのである。

19-1 ●精神医学レポート学習参考例●

精神医療の歴史及び精神医学の概念について

　欧米における精神医療を歴史的に見ると、保護と迫害が繰り返し行われる中で発展してきたことがわかる。

　13世紀頃、ベルギーのゲールでは地域住民が精神障害者を家庭で保護していた。ヨーロッパ中世（15～17世紀）にかけて、精神障害者は、キリスト教では悪魔がついているものと見なされ、各地で「魔女狩り」が行われ、宗教裁判にかけられ拷問や処刑などの組織的な迫害の対象となった。

　18世紀になると、フランスではビセトール病院のピネルが精神病者を鉄の鎖から解放し、「病める人間」として扱った。イギリスではテュークが�ーク救護所で道徳療法を行い、コノリーが精神病者に「無拘束の原理」を確立した。

　ヨーロッパにおいて精神医学が大きな発展を見せるのは1900年前後であり、この時代にクレペリン（ドイツ）やフロイト（オーストリア）などの著名な精神医学者が現れる。クレペリンは疾患の経過に注目し、原因不明の内因性精神病を早発性痴呆（統合失調症）と躁鬱病とに2大別した。前者については後に、ブロイラー（スイス）が病名として統合失調症（精神分裂病）を提唱した。同じころ、フロイトが精神分析学を確立し、これは後に力動精神医学（後述）の基礎を作り、さまざまな精神療法へと発展していく。作業療法（人は目的をもった作業や行動をすることでより健康に生きられるという考えに基づく治療法）もこの頃から始められるようになり、ジーモンがギュータースロー病院で自らの経験に基づいて作業療法を体系化したことで、各地へ広がっていった。

　アメリカではヨーロッパの流れを汲みながらも独自の活動と治療が行われるようになる。ビアーズ（アメリカ）は、自らの精神病体験から『わが魂に会うまで』を著した。ビアーズの精神衛生運動は力動精神医学のリーダーであるマイヤーに支持され、米国のみならず世界へと拡大していった。

　精神病に対する治療を大きく飛躍させたのは、1952年フランスにおける統合失調症の治療薬としてのクロルプロマジンの登場である。その後、より抗幻覚、抗妄想作用の強いハロペリドールが開発され、これらの抗精神病薬による薬物療法の進展によって、精神医療の姿は大きく変えられた。

　わが国の精神医療の流れは、日本独自の慣習や風土に大きな影響を受けている。古くから自然と共生し、そこに

第19章　精神医学　313

神が住むとしてきた神道や，仏教の影響を受けたことから，かつて「憑（つ）く」という言葉があったように，精神病を外からの原因により起こる症状として受け入れ，地域社会や家庭で保護する習慣が古くからあった。しかし一般的には精神障害者は放置されるか，座敷牢や神社，寺院に収容されていた。

明治期に入り，わが国は富国強兵の思想が進み，精神障害者を含む障害者は「社会的弱者」として社会から隔離（かくり）されていった。1900（明治33）年成立の「精神病者監護法」では私宅監置（したくかんち）が認められ，法律そのものが保護と監護の両方の目的を想定してつくられていた。治療の目的ではなく，精神病者を社会から隔離することが法的に定められたものであり，その扱いは劣悪であった。その管理は当時の警察部（けいさつぶ）の所管とされていた。

東京帝国大学の教授であった呉　秀三（くれしゅうぞう）は，1901（明治34）年に「無拘束（むこうそく）の理念」を提唱し，患者である精神病者たちにはじめて作業療法を行った。呉は自身の留学の経験から，精神病者に対し無条件で拘束（こうそく）を強いる「精神病者監護法」を批判した。

1919（大正8）年には「精神病院法」が成立し，精神病者に対する保護治療への道が開けたが，精神病者の私宅監置を合法とする「精神病者監護法」は温存され続け，1950（昭和25）年の「精神衛生法」の成立により，ようやくわが国においても精神障害者を病院に収容し治療する近代的な精神医療の体制がとられた。

現在の「精神保健福祉法」の基盤となる制度は，1984年の報徳会宇都宮病院事件が契機となった，1987（昭和62）年の精神衛生法改正による「精神保健法」の成立である。この法律では精神保健指定医制度及び精神医療診査会の新設，社会復帰施設の法定化，入院者の人権擁護などが規定された。これにより，精神病院への入院形態も任意入院へと大きくシフトし，医療中心から福祉の視点が取り入れられ，社会復帰施設が整備されることになった。

精神医学の歴史的流れの中で，精神医学の概念はヨーロッパで発祥した記述精神医学の流れと，アメリカで発展を見せた力動精神医学の流れの大きく2つに区分される。

ドイツの哲学者カール・ヤスパースは精神医学の中で「了解」の概念を用いた。彼のいう「了解」とは，感情移入や追体験によって，患者の精神内界をありありと映し出す方法である。すなわち，患者の言動が了解可能か了解不能かに基づいて，なんらかの病的プロセスがあるかないかを判別する。

内因，外因は，ともに身体的な要因（身体因）とされ，内因性精神障害とは，明らかな外的要因はないが遺伝が関係し，何らかの身体的基盤も疑われる精神障害である。外因性精神障害は，脳器質性疾患（しっかん）に伴う器質性精神障害と，内分泌や免疫（めんえき）疾患などに伴う症状性精

神障害とに分かれる。心因性精神障害は，精神的原因によるものであり，心因反応，神経症など，その発生が了解可能なものがここに含まれている。

　精神的現象を正確に記述することを基礎に診断の方法論としたのが記述精神医学であり，主に西欧で用いられ発展してきた。わが国の精神医学もこうした西欧の精神医学によって発展してきた経緯がある。

　アメリカではマイヤーがフロイトの精神分析学を高く評価し，精神障害を人間個人の環境に対する反応として捉える考え方を発展させた。つまり，人間に表出される精神現象を生物学的・心理的・社会的な要因の因果関係から表れる不適応反応として捉えたわけである。彼はこうした観点から，入院患者に対する作業療法や社会福祉援助の重要性を強調し，精神医療に地域社会の関与の必要性を強調した。こういう立場は力動精神医学と呼ばれるようになり，一時はアメリカから西欧に逆輸入されるほどの勢いをもった。

　ヨーロッパでは記述精神医学，アメリカでは力動精神医学が発展したように，精神医学は国や学派によってそれぞれ独自の考えや診断方法を用いてきた。実証科学としての地位を築くべく，「診断の一致」に着手したのがアメリカ精神医学会である。1980年刊行の「DSM―Ⅲ」（精神障害の診断と分類の手引）以来，精神疾患についての操作的診断基準を掲げ，「多軸評定システム」を採用した。国際的な標準化の動きに向け，世界保健機関（WHO）も国際疾病分類「ICD―10」では「精神と行動の障害」の改訂を行い，その内容は「DSM―Ⅲ」に似たものとなっている。これらによって，精神医学における診断は国際的に一致したものとなり，膨大な臨床データの共有が可能になった。

　精神病は，以前は症状でしか観察することができなかったので，その原因の特定が難しかった。しかし，現代の医療機器の進歩によりMRI（磁気共鳴画像）や高度なレントゲン撮影であるPET（ポジトロン放出断層撮影法）などが登場し，脳の断層写真や活動状況を視覚的に観察することが可能となり，これにより脳画像研究は飛躍的に進んだ。脳科学の研究に合わせて分子生物学的研究も進み，脳内の神経伝達物質の研究から新世代の抗精神病薬も開発された。

　ここ数年，生物学主義の隆盛に見られるように，心の病の原因を脳内の生理的な物質変化や脳の器質変化に求めようとする生物学的精神医学へ転回する立場が主流となった。しかし，臨床においては，患者をめぐる人間関係や，社会的背景を無視することはできず，心の病を社会福祉を取り入れて社会，文化間の相互関係の上で援助しようとする試みが今日の精神医学の特徴といえる。

精神療法及び環境・社会療法について

　精神疾患に対して行われる治療法には、薬物療法に加え、精神療法、環境療法、社会療法などさまざまな技法がある。これらの技法は治療者が心理療法や福祉的な援助を行い、症状の軽減や患者自身の潜在的な問題解決能力を引き出し患者自身が独力で、社会復帰をできるように手助けするものである。

1　精神療法について

　精神療法には、大きく分けて、プライマリ・ケア（専門的医療をする前の精神保健福祉士などが行う相談や初期治療）として治療者が患者の訴えを聞く支持的精神療法と、精神科の医師が担当するより専門性の高い、一定の治療理論に裏づけられた専門的治療法の2つがある。前者は、治療者は患者を批判せず、あるがままに受け入れ、支持・共感しながら助言や指導を行っていく。後者では、精神科の医者が担当し、以下に列挙するような治療法がある。

(1)　精神分析並びに精神分析的精神療法（力動的精神療法）

　精神分析はフロイトによって創始された精神療法であり、症状や問題行動を人間の無意識に由来するものとしてあつかう。患者が「洞察」（無意識レベルの葛藤を意識化すること）によって、問題が解決できるとする。治療技法としては、週4日、1回45～50分、患者に寝椅子の上で自由に連想し、頭に浮かんだことを話してもらう。治療の進展とともに、患者が治療者に陽性又は陰性の感情を向けてくることがある。これは転移と呼ばれ、患者の過去の重要な人物に対する感情を治療者に移し替えたものである。

　精神分析の適応症は、神経症に限定されるため、その他の精神疾患に対する治療法として精神分析的精神療法（力動的精神療法）が発展した。例えば週2～3回で、寝いすを使わない対面法（治療者と患者が向かい合って座る）を用いた柔軟な面接が行われる。精神分析的精神療法の適応症は、人格障害、摂食障害、気分障害などがある。

(2)　システム家族療法

　システム家族療法は、家族をひとつのシステムとして捉え、そのシステム自体を変化させる解決方法である。精神分析のように過去にさかのぼるのではなく、「いま、ここで」の問題だけに限定して介入を行う。何らかのかたちで「悪循環」に陥った家族システムに、洞察（無意識を意識化すること）ではなく変化をめざす治療法である。

適応症としては，家族関係に問題のある摂食障害やある種の人格障害など，おおむね神経症レベルの病態が考えられる。最近では，統合失調症やうつ病については，後述する心理教育的なファミリーワークや，認知行動療法が推奨される。

(3) 認知行動療法

うつ病の治療法としてベックにより開発された精神療法である。この治療法の基盤には症状や問題行動は，個人の認知の歪みによって決まるという考えがある。認知の歪みを修正すれば，症状も軽減するという仮説から，患者の認知や思考に働きかける認知的アプローチがある。例えば，悲観的な考え方をもつ患者に対して，現実的な考えをもつよう援助する。また行動をより適切な状態に変えようとする行動的アプローチがある。これは，誤った学習によりすでに獲得された不適応行動を適切な行動へと変容させようとする援助である。認知行動療法は，認知的アプローチと行動的アプローチを組み合わせて行う治療である。この療法は不安障害，強迫性障害，恐怖性障害などの神経症やうつ病などに適用される。

(4) その他の精神療法

さまざまな精神療法が存在する中で，日本独自の神経症の治療法として，森田正馬によって創始された「森田療法」がある。この治療法では，入院して隔離され，食事や排泄や洗面以外は横になって過ごす「絶対臥褥」からはじまり，「軽作業」「中等度作業」「重度作業」という段階を踏んで，患者が症状を抱えたまま作業を達成することにより，症状の軽減が図られる。

グループを用いて行われる治療を「集団精神療法」という。集団はそのメンバーの行動や思考に大きな影響を与える相互作用をもつという考え方に基づいて行われる治療法で，統合失調症，アルコール依存症，摂食障害などから精神障害者の家族まで幅広い層にわたって用いられている。

精神療法の特異なものとして，モレノによって始められた「心理劇」（サイコドラマ）があげられる。これは，患者にとって葛藤の原因となっている状況を治療者が設定し，患者にその場面を演じさせるものである。演じることで患者に葛藤を再体験させ，自発性を引き出し，今まで気がつかなかった自分を発見させながら生活に広がりをもたせることを目的としている。

2　環境・社会療法について

精神療法にプライマリ・ケアとしての役割があるのに対し，「環境・社会療法」は，多職種の専門家（精神保健福祉士や看護師などのコメディカル）によって行われる患者の社会復帰をめざすための援助方法である。環境療法は，主に病院や施設などで用いられ，患者の治癒を促進させるよう援助するものである。病院や施設が治療共同体であることが重要であり，患者の退院後には社会に適応できるよう継続的に

援助することが求められる。社会生活に適応できるよう患者に技能などを習得させたり、生活環境の変革を行ったりする援助方法を社会療法という。

(1) 作業療法

ジーモンにより提唱された、働くことによって人間らしく生きられるという考え方に基づくアプローチである。

作業の内容はさまざまで、生活指導やレクリエーション療法を含めた広義の作業療法と、農耕、木工、手芸などの生産的な作業を行う狭義の作業療法とがある。患者の自発性を尊重し、役割を自覚させることで、人間的な価値観や社会的なアイデンティティの回復または獲得を目標とする。

(2) SST（生活技能訓練）

リバーマンによって、患者が抱えている生活障害に働きかける治療法として開発された。対人関係の改善や、服薬の継続、症状の自己管理、基本会話、余暇の過ごし方などについてまとめられた学習パッケージが主に用いられている。患者のニーズを最大限に尊重し、目標を立て、主体的に取り組めるように工夫する。SSTでは、設定された課題によってロールプレイが実演され、その中で患者は適切な問題解決方法を学んでいく。治療を行っていく中で、患者の自尊心や達成感を高めていくことが必要である。現在、SSTは精神障害者の社会復帰プログラムとして普及しているばかりでなく、患者の家族を対象としても行われつつある。

(3) 心理教育

社会に適応してもらうには、患者に技能的な訓練などを行うことが必要不可欠であるが、同時に精神疾患の再発防止に対するアプローチも重要であり、心理教育がその役割を担っている。統合失調症に関していえば、研究によりEE（家族が精神障害者に対して表出する感情を測定したもの）が高い家族に再発率が高いことは明らかになっている。心理教育は患者やその家族の心理的な配慮に基づき、病気に対する正しい知識や情報を提供することで、家族が患者に感情をぶつけることが少なくなり、再発予防につながるというアプローチである。

以上のように、数多くの技法が存在するが、実際の治療では患者の個別性を重視し、いくつかの治療法を組み合わせて用いることが望ましい。

薬物療法が全盛の時代、精神療法や環境・社会療法には、必ずしも十分な配慮がなされていなかった。現代の精神医学は、心理社会的アプローチの重要性を強調している。最近、増加している「うつ状態」のケアでは、叱咤激励をしないこと、回復期の自殺に気をつけることが大切である。しかし、実際に適用するには、精神療法的な繊細さが欠かせない。その意味では、精神療法的配慮の技法を身につけることは、精神保健福祉士などの援助専門職にとって必要不可欠といえる。

19-3 統合失調症について

●精神医学試験問題学習参考例●

「統合失調症」は，最近まで精神分裂病と呼ばれていたこともあり，ともすると進行性の「不治の病」という印象を与えがちであった。実際には，一回だけでほぼ完治するものから，再発を繰り返しながら慢性化するものまで，実に多様な経過がある。各国の調査によると，早期に適切な治療を導入して，社会的援助を継続すれば，半数以上が良好になることが示されている。

現代では，アメリカ精神医学会が作成した診断基準（DSM—Ⅳ）が全世界で採用されている。すなわち，①特徴的な症状（妄想，幻覚，解体した会話，ひどく解体した，または緊張病性の行動，陰性症状）のうち2つ以上が1か月以上存在すること，②これにより顕著に社会的職業的能力が障害されること，③障害の徴候（前駆症状および残遺症状を含む）が少なくとも6か月存在することである。

妄想が現実離れした奇異なものであったり，幻聴がその人の行動や思考を逐一説明するか，または2つ以上の声が互いに会話しているものであるときには，基準①の症状をひとつ満たすだけでよい。ここでいう奇異な妄想には，思考伝播（自分の考えがみんなに知れわたる），思考奪取（自分の考えがぬきとられる），させられ体験（だれかに操られている）など，いわゆる自我障害も含まれる。また，陰性症状としては，感情の平板化，思考の貧困，意欲の欠如の3つがあげられている。

病気の原因については，遺伝的素質，学習過程，神経学的な異常の有無などに関連する，生物学的にみた脆弱性（「病気へのかかりやすさ」）が関係している。この脆弱性に，何らかのストレスが加わって精神病が顕在化する，という「脆弱性―ストレスモデル」による理解が今日最も優勢となっている。

治療は薬物療法が主であるが，クロルプロマジンやハロペリドールなどの従来薬には，パーキンソン症状（手の震え，筋強剛）やアカシジア（静坐不能）という副作用がみられた。新たに開発されたリスペリドンをはじめとする新規非定型抗精神病薬では，これらの錐体外路症状が減少し，患者の生活の質（QOL）に改善をもたらした。

これに加え，最近では家族への心理相談，生活技能訓練（SST）など，心理的・社会福祉的アプローチが積極的に行われている。これらの治療の組み合わせにより，徐々にではあるが，「再発はしやすいが，なおりうる病気」というイメージが定着しつつある。

気分（感情）障害について

「気分（感情）障害」とは，気分や感情の病的変化を基本症状とする精神疾患であり，うつ病や躁病などがこれに相当する。

うつ状態の症状は，抑うつ気分，不安焦燥感，思考抑制（考えが浮かばず先に進まない），意欲の低下，睡眠障害などである。症状が夕方に軽くなる日内変動も特徴的である。躁状態の症状には，気分の高揚，観念奔逸（考えが次々に湧き出し，話がまとまらない），行為心迫（多弁多動で落ちつかず，活動しつづける），睡眠障害などである。また，気分変調性障害といって，従来の神経症性うつ病に相当し，比較的軽いうつ状態がだらだらと長く続き，日内変動は認められない病態もある。気分障害の病型は，うつ状態のみ，又は躁状態のみを反復する単極型と，両方を交互に反復する双極型とに分けられる。実際には，長い経過のうち前者から後者へ移行するものも多く，その点では「躁うつ病」として包括的に捉えるほうがよい。

うつ病患者の多くは，強い責任感，凝り性などが特徴の執着性格や，几帳面，誠実，頼まれると断れない，気配りなどを特徴とするメランコリー親和型性格と呼ばれる一定の病前性格が認められる。発病のきっかけには，転勤や昇進，転居，受験など環境の変化が関係する場合が多い。

気分障害の治療方法には，休養，環境調整，薬物療法，精神療法，電気痙攣療法，高照度光療法などがあげられる。特に初期段階には，患者の負担を軽減するためにも十分な休養が必要である。薬物療法は初期治療の中心となり，うつ状態に対しては，抗うつ薬を中心に抗不安薬や睡眠導入剤を症状に応じて併用することになる。SSRI（選択的セロトニン再取込み阻害薬）は新しく開発された抗うつ薬であり，従来の三環系抗うつ薬に比べ副作用が少ないため多く使用されるようになった。躁状態に対しては抗躁薬や気分安定剤が使用され，抗躁効果のある炭酸リチウムやカルバマゼピンが主に使用される。薬物療法が使用できない場合や昏迷状態，不安焦燥が強い場合は，麻酔下で行われる非痙攣の電気痙攣療法（修正型 ECT）が副作用も少なく効果が高い。

うつ病も躁病も周囲が再発のサインを見逃さず，体調を崩す前の何らかの兆候に気づき，正しい知識と理解，温かい愛情をもって接することが患者の回復への手助けとなる。

19-5 心身症と神経症について

●精神医学試験問題学習参考例●

　心身症と神経症は，共に「こころ」に深く関係し，ストレスへの過剰反応によって起こる病気である。「心身症」ではその過剰反応が体に現れ，「神経症」ではその反応が心に現れる。

　「心身症」とは，心理的な要因によって，身体症状をきたす病気の総称であり，器質的な変化が認められるものをさす。代表的な疾患として，胃・十二指腸潰瘍，過敏性大腸炎，本態性高血圧，メニエール病などがあげられる。

　心身症の治療では，精神面に対する治療と身体面に対する治療がともに重要である。つまり，胃潰瘍では消化器科，メニエール病では耳鼻咽喉科など，それぞれの専門の科での治療が必要であるが，それに合わせて精神療法や生活指導，また抗不安薬や抗うつ薬などの薬物療法も行われる。

　心身症になりやすい人の性格特性は，自己の感情の認知や言語化して表現する能力が乏しい，失感情言語化症（アレキシチミア）が知られている。

　次に「神経症」は一般的にノイローゼと言われ，心理的な要因から心身に異常がおこり，症状は続くが身体の器質的な変化は認められないものをさす。

　神経症の種類として ICD-10（国際疾病分類）では，恐怖症性不安障害，パニック障害，強迫性障害，解離性（転換性）障害などがあげられている。心的外傷後ストレス障害（PTSD）は，大地震や戦争体験，家族との死別，犯罪の犠牲になるなど，強い恐怖を引き起こす出来事に遭遇した後に見られる心理的反応である。情動の鈍化や感覚の消失，悪夢や睡眠障害，フラッシュバック（本人の意思に反して過去の恐怖，不快感などが意識に侵入し，ありありと再体験される）などが特徴であり，近年注目されている。

　神経症の治療は，各種の精神療法を中心とし，これに抗不安薬や抗うつ薬などの薬物療法が加わる。また認知療法や行動療法も有効であり，一つの方法に限定せず複数の方法を組み合わせ多面的にアプローチすることが大切である。また，絶対臥褥と作業療法を組み合わせた，森田療法という，わが国独自の精神療法も存在する。

　心身症も神経症も，不安定でストレスの多い現代社会で急増している疾患である。上手なストレス発散と周囲の病気の理解が必要であり，一人で悩まず周囲に気軽に話せる環境作りも重要となる。何かおかしいと感じたら医師に相談し，早期に治療をうけることが，症状の悪化を防ぐ一番の対処法となる。

てんかんについて

「てんかん」は，慢性の脳疾患で，大脳ニューロンの過剰な発射から起こり，痙攣や意識障害，本人が無意識に何らかの行動をとる自動症などの発作を慢性的に繰り返す。病因が不明のものと器質性あるいは代謝性の原因によるものがある。脳波をみて診断するが，異常波があっても臨床症状（発作）がなければ，てんかんとはみなされない。熱性痙攣などのように，痙攣症状を伴う非てんかん性の疾病もあるため，正しい診断が必要である。

てんかんの出現頻度は，日本国民全体の0.3％前後で，全般的な出現頻度に性差はなく，多くは小児期から思春期にかけて発症する。

てんかんには，特定の病変や原因がない「特発性」，脳の形成異常や器質的な病気で二次的に起こる「症候性」，原因が定かではない「潜因性」がある。また，発作が起こる根源（焦点）が大脳全体に及ぶ「全般性」，特定の部位に起こる「局在関連性」がある。

発作のタイプとして，「部分発作」「全般発作」「分類不能てんかん発作」がある。「部分発作」には，脳波の所見が片側，あるいは両側大脳半球の一部に限定されて始まり発作中も意識がある「単純部分発作」と意識障害を伴う「複雑部分発作」がある。「全般発作」は最初から脳全体に発作が広がり，痙攣を伴うものと伴わないものがある。

てんかんの発作のうち，強直間代発作は全般性のてんかんの発作の中で最も典型的かつ発生頻度が高く，以前は「大発作」と呼ばれていた。持続時間は1分程度で，発作時に転倒，発汗，尿失禁（おもらし）などを伴うことが多い。欠神発作は以前「小発作」と呼ばれていたもので，数秒から数十秒間意識を消失する。ミオクロニー発作は，突然四肢または体の一部の筋肉が1回から数回連続して収縮する痙攣発作で，通常意識障害は伴わない。

てんかんの「重積発作」は，発作が短時間で繰り返し起こり，止まらなくなる状態を指す。強直間代発作が続けて起こると死に至る場合もあるため，適切な診断と治療が必要である。

てんかんの治療ではフェノバルビタール，フェニトイン，カルバマゼピン，バルプロ酸ナトリウムなど，抗てんかん薬による薬物療法が中心であり，これで大半の発作は抑えられる。

しかし，過労や睡眠不足，飲酒，薬の飲み忘れや自己判断での投薬中止など生活の乱れが発作を誘発しやすいため，規則的な日常生活が大切である。

19-7 地域精神医療について

●精神医学試験問題学習参考例●

　第二次世界大戦後，先進国における精神医療は，患者を収容し主に病院で治療する従来の形から，症状の軽減とともに可能な限り地域社会で治療し，生活を支援する地域精神医療へと移行しつつある。特に欧米においては，30年以上も前から「脱施設化」運動で収容中心主義の精神医療体制が批判され，地域精神医療の理念に沿った実践活動が展開されている。

　アメリカのG.E.カプランは，予防精神医学の立場から，地域精神医療を精神障害の発生予防（第1次予防），早期発見・早期治療（第2次予防），社会復帰（第3次予防）の3つに分けている。地域精神医療では，これまで病院が有していた「住居」「医療」「職場」の機能を地域社会が果たすことになる。

　日本でも，開放的処遇，入院患者の人権に配慮した環境整備，病棟機能分化，入院の短期化，長期入院患者の社会復帰促進，作業療法，生活技能訓練，デイケア，ナイトケア，などを採り入れ，地域に開かれた医療に取り組む病院などが増えてきた。

　わが国では，精神障害者の生活を支援する社会復帰施設の整備が諸外国に比べて遅れ，法律によらない民間の共同作業所等が地域で支える受け皿となってきた。現在は精神障害者の地域生活の場としてグループホーム，生活訓練施設（援護寮），福祉ホーム等があり，働く場として入所（通所）授産施設，福祉工場などが整備されつつある。

　また精神障害者の地域生活を援助する地域生活支援センターも設置されているが，これらの施設が当事者のニーズに十分応えているとは言い難いのが現状である。こうした中で，2003（平成15）年4月から，新しい「障害者基本計画」（10年計画）及び「重点施策実施5か年計画」（新障害者プラン）がスタートした。この新障害者プランは，受入条件が整えば退院可能とされる精神障害者の地域生活への移行を推進するため具体的な数値目標を掲げ，自立に向けた地域基盤の整備をめざしている。今後の課題として地域の社会資源の整備とあわせ，福祉医療人材の養成が急務である。また精神障害者に対する社会の偏見・差別は根強く残り，精神科医療の早期受診や社会復帰活動を妨げる要因となっている。精神障害者を地域で支えるには，ノーマライゼーションの理念に基づき「心のバリアフリー化」を図り，すべての人々が安心して生活できる社会環境を整えることが重要である。

第20章
精神保健福祉論

精神保健福祉論

「精神保健福祉論」は，精神保健福祉の歴史と意義，精神保健福祉施策の現状や課題などについて幅広く学ぶものであり，とりわけ精神保健福祉士になるための基礎的な科目である。

わが国の精神保健施策は，戦後間もない1950（昭和25）年の「精神衛生法」成立からいく度もの法改正を経て，1993（平成5）年の精神保健福祉法改正において地域生活援助事業（グループホーム）の法定化，2000（平成12）年以降は居宅介護等事業（ホームヘルプサービス）や短期入所（ショートステイ）などの地域福祉事業が法定化されるなど，これまでの「入院医療中心」から「地域生活中心」へと移行されつつある。

2003（平成15）年には，これまで福祉法制度の谷間におかれていた自閉症や学習障害などの人たちを支援するため「発達障害者支援法」が制定され，「発達障害」の定義を明確にすると共に，学校教育や就労面などの支援が国や地方自治体の責務として位置づけられた。さらに，2005（平成17）年には，身体障害・知的障害・精神障害者の福祉施策を一元化する「障害者自立支援法」が成立し，2006（平成18）年4月から施行されるなど，障害者福祉をめぐる新たな動向が注目されている。

1948（昭和23）年の国連総会で「すべての人は生まれながらにして自由であり，尊厳と権利において平等である」と謳った「世界人権宣言」が採択されてから半世紀余りが経過した。またデンマークのバンク・ミケルセンが提唱した，障害の有無にかかわらず，誰もが平等に生活を共にすることが当然の姿であるという「ノーマライゼーション」の理念は，わが国においても次第に浸透しつつある。しかしながら，精神障害者が生活のあらゆる面において社会的に不利な立場におかれ，依然として差別や偏見の目にさらされている状況がなくなったわけではない。

精神に障害をもつ人たちの人権を尊重し，障害をもつ人・もたない人，すべての人が住み慣れた地域の中で，安心して生き生きとして暮らしていける「ノーマライゼーション社会」を実現していくため，この科目から多くのことを学んで欲しい。

20-1 ●精神保健福祉論レポート学習参考例●

障害者福祉の理念と意義について

1　障害者福祉の基本的理念

　障害者福祉の基本的理念は，障害者基本法第3条に次のように規定されている。「すべて障害者は，個人の尊厳が重んぜられ，その尊厳にふさわしい生活を保障される権利を有する」「すべて障害者は，社会を構成する一員として社会，経済，文化その他あらゆる分野の活動に参加する機会が与えられる」。

　つまり，障害をもつ人が障害を理由に社会参加の機会を制約されることなく，障害をもたない人と同等に，社会のあらゆる分野に平等に参加する機会を享受するという理念である。

　この理念を達成するため，2004（平成16）年5月の同法改正により，次の規定が追加された。

　「何人(なんぴと)も，障害者に対して，障害を理由として，差別することその他の権利利益を侵害する行為をしてはならない」（第3条第3項）。

　「国民は，社会連帯の理念に基づき，障害者の人権が尊重され，障害者が差別されることなく，社会，経済，文化その他あらゆる分野の活動に参加することができる社会の実現に寄与するよう努めなければならない」（第6条第2項）。

　これらの基本理念は「人権の尊重」という考え方に基盤を置いている。すなわち，障害をもつ人も障害をもたない人も，人間としての尊厳に変わりはなく，すべての人が個人としてかけがえのない存在として尊重されるということである。そして，障害者の人権を尊重することは「国民の責務」であるとされている。この基本理念が提唱されるようになるまでに，次のような時代の流れがある。

2　国連の動向

　近代社会に至る長い歴史のなかで，障害者は障害をもたない人と区別され，障害をもつことによって人権が無視された時代は長く，差別や偏見が助長(じょちょう)されてきた。こうした情況に国際的な変化をもたらしたのは，国連の「世界人権宣言」である。

　1948年に国連総会で採択された「世界人権宣言」では，「すべての人は生まれながらにして自由であり，かつ尊厳と権利について平等である」（第1条）と謳(うた)われ，障害者は正当な社会の構成員として，その権利を主張することができるとし，基本的人権が必要不可欠のものであることが謳(うた)われた。

　この思想が1971年の「知的障害者の権利宣言」，1975年の「障害者の権利

宣言」，さらには1979年の「国際障害者年行動計画」へと受け継がれている。

すなわち，1971年に採択された「知的障害者の権利宣言」では，障害者の中でも特に権利を侵害されやすい知的障害者について，リハビリテーションを受けること，家族と共に暮らし，搾取や虐待から保護される権利などについて宣言している。また「障害者の権利宣言」第3条では，「障害者は，その障害の原因，特質及び程度にかかわらず，同年齢の市民と同等の基本的権利を有する」とノーマライゼーションの理念を高らかに謳（うた）っている。

さらに，1975年に採択された「障害者の権利宣言」では，精神障害者も含めた「すべての障害者の人間としての尊厳」や，障害者の「同年齢の他の市民と同じ基本的権利」などを明確に謳っている。また，障害者を「先天的か否（いな）かにかかわらず，身体的または精神的能力の欠如（けつじょ）のために，普通の個人または社会生活に必要なことを自分自身で完全にまたは部分的に行うことができない人のことを意味する」と定義している。そして，国連は1981年を国際障害者年と定め，ノーマライゼーションの思想を基本として，障害をもつ人たちの「完全参加と平等」を実現するため世界各国が行動をとることを提唱したのである。国際障害者年で国連が示した「障害者に関する世界行動計画」においては，「ある社会がその構成員のいくらかの人々を閉め出すよう

な場合，それは弱くてもろい社会である」というノーマライゼーションの理念が示されている。

さらに2006年には，国連総会において「障害者権利条約」が採択され，この条約を批准する国は，障害によってもたらされる差別や不平等を解消するための新しい考え方や制度を整備することが義務付けられた。わが国では，2007年に外務大臣が署名し，批准に向けた環境整備が進められている。なお，これを契機として，障害者差別禁止法の制定が論議されている。

3　ノーマライゼーションの理念

ノーマライゼーションとは，障害の有無にかかわらず，同じ条件で生活を送ることが可能な社会へと改善していくこと，すなわち障害者が人間としての尊厳を維持できる生活を保障することを目標としている。

ノーマライゼーションの考え方は，1950年代後半，デンマークにおける知的障害児の親の会の運動がきっかけとして広まっていったと言われている。最初は知的障害者が地域社会の中でノーマルな生活を確保することを目的としていたが，最近では身体障害者，精神障害者，高齢者など社会福祉のすべてに共通する基本理念として定着している。ノーマライゼーションの理論化・制度化に重要な役割を果たしたのは，スウェーデンのニィリエである。ニィリエは，ノーマライゼーションの原理を「すべての知的障害者の日常生

活の様式や条件を，社会の通常の環境や生活方法にできる限り近づけることを意味している」と定義している。そしてノーマライゼーションの8原則として，

① 1日のノーマルなリズム（プライバシー，活動），② 1週間のノーマルなリズム（家庭生活，通勤・通学，社会交流，余暇活動），③ 1年間のノーマルなリズム（家庭生活・生活方法の変化，地域社会との交流），④ ライフサイクルにおけるノーマルな発展的経験（生涯発達のための経験機会），⑤ ノーマルな個人の尊厳と自己決定権，⑥ その文化におけるノーマルな性的関係，⑦ その社会におけるノーマルな経済水準とそれを知る権利，⑧ その地域におけるノーマルな環境形態と水準，をあげている。

4　リハビリテーションの視点

こうしたノーマライゼーションの目的を達成する上で，今日では「リハビリテーション」の視点は欠くことができないものとなっている。

リハビリテーションとは，失われた心身の機能を回復させるだけでなく，社会的・職業的・経済的能力などあらゆる側面から低下した能力を回復させることを意味する。そして，障害者が環境に適応するための訓練を行うばかりではなく，障害者を取り巻く社会環境全体に手を加えることもリハビリテーションの一部である。

また，リハビリテーションの目標は，「全人間的復権」（人間的な生活を取り戻すこと）と言われるように，人間としてふさわしい生活の質（QOL）の確保をめざすものであり，社会資源の活用とさまざまな援助を通して生活の課題を改善し，障害者が自らの意思に基づいて「自立」して生きていけるよう側面から援助していくことが求められている。この自立支援を行うにあたって，障害者の主体性を尊重した援助を具体的に明確に示しているのが「自己決定権」の考え方である。自己決定権とは，自分の人生を決定していくのは家族や社会ではなく，援助者でもない，本人自身であるという考え方である。

こうした考え方の背景には，人間は誰からも支配されることなく，自分の人生を築いていく権利を持ち，自分の人生に責任をもつという人間としての基本的なあり方がある。したがって，例えば日常生活のすべてにわたって介護を必要とする重度の障害者であっても単に保護の対象者として捉えるのではなく，生活の主体者として位置づけ，その意思と力を信頼し，それによって自分のなすことを決定し行動できるよう側面的に援助することが重要である。

このため福祉援助者は，障害者など援助を必要としている人たちが望んでいる生活や意思を常に尊重しながら，障害者を取り巻くさまざまな環境や状況の変化に適切に対応し援助していくことが求められるのである。

20-2 精神保健福祉施策の現状と課題について

●精神保健福祉論レポート学習参考例●

わが国における精神障害者は約302.8万人で，このうち精神科病院に入院している者は，約35.3万人と推定されている（平成21年版『障害者白書』）。これらの精神障害者に適切な医療を保障し，その社会復帰及び社会参加を促進することが大きな課題となっている。

精神保健福祉施策は，これまで「精神保健及び精神障害者福祉に関する法律」（精神保健福祉法）などに基づいて精神医療施策，社会復帰施策，地域精神保健福祉施策が展開されてきた。

これらの施策は，障害者自立支援法の施行に伴い新事業体系に移行している。とりわけ今後の課題として，地域の受け入れ体制が整えば退院可能な，いわゆる「社会的入院者」が約7万2000人も存在するなどの問題が指摘されている。

わが国の精神保健福祉施策は，「入院中心の治療体制」から「地域におけるケア体制」に転換を進めるため，今後，施策のより一層の充実が必要とされている。

1 精神医療対策

わが国の精神医療は，精神障害者を社会から「隔離」する考え方から「適切な医療を」という考え方に移行してきた。入院患者は，入院が長期化することによって自分で考えて行動することができなくなって主体性を失うことになり，精神科病院における処遇が人権問題にもなっている。

また，精神保健福祉法は，自傷他害のおそれのある精神障害者を精神科病院や指定病院に都道府県知事の権限で強制的に入院させることのできる「措置入院制度」を認めている。

この措置入院制度は，長い間にわたって社会防衛的な役割を果たしてきたが，その一方で不当な隔離・収容による拘束を招き，社会的入院の増大，劣悪な医療環境など，人権侵害が生じやすい構造を作り出している。

こうした現状を踏まえ，1999（平成5）年，精神障害者の人権に配慮した精神医療を確保する目的で精神保健福祉法が改正され，入院や処遇の適否を審査するため都道府県に置かれている「精神医療審査会」の機能を強化するとともに，緊急に入院が必要とされる精神障害者を適切な病院に移送する「移送制度」が創設され，都道府県に設置が義務づけられた「精神保健福祉センター」において，精神医療審査会の事務や通院医療費の公費負担の審査及び「精神障害者保健福祉手帳」の判

定業務が行われるようになった。

　さらに，わが国は先進各国に比較して精神科病院数が多く，入院患者の在院期間が非常に長いことなど，社会復帰の遅れが指摘されている。

　わが国の精神科病院数は，2007（平成19）年現在1076か所で，人口10万人に対する精神科病床数は274.9床となっている。この病床数は，先進各国に比較して約3倍の水準で世界一と言われている。

　わが国も欧米各国で達成している水準に早く追いつき，「入院医療中心から地域生活中心」とする体制の実現に向けて，改革を進めることが課題となっている。

　とりわけ，長期入院者や「社会的入院」（約7万2000人）を解消するため，その受け皿づくりと地域生活を支援する体制を整える施策の充実が急がれている。

2　社会復帰施策

　社会復帰の目標は，精神障害者が社会に適応して生活できるように適切な治療とあわせ必要な援助を行うことである。長期の入院患者は，疾病のために社会に適応する力が低下したり家族とのコミュニケーションが上手にとれないことになったりする。このため入院によって社会性が失われることがないよう，在院中から地域との交流を図り，社会復帰活動を行うことが必要になる。しかし，入院患者の多くは，症状が安定していても，家族の受け入れ体制がとれないために退院できないことが多く，退院できたとしても単に病気というばかりでなく，社会生活を送る上で困難や不利益をもつことになり，社会復帰が難しいのが実情である。

　このため，精神保健福祉法に社会復帰の援助を専門的に行う「精神障害者社会復帰施設」として，「生活訓練施設（援護寮）」，「授産施設（入所・通所）」「福祉ホーム」，「福祉工場」，さらに日常生活に関する相談・助言等を行う「地域生活支援センター」の設置が規定されていたが，平成18年10月から障害者自立支援法に基づく新体系に移行した。

　国は，新障害者基本計画（2003（平成15）年度から2012（平成24）年度までの10年間）に基づき，その前期（5年間）において，障害者施策のより一層の充実を図るため「重点施策実施5か年計画」（新障害者プラン）を策定した。この計画の中では具体的な目標値を掲げ，精神障害者の社会復帰に向けた施策の充実を図っている。

　その基本的考え方として，新障害者基本計画に掲げられた「共生社会」の実現を目的として，①障害をもつ人たちが活動し，社会に参加する力の向上を図るとともに，②福祉サービスの整備やバリアフリー化の推進など，自立に向けた地域基盤の整備に取り組むものとされている。

　さらに，2007（平成19）年12月には，後期5年間（平成20～24年度）の「重

点施策実施5か年計画」が策定された。このうち精神障害者施策については，精神障害者の社会復帰の推進などを目的として，日常生活の訓練や生活あるいは活動の場を提供するための社会復帰施設や地域生活支援事業などの整備を推進していくこととしている。

3 地域精神保健福祉施策

1987（昭和62）年，精神保健法の改正により，精神障害者社会復帰施設が法定化され，増設整備が進められてきた。さらに1999（平成11）年には，精神保健福祉法の改正により精神障害者についての在宅福祉サービスが法定化され，これにより精神障害者についても他の障害者と同様に在宅福祉の充実が図られるようになった。

これを受けて，2002（平成14）年4月から居宅生活支援事業として，「地域生活援助事業」（グループホーム）に加え，「居宅介護等事業」（ホームヘルプサービス）「短期入所事業」（ショートスティ）が市町村を窓口として実施されている。なおこれらの事業についても，障害者自立支援法に基づく事業体系に移行している。

また，精神保健福祉サービスの窓口は，それまで保健所が中心となって実施されていたが，1999（平成11）年の法改正により，保健福祉サービスの利用についての相談や助言，通院医療費の公費負担の申請，あるいは「精神障害者保健福祉手帳」の受付事務等については，住民に身近な行政を担当する市町村において実施されるようになった。これにより保健所は，こころの健康，社会復帰，アルコール依存症についての相談，本人や家族に対する訪問指導，医療の継続・受診についての訪問指導などの専門的な相談・指導及び市町村との連絡調整といった役割を担っていくことになった。

これからの精神保健福祉施策の課題は，入院を前提とする医療ではなく，ノーマライゼーションの理念のもとに，地域における生活を保障することにあり，このため総合的な支援体制を確立することが重要である。

国は「入院医療中心から地域生活中心へ」という基本的な方策を進めていくため，2002（平成14）年12月，厚生労働省に精神保健福祉対策本部を設置し，国民各層の意識改革や，立ち遅れた精神保健医療福祉体系の再編と基盤強化を今後10年間で進めるとともに，社会的入院者（約7万2000人）についても解消を図ることとしている。

●精神保健福祉論レポート学習参考例●

20-3 精神保健福祉法の歴史的経緯について

わが国には明治中期まで精神保健に関する法律は存在せず，1874（明治7）年に制定された「恤救規則（じゅっきゅう）」の中で，貧困な状態に陥っている障害者を国が救済する制度があったに過ぎなかった。この時代の精神病者の多くは，神社仏閣に収容されたり，私宅監置（したくかんち）（座敷牢）により加持祈禱（かじきとう）（病気・災難を除くためのお祈り）が行われるなど，治療と呼べるものはなかった。1874年に医制が引かれ，翌年，精神科としては最初の公立病院である京都府癲狂院（てんきょういん）（1882年に廃院）が設立された。また1879（明治12）年には，東京府癲狂院（てんきょういん）（現在の松沢病院）ができている。その後1886年に，元相馬藩主（そうま）が松沢病院に入院させられたことに対する訴訟が起こり（相馬事件），日本の法律は不備であることが世界から注目されるようになった。そこで，警察が許可をすれば精神病者を私宅で監護できる「精神病者監護法」が1900（明治33）年に制定された。この法律は精神病者の治療について定めたものではなく，監護義務者を指定することにより不法監禁を防止し，また公安面から取り締まる社会防衛的な側面が強かった。その結果，精神病者の9割余りが医療からはずれた状況に置かれていた。

わが国の精神医学の父といわれる呉秀三（くれしゅうぞう）は，全国の「私宅監置」の状況を視察して，「わが国の精神病者は，精神病になったということのほかに，わが国に生まれたという二重の不幸を背負っている」と現状を厳しく批判し，政府に精神病院の建設と精神病院法の制定を強く働きかけた。

1919（大正8）年に，ようやく「精神病院法」が公布されるが，財政難のために公立精神病院の建設は遅々（ちち）として進まず，病院の建設はほとんどが民間資本に委（ゆだ）ねられ，治療も保護も民間に頼らざるを得ない状況を生み出していった。

第二次世界大戦後になって，1950（昭和25）年に精神医療に関するわが国初の近代立法といわれた「精神衛生法」が公布され，精神病者監護法と精神病院法は廃止された。しかし，この「精神衛生法」は，これまでの精神病者監護法の流れを引き継ぎ，社会防衛的色彩の強い法律であった。その内容は，①私宅監置制度を廃止するとともに，精神病院の設置を都道府県に義務化したこと，②精神病者，精神薄弱者（知的障害者），精神病質者を法の対象として明記したこと，③措置（そち）入院制度（自傷他害の恐れがあるために

強制的に入院させる制度）を新設したこと，④同意入院（本人が同意しなくても，保護義務者の同意だけで入院させられる制度）を設けたこと，⑤仮入・退院制度などが規定されたこと。また，新たに，①精神衛生相談所，②精神衛生審議会，③精神衛生鑑定医制度が設置されることとなった等である。

この「精神衛生法」は，1987（昭和62）年の「精神保健法」の成立まで約37年間にわたり，わが国の戦後の精神医療を規定するものであったが，次のような問題を抱えていた。

第一は，精神障害者の人権に対する配慮がほとんどみられなかったことである。特に入退院手続きについては，ほとんど人権が無視されていた。

第二に，主として社会からの隔離や入院の仕方を規定したもので，在宅精神障害者の対策や社会復帰についてまでは考えられていなかった。つまり，精神障害者の立場に立つというよりは，住民や社会の安全を図ろうという社会防衛の色彩がきわめて強いものであった。

戦後わが国の精神病院数は，1993（平成5）年までほぼ一貫して増加していたが，特に1961（昭和36）年から10年間の伸びが著しかった。1955（昭和30）年に約4万床だった精神病床は1974（昭和49）年には約26万床へと急激に増加している。その背景には，厚生省（当時）による第1回精神障害者実態調査（1954年）が行われ，増床政策の基礎資料がつくられたこと，

精神病院が特殊病院として位置づけられ，従業員の定数について少数でもよいという特例が設けられたこと（1958年），法改正により措置入院費の国庫負担率が2分の1から10分の8まで増額されたこと（1961年）などがあげられる。こうした精神病床の増加は，医療機関としては致命的な医師や看護師などの医療従事者の不足を招く結果となり，精神病院不祥事件が多発する要因となっていった。

1964（昭和39）年，精神衛生法の全面改正に向けた検討が進められる中，アメリカのライシャワー駐日大使が精神障害者に刺傷される事件が発生し，同法の緊急改正の動きが表面化することになった。この法改正により地域精神衛生の体制が保健所を中心に作られるようになるが，精神障害者を入院させるシステムは強化され，一方で精神障害者の社会復帰や福祉という理念は欠落していった。そのため退院して住むところや働くところがない人たちは，入院の必要がなくなっても，やむを得ず入院を続けるといった社会的入院が増加していった。

このような中で，1984（昭和59）年，報徳会宇都宮病院で入院患者が看護職員の暴行によって死亡するという事件がおき，これを契機として精神病院における処遇が大きな社会問題となった。この事件は国内のみならず広く海外でも報道され，わが国の法体制の中で，強制入院の占める率の高さが問題とな

り，国際的にも批判が高まった。それらの批判にこたえる形で，1987年に「精神衛生法」は「精神保健法」として改正されることになった。

この「精神保健法」は，精神障害者の社会復帰の理念がはじめて謳われ，入院手続きや入院形態，特に本人の同意で入院する任意入院制度の新設など大きな改善が図られた。

また，精神病対策だけでなく，広く国民の精神衛生も対象とされたのである。しかし，精神障害者の定義，保護義務者の負担の軽減などの問題が積み残しとなった。さらに，新設された社会復帰施設が義務規定ではなく，「設置することができる」という任意規定とされたことによって，地域資源としての整備が進むかどうか危惧されていた。これらの問題解決の糸口となったのが，障害者基本法の制定である。

「障害者基本法」は，1970（昭和45）年に制定された心身障害者対策基本法を議員立法により1993（平成5）年に題名を変えて制定された法律である。この法により精神障害者は他の障害者と同じように福祉施策の対象として認められるようになった。1995（平成7）年には，精神保健法が改正され，「精神保健及び精神障害者福祉に関する法律」（精神保健福祉法）が成立した。この法律により立ち遅れていた精神障害者の福祉にようやく焦点があてられるようになった。その主な内容は，次の通りである。

①「自立と社会経済活動への参加の促進」という目的が明記されたこと，②精神障害者保健福祉手帳制度を創設したこと，③社会復帰施設として福祉ホームと福祉工場を追加したこと，④公費負担医療について保険優先化が図られたことなどである。つまり，ノーマライゼーションの理念に基づき精神障害者の福祉施策の必要性を正面から取り上げる一方で，公費で支払ってきた措置入院の医療費についても保険優先としたことなどが特徴である。

1999（平成11）年には，精神病院における人権侵害の多発，在宅精神障害者の増加など，精神障害者をめぐるさまざまな問題を考慮して精神保健福祉法が改正された。この改正法は，精神障害者の人権に配慮した精神医療を確保し，新たに移送制度を創設するとともに，精神障害者地域生活支援センターを法定化し，また在宅福祉事業として，グループホームに加えホームヘルプ，ショートステイを追加したこと，福祉サービスの利用に関する相談，助言の窓口を従来の保健所から住民にとって身近な行政を担当する市町村に移したこと等が特色である。

なお，2005（平成17）年，障害者自立支援法が成立し，平成18年10月から全面施行された。これにより，それまで精神保健福祉法に基づき実施されていた社会復帰施設や福祉サービスなどは，障害者自立支援法に基づく事業体系に再編されることになった。

障害者福祉の理念について

　障害者福祉の理念としてあげられるのは，まず「ノーマライゼーション」の理念である。ノーマライゼーションの思想は，第二次大戦後に生み出されたものである。戦後の1984年に国連の『世界人権宣言』で，地球上のすべての人々の人権の基本的理念が謳われたが，こうした時代背景の中，1950年代の後半，デンマークの知的障害者の親の会による閉鎖的で非人間的な処遇が行われていた施設の改善要求の運動がきっかけとなり，行政官であったバンク＝ミケルセンが自らも積極的に運動に参加していく中で，ノーマライゼーションの思想が生まれた。その思想は，「知的障害をもつ人も障害をもたない人と同等に生活する権利」をもつこと，つまり施設における生活や処遇の改善を通して障害をもつ人たちの生活基盤を地域へ移すことを内容とするものであった。その後，環境条件を改善しようとするノーマライゼーションの理念と実践は，国際的にも大きな影響を与え，世界的に広がっていった。障害者の施設処遇改善から地域で暮らす権利の保障さらには，環境を整備することによって，障害をもつ人の生活状況を障害を持たない人の生活と可能な限り同じにしようというノーマライゼーションの理念は，すべての人々の生活をより良いものにするという，全人類にとっての理念となった点で大変重要なものである。

　次に「リハビリテーション」の理念があげられる。これは，第一次世界大戦以後に始まった戦傷軍人に対する回復処置ないし再訓練がリハビリテーションと呼ばれたことに始まる。これ以降，すべての障害者に対するリハビリテーションへと概念が広がり，さらに「医学的リハビリテーション」「職業的リハビリテーション」「教育的リハビリテーション」「社会的リハビリテーション」の4領域を形成するに至った。

　ここで重要なことは，リハビリテーションという言葉は，単に機能回復のみを意味するのではなく，人権の視点に立って障害者の可能な限りの自立と社会参加を促進するための方法であるということである。

　換言すれば，障害をもつ人が再び人間らしく生きられるようになること，すなわち「全人間的復権」を究極的な目標とするということである。このため障害をもつ人の障害の特性や程度に見合ったリハビリテーションを支える地域の人的・物的な社会資源や施策の充実を図ることが重要である。

20-5 精神保健福祉論試験問題学習参考例

精神障害者の人権について

　わが国の歴史において，障害者は非生産的で能力が低い人と考えられ，慈善や保護の対象と捉えられていた。このような捉え方から障害者に対する差別や偏見が生まれ，多くの障害者が社会的不利益を受けてきた。例えば，就学，就職など人間として当たり前の権利として保障されていることが障害をもつゆえに差別されている現実があり，障害者が地域の中で生活することをはばんできた。障害者の人権を保障することは，国民の誰もが当然に受けることができる権利を障害者が同等に保障されることである。

　わが国の精神保健福祉の歴史は，社会の治安維持のために精神障害者を「隔離収容」することからはじまった。

　隔離収容が始まった要因は，精神障害者は危険な存在であるという誤った考え方から，社会を防衛し，治安を維持しようとしたことにある。

　わが国で精神障害者を対象とした法律は，1900（明治33）年の「精神病者監護法」がはじまりである。この法律では，公的な監禁は禁じられたが，実際には座敷牢などで「私宅監置」が認められていた。戦後の1950（昭和25）年「精神衛生法」が制定され，精神病院の設置が都道府県に義務化され精神病院が急増されたが，病院の中で精神障害者の人権侵害が繰り返されたことから精神医療のあり方が問われ，1987（昭和62）年に「精神保健法」が成立するに至った。この法律によって「病院中心から地域生活中心に」という流れが進んできた。さらに1995（平成7）年に「精神保健福祉法」が成立し，ようやく精神障害者に福祉の光が当てられるようになった。

　しかし，精神障害者に対する人権侵害は，精神医療の面のみでなく，地域社会の中においても差別や偏見が根強く残っているのが現実である。

　精神科病院の入院患者のうち7万2000人もの社会的入院が存在するといわれる現実は，地域の中で生活できる条件が不十分なことが要因となっている。これは地域社会の中に精神障害者を危険視したり排除したりする差別や偏見があることにも大きな原因がある。

　最近においては，精神障害者が犯罪を犯すと再犯の恐れがあるとの予測に基づいて「心神喪失者等医療観察法」が成立し，さまざまな議論をよんでいる。

　今後，精神障害に対する正しい理解を促進するとともに，差別や偏見を払拭し，「心の障壁」を取り払うことが最も重要な課題である。

20-6 精神保健福祉士について

精神保健福祉士は，精神障害者を対象として治療及び入院生活上の問題を解決したり，社会復帰を図るための援助や相談，退院後における住居や就労の場の選択などについて助言・指導，日常生活へ適応するための訓練などを行う専門職である。

精神保健福祉士の誕生が社会的に要請されるようになったのは，わが国の精神障害者の現状が，諸外国と比べて入院医療を受けている者の割合が高く，また，その期間が著しく長期にわたり，精神保健の向上や精神障害者の福祉の増進を図る上で妨げとなっていたことがある。

この状況を変革するために，精神保健法に基づき「精神障害者社会復帰施設」が創設され「精神病院から社会復帰施設へ」の考えが軌道にのりはじめた。

さらに，ノーマライゼーションの実現をめざし，「社会復帰施設から地域」への道を開くべく，1995（平成7）年に「精神保健福祉法」が成立した。

これによりそれまで医療中心であった精神障害者施策に「自立と社会参加の促進」を目標とする福祉施策の充実が図られるようになったのである。

こうした背景のもと，精神障害者の保健及び福祉に関する専門的知識と技術をもち，精神障害者の社会復帰に関する相談援助を行うマンパワーとしての専門職の創設が求められ，1997（平成9）年に「精神保健福祉士法」が制定され，国家資格として精神保健福祉士が誕生したのである。

その具体的な業務は，精神障害者の受診から社会復帰・自立と社会参加に至るまでの支援と地域生活までの一貫した援助を障害者の視点に立って考え進めることである。

つまり，精神保健福祉士は，精神障害者が生活していく上での困難や不利益を解消し，その人らしい生活を送るためにソーシャルワークの援助方法を用いて必要なサービスを提供することを主な業務としているのである。

精神保健福祉士の職場は，精神科病院，診療所，精神保健福祉センターなどの医療機関や精神障害者社会復帰施設，小規模作業所，グループホームなどのほか，認知症高齢者が利用する老人保健施設などにおいても活躍の場がある。精神障害者の自立と社会参加が促進される中で，福祉，医療・保健にまたがる領域で幅広く活躍する精神保健福祉士の役割は，今後ますます重要となってきている。

20-7 ●精神保健福祉論試験問題学習参考例●
精神保健福祉法について

　「精神保健及び精神障害者福祉に関する法律」（精神保健福祉法）は，精神障害者について，それまでの「医療及び保護」の対象として捉えるのではなく，福祉施策の対象として捉えられるようになった有意義な法律である。すなわちこの法律によって精神障害者が他の障害者と同様に「自立と社会経済活動への参加促進」を目標として，社会復帰と福祉施策の充実が図られることになったのである。

　この法律が制定された背景としては，1993（平成5）年の「障害者基本法」が成立したことがあげられる。障害者基本法では，「障害者」の定義に精神障害者が加えられたことから，従来の精神保健法に「福祉」の視点が加わり，「精神保健福祉法」として新しく生まれ変わったのである。

　精神保健福祉法の目的には，精神障害者の医療及び保護と共に，「社会復帰の促進及びその自立と社会経済活動への参加促進」が謳われ，人権に配慮した福祉サービスと身近な行政機関である市町村の役割が明確にされている。また，社会復帰施設の充実強化，「精神障害者保健福祉手帳」制度の創設などが規定された。この法律の施行5年後には，見直しを行うことが規定されていることから，1999（平成11）年に大幅な改正が行われた。

　その主な改正点は①精神医療審査会の機能強化など精神障害者の人権に配慮した保健医療福祉サービスの確保，②緊急に入院が必要となる精神障害者の移送制度の創設，③市町村を窓口とする居宅生活支援事業として居宅介護事業（ホームヘルプ）や短期入所事業（ショートステイ）を従来の地域生活援助事業（グループホーム）とあわせ法定化，④日常生活に関する相談・助言を行う地域生活センターを社会復帰施設として法定化したことなどである。

　このほか，⑤精神保健福祉センターを都道府県に必ず設置することが義務づけられたり，⑥福祉サービスの利用に関する相談，助言などを従来の保健所から市町村を中心として行うこととされたことなどが規定された。

　精神障害者の保健・医療，福祉対策は「入院医療中心から地域生活中心へ」と転換し基本的な方策が推進されつつあるが，障害者自立支援法の成立と相まって，多くの課題を残している。今後，立ち遅れた精神保健医療福祉体系の再編と基盤整備を図るためには，「精神保健福祉法」の改正をはじめ施策の充実が期待されている。

精神保健福祉施策の概要について

精神保健福祉施策は国民の精神的健康の増進，精神障害者の福祉の増進などを定める「精神保健福祉法」等を根拠に精神医療，社会復帰・福祉，地域精神保健の各施策が展開されてきた。

1 精神医療施策

わが国の精神医療は精神障害者を「社会から隔離する」考え方から「地域の中で適切な医療」をという考え方に転換が図られてきたが，実際は長い間「入院治療を中心」としてきたのが実態である。また入院の長期化等精神科病院の処遇が人権問題になり，「病院から施設へ」さらに「施設から地域へ」と施策の転換が図られている。しかし現在でもいわゆる「社会的入院者」が約7万2000人も存在する等多くの問題を抱えている。今後，精神科病床の機能の分化，地域生活を支援する体制を強化する等立ち遅れている精神医療・福祉の再編整備と基盤強化を総合的に進めることが重要な課題である。

2 社会復帰・福祉施策

精神保健福祉施策は，原則として，障害者本人の居住する地域で提供されるべきであるという考え方に基づき，入院医療中心から地域における保健・医療・福祉を中心としたあり方へ転換するため，各種施策が推進されている。社会復帰施設として，生活訓練施設，福祉ホーム，入所（通所）授産施設，福祉工場，地域生活支援センターの5施設が精神保健福祉法に定められていた。また，精神障害者ができる限り地域の中で生活できるよう「居宅生活支援事業」として，地域生活援助事業（グループホーム），短期入所事業（ショートステイ），居宅介護事業（ホームヘルプ）が市町村単位で実施されている。これらの施設や事業は障害者自立支援法の成立に伴い新体系に編成されている。

3 地域精神保健施策

精神障害者の地域生活への移行や，心の健康問題の早期対応を図る観点から，地域精神保健が展開されている。

各都道府県に設置されている精神保健福祉センターや保健所及び市町村などの行政機関において精神保健福祉に関する相談・指導，社会復帰支援などが行われている。また社会復帰施設である地域生活支援センターにおいても職員による相談支援のほか利用者間の相互支援が行われている。また最近，都道府県において「24時間医療相談体制事業」が開始されている。

今後，地域の実情に応じ精神保健医療の整備を促進することが重要である。

20-9 ●精神保健福祉論レポート学習参考例●

精神保健福祉施策の概要について

精神保健とは，人々の健康のうち主として精神面の健康を対象とし，精神障害を予防・治療し，また精神的健康を保持・向上させるための諸活動をいう。変化の激しい現代社会において，増大しつつあるストレスの中，さまざまな欲求不満や不安を体験しつつ，精神の健康を維持し向上させていくことは困難になりつつある。また，精神障害をもつ人々に対しては，早期治療への導入，リハビリテーション活動等によって，精神障害の回復と社会復帰を促進させることが必要である。

1988年7月より改正された精神保健法が施行され，精神科医療での患者の人権の尊重，社会復帰対策の充実について改善が図られ，精神的健康の増進も含めた幅広い対策が，国・地方公共団体の責務として規定された。

1993年12月には障害者基本法が成立し，精神障害者を障害者として明確に位置づけ，1995年には，精神障害者の社会復帰・福祉施策の充実強化を図る観点から，「精神保健法」は「精神保健及び精神障害者福祉に関する法律」と改名された。その目的に精神障害者の自立と社会参加の促進が加わり，精神障害者保健福祉手帳制度が発足した。

1 医療制度・入院制度

精神科医療としての入院治療においては，疾病の性格上，患者の意思に反して行動等に制限を加えることが少なくないため，人権に対して格段の配慮を要する。このため入院形態及び入院中の処遇に関して，法によりさまざまな規定がなされている。

(1) 入院形態

① 任意入院：患者本人の同意に基づく入院。② 措置入院：入院させなければ自傷他害のおそれのある患者に対して，都道府県知事・指定都市市長が指定する2人以上の精神保健指定医の診察の結果により入院が認められることが必要である。

③ 医療保護入院：自傷他害のおそれはないが，精神保健指定医の診察の結果，医療及び保護のために入院が必要と認められた患者について，患者本人の同意が得られない場合に，保護者（家族等）の同意により行われる。

④ 応急入院：本人及び保護者の同意が得られないが，直ちに患者を入院させる必要が，精神保健指定医の診察の結果認められた場合に行われる。入院期間は72時間以内に限られる。この入院形態は，常に入院に対応できるスタッフ，設備を有していることについて，厚生労働大臣の定める基準を満た

しているものとして，都道府県知事の指定を受けた応急入院指定病院において行われる。

以上の入院制度については，法律により次のように人権の確保が図られている。第一に，②から④の，本人の意思に基づかない入院に際しては，厚生労働大臣から必要な知識及び経験を有すると認められた精神保健指定医の診察を義務づけていることである。

第二に，行政に対する届出，報告の義務づけである。措置入院については入院後6か月，医療保護入院については入院後1年ごとに，知事に対して定期の病状報告を義務づけ，また，医療保護入院，応急入院について入院時の届出を課している。なお，定期の病状報告及び医療保護入院の入院届については後述の精神医療審査会において入院の適否についての審査が行われる。

第三に，入院患者は知事に対して退院及び処遇改善の請求が行える。この請求は，都道府県に置かれる第三者的機関である精神医療審査会で審査され，その結果に基づき，知事は病院管理者に対し退院その他必要な措置をとることを命じなければならない。なお，退院等の請求ができる旨については，病院管理者により患者に対して，その他の必要事項とともに入院時に文書で告知することが義務づけられている。

また，入院患者については，厚生労働大臣の定める基準により，通信・面会の制限等について基準が設けられている。なお，1999年の法改正で家庭から病院に入院するための移送制度が新設されている。これまでは，民間の警備会社に依頼したり警察官通報という制度があったが，人権侵害の問題を生じていた。このため第三者機関による移送制度が新設されたのである。

(2) 通院医療

精神障害者の通院医療費については医療保険制度にかかわらず，患者の自己負担分は医療費の5％とし，残りを公費で負担する制度が設けられていた。

この制度は，2006（平成18）年4月から「障害者自立支援法」の成立により「自立支援医療」として自己負担（1割）が導入されたが，低所得者には所得に応じ軽減策が講じられている。

2　精神科病院から社会復帰施設へ

精神科治療技術の進歩により，精神障害者のノーマライゼーションの途が開けたことと，精神障害者福祉が位置づけられたことを踏まえ，入院中心の治療体制から，社会復帰対策がより重要となり，社会的自立への援助が促進されている。

また，回復途上にある精神障害者には，適正な医学的管理の下に生活指導及び作業指導等を行い，円滑な社会復帰を図るため，医療機関，保健所，精神保健福祉センターのほか，次の精神障害者社会復帰施設が設置されている。

(1) 精神障害者生活訓練施設

精神障害のため，家庭において日常生活を営むのに支障がある精神障害者

が，日常生活に適応することができるように，低額な料金で居室その他の設備を利用させ，必要な訓練及び指導を行うことにより，その者の社会復帰の促進を図ることを目的とする施設。

(2) 精神障害者授産施設

雇用されることが困難な精神障害者が自活できるように，低額な料金で必要な訓練を行い，職業を与えることにより，その者の社会復帰の促進を図ることを目的とする施設。

(3) 精神障害者福祉ホーム

家庭環境，住宅事情等の理由で住居の取得・賃借が困難なため，現に住居を求めている精神障害者に対し，低額な料金で居宅等の設備を利用させ，日常生活に必要な便宜を供与することで，その者の社会復帰の促進，及び自立の促進を図ることを目的とする施設。

(4) 精神障害者福祉工場

作業能力はあるが，通常の事業所に雇用されることが困難な精神障害者を雇用し，社会生活に適応するための必要な指導を行うことにより，その者の社会復帰の促進及び社会経済活動への参加促進を図ることを目的とする施設。

(5) 精神障害者地域生活支援センター

精神障害者からの相談に応じ，必要な指導及び助言を行い，併せて保健所，福祉事務所，精神障害者社会復帰施設等との連絡調整やさまざまな援助を総合的に行うことを目的とする施設。

なお，これらの施設は，障害者自立支援法の施行に伴い精神保健福祉法の規定から削除され，地域生活支援センター，福祉ホームについては，地域活動支援センター・相談支援事業・福祉ホーム等へ移行し，その他の施設については，2011（平成23）年度末までに障害福祉サービス事業を行う施設等に移行することになっている。

3 施設中心から地域生活中心へ

1993年の法改正では，グループホームの法定化等，「施設から地域生活へ」という視点が導入された。また，精神障害者社会復帰促進センターも創設された。さらに1995年の法改正では，都道府県が実施主体となり，通常の雇用契約による就労の困難な精神障害者を対象に，社会的自立を援助する目的で，通院リハビリテーション事業が法定化されたこともあげられる。さらに，1999年の法改正により，居宅介護等事業（ホームヘルプ）や短期入所事業（ショートステイ）が法定化され，地域生活支援事業（グループホーム）とあわせ居宅生活支援事業として市町村を中心に実施されることとなった。

この居宅生活支援事業は，障害者自立支援法の施行に伴い，同法の介護給付，訓練等給付等に再編されることになった。また，地域精神医療として，保健所及び精神保健福祉センターにより，医師，精神保健福祉相談員，保健師等の精神保健及び精神障害者の福祉に関しての相談，訪問指導が行われている。

第21章
精神保健学

精神保健学

　「精神保健学」は，精神的健康に関する地域保健であり，その扱う領域は精神障害の予防・治療・リハビリテーションから精神的健康の保持・増進を図る諸活動までの幅広い範囲にわたっている。また，その取り組みの切り口によって，「ライフサイクルからみた精神保健」「家庭・学校・職場・地域といった生活の場からみた精神保健」「認知症・アルコール依存症・薬物乱用・思春期精神保健など個別的にみた精神保健」「その他の精神保健福祉活動」などに分けることができる。

　わが国の精神保健施策の取り組みは，障害者基本法，地域保健法をはじめ，精神保健福祉法，障害者自立支援法などによって進められている。

　精神保健福祉活動は，障害の有無にかかわらずすべての人が「共に生きる社会」こそ正常であるとする「ノーマライゼーション」の理念を踏まえて，「病院中心」の医療から「地域中心」の地域精神保健に移行されつつある。

　21世紀は「心の世紀」，すなわち「精神保健の時代」といわれている。

　日本の平均寿命は世界一であるが，単に長生きすればよいというのではなく，寝たきりや認知症などの疾患や障害がなく，さらに人生の質（QOL）といった健康を重視し，健やかに過ごせる人生の長さを表す「健康寿命」という言葉が世界的に使われるようになってきた。

　これからの精神保健のあり方は，こころ健やかに生きられるように，また，心が病んでいてもいきいきと生きられるように，地域で支えることが基本である。

　精神保健福祉士など社会福祉の専門職は，これに応えるため精神保健学の知識を十分に身につけておく必要がある。

　「精神保健学」は，特に精神保健福祉士にとって必要な精神保健の基礎的知識を学ぶものであり，十分理解を深めて欲しい。

21-1　●精神保健学レポート学習参考例●
ライフサイクルにおける精神保健について

　人が生まれてから死ぬまでをライフサイクルと捉え，それぞれのライフサイクルの段階（ライフステージ）ごとに，精神保健の課題と特徴がある。

　胎児期では，胎児と母胎に加わる有害因子（アルコール，薬物，喫煙など）から胎児の健全な発達を守るため，妊娠初期が重要である。周産期とは出生後7日間未満で終わる時期をいい，脳障害の予防に重要な時期である。

(1)　乳幼児期（口唇・感覚期）

　この時期には，妊娠・出産に伴う母親の精神保健の問題がある。

　さまざまな精神障害は妊娠末期に再発しやすくなる。軽い場合には産後10日ほどでほとんどが軽快する。出産後のマタニティブルーとは，一過性の軽い抑うつ状態であり，涙もろさ，抑うつ気分，不安，軽度の知的能力の低下が特徴的である。これは，出産前後のホルモンバランスの不安定さに起因するもので，出産後4～5日目から2～3日間症状が続き早期に回復する。

　産褥期うつ病は，出産後2～3週間目に発症し，いわゆる産褥ノイローゼの型をとる。また，次回の妊娠時の再発率が高くなる傾向がある。

　授乳を通して確立される乳幼児と親との心理的な結びつきを通じて，知能，言語，情緒，性格など人間としての基本的な精神機能が育っていく。

(2)　幼児前期（筋肉・肛門期）

　幼稚園や保育園に入る幼児期は，「母子共生」という枠を離れ仲間を求め，やがて集団生活で競争と協調性を学ぶ時期である。この時期の精神保健の問題としては，子どもの見知らぬ集団に対する家族との分離不安など新しい場面への不安に留意する必要がある。

(3)　学童期（潜在期）

　子どもが就学する学童期は，その後の子どもの人生に影響する。この時期は心の変化が多いため，就学不適応が生じやすい。多動性（落ち着きのない）傾向やネグレクト（教育の機会を親によって放棄された子ども）の存在も明るみに出る。

　小学校の低学年では，子ども自身がSOSを発せないので，保護者と教員が連携して発見し調整する必要がある。小学校中学年は，社会的な役割を認識し始める一方で，劣等感や不適応の問題が起こる。また，小学校高学年では，神経性無食欲症，過食，強迫神経障害，自傷行為，不登校，いじめ，家庭内暴力も増加する。

(4)　思春期（青年期）

　思春期は，子どもから大人への移行

期であり，乗り越えなければならない多くの課題がありストレスの多い時期である．

思春期の問題行動として，「いじめ問題」「性の逸脱行為（不純異性交遊）」「薬物乱用」「少年非行」「不登校」「家庭内暴力」などがある．ほかにも引きこもりや意欲の低下，また神経性無食欲症，過食症など精神的問題が多い．

精神的ストレスが身体化され，倦怠感，起立性低血圧（立ちくらみがしたり，長時間立っていると気分が悪くなる），熟睡感の欠如や睡眠不足の訴えなど心身の不調を訴えることが多い．学校で，ストレスの解消法を教えたり，スクールカウンセラーを置くなどのストレス対策法の確立が望まれている．

(5) 青年期

青年期の人生的課題は，自己とは何か，生きがいとは何かといった問題を考え出す「自我同一性（自分は何者であるかという意識）の確立」と人生の選択（就職と結婚）である．エリクソンは自我同一性の確立が危機におちい陥って混乱した場合，同一性拡散症候群を起こすとしている．現在人生を考え悩むことを避け，大人になることを先延ばしにし（モラトリアム），安易な人生を送ろうとする者が増えている．

豊かな物質文明にあり，高度に情報があふれ，競争を強いられる社会にあって，内省や自己洞察の少ない貧困な精神状況の中で，真の自我同一性（アイデンティティ）は確立しにくくなっている．そのような社会的状況のため，アパシー・シンドローム（退却神経症，仕事や勉強などやらねばならないことに対して無気力になる），青い鳥症候群（理想の自分と現実の自分にギャップを感じる）などの病理像が現れている．

(6) 成人期

この時期は，社会的には働き盛りであり，家庭では子どもを産み育て上げる時期である．成人前期の心的問題は，エリクソンの発達課題によれば，「親密対孤立」である．友人と親密な関係を確立することが期待されそれが失敗すると他人との交渉を避け，社会的な孤立に陥るという．

現代，結婚・家庭のあり方は確実に変化している．生活の大半が仕事中心になり，協調性と自己を没するような忍耐性が要求される．これらに耐えられず，社会的逃避をはかる成人も増えている．病態としては，サラリーマンアパシー・シンドローム，途中下車症候群（新入社員が突然退社する），無断欠勤症候群，出社拒否症などがある．

核家族での子育ては若い両親に大きな不安と葛藤をもたらし，育児ノイローゼを訴える母親が増加している．

母性拒否症候群などと呼ばれる病理も増加しつつあり，母親による養育拒否や虐待などがおきる．

児童虐待の増加は，近年大きな社会問題にもなっている．これらの問題を

克服するためには，自分の親，とりわけ同性の親との心理的な和解と，信頼感の再構築を図ることが重要となる。児童虐待は，自己と自身の親との葛藤の反映であることが多いという。

今までの生き方に根本的な疑念が生じ，青年期から築き上げ，積み重ねてきたすべての存在が無意味に感じられる。これが中年の危機と呼ばれるものである。この結果，突然の退職や転職，遁走，蒸発，離婚，うつ状態，時には自殺に至ることがある。男性の自殺率はこの時期が最も高い。中年の危機は，遁走や離婚，うつ状態や自殺など社会的破綻をもたらす場合もあるが，その時期を克服することによって，その後の新しい発達を促す場合もある。

成人の中には職場などでの長期間のストレスで心身症を患っている例が少なくない。身体的治療だけでなく，精神的面のサポートも必要となる。

子どもが自立し，家から離れていく際に，子離れがうまくできないと，母親が「空の巣症候群」になる場合がある。50代になると，多くの人は上昇停止状態となる。人生の限界に直面して，自分のあり方をもう一度選び直したい気持ちになる。人生の秋，黄昏にあたって，もう一度人生の意味や，生き方について考えるようになる。

(7) 老年期（自我統合と絶望）

老年期の最大の特徴は，精神的・肉体的な老化現象である。精神的に不安定な時期で，精神障害が発生しやすい。

親子の別居が増え，核家族化が進み，高齢者のみの世帯やひとり暮らし高齢者の単独世帯も増えている。また，親子世帯では高齢者は若夫婦に遠慮しながら生活することが多い。経済的な不安が加わって社会的に孤立化しやすくなる。さらに対象喪失（身近な夫や妻の死や定年により職を失うなどの）体験が重なり，精神的な健康が失われやすくなる。

精神的な問題に対しては，身体疾患に対するよりも早期発見・早期治療が困難である。特に，高齢者は精神障害の早い時期でも周囲の者は「年のせい」と見逃してしまうために医者に見てもらうまでに時間がかかってしまう。

わが国では，高齢者の自殺率が高い。とくに，欧米に比べ女性の自殺率が高い。老年期の自殺の直接動機としては病苦が圧倒的に多い。しかし，高齢者の自殺では，精神障害，特にうつ状態との関連が注目されており，高齢者の自殺者の80〜90％が精神障害者であるといわれている。

高齢者の精神保健対策は，①心の健康づくりをめざす「積極的精神保健」，②精神的健康を損ないつつある高齢者や，すでに精神障害がある高齢者に対するサポートを行う「支持的精神保健」，③両者の統合をめざす「実践的な地域精神保健」の三本柱で行っていく必要がある。

21-2 職場における精神保健活動の実際について

●精神保健学レポート学習参考例●

現在の日本は，バブル崩壊後から景気の低迷が続き，金融不況，倒産の多発，リストラによる失業者の増加，中高年の自殺の増加などが起こっており，大きな社会不安のなかにある。

職場においては，経費節約や生産性向上のもとに合理化を強いられ，IT技術の発展により新しい技術が次々と導入され，これについて行けない労働者にとって大きなストレスとなっている。

さらに従来の終身雇用制と年功序列が崩壊し，働きに応じて給与が支払われる業績主義，能力主義になり，競争社会となっている。こうした急激な変化は，終身雇用制と年功序列制を前提として，生活設計をしてきた中高年世代には，一段と高いストレス状態になっている。その一方で，職場で働く若い人にも業績を常に求められることになり，このことも大きなストレスになっている。

労働の場は，このような現状にあるため，技術革新や高度に管理化された職場，複雑な人間関係に適応できなくなり，心身の健康を損なう労働者が増えている。つまり，従来の職場環境は劇的に変化し，労働者に大きなストレスとなっているため，職場不適応が生じ，自律神経失調症，心身症，神経症，うつ病などのいわゆるストレス病になる労働者が増えている。

1997（平成9）年の厚生省（当時）による労働調査では，労働者の63％が強い不安，悩み，ストレスを感じており，前回（1992年）に比べて，5ポイント上昇している。不安，悩み，ストレスの内訳をみると，「人間関係」46％，「仕事の質」34％，「仕事の量」32％，「仕事への適正」23％などが高い割合になっている。

このようなストレスの多い職場に対応するためには，精神保健活動（メンタルヘルス）をいかにするかが重要なテーマとなってきた。

戦後から現在まで，労働環境の変化に対応して，労働者の保健衛生対策がいろいろ行われてきた。まず，戦後間もない1947（昭和22）年，労働者保護を目的として，「労働基準法」が制定されたが，新しい労働衛生問題に対処するためたびたび改正されてきた。

1965（昭和40）年ごろからは技術革新が進み，新しい労働災害や労働衛生問題が起こってきた。このような問題への対策として，1972（昭和47）年，労働基準法の中から安全衛生に関する規定を抜き出し，さらに労働安全規則

などを集大成して「労働安全衛生法」が制定された。労働基準法が最低基準を明らかにし，その遵守を求めたのに対し，労働安全衛生法は，最低基準の確保は当然のこととして，事業の特性に合わせて健康障害の予防をうたったところに特徴がある。

今日の労働環境は，人間関係が希薄化し，実際に顔を合わせることが減り，個人個人が分断化され，孤立化している状況にある。また，労働によって起こる病気や怪我（労働災害）の内容が変わってきて，以前からの外傷やけい肺など身体的な病気が減り，かわりにストレスに関連した心理的な病気が増加している。それに伴って，職場におけるストレス病の早期発見，休職・復職に関係する問題などのメンタルヘルス対策が急務となってきた。

今日の労働環境の状況に対応するためには，従来の身体的健康の維持・増進だけでなく，心の健康（メンタルヘルス）が重要視されて，2000（平成12）年8月に，「事業所におけるこころの健康づくり」の指針が出されたのである。

メンタルヘルスを行うには，個人のものの考え方を変えるとか，ストレス解消法を行うといったストレス・コントロールだけでなく，勤務時間や作業目標を規制するストレッサー・コントロールの両面からのアプローチが重要である。この視点を踏まえて，こころの健康づくりを行い，さらに，産業現場と臨床現場が緊密な連携を行って，勤労者に対するストレス病の予防とメンタルヘルスの啓蒙教育活動を展開していくことが重要である。

厚生労働省は，労働者の心身両面にわたる健康増進措置の積極的な推進を長年行ってきた。この健康保持増進措置は，トータル・ヘルスプロモーション・プラン（THP）といい，健康測定の結果に基づいて，専門的な研修を受講した健康づくりスタッフとともに心身両面からの健康指導を行うものである。職場におけるメンタルヘルス対策の推進を図るため，2000（平成12）年8月に「事業場における心の健康づくりのための指針」が策定され，労働者のメンタルヘルスの対策が強化されたのである。労働者の仕事や日常生活における悩み，不安，ストレスに関する相談に対応するスタッフとして，THPに携わる心理相談担当者，産業カウンセラーなどが指導・支援している。

労働者の健康管理には，産業医を中心とした衛生管理体制の確立が不可欠であるが，産業医を雇う義務のない労働者数50人未満の事業場は，独自に医師に依頼して助言を受けることが困難になっている。

企業内の衛生管理体制における産業医のあり方について，小規模事業所への産業保健サービスの提供が十分でないとの指摘があり，これらの小規模事業所を対象として健康相談，個別訪問

産業保健指導などを行う地域産業保健センターが2008（平成20）年度現在，全国で347か所設置されている。

また，産業保健活動の質的向上を図るには，産業医などを支援する体制の構築が不可欠であるため，これらに対する専門的相談，産業保健情報の提供を行う産業保健推進センターが2008（平成20）年度現在，全国（都道府県）に47か所設置されている。

2001（平成13）年度における従業員数50人未満の事業所に勤務する労働者は全体の62％となっている。労働災害の発生率は大企業に比べて相当高く，また，労働衛生管理面において健康診断，作業環境測定などは十分に行われていない状況にある。

大企業におけるメンタルヘルスの取り組みは，従業員個人の精神的不健康を改善することを目的とした活動から，従業員集団の精神的健康状態を高めることによって企業の生産性の向上を図ろうとする活動に移行している。しかしながら，中小企業ではメンタルヘルスへの取り組みはほとんど進んでいない状況にある。つまり，大企業や官庁などでは，精神健康管理の組織や制度も整っており，療養も徹底して行える余裕もあり，周りからの支援も十分に行われている。ところが，中小企業では，大企業のような余裕がなく，内容も不十分であり，これが労働災害を多くしているのである。

今日，職場における重大な問題として，過労死と過労自殺がある。

過労死は，産業ストレスにより直接もたらされるもので，過重な時間外労働などにより，疲労が蓄積し，脳・心臓疾患などによって死亡することをいう。労災認定において，蓄積疲労になる労働時間の評価の目安が示されたことにより，いわゆる産業ストレスと心血管系疾患による死亡との因果関係が認定されている。

過労死が身体疾患をもたらすのに対して，過労自殺は過労が精神疾患（主としてうつ病）をもたらすものである。過労が引き金となって，うつ病になり，自殺念慮が高まり，自殺企図になる。

1999（平成11）年9月に，精神障害者の労災認定基準として，いわゆるストレス―脆弱性理論（環境によるストレスの強さと個人個人の病気へのかかりやすさが関係して発症するとする理論）に基づいた認定基準が労働省（当時）労働基準局から発表された。これを受け，過労死・過労自殺への対策には，産業ストレスを軽減すること，そして労働者の脆弱性を減じて，抵抗性を高めることが重要であることとして，ストレス対策が「こころの健康づくり」につながっているのである。

高いストレスの状態にあると，ミスをおかしやすくなり，労働安全を図る上でもメンタルヘルス，さらにトータルヘルスの啓蒙とその実施が重要である。

21-3 認知症高齢者対策について

●精神保健学試験問題学習参考例●

「認知症」については，かつて痴呆症という用語が使われていたが，侮蔑的な表現であり実態を正確に表していないなどの指摘があったことから厚生労働省の検討会において新たな用語が検討されていた。その結果，痴呆症に替えて「認知症」という用語に変更することとなり，法律上使われている用語についても「認知症」に変更するための法改正が進められている。

また，今後取り組むべき課題は，「認知症」に対する誤解や偏見を解消するとともに，その症状や原因，予防，治療法，介護の仕方などの理解を深める取り組みを進めることである。

「認知症」は，記憶，思考，理解などに障害が起こり，日常生活，社会生活に支障をきたすようになる脳の病気で，アルツハイマー型認知症と脳血管性認知症がその大半を占めている。

「年だから，ぼけても仕方ない」と思いがちだが，認知症の初期に塩酸ドネペジルという「もの忘れ」の改善や進行を遅らせる薬もあるので，認知症の早期発見・早期治療が大切となる。それには，本人や家族で病的な「もの忘れ」の兆候に気づいたらすぐに「かかりつけ医」や専門病院への対応が重要となる。しかしながら，認知症を診断できる「かかりつけ医」は少なく，専門医はさらに少ない現状にある。

次に，介護が必要な認知症高齢者やその家族をどう支えるかである。

2000（平成12）年にスタートした介護保険は，寝たきりや身体の不自由な高齢者を主な対象者としているため，徘徊などの症状がある認知症高齢者やその家族を十分に支えきれない。そのため，現行のサービス体系では，家族への介護の負担は重くなっている。さらに，特別養護老人ホームは待機者が多く，認知症高齢者の6割は自宅での生活を余儀なくされている。

平成21年版『高齢社会白書』によれば，このような現状を反映し，虐待を受けている高齢者の約7割が要介護認定を受けており，徘徊や妄想などに対する知識不足やケアの方法を知らないことで虐待に至ったケースがかなりあるとみている。

これらの解消のためにも，2005（平成17）年の介護保険制度の改正で新たに導入された「地域支援事業」が認知症予防に十分役立つことが期待される。

また判断能力が十分でない認知症高齢者の財産管理や契約行為を支援する「成立後見制度」を普及させることも課題である。

21-4 アルコール関連問題について

●精神保健学試験問題学習参考例●

　アルコールに関連する問題には、アルコールがもとで発生する社会問題だけでなく、アルコール依存症に関わる問題が大きい。20歳以上のアルコール依存症患者は日本国内に82万人いることが明らかになっている。また、「暴言・暴力」「飲酒の強要」「セクハラ」など、アルコールによる問題行動の被害者は3040万人と推定されている（『朝日新聞』2004年6月17日）。

　アルコール依存症になると、飲み出すとブレーキがきかない、昼も夜も飲み続けてしまう、飲んではいけない時にも飲んでしまうという「飲酒のコントロール喪失（問題飲酒）」と、酒をやめたり量を減らしたときに、手の震え、不眠、発汗、イライラ、気分の落ち込み、動悸、全身のけいれん発作、せん妄を伴う「離脱症状」を起こすようになる。

　アルコール依存症は病気であるから治療をしないと、アルコール精神病、アルコール性認知症（痴呆）（短期記憶障害、記銘障害、見当識障害、作話）に発展する。また、アルコール依存症の女性からは胎児性アルコール症候群の子どもが生まれ、また親のアルコール問題などに巻き込まれて育った子どもが性格的に歪みをもった「アダルトチルドレン」になる危険性が高くなる。

　アルコール依存症を予防するためには、アルコールが及ぼす身体的・精神的・社会的な悪影響について教育する必要がある。また、アルコール依存症者を早期に発見し早期治療を行う必要がある。

　しかし、アルコール依存症の人は、自分がその病気であることを認めない「否認の病気」であると言われており、いかにして医療に結びつけるかが問題となる。このため、病院や保健所の精神保健福祉士が支援して、家族から患者にアルコール問題を認めさせることが第一である。

　次に、患者を病院から社会復帰させる段階で、「断酒」をいかに続けるかという問題がある。これには、同じ経験を持ち断酒を続ける仲間のいる断酒会やAAやアラノンなどの患者の自助グループに参加することが、アルコール依存症からの回復に有効である。また、再飲酒の予防には、断酒を習慣化する抗酒剤の服用も有効となる。

　飲酒が薬物乱用に先行する傾向になっていること、また、若年者の飲酒は父母の飲酒と関係が深いことから、飲酒の家庭教育がアルコール依存症対策としてきわめて重要である。

21-5 ●精神保健学試験問題学習参考例●

統合失調症について

　「統合失調症」は、躁うつ病（気分障害、感情障害）とともに内因性精神病と呼ばれ、発生頻度が高いため（0.7～0.8％程度、発症年齢は15～35歳）、精神医療において重要な疾患である。

　精神障害で入院している患者32万308人のうち6割（19万2329人）を統合失調症が占めているという（2010年版『精神保健福祉白書』）。

　統合失調症の発生の原因には、遺伝素因などで病気になりやすい「脆弱性（もろさ）」と病気の発症を促す「ストレス」の組み合わせによって起こるという「ストレス―脆弱性モデル」が多い。統合失調症の主な症状は、知覚、思考、感情・意欲、行動などの障害である。統合失調症の急性期にみられる緊張、妄想、幻聴などの陽性症状には「抗精神病薬」が用いられている。急性期の病期から回復した後、症状の改善した状態を維持させるためには、長期間、薬物の服用を続ける必要がある。それは、統合失調症の悪化の半数以上が服薬の中断によって起こっており、服薬を続けることが効果的な再発予防となるからである。一方、慢性期には、会話の貧困や社会からの引きこもりや自発性低下、感情の平板化（感情鈍麻）などの陰性症状に対しても効果があるとされるリスペリドンという薬剤が用いられる。

　長期入院の患者の中には、顕著な精神症状がなくなったにもかかわらず、自発性が低く、融通がきかない、状況判断がうまくできないなどの連合弛緩や滅裂思考があり、自己決定がうまくできないために、直ちに社会生活に適応できず仕事につけない患者が多い。

　こうした患者に対しては、ノーマライゼーションの理念に基づいて、住み慣れた地域の中で生活できるようにするリハビリテーション活動が進められている。患者は地域や家庭との関係を切ることなく、昼間に通院・通所して、薬物療法やレクリエーション療法、作業療法、生活技能訓練法（SST）などの総合的な治療を受けることができるようになる。こうした地域活動によって、多くの患者が社会適応能力を回復して社会参加するようになれば、この病気に対する偏見や差別が軽減されるであろう。

　統合失調症の治療に福祉サービスが加わるようになってきたが、診察の初期の段階から医師と精神保健福祉士などが協力・連携して進める体制を深めることが必要である。

思春期精神保健対策について

　中高生年齢の思春期の子どもは，未熟で感受性が高いため，時代の影響を受けやすい。現代社会は，家庭環境，教育環境，地域環境が大きく変動しているため，思春期の子どもへの影響は特に大きくなり，引きこもり，家庭内暴力などの家庭問題，いじめ，不登校，校内暴力などの学校問題，少年非行，大麻や覚醒剤などの薬物乱用，不純異性交遊などの地域問題が増えている。

　こうしたことから，現在の思春期の子どもの精神保健対策は，精神保健の維持向上をいかにし，諸問題にいかに対処したらよいかが大きな課題となっている。

　思春期の精神保健の問題に対する対策の基本は共通するため，ここでは思春期の精神保健で大きな問題である「不登校」について考えてみたい。

　不登校とは，「何らかの心理的・情緒的・身体的，あるいは社会的要因・背景により，児童生徒が登校しない，あるいはしたくともできない状況にあること」である。不登校には，①精神病圏内の不登校，②引きこもり型，③いわゆる新不登校（登校していない以外には問題はなく明るい不登校と呼ばれている），④保健室には来るが教室には出ない不登校，⑤非行・犯罪型不登校の5つの型に分けられ，学校生活の大半を保健室で過ごす「保健室登校」が多いが，最近は「新不登校型」が増えているという。

　文部科学省も不登校は，「特異な子どもの特異な行動」ではなく，「どの子にも起こりうる問題」として，本人や家庭問題だけではなく，「いじめ・学業の不振・教職員への不信感」などの学校生活にも一因があるとしている。

　学校では，保健室を利用して養護教諭が中心となって不登校の子どもの問題を扱っているが，最近は心理の専門家であるスクールカウンセラーが新たに配置されるようになり，種々の学校問題への取り組みが強化されてきた。

　不登校など子どもの問題は，多くの分野にまたがり多岐にわたるため，家庭や学校のみだけで解決しようとせず，専門家を交えて地域・社会全体で対処することが必要である。また，長期不登校のあとに思春期を自宅に引きこもる子どもも出てきている。

　これらの問題解決には，専門家を交えて，問題の実態を把握し，その問題の改善を図ることが大切であり，このため家庭・学校・地域が綿密な連携のできる社会システムをつくることが重要である。

21-7 精神保健施策の課題について

●精神保健学試験問題学習参考例●

わが国の精神保健施策は、国民の精神的健康の保持、精神障害者のケアとサービスについて規定した「精神保健福祉法」を根拠として、①精神医療施策、②社会復帰・福祉施策、③地域精神保健福祉施策が展開されている。

1　精神医療施策

わが国では、およそ303万人が精神疾患により入院または外来治療を受けていると推計されている。このうち、精神科病床への入院患者数はおおよそ32万人となっている（2005（平成17）年の患者調査）。また入院患者のうち、約7万2000人が「受け入れ体制が整えば退院可能」な社会的入院患者であると言われており、これらの社会的入院患者の社会復帰対策を進めていくことが、重要な課題である。

2　社会復帰・福祉施策

精神障害者の社会復帰の促進、自立と社会経済活動への参加の促進を図るため、精神障害者社会復帰施設として、①精神障害者生活訓練施設、②精神障害者授産施設、③精神障害者福祉ホーム、④精神障害者福祉工場、⑤精神障害者地域生活支援センターが設置されている。また、精神障害者居宅生活支援事業として、精神障害者居宅介護等事業（ホームヘルプサービス）、精神障害者短期入所事業（ショートステイ）、精神障害者地域生活援助事業（グループホーム）が行われている。これらの施策は緊急の課題として国の「障害者基本計画」および「新障害者プラン」により拡充整備が急がれている。

3　地域精神保健福祉施策

地域精神保健福祉は、市町村が福祉サービス利用の窓口となり、各都道府県に設置されている精神保健福祉センターと保健所の技術支援を受けて行われている。

4　基本的課題について

精神保健福祉施策は、「入院医療中心から地域生活中心へ」と見直しが進められているが、立ち遅れた施策を推進していくためには、多くの課題がある。このため、厚生労働省に精神保健福祉対策本部が設置され、今後取り組むべき精神保健福祉施策の方向が取りまとめられるとともに、現在、優先的に取り組むべき施策について検討が進められている。

今後の精神保健施策は、原則として本人の居住する地域で提供されるべきであるとする考えに基づき、これまでの入院医療中心から地域における保健・医療・福祉を中心としたあり方に転換するため、総合的に施策を推進していくことが重要な課題となっている。

第22章
精神科リハビリテーション学

精神科リハビリテーション学

「リハビリテーション」の本来的な意味は、「復権」ということである。

それは、心身の障害があるために、人間らしい生活を奪われている人が人間らしい生活を取り戻す「全人間的復権」を意味する。

言い換えれば、リハビリテーションとは、単に運動機能の回復や疾病の解消にとどまらず、地域社会における生活を通して生活の質（QOL）の維持向上を支援する活動であり「全人間的復権」をめざすものである。

精神科リハビリテーション学は「回復（リカバリー）」「エンパワーメント」などの用語に象徴されるように、それを実現するための知識と技術を学ぶことを目的としている。その概要は、次の通りである。

まず、「精神科リハビリテーションの概念について」である。

精神科リハビリテーションの理念と意義・基本原則を知り、わが国及び諸外国の精神科リハビリテーションの現状について学ぶ。

次に、「精神科リハビリテーションの構成について」である。

全人間的復権をめざすリハビリテーション全過程は、トータルリハビリテーションと呼び、医学的・社会的・職業リハビリテーションの３つの過程から成り立っている。これに教育的・心理的リハビリテーションが加わり、これらの過程が相互に関係をもちながら、トータルリハビリテーションの目標を達成させることになる。

さらに、ここでは「病院リハビリテーション」「地域リハビリテーション」「職業リハビリテーション」「社会生活技能訓練」「デイケア・ナイトケア」などについて知識を深めることとしている。

「精神科リハビリテーション学」は、精神障害者の地域社会の中での「生活のしづらさ」を理解するとともに、リハビリテーションの知識と技術を駆使して、「全人間的復権」を支援するための実践活動を支える重要な科目である。

22-1 ●精神科リハビリテーション学レポート学習参考例●
精神科リハビリテーションの概念について

　リハビリテーションという言葉が使われたのは，第一次世界大戦下のアメリカである。1917～18年にアメリカ陸軍軍医総監の下に「身体再建・リハビリテーション部門」が設けられ，戦傷兵に対し理学療法，作業療法及び職業訓練が行われた。

　リハビリテーションは，障害者が地域社会で普通に暮らすことを目的とする。そのためには，障害者の機能回復と合わせて，本人の生活能力の改善を図る必要がある。また，本人の了解を得た上で，近隣の人々の協力を求めたり，服薬管理などについては，本人の同意のもと，訪問看護による服薬状態の管理・指導なども必要になってくる。

　このように，リハビリテーションの目標は，症状ではなく，生活する上での障害を取り除くことである。ただ，精神医学で陰性症状（動作の緩慢さ，注意の不足，感情の乏しさ，思考の弛緩など）と呼ばれるものは，機能的な障害と区別がつけがたく，このような症状が背景にありうることも踏まえたリハビリテーションの介入が必要である。また，精神科リハビリテーションでは，動機形成の段階から援助が必要になってくる。ここでのリハビリテーションとは，身体的な回復にひきつづいての社会的・職業的リハビリテーションのことを主に意味していた。このように第一次世界大戦による戦傷者の治療と社会復帰のニーズにこたえて開始されたものが，1920～30年代にポリオ（小児まひ），肢体不自由児，あるいは結核患者，精神病者へと対象を広げていった。そして，1940年代に入って，法律や国家的な会議の名称に使われるようになった。1942年，アメリカでは全国リハビリテーション委員会がもたれ，戦傷障害者に対する関心の高まりから，「リハビリテーションとは，障害を受けた者を彼らのなし得た最大の身体的，精神的，社会的，職業的，経済的能力を有するまでに回復させることである」と定義された。こうした疾病からの回復にとどまらず損なわれた機能を最大限に取り戻す，それで足りなければさまざまな手段を用いて機能を代償するという医学的リハビリテーションの流れがある。

　もうひとつの流れに，第二次世界大戦下のアメリカにおいて，病床やスタッフが不足するなか，やむなく進められた早期離床・歩行が，かえって術後の回復に大きな効果をもたらした。これは脳卒中の重度化を防止するためにも重要であることが知られ，運動障害

医学を広げることになった。わが国では、この運動障害関係の医学的リハビリテーションの導入時の社会的インパクトの影響で、リハビリテーションというと医学的リハビリテーションを指すことが多いという特徴が見られる。

また、アメリカでは、まず障害者に職を与えて社会復帰させることに関心が高まり、それへの基礎作りとしての医学的リハビリテーションが発展したのである。その後、戦傷による障害者の職業的リハビリテーションから、障害者一般のリハビリテーションへと拡大していった。1942年に「全米リハビリテーション評議会」により「リハビリテーションとは、障害を受けた者を彼のなしうる最大の身体的・精神的・社会的・職業的・経済的な能力を有するまでに回復させることである」という定義が採択されるに至った。

これにより、リハビリテーションを分類的に示せば、「医学的リハビリテーション」「教育的リハビリテーション」「職業的リハビリテーション」「社会的リハビリテーション」「心理的リハビリテーション」「地域リハビリテーション」となる。

ここで重要なことは、リハビリテーションという用語が障害者について用いられる場合でも、個々の身体部位の機能回復のみを目的とするのではなく、障害をもつ人間を全体として捉え、その人が再び「人間らしく生きられる」ようになること、すなわち「全人間的復権」を究極的な目標とするということである。

ここでいう「全人間的復権」とは、たとえ障害による機能低下の回復には限界があるとしても、障害者が自らの機能のすべてを最大限に活用して、人間らしく幸福に生きられるようにするという理念に基づいている。これは、障害者本人の意思と機能回復の訓練、そしてそれらを受け入れる社会があってはじめて成立する。

精神科領域では、リハビリテーションの源流を19世紀の道徳療法の時代まで遡ることができる。しかし、本格的な展開は、身体障害の分野と同じく第二次世界大戦下であった。イギリスでは他障害の職業リハビリテーション施策の中で、処遇され、アメリカでも障害者職業リハビリテーション法下での施設処遇が行われていたが、1950年代後半の向精神病薬による薬物療法が普及してからのことである。

この薬物療法が普及して以降、欧米とわが国では、精神医療対策が大きく異なって発展していく。欧米では、地域ケアに向かい、日本では精神病院治療中心の施策が取られることになる。したがって、これ以降は、日本における精神科リハビリテーションを中心にまとめることにする。

わが国においては、1950～60年代、精神障害者の医学的リハビリテーションは、薬物療法の登場により、さまざまな働きかけが盛んになった。この時

代は病院内リハビリテーションの時代であったといえる。病院内での内職や農耕作業を行う「作業療法」，病院内での生活指導や訓練を行う「生活療法」，病院外の職場に働きに出かける「院外作業」などを経て退院し，住み込みやアパートに単身で入居し就職することが目標となっていた。

1970年代には，デイケア，ナイトケア（昼間又は夕方のみ自宅から精神病院に通い，生活訓練などの活動を行う），中間宿舎等のリハビリテーション専門施設を中心とする時代になる。オイルショックを経て，退院して就職することが難しくなったこともあり，「社会復帰」の考え方は，地域で暮らす患者をいかに支えるかが中心課題となっていく。1974（昭和49）年には，デイケアが社会保険診療報酬（保険から医師の報酬が出る）の対象になり，精神科デイケアが普及したこと，1982（昭和57）年以降小規模作業所が各地で作られるようになったり，社会復帰施設（1970（昭和45）年から）や社会復帰相談指導事業（1980（昭和55）年から）など公衆衛生機関の活動が地につくようになったことなどにより，地域リハビリテーションの進展が図られた。1980年代半ばまでは，「精神障害者に必要なのは医療と保護であって，病気が治れば社会復帰できる」とされており「心身障害者対策基本法」の対象になってはいなかった。

この時期，特に重要なことにWHO（世界保健機関）の国際障害分類（1980年）による障害概念の確立があげられる。この時期には疾病の治療を中心とした「医学モデル」から患者の生活を重視する「障害モデル」への転換と，「疾病と障害の共存」を容認する考え方が現れはじめ，病気や障害をもちながらも地域での生活を可能とする方法が模索されだした。精神病患者の「生活」に視点を当てることで，「患者」は同時に日常生活上の困難・不自由をもち不利益をこうむっている「障害者」であると考えられるようになった。こうして，精神疾患はさまざまな治療の対象であると同時に，精神すなわち脳の活動の，損なわれた機能の回復を図るリハビリテーションの対象にもなったのである。その治療とリハビリテーションは，その人なりの地域生活を支えることが目的となってきている。また，このことが逆に，精神すなわち脳の機能の回復をも促すことにもなり，両者が別々であるかぎり目的は十分に達せられず，その統合を図るところに「精神科リハビリテーション」の特徴があり意義がある。

1993（平成5）年「障害者基本法」により，初めて精神障害者が他の障害と同等の位置づけがなされた。今日「リハビリテーション」は，単なる「社会復帰」を意味せず，「疾病」と「障害」をあわせもちながらも，「全人間的復権」をめざすプロセスと考えられるようになってきている。

● 精神科リハビリテーション学レポート学習参考例 ●

22-2 精神科リハビリテーションの構成について

1 精神科リハビリテーションの対象

精神科リハビリテーションの対象者は、多くは慢性的な精神疾患にかかり、再発・再燃を繰り返し、入退院を繰り返さざるを得ない人々である。

しかし、精神障害者がリハビリテーションの対象として考えられるようになったのは、近年のことであり、1960年代、向精神薬の導入など治療の進歩によって社会復帰が可能になってからのことである。それまでは精神障害者はもっぱら臨床医学、医療の対象であった。

精神保健法（1987年制定）による社会復帰施設の制度化によって、精神障害者の処遇は、病院から社会復帰施設へ、そして、さらに社会復帰施設から地域に転換が図られ、地域型のリハビリテーションが実施される方向づけがなされてきた。

しかし、わが国において、法的に精神障害者が福祉の対象と考えられるのは、障害者基本法（1995年）を待たねばならなかった。こうして、精神疾患は治療の対象であると同時に、精神活動の、損なわれた機能の回復を図るリハビリテーションの対象になり、精神障害者の地域社会での生活を支えることが精神科リハビリテーションの目的となってきている。

精神科リハビリテーションが対象とする「障害」は、これまでは機能障害、生活障害、社会的不利の領域にあるとされてきたが、精神障害者を障害の観点のみから捉えるのではなく、「ごくあたりまえの生活」を支援する観点から精神障害者個々人の「活動や社会参加」を支援することにより、精神の機能の回復をも促すことも重要である。このためには、保健・医療・福祉が相互に連携した総合的なリハビリテーションに取り組む必要がある。

なお、精神科リハビリテーションの実施にあたって大切なことは、専門家の意見よりも、まず利用者本人の意向が最優先だということである。専門家の役割は、利用者の機能回復を助け、利用者が自分の意思で選んだ環境のなかで、自分の生活に満足できるようにすることであるとされている。

2 精神科リハビリテーションの具体的展開について

ここでは、大きく5つの分野に整理して説明する。

(1) 医学的リハビリテーション

医学的リハビリテーションには、病院内リハビリテーション、外来リハビリテーションと精神科デイケア（自宅

から昼間だけ精神科に通い、趣味の活動や生活訓練などを行う）におけるリハビリテーションがある。「障害」より「疾病(しっぺい)」の部分に比重がおかれ、精神症状の長期的安定と再発・再燃の防止、薬物による症状のコントロールを習慣づけるとともに、作業療法（目的をもった活動を行うことで心身の機能を回復する）などを用いて社会生活に適応できるようにすることが目的となる。

具体的には、精神科病院、精神科クリニック、精神保健福祉センター・保健所などにおいて、個人精神療法、集団精神療法、レクリエーション療法、生活指導、デイケア、ナイトケア、訪問看護などが行われている。

(2) 教育的リハビリテーション

教育的リハビリテーションは、精神障害者の家族など周囲の人々の障害への理解を促す「家庭教育」、精神障害者が自分の障害を受け入れられるようにするための「障害受容の学習」などが精神科病院や精神保健福祉センター、社会復帰施設など、さまざまな機関で行われている。

(3) 職業的リハビリテーション

精神科病院などにおける病院内作業訓練（療法）、外勤作業、ハローワークにおける相談窓口の利用、障害者職業センターでの職業準備訓練や職域開発援助事業の活用、障害者雇用支援センターの活動、精神障害者社会適応訓練事業などがある。

また福祉的就労として福祉工場、授産施設、小規模作業所などの利用があげられる。最近は、障害者職業センターのような労働支援機関、精神病院などの医療機関、精神障害者授産施設などの福祉施設の相互連携により、就労支援と生活支援を同時に行う事業が取り組まれだした。

(4) 社会的リハビリテーション

社会的リハビリテーションは、障害者が社会の中で活用できる諸サービスを自ら活用して、社会参加し、自らの人生を主体的に生きていくための「社会生活力」を高めるプロセスである。したがって、生活者としての視点と、社会づくりが重視される。

具体的には、さまざまな機関によって、福祉サービス、所得保障、社会活動（文化・スポーツ・レクリエーション）などの環境改善や環境整備などの社会資源の拡充に向けた取り組みである。福祉的リハビリテーションは、在宅支援プログラムと居住プログラムとに分けることができる。在宅支援プログラムには、職業的リハビリテーションにあげた、授産施設、小規模作業所などの他に、生活支援センター、あるいは、居宅介護等事業をあげることができる。住居プログラムには、福祉ホーム、生活訓練施設、グループホームなどがある。

(5) 心理的リハビリテーション

1970年代にリバーマンが認知行動療法の一技法として開発したもので社会

生活技能訓練（SST）があげられる。また，イギリスで始まった心理教育的家族療法は，精神障害者の家族同士による学び合いの中から，精神障害者の状態の安定化を図り，ひいては家族の心理的負担を軽減する目的で行われるものである。

以上大きく5つに分け説明したが，このほかにも，セルフヘルプ運動，ケアマネジメントなどをあげることができる。なお，精神科リハビリテーションでは，職業リハビリテーションなどの個々の局面をばらばらにみるのではなく，それぞれの活動を全体の構成の一部としてみる必要があることを付け加えておく。

3　精神保健福祉士の役割

精神科リハビリテーションにおいては，さまざまな専門職がチームを組んで取り組む必要がある。

狭義のチーム（患者と直接接する臨床チーム）には，精神科医，精神科看護師，保健師，精神保健福祉士，臨床心理士，作業療法士などが含まれる。また，広義のチームには薬剤師，栄養士なども含まれる。

地域精神保健の分野では，精神保健福祉士や保健師が，病院による精神医療や社会復帰施設などと連携しながら多様な支援活動を行い，精神障害の早期発見・治療，精神障害者の社会復帰，社会参加の促進に向けて取り組んでいる。また，精神保健福祉士は，社会復帰施設，グループホーム，小規模作業所などにおいても，スタッフの一員として作業療法士，保健師，看護師などの専門職とともに参加している。

精神保健福祉士の役割は，精神障害者の保健及び福祉に関する専門的知識及び技術を保持する相談・援助者として，精神障害者の社会復帰と福祉の増進を図るものである。

また，精神保健福祉士は，疾患疾病も障害もその人の全体的な生活の一部として受け止め，疾患や障害が生活のしづらさ（生活障害）を招いているのであれば，それを補うための支援や援助を展開することによって，精神障害者が社会生活できうるように，さまざまな条件を整えることに努力する必要がある。

なお，チーム医療における精神科医とその他の専門職との関係は，精神科医がすべて指示する上下関係であると誤解されがちであるが，本来，精神科医師とその他の専門職との関係は対等であることを前提とし，第一に相談する関係，第二に連携する関係，第三に指導監督する関係として存在するものである（アメリカ精神医学会ガイドライン）。

今後，精神保健福祉士は，保健医療と福祉にまたがる専門職であることから，チームアプローチの実質的な調整役としての役割がますます期待されている。

22-3 ●精神科リハビリテーション学試験問題学習参考例●
病院リハビリテーションについて

　精神科病院におけるリハビリテーションの機能には，①入院治療，②外来治療，③社会復帰施設との連携の3つがある。

　入院治療で最も重要なことは，急性期の精神疾患(しっかん)の治療である。精神科病棟は，患者をさまざまな社会的な役割から解放して，現実の社会との接触をできるだけ少なくして治療する場所である。入院治療は，そうした環境に患者を一時的に置いて，薬物療法や精神療法などの精神科の専門療法を施して，疾病の原因を除去して，症状を軽減または消失させることを目的とする。だが，他方で，外界と隔絶して安静であることを重視するあまり，長く入院していると「廃用症候群(はいようしょうこうぐん)」や「施設症」を招いて二次的障害をもたらす危険性がある。それゆえ，入院期間はできるだけ短くして退院後に地域社会でのリハビリテーションを積極的に展開することが重要である。

　外来診療には，患者の症状を診断し，地域で生活を維持してできるように医療面からの支援を行う。その一環として，最近では特に，精神科デイケア・ナイトケア（昼間又は夕方だけ精神病院に通って生活訓練や趣味の活動などを行う）が重要な機能となっている。

また，デイケアとナイトケアを併せて行う病院も増大している。また，病院での受診をいやがる場合には往診をすることで，その後の訪問看護が容易になったり，外来通院を行うようになる場合もある。なお，精神科訪問看護料が診療報酬として認められてからは，訪問看護が拡大しつつある。

　社会復帰施設との連携では，地域でのケアやリハビリテーションを展開するために，精神科病院が自ら社会復帰施設やグループホーム・共同住居等を併設するようになってきている。社会復帰施設におけるリハビリテーションは，病院でのリハビリテーションとはおのずとその役割が異なるものの，両者の連携により入院から地域への流れがよりスムーズになってきた。

　こうした医療関連でのリハビリテーションに用いられる方法には，生活技能訓練，作業療法，レクリエーション療法，心理家族教育，集団精神療法，そしてケースマネジメントによる家族や職場環境の調整や，就労を促すための訓練などがある。これらの方法を採用するにあたっては，精神保健福祉士や作業療法士を含むさまざまな専門職によるチームアプローチが重要である。

22-4 ●精神科リハビリテーション学試験問題学習参考例●
地域リハビリテーションについて

　精神障害者の地域生活への移行とその良好な生活の維持は，精神科リハビリテーションで最も重要な課題である。この地域を基盤としたリハビリテーションを進めるには，①「地域ネットワーク化」と②「ケアマネジメント」は必須の援助技術である。これに加えて，③生活のしづらさをもたらしている環境を整備し，改善に向けた支援をする「精神障害者地域生活支援センター」，④家族の相互支援や情報収集などを通して，仕事の技術を身につけるための小規模作業所の設立，リハビリテーション推進会議の開催，リハビリテーションの基盤づくりなどに取り組む「家族会」，⑤自分や互いに仲間を助けながら生活上の問題に対処してゆく「セルフヘルプグループ」，そして，⑥「精神保健福祉ボランティア」などの活動も，地域リハビリテーションの推進に深く関わっている。

　このうち，地域のネットワーク化は，精神障害者が地域での生活を維持するのに必要な，「住む，働く，憩う，いやす」などのニーズに応えるために，医療，保健，福祉，労働，教育などの，地域にある社会資源を活用して総合的に供給するための体制づくりである。精神障害者の多様なニーズに対し，単独の施設や機関ではなく，地域ネットワークそのものが応えることで，①サービスを迅速で効率的に供給でき，②多様なサービスを継続し，③サービス供給側の調整や連携を密にし，④新たなニーズにも対応できる体制を作り出すことができる。

　また，ケアマネジメントは，「さまざまなニーズをもった人が，自分の機能を最大限に発揮して健康に過ごすために，地域のさまざまな専門家や家族あるいは近隣の人たちの支援と活動のネットワークを組織したり調整して維持することを計画する人（チーム）の活動」とされる。その基本的な知識や技術は，対人サービスには不可欠であることから，地域リハビリテーションに従事するすべての人が共有することが望まれる。

　ケアマネジメントの実施にあたっては，利用者の立場に立ってサービスを調整し，総合的で体系的な視点をもって計画的に実行することが重要となる。また，実際の手順としては，受理（インテーク）から始まり，①査定（アセスメント），②計画策定（プランニング），③介入（インターベンション），④追跡（モニタリング），⑤評価（エバルエーション）の過程を経て終結する。

22-5 ●精神科リハビリテーション学試験問題学習参考例●
職業リハビリテーションについて

　「職業リハビリテーション」とは，障害のある人が適当な雇用に就き，その継続と向上を通して社会への参加を促すための支援をいう。サービスの対象には，本人ばかりでなく，事業主側が障害のある人を雇用し受け入れるためのさまざまな支援も含まれる。

　障害のある人が働く形態には，企業や官公庁と雇用関係を結んで採用される「雇用」と，作業所などでの「福祉的就労」がある。このうち，雇用に向けたサービスの過程は，一般的には，①初期面接と②職業評価で作成した職業リハビリテーション計画に基づき，③職業指導や④職業準備訓練，あるいは⑤職業訓練が行われ，⑥職業紹介を受けて⑦雇用に至る。その後も，必要に応じて⑧追指導が行われる。また，最近は特に重度の障害のある人を対象に，実際の作業や職場環境の中で評価と訓練をすることを重視し，時間的な制約を設けないで継続的に援助を行い，専門家の指導で雇用後の教育訓練と環境条件の整備に重点を置く「援助付き雇用」の方式が取り入れられている。

　サービスを実施する主な組織には，公共職業安定所（ハローワーク），障害者職業センター，障害者就業・生活支援センターに加えて，障害者能力開発校，障害者職業能力開発センターなどがある。なお，職業生活を継続するには地域での日常生活に対する適切な支援が不可欠なことから，これらの機関や施設に限らず，医療・福祉・教育関係の機関や施設，組織が関わり連携する地域ネットワークが必要である。

　わが国では「障害者の雇用の促進等に関する法律」で障害者の雇用を義務づけた「障害者雇用率制度」と，障害者の雇用を経済的側面から支援する「障害者雇用納付金制度」が定められている。前者は，従業員の一定比率（法定雇用率という）以上の障害者を雇用することを事業主に義務づけた制度である。また，後者は，法定雇用率（民間の場合1.8％）を達成していない事業主から不足人数に応じて「納付金」を徴収し，これを，「助成金」などで他の事業主に還元しつつ，社会全体として障害者雇用の水準を高めていく制度である。精神障害者は，これまで助成金の対象になっていたが法定雇用率の算定対象にはなっていなかった。しかし2005（平成17）年の法改正により身体障害者や知的障害者と同様に「法定雇用率」の算定対象に加えられることになった。改正法は2006（平成18）年4月から施行されている。

社会生活技能訓練について

　社会生活技能訓練は「SST」ともいわれ、社会生活上の困難のために生活のしづらさがある人に、社会生活技能を訓練し身につけさせ、生活の質の向上を図ることをめざす。一般的な訓練のプログラムでは、本人の希望をもとに、長期目標と、それに至るための短期目標を訓練課題として設定して、系統的に訓練を積み重ねる「基本訓練モデル」がある。なお、精神障害に焦点を当てたプログラムの普及をめざしている「SST普及協会」では、これに加えて、精神障害の人が地域で自立した生活を営むことができるようにするための知識や技術を学習パッケージとしてまとめた、「モジュール」プログラムを提唱している。このモジュールは、服薬や症状の自己管理、会話技能、社会生活への再参加などのモジュールからなり、それぞれに教材ビデオ、マニュアル、ワークブックなどがある。

　社会生活技能訓練の目標の設定にあたっては、達成可能で本人の生活改善に役立つとともに、社会的に適切でしかも進歩の度合いが評価できることが必要である。そのため、訓練を受けている対象者と治療者との信頼関係が重要である。

　社会生活技能訓練の実施に際しては、最初に、対象者の機能評価と機能分析を行う。機能評価は、社会的・職業的な役割を果たす上での行動面の長所や不足の部分を明らかにする。

　また、機能分析では、生活の妨げとなっている問題とそれを生じさせている障害をもとに、実際の生活技能の不十分な部分との関連を明らかにする。それらの情報をもとに訓練計画を立てる。練習は通常は小グループで行われ、毎回のセッションは、①はじめの挨拶、②新しい参加者の紹介、③訓練の目的ときまりの確認、④宿題の報告、⑤実施する訓練課題の明確化、⑥ロールプレイによる訓練技能の練習、⑦次回の実施までの宿題の設定、の手順で構成される。これらは、実際の役割に即した行動を、モデリング・教示・リハーサル・フィードバックなどの技法を活用して行い、課題を通して体得した技能を実際の生活場面で応用し、本人の長所を肯定することを心がける。

　今日では、精神科領域に限らず、教育や矯正分野でも広く活用される。実施する場合には、チームスタッフの協力を得ながら、対象者が主体的に取り組むように支援するとともに、ロールプレイ場面づくりや宿題の設定など工夫することも重要である。

22-7 ●精神科リハビリテーション学試験問題学習参考例●
デイケア及びナイトケアについて

「デイケア」は，地域生活をする精神障害の人の生活の向上と再発の防止を目的に，通院による治療プログラムによるリハビリテーションを行う。その内容には，日常生活技能の改善や生活場面への適応援助を通して，症状や自己喪失感の回復，あるいは服薬遵守の指導などを行う治療的訓練と，適切な日常生活環境の提供や調整を通して地域生活の維持を図る場合がある。いずれの場合も，グループ活動を通して，仲間を見つけ，自らの障害を理解し，それに立ち向かう力を育み，生活の場を地域に広げていくことをめざす。

デイケアのプログラムは，医療機関，保健所，市町村，通所授産施設，小規模作業所，ソーシャルクラブハウス，精神障害者地域生活支援センターなどの，さまざまな施設や機関で提供されている。医療機関の場合には，精神障害の人の退院を促進するばかりでなく，外来による治療機能と組み合わせて，精神症状を少しは抱えたままで地域生活を継続したりすることで，入院期間を短くしたり，再発を予防するなどの効果がある。また，家族の負担を軽減するという効果もある。プログラムの内容も多様であり，料理，手工芸，絵画，音楽，ゲーム，スポーツ，ワープロ・パソコン，社会生活技能訓練（SST）や季節ごとの行事，外出などがある。プログラムの運営は，多職種によるチームアプローチによることが多いが，メンバー自身の自主的な取り組みを重視してプログラムを構成することが望ましい。そのため，個別援助技術（ケースワーク）に加えて，集団援助技術（グループワーク）の技術も必要となる。

「ナイトケア」は，作業所に雇用されていたり，施設や作業所において福祉的就労に従事している人を対象に，夜間に，社会生活上のさまざまな困難に対する生活上の支援を目的とする。精神科病院で行われる夜間診療に限らず，地域のクリニックや生活支援施設でも実施されるようになり，精神障害者の生活を支える機能を果たしている。

医療機関で行われるナイトケアの場合には，集団精神療法，作業指導，生活指導，療養指導などを通して，社会生活機能の回復を図ることをめざしている。また，ナイトケアはデイケアと相互補完的な機能があり，デイケアと連続して行う場合は，精神科デイ・ナイトケアといわれる。

第23章
精神保健福祉援助技術各論

精神保健福祉援助技術各論

　「精神保健福祉援助技術各論」は，精神障害者への支援を展開する上で必要となる各種の技術を体系的・理論的に学ぶものである。すなわち，精神障害者個人を対象とした「ケースワーク」（個別援助技術），グループ（集団）の特性を生かし，精神障害者のグループを対象として，グループのメンバーが抱える問題を解決していこうとする「グループワーク」（集団援助技術），地域における社会資源の整備や地域住民による援助活動の組織化などを通じて，地域に生活する精神障害者やその家族の精神保健福祉ニーズを充足する「コミュニティワーク」（地域援助技術）などの技術を学ぶものである。また，サービス利用者と社会資源とを結びつけ，利用者が必要とするサービスを迅速かつ適切に受けられるように連携・調整を図っていく「ケアマネジメント」という手法も精神保健福祉援助に不可欠のものである。

　近年，「精神病院から施設へ」さらに「施設から地域社会へ」という精神保健施策の流れの中で，精神障害者の社会復帰支援，居宅生活支援，地域精神保健施策の推進といった面で精神保健福祉士の果たす役割はますます大きくなっている。

　わが国で精神科病院に入院している精神障害者の中には，地域での受入れ条件さえ整えば退院可能でありながら長期入院を余儀なくされている，いわゆる「社会的入院者」が多いことが指摘されている。こうした人々の退院，社会復帰，そして地域社会における自立した生活を支援する精神保健福祉士の果たす役割は，ますます重要になる。そのためには，精神保健福祉士が，精神科医，看護師，社会福祉士，臨床心理士，作業療法士などの専門職種と緊密に連携をとり，それぞれの専門性を生かしつつ，共通の援助目標に向かって協力していくチーム医療の展開方法についても学んでいくことが大切である。

　こうした「精神保健援助技術」には，精神保健福祉領域に特有の部分があることは当然であるが，その本質的な部分においては他の分野の援助技術と共通する部分も多い。

　精神保健福祉の援助活動に従事する専門職は，社会福祉援助技術の基礎に立ちつつ，精神障害者の人権擁護と主体性の尊重を常に念頭におき，精神障害者のもつ疾病及び障害に配慮した援助活動を展開することが求められるのである。

23-1 ●精神保健福祉援助技術各論レポート学習参考例●
精神障害者を対象とした集団援助技術について

1 集団援助技術について

「集団援助技術」(ソーシャル・グループワーク)とは,同じ問題を共有する人々の集団(グループ)を対象とした援助技術である。クライエントは,集団の一員として,同じ問題を共有する他のメンバーとともにひとつの活動(プログラム活動)に参加し,この活動を通じて自己を変化(成長,発達)させていく。ソーシャルワーカーの役割は,集団のメンバーである個人の特性を見出し,必要に応じて助言や関与をしながらメンバー同士の相互作用を促して問題を解決していくことである。

コイルは『グループワーク年鑑』(1939)の中で「ソーシャル・グループワークとは,任意につくられたグループによって,余暇を利用して,グループ・リーダーの援助のもとに実践される一種の教育的活動であり,そのグループ内での経験を通して,グループのメンバー一人ひとりの成長と発達とをはかるとともに,社会的に望ましい目的のため,メンバーがそのグループを利用することである」と定義している。

精神障害者は長い期間の入院や引きこもりにより孤立した生活を送っている場合も多く,他人との関わりを苦手とし,社会との関わりに欠けていることが二次的な障害を生み出している。精神障害者を対象とした集団援助技術は,集団による活動を通じて個人を変化させ,体験や感情を分かち合うことで安心感を与えながら苦手としていた他人との関わりや人間関係を築き,自尊心を回復させる。また集団の中に加わり身をおくことで,お互いの情報交換の機会をもち,相互に理解し,課題を克服することを目的としている。

2 精神障害者に対しての集団援助技術における原則

精神障害者に対して治療や集団援助技術を用いた援助や治療を進めるためには,周りの人々や環境に対して不信感や恐怖心をもっている精神障害者にとっての安全な場の提供が必要となる。また,参加を強要するのではなく,精神障害者がその場に現れたことが自らの参加の意思表明でもあることを理解し,段階を経て態度や表情などに表れる意思表明に注意を払いながら,少しずつグループ(集団)への参加を促すことが必要である。特にグループが出来上がってすぐの段階や,既存のグループに新しく参加する場合などは,その精神障害者にとって大きな抵抗感や拒否感があることを理解し,そのグル

ープの参加メンバー同士が互いに相手を受け入れるという態度がとれるように支援することが求められる。

　精神障害者のグループは，メンバー同士の間に年齢，社会経験，学歴，生い立ちなどの社会的背景などにさまざまな違いがあることが特徴である。しかし，メンバー間に共通している部分もある。それは「ほとんどが精神病院への入退院を経験した患者であること」「現在も治療中でその副作用に苦しんでいること」「他人との関係でひどく傷ついた経験があり，対人関係が苦手なこと」「精神障害者であることに引け目を感じていること」「早く薬物治療を終わらせたいと考えていること」などである。

　こうした共通する部分については，そのグループ内で他者を理解するための糸口にもなり，自分自身が他者に共感できることがグループへの帰属感をもたらすことへとつながる。また，帰属感の発生と他者への理解は，グループ活動を通して仲間同士でお互いを支え合うセルフヘルプや，ピアサポート（障害者同士の共助）の力を引き出し大きくさせるものである。このようにメンバー間の相互作用を大いに活用することが望まれる。

3　集団援助技術の主たる適用分野について

　集団援助技術が用いられる場面は，福祉や医療の現場のみではなく，教育・訓練活動，社会活動，余暇活動など広い範囲で活用されている。こうした中で，主に精神障害者の集団援助技術が適用される分野としては，①精神科デイケア，②SST（社会生活技能訓練），③セルフヘルプ・グループ，④家族グループなどがあげられる。

　①　精神科デイケアは，精神障害者が地域生活に復帰を果たしたあとに，その生活を継続しながら昼間の一定時間，本人が治療の場へ行って受ける治療のことである。入院治療の必要がなくなった患者で，継続した治療の必要性がある者については，社会復帰をめざし，デイケアを利用して，生活訓練を図りながら精神科での治療を継続することができる。デイケアの機能としては，治療と生活と活動の場を同時期に提供すること，自らの健康と生活を維持することなどを目的としている。

　②　SST（社会生活技能訓練）は，思春期に発病する統合失調症などが原因で，入院生活を余儀なくされた人々の生活能力を向上するために行われることが多い。社会生活や情緒面での欠けている技能を学習する機会を設け，訓練によって生活能力を獲得していくことをめざしている。グループによる SST（社会生活技能訓練）は，場面に応じた利用者同士のトーク・セッションやロールプレイをもとに，対象者の対人行動を見守り，それぞれの個人がかかえる問題をアセスメント（評価）する。その結果に応じたプランを立てた上で援助的介入や教育を行

う。グループ場面を用いての構造化された訓練なので，リーダーと呼ばれるスタッフの関わりは，かなり介入的・教育的なものとなる。

③　セルフヘルプ・グループは，アルコール依存症者の会などのように，主に同じ症状による苦しみを理解し合える人たちが，生活場面における不安や苦しみを共有し，メンバー個々の問題に対して，それぞれの経験に基づいた具体的な解決策が共有されることで，お互いに助け合うことができる。多くの課題を自分たち自身の力で解決しようとする利用者主体のものであり，援助者の果たす役割はごく限られている。援助者は利用者の期待を受け止めながら，甘えや依存と必要な援助を区別し，セルフヘルプ・グループの主体性を損なわないように関わる必要性がある。

④　家族グループへの集団援助技術としては，精神障害者の家族に対する家族としての役割や結びつきといった家族療法的な分野への関わりがあげられる。さらには，体験や治療過程をお互いに分かち合うための家族会も数多くつくられている。そうした場面での集団援助技術にも専門的介入が求められている。家族会の主な機能としては，家族相互の自助機能，学習会などの開催などがある。家族だけではなく地域住民に対しての知識の普及や啓蒙活動，地域精神保健福祉の改善や開発運動な

どの大切な機能も兼ねている。そうした活動の支援も援助者の大切な役割である。

4　精神障害者支援の課題

1999（平成11）年の精神保健福祉法の改正により，2002（平成14）年度から市町村における精神障害者居宅生活支援事業が開始され，現行のグループホームに加え，ホームヘルプサービス，ショートステイの2事業が追加された。これらの事業は障害者自立支援法の施行に伴い新事業体系に移行しているが，精神障害者にとって住み慣れた身近な地域の中で，自分の暮らしに合わせた福祉サービスを受けることを可能としている。今後さらに完全な社会復帰をめざすために，精神障害者の自立と社会経済活動への参加が課題とされる。しかし，長い入院生活や引きこもりなどにより，他人との関わりをもつことができなかった多くの精神障害者にとって，集団の中で共に生活し，参加していくことは大きなストレスとなる。しかし，こうしたストレスを克服し日常の生活の中で他人との関わりをもつことは，精神障害者が社会復帰を果たすための第一歩につながる。長い入院生活をしいられてきた精神障害者にとって，社会復帰に向けた新しい取り組みの中で，集団との関わりをもち，個人を成長させる集団援助技術の果たす役割と期待は大きいものがある。

●精神保健福祉援助技術各論レポート学習参考例●

精神障害者のケアマネジメントについて

1 ケアマネジメントについて

障害をもった人たちが住み慣れた地域のなかで安心して暮らし，自分らしい生き方を追求していくためには，障害者自身やその家族がもつ複数のニーズと社会資源を結びつけるための援助技術が必要とされている。ケアマネジメントは，障害者の生活ニーズに基づいたケア計画に沿って，さまざまなサービスを一体的・総合的に提供する支援方法である。限られた社会資源の中で，障害者のニーズや適性に応じた，より効果的・効率的なサービス提供が行われる仕組みづくりや精神障害者に対するケアマネジメントの制度化が課題となっている。

ケアマネジメントは「障害者ケアガイドライン」（厚生労働省，2002（平成14）年3月）によれば，障害者ケアマネジメントとは，「障害者の地域における生活を支援するために，ケアマネジメントを希望する者の意向を踏まえて，福祉・保健・医療・教育・就労などの幅広いニーズと，様々な地域の社会資源の間に立って，複数のサービスを適切に結びつけて調整を図るとともに，総合的かつ継続的なサービスの供給を確保し，さらには社会資源の改善及び開発を推進する援助方法である」としている。ケアマネジメントがケースワークと異なる点は，発生している個々のケースに対して，ケースワークを含めたグループワーク，コミュニティワークなど，総合的・包括的な支援体系を活用することでマネジメントが行われる点である。個人対個人ではなく，多くの分野に関わる専門職がチームアプローチの手法をもって要支援者が地域社会で生活できるように支援していくところが特徴である。

2 精神障害者へのケアマネジメントの基本的な考え方

精神障害者に限らず，障害者が地域で障害をもたない人と同様に生活ができるようにケアマネジメントを行うための基本的な考え方は，①コミュニティと会社や病院などの特定の目的を果たすためにつくられた施設において，障害者が障害をもたない人と同様に社会的役割を果たせる社会をつくること，②障害者のニーズに合わせたケアサービスを提供すること，③障害者が社会生活を営むために障害者自らと社会とが相互に主体性を尊重すること，④社会的行動継続のための社会参加支援システムづくりをはかる必要性があること，⑤障害者への差別・偏見の撤廃の必要性があること。またそれらが達成

された状態を恒久的に持続すること，⑥障害者の生活する場所や場面における自己決定が尊重されること，があげられる。

ケアマネジメントは，これらの基本的な考え方を踏まえた上で，利用者主体の方向性をもち，個人と環境に相互に働きかけ社会資源を活用し，その上で利用者の健康的な部分や強さを拡大していくストレングス（本来持つ強さを導き出す）の視点から展開される必要がある。

3 精神障害者へのケアマネジメントの展開過程について

ケアマネジメントは，まず，その対象となるクライエント（対象者）を発見し，確認することを含めて，インテーク（受け入れ）することから始まる。ただし，精神医療を受けるすべての人がケアマネジメントの対象になるのではなく，精神医療や福祉・保健サービスを受けている人で，地域社会における社会生活を可能にし，さらに生活の質を高めるためにケアマネジメントを活用したいと考えている人がその対象となる。

① インテークは，クライエントと契約関係を結ぶうえで大切な課題である。援助者にはクライエントの了解なしに一切の情報を他人に漏らさないという守秘義務が課せられる。精神障害者に対しては，いまだに社会的偏見や差別も強く，また疾病と障害をあわせもっていることが，クライエント自身の病気に対する認識や医療を受ける意識に大きく影響してくる。必要な精神医療が継続される中で，生活の質を高める生活支援としてのケアが大切である。

② アセスメント（評価）は，クライエントが地域社会で生活を送る上で，現時点でのさまざまな問題点やニーズを把握するためのものである。クライエントの同意を得て，クライエントの人生を肯定的に方向づけ，自信をもって決定していけるように，クライエントと共に確認していくことが大切である。インテークの聞き取りだけでは明確にできなかったクライエントのニーズを把握し，クライエントの本音の部分が理解できるようになるのは，援助活動が始まって人間関係が深まってからのことが多く，評価を繰り返していくことも必要である。

③ 目標設定と計画の立案は，ケアマネジメントにおいて支援を具体化していく過程である。マネジメントのための評価に基づいて目標を設定する。精神障害者のケアマネジメントにおける目標設定は，クライエントと共に行われる。その際，クライエントのニーズとクライエントの生活の中に埋もれた潜在的能力に合わせ，問題解決への見通しのつく，具体的でわかりやすい目標設定を行うことが必要である。

目標設定が終わると，その目標に向けてのケア計画を作成する。この段階ではクライエントの参加のもとにケア

会議を開き，精神障害者が利用できるさまざまな社会資源のもつ機能や役割とその限界について理解を深めてもらうことが大切である。こうしたケア計画に基づいてクライエントの援助に関わるサービス提供機関と連絡調整しながら，計画が達成できるような援助を展開していく。

④　モニタリングは，作成したケア計画に基づきクライエントのニーズに即して適切なサービスが提供されているかどうかを見守っていくことである。

こうした過程の中でクライエントのニーズと援助サービスとに隔たりがある場合やクライエントのニーズが大きく変化した場合は，再びニーズの把握とその評価を行い，計画を作り直すための再アセスメントが必要となる。

⑤　ケアマネジメントは，ケア計画が順調に継続されていることが確認されれば終結となるが，その時にもクライエントと援助者がともに相互評価していくことが大切である。

4　ケアマネジメントの課題

精神障害者がノーマライゼーションの理念に基づき，地域社会において自立した社会生活を送り，社会活動に差別されることなく参加できるようになるためには，保健・医療・福祉・労働などのサービスがそれぞればらばらに提供されるのではなく，包括的に提供されなければならない。利用サービス機関については，これらの公的な機関などのフォーマルサービスだけでなく，地域の民生委員やボランティアグループ，患者会，家族会，近隣の人々といったインフォーマルなサポートも大切な役割を果たしている。つまり，ケアマネジメントにおいては，発生したニーズに対応できる豊富で多様な社会資源を開発することも課題となる。

もうひとつの課題は，社会改善といった視点から社会的な差別や偏見をなくすことや，精神障害があることを理由にして一律に資格を与えないなど欠格条項の改善など，精神障害者が地域社会で暮らし働いていくために必要となる環境面そのものに働きかけて改善することである。

ケアマネジメントは，援助者側とクライエント側の意見が一致し，お互いの確認と信頼のもとで計画され実行される必要性をもっている。しかし，精神障害者に対して社会的差別や偏見が数多く残っており，それらが精神障害者の二次的な障害になっている場合も多い。それが精神障害者の意見を適切に，素直に表現する手段を奪っている場合もある。そのため，精神障害者の本来の気持ちを代弁するアドボカシーの制度や権利擁護事業といった制度も，ケアマネジメントと合わせて必要なことだといえる。あわせて精神障害者自身が問題解決に参加し，自らの力を発揮できるよう支援するエンパワメントをもたらすことが求められている。

23-3 ●精神保健福祉援助技術各論試験問題学習参考例●
SST（社会生活技能訓練）について

　「SST」(Social Skills Training)は，「社会生活技能訓練」と訳され，1980年代にR.P.リバーマンによって体系化された認知行動療法のひとつである。

　精神障害は，思春期に発病することが多いので社会経験が少なく，社会生活上の技能を獲得する機会が少なかったため，社会生活に対し不自由な思いをさせられる場合が多い。SST（社会生活技能訓練）は，慢性の精神障害者，特に統合失調症の患者の生活技能を高め，地域社会の中で自分らしさを失わずに暮らしていくために，生活技能の獲得や改善，コミュニケーション能力の向上，ストレスに対処する技能の向上をめざすものである。わが国では，1994（平成6）年に「入院生活技能訓練法」として診療報酬化され，実施施設も急速に増えてきた。そして，デイケア及び社会復帰施設などでも，リハビリテーションのひとつとして盛んに行われるようになった。

　SST（社会生活技能訓練）は，「ストレス―脆弱性モデル」（精神障害が発症するかどうかは，ストレスの強さと個人個人のもつ脆弱性（もろさ）の関係で決まるとする説）を基盤として，学習理論，認知行動療法を取り入れた技法である。①生活技能訓練の基盤であり，自分の考えや感情を相手に正しく伝える技能に焦点をあてた「基本訓練モデル」，②他者との関係や行動を受け止める技能，適切な行動を選び実行する技能を高める「問題解決技能モデル」，③精神障害者が地域社会で自立した生活をおくるため，必要な技能を課題領域ごとに学習する「自立生活技能プログラム（モジュール）」の3つの方法がある。

　SSTは，単なる生活指導ではなく，生活技能の訓練でもある。各個人の状況に応じた場面を設定し，構造化されたグループ場面を用いて，さまざまな生活上の技能の訓練を行い，そこでリーダーと呼ばれるスタッフは介入的・教育的に関わる。しかし，実践に際しては，参加の自由，参加を断る権利，自主目標の設定など，当事者の主体性を尊重しながら，メンバーと共同で作業を行わなければならない。

　またSSTは，再発を防ぐ医学的な目的だけでなくリハビリテーションを進め，対象者の生活のしづらさを減らし，QOL（生活の質）を高めるための重要な方法のひとつでもある。したがって，SSTのチームスタッフには，指導技術の習得や専門的力量を高めていくことが望まれる。

23-4 ●精神保健福祉援助技術各論試験問題学習参考例●
集団援助技術の過程について

　「集団援助技術」（グループワーク）は，社会福祉援助技術活動（ソーシャルワーク）の実践方法で，個別援助技術と並ぶもう一つの直接援助技術として分類される。集団援助技術の最大の特徴は，対象者の課題を，集団活動の場面でそこのメンバー同士の相互作用を活用して解決するところにあり，おおむね「準備期」「開始期」「作業期」「終結期」という過程をたどる。

　① 「準備期」は，病院や福祉施設などにおいて，グループ援助の必要性が生じ，援助者がグループの援助を開始するためにさまざまな準備を行う期間である。グループの目的や問題の明確化，援助計画の作成などを行い，利用者に予備的な接触を行う段階となる。

　② 「開始期」は実際にグループが動き始めるまでの段階を指す。この時期の重要な課題はグループ形成であり，援助者と利用者との援助関係や信頼を作り，種々の約束事を決め，プログラムの計画・立案など，グループ形成に向けた援助を行う段階である。

　③ 「作業期」は，利用者個人もグループもそれぞれの目的や課題に取り組み，成長する時期である。この時期に形成されるグループとしてのまとまりが，問題解決に必要不可欠となる。作業期における援助では利用者（メンバー）が主体的にプログラム活動を行うよう援助することが重要な課題となる。

　④ 「終結期」は，作業過程を評価し，グループ援助を終わりにする時期を指す。しかし単なるグループ援助の終わりという意味ではなく，終わるための準備をし，終わるということを時間の経過とともに確認する時期でもある。

　終結期は，グループで得たものを糧にして次の段階へ移行していく「移行期」でもある。そこで援助者は，利用者が次の段階へスムーズに移行していくように援助しなければならない。

　集団援助技術は，精神科病院，社会復帰施設，精神科デイケアやSST（社会生活技能訓練），地域のセルフヘルプ・グループなどにおいて，治療やリハビリテーションなどのさまざまなプログラムの中で行われている。また集団援助技術は，精神障害者のみでなく，身体障害者や知的障害者の社会発達や生活援助，高齢者への社会教育，障害回復途上者への集団活動として，さまざまな領域で実践される。支援者には，個別援助技術とは異なる集団援助技術の特色を生かした援助活動が望まれ，グループの自主性や主体性を尊重することが基本となる。

23-5 ●精神保健福祉援助技術各論試験問題学習参考例●
セルフヘルプ・グループと精神保健福祉士の役割について

1 セルフヘルプ・グループとは

　セルフヘルプ・グループとは，病気や障害（アルコール依存症などが多い）などの共通の体験をもつ当事者及び家族が「仲間」として集まり，互いに自分を語り，伝えることにより問題への対処法を学び，自己回復をめざすものである。自分の行動が自分のためだけでなく仲間の支えとなることが，低下した自尊心の回復につながる自助的・相互的援助である。

　参加するメンバーはグループ内での体験を共有することにより「同じような仲間がいる」ことを知り，「問題が起こったのは自分のせい」という自責の念から解放される。また，冷静な視点で問題を再確認し，病気や障害との付き合い方を考え，学ぶことができる。メンバーの関係は対等であり，グループ内では普段は他人に言えない経験や感情を表出しても常に受容されているという安心感が得られる。この積み重ねがメンバーの自己回復と新たな行動を起こす力となるのである。

2 精神保健福祉士の役割

　セルフヘルプ・グループでは，メンバーが自分や仲間の同じような問題解決のための主体的な行動が重要なため，専門職はグループの要請があった場合にのみ介入する。また，援助者がグループに参加する際はメンバーと同様に対等でともに学ぶ姿勢が必要であり，グループの主体性を阻害したり意図的な方向づけをしてはならない。

　この場合における精神保健福祉士の役割には，①主体的，②側面的，③協働の3種の支援がある。主体的な支援は，主としてグループ形成時に行い，セルフヘルプ・グループをつくりたいという当事者に声をかけるなどの必要な人的・物的支援を行う。この準備段階は，病気や障害をもつ当事者には大変なストレスとなる可能性もあり，必要な準備を当事者と共に検討する姿勢が大切である。

　グループ形成後は，側面的な支援に移る。これは必要な情報の提供，他の当事者へのグループの紹介など，グループ機能が発揮できるよう環境を調整する支援である。適度な距離を保ちながらグループを支える必要がある。

　グループの自立後は協働の支援に移る。ここではメンバーから相談を受けた場合など，求められた時にのみ援助を行う。セルフヘルプ・グループはメンバーのものであり，独立した存在である。精神保健福祉士は距離をおき，グループにとってひとつの社会資源となることが必要である。

23-6 ●精神保健福祉援助技術各論試験問題学習参考例●
グループワーカーとしての精神保健福祉士の役割について

グループワーク（集団援助技術）は、グループがそのメンバーである個人の行動や思考に大きな影響を与える作用をもつという考え方に基づき行われる直接援助技術であり、グループ活動を通して個人の成長や社会生活能力・対処能力の向上を図る目的がある。

1 グループワークの実際

精神障害者への援助にグループを活用している現場には、精神科を有する病院・診療所、あるいは保健所、社会復帰施設などがある。主に医療機関や保健所などで行われる治療的プログラムにデイケアがある。アルコール依存症者やうつ病患者のサポートグループなどでもグループワークが実践されている。

2 グループワーカーの役割

グループワーカーは、①メンバーとワーカーとの関係、②メンバー同士の関係、③グループ全体及びその展開状況の3つの側面を常に観察し、適切に援助することが必要である。

① グループ全体としての視点だけでなく、個々のメンバーの生活背景、抱える課題、目標などを理解し援助する必要がある。グループ内でのメンバーの言動をあるがまま受け入れる態度や、表出されたメンバーの感情に対して共感的な反応を示すことは、メンバーとの信頼関係を築くために重要である。

② メンバーがプログラムに参加しやすいよう援助し、グループ内でメンバー同士が多く関わるよう介入（かいにゅう）することが必要である。メンバー間で葛藤（かっとう）や緊張が生じた場合は、グループワーカーが個別に対応するのではなく、グループ内で解決するよう働きかける。

③ メンバー共通の課題を明らかにし、適切なプログラム活動を用いることで課題の解決や対処方法を学ぶよう支援する。共通課題に対して目標を設定する際は、メンバー間の話し合いで設定し、グループの展開につれて目標を変更するなどの柔軟性が必要である。

3 精神保健福祉士の役割

精神保健福祉士としてグループワークを行うには、認知や社会生活技能の回復、ストレス対処技能の向上などをめざして行われるSSTや心理教育といった、精神科リハビリテーションの高度な技術や知識が求められる。

また、精神障害者や家族の心理に配慮しつつ病気への対応や知識を教育するため、心理教育的アプローチの技法を習得し、メンバー個人の成長を図るためにグループの相互作用を活用する技能も必要となる。

23-7 ●精神保健福祉援助技術各論試験問題学習参考例●
ケアマネジメントのプロセスについて

　ケアマネジメントは，次のようなプロセスを経て実施される。

　(1)　インテーク（受理面接）

　最初にインテークが行われ，クライエントの問題や主訴の把握，相談内容の確認や課題の把握，スクリーニング（話しを聞きながら，ケアマネジメントの対象者か否かを確認）と支援関係の構築などを行う。

　(2)　アセスメント（必要なニーズの把握とその評価）

　アセスメントでは，本人及び家族の具体的なニーズを明らかにするために，利用者本人の希望と，現在使用している社会資源，ケアの必要度に関する専門職の評価，本人を取り巻く環境要因などを多角的な視点からアセスメントが行われる。

　(3)　プランニング（目標設定の確認とケア計画の作成）

　プランニングでは，まずアセスメントによって明らかにされたニーズに応じた目標を設定し，既存の社会資源のみにとらわれることなく，ニーズに応じたケア計画を作成する。またケア会議を開催し，地域のさまざまな関係機関に協力を要請する。できる限り施設や機関の中だけで完結しないよう配慮し，利用者及びその家族にも可能な限り参加してもらう。

　(4)　インターベンション（ケア計画の実施）

　インターベーションでは，ケア会議で関係者と共に合意したケア計画を利用者とともに確認した上でケア計画を実施する。

　(5)　モニタリング（実施状況の点検・監視）

　モニタリングは，サービスが適切に提供されているか長期的に見守り，計画通りに行われているかを確認した上で，計画を修正すべきか検討する機能である。計画通りにサービスが提供されていない場合には，再びアセスメントに戻り，再度ケア計画を立てる必要がある。

　(6)　ターミネーション（終結）

　評価の結果，当初の目標が達成され，固定した援助で十分であればケアマネジメントは終結する。また必要があればいつでも再開できる。

　以上のようなプロセスを経て，ケアマネジメントは実施されるが，留意点として，利用者自身が選択・決定し，拒む権利があるという「自己決定権」を尊重し，利用者のニーズを重視した援助が行わなければならない。

第24章
精神保健福祉援助演習

精神保健福祉援助演習

　「精神保健福祉援助演習」は，社会福祉の基本的理念・原理に基づき，精神保健福祉士など社会福祉の専門職に求められる専門的かつ具体的な援助技術を理解し，修得することを目標とする。具体的な事例検討やロールプレイを通じて実際の援助実践場面で活かすことのできる精神保健福祉援助やリハビリテーションの技術を学んでいこうとする実技指導が中心の科目である。

　わが国の精神保健施策は，かつての入院治療中心のあり方から，精神障害者の居住する地域における保健・医療・福祉を中心としたあり方へ転換が図られてきた。精神保健施策は，「新障害者基本計画」に基づき，2003（平成15）年度からの5か年間に重点的に実施すべき施策を定めた「新障害者プラン」においても重視されており，精神障害者地域生活支援センター，精神障害者生活訓練施設などの整備について数値目標が設定されている。さらに2007（平成19）年には，後期5年間（平成20～24年度）の「重点施策実施5か年計画」が策定され，社会復帰施設や地域生活支援事業などの整備を推進していくこととしている。こうした流れの中で，精神障害者の社会復帰と地域における自立した生活を支援する精神保健福祉士への需要はますます増大しており，そうした社会的ニーズに応えることのできる高度な専門性と高い職業倫理が求められるのである。

　「精神保健福祉援助演習」においては，精神障害者を対象としたケースワーク，グループワーク，コミュニティワークなどについて具体的な事例を検討し，ロールプレイを行うことなどによって，アセスメントの技法，利用者との面接の技法などを体得し，事例に基づく援助計画（ケアプラン）の作成などを行っていく。

　こうした実技中心の学習によって，各自の専門性を高めるとともに，精神保健福祉士として求められる役割や基本的態度とは何かを学んでいく。また，援助者としての自己を客観的に見つめる姿勢（自己覚知）をもつことも重要である。

　こうした技術は，精神保健福祉士として活躍していく際に必要かつ不可欠のものである。精神保健福祉士など社会福祉の専門職がこうした技術を応用して援助を展開していくにあたっては，精神障害者の人権の擁護，自主性の尊重，そしてプライバシーの保護などの職業倫理が基盤にあるべきことはいうまでもない。

24-1 ●精神保健福祉援助演習レポート学習参考例●
精神科デイケア通所者の事例について

　精神科デイケア通所者の事例を通して，精神保健福祉士が果たすべき役割とプログラム参加がどのような意味をもっているかを考察する。

1　事例の概要

　本事例の利用者は，家族と同居する27歳の統合失調症の男性である。高校時代に発症し，精神科を受診したものの，薬の副作用を嫌がり，治療は中断してしまった。その後も治療を受けることなく数年が過ぎた24歳の時，本人が家族に助けを求め，家族の了承により医療保護入院に至った。入院期間は明らかでないが，薬物療法などにより症状改善が図られ，退院することができた。

　退院後は，服薬は継続しているものの，家庭での生活は目標をもたず，無為に過ごすことが半年ほど続いた。こうした状況の中，主治医に精神科デイケアへの通所を勧められ，デイケアを利用することとなった。

　デイケア通所の当初2～3か月は，欠席や遅刻が目立っていたが，慣れるに従いグループ活動以外でも他メンバーの輪に入れるようになっていった。

　その後，文化祭とキャンプの2つの年間行事プログラムを経験する中で，他のメンバーからの信頼を得たり，自発性が芽生えたり，また対人交流も少しずつふくらんでいった。

　その後，自ら試みたアルバイトに失敗するという体験を通して，「働きたい。でも働けない」と自己認識するようになり，福祉的就労の場で働くことを希望し，通所授産施設を利用することとなった。授産施設においても他の利用者との関係からトラブルがあったが，精神保健福祉士，主治医，施設職員の連携により本人や家族に助言援助を行い，現在は病状も回復し，外来診療を継続しながら授産施設に通所している。

2　デイケア・プログラムについて

　本事例のデイケア通所者は，日常的なプログラムに参加はしているが，集団にはとけこめていなかった。デイケア利用開始3か月ころより，他の同年代の利用者から声をかけられるようになり，グループの輪の中に入れるようになっていった。

　このことから，プログラム活動以外の場面の重要性が指摘できる。

　数か月後，デイケアになじみ始めた頃，文化祭が行われた。デイケアでは，日常的なプログラムだけではなく，年中行事としてのプログラムも行われていたが，そのときの本人は，同時期に

通い始めた利用者と黙々と作業に取り組むことができたようであり，このことから集団内の信頼を得て，自発的な発語が見られるようになったのである。日常的なプログラムではない文化祭のようなプログラムでは，イベント的な雰囲気により，今までとは異なる役割や集団力動が働くものと思われる。本人は，この作業に取り組む姿勢を他メンバーから認められるという体験から自尊感情（セルフエスティーム）が高まったと言え，この「他人から認められる」という集団ならではの交互作用を大切にする必要がある。

また，続くキャンプでは，本人には自信がなかったが，周りの励ましにより，実行委員に推薦され，その役割をやり遂げることができた。

この事例ではキャンプという具体的な「課題」の遂行と集団内の「役割」をこなすなかで，「対人交流も少しずつふくらんでいった」とある。このことから，キャンプには，日常プログラムにはない，あるいは本人がそれまでに担うことのできなかった「課題」や「役割」があったことが推察できる。この経験を通じて本人は周りからの信頼を得ることになり，それが大きな自信につながって，周りとの対人交流が進んだもの思われる。

数か月後，本人は自己の判断でアルバイトを始め，失敗しデイケアに戻ってくる体験をしている。

本事例では，就労準備などの目的をもったプログラムは用意していなかったようであるが，できれば，アルバイトに出る前に訓練的な作業訓練をしたり，就労に対する心構えを身につけるなどのプログラムが必要であったと思われる。

ただし，本人がアルバイトに失敗しデイケアに戻ってきた時には，スタッフが助言するなどの支えによって，状態の悪化を防ぐことができている。

このようにグループワーク援助は，プログラムの中だけで行うのではなく，それ以外での場面でのケースワーク援助も重要な要素であると考えられる。

こうして一年を経た頃より，他メンバーの就職に触発されながらも，「働きたいが働けない」といった自分自身の状態を認識できるようになっていた。これも他メンバーとの関わりの中から学んだことであり，デイケアという集団の中ではじめてなし得たことであろう。

3 考 察

デイケア・プログラムとグループワーク援助との関係について狭義と広義の2つに分け，精神障害者にとってのプログラム参加の意味を考察する。

まず狭義に捉えた場合，一般的に，デイケアにはさまざまな日常的なプログラムが用意されており，集団精神療法，各種ミーティング，教育的なプログラムからレクリエーション活動まで幅広く取り組まれている。

こうしたプログラム参加の精神障害

者にとっての意味は，自閉的な生活から抜け出し，小集団に加わることで，社会性を身につけたり，障害を受容できたり，自尊感情を高めたりする場となることがあげられる。特に，今回とりあげた事例においてみられるように，自閉的であった利用者もプログラム活動を通じてグループに参加できることを保障することである。

また，日常的なプログラム以外に運動会，盆踊り，クリスマス会や本事例で扱われている文化祭やキャンプといった年間プログラムも行われている。

この事例においては，文化祭やキャンプという日頃のグループ活動とは異なった活動を行う集団，役割分担における集団，さらには役割を離れて文化祭やキャンプを楽しんだりする自然な集団などさまざまな集団を経験することができる。

こうしたことから，自分自身の存在の確認をしたり，価値ある役割の遂行から人に認められたり，自尊感情を高めたり，人間関係が深まったり，プログラムを楽しんだりといったさまざまな意味を見出すことができるであろう。

次に広義で捉えた場合，上述のようなプログラムばかりではなく，特別なプログラムに参加しない，あるいはしたくない状態を許容する場を保障すること，また，プログラムを敢えてしない時間を作るなど，デイプログラムイコール集団援助技術ではなく，デイケアに来るだけ，そこにいるだけの状況も集団と捉える必要がある。すなわち，デイケアという集団の場に属すること自体が集団援助であると捉えることもできるということである。

こうしたことから，デイケア・プログラムを精神障害者にとって，安心できる居場所，自分の力が湧いてくるのを待つ場所，他メンバーとの関わりを学んだりする場と捉えることができる。さらには，デイケアという場自体をひとつの社会と捉える考え方もある。つまり，デイケアを社会復帰のための準備の場として捉えるのではなく，デイケア参加そのものが社会参加のひとつの形態であると捉えるならば，さまざまなプログラムは，精神障害者にとって，社会の疑似体験ではなく，自分の人生そのものとしての意味合いも出てこよう。

以上のことから精神障害者にとって，デイケア・プログラムの意味は，障害をもつ人が自分自身の人生を生きるための，社会復帰の手段でもあり，また，社会参加そのものであり，人生の一部であると言えるのではないだろうか。

24-2 ●精神保健福祉援助演習試験問題学習参考例●
個別援助技術の実践と展開について

　個別援助技術は，インテーク（受理），情報の収集，問題の定義，援助計画の策定，対処，評価，終結と流れる一連の過程により展開される。ここでは，利用者が精神障害者社会復帰施設の利用を希望し相談に訪れた場合を想定し，個別援助の実例について述べる。

　利用者が，相談に訪れた際に行われるインテーク面接がケースワーク過程の始まりである。この時に，生活歴や病歴などの基本情報を聞くのであるが，それに留まらず，利用者の今の思いを十分に聴き，将来の希望を十分に引き出すことが大切である。そして，この情報を基にアセスメント（問題状況を把握して必要なニーズを判断すること）し，援助計画を立てる。この時，大切なことは，生活の場や働く場，仲間づくりの場などの施設を視野に入れたケアマネジメントを行うという意識が重要である。複数の選択肢があれば，その中から，利用者が自己決定していく過程を保障し，これによって，インフォームド・チョイス（説明し，納得したうえでの選択）を保証するプロセスがインテークの要と言えよう。

　次に援助計画の実際の対処としては，援助計画が実行に移され，例えば，生活訓練施設の利用，小規模作業所での作業，週1回の面接などの支援が行われ，各施設において個別援助技術が駆使されることになる。ここで大切なことは，施設間での連携やケースカンファレンスなどを行い，多職種のスタッフが連携強調して利用者を援助することである。

　対処の途中では，状況をモニタリング・評価する必要がある。モニタリングは，対処状況の見極めをし，評価において必要であれば，援助計画などの見直しを行い計画の変更，継続などを検討する。この評価においては，援助対象者が行ってきたことの確認とそれへの積極的な評価を行うことを通し，改めて目標に向かって行こうとする意欲を引き出すことが重要である。

　最後に，終結（援助計画の変更）となる。例えば，生活訓練施設からグループホームへ移るなどし，今後の地域生活の基盤づくりを目標にするなどである。そして，これまでの援助目標が終了することになる。

　個別援助技術は，援助者が変わったり，支援内容が濃くなったり，薄くなったりしながら，問題を明確化し，面接及び広範な社会資源の活用を通して問題解決に向かうことを目的として行われる援助活動である。

24-3 ●精神保健福祉援助演習試験問題学習参考例●

集団援助技術の実践と展開について

　集団援助技術は，小集団を通してグループに参加する一人ひとりにさまざまな働きかけをしていくことである。その実践過程と重要と思われることを述べる。

　①　準備期は，集団援助技術を開始する前の段階で，グループの活動を成立させるための準備を行う段階である。具体的には，グループ活動の目的や内容を決めたり，援助対象者を選定したりする。また，デイケアや施設における集団援助技術を考える場合，デイケア利用や施設利用のインテーク面接なども集団援助活動の準備期と捉えられる。その中で特に施設利用の意思の確認及びモチベーションの確立が重要になる。また，援助者側も対象者に対する波長あわせを行うことなどが重要となる。

　②　開始期は，集団援助活動が実際に始まり，メンバー同士がお互いに理解して，グループとしてのまとまりが形成され始める段階である。少しずつグループの輪の中に入れるようになっていくまでの時期を開始期とする。例えば，デイケアを利用し始めの数か月は，毎日出席することは難しく，欠席や遅刻が多い状態であるものが多い。このような状態にあっては，集団活動への円滑な導入を支援すると言うよりも，まずは，対象者を受容し安心していられる場を提供することが第一の支援となろう。また，スタッフは，デイケアに来ることができたこと自体を積極的に評価するなどエンパワメントを行う中で，対象者が集団に自然に馴染むのを待つといった姿勢と機を逸しない見守りといった支援が大切である。

　③　作業期は，グループの相互作用が活発になり，目標に向かっての取り組みが盛んになる段階である。スタッフは，メンバー同士の支え合いのできるグループづくりを心がける。すなわち，メンバー個々人へのアプローチだけでなく，グループダイナミズムを活かしながら集団全体への働きかけが特に必要になる時期である。この時期スタッフは，グループメンバーの主体性を尊重し，グループダイナミズムを十分に活かした集団活動を保障することが大切である。

　④　終結期は，グループの作業が終了の時期を迎えたり，別のプログラムに移行する段階である。この時期スタッフは，集団を通して，病気や障害の理解を深めさせたり，施設や年金などの社会資源を紹介するなど，次のステップへの橋渡しを果たす役割がある。

24-4 ●精神保健福祉援助演習試験問題学習参考例●
地域援助技術の実践と展開について

　地域援助技術は，障害をもつ人たちの日常生活をよりよいものとするために次の段階を経ながら展開される。

1　準備・開始期，地域アセスメント期

　まず準備期・開始期には，地域援助技術を駆使する個人や集団など，活動を中心となって行う核づくりが必要になる。そして，関係者の主体的参加の促進，事業案作成，関係機関・団体との連携・調整，事業目的の明確化と共有化，事業の展開などが行われる。

　また，地域アセスメント期は，地域特性の把握，ニーズと援助課題の把握，調査分析，ニーズについての認識の共有化などが行われる時期である。

2　地域活動計画期，計画実施とモニタリング期

　地域活動計画期では，計画作成の前提条件，計画目標の設定と計画実施の役割分担の確定などを行う。その次が計画実施とモニタリング期では，計画の実施とモニタリングであるが，ここで大切なことは，核となるメンバーだけで話し合いを行うのではなく，広く関係者や地域住民はもちろんのこと，当事者の参加を保障することである。

　計画の実施期において，多くの活動がぶつかる大きな壁のひとつが，地域住民の無理解であろう。これを打開するには，それまでの，関係機関との連携などを十分に行い，地域の性格，住民のニーズ，問題の共有化など日頃の地道な活動を基盤として，事前の根回しなどを十分に行うことなどが必要不可欠である。なお，モニタリングは，計画的に実施する場合と問題発生時に実施する場合がある。

3　評価期，新たな活動計画期

　評価期，新たな活動計画期は目的に対して，実施してきた活動を点検し，目的を達成してきていることを評価する時期である。そして新たな課題が見つかれば次へ移行する時期となる。

　前述のモニタリングと評価によって，例えば，健康管理，食生活，通院などの支えがなく，作業所が提供するウィークデーの昼間の活動だけでは精神障害者を支えきれないといった問題点が浮上してくる。

　こうした事情から生活の場における生活支援の必要性が確認され，グループホームづくりが新たな活動計画として立てられることになる。これに向けて，グループホームの学習会や行政へ要望書を提出するなどの活動を展開していく新たな活動期へ移行していくのである。

24-5 ●精神保健福祉援助演習試験問題学習参考例●
地域ケア活動におけるチームアプローチによる援助について

　具体例として，精神保健福祉センターの利用者の「仕事をしたい」という希望を実現していく，チームアプローチによる援助の過程を説明する。

　この利用者がこれまで利用した社会資源は，初診・通院時のクリニック，入院先の病院，さらに病状安定後の保健所デイケアなどがある。

　この段階は，各機関がチームとして，対象者への就労支援を考えるというよりも，生活の安定や症状の安定が優先しており，各機関がそれぞれの役割を果たす段階でチームアプローチの前段階が行われたと捉えることができる。

　その後，精神保健福祉センターにおいて，利用者の「就労」という目標に対して，多機関を利用しての支援を考えていくケアマネジメント手法により，チームアプローチを行う必要性が生まれる。ここでチームの成員となる者は，まず，就労支援ということでは，ハローワークの障害者職業相談員，通院先のクリニックの精神保健福祉士，保健所の精神保健福祉相談員など，そして，現在利用している精神保健福祉センターの精神保健福祉士や作業療法士などである。そして，彼らによってケースカンファレンスがもたれる必要があり，何よりも重要なことは，当事者の参加で，インフォームド・チョイス（説明し納得したうえでの選択）と自己決定を保障することである。このように，医療的な把握をしている関係者，日中の活動を把握している関係者，労働関係者が連携協力してケース・カンファレンスをすることによって，十分なアセスメントが可能となり，チームアプローチが有効なものとなる。

　例えば，3か月の試行就労であれば，関係機関としては，ハローワークと協力事業所がある。また，医療支援を行っているクリニック，当面，見守り的なサポートをしていく保健所，マネジメント機能を果たす精神保健福祉センターなどの連携によって支援していくことになる。また，就労中のモニタリングやトラブル時の支援なども機関の役割分担や重層的な支援によって支えることになる。このような支援は，単に就労への支援だけではなく，生活面での支援，医療面での支援の3つの支援がそろって，就労の継続が可能となる。したがって，チームアプローチでは，これらが欠けることなくマネジメントされ，ケースカンファレンスを行い，常にモニタリング・評価をし，よりよい協働関係を維持することが重要である。

24-6 地域ケア活動におけるケアマネジメントによる援助について

●精神保健福祉援助演習試験問題学習参考例●

精神科病院の長期入院患者を具体例として地域ケア活動におけるケアマネジメントによる援助について，重要であると思われることを述べる。

1 スタッフとの信頼関係や近隣との良好な人間関係の構築

長期入院患者の多くは，入院が半強制的に行われ，病棟での生活を強いられていたことから人間不信・医療不信に陥っている場合がある。また，社会環境・家庭環境から，根深い人間不信に陥っていることもある。また，退院できたとしても，ネガティブな体験を積み重ねる者もいて，これを改善していくことは，並大抵の取り組みでできるものではない。そこで，長期入院していた人が退院して地域で暮らすためにはリハビリテーションが必要となってくる。このため専門職との関係においては，よりよい医療にするために，また地域での人間関係では，インフォーマルなサポーターとなってもらえるように，人間関係を構築する力をつけさせることが必要である。

2 医療への信頼とコンプライアンス（服薬遵守）の確立

強制的な入院体験があると，医療不信や投薬を拒んだりして，地域生活を送る上で重大な支障をきたすことがある。退院のたびに服薬中断から，症状の再燃を繰り返す者が多くいる。この事態を克服できないと地域での生活を維持することは難しい。医療関係者との信頼関係（ラポール）の確立がケアマネジメントにおいても重要な要素となる。また，医療も含めたマネジメントの確立が必要である。

3 社会資源の整備について

これまでの日本では，ケアマネジメントを行う上で社会資源が少なく，ケアマネジメントの手法も活かしようがなかった。患者は何度退院しても，地域生活を維持することができず，再入院をくり返す傾向が強かった。以前は社会復帰施設などの社会資源が少なく，ケアマネジメントというよりも，関連機関同士の連携を行っているレベルであった。最近は制度の充実により社会資源が増え，こうした活動の発展した形で，ケアマネジメントも可能になってきたのである。まずは，社会資源が存在すること，そして，新たな資源を創造していくこと，また，地域間格差をなくすことが重要となる。

社会資源が整いつつある現在，地域の精神保健福祉士の力量を高め，ケアマネジメント手法を十分に活用しうる人材に育てることも重要である。

第25章
国際福祉研究

国際福祉研究

　21世紀の日本における超高齢社会を考える上で，福祉と医療の問題は高齢者のみならず世代を超えて社会全体で取り組まなければならない緊急の課題である。

　高齢者人口が増大する中で，高齢者への効果的な援助を提供するためには，医療と福祉の緊密な連携をとることが必要不可欠である。また一方，わが国の医療財政は，膨れ上がる医療費によって財政破綻をもたらし，社会全体に影響を及ぼす厳しい状況におかれている。

　これらの課題を解決するためには，これまでの日本の古い考え方を払拭するとともに，制度の抜本的な改革が求められている。

　アメリカでは，医療費の支払い方法ひとつをとっても競争的で，いろいろなシステムが存在し，医療費抑制策がとられている。

　日本では，国民皆保険のもとで，政府主導により医療保障が行われている一方，制度間の不均衡が問われている。また，わが国では，医療の問題に限らず，福祉や教育などの分野では，競争原理が十分に働いていないのが現状である。

　このような視点から，アメリカにおける医療費抑制策や高齢者への援助とソーシャルワーカーの役割など高齢者福祉と医療の実情を理解するとともに，日本の福祉と医療制度の新しいあり方を模索し，あわせて国際的に通用する「思考力」「創造力」「問題発見・解決能力」を育成することが重要である。

　このカリキュラムでは，日本の高齢者福祉の現状を老人ホームの入所者の生活実態を考察し，アメリカの福祉施設が競争原理のもとで充実した運営がされている実態との相違点を学び，施設サービスを量的・質的に拡大する方策についても考察することとしている。

　さらに，アメリカにおける医療制度の現状として，公的医療保険制度（メディケイド，メディケア）及び民間の医療保険制度の現状，2010年3月に成立した「医療保険改革法」の概要について理解するとともに，わが国の医療制度の課題や改革の方向などについて考察することが目的である。

25-1 日米の老人ホームの特色と高齢者福祉施設の課題について

●国際福祉研究レポート学習参考例●

　超高齢社会を迎えた21世紀において，日本の高齢者をめぐる現状は，さまざまな面において問題を抱えている。

　高齢者に対する福祉サービスは，質的，量的に不足しており，高齢者が住み慣れた地域の中で安心して余生を全うできるには程遠いのが現状である。寝たきりや認知症の高齢者が入所する特別養護老人ホームについては，多くの入所待機者を抱え，介護やリハビリテーションに従事する人の数も慢性的に不足している。

　入所者の生活実態についても，食事の内容，排泄の介助，入浴の回数，その他介護やリハビリテーションの問題など，サービスの質についてアメリカの老人ホームから学ぶべき点が多い。

　利用者の一日の生活スケジュールは，施設に勤務するスタッフの勤務形態に左右されているといっても過言ではないが，人手不足という理由から，高齢者の心身の機能を配慮したサービスがなかなか行われていないのが実態なのである。老人ホームの利用者は，高齢で心身の機能が低下しているという点が異なるだけで，人権と尊厳をもつ人間であることは，当然である。

　しかしながら，寝たきり，車いす利用の高齢者，認知症の高齢者を，あたかも物を扱うような態度で接する老人ホームの職員も存在するといわれている。

　特別養護老人ホームに入所するには，かつては「措置」といわれ，行政が高齢者の身体状況や家庭の事情を調査し，これにより入所が決定され，サービスの内容や職員の配置についても，行政が一方的に決定する仕組みであった。また，運営する費用についても，国と地方自治体が負担する「措置費」（国民の税金）によってまかなわれてきた。

　建設のための財源も大部分が税金であり，老人ホームのほとんどは都道府県から厳しい指導を受けている「社会福祉法人」が運営する施設なのである。

　老人ホームの運営費に充てるため交付されていた「措置費」は，サービスの内容や質に関係がなく，行政が決めた利用者・定員ごとに，一律に金額が決められ，福祉サービスの内容や職員配置についても，行政が一方的に決めた基準に基づくことが原則とされていた。したがって，競争原理や市場原理がほとんど機能していなかったといえよう。

　一方，アメリカの老人ホームでは，日本の老人ホームと比較して，職員数の多さが目立つ。医師ではなく看護師

が治療,診察,検査等の処置を行う場合が多いというのも,特筆すべき点である。また,理学療法士,作業療法士,言語療法士,レントゲン技師等のコ・メデイカル職員(医師以外で,医療の仕事に携わる人)の充実もアメリカの老人ホームにおける特色である。

このほかにも,薬剤師,栄養士,カウンセラー,ソーシャルワーカーなどの専門職がチームを組み連携をとりながら,入所者(利用者)の生活をサポートする態勢を整えている。

また,アメリカの老人ホームでは,音楽療法,絵遊び,折り紙等を取り入れ,職員は,重度の障害があり寝たきりで言葉も不自由な高齢者に対しても,遠慮せずにベッドに近づき話しかけたりして,積極的に機能維持・回復訓練を行う方法が発達している。

このほか,車いすを利用する高齢者の機能維持方法のひとつとして,太極拳やヨガを取り入れた簡単なリラクゼーション体操,トランプ遊びなども盛んに取り入れられている。

「毎日の生活を楽しく過ごす」「生きることのすばらしさを満喫する」ということにも重点がおかれ,利用者は食事やお茶の時間,また,ラウンジで談笑する時でも身だしなみに気を配り,化粧をしたり気に入った服を身につけたりして,気分転換を図っている。施設内にある図書室で読書をしたり,オーディオ・ルームで映画鑑賞をするのも,また違った気分転換となっている。

高齢者は若い人たちと同様,喜怒哀楽の感情をもち,同時に欲求や不安ももったひとりの人間であるという認識をもって,サービスを提供しているのである。このような入所者のQOL(生活の質)を念頭においたサービスから,日本の老人ホームが学ぶべき点は多い。

職員の配置数やサービスの質の違いもさることながら,アメリカと日本の福祉施設を比較した場合,その最も大きな違いは,アメリカでは福祉や医療の世界でも競争原理が働いているという点である。競争原理があるために,評判の良い施設は費用も高くなるが,その分,内容も良いので利用者が増え,おのずとサービスのよい,優れた施設のみが自然淘汰されて残ることになる。

日本では何事においても画一的で横並びが良いとする風潮があり,高い費用を払ってでも質の良いサービスを求めるという考え方が育ちにくい風土がある。福祉事業は一定の予算のもとで行われており,より良いサービスをできるだけ安くといっても限界があり,福祉施設の利用料を高くすることを許さない国民性が,競争原理を働きにくくしているともいえる。

従来のわが国における高齢者福祉は,国や地方自治体によって福祉サービスの種類や提供機関が決定され,利用者本位といえるものではなかった。また,介護を主な目的とする老人病院への長期入院(社会的入院)が生じるなど,

医療サービスが非効率的に提供されていることも問題視されていた。

これらの問題を解消するために，2000（平成12）年4月から老人福祉制度と老人保健制度を再編成した「介護保険制度」が導入され，それぞれのサービスが効率よく提供されることになった。

介護保険制度は，利用者の選択により，福祉と保健・医療の両面にわたる介護サービスを総合的に利用できるようにし，医療については，本来の治療という目的にふさわしい制度として，抜本的な医療制度の改革を実施する前提をつくった。これに伴い，福祉サービス全般に「介護支援サービス（ケアマネジメント）」のような，サービス提供手法の確立が急務となっており，介護支援専門員（ケアマネジャー）の養成，介護保険事業計画のガイドラインや，要介護認定基準の作成等，高齢者福祉に関する制度の整備が進められた。

近年では，民間企業による福祉事業への参入も目立っており，徐々にではあるが，市場原理や競争原理が導入され，サービス利用者と福祉施設との自由契約による福祉が始まっている。

しかしながら，全人口の3人にひとりが65歳の高齢者になるといわれる超高齢社会を目前に控えた現在，依然として特別養護老人ホームなど，高齢者施設の数は十分でなく，介護に携わる専門職も絶対数が不足しており，労働条件の面でも，解決すべき問題が数多くある。

わが国の福祉サービスにおいては，介護施設の数とリハビリテーションに携わる専門職を養成・確保することにより，サービスの質と量を向上させることが急がれている。

また，わが国においては，アメリカの高齢者福祉にみられるような，コ・メディカル職員の充実も十分図られていない状態であり，職員同士が協力し合ってより良い福祉・保健医療サービスを利用者に提供するために，その体制の整備・確立も急務となっている。また，高齢者にとってより良いサービスを適時・適切に提供するため，論理的な思考力，問題発見・解決能力をもち合わせた福祉・保健医療の専門家を養成する教育システムを再構築することが重要な課題である。

アメリカにおいては高齢者がより快適で充実した高齢期を過ごせるよう，関係各方面での研究が進んでいる。高齢期に関する問題を多角的に研究する「老年学」を学ぶ学科・コースを早くから設置している高等教育機関もある。

わが国においても，医師は医療のことだけ，社会福祉士は福祉のことだけ，という縦割りの関係で仕事を進めていくのではなく，利用者本位で効率的，かつ効果的なサービスを提供できるよう，各職種の専門家が連携・協力し，ネットワークを組んで高齢者福祉に取り組んでいくことが重要である。

25-2 アメリカにおける医療制度とわが国の医療制度改革について

●国際福祉研究レポート学習参考例●

1 アメリカの医療制度の現状

　個人主義を重んじるアメリカでは，貧困や医療問題の解決にしても，全面的に公的扶助に依存すべきではないという「自助努力」が強調されている。そのため，わが国のような国民全体を対象とした公的医療保障制度はなく，医療保障は民間保険を中心に行われている。公的医療としては，一般的にはメディケア（公的高齢者医療保険制度）とメディケイド（低所得者医療扶助制度）という制度しかないため，国民の約70％は民間の医療保険に依存している。一方，いかなる保険にも加入していない無保険者は約4630万人（2009年）に達し，6人に1人が十分な医療を受けられないでいる。

(1) メディケア

　メディケアは，65歳以上の高齢者，障害年金受給者，慢性腎臓病患者等を対象として連邦政府が運営しているもので，約4300万人（2008年度）が加入している。また入院サービス等を保障する強制加入の病院保険の「パートA」と，外来等における医師の診療等を保障する任意加入の補足的医療保険の「パートB」がある。

　「パートA」の保険料は，社会保障税が充てられており，掛け金は不要である。保障の内容は，病院入院費用（1疾病について90日間を限度）・ナーシングホームの入所費用・在宅医療費用・ホスピス費用などである。

　「パートB」の財源は加入者からの保険料と連邦政府からの支出金が充てられ，「パートA」ではカバーされない手術・麻酔費用，X腺・ラジウム療法，リハビリテーション療法，乳がん検査等の医療費を保障する。なお，1988年から「メディケア・選択プラン」が導入され，補足的医療保険と選択プランの保険料を払うことで長期看護費用等もカバーされるようになった。これは「パートC」と呼ばれていたもので，2003年に「メディケア・アドバンテージ」（MA）と改名された。さらに2006年から外来の処方薬費用を給付する「パートD」が導入されている。

(2) メディケイド

　メディケイドは，生活困窮者を対象とする公的な医療扶助制度である。運営は連邦政府のガイドラインのもとで州政府が行っており，制度の内容は各州によって異なる。給付の財源は，半分以上のコストを連邦が補助している。また，受給対象者は約4200万人（2006年度）に上り，その内訳は21歳未満の被扶養児童が約48％，成人の低所得者

が約22％，障害者が約15％，65歳以上の高齢者が約8％，その他9％となっている。給付の内容は，入院及び外来患者サービス，在宅ヘルスサービス等で，メディケアではカバーされない長期の看護施設ケアも提供する。

(3) マネージド・ケア

アメリカの医療制度は伝統的に自由診療制で，患者は自分で医師を選び，医師は自分で決めた診療報酬を請求できるシステムをとっている。そのため民間の医療保険が発達したといえるが，同時に医療費の高騰という問題を抱えていた。そこで1970年代から1980年代にかけて，病気ごとに医療費と入院日数の標準が設定されるなど医療の適正性を審査する機構が活動を始め，HMOやPPOといった新しいヘルスプランが台頭してきた。こうした医療費の抑制と質の向上を目的としたシステムは「マネージド・ケア」と呼ばれる。

HMOは，「保険会社」プラス「病院」のシステムで，加入している会員が一定の掛け金を支払うことで，病院を中核とした医療サービスを無料または低額の自己負担金で受けられるという総合的な医療サービスの提供組織である。PPOは，HMOより保険料は，高めであるが，担当医を通さないで医師や病院を自由に選ぶことができる。現在，国民の半数がHMOまたはPPOに加入していると推定されている。

(4) 「医療保険改革法」の成立

2010年3月，アメリカ議会は「医療保険改革法」を可決，オバマ大統領の署名により法律が成立し，国民皆保険が育たなかった米国にとって歴史的な医療保険改革がスタートした。

この「医療保険改革法」には，中小企業や個人の保険加入を補助するための減税措置や助成金の給付，保険会社間の競争を促進するための州ごとの医療保険取引市場の創出，既往症を有する人の保険加入を拒否する保険会社の慣行の禁止などが規定されている。

この改革により，2019年までに未加入の米国民3200万人が医療保険に加入する見通しで，これは合法的な居住者の94％に相当するといわれる。（出典：ウォール・ストリート・ジャーナル日本版　http://jp.wsj.com/layout/set/print/US/Politics/node_45378）

2　わが国の医療制度改革

わが国は，すべての国民がいずれかの公的医療保険制度に加入し，保険料を納め，医療機関で被保険者証を提示することによって一定の自己負担で必要な医療を受けることができる「国民皆保険制度」を採用している。その結果，世界でも最高水準の平均寿命や高い保健医療水準を実現している。

その一方で，国民医療費は年間30兆円にも上り，今後さらに高齢者医療を中心に医療費の大幅な増加が見込まれ，将来にわたって持続可能な医療保険制度の構築が大きな課題となっている。

また日本の医療は入院患者の平均在院日数が国際的にみても長く，医療紛

争の増加に加え，産婦人科や小児科医，へき地の医師の不足，病院勤務医の過密な勤務実態，救急医療の受入拒否等が大きな社会問題になっている。

さらに近年，糖尿病などの生活習慣病患者が増大していることから，若い時期からの生活習慣病予防対策の拡充が課題となっている。こうした状況を踏まえて，これまでの治療を重視した医療から，病気の予防を重視した保健医療への転換を図るとともに，医療提供体制や医療保険制度などについて見直しを行い，医療費の伸びを抑え適正化を実現するという医療改革が求められている。こうした中で，2006（平成18）年6月，医療制度構造改革関連法が成立した。この医療構造改革は，医療にとどまらず健康・介護等の関連施策にまたがる，今までにない大規模な改革で，数年かけて段階的に実施することとしている。改革の基本的考え方は，生活習慣病患者の減少や長期入院の解消などにより，国民の生活の質（QOL）の維持向上を確保しながら医療費の適正化を進めることである。これを実現するため，「医療費適正化計画（5年計画）」を定め，中長期的に医療費適正化を図り，これと合わせて，新たに「後期高齢者医療制度」を創設すること，医療保険制度の体系を都道府県単位の保険者に再編・統合する等の見直しを行うこととしている。

「後期高齢者医療制度」（長寿医療制度）は，老人保健法を「高齢者の医療の確保に関する法律」（高齢者医療確保法）として全面的に改正し，2008（平成20）年4月から施行された制度である。従来の老人医療制度は，健康保険に加入したまま，老人医療の適用を受けていたのに対し，後期高齢者医療は独立した医療保険制度であり，これにより現役世代と高齢者世代の負担の明確化が図られているのが特色である。保険者は，都道府県を単位として全ての市町村が加入する「広域連合」を運営主体としている。被保険者は，75歳以上の高齢者の全てと，一定の障害をもつ65歳以上の者である。また保険給付金の財源は，現役世代からの支援4割，公費5割，被保険者からの保険料1割である。

保険料は，被保険者個人単位で徴収され，所得に応じて負担する「所得割」と，全ての人が等しく負担する「均等割」の合算額で，各広域連合において決定される。なお，保険料の徴収方法は，原則として特別徴収（年金からの天引き）となっている。

患者の自己負担金は，従来の老人医療制度と同様，費用の1割（現役並みの所得のある人は3割）を医療機関の窓口で支払う仕組みである。

わが国の医療制度改革は，医療提供体制の効率化を図りつつ，国民本位の医療を提供し，日本の医療の抱える課題を解決していく中で，医療費の伸びを適正化していくという難しい舵取りを迫られている。

25-3 高齢者の心と健康の特色について

●国際福祉研究試験問題学習参考例●

　高齢期は人生の最終段階であり，「老い」をどのように受け入れていくかが重要になる。高齢期に入ると，歳を重ねるたびに老化による影響が身体面・精神面におきる。しかし，「高齢者」を一律に捉えることは難しい。

　平均寿命の延びから，現実には個人によって心身の健康状態にかなりばらつきがある。気力・体力の個人差は高齢者の生き方に大きな意味をもつ。

　老化が進むと新しいことへの対応力や敏捷性も徐々に低下してくる。特に体力の衰えから，何事にもやる気が失せてしまったり，若い時には興味があったことに対しても，さほど関心がなくなってきたりする。逆に，高齢者は精神的なことが原因で体調をくずしやすく，将来に対する悲観的な見通しや精神的な不安が身体面の不調となって現れることもある。

　また高齢期になると，それまでに築き上げてきたものの中から失うものが出てくる。身体の老化，友人の死，定年（引退）による社会的役割の減少，愛する人を失うといった様々な喪失感の経験は，今後自立した生活を送っていけるかどうかに大きな影響を及ぼす。

　多くの人は，これらを乗り越え適応できるが，なかにはそのことを引きずったまま健康を害する人もでてくる。したがって，加齢による心身の変化に合わせて生活方法や環境をかえていくことも必要である。援助者も高齢者と話す場合には，相手の人生観や価値観及び状況に合わせ，一人ひとりを個別に理解する姿勢が大切である。

　その一方で，老いとうまくつき合っている人もいる。「高齢者は衰退していくのみである」「歳をとったら，年寄りらしくふるまわなければならない」といった従来の高齢者に対する概念にとらわれることなく，「可能な限り，自分のことは自分でする」「高齢期こそ，さまざまな社会的な役割から解放され，自分のために生きる時期である」と前向きに捉え，高齢期に上手に適応して創造的な生き方をしている人もいる。

　21世紀の超高齢社会を迎えて，介護を要する高齢者が増加する反面，健康ではつらつとした高齢者も増加する。高齢者ができるだけ長く健康で介護を必要とすることなく過ごし，家庭，地域，社会において活躍し続けることが望まれる。このため，高齢者福祉に携わる援助者だけでなく，家族や地域社会全体が高齢期の良さを見出し，高齢者の心と健康とその特色についてよく理解しておくことが重要である。

25-4 ソーシャルワーカー等の専門職の社会的地位の向上について

●国際福祉研究試験問題学習参考例●

　日本でアメリカのソーシャルワーカーにあてはまる職種は，社会福祉士・精神保健福祉士・臨床心理士などであり，コ・メディカルの専門職としては看護師・理学療法士・作業療法士などがある。日本では，アメリカと違ってソーシャルワーカーなどがクライエント（利用者やその家族）に対し行う相談・援助は，医療保険や介護保険からの報酬が直接支払われる対象となっていない。

　また，これらの専門家が資格をもっていても，業務独占（資格がないと従事できない）となっていないため，独立して開業することは難しいのが実状である。

　また看護師も医療行為においては「医師の指示のもと」に業務を行うことが義務づけられており，独立して業務を行うことができないのが実状である。このことは軽易（けいい）な医療行為や相談援助業務も必ず医師が介入することになり，時間と費用が余分にかかり財政圧迫の一因にもなっている。

　これに比べ，アメリカではこれらの専門職の人たちは，独立した専門的職業として幅広い分野で相談援助業務を行い，直接その業務に対して報酬を受け取ることができ，社会的地位も高く重要視されている。日本でもソーシャルワーカーやコ・メディカルなどの専門職の人たちが独立して業務を行い，効果的で合理性ある仕事ができるように改革を進めることが必要である。それが，医療費の抑制に貢献できる道でもある。

　そのためには，今までの人材養成のあり方について見直しを図り，職種の専門性・独立性を確立させる必要がある。アメリカでは，日本より年数をかけて専門的養成システムで教育し，その内容も高度の専門性を修める内容で構成されている。

　例えば，正看護師（レジスタード・ナース）になるには，四年制大学卒でもよいが，ほとんどが大学院に進み高度な専門性を身につけている。

　今後，わが国が迎える超高齢社会に向けて，さらに複雑多様化する福祉・保健医療のニーズに的確に応えるためには，ソーシャルワーカーやコ・メディカルの専門職の社会的地位を向上させ，福祉と保健医療の連携を緊密にとることが急務である。

　これらの課題を解決するため，福祉・保健医療の先進国といわれるアメリカの制度を参考として，構造改革を進めることが重要である。

25-5 アメリカにおけるソーシャルワーカーの実践方法について

●国際福祉研究試験問題学習参考例●

　ソーシャルワークには，①個別援助（ケースワーク）や集団援助技術（グループワーク）など，クライエント（対象者）と直接関わり合うミクロの実践領域，②地域援助（コミュニティーワーク），社会福祉政策，社会福祉運営管理など間接的にクライエントと関わり合うマクロの領域とがある。

　これまで，アメリカのソーシャルワークは，貧困者を救済する慈善運動からはじまったため，ミクロの実践領域で活動するソーシャルワーカーが圧倒的に多かった。しかし近年アメリカにおけるソーシャルワークは，ひとつの問題を解決するために，さまざまな援助技術を取り入れながら，ミクロとマクロの両領域において，援助活動を展開するという「ジェネラリスト・ソーシャルワーク」が主流となっている。

　すなわち，ソーシャルワークを統合的に扱う「ジェネラリスト・ソーシャルワーカー」は，ひとつの生活課題を抱えたクライエントに対して，多様な社会的援助を同時に進行させる。例えば，アルツハイマー型認知症（痴呆症）の初期と診断されたクライエントに対して，その本人及び家族と個別面談をするというだけではなく，同じようにアルツハイマー型認知症と診断された人々で形成されたグループへの参加を促すというような集団援助技術を取り入れたりする。さらに医師や臨床心理士のような専門家と連携をとり，このクライエントの病状が進行していく過程において，本人や家族がどのような準備をする必要があるのかについて検討したり，地域において，認知症高齢者を抱える人々とその家族へのサービスが欠落していると判断された場合には，新たなサービスを開発するよう地域社会に働きかけるといった地域援助も展開している。

　このようにジェネラリスト・ソーシャルワーカーの活動領域が広いのは，「人間は，家族，学校，職場，地域社会など，その個人を囲む生活環境から絶えず影響を受けて生きている」という認識からである。

　したがって，ジェネラリスト・ソーシャルワーカーが，効果的な援助を展開するためには，クライエントの性格だけではなく，その人の生活環境や人間関係まで理解することが必要とされている。また，多民族・多文化国家であるアメリカでは，ソーシャルワーカーには，異文化を理解する力を身につけることが強く求められているのである。

25-6 高齢者の自立とリハビリテーションの意義について

●国際福祉研究試験問題学習参考例●

　高齢者が豊かな生活の質（QOL）を確保し，できる限り自立した生活ができるためには，福祉・保健医療の専門家が連携協力し，地域社会全体で支援することが重要である。そのためには特別養護老人ホームなどの「施設福祉サービス」の質的量的な充実をはかることも大切であるが，高齢者が住み慣れた地域の中で，できる限り温かい家庭的な雰囲気に包まれて，安心して生き生きとした生活が続けられるように「在宅福祉サービス」の充実・向上を図ることが重要である。特に高齢者が「自立した生活」を送るという面から，リハビリテーションやノーマライゼーションのもつ意味は，援助内容にも大きく影響するので，その意義を正しく理解した上で安定した福祉サービスが提供されなければならない。

　「リハビリテーション」は，単に機能回復訓練のことを指すのではなく，障害をもつことの不利益や不便をできるだけ取り除き，社会参加ができるように支援するための取り組み全体をいう。特に高齢者のリハビリテーションは，本人が抱えている問題が何であるかを発見し，解決するためにはどうすればよいのかを考え，個人としての尊厳をもって自立した生活ができるように，福祉・保健医療・環境・心理・教育など幅広い分野からの総合的・人間的な支援を行うことである。

　また，リハビリテーションをより効果的なものにするためには，専門家の援助，家族の理解・協力とともに，高齢者自身の自立しようとする意志が大切である。

　「ノーマライゼーション」は，社会的に不利を負う高齢者や障害者などが，あるがままの姿で，他の人々と同等の権利が享受できる社会が当然の姿である，という考え方である。なお，高齢社会におけるノーマライゼーションを考える上で，次の点が重要である。

　①　高齢者の自主性を尊重すること。
　高齢者が社会における役割や生きがいを失わず，積極的な社会参加ができる環境があり，自主的な意志による活躍の場が与えられるべきである。

　②　高齢者の個別性を尊重すること。
　高齢者の福祉ニーズは多様化しているので，援助者は一人ひとりの異なったニーズを理解し，その人に適した援助の方法を考えていかなければならない。高齢者の自立支援と生活の質（QOL）を確保するためには，ノーマライゼーションの理念に基づく福祉施策の充実が急務である。

25-7 ●国際福祉研究試験問題学習参考例●

福祉を学ぶ人に求められる適性について

わが国の戦前からの社会福祉は，社会的に「恵まれない」人々への「ほどこし」をするといったイメージが強かった。しかし，その後の少子高齢化の進行や欧米の社会福祉の動向が大きく影響し，社会福祉に対する考え方も変わりつつある。

また，最近の社会福祉は「福祉の普遍化」（広くゆきわたる）といわれるように，介護や保育など家庭や地域だけは支えきれない生活の基本的なニーズを社会的に支援する仕組みとしての性格を強めている。

したがって，今や福祉サービスは，特定の人たちのための特別なサービスではなく，必要な人が誰でもいつでも利用できる普通のサービスとなっている。

このように，福祉を必要としている人々のニーズが多様化・複雑化している今日，社会福祉にたずさわる人は，問題をいち早く発見して適切に解決できる能力が求められる。

これらのことを踏まえて，これからの時代に福祉を学ぶ人に求められる適性には，次のことがあげられる。

①　人間性への深い理解と洞察，および愛情をもっていること。

福祉を必要とする人は，それぞれ異なるニーズを抱えているので，一人ひとりの気持ちや置かれた状況をよく理解し，その人にとって最も適切なサービスを提供することが大切である。

②　豊かな人権感覚があること。

今日の福祉サービスは，慈善や恩恵ではなく，人間相互の対等・平等な関係での中で行われるべきであり，相互尊重の姿勢が大切である。

③　福祉の仕事への情熱と誇り，福祉に関する専門知識をもっていること。

時々刻々と変化する社会の中で，ますます複雑・多様化する福祉ニーズに積極的に取り組むため，スペシャリストとしての自負，仕事への情熱や探究心，福祉の新しい動向に目を向け，吸収することが求められる。

④　専門的な「資格」を取得しようとする決意をもっていること。

スペシャリストであることの証ともいえる「資格」があれば，援助技術にも自信がわき，福祉を必要とする人から信頼を受ける。

⑤　人に対する優しさと温かみのある人間性をもっていること。

クライエント（利用者）の痛みを自身の痛みと捉えられる人間性が求められ，相手と気持ちを共有できるようコミュニケーションをとれることが大切である。

第26章
社会福祉政策論

社会福祉政策論

　社会福祉政策は，国や地方公共団体が社会福祉の推進のために行う施策である。現在では地域福祉の推進やノーマライゼーションの浸透が基本理念となった政策が中心であるが，国内外の社会福祉発達の歴史を見ると，国民の生活条件の改善を目的とし，労働問題などに焦点をあてた，いわゆる「社会政策」が社会福祉と大きな関連をもっていることがわかる。

　社会政策とは，通常，さまざまな「社会問題」を解決するための政策体系を指している。具体的には，労働基準法，労働組合法，最低賃金法，そして健康保険法や国民年金法をはじめとする社会保険関係法などの法律によって定められた諸制度に関する政策のことを指している。今日の資本主義社会の中に起きる社会的諸問題のうち，その最も基本的部分である労使の対立に集約された「労働」と，これによって得られた収入を用いての「消費」との両面にわたる生活上の諸問題の解決のために，国家が行う社会的な対応策である。

　社会政策は資本主義社会において固有の政策であって，とくに資本主義社会の労働問題を主な対象としている。そして，労働者階級の労働条件や生活条件の維持改善を図ることによって，労使間の階級対立が緩和された資本主義的矛盾の部分的修正を通じて社会改良を実現しようとするものである。

　しかしながら，社会政策は，単に労働問題を課題としたものではなく，労働者の全生活問題を課題としたものである。消費生活を取り巻く諸問題が社会政策の重要な柱となっている。このような労働及び労働者に関わるさまざまな問題，例えば資本主義経済下の賃労働，労資対立，失業政策，またさまざまな社会保障制度などを通して，よりよい社会生活を営むための具体的な方策を検討するのが社会政策といえる。

　したがって，社会政策は，社会生活の発展を阻害するという社会問題の必然性を明らかにし，社会秩序の安定と発展のための統合的条件を把握し，そうした中でそれらを現実のものにしていく手段や方法を探求することが重要となる。

　「社会政策とは何か」を学ぶことが，現在の社会福祉の基礎を学ぶことになるのである。

26-1 産業革命期の労働問題と労働運動及び社会政策について

●社会福祉政策論レポート学習参考例●

　産業革命は，まずはじめに資本の蓄積・市場・労働力・資源などに恵まれていたイギリスで18世紀に始まった。「分業」と「協業」による生産性の向上と，蒸気機関の発明による動力源の確保により，大規模な機械制工場が出現し，大量生産によって安い工業製品が商品として供給されるようになった。それまでの手工業や家内工業は没落し，大工場を経営する資本家が国の経済を左右するようになり，資本主義社会が確立したのである。

　そして，資本主義の形成につれて誕生した近代市民社会においては，その成員はすべて自由な権利を主体として行動することが一応認められていた。したがって，この社会の中で生まれた資本家（資本の所有者）と労働者（労働力を商品とする，その所有者）という階級もまた，お互いの所有する商品の交換をめぐって自由な契約にもとづく相互依存的生産関係に入る。この関係も形式的には（建前としては）平等であるが，しかし事実上，資本家の力が強く，両者は従属的な関係にすぎない。それは，両者のあいだで取引される労働者の持つ労働力という商品の特殊な性質にかかわっている。すなわち，労働者にとっては，毎日の生活の糧を稼ぐためには労働力は「売りおしみ」のきかない商品であり，よって労働者は自分の労働力を決して自分の有利になるように余裕をもって高くなるまで待って，例えば1年後に，2年後に売るというようなことは不可能である。労働者は自分の労働力を毎日その日のうちに売るしか生活していくすべがないのである。産業革命期の労働者には肉体的限界を超えた苛酷な労働が強制された。この奴隷的ともいうべき労働状態は，その当時，長時間労働・低賃金など劣悪な労働環境と野蛮で原始的な能率強制策として「原生的労働関係」と名づけられた。さらに労働力の使用によって生じる利潤（余剰）と労働力商品の価格である賃金とは（今は必ずしもそうは言われていないが），一方が増えればもう一方は減るというように反比例する関係にあるので，資本家と労働者のあいだの支配従属と対抗の関係が発生するのは必然的であった。

　そうした対抗関係を現実化させたのは，第一に価値法則を基盤とする商品交換の原理，第二に資本主義経済を貫徹する「資本制的蓄積の絶対的・一般的法則」である。つまり，資本主義社会においては労働力もまた商品として

取引の対象となるため、労働者は自分のただひとつしかない商品としての労働力をできるだけ高く資本家に売ろうとする。こうして労働力の近代的取引きは形式的には資本家に対して平等であるように思われた。しかし、労働力の価値法則は、資本主義制度の生産関係の中にあって資本蓄積の法則のもとに従属せざるをえない。こうして資本主義的「自由競争」の中での資本家の自己保存のための資本蓄積という考えのもとで、資本主義社会全体をおおうほどの広がりと深さをもって、労働者と資本家との社会的対立は現実のものとなったのである。

言い換えれば、資本主義における労働は労働力の商品化を本質とする賃金労働であり、そこにおいては労働者は、自分の労働が生み出した余剰をそのまま得ることができず、資本家によって搾取されるということである。こうして労働力の商品化が資本家による労働生産物（剰余価値）の搾取を意味し、賃金労働そのものの存在が問われるというところに賃金労働の矛盾がある。この矛盾に直面して労働者は、真に人間らしい労働と生活を求めて資本家に対して「集団的自助・共同自助・相互自助」などの集団的組織つまり労働組合をつくり対抗したのである。

この労働者の資本家への反抗は、資本制企業における分業と協業体制のもとで労働者が日常、組織的な集団行動の訓練を受けることによって、それ自体も持続的で組織的なものとなった。また、こうした対立・対抗は経済的利害の相反する集団のあいだの対立というかたちを明確にとり、「階級対立」という互いに妥協を許さない状態にまで拡大・先鋭化したのである。「機械打ちこわし運動」などがそれである。

こうしてこの社会問題としての階級対立の発生は、経済的不利益を打開するための労働者階級自身による最初の試みとして、生活条件の集団的・社会的解決をめざす労働組合や共済組合及び協同組合の結成を促した。つまり、それによって、賃金労働における経済的搾取と人権抑圧に対して労働者は人間的な自由、平等、生活向上を求めたのであった。しかし、資本の法則が貫かれる以上、そうした労働者の自主的な経済的組織活動だけによっては問題の根本的な解決は不可能であった。問題の根本的解決のために労働者階級は労働者のための政党を結成するにいたる。このように階級対立が政治的次元にまで高まったことで、自分たちの経済的利益を守るため政治体制を形成してきた資本家階級は労働者の要求や闘争を処理するための対応を迫られることになった。

つまり、資本主義の中で形成された労働力の商品化とその所有と販売を労働者ができることを尊重し、そうした労働者の権利と要求を認めることで、資本家階級とその利益を代表する資本主義制度の政府・国家はこの階級対立

という社会問題の解決をしようとしたのである。労働者にも自主的活動を認め，自らの労働力を資本家により高く売るための取り引きや活動を資本主義に反しない制度の中に位置づけなければならなかった。その対応策こそが国家の社会政策なのである。工場法の制定（1833年），労働組合の公認と規制（1824年，最終的には1875年）などはこうした試みのひとつであり，これらの社会問題を解決するための制度が産業革命以降になって本格的に登場する理由は，資本家の側でも労働力の商品性を認めそれを資本主義制度の中に取り込む必要に迫られたからである。

1833年の工場法は，正確には「イギリス連合王国の工場の児童，年少者の労働を規制する法律」という。この法は織物工場の全工場に適用範囲を拡大し，18歳未満の年少者の労働時間を一日12時間，週69時間に制限し，9歳未満の児童の労働を禁止した。この法は成立の背景に10時間運動やチャーチスト運動の展開を有し，労働運動の最初の成果として近代社会政策成立史上，画期的な意義をもつものであった。

労働者の激しい抵抗に対して1799年にあらためて団結禁止法が制定され，労働組合が禁止された。しかし急進主義者プレースは団結禁止法の圧迫のもとで労働者が苦しんでいることに同情し，1824年にその法を撤廃させた。こうして賃金や労働時間に関する結社，あるいはストライキの実行・勧誘は処罰されなくなったが，翌年ふたたび団結を禁止する新しい法律が作られた。それにもかかわらず，小労働組合を中心として組織化が進められていき，さまざまな動揺と経験を繰り返しながらイギリス労働組合運動は発展を続け，団結の禁止がまったく法的に廃止されたのは1875年，イギリスが独占資本主義段階に入ってからであった。

社会政策は労働者の自助性や当事者性，さらにその権利性の社会的保障という意味で労働者階級にとって有利な側面を見せるが，それは労働者が人間らしい生存のための集団的自助活動を資本家階級と国家に認めさせた闘争の成果と位置づけられる。また一方で労働者は商品を買う消費者でもあるから，労働者は資本家にとって大切なお客ともいえる面が存在するのである。

「社会福祉計画」策定の意義と課題について

1 「社会福祉計画」の基本理念

「社会福祉計画」は、国や地方自治体あるいは民間機関など社会福祉の施策やサービス実施機関などにおいて、より合理的かつ効果的に推進されるよう社会福祉の独自の視点に立って策定される計画である。この計画では主に、対象となる人々のニーズや地域の問題点などから達成すべき目標が設定され、問題解決のための方法や実施方法、評価方法などが立案される。

2 「社会福祉計画」の策定過程

「社会福祉計画」の策定の過程は、その対象や目的などに応じて、主に、「構想計画」「課題計画」「実施計画」「評価計画」の各段階に分けられる。

(1) 「構想計画」

計画の基本的視点や現状の問題点を明確化し、その目的を実現するための目標を設定する。この計画の作成には、社会福祉調査などさまざまな方法による現状や課題、福祉ニーズの分析などが必要になる。

(2) 「課題計画」

設定された目標を達成するための方法を検討し、具体的な計画のプログラムを設定する。この際には代替案の作成やそれらの優先順位などについても設定し、体系的なプログラムとなるように留意する必要がある。

(3) 「実施計画」

プログラムに沿ってどのように計画を実行に移すのか、実行の手順や人材なども含めた資源の調達、予算化など計画実施の手順を具体化する。この段階では、地域における限られた社会資源をどのように有効活用するか、具体的な施策の優先順位をどのようにするかなど、具体的な検討をもとに効率的な計画となるよう配慮することが大切である。

(4) 「評価計画」

実施された計画の内容が、掲げられた目標に対して意図した効果を生み出すことができたのか、あるいは全体としてどのような成果があったのかなどについて的確に評価を行うため、あらかじめどのように評価を行うのかについて「評価計画」を立てておくことも重要な計画内容のひとつである。

この際、最終的な評価についてだけでなく、計画実施中の評価の方法などについてもその実施方法や時期などについて計画しておく必要がある。予定通りに計画の実施が進んでいるか、効果が出ているのか、見直しは必要かなどについて常に評価できるよう十分に計画しておくことが大切である。

3 「社会福祉計画」の歴史的展開

わが国では戦後,「経済計画」や「国土開発計画」など経済開発を中心とした計画が積極的に策定され,開発が進められてきた。そのため,従来の「社会福祉計画」は,それらの一部を構成する「社会保障計画」などを補うものにすぎなかったが,社会福祉の対象範囲の拡大に伴い,しだいに社会福祉領域の独自の計画である「社会福祉計画」がつくられるようになった。

1970年代から80年代にかけて,さまざまな福祉ニーズが増大したが,そのニーズに対応するため在宅福祉サービスを中心とする地域福祉を充実させることが福祉理念となり,国家レベルの「社会福祉計画」だけでなく,地方自治体や社会福祉協議会など民間機関のレベルでもその計画がつくられるようになった。

1990(平成2)年以降,国の計画として「高齢者保健福祉推進10か年戦略」(ゴールドプラン)やそれを引き継いで計画化された「ゴールドプラン21」をはじめ,「障害者対策に関する長期計画」や「障害者プラン」(ノーマライゼーション7か年戦略),あるいは子育て支援の「新エンゼルプラン」などが策定されている。地方自治体の計画としては,都道府県に策定が義務づけられている老人福祉法及び老人保健法に基づく「老人保健福祉計画」をはじめ,障害者基本法に基づく「障害者基本計画」,介護保険法に基づく「介護保険事業計画」などが策定されるなど,近年においては地域の実情に応じたさまざまな「社会福祉計画」が策定,推進されてきている。

一方,民間機関でも,社会福祉協議会における「社会福祉活動計画」の策定が強化されるなど,地域により密着した「社会福祉計画」の策定が推進されており,近年,多くの機関で計画策定がなされるようになった。

4 「地域福祉計画」について

21世紀に入り,社会福祉基礎構造改革の一環として「社会福祉法」が成立したが,その目的として「利用者の利益の保護」とあわせた「地域福祉の推進」が明確に位置づけられるとともに,2003(平成15)年4月から「地域福祉計画」の策定,推進が全国的に進められることとなった。

この「地域福祉計画」のめざすものは,「老人保健福祉計画」や「障害者基本計画」など個別の計画を統合化するだけでなく,これまで地域の中で対応できなかった福祉課題についての対応や地域社会のあり方について,行政側のみならず地域住民や当事者団体,福祉従事者などより多くの地域住民が参加して策定される地域の総合的な計画とすることである。

「地域福祉計画」の策定については,社会福祉法第107条に次のように規定されている。

「市町村は,地方自治法第2条第4項の基本構想に即し,地域社会の推進

に関する事項として次に掲げる事項を一体的に定める計画（以下「市町村地域福祉計画」という）を策定し，又は変更しようとするときは，あらかじめ，住民，社会福祉を目的とする事業を経営する者その他社会福祉に関する活動を行う者の意見を反映させるために必要な措置を講ずるとともに，その内容を公表するものとする」。

また同法では，市町村が「地域福祉計画」に最低限盛り込むべき事項として次の3点を掲げている。

① 地域における福祉サービスの適切な利用の推進に関する事項。

② 地域における福祉社会を目的とする事業の健全な発達に関する事項。

③ 地域福祉に関する活動への住民参加の促進に関する事項。

さらに同法では，都道府県がこのような市町村の活動に対し広域的な観点から支援するため「地域福祉支援計画」を策定し，そこに次の3点を盛り込むよう規定されている。

① 市町村の地域福祉の推進を支援するための基本的方針に関する事項。

② 社会福祉を目的とする事業に従事する者の確保又は資質の向上に関する事項。

③ 福祉サービスの適切な利用の推進及び社会福祉を目的とする事業の健全な発達のための基礎整備に関する事項。

5 「社会福祉計画」の今後の課題

上述のように，「社会福祉計画」は，社会が変動するなかで，その作成する目的や内容，対象など広がりをみせてきた。そして，近年，ようやく社会福祉の独自の視点で計画された具体的な福祉対策が積極的に実施されるようになり，より身近な日々の暮らしの場である地域社会に根ざした取り組みとして展開されようとしている。

しかし，「社会福祉計画」の具体的な策定技術は，必ずしも体系化されてはいない。また，すでに法律上策定が義務づけられている「老人保健福祉計画」や「障害者基本計画」についても，住民のニーズを的確に捉え，ニーズを十分満たす計画となっていない地方自治体が存在することも事実である。また，社会福祉法に規定された「地域福祉計画」については，地方自治体の自主性，自立性を尊重する立場から法律上策定は義務化されていないが，地方自治体が地域住民の合意を形成して，地域の実情に応じた計画の策定に自主的かつ積極的に取り組むことが期待されている。

このように「社会福祉計画」の策定にはいまだ多くの課題があるが，今後少子高齢社会の進展とともにさらに多様化・高度化する福祉ニーズに的確に対応していくために，「社会福祉計画」を策定する意義はますます重要なものとなっている。国や地方自治体のみならず，地域全体でのより一層の取り組みが求められている。

26-3 イギリス救貧法解体から社会保険の成立までの過程について

●社会福祉政策論試験問題学習参考例●

1 救貧法の解体

イギリスでは16世紀頃から救貧のためのいくつかの法律が制定されていたが、19世紀中頃の救貧対策は、貧困は個人の怠惰によるものであるから個人の責任である、という考え方に基づいていた。つまり、貧民でも労働能力がある者は自立労働者よりも低い生活水準と引き換えに救貧院（労役場）内での救済をほどこされたのである。

しかし、19世紀後半の大不況により、失業者が増大し、これをきっかけにさまざまな社会調査が行われ、貧困の原因が明らかになった。

すなわち、①低賃金と不規則な雇用契約、②一家の主な働き手の死亡・疾病・老齢化、③労働者の家庭が大家族であること。つまり、これらの貧困の原因は皆、個人の責任をこえた資本主義制度の歪みに由来することが明らかになり、それによって国家と資本家は貧困の社会的責任を認めざるをえなくなった。

また労働者の自助活動の限界も明らかにされ、国家による何らかの援助を必要とした。そして、救貧法が解体されることになった。

2 社会保険成立までの過程

失業の救済が救貧法の枠から外されるきっかけとなったのは、ロンドンでの労働者の暴動であった。労働者は、自分たちが求めているものは慈善や救済ではなく、仕事であると主張した。これに対して政府は、公共事業を通して労働者に仕事を与えることを資本家に指示した。それが、やがて失業労働者法につながっていったのである。

その後「最低生活の維持は国民の社会的権利である」という国民最低生活水準（ナショナル・ミニマム）の考え方がウェッブ夫妻などによって主張された。そして、失業対策として、職業紹介と任意の（労働者が自主的に加入する）社会保険制度が提案された。

さらに、ロイド・ジョージが、すべての労働者を強制的に加入させる失業保険を考え出した。貧困のもうひとつの原因である疾病についても健康保険が設けられ、国民保険法にまとめられた。

これらの保険の財源を確保する手段は、加入する労働者自身が支払う方法（保険料拠出方式）が採られた。

それは、労働者に保険を受ける権利の意識と、自分の払ったお金で積み立てられたものを保険金として受けるというプライド意識を与えるためとされた。

賃労働と社会政策の関係について

　賃労働の本質は、労働力の商品化である。労働者が働いて、その報酬として賃金を受け取ることである。資本主義経済のもとでは、消費者はお金で商品を買うために貨幣を必要とするが、消費者は同時に労働者であるため、労働の報酬として賃金という形で貨幣を手に入れる。つまり、資本主義経済での労働は、労働者が労働力を売り、それを資本家が買うという形になる。

　労働によって作り出される商品の付加価値（＝労働価値）は、労働者の給料つまり労働への報酬（＝労働力の価値）としての賃金よりも常に大きく、その差額、いわゆる利潤が資本家つまり会社や企業のものになって、初めて資本主義が成り立つ。

　つまり、資本主義では資本家が労働者に支払う賃金より大きな価値（＝労働価値）を、労働者の労働から得ることにより、会社が儲かる（＝剰余価値）ようになっていなければならない。

　一方、資本家と労働者の関係があいまいな資本主義の初期の段階では、資本家はできるかぎり大きい剰余価値を得ようとし、労働者に長時間の重労働を課したり、賃金を引き下げたりした。その結果、非人間的重労働や失業などによって労働者は経済的貧困に陥った。

　しかし労働者は、そのような非人間的労働の強制と人権の抑圧に対して労働組合を組織し、労働力をより高く資本家に売るために団結した。こうした事態に直面して、資本家階級と政府は国家の安定と資本主義経済の成長のため、労働者の要求を認めざるをえなくなった。それは、賃金が増えて、それによって労働者の消費意欲が活発になれば、商品の生産と労働者の購買力も増え企業と国家にとっては得になると考えたからである。

　こうして政府による社会政策が登場したのである。この社会政策は労働者の労働と生活条件を改善することによって、初期の資本主義経済の欠陥を緩和し、資本主義社会を成長させるというふたつの面をもっているといえる。

　つまり、賃労働の本質は労働力の商品化にあり、この賃労働は剰余価値を生み出したため、資本家はさらに高い剰余価値を求めた。

　しかし、労働者は非人間的労働への抵抗（労働運動）をしたため、おもわく通りの剰余価値が得られなかった。そこで、資本家はさらに高い剰余価値を求め、資本主義社会の安定と成長を図るため、国家による「社会政策」が生まれたと理解することもできる。

26-5 地方自治体の「福祉計画」について

●社会福祉政策論試験問題学習参考例●

　地方自治体が住民の福祉ニーズに的確に応え，各種の福祉サービスを実施するにあたっては，限られた社会資源や財源を有効に活用し，施策の優先順位を決めて効率的，計画的に実行することが必要となる。

　地方自治体の福祉計画は，1980（昭和55）年頃からいくつかの自治体で独自に策定されるようになったが，その後1990（平成2）年に都道府県に策定が義務づけられた「老人保健福祉計画」をはじめ，「障害者基本計画」や「児童育成計画」「介護保険事業計画」など，さまざまな分野で策定されるようになった。そして，社会福祉基礎構造改革の一環として，2000（平成12）年には，地域における社会福祉の推進を図ることなどを目的に掲げた「社会福祉法」が成立し，市町村が「地域福祉計画」を，都道府県が「地域福祉支援計画」を策定することが定められた。これらの計画の策定は，2003（平成15）年から始められている。

　この市町村が策定する「地域福祉計画」には，①地域における福祉サービスの適切な利用の推進に関する事項，②地域における社会福祉を目的とする事業の健全な発達に関する事項，③地域福祉に関する活動への住民の参加の促進に関する事項，を盛り込むことになっている。

　また，都道府県が策定する「地域福祉支援計画」では，①市町村の地域福祉の推進を支援するための基本的方針に関する事項，②社会福祉を目的とする事業に従事する者の確保または資質の向上に関する事項，③福祉サービスの適切な利用の推進及び社会福祉を目的とする事業の健全な発達のための基盤整備に関する事項，を盛り込むことが規定されている。

　また，これらの地域の計画策定の過程では，「住民参加」がなされることが強調されている。これまでの自治体の福祉計画では，行政が設置した委員会などに住民や民間機関の代表者が加わるといった参加がほとんどであったが，今後の計画策定にあたっては，より地域の実情に応じた計画をつくるため，できるだけ多くの住民が意見を述べることのできる公聴会などの機会を設定することが必要である。

　そして，地域住民，当事者団体，社会福祉従事者，NPO（非営利団体）などの地域福祉の担い手たちの協力と連携のもとに計画がつくられ，「地域福祉」を推進していくことが重要である。

26-6 ●社会福祉政策論試験問題学習参考例●

モニタリングについて

　モニタリングの定義やその対象にはさまざまなものがあるが、その主な機能は、策定された「福祉計画」などが予定どおり実施されているかどうか、不十分な点はないかどうかなどについて、状況の把握や効果の確認などを行うことである。具体的には、福祉サービスの提供が、常に利用者のニーズや状況に対し、適切なものであるかどうかの確認や見直しを継続的に行うというものである。計画されたサービスは、その利用者の状況や環境の変化などに伴い、当初の計画の見直しを迫られることも多い。したがって、福祉サービスを適切に提供していくためには、このモニタリングを的確に実施し、常に利用者や環境に適応したサービスの見直しを行いながら、計画を実施していくことが必要である。

　このモニタリングを行う際に大切な視点として、次のような点があげられる。

　第一に、福祉サービスの利用者の数や個々の利用量などが計画目標に達しているかどうか、本当に必要な人々に必要な量のサービスが提供されているかどうかという視点である。福祉サービスは、生活上の困難を抱える人々が問題を解決するために効果的に利用して、はじめて意味をもつものとなる。適切にサービスを提供するためには、計画したサービスが期待どおりの利用者数を確保しているか、必要のない者が利用してはいないかなど、必要なサービスが十分に提供されているかどうか、常に把握していくことが不可欠である。

　第二に、実際に提供されるサービスが、計画どおりの適切な内容になっているかどうかという視点である。実際にサービスの利用が開始されても、提供されたサービスの内容や時間などが不十分であれば、利用者のニーズを満たすことは困難となる。サービスの提供者には、この視点を常にもち、継続的なモニタリングを行っていくことが求められる。

　第三に、提供したサービスに関する人材や資金など、さまざまな「資源」の質や量が適切であるかどうかという視点である。必要なニーズに対して適切なサービスを常に提供し続けていくには、この「資源」の質と量の一定の確保が常に必要である。この視点は、サービス提供における体制の整備や内容の向上を図る上でも、重要な視点である。

26-7 社会福祉政策論試験問題学習参考例

民間機関の「福祉計画」について

　国や地方自治体など行政が福祉計画をつくる過程では，民間機関の代表などが審議会，委員会，公聴会などに参加することが一般的である。その際，民間機関には，より広く住民の意見が反映されるよう意見を集約し，住民や各種団体などの運動を組織化するなどの役割が求められている。この民間機関には，社会福祉協議会やボランティア団体，非営利団体などさまざまなものがある。

　2003（平成15）年度から市町村では，社会福祉法に位置づけられた「地域福祉計画」がつくられているが，この計画では「住民の参加」が重要視されている。今後は，単に民間機関が集めた情報を計画に反映させるだけでなく，住民が直接的に意見を述べられるよう「住民懇談会」や「100人モニター」（専門職や有識者だけでなく福祉問題に関心のある住民がモニターとして委嘱され意見を述べる）「住民提言運動」（郵便やＦＡＸ，Ｅメールなどで意見を述べる）など多くの機会をつくり，行政側と地域住民とがともに計画をつくっていけるよう積極的に働きかけていくことが重要である。

　ところで，民間機関が独自に策定する計画については，多くの団体で取り組みがみられるようになってきている。その中で特に社会福祉協議会において「地域福祉活動計画」の策定の強化が進められている。この「地域福祉活動計画」は，地域住民やボランティア団体，非営利団体など地域のさまざまな団体が行っている活動を通して得られた情報などをもとに取り組むべき課題や対応策を検討し，自主的・自発的な福祉活動を中心にして計画を作成するものである。

　この計画では，さまざまな活動を行っている民間組織やそれらの活動に参加する地域住民が，互いの活動への理解を深め，情報を共有し合うことが求められている。さらに，市町村が策定する「地域福祉計画」とも十分な連携のもとに策定されることが必要であるとされている。

　今後ますます高度化・多様化する地域の福祉課題を解決するためには，行政側，民間機関側双方が互いに連携し，より多くの地域住民の意見を反映した福祉計画を策定するとともに，地域住民間でもさまざまな情報を共有し，自ら積極的に計画の策定や課題の解決のための活動に参加していけるようより一層の取り組みの充実が図られることが重要である。

第27章
社会福祉法制

社会福祉法制

　社会福祉とは,広い意味では社会保障と同様に国民の生活安定のための諸施策・制度のことであり,狭い意味では社会保険や生活保護等と区別された社会サービスの事業や行政を指す。広い意味での社会福祉の法制は,社会保障法制とほぼその範囲が同じであると言える。第二次世界大戦後の1947（昭和22）年に施行された日本国憲法第25条は,国民に生存権（健康で文化的な最低限度の生活を営む権利）を保障しているが,これを具体化したのが社会保障の法制度である。

　憲法第25条第2項は,国家の責務として社会保障,社会福祉及び公衆衛生の向上,増進を規定している。社会保障は,第2項で社会福祉と公衆衛生と並列してかかげられているが,社会保障は,社会保険,公的扶助,社会福祉及び公衆衛生の各部門を包括する制度的体系である。これらの諸制度に関する法律・政令などの総体が社会保障,あるいは広義の社会福祉の法制を形成している。

　歴史的にみると,富国強兵時代の救貧法制がその慈恵あるいは恩恵的な性格から脱皮して,最低生活保障を目的とする公的扶助法と社会サービスを目的とする社会福祉法に発展した。一方で,労働者保護の一環をなしていた労働者保険法が,次第に労働者層以外も対象とした社会保険法に拡大発展してきた。その過程で社会保険,社会福祉及び公的扶助の各制度がそれぞれ近づき,現在ではひとつになったのである。

　ところで,社会保険法の分野では,労働者層と労働者以外の層（地域住民）を対象とした2つの系列があり,給付内容に格差がある。また,公務員と民間労働者の間においても給付される金額に格差がみられる。憲法の保障する法の下の平等の主旨からも,社会保障の権利（憲法25条第2項）という視点においても,それらの矛盾是正が今後の法政策上の課題となっている。

　また,社会保障の法制は所得保障の面でかなり整備されてきたが,いわゆるソフト面,すなわち,社会サービスの内容の提供に関しては,法的に義務づけられたものは,まだまだ不充分である。これらの法制の運営は,国や国からの受託により地方自治体の行政として行われるが,社会福祉を享受する権利主体は国民であり,行政はこれに奉仕する性質のものである。具体的な法としては,福祉六法（生活保護法・児童福祉法・身体障害者福祉法・知的障害者福祉法・老人福祉法・母子及び寡婦福祉法）をはじめ,数多くの法律や政令が制定されている。

27-1 ●社会福祉法制レポート学習参考例●

日本国憲法における生存権の保障について

1 日本国憲法の生存権の保障

憲法第25条で「①すべて国民は，健康で文化的な最低限度の生活を営む権利を有する。②国は，すべての生活部面について，社会福祉，社会保障及び公衆衛生の向上及び増進に努めなければならない」と規定している。この条文が生存権保障規定と呼ばれる。

第1項は生存権の保障と，その程度をあきらかにし，第2項で国の責務を定めている。

生存権の法的性格は（自由権が国に対する不作為要求権であるのと異なり）作為要求権，すなわち社会権であるが，このような性格をもつ人権として，憲法には，本条のほか，教育をうける権利，勤労者の権利などが規定されている。憲法第25条はこれら諸規定の総則規定であると同時に，これらの諸規定によって生存が保護されない国民，すなわち労働能力や財産を有しないため生活を維持できない国民に対して，その生存を保護するために設けられた規定である。

2 健康で文化的な最低限度の生活

「健康で」は肉体的，「文化的な」は精神的な面をさすが，全体として人間らしい生活といわれるに足る程度をいう。したがって「最低限度の生活」とは，人間の生命を維持するだけの最低生活ではない。「人間の尊厳にふさわしい生活」（世界人権宣言第23条第3項）と同じ趣旨であるが「健康で文化的な」という表現で，最低限度の水準を具体的に示している。すなわち，人間にふさわしい生活と理解すべきである。

ところが，人間にふさわしい生活の水準は，時代と社会的要因によって流動的である。ただ社会保障に関する諸科学が進歩している現在では，ある時点でそれが具体的にどのくらいかは算出可能である。

3 生存権の法的性格

憲法第25条の「生活を営む権利を有する」の文言の解釈として，次の3説が主張されている。

(1) プログラム規定説

本条項は，立法者に対する政治的・道義的義務を明らかにしたもので，この規定のみで国に具体的権利の請求をできないと解する説である。最高裁の判例はこの立場に近い。

理由は，生存権のように国からの給付を要するものは，予算の裏づけが必要で，それは政府の裁量に委ねられているとする。

(2) 抽象的権利説

本条項は，立法者に対する法的義務を宣言したもので，生活保護法等の個別的立法の制定により憲法第25条の権利が具体化する抽象的権利だと解する。朝日訴訟第一審判決の考え方がこれである。

プログラム規定説との違いは，プログラム規定説では，法律に基づく給付処分の違憲性の主張ができないのに対し，抽象的権利説では違憲の主張が可能である点である。

(3) 具体的権利説

本条項は，生存権保障の個別的立法がない場合でも，憲法第25条の規定から生存権保障について裁判上の救済ができると解する。

抽象的権利説も憲法第25条に必要な予算措置を講ずることは，国の憲法上の義務であると解する。

4 朝日訴訟判決

(1) 事実の概要

朝日茂氏は国立岡山療養所に入所し，医療扶助及び生活扶助（最高月額600円の日用品費）を受けていた。ところが津山福祉事務所は実兄を探しだし，毎月1500円の仕送りを請求し，兄もこれを約束した。そこで，同福祉事務所長は，仕送り1500円から日用品費月額600円を控除し，残額900円を医療扶助費に充当し，生活扶助を廃止する旨の保護変更決定をした。これに対して，日用品費600円自体不十分であり，せめて補食費400円を留保するよう県知事・厚生大臣（現厚生労働大臣）へ不服申立てをしたが，いずれも却下されたので，その裁決を争って東京地裁に提訴した。

第一審判決は原告勝訴。第二審判決は原告敗訴。そこで最高裁に上告した。上告中原告が死亡し，養子夫婦が訴訟を継承した。

(2) 最高裁判決

判昭和42年5月24日大法廷判決（民集21巻5号1034頁）

原告の請求棄却。

最高裁は，傍論で，「憲法第25条は，すべての国民が健康で文化的な最低限度の生活を営み得るように国政を運営すべきことを国の責務として宣言したにとどまり，直接個々の国民に対して具体的権利を賦与したものではない。具体的権利としては，憲法の規定の趣旨を実現するために制定された生活保護法によって，はじめて与えられているというべきである。……生活保護基準の適否を判断するは，……厚生大臣（現厚生労働大臣）の裁量のうちに属する」と判断した。

(3) 解説

第一審判決が，抽象的権利説に立ち，保護基準の違法性を引きだしているのに対し，第二審と最高裁は，プログラム規定説に立ち保護基準は国の財政に無関係に定めうるものではないとして，行政処分の合憲性を推定している。第一審と最高裁との判断に極端な相違点があることに注目する必要がある。

5　国民生活に対する国の義務

憲法第25条第2項は，第1項を前提として，国民生活保障の国の責務を規定したと解される。「社会福祉」とは，国民の生活をできるだけ豊かならしめること，「社会保障」とは，国民の生存を公的扶助または社会保険により確保すること，そして，「公衆衛生」とは，国民の健康を保全し増進することをいう。この3つは相互に関連があり，要するに，国民生活のあらゆる面に関して，その保障に努力せよとの意味である。その趣旨をうけて，多くの社会福祉法が制定された。その内特に重要な福祉六法とは，生活保護法・児童福祉法・母子及び寡婦(かふ)福祉法・老人福祉法・身体障害者福祉法・知的障害者福祉法である。

6　社会保障における平等

憲法第25条が保障する生存権の内容は，憲法第14条の平等権にもかかわる。これに関しての有名な事件が堀木訴訟である。この事件の概要は，障害福祉年金の受給者は児童扶養手当が受けられないことに対して，障害福祉年金を受けていない者には児童扶養手当が支給されることについて，憲法第14条の平等原則違反で争われたものである。堀木訴訟に対する最高裁判決は，憲法第25条を中心に，広い立法裁量論を展開し，平等権の観点をほとんど無視してしまった。その当否は，ともかくとして，この最高裁判決が，その後，この種の訴訟の大切な判例となっていることは確実である。

7　外国人の生存権

国際人権規約・難民条約への加盟により，ここ数年で国民年金法，国民健康保険法等は続々改正され福祉の諸制度が外国人に開かれ，外国人の生存権が現実化しようとしている。

8　環境権と生存権

従来，太陽，水，静穏，自然はどこにでもあるものと考えられてきた。この享受利益は考えたことはなかった。環境問題は，まさにこの盲点であった。これらが享受されないと健康で快適な環境が侵されることになる。このような環境をまもる利益は，生存権の本質的なものとして否定することはできない。この利益が権利として構成される場合に，それを環境権と呼ぶのである。

27-2 社会福祉法制試験問題学習参考例

社会福祉の法体系について

わが国では、国の責務として国民の生存権の保障、社会福祉・社会保障を実施する義務があることが、日本国憲法第25条に規定されている。

わが国の社会福祉の法制度は、憲法第25条で定める生存権を具体化するものとして体系化されている。

(1) 社会福祉法

社会福祉法は、社会福祉の全分野にわたる共通的基本的な事項が定められており、社会福祉の運営と組織を規定する法律として重要な法律である。

この法律は1951（昭和26）年に制定された社会福祉事業法を社会福祉基礎構造改革により2000（平成12）年に改正成立した法律である。

その内容は、社会福祉事業の範囲、社会福祉審議会、福祉事務所、社会福祉主事、指導監督、社会福祉法人、共同募金、社会福祉協議会、地域福祉計画の策定などについて規定している。

(2) 社会福祉六法

わが国では、社会福祉の援助対象および援助の内容に対応してそれぞれ法律が制定されている。このうち社会福祉の中核的な法律として、生活保護法、児童福祉法、身体障害者福祉法、老人福祉法、知的障害者福祉法、母子及び寡婦福祉法は、社会福祉六法と呼ばれ

る重要な法律である。これらの法律はそれぞれ当時の社会的な背景に応じて制定・改正されたものである。

(3) その他の主要な法律

児童福祉の分野では、児童扶養手当法、特別児童扶養手当法、母子保健法、児童手当法など児童福祉の増進や家族援助を目的とする法律がある。また近年の社会問題に対応するため、児童虐待防止法や配偶者暴力防止法、次世代育成支援対策推進法が制定され、国や地方自治体の責務、児童相談所の役割の明確化などが規定された。

障害者福祉の分野では、障害者基本法、精神保健福祉法が成立し、その後、数次にわたる改正が行われ障害者の人権尊重、自立と社会参加を促進する視点から法整備が図られている。さらに、2005（平成17）年には障害者自立支援法が制定されている。

高齢者福祉の分野では、1982（昭和57）年の老人保健法、2000（平成12）年4月から施行された介護保険法が重要な役割を果たしている。

このほか社会福祉の専門職を確保する法律として、民生委員法、社会福祉士及び介護福祉士法、精神保健福祉士法がある。

27-3 社会福祉法制試験問題学習参考例

社会福祉法人の設立目的と規制について

　社会福祉法人は，社会福祉法第2条に定められている社会福祉事業を行うことを目的として，同法の規定により設立された法人であり，民間の社会福祉施設の多くを占めている。

　この法に定められる以前，民間の社会福祉事業は公益を主とし営利を目的としないものとして扱われていた。しかし，実際はこれらには社会的信用や健全性の点で問題があったために，現在では社会福祉法人によって設立され運営されている。

　その設立の目的は，民間社会福祉事業の自主性を重んじ，その特性を生かし，組織的発展をはかること，また公共性を高めることにより国や地方公共団体の行う事業と一体となって活動できることである。

　社会福祉法人はこのような設立の目的を達成するために，公益を主として社会福祉を推進するという本来のこうした純粋な目的にそった公共性の高い事業として，社会的信頼を得るように努めていかなければならない。

　そこで，社会福祉法第6章の中で，社会福祉法人について，公正な運営，公共性と安全性を確保するために次のような規制がなされている。

　①　社会福祉法人の公共性を高めるため，地方公共団体によって設立法人を管理する機関，法人の解散・合併，法人への助成・監督について規定している。

　②　公益性を高めるために役員の欠格条件を厳しくするほか，理事の中の親族の人数を制限している。

　③　法人の運営を安定したものにするために，必要とされる施設の建物，土地等の不動産資産の保有が義務づけられている。

　社会福祉法人は，こうした規定を守り，社会福祉事業を行っていかなければならない。

　また社会福祉基礎構造改革の一環として制定された社会福祉法では，社会福祉法人の経営の原則として社会福祉事業の主たる担い手としてふさわしい事業を確実，効果的かつ適正に行うため自主的に経営基盤の強化を図るとともに，その提供する福祉サービスの質の向上及び事業経営の透明性の確保を図らなければならないことが規定されている（社会福祉法第24条）。

27-4 社会福祉事業の区分について

●社会福祉法制試験問題学習参考例●

「社会福祉事業」とは、社会福祉法第2条において、第一種社会福祉事業および第二種社会福祉事業をいうと規定されている。

第一種社会福祉事業は、特に公共性の高い事業で、人権に重大な関係をもつ事業である。つまり提供される福祉サービスの利用者に対する影響が特に大きいため相対的に強い公的規制が必要な事業である。

第一種社会福祉事業に分類される事業の大部分は利用者を施設に入所させて生活をその施設の中で営ませるという内容をもっており、個人の人格に大きな影響を及ぼすものである。また無利子や低利で融資を行うような経済保護事業についても発言力の弱い人々が利用者であるため、経営の仕方いかんによっては利用者が搾取されたり、不当な扱いを受けたりするおそれがある。そのため、経営主体、つまり誰が社会福祉事業を経営するか、またそれをどのように経営するかなどを国によって、厳重に規制や監督をすることが必要になる。その経営主体は、原則としては、国、地方公共団体、社会福祉法人となっている。

これらの社会福祉事業とは、例えば、乳児院、児童養護施設、特別養護老人ホーム、身体障害者更生施設、知的障害者更生施設などの入所施設を経営する事業、共同募金事業などである。

第二種社会福祉事業は、社会福祉の増進に貢献し、その創意と自由にまかせても、第一種社会福祉事業の場合に比べて、その福祉施設利用者が害を受けるおそれが比較的少ないものであり、経営主体には、制限はない。例えば、保育所、老人居宅介護事業、老人福祉センター、老人短期入所事業、精神障害者社会復帰施設、デイサービス事業、障害者相談支援事業、手話通訳事業などである。

このように社会福祉事業を第一種、第二種に分けた理由は、社会福祉事業は人権を保障するという公的責任を負うものであるが、経営方法などに厳重な規制や監督が必要なものと、そうでないものとがあるためである。

27-5 児童福祉行政の概要について

●社会福祉法制レポート学習参考例●

わが国においては，1970年後半から出生率が下がり，その結果少子化が急速に進み，児童福祉の施策について見直すことが必要になった。そこで，1995年に「エンゼルプラン」，1999年に「新エンゼルプラン」が策定され，今後の子育てを支援するための施策の基本的な方向が打ち出された。

また，1997年には保育所の入所の仕組みが「措置制度」から「利用契約制度」に変わるなど児童福祉法の大幅な改正が行われた。こうして少子化対策が進められた一方で，2000年には「児童虐待防止法」が制定されるなど児童福祉行政の進展が図られた。

児童福祉とは，家庭や地域社会のなかで，児童が健全に成長・発達できるように，児童の育成に影響を与える生活上の困難な問題を取り上げ，児童とその家庭を支援し，児童の福祉の実現を図ろうとするものである。これは1948年に制定された児童福祉法にもとづき実施されている。その基本理念には次の3つがある。

①「すべて国民は，児童が心身ともに健やかに生まれ，且つ育成されるよう努めなければならない」(児童福祉法第1条第1項)。②「すべて児童は，ひとしくその生活を保障され，愛護さ れなければならない」(同法第1条2項)。③「国及び地方公共団体は，児童の保護者と共に，児童を心身ともに健やかに育成する責任を負う」(同法第2条)である。

児童福祉関係の国の行政機関は，厚生労働省雇用均等・児童家庭局であるが，その実際の事務は，都道府県知事や市町村長に委任されている。児童福祉行政機関として，児童相談所，福祉事務所，保健所等が設けられている。

1 児童相談所

児童相談所は，児童福祉の第一線機関として，各都道府県，指定都市に設置しなければならないものとされている。なお，2004年の児童福祉法の改正により，中核市など人口が大規模な市にも設置できるようになった。また，この法改正により，市町村における児童相談の役割を明確化し，対応が可能な相談は市町村で行うこととし，緊急性が高く，高度な専門性をもつ相談は児童相談所で，という役割分担が行われた。これにより児童相談所は，市町村での対応が困難な相談への対応，児童福祉施設への入所措置，市町村間の連絡調整，市町村に対する情報提供・技術援助等の後方支援を行うこととなった。このほか，児童及びその家庭に

ついて必要な指導調査，医学的・心理学的，教育学的・社会学的及び精神保健上の判定，一時保護などを行っている．

また児童相談所には，児童福祉司，児童心理司，医師その他児童福祉の専門職が配置されている．

児童福祉司とは，児童相談所長による指揮監督のもと，児童の保護その他児童の福祉について，相談に応じ，必要な指導を行ったり，医療機関との連絡・調整を行うことを職務とする．

児童心理司とは，医師等とチームを組んで心理学判定やそれに付随する指導を行う．この職種は，臨床心理学の専門教育を受けた者があたるが，いまだ法律に基づいた国家資格化はされていない．

2　福祉事務所

福祉事務所は，社会福祉全般に関する第一線の行政機関であり，都道府県，市及び特別区は必ず設置しなければならないものとされている．福祉事務所における児童福祉関係の主な業務は，児童および妊産婦の福祉について，実情の把握に努め，またそれに関する相談に応じ，必要な調査を行うとともに，個別的，集団的に必要な指導を行うことである．

福祉事務所で行われる業務としては，①児童福祉施設への入所，里親委託等の児童相談所へ送り届けること，②児童・保護者に対する指導を社会福祉主事等に要請する，③助産施設，母子生活支援施設又は保育所への入所を必要とする児童について，福祉事務所を管理する都道府県知事または市町村長への報告，通知義務等がある．

なお，福祉事務所には，家庭児童相談室が併設され，家庭相談員が児童福祉の主たる指導者として業務にあたっている．家庭児童相談室は，地域の児童福祉の窓口的役割を果たし，家庭における児童の福祉に関することについての訪問や指導を行う．

家庭相談員とは，主として児童福祉に関する相談業務を担当する．それには医師であるなどの一定の条件を備えた者が任用される．

3　保健所

保健所は，都道府県，指定都市，中核市，その他政令で定める市，特別区に設置されることになっている．保健所の児童福祉に関する業務の主なものは，①児童及び妊産婦の保健について正しい知識を普及させること，②児童及び妊産婦の健康相談に応じ，又は健康診査を行い，必要に応じて保健指導を行うこと，③新生児や未熟児，妊娠中毒症にかかっている妊産婦に対する訪問指導などを行うこと，④身体に障害のある者の養育について指導を行うこと，⑤児童福祉施設に対し，栄養の改善その他の衛生についての必要な助言を行うことである．以上が児童福祉に関する主な行政機関である．

4　児童福祉施策について

(1)　児童健全育成対策

現在，児童が健全に成長・発達するために，①児童館等の児童厚生施設の設置普及，②放課後児童健全育成事業（放課後児童クラブ）などを行っている。

　しかし，現状はこのような事業を行っているにもかかわらず，最近の児童を取り巻く生活環境は悪化してきている。都市の過密化や住宅事情などで子どもの遊び場はあまりなく，また家庭においても，両親共働き世帯の増加や塾通いなどで家族と接する時間が少なくなり，長時間ひとりになる児童も増えている。また児童厚生施設や子どもの遊び場などは不足し，十分に整備されていない。

　こうした状況から，家庭の維持・発展を周囲より支持するとともに，それに必要な事業への強化を行っていく必要があろう。例えば，母親クラブ（母親同士がお互いに育児などについて話し合う活動）の育成などが考えられる。

(2) 保育に欠ける児童の福祉対策

　最近では，家計補助や自分自身の生きがいのために多くの母親が就労するようになった。その結果，核家族化が進み，児童が母親のもとにいつも一緒にいて育つことが困難な状況になった。そこで，保育所では特別保育対策として，乳児保育，延長保育，夜間保育などが行われてきているが，十分ニーズを満たしてはいない。

　今後も保育需要は増加すると思われることから，これらの問題にどのように対応していくかが重要な課題といえる。

(3) 保護を要する児童への福祉対策

　最近，児童虐待やネグレクトなどが社会問題となっている。また最近では，いじめによる自殺の増加など，教育現場での児童の生活環境の荒廃や心の問題がとりあげられている。このように保護を必要とする児童として，被虐待児の他に非行児童や情緒障害児，保護者がいない等の養育環境に問題のある児童があげられる。こうした児童に対しては，社会の偏見が大きく，なかなか地域社会に受け入れてもらえないのが現状である。そこで，児童福祉行政としては，こうした児童が地域社会に適応できるように，また子どもらしく生きていけるように支援していくことが大切である。

●社会福祉法制レポート学習参考例●

生活保護行政の概要について

人が生まれ，育ち，働き，結婚をし，生涯を終えるまでの間には，自分や家族の病気・失業あるいは老齢などのために，通常の生活をすることが困難になることがある。

自分自身の努力，家族・親族の援助などを利用してもなお生活が困窮（こんきゅう）するときには，生活保護制度によって国が困窮する国民の生活の維持・安定を保障するようになっている。

生活保護制度は，憲法第25条の「すべて国民は，健康で文化的な最低限度の生活を営む権利」を法律で具体化したもので，一般的には生存権の規定を具体化した制度である。

また，これは国が生活に困窮するすべての国民に対して，その生活の困窮の程度に応じ，必要な生活保護を行い，その最低限度の生活保障と自立を助長することを目的とする制度である。

生活保護は，1950（昭和25）年5月に憲法第25条に基づいて制定された生活保護法に基づいて実施されている。その中で生活保護の範囲を8区分し，それぞれに対応する扶助を設定している。

衣・食・住を中核とした生活扶助，義務教育に必要な援助の教育扶助，住居の家賃や地代などを給付する住宅扶助，疾病への医療を対象とする医療扶助，介護サービスを受けるときの介護扶助，出産費用などのための出産扶助，技能習得・就労の援助を行う生業扶助，死亡に関わる埋葬などへの葬祭扶助である。医療扶助及び介護扶助は現物給付，他は金銭給付が原則である。

2007（平成19）年度の被保護人員は154万3000人，被保護世帯数は110万5275世帯，保護率は12.1パーミル（人口1000人あたり12.1人）となっている。

また，これを世帯類型別にみると，特徴的なのは，高年齢者世帯層が全体の51.2％を占めており，その割合が年々高くなっていることである。

次にこれらの生活保護の実施体制について述べる。

1　生活保護の実施機関について

生活保護は憲法第25条に基づいて制定された生活保護法に明示してあるように国の責任において行われる業務である。しかし，実際には保護の具体的な決定・実施の権限は，国から各都道府県知事，市町村長に受託され，自治体の首長がその実務を執行している。

その理由は，こうした事務を国が直接行うことは，事実上困難であるからである。都道府県知事，市町村長はこうした事務を行う場合，国の指導のも

とに適正に執行することになる。

さらに保護の実施機関である都道府県知事及び市町村長は，その事務を各福祉事務所長に委任することができる。したがって，事実上は福祉事務所が生活保護を直接実施する第一線機関として活動しているのである。

厚生労働大臣の定めた保護基準のもと，生活保護の全国における統一的な取り扱いを確保することにより，各都道府県，市町村間の不公平をなくし，一定のサービス水準を確保することとなる。

このように都道府県知事や市町村長が法律に基づき国から受託されて行っている事務を「法定受託事務」という。

福祉事務所とは，生活保護法，児童福祉法，母子及び寡婦(かふ)福祉法，知的障害者福祉法，老人福祉法及び身体障害者福祉法に定める援護，育成又は更生の措置をつかさどっているほか，必要に応じて民生委員，災害救助等広く社会福祉全般に関する事務も行い，社会福祉行政の第一線機関として位置づけられている。

福祉事務所は，従来，人口10万人に1か所を設置することとされていたが，地方分権一括法に伴う社会福祉事業法の改正によりこの設置基準は撤廃され自治体の判断に任されることとなった。2009（平成21）年4月現在，全国で1244か所設置されており，そのうち都道府県に228か所，市区町村に1016か所が設置されている。

2　福祉事務所の職員体制について

福祉事務所には，所長の他に①査察指導員，②現業員，③事務職員を置くことになっている。

①査察指導員とは，現業員の指導監督を行う職員である。②現業員とは，要生活援護者の家庭訪問，面接，資産等の調査，措置の必要の有無及びその種類の判断，生活指導等を行う職員である。③事務職員とは，全般的な事務処理を行う職員である。このほか，身体障害者福祉司等の専門職員が置かれている。

なお，①査察指導員，②現業員は，社会福祉主事でなければならないとされている。

社会福祉主事とは，20歳以上で，人格が高潔で思慮が円熟し，社会福祉の増進に熱意を有する者でなければならない。さらに，大学等で社会福祉に関する科目を修めた者，厚生労働大臣指定の養成機関や講習会の課程修了者，厚生労働省の試験の合格者のいずれかに該当しなければならない。なお，社会福祉士，精神保健福祉士の国家資格取得者も同等と認められている。

また所員の定数は，地域の実情に応じて「条例」で定めることとされているが，現業員の数については，社会福祉法第16条に被保護世帯数に応じた標準数が定められている。

旧生活保護法（1946（昭和21）年施行）のもとでは，国からの機関委任事務として生活保護行政は民生委員が行

っていた。しかし、保護基準の改定が科学的・合理的に行われるようになり、科学性が強く要求されるようになったことから、民生委員に代わって有給の福祉専門職員の設置の必要性がいわれるようになった。

その後1950（昭和25）年に施行された現在の生活保護法のもとでは、民生委員に代わって社会福祉主事という有給の福祉専門職員が都道府県知事又は市町村長の補助機関となった。この社会福祉主事は生活保護法、児童福祉法及び身体障害者福祉法等の施行に関する事務についても担当する。現在、民生委員は協力機関として、その担当地区の要保護者の実態把握や現業員の活動に協力することとされている。

福祉事務所を設置しない町村は、町村が生活保護申請の受付と送付、保護費の支給など実務の協力、窮迫状況にある要保護者への職権生活保護開始などの実務機関としての役割も担っている。

3　生活保護に要する費用について

長い間、生活保護費の負担の比率は国が80％、地方が20％で行われてきた。しかし、1985（昭和60）年度から1988年度までは国の負担を70％としていたが、1989年度からは国が75％を負担し、残りの25％は、生活保護の実施主体である都道府県、市又は福祉事務所を設置する町村が負担している。

生活保護法による保護は、国民の最低限の生活を守るという意味において、社会保障、中でも年金制度はある程度充実してきている。しかし、現状は前述したように被保護世帯のうち、高年齢世帯の割合が増加傾向にある。今後ますます進むと予想される高齢化をふまえた上で、適正な生活保護行政が実施されることが望まれている。

4　今後の動向について

1950（昭和25）年の生活保護法の制定以降約60年が経過した今日では、国民の意識、経済社会、人口構成など生活保護制度を取り巻く環境は大きく変化している。近年は、景気後退による失業率の上昇、高齢化の進展などの影響を受けて、生活保護受給者数、生活保護受給率は、急激に増加しており、前述のとおり、2007（平成19）年度は、生活保護受給者数が約154万人、人口千人あたりの被保護人員が12.1人、生活保護受給世帯数は過去最高の約110万世帯となっている。こうした中、今後とも最後のセーフティネットとしての機能が果たされるよう、国において生活保護制度及び財源負担のあり方についての見直しが進められている。

27-7 ●社会福祉法制レポート学習参考例●

生活保護法における親族扶養優先の原則について

　生活保護法は、憲法第25条の理念に基づき、国が生活に困窮するすべての国民に対して、困窮の程度に応じて必要な保護を行う公的扶助立法である。公的扶助は私的扶養に対応する概念であるが、生活困窮の状態を緩和・解消するという点では、私的扶養も公的扶助も同様であるといわれている。しかし私的扶養は、扶助義務者の経済能力・相互の身分関係によりその程度・形態はさまざまであり、特に夫婦・親子以外の私的扶養関係の場合に著しい。これに対して公的扶助は、生活困窮者に対して、生活困窮の事実に即して、公の機関が公の責任においてその最低生活を保障する制度である。したがって公的扶助においては、扶助そのものも、扶助の客体・主体とともに公の組織・秩序のなかにおいて意義づけられるのである。

1　補足性の原則

　生活保護による保護は、保護を受けようとする者が、自己の生活維持のために個人的に可能なすべての手段をつくしても、最低限度の生活を維持することができない場合に、最終的にその不足部分を補うものとして適用される。これを「補足性の原理」といい、この原理は、生活保護法実施の前提条件である。生活保護は、国民の納入した税金を財源として実施されるので公平の理念から、保護受給者にこうした努力を要請するのである。

2　親族扶養優先の原則

　民法に定める扶養義務者の扶養は、すべてこの法律による保護に優先して行われるものとする（生活保護法第4条第2項）。親族扶養優先の原則は、前項で述べた保護の「補足性の原理」に基づき、親族扶養を生活保護に優先して活用すべきことを明らかにしたものである。要保護者に扶養義務者がある場合は、生活保護に優先して扶養義務の履行を求めねばならない。現行法は、生活保護受給に関する親族扶養の優先を順位の問題と解しており、扶養義務者に扶養能力があっても現に扶養していなければ、生活困窮者は生活保護を請求することができる。ただし、扶養能力がある扶養義務者がその義務を履行しない場合、保護の実施機関は、支弁した費用の全部又は一部をその者から徴収することができる（生活保護法第77条第1項）。生活困窮者が扶養能力がある扶養義務者に対して扶養請求をすることを拒否した場合の取り扱いについては見解が分かれている。扶養を受け得るはずだと認められる程度

の額を保護費から減額するという見解もあるが、「一応扶養の履行はないものとしてそれに即した保護をなすべきであり、その後被扶養者に対する所定の指示をなし、指示に従う義務（生活保護法第62条）の違反として保護の変更の処置をとるべきである」という見解が妥当であると思われる。

「民法上の扶養義務者」とは、夫婦（民法第752条），未成年の子に対する親権者，その他の直系血族，兄弟姉妹をいう（民法第877条第1項）。ただし特別の事情がある場合には，前記以外の三親等内の親族も家庭裁判所の審判により扶養義務を負うもの（民法第877条第2項），とされている。

夫婦相互間並びに未成年の子に対する親権者の扶養義務は生活保持の義務であり，生活保持義務者は，配偶者及び未成年の子に自己と同じ程度の生活をさせる義務を負う。これに対してその他の者の負う扶養義務である生活扶助の義務は，自己の社会的地位に相応する生活に相当の余裕がある場合に，自己の生活を犠牲にすることなく経済的援助をすることで足りると解されている。したがって，扶養義務者がいずれの扶養義務を負うかにより，扶養の順序・程度・方法が異なってくる。

生活保護の程度は，この基準で示される需要のうち当該要保護者の金品で満たし得ない部分を補う程度とする。しかし、どの範囲の生活が要保護者自身の金品でみたしうるかの認定は，「保護の実施要領」に定められている。厚生労働大臣の定める基準は，要保護者の年齢別，性別，世帯構成別，所在地域別その他保護の種類に応じて必要な事情を考慮したものでなければならない。また最低限度の生活の需要を満たすのに十分でかつこれをこえてはならない（生活保護法第8条2項）。現行の保護基準は，厚生労働大臣告示により8種の保護の類型ごとに原則に従って定められている。しかしながら一般的な基準によっては，すべての要保護者の最低生活需要を満たしうるとは限らない。そこで現行基準では，別の事由がある場合に，別途個別に特別基準を設定することができるとしている。

生活保護基準について判例は，朝日訴訟に見られるように「何が健康で文化的な最低限度の生活であるか」の認定判断が，厚生労働大臣の合目的な裁量に委されており，その判断が法の趣旨、目的を逸脱して裁量権の限界をこえない限り、あるいは裁量権を濫用しない限り，適法違法の問題を生ずることはないとの見解をとった。そして次のような理由から1956（昭和31）年8月当時，入院中の要保護患者につき日用品費の最高月額を600円と定めた生活扶助基準は，違法ではないとの判断を示している。すなわち，生活保護法による保護は，厚生労働大臣の認定する保護であることを要し，これは憲法第25条の趣旨に沿うものでなければならないが，しかし，「健康で文化的な

最低限度の生活」は，抽象的な相対的概念であり，その具体的内容は，文化の発達，国民経済の進展に伴って向上するのはもとより，多数の不確定的要素を総合的に考慮して，はじめて決定できるものである。したがって，「何が健康で文化的な最低限度の生活であるか」の認定判断は，一応，厚生労働大臣の合目的な裁量に委ねられており，その判断は，当不当の問題として政府の政治責任を問われることはあっても，直ちに違法の問題を生ずることはない（最大判昭和42年5月24日民集21巻5号1043頁）と判示して，厚生労働大臣の保護基準設定行為は，司法審査に親しまないことを明言している。

3　必要即応の原則

「生活保護は，要保護者の年齢別，性別，健康状態などその個人または世帯の実際の必要の相違を考慮したうえで有効適切に行うものとする」（生活保護法第9条）。これを「必要即応の原則」といい，この原則は保護の内容・方法などについて機械的な運用を防止するために設けられたものである。したがって保護の方法や世帯分離の要否などを判定するにあたって考慮されなければならない。

この原則は，保護の内容の実質的平等について規定したものである。したがって保護の実施に際しては，その機械的・画一的運用を避け，各要保護者の個別的ニーズを重視し，また世帯の生活条件の差異を考慮して行われなければならない。ただし，このことは無制約な自由裁量を許す趣旨ではなく，保護の実施機関は，厚生労働大臣が設定した保護基準に従って，その範囲内で，各個人，各世帯の生活条件の差異を考慮して最低生活費の認定を行わなければならない。

第28章
社会福祉史

社会福祉史

社会福祉と呼ばれる活動は，かつては，家族や親族，地域社会による相互の助け合いや，宗教的な観念に基づく「施し」「慈善」の活動等といった形で行われていた。そこには，だれもが均等にその互いの助け合いの恩を受けることのできる権利や，国家的な責任等は存在していないのだが，このような状態であっても，近代以前の地域の共同体のつながりや家族のつながりが深い時代には，その中での相互の助け合いが機能している面も大きかった。

しかし，近代社会が形成されていく中で，それらの互いの助け合いのつながりは次第に薄れ，人々は，自分自身で病気や貧困，その他さまざまな生活上の困難に立ち向かわねばならなくなった。そこで必要となったのが，国家としての法的，理念的な裏づけのある社会福祉サービスの枠組みである。

こうした枠組みの中で，とりわけ大きな転換となったのは，戦後の1947（昭和22）年に施行された日本国憲法である。この新憲法は，国民の生存権や幸福追求権を保障しており，この新憲法のもとに，生活保護法（1946年旧生活保護法，1950年現行生活保護法）や児童福祉法（1947年），身体障害者福祉法（1948年），社会福祉事業法（2000年現行社会福祉法）（1951年），知的障害者福祉法（1959年），老人福祉法（1963年），母子及び寡婦福祉法（1964年），介護保険法（2000年），障害者自立支援法（2005年）など，さまざまな社会福祉サービスの対象者に対する法律が制定された。これらの法律は，社会福祉が国の責務であるとする大きな理念の過去からの転換がなければ成立しえなかったことである。

このように，社会福祉の歴史には，さまざまな社会的背景や理念が存在している。社会福祉史や社会福祉発達史を学んでいく際には，単に史実だけを追うのではなく，なぜそのようなことに至ったのか，その背景には何があるのか，理由を常に思考し，そのことを現在の社会福祉実践にどのように生かしていくのかという態度が必要である。

社会構造が変容し，人々の価値観が多様化する現代における社会福祉従事者にとっては，そのことはとりわけ重要なことである。

28-1 帝国主義形成期の感化救済事業について

●社会福祉史レポート学習参考例●

「帝国主義」という言葉は，一般的に「軍事力を背景に，他国を植民地や従属国に転化する政策。とくに19世紀末以来，金融独占資本主義段階に至った国家が，自国の商品や資本の輸出先を獲得するために後進国を支配しようとした政策をいう」（『世界史事典』平凡社，265～267頁）と理解されている。

明治の末から大正の初め頃というのは，まさに帝国主義の日本的形成期であり，同時に多くの社会問題を生み出した時期でもあった。その原因は何といっても日露戦争後の恐慌，軍事費増大，満州（現中国東北部）経営，日韓併合による重税などであった。こうした中で階級的には分化が進み，貧富の差も明白化していった。賃金労働者にも，熟練・未熟練という階層の分化が始まり，それにつれて家計費構造の分化も見えはじめていった。しかし，多くの人が賃金，生活内容ともに下層社会からの離脱を果たしたとはいい難く，その下層社会自体は物価騰貴，低賃金にあえぎ，失業問題も本格化した。

戦後の恐慌は，復員軍人，軍需労働者の解雇，特に海運業不振をはじめとする失業などによって発生し，生活難の中，各地でストライキが続発した。こうした傾向は第一次世界大戦前後も同様ではあるが，その根本的原因は，独占資本（帝国主義）形成に伴う小資本，小規模工場等の倒産によるものであった。

労働者の生活を物価と資本の関係から学問的に取り上げた1912年の社会政策学会「生計費問題」によれば，中程度の収入を得ている職工の総収入月額は20円前後，エンゲル係数59％，日雇いの人の月額収入15円前後，食料費65％と細民賃金と言うに近く，欧米にくらべ5分の1であった。

この時期は労働生活者の生活難は極度に逼迫し，肺結核などの病気が多発していった。特に女工の結核は注目を引き，乳幼児死亡率も上昇している。また，1910年の日韓併合後は，朝鮮半島から日本への渡航者も多くなり，日本植民地支配下の「底辺労働」を形づくった。さらに，農産物価格の低落，過剰人口の圧力，輸出農産物との競争激化の中で，農業問題が表面化しはじめ，自作農が転落して小作農が増えた。国は「農は国のもとなり」などと「精神的」な尊農精神を強調したが，実際には，災害，凶作により農村の貧困は慢性化していった。

貧困は都市層においても例外ではなく，行政用語でいう「細民」調査が

1911年，内務省地方局によって行われた。東京，大阪での下級労働従事者，低家賃（3円以内）住居者，月収20円以内の者，細民部落に居住する者の4分類を対象としたこの細民調査は，日本貧困調査の基礎となった。

細民の一部を含みながら，この下には実は，膨大な被救済層があった。特に日露戦争後の傷兵や戦病死者家族の生活は悲惨をきわめた。さらに捨て子などの孤児や非行児，被虐待児などの被救済児は貧困との関係がきわめて深い。また特に東北6県に及ぶ凶作地からの売春女性と貧困の問題も忘れてはならない（山室軍平『社会廓清論』）。これらの貧困研究の代表的著作に『貧民心理の研究』（賀川豊彦著，1915年）がある。

こうした時期にあって，感化救済事業は帝国主義形成期用語として，天皇制との深い関係をもちながら社会事業の中で組織化が開始され，農村福祉が重視されていった。感化法が改められたのは1908年であり，その折，「道府県への感化院設立促進の要請・国庫の補助」が定められて多くの公私立感化院が設置された。また1914年には「肺結核療養所の設置及国庫補助に関する法律」が公布された。

1912年，福岡誠議員は，窮民老人の自殺が多いこと，家族扶養に期待できないこと，窮民に「良民」も多いことなどを理由に衆議院に養老法案を提出したが，国費で支給するのは彼らの権利を認めることになるし，「救助は国家より地方団や隣保相扶がベター」であるなどの意見により法案は廃案になった。

この時期ほど天皇制と救済事業の関係が強調された時期はない。それは，金銭による下賜であった。特に施薬救療資金下賜について渡辺千秋宮内相は「天皇が貧富懸隔が激しくなり，人心の統一が欠けることを憂慮したため」と述べている。1914年勅令第18号で，行政庁に済生会の事務が施行され，たびたびの下賜が行われている。

この頃，政府の奨励もあって，救済施設も量ばかりではなく質的にも新気運が生じている。1914年12月末「感化救済事業調査」によると，感化事業55，育児134，保育30，盲啞教育65，貧児教育48，子守教育3，分類外事業55の記載があり，防貧施設と感化施設を中心とした救済施設の実態がみえてくる。

またこの時期は，宗教団体による活動もめざましいものがあった。1908年救世軍大学殖民館設立によるセツルメント活動，1911年渡辺海旭による浄土宗労働救済会，同年大森安仁子の有隣園などをはじめ，人事相談所なども開設され，精神医学研究も取り入れられはじめた。幼児保育も，日露戦争中，出征軍人遺家族の幼児保育から下層労働者の増大を背景に日本女子大学桜楓会など多くの保育所が設立された。

救済事業研究の代表的存在として，日本救済行政の基礎を作った井上友一

は，その著書『救済制度要義』の中に救貧，防貧さらに教化を加えている。また，井上と併称される小河滋次郎は日本感化教育の現場での開拓者として活躍，大阪府社会事業の基礎を確立した。慈善事業思想としては，救世軍の山室軍平による宗教的廃娼論が注目され，公娼全廃を世界に主張した功績は注目に値する。

　明治，大正がしだいに遠くなりつつある平成の平和な日本に住む私たちは，戦争の悲惨さをも忘れつつある。日清・日露戦争から始まり，昭和の第二次世界大戦期をも含めた明治末期から大正の初頭は，国全体がいかに国民に多くの犠牲を強いてきたかが，社会福祉史を通じて理解される。1900年頃から，政界には，山県有朋，伊藤博文，桂太郎，西園寺公望，大隈重信ら明治の賢臣，重臣が居並ぶ中で，なぜわが国は帝国主義に突入し，幾度もの戦争等の愚行を重ねてきたのか理解しがたく，残念でならない。「細民」という言葉の哀しさを改めて感じる。しかし，こうした世相の中にあって多くの細民救済努力が少しずつでも国民の生活を向上させた。教育にあっては今日100％といわれる学童の就学率を見せ，平和と平等の下で経済大国となりえている。このことは，誠に驚異的なことである。

　日本は「福祉国家」としては大国ではないと言われている。21世紀に入り，世界史上例をみない超少子高齢社会となった日本では，家庭機能の変化，低成長経済への移行等による社会福祉に対する国民の意識の変化に伴い，社会福祉基礎構造改革を引き続き進めていくことが必要である。

　社会福祉基礎構造改革はその基本がノーマライゼーションとインテグレーションであり，福祉サービスを中心に行われるべきものと考えられる。住み慣れた地域で，高齢者や障害者が増大，多様化する保健，医療，福祉等の福祉需要に対応したサービスが受けられるように児童福祉法の改正，介護保険法の制定さらには，社会福祉法が成立し，保育所や特養養護老人ホームなどについてはこれまでの行政処分である「措置制度」から個人が自ら選択し，それを提供者との対等の「利用契約」による制度への転換が図られたところである。

●社会福祉史レポート学習参考例●

28-2

太平洋戦争と戦時厚生事業の特質について

1 戦時生活と厚生事業問題

戦時下における労働者の就業人口構成について考えてみると，機械，金属，化学等の重工業就業者の数が増加し，繊維，食糧等の平和産業就業者の数が激減する。やがて，平和産業従事者や中小商工業者の軍需産業等への転業，あるいは失業という現象が生じてくるのである。戦時下においては，労働条件の悪化により鉱工業従事者の間で，労働災害や罹病（りびょう）率が高まり，さらにインフレーションが労働者の生活を圧迫する。圧迫の例としては民営工場労働者の賃金が戦前より6割減となったり，配給制度による栄養失調現象が生じたことがあげられる。労働人口は，流動化し，男子からしだいに老齢者及び婦人が中心となっていった。

戦時下の厚生事業問題には，①人的資源としての人口問題，②本位の低下に伴う保健，医療問題，③将来の人的資源としての児童問題，④国民生活の頽廃（たいはい）から生じた非行，犯罪問題，⑤決戦下の空襲その他による戦時災害問題，⑥隠蔽（いんぺい）化されたが依然残っている貧困問題その他がある。

児童問題の中では，乳児問題がもっとも深刻であった。乳児死亡率は国策として人口増加政策に努めたこともあり戦争初期は多少減少した。しかしその後，著しい出生率の減退や死亡率の増加，特に幼児については養護育成環境の不備や社会的保健衛生管理の欠如等の問題が認められた。具体的には生産力拡充のために母親たちが動員されたことにより，「保育に欠ける児童」を大量発生させたことなどがある。さらに戦時下の生活の荒廃は「戦争と不良児」という言葉からもわかるように特に少年の非行化をひきおこした。例えば少年労働力に対する需要とそれに伴う収入増，欠損家族の激増と家庭教育の弱体化，男性教員の出征とそれに伴う代用教員並に女性教員の増加，戦争に伴う利那主義的風潮，警官の応召と警察力の弱体化等々が非行化の原因である。

自由主義が否定され，国民総親和，国民統合の末端組織として隣保（りんぽ）組織が見直された。昭和11年方面委員令が公布されたが，方面委員の職務は，救貧中心から銃後国民生活の安定にかわり，また全日本方面委員連盟は，昭和16年に大政翼賛会後援のもとに庶民生活強化運動を始めた。運動目標は，①隣保相扶（りんぽそうふ）観念の高揚，②庶民生活の合理化，③庶民生活に対する支援，④方面事業後援団並びに厚生福祉施設の警

備拡充の4つである。昭和17年には連盟が戦時生活確立運動を提唱した。

2　戦時厚生事業

政府は昭和16年「人口政策確立要綱」を閣議決定し，太平洋戦争下の人口政策の基本とした。それによると，10年の間に初婚年齢を3年早め，一夫婦出生総平均5児を目標とした。人口増加の方策として第一に出生率の増加，第二に乳幼児死亡率を下げ，結核を予防することを中心に一般死亡率を20年間に約3割5分低下させることを目標とした死亡減少の二方策に求めた。出生増加の基本計画には，母性保護，租税政策，家族手当，物質の優先配給，妊産婦乳幼児保護，人為的産児制限の禁止等で，女子系学校においては保育・保健の知識・技術に関する母性教育，結婚費用の軽減と婚資(こんし)貸付制度の創設，結婚の紹介・斡旋(あっせん)，健全な家族制度の維持強化等が行われた。

昭和16年，小泉親彦(ちかひこ)厚生大臣就任後は，健民政策が中心となり，国民皆保険政策が積極的に推進された。国民健康保険法は昭和17年に改正され，組合数や被保険者数が飛躍的に増加した。つまり皆保険とは，戦時下の勤労力を確保し培養していくことを意味していたのである。また戦時疾病として結核，精神病や性病があげられる。特に結核は戦力を著しく弱めるほどの悪病であった。

日中戦争や太平洋戦争期，児童保護は戦時における人的資源の保護育成の国策に沿わないとして，母性並びに乳幼児愛護を中心とする児童愛護や児童福祉を重視するようになった。戦時下の児童愛護は，著しく全体主義的な政策的対象となった。さらに家族制度の基礎を確保するとともに児童を，「国の宝」であるとするパターナリズムは，まさに「日本型」ファシズムの発想でもあった。そして戦時下の母性保護行政には，妊産婦手帳規定とそれに基づいた妊産婦保健指導及び保護要綱がある。これは妊娠中の女子の愛護や諸種疾患の早期治療，流死早産の未然防止，妊娠分娩(ぶんべん)時の母体死亡防止等を主要目的とし，届出妊産婦には妊産用必需物質や食料の特配が優先的に行われた。例えば食料ならば，軍人や未来の軍人を身篭る妊産婦には卵やバターなどのように栄養になるものを食べさせた。ところが，生まれた子どもに食べさせる食料がなく，結局は丈夫な体の男の子はできにくく，また学校教育も行われず優秀な兵士ができにくくなるといった悪循環を招いていったのである。

3　救貧制度と社会事業

昭和20年度の救貧制度における救護の比率は，救護法1.7%，母子保護法1.5%，軍事扶助法53.6%，医療保護法43.2%で，救護法や母子保護法の地位は問題にならないほど低かった。この比率から軍事扶助の優位，人的資源の保護育成策としての医療保護重視が読みとれるのである。医療保護法は，従来，関連の法令が救護法や母子保護

法などに雑多に区分されており，また救貧法に医療が含まれていること等から新しい救療法制度が要請されて成立した。そして，昭和17年に，公布された戦時災害保護法により実施された。それには，保護対象は戦時災害で危害を受けた帝国臣民であるところの本人又は家族，遺族と規定し，保護には救助，扶助，給与金の3種類が定められ，保護を受けるべき者の住所地を管轄する地方長官が行うことになっていた。

戦後の危機を背景に社会事業の対象が激増した。官庁からは宮内省紀元節奨励金等，社会事業の奨励助成はあったが，依然施設社会事業が圧倒的比重を占めていたため，社会事業施設経営困難や分布の適切性その他の問題があった。そして施設社会事業を中心に，社会事業法の制定が要請され，昭和13年に同法が公布された。法の適用範囲は列挙主義で社会事業の定義等は欠いていた。助成額は昭和13年には50万円，翌年から100万に増額され，指導監督規定は条文が多いが，戦時体制が進むにつれて監督的側面が強まった。さらに，地方の情況により特別必要なときは道府県勅令指定都市に社会事業経営命令をだすことができた。社会事業委員会規定には，早急な施設設置が要望され，罰則規定は戦局の深刻化とともに強まったと考えられる。

軍事扶助法は昭和12年の改正で，名称，傷病兵の範囲拡張，下士官兵及び傷病兵の家族・遺族の範囲拡張，扶助の条件緩和，下士官兵の家族に対する扶助を退営・召集解除後20日以内継続可能にする等の改正が行われ，「下士兵卒」を「下士官兵」「救護」を「扶助」と改めた。更に昭和18年改正で，応召中の負傷や病気の場合でも現役のままでの扶助を可能にし，下士官の家族に対する扶助は現役でも受けられ，下士官，兵に対する家族扶助は3か月間延長可能になった。

生活扶助限度額は3回の改正後，ひとりにつき6大都市で90銭，30万以上の市で75銭，15万以上30万未満の市で65銭などとなった。軍事扶助法の執行機関は地方長官で，方面委員は補助機関にもあてられなかった。方面委員が事実上扶助ケースを扱う場合が多かったので，軍規の保護や思想戦の妨害になるとしてケースの厳密性が要求されたのである。

戦前，戦中，戦後と日本の厚生事業は大きく分けて少なくとも3度の変動があった。戦争が日本にとって必然的過程であったとするならば，戦時の厚生事業はそれに付随するものであり，それが果たしてきた役割は大きかったといえるだろう。

●社会福祉史レポート学習参考例●

28-3 昭和の大恐慌期に成立した救護法について

1 恤救(じゅっきゅう)規則の成立とその限界

1874(明治7)年，公的救貧法として恤救規則が成立した。救済の対象は，誰の助けも期待できない生活困窮者であり，義理人情，家族，地域の共同体のつながりによる救済が重視されていた。

しかし，その後におこった恐慌や各地の自然災害によって，援助を必要とする人は増大し，また民衆の貧困の原因も，単に個人の責任のみではなく，社会的な原因によるものが多くを占めるようになった。貧民救済は元来，人民相互の助け合いによって解決されるべきであり，救済の対象は労働能力が欠ける者で，しかもその家族も労働能力に欠ける事を前提としていた。そのため恤救規則では現実に救済を必要とする人々の多くは対象外であった。

しかし国は，新たな救貧対策には常に消極的であった。社会事業の関係者は，恤救規則に代わる新しい救済制度の制定を何度も国に求めたが受け入れられなかった。その理由は，①生活困窮者は憐れむべき存在で，社会にとって無能な者，余計な者であり，救済制度の充実は惰民(だみん)（なまけ者）を養成することになると考えられていたこと。②依然として，国は，貧困に対する救済を共同体の助け合いに頼っていたこと。③救済による経費の増大をさけたいという財政的な理由であった。

2 救護法の成立

救護法は，1929(昭和4)年4月に恤救規則を廃止して成立した。救護法は，緊急に翌年度からの実施が決議されたが，財政問題からその実施は延期された。社会事業関係者は，救護法の実施を政府に働きかけたが，受け入れられず，ついに天皇への直訴を決行した。これにあわてた政府は議会の追及もあり，競馬法を改正し，そこから得た利益を財源にして，1932年1月1日から救護法の実施が決定された。

このような救護法が成立した背景には，日本の資本主義体制の矛盾が明らかになり，貧困者の急増，米騒動の全国的波及，また北九州一帯で炭坑の暴動等がおこり，社会状況が悪化したことがあげられる。

第一次世界大戦後，工業化が進み，日本の資本主義は急速な発展をとげた。しかしこの後，日本は金融恐慌，世界恐慌と次々に巻き込まれていく。恐慌によって不況が続き，失業者が増加した。この時期，失業者の数は50万人以上とも，300万人ともいわれた。このような不景気のもと，特に農村では娘

の身売りが相次ぎ，大きな社会問題となった。

このような社会状況の中で，労働争議も多発し，1917年におこったロシア革命の影響もあって，全国で社会主義運動がさかんに行われた。

さらに日本は，関東大震災（1923年）をはじめとして，全国的に大凶作，大水害など自然災害が続き，ますます社会不安は増していった。

このように，社会は大量の失業者や低賃金労働者の問題，農村問題などを抱え，また一方で，社会主義の影響で，反体制的運動も激しさを増していった。これらは，日本の資本主義社会が経済的に社会の貧困者の生活を維持し，存続させることができなくなったことを意味していた。このような状況のもと，日本が資本主義社会として存続するために，国家は何らかの対応をしていく必要に迫られた。つまり国家による貧困者の救済の組織化が必要不可欠なものとなったのである。救護法はそのような貧困者救済の組織化の一環として成立した。

したがって救護法は，恐慌によって危機に直面した日本の資本主義体制の維持・安定を図るために国によってつくられたといえる。この法律により，国が貧困に対して責任をもって対応することによって，大量の貧困者が反体制化することを阻止できたのである。

3 救護法の内容と特徴

① 救護者の資格は，貧困のために生活できず，親族などの扶養を受けられない者に限るとされ，具体的な救済の対象は次のようなものであった。

(1)65歳以上の老衰者，(2)13歳以下の者，(3)妊産婦，(4)精神又は身体に障害がある者や病気の者で労働ができない者，(5)幼児（1歳未満）とその幼児を育てる母親。

② 救護機関は，国の機関として市町村長が救護事務を取り扱う。

③ 救護施設は，地方長官（知事）の認可を必要とし，これらの施設には国，道府県から補助金や税制の上で有利な特典が与えられた。

④ 救護の種類は，(1)生活扶助，(2)医療扶助，(3)助産（出産）扶助，(4)生業（生活のための職）扶助，以上の4種類で，その他，救護を受けている者が死亡した場合，埋葬費が支給されることになっていた。

⑤ 救護の方法は，在宅で行うことが原則で，それができない場合は，救護施設などに収容して救護することができた。

⑥ 救護の費用は，原則として市町村が負担して，国，道府県が補助を行う。国の補助はその負担の2分の1以内，道府県は4分の1を補助することにした。

救護法の特徴は，まず第一に，個人が扶養を得られない時は，国家が救護にあたる義務を負うとする公的扶助義務を確立したことである。これは，日本の救貧史上，初めての試みであった。

しかし，救護の対象には扶養する義務を持つ者がいないことに限るという制限をつけ，あくまでも家族制度，隣近所の相互扶助（隣保相扶(りんぽそうふ)）を尊重することに救護の基本をおいた。

また，救貧を国の義務としたことで，救護の主体は明確に国となり，国の責任において救護事業が行われるようになった。そのため時や場所によって救護の仕方が異なることは許されなくなり，救護の対象者の基準，救護機関，救護方法など救護事業の体系化がなされた。

第二に，救護法によって，民間施設は国によって管理・統制されることになった。施設の設置や廃止に際しては，国の許可が必要となった。国の意図にかなう施設は補助金や税制上の特典が与えられた。これは国が，民間施設を救護事業の一部として位置づけ，救護法の効率的な運営をねらったためである。そのため国の意図に反した場合は特典が取り上げられた。

第三に救護法では，救護を必要とする者が自ら保護を要求する保護請求権は認められず，性行が良くない者，怠(だ)惰な者も対象からはずされた。また，保護を受けた者は選挙権，被選挙権が認められなくなった。この背景には，救貧政策が，怠惰な国民を養成することになり，保護の請求は恥だとする考えがあったためである。

それでも実際の救護法による実施状況は，救護人員，救護費も年々増大し，1937年には，恤救規則が適用された最後の年（1931年）に比べると，人員で12.3倍，費用で12倍に増大しており，救済される貧困者の数に大きな違いを示している。

4　救護法のその後

救護法の実施の前年，満州事変がおこり，1937年には，日中戦争に突入した。社会情勢は，国家総動員法（1938年）により戦時体制に変化し，社会事業は厚生事業と名を変えた。それによって救貧政策は，「国民生活の安定」という，ただ単に国民の生活程度の向上ではなく，国防力の基礎としてとらえられるようになる。母子保護法（1937年），医療保護法（1941年），軍事扶助法（1937年）や戦時災害保護法（1942年）など軍事目的を持つ制度が次々に作られた。その中で平時における救貧政策である救護法は中身が補足，補強されながら次第に分解され，他の制度に吸収され消されていった。

戦時中の児童愛護政策について

　日中戦争，太平洋戦争の頃には，いままでの児童保護がヒューマニズムを基調とするものであったのに対して，児童対象とした政策は児童愛護と呼ばれ，兵隊とか軍需工場等で働く人的資源育成保護を目的にしたものだった。その意味で子どもは「国の宝」とされていた。

　戦争中の母親を守る国の政策で注目されるのは，妊産婦手帳（母子手帳）規定と，それに基づいた「妊産婦保健指導及び保護要綱」であろう。児童愛護の対象は，母親及び，その子ども（乳児）で，妊娠中の母親の体の愛護，地域福祉活動として母性保護が図られ，妊娠中の母親が病気になった場合の早期発見，早期治療，流産や早産の未然防止，又は，お産の際の母親の死亡の防止などが主要目的とされた。戦時下で，食料品や物資が不足していたが，妊娠や，出産直後の母親には，優先的に食料や妊娠，お産に必要な物資が配給された。

　この政策は，地域福祉活動の一貫とされて，多くの地域施設が設置された。その中でも，もっとも成果をあげたのは，天皇陛下よりの援助（ほどこし）として設立された恩賜財団愛育会愛育村である。戦時下に児童保護にかわって，この児童愛護政策を行った理由は，母親により多くの子どもを産ませることによって，戦力と労働力としての人員の確保にあった。多くの若者たちは，兵隊として戦地に送られ，軍需工場に送られた。また，多くの兵隊も戦死して，兵力が不足していた。これらの不足人員を補うために，より多くの子どもを産むことが望まれていたのである。本来の幼児の教育は行われなかった。

　戦時下では，学童の非行が激増したため，その対策として学童保育所，児童指導所等が開設されたが，そこでは学童の健全な育成が行われたというより，未来の兵力，労働力としか，子どもは扱われなかった。知的障害児施設も例外ではなく，防衛的観点や労働力的観点が強くなり，天皇陛下のため，お国のために働くことを尊いとする皇道教育や勤労教育が主なものになった。

　戦時下の児童愛護とは，児童の健全な育成，教育等をめざした社会福祉事業ではなく，強い兵を養成，軍需労働力確保のためのみの人員養育の政策であった。

28-5 ●社会福祉史試験問題学習参考例●

救済施設設立の社会的背景について

　明治政府は，貧しい人々を国家の義務として積極的に救済しようとはしなかった。明治44年の統計によると，当時550か所あった救済施設のうち，官公立の施設は一割だけで，そのほかはほとんどキリスト教や仏教などの宗教関係者を中心とする民間の施設だった。施設には窮民収容施設，児童保護施設，医療保護施設，養老施設などがある。

　窮民収容施設は，窮民（救済を必要とする人々），すなわち浮浪者等を収容するための施設であったが，それとともに，社会の治安を守るという目的もあった。

　その後明治30年頃になると，こうした収容施設も窮民だけでなく，低所得者の生活の不安を解決するという防貧的な側面が強くなった。東京では東本願寺の無料宿泊所（安達憲忠が中心），救世軍の無料宿泊所，浄土宗労働共済会（渡辺海旭が中心）などが知られている。大阪では中村三徳が自彊館という労働宿泊所をたてた。

　明治中頃になると，「養老院」と呼ばれる施設がつくられるようになった。明治44年の内務省調査では，養老施設は全国でわずか17か所であった。

　明治43年，関東地方が大水害にみまわれたときには，浅草の浅草寺に救療所ができたし，大阪の大火の時には大阪弘済会が設立された。

　明治11年に東京府養育院が児童室を開いて，子どもの保護を大人と区別した。また，仏教の慈悲の思想によってたてられた育児施設を代表するのは，福田会育児院である。

　その後，多くの育児施設がうまれたが，明治30年に石井十次が設立した岡山孤児院は，キリスト教信仰による個人の人格を尊重する教育方針とともに，その規模・内容ともに先駆的な施設だった。留岡幸助が自由で画期的な教育方針で非行少年の教育・指導にあたった家庭学校も，後に東京府代用感化院になった。

　また，この他にも注目されるのは，これまで義務教育からも排除されていた知的障害児のための施設が設けられたことである。京都に白川学園，大阪に桃花塾が開設された。

　国の救済政策が消極的だったので，そのかわりに民間団体のかたちをとって活動する半官半民の団体がうまれた。明治41年，今の社会福祉協議会の前身である中央慈善協会が発足した。役員には官僚出身者が多かったために，政府と民間の慈善事業のパイプ役としての役割を担っていたのである。

大正期における社会事業について

　大正期になると経済恐慌のため、大量の失業者や貧困者があふれ、労働争議やストライキがさかんに行われるようになった。そして、貧困が個人だけの責任ではなく社会的な原因によるものであり、また都市では親類や隣近所の相互扶助、地域の救済活動に頼ることができなくなったことを国家も認めざるをえなくなった。実際の社会事業は「米騒動」をきっかけに急激に増加し、特に政府は米や食料品、日用品を安く売る公設の市場や食堂、宿泊所、浴場などをつくる防貧的経済保護事業を行った。公共救済関係の法令も作られ、1929（昭和4）年には、国家が救済に責任と義務を負う「救護法」が制定されたのである。

　わが国の社会事業は、大正中期から後期にかけて成立したといわれている。社会事業の成立の条件として、以下の3点があげられる。①救済の対象者の激増、②民主主義思想をもとにした社会連帯思想が生まれたこと、③社会事業に対応する法制、機関の整備、施設が整えられたこと。

　①　第一次世界大戦（1914年）で、日本経済は好景気を迎えたが、物価も2倍、3倍にあがったため、逆に国民の生活は苦しくなった。また、農村から都市へ人々が流れて農業労働力が減少し、米の生産量が減少して米不足となり米騒動（1918年）がおき、加えて関東大震災（1923年）も重なりこの時期は救済の対象者が激増した。

　②　大正期は民主主義の考えが広まり、労働組合が発達し、労働運動以外にも婦人解放運動など広く人間の生き方をめぐって社会運動が高まった。社会連帯とは、こうした、社会全体の協力が社会の進歩や個人の幸福を増進するという考え方であり、社会事業成立に大きな影響を与えた。

　③　国の行政機関として、内務省に救護課が設立され（1917年）、社会局に昇格した（1920年）。これに伴い地方における社会事業の行政機関も徐々に整備されていった。今日の民生委員制度の前身である方面委員制度が生まれたのもこの時期である。この制度は、岡山県で済世顧問制度（1917年）を手本に、大阪府で方面委員制度として制定され（1918年）、2、3年のうちに全国的に普及し、社会事業を進めていった。

28-7 ●社会福祉史試験問題学習参考例●

昭和期の戦時下における厚生事業について

　第二次世界大戦後，街は戦災孤児，浮浪者，失業者などであふれ，国民の生活は困窮し，保護を必要とする者は約800万人にのぼるともいわれた。戦後の社会福祉改革はそのような中，GHQ（連合国総司令部）指導のもと3原則が示された。①「無差別平等の原則」国家による生活困窮者の救済は無差別に誰でも必要ある者のために行わなければならない，②「国家責任の原則及び公私分離の原則」国は単一の政府機関を設立して，国の責任を民間や半官半民の機関に譲るようなことをしてはならない，③「必要充足の原則」救済のための支給金額に制限をつけてはならない。

　また1947（昭和22）年，日本国憲法が施行され，生存権が保障された。

　以上の3原則と憲法第25条をもとに「生活保護法」（1950年），「児童福祉法」（1947年），「身体障害者福祉法」（1949年）の福祉三法が制定された。その後，「精神薄弱者福祉法（現・知的障害者福祉法）」（1960年），「老人福祉法」（1963年），「母子福祉法（現・母子及び寡婦福祉法）」（1964年）が加えられ，「福祉六法」と呼ばれた。また，「社会福祉事業法（現・社会福祉法）」（1951年）が制定され，社会福祉事業の内容や運営方法が定められ，社会福祉専門の行政機関として福祉事務所が誕生した。

　1973（昭和48）年は「福祉元年」と呼ばれ，さらに本格的な社会福祉への取り組みがされていたが，同年秋におこったオイルショックにより，国及び地方の財政が悪化し，経済成長を背景に発展してきた日本の社会福祉は，見直しと合理化を求められることになった。そこで出された社会福祉の方針が，できる限り住み慣れた地域の中において援助していく在宅福祉サービスを整えるという考え方である。

　1987（昭和62）年には，「社会福祉士及び介護福祉士法」が制定され，専門職の育成がなされることとなった。

　1990（平成2）年には，社会福祉を地域主体に展開させるため，老人福祉法や社会福祉事業法など「福祉関係八法」が改正された。

　1994（平成6）年には，「新・高齢者保健福祉推進十か年戦略（新ゴールドプラン）」がとりまとめられ，高齢者保健福祉サービスの基盤整備が急速に推進されることになった。この新ゴールドプランは，計画期間の満了にともない「ゴールドプラン21」が策定され，現在に引き継がれている。

第29章
国際社会と日本

国際社会と日本

　世界の歴史は常に変化し，日本も国際社会の流れの中でその影響を受けて絶えず変化している。米・ソ両超大国を軸とした冷戦構造は崩壊したものの，民族や宗教の対立による地域紛争は後を絶たず，今日では，イデオロギーの対立に代わって，それらの対立が世界における地域紛争の主な原因となっている。冷戦の終結により国際協調の気運がさらに高まった結果，日本においても，戦後一貫して紛争地域に派遣したことのない自衛隊を，国際貢献の名の下に，国連の平和維持活動に参加して紛争地域に派遣せざるをえなくなってきた。

　こうした政治面での変化とともに，経済面での変化もまた生じている。今日の世界は，ボーダレス経済ともいわれ，完全な自由主義貿易と経済のもとに世界経済は大きく動いている。さまざまな国の安くて，良い品物が，国境を越えて売買され，世界各国の特産品が容易に手に入れられるようになった。日本もその例外ではなく，アジア地域にある経済大国として，わが国は世界経済の一翼を担う責任ある立場にある。

　政治の分野でも，経済の分野でも，あるいはその他のすべての分野で，今や世界は相互依存関係にあり，共存共栄を図らなければならない。それ故，たとえ一国の国内問題であっても，それを地球（世界）全体の問題として捉え，国際社会が一致してその問題解決に取り組まなければならない場合が多くなってきた。もはや，一国の存在のみを考えて外国と交流することはきわめて難しくなっている。

　われわれは，こうした「国際社会」そのものや，国際社会で生じている出来事を学び，理解することで，国際感覚を養い，国際的な視点で物事を考えなければならない。そして，国際社会における「日本」という国を改めて認識し，国際的な比較の中で，諸外国の歴史や文化・社会とともに日本の特色についても考えていきたい。

29-1 ●国際社会と日本レポート学習参考例●
日本の国際協力（国際貢献）のあり方について

　日本の国際協力は，経済的援助を中心にした経済協力が主なものである。それは，第二次世界大戦後，平和憲法の制定や軍国主義復活を懸念する声などの影響から，日本が国際社会に関与できるのは軍事的なものではなく，経済的なものに限定されてきたからである。

　近年その代表的なものは，「政府開発援助」（ODA ＝ Official Development Assistance）と呼ばれるものである。

　ODA は，先進工業国が発展途上国にお金を贈与したり，貸し付けたりなどの資金協力や，技術協力を行うことによって，発展途上国の経済開発や生活・福祉の向上を助けることを主な目的としている。それは，発展途上国における貧困を除去し，産業を発展させ，生活力を向上させることによって，発展途上国の政治的安定をもたらし，ひいては世界平和に大きく貢献するという考えに立っている。

　日本の経済援助は，はじめは戦争賠償としての性格が強いものであった。しかし，戦後の復興を果たし，1960年代から1970年代にかけて高度成長を遂げた日本は，「賠償」から円借款や民間投資支援などの「経済援助」へと性格を変え，先進国として発展途上国への経済協力の拡充を行った。それによって日本は，1987年には ODA 額が年間 1 兆円を超え，アメリカと並ぶ援助大国となり，2003年ではアメリカに次いで第 2 位の援助供与国となっている。

　しかしながら，このような日本の努力にもかかわらず，日本は国際貢献としての軍事的協力を国際社会から強く求められた。それは，イラクがクウェートを侵略したことによって1991年に勃発した湾岸戦争の時である。

　冷戦構造が崩壊し，「国際協調」の精神が生まれた国際社会において，世界各国はクウェート防衛のために協力し，国連の旗のもとに自国の軍隊を派遣した。国際社会，特にアメリカは，国際社会の一員である日本にも自衛隊を派遣するように要請したと言われるが，日本は憲法第 9 条を根拠として自衛隊を派遣することなく，総額135億ドルの資金援助を行った。

　こうした日本の対応に国際社会は，「日本はお金は出すが，人は出さない」と批判を浴びせ，日本は「国際社会で何も貢献しない」という烙印を押されたのである。つまり国際社会は日本に対して，経済援助のみならず国際的平和維持活動のための軍事的協力も必要であるということを明確に示した

のである。

　その結果，日本中で国際貢献，つまり人的貢献に対する議論がわき起こった。ここで特に議論の焦点となったのは，国連の平和維持活動に自衛隊を参加させるか否かであった。自衛隊法により自衛隊を海外領土に派遣することが禁じられていることや，また自衛隊を海外に派遣することで日本の軍国主義復活を懸念する声もあって，国内世論は2つに割れた。結局日本は，1992年6月に国際平和協力法を制定し，また自衛隊法を一部改正して自衛隊を海外に派遣することを可能にした。これによって日本の自衛隊は，国連の平和維持活動へ参加する条件が整えられ，国際貢献，とりわけ人的貢献の分野で新たな一歩を踏み出したのである。

　冷戦が終結し，国際協調の気運が高まった現代社会において，国際社会は世界を取り巻く問題を地球的規模で解決しようと取り組んでいる。その問題は，発展途上国における開発や，平和維持にとどまることなく，環境や人権，資源・エネルギー，人口増加，食糧，住居，エイズ，軍縮，社会開発，テロ対策，自然災害など多種多様である。そのため，国際協力の分野は多岐にわたり，それらの問題を解決するためには，世界各国がさまざまな国や国連などの国際機関との協力関係を結ぶことが不可欠となる。

　2001（平成13）年には同年9月にアメリカで発生した同時多発テロ事件を受けテロ対策特別措置法が成立した。さらに2003（平成15）年には，イラク戦争を受けてイラク人道復興支援特別措置法が成立し，自衛隊がイラク復興のために派遣された。

　今後，日本の国際協力のあり方としては，これまでのような資金面の協力だけでは不十分であることは明らかである。ただし，経済大国としての日本の経済援助は，国際社会にとって重要である。そのため，今後の経済援助は，これまで以上にその「質」が求められる。

　つまりこれからの経済協力は，援助を必要とする国に対して，どのような援助をどのくらいの規模で実施するのか，また援助をすることによって，どのようにその国が発展できるのかという「費用対効果」をきちんと調査・検討した上で実施されなければならない。

　また，経済援助は，発展途上国に資金を与えることだけではない。発展途上国が自らの力で発展できるような援助の方法もある。それは，発展途上国の人々を日本の資金援助で日本に招き入れ，日本の生産技術などを学び，将来的に自国に戻り，その技術を活かして自国の発展につくしてもらうことである。このようなことにも，多くの経済的資金協力が実施されてもよいだろう。

　日本は，資金と優れた技術力をもっているのだから，積極的に国際社会をリードしていくことが必要である。し

かし，これまでのように，ただ協力すればよいというのではなく，資金的，技術的，人的にもその「質」が問われるのはいうまでもない。お金だけでなく，技術をもった人や，専門知識のある人などが，積極的に世界のために飛び立つことも必要である。

　日本は，国際協力あるいは国際援助に対する明確な目的を定め，それに見合う政策を策定し遂行しなければならない。一方的な協力や援助は，逆に協力や援助の押しつけであり，援助を必要とする国や人のためにはならない。援助を必要としている国や人々がどのような援助を本当に必要としているのかを見極め，援助を行っていくことが求められている。日本は，国際社会に対して何ができるのかを明確にし，そのもてる能力を十分発揮して，援助の「量」ではなく，その「質」を重視した援助を行っていかなければならない。

　また，国際協力は，経済援助だけとはかぎらない。日本がリーダーシップをもって世界を結束させて，現在の国際社会におけるさまざまな問題の解決にあたることも，国際協力といえる。

　例えば，それは核軍備縮小の面においてである。日本は，第二次世界大戦で原爆の被害にあった唯一の国である。日本国民は，原爆の恐ろしさ，悲惨さをよく知っている。世界の人々も，それをよく知っている。それにもかかわらず，世界の一部の国々は，原爆よりも数段上の破壊力をもつ核兵器の開発や実験を行っている。

　現在では，核兵器製造にかかわる技術移転などを禁じた核拡散防止条約や，爆発を伴う核兵器の実験を全面的に禁じた包括的核実験禁止条約などがあるが，核兵器廃絶へはほど遠いものである。

　日本は唯一の被爆国として，核兵器の恐ろしさや悲惨さを世界各国に訴え，核兵器廃絶へ世界を導かなければならない。そこで，日本が主導的役割を担って，核兵器廃絶への国際会議を開くことなどが必要とされる。

　このように日本は，世界の経済的発展や，平和と安全の維持，テロの根絶などさまざまな面で，積極的かつ主導的に国際協力に関与しなければならない。

●国際社会と日本レポート学習参考例●

今後求められる日米関係について

1 戦後の日米関係

　戦後の日米の関係は，戦勝国と敗戦国，占領国と被占領国という一方的な従属関係から始まった。第二次世界大戦に敗北した日本は，アメリカを中心とする連合国に占領され，戦前，戦中の古い政治，経済，社会体制は強制的に民主化するように改革された。アメリカによる占領政策は，天皇に対する絶対的な服従や言論の弾圧，国民に「滅私奉公」を要求する権威主義的な政策などを一切なくし，日本に真の民主主義と自由主義をもたらすためのものであった。

　その後，世界はソ連を中心とする東側社会主義圏とアメリカを中心とする西側自由主義陣営との間の東西対立が激化し，アメリカは日本に「共産主義の進出をくい止める砦」としての役割を期待するようになっていく。

　1952年には，サンフランシスコ講和条約の発効によって，日本は再び独立を回復したが，ソ連や中国は講和条約に調印せず，日本は明確にアメリカ陣営の一員として，アメリカの世界戦略の一翼を担うことになった。また，講和条約と同時に，日本はアメリカとの間に日米安全保障条約を締結し，極東の平和と安全の維持，日本に対する外国からの攻撃と内乱の鎮圧のため，アメリカ軍を日本国内とその周辺に駐留配備することを認めた。

　この日米安全保障条約は，1960年に改定され，①平和維持のための努力，②経済的協力の促進，③防衛力の維持・発展，④随時協議，⑤共同防衛，⑥基地の供与，⑦国連憲章との関係，⑧批准，⑨旧条約の失効，⑩新条約の存続期間，などの10カ条を骨子とする新条約として調印された。新条約は旧条約に比し，①国連との関係の明確化，②日米両国の防衛義務の明確化，③事前協議事項の挿入，④日米の政治経済上の協力明記，⑤期限（10年間継続後は自動延長），の諸点が改善されたが，その時の国会では，アジアに緊張感を生む原因になりかねないとして反対が強かった。当時の岸内閣は5月19日に衆議院で強行採決，6月19日の参議院における自然成立を待って成立させた。同条約は1970年以降自動延長されている。

　このように，日本とアメリカの関係は，共産主義勢力に対抗する同盟関係としての性格を強くもつようになった。このことは同時に，日本が自国の防衛をアメリカ軍に肩代わりしてもらうことにつながり，もっぱら経済発展のみ

に力を注いでいくことを可能にするものでもあった。1960年代の高度経済成長によって，日本は世界第2位の経済大国となったが，それに伴い，日米関係は，日米包括協議における自動車・自動車部品にみられたように，経済面での摩擦が全面に出てくるようになる。

日米間で1970年から1980年代前半にかけて問題となった経済摩擦は，繊維，カラーテレビ，自動車，半導体，VTRなどの輸出超過に伴う日米の貿易収支の不均衡によるものであった。これらの特定品目の貿易不均衡はそのつど日本側の輸出自主規制で決着が図られたが，その後も貿易の不均衡は拡大し続け，アメリカの対日感情を悪化させた。

1990年代に入ると，ソ連の崩壊に伴い，冷戦構造が消滅し，日米安全保障条約の必要性についての疑問も提示されるようになってきた。このような中，経済対立が安全保障面に悪影響を及ぼし日米安全保障関係が揺らぐことを防ぐため，日米安全保障関係を「再定義」することが有用だとの考えが，ジョセフ・ナイ国防次官補など日米の防衛関係者の間でもたれるようになった。

こうした話し合いは日米防衛協力のための指針の見直し（新ガイドライン）として具体化された。この共同宣言が特に強調したことは，日米安保関係が，「21世紀に向けてアジア太平洋地域において安定的で繁栄した情勢を維持するための基礎であり続けること」であった。とりわけ，アメリカのアジアにおける軍事力の存在が「アジア太平洋地域の平和と安定の維持のために不可欠」であることが確認され，クリントン大統領も，アメリカがこの地域に「10万人」の兵力を維持することを約束した。

さらに朝鮮半島などでの有事に備えるため，「日本周辺地域において発生し得る事態で日本の平和と安全に重要な影響を与える場合における日米間の協力に関する研究」の必要性が合意され，「日米防衛協力のための指針」の見直しをすることが合意された。

これは，冷戦下の日米安全保障条約による同盟関係を根本的に変質・強化するものであった。1999年には，この新ガイドライン及び周辺事態法などが成立した。またさらに2003年には，外国からの武力攻撃への対応を定めた有事法制三法が成立した。これらは地方公共団体及び民間・国民を巻き込む国家総動員体制にまで行き着くことを前提としている。戦後60年がたち，日米安保を基にした日本の安全保障体制は，新たな時代を迎えようとしている。

このように，冷戦が終結した今日，日米関係はますます強固な軍事同盟関係を結ぶ方向に進んでいる。しかし，ソ連の脅威がなくなった今，果たして10万人規模のアメリカ軍の存在が本当に日本の国益に必要なのか，朝鮮半島などの東アジアの不安定要因が本当に日米の強固な軍事的連携を必要とする

ほどのものなのかといった点をきちんと論議する必要があるだろう。そうしなければ，日本はアメリカの世界戦略の一部に組み込まれ続け，日本の政治，経済政策がアメリカの国益に振り回されることになりかねないからである。

2　今後の日米関係

1997年7月のタイの通貨危機に端を発し，アジアに大きな経済危機が生じた。このアジアの金融，経済情勢の不安定化は，経済における世界各国の相互依存の深まりを改めて明らかにした。アジアの問題は日本経済はもちろんアメリカ経済にも深刻な影響を及ぼすことにつながり，その成り行きによっては，国際政治関係安定の土台をも突き崩すことにもなりかねない。また，2003年のアメリカ単独行動によるイラク戦争の際，わが国は，国内で十分な議論もないままアメリカ支持を表明した。しかし，その後のイラク内部の混乱をみると，「アメリカあっての日本」という思いこみに基づく対米追随の日本外交のあり方を根底から問い直す必要性があるのではないだろうか。相互依存という要素は，単純に国際経済関係を特徴づけるものではなく，優れて国際政治関係をも左右する要素であることを日本外交の土台に据えて，21世紀における日米関係のあり方を対等，平等なものにすることが求められているといえよう。

日米が対等，平等な関係であるためには，日本自身が，世界秩序のモデルを頭に描き，自らの考えに基づいて行動することが必要になる。特に，不安定なアジア情勢に対して，日本が独自の立場でどのように発言し，どのように行動するかは，世界経済と国際政治の今後の展開にきわめて重要な意味をもっている。

アメリカが世界一の経済力と軍事力をもった超大国であり，世界の秩序を維持する上で大きな役割を担っていることはまぎれもない事実である。したがって，日本の対外政策を考える上で，アメリカとの協力関係はきわめて重要である。しかし今日，日本には世界第2位の経済大国，世界最大の債権国としての責任と指導力が求められていることも忘れてはならない。国際社会の安定に対するお互いの責任を自覚した上で，対等な協力関係を結んでいくことが，これからの日米両国の関係に求められているのである。

29-3 ●国際社会と日本試験問題学習参考例●

日本の経済援助について

　経済援助とは，先進工業国が開発途上国に資金を貸し付けることで，開発途上国の経済的・社会的開発あるいは福祉の向上に貢献することを目的として行われるものである。わが国においてその資金は，公的資金によるものと民間資金によるものとに大別される。このうち，公的資金によるものは，さらに政府開発援助（ODA＝Official Development Assistance）とその他の政府資金とに分類される。

　わが国の経済援助は公的資金によるものが多く，その大部分はODAである。日本の援助額は2003年度で約89億ドルで世界第2位の援助国となっている。ODAには，対象国に返済義務を課す有償資金協力，返済義務を課さない無償資金協力，技術協力の三形態がある。

　有償資金協力とは，開発途上国に対して経済開発などを目的として低い利率の長期資金を貸し付けるものである。わが国の場合は「円」で供与するため，円借款と呼ばれることが多い。有償資金協力は，元金に利息を付けて返済しなければならないが，大規模な開発のための資金の需要に応えることができ，返済義務により援助国の経済発展に向けた自助努力を促すなどの長所をもっている。

　無償資金協力は，対象国に返済を義務づけることなく資金を供与するものであり，基本的な生活の分野などを中心とした開発途上国のさまざまなニーズに応えることを目的としている。

　技術協力は，開発途上国の人材育成及びわが国と開発途上国との相互理解・親善を深めることを主な目的とするものであり，日本の豊富な技術力を活かした一層の充実が期待されている。これは，海外からの研修員を受け入れたり，日本から専門家を派遣したり，機材を供与したりする。

　このように，日本はさまざまな形で経済的な援助を行っているが，援助政策の最も基本的な考えは，「開発途上国の自助努力による発展を支援すること」としている。

　しかし，国際情勢の変化に伴い，援助需要は複雑化・多様化し，近年では，地球環境の保全，爆発的な人口増加の抑制，エイズ蔓延の防止，途上国の女性支援，アフガニスタン難民救援のような新たな課題に対しても積極的に取り組んでいる。

●国際社会と日本試験問題学習参考例●

今日の世界における紛争について

　米ソを極として約半世紀近く続いてきた東西の冷戦は，ソビエト連邦や東欧諸国における「社会主義」体制の崩壊と超大国ソビエト連邦の消滅とによって，幕を閉じた。しかし，冷戦終結は新たな紛争を生み出したといえる。

　まず第一に，民族紛争である。これは，旧ユーゴスラビア（ボスニア・ヘルツェゴビナ紛争）や旧ソ連（チェチェン紛争）のような多民族国家に多く見られる紛争である。冷戦が終結するまでは，少数民族も含め，すべての民族は国家の中に組み込まれ，国民という枠でくくられていた。しかし，冷戦が終了し，「資本主義国家」対「共産主義国家」という国家間の対立がなくなると，それまで国家という概念の中におさえこまれていた少数民族が，国家から独立しようとし始めた。そうして民族はそれぞれの経済的利害や政治的利害のみならず，自民族の「名誉」や「威信」までも主張するようになり，それをおさえこもうとする国家との対立が激化し，紛争状態にまで発展していった。

　少数民族がそれまで属していた国家から独立し，紛争を起こす要因は，ひとつには，身体的特徴や血縁，種族，出身地，生活習慣，言語，宗教などが異なることである。そしてもうひとつは，それを利用する形で，自民族・文化優越主義が極度に進み，対外的な排外主義・人種差別主義などと結びつくことである。

　このように民族紛争は，経済的な利害の対立だけでなく，「民族感情」や「民族意識」にまで及び，その根は深く，解決するためには，きわめて多大な困難が伴う。

　第二に，宗教に関わる紛争である。これは「イスラム教国家」対「欧米諸国」間によく見られる。特にこの紛争においては，イスラム教対西欧的価値観（民主主義）の対立がその主な原因となっている。

　いずれにしても，現代の紛争や民族対立は，歴史的背景の違いもあってきわめて多種多様であり，万能の解決策は望めない。その点では，「国連」「多国間協議」などを通じた多国家間での根気強い話し合いが必要になってくる。その際には，国家間ですべての偏見をなくす努力をし，「異質のものとの共存」を可能とする新しい政治的形態の模索も必要である。また公的組織だけではなく，現実問題としてNGO（非政府組織）のような人道援助を行う民間の組織も有用であると考えられる。

29-5 ●国際社会と日本試験問題学習参考例●
安全保障システムの変容について

　外国による侵略行為から、国家の独立を守るシステムを安全保障システムという。こうした安全保障システムのあり方は、時代とともに大きな変化を見せる。

　冷戦時代における安全保障システムの特徴は、戦後結成された西側資本主義諸国の軍事機構であるNATO（北大西洋条約機構）と、東側共産主義諸国の軍事機構であるWTO（ワルシャワ条約機構）の対立構造にある。

　そもそも冷戦とは、この西側陣営（アメリカを中心とする自由主義諸国）と東側陣営（ソ連を中心とする社会主義諸国）の対立を示す言葉で、この時期、両陣営はまさに戦争一歩手前という状況にあった。

　こうした時代背景を受け、西側諸国はソ連に対抗する集団安全保障システムとしてNATOを結成した。NATOでは加盟国が攻撃を受けた場合、それはNATO全体に対する攻撃だと捉え、武力行使も視野に入れた対策を行うことを確認している。一方、ソ連を中心とする東側諸国が、NATOに対抗するために結成したのが、WTOという安全保障システムである。そしてソ連が東側諸国をコントロールしていく上でもWTOは大きな役割を果たした。

　このような冷戦時代におけるNATOとWTOの対立は、1940年代後半から40年の長きにわたって続いてきたが、1980年代後半のソ連と東欧諸国の民主化により、冷戦構造が崩れたことで終止符が打たれた。それに伴って安全保障システムも大きく変化していくことになるのである。

　次に、冷戦終結後の安全保障システムの変化は、NATOへの参加を求めて東欧諸国や旧ソ連の共和国といった、かつてのWTO加盟国が西側諸国に接近してきたことによく表れている。またアジア太平洋地域の安全保障を考えるARF（アセアン地域フォーラム）といった組織が新たに発足するなど、冷戦時代に米ソ対立の陰に隠れていたアジア太平洋地域が、アメリカを中心とする安全保障システムの中に組み込まれたことも、その変化のひとつとして忘れてはならないことである。現在、政情の安定しない東アジア太平洋地域については、アメリカを主導とする安全保障の強化が図られている。

　以上のように、現在では冷戦時代における米ソ対立を背景とする安全保障システムから、世界一の強大な軍事力を誇るアメリカ中心の安全保障システムへと、変容を遂げている。

地球環境問題への取り組みについて

　現在，地球を取り巻く環境は危機的な状態にある。フロンガスによってオゾン層が破壊され，自動車や工場からは二酸化炭素が吐き出され，地球の平均温度は上昇を続けている。

　こうした地球環境問題に対する世界的な取り組みの始まりは，1972年6月のスウェーデンのストックホルムにおける国連人間環境会議である。これには114か国の政府代表，国際諸機関，民間諸団体が参加した。しかし，1970年代には西側の資本主義諸国と東側の共産主義諸国との東西対立，北半球の先進国と南半球の開発途上国との南北対立という政治上の対立があったため，ソ連やポーランド，ハンガリーなど当時共産主義であった10か国が欠席し，さらには開発途上国と先進国との間で開発か環境かという認識に対立が見られるなど，世界全体が環境問題に対して一体となって取り組むというわけにはいかなかった。それでも，ストックホルム会議は各国政府に環境問題に対する組織的な対応の必要性を自覚させたという点で意義がある。その後も，世界各国で環境問題に対する取り組みが活発に行われ，1988年には国連総会が環境総会と呼ばれるほど，環境問題がより大きく取り上げられた。

　さらに，1992年6月，ブラジルのリオデジャネイロで「環境と開発に関する国連会議」（リオ会議：地球サミット）が開催された。これには国連全加盟国を含む183か国が参加し，そのうち103か国は政府首脳が出席した。

　またリオ会議をフォローアップするために，1997（平成9）年には京都で地球温暖化防止京都会議が開催され，温室効果ガス排出規制などを定めた京都議定書が採択された。

　一方，地球サミットから10年後にあたる2002（平成14）年には，南アフリカのヨハネスブルクで「持続可能な開発に関する世界サミット」（ヨハネスブルク・サミット）が開催された。

　また2008年7月には，北海道洞爺湖サミットが地球温暖化をテーマに開催され，わが国が議長国を務めた。

　さらに2010年9月，ニューヨークで開催された「国連気候変動首脳会合」の開会式において，わが国は温室効果ガスを「1990年比で2020年までに25％削減をめざす」旨を宣言した。

　わが国が率先して削減目標を掲げ，その目標を実現していくことが世界における役割であり，次世代における責務として「持続可能な社会」を作ることが強く求められている。

第30章 社会学

社会学

「社会学」は，複数の人間の間に成立する社会的相互作用，社会関係，社会集団を研究の対象とし，それらを客観的視点のもとで分析するものであり，経験科学として実践的課題に立ち向かう社会科学である。そこで社会学は，実証的な学問をめざす社会科学として適切な方法を求めて追究し，自らの社会観や人間観を一層幅広く，奥深いものにしていくことを目的とする。

さらに，社会学は社会構造を人間の行為との関連で理解しようと努めるものであり，社会秩序，制度システムについても固定的なものとはみない。一見安定し秩序だっているようにみえる社会生活が，行為者の知識や習慣の上に成り立っていること，一方でその行為者が単に状況に規定されるだけでなく，状況を解釈し，自ら行為を組み立てていくことを認識するのが社会学の特徴である。社会学者 E. デュルケムは，社会的事実といわれるものの性質に常に着目し，個人の心理や行為には還元できない社会現象の固有の次元の特質や法則を究明すべきだとした（構造論的アプローチ）。それに対して M. ウェーバーは人々の社会的行為から社会現象の解明を試みる方法（行為論的アプローチ）を打ち出している。

社会学の具体的な学習内容としては，まず基礎として社会構造，社会変動，社会情報，社会調査の概念，社会学の方法論について学ぶ。さらに社会学の基礎的な知識だけではなく，21世紀における地域社会や福祉問題，環境問題などについて追究する。

以上のことから社会学においては，多様化した現代社会の問題を分析する研究調査方法について多くの検討がなされる。しかし，社会学的な視点の明確化や社会学の理論体系の整備も同時に考えていかなければならないことが課題のひとつである。

さらに，社会学が取り組むべき対象は「日本」という社会に限られるものではない。しかし，実証的な分析のレベルにおいて，国際的比較の視点をもちながら日本社会の科学的分析も一層押し進めていくことが必要といえる。

複雑で多様化した社会の動向を研究する際，一貫した立場から体系的な研究を達成していくためには，その研究対象を明確に見定めて分析方法を確認することが常に必要となる。しかし，それは従来のような自己閉鎖的な分析方法に限定するのではなく，政治学，経済学などの隣接諸科学と協力して課題の解明にあたりながら，社会学独自の対象と方法を生み出していくことが重要である。

30-1 ●社会学レポート学習参考例●
社会変動の要因について

「社会変動」とは,世の中(社会)の変化や動きのことである。例えば,終戦という出来事によって,われわれの祖父母や父母たちは,大きな社会変動を経験したといえる。

社会変動には,社会の構造そのものが変わるような大きな社会変動と,もうひとつは,社会の一部分だけが変化するような小さな社会変動がある。

社会が全体的に変化するにしても,部分的に変化するにしても,変化するにはそれなりの理由がある。なぜなら,社会は異なるバラバラな個人やさまざまな分野から成り立っているからである。それらの間のバランスが崩れたり,社会を成り立たせている条件が変わるだけで,社会に何ほどかの変化が起こる。つまり社会変動の要因は無数に考えられるのである。

社会変動の要因として,まず自然災害や人口の増減などを考える人がいるが,自然災害の場合は,突発的に起こるほんの一時の出来事か,もしくは,自然環境の乱開発や自然破壊など,人間の文明社会の影響を強く受けることによって起こる人災であることが多く,いずれにしても社会変動の基本的な要因とはみなしにくい。

また人口の増減についても,社会の状態や文明の発達度によって大きく影響されるわけであるから,これもまた,社会変動の基本的な要因とは考えにくい。

そのように考えていくと,社会変動のおきる根本的な要因は,人間の存在する社会や文化自体にあると考えられる。そこで,社会変動を起こすと考えられる要因についていくつかあげる。

第一に,「人々の意識や新しい考え方(観念)」が,社会を変えていくというものである。例えば,理念(感性や感情のように,本能や衝動に基づいたものではなく,理論的にじっくりと考えられた非常に高度な考えや,新たな知識,合理的な考え方)やイデオロギー(主義,政治的主張)や倫理のように,人々を強くしばりつけるその社会独特の風習や慣習のようなものが社会を変えていくというものである。

このような考え方に立ち,フランスの社会学者A.コントは,人間の知性の進歩が人類社会の発展をもたらし社会変動の要因となったと考えた。彼が述べているのは,人間の知識の発展段階は,「神学的段階→形而上学的段階→実証的段階という3段階の発展」をたどって進化しているというものである。第一の神学的段階では,自然現象

や社会の内部で起こるさまざまな現象を超自然的で神がかり的なものであるかのようにみなす。次に、第二の形而上学的段階では、第一の神学的段階にみられたような考え方よりも少し科学的な思考法がとられるようになるのだが、まだ世間一般を支配している宗教的もしくは慣習的な考え方から逃れられない。そして、第三の実証的段階では、自然や社会で起こるさまざまな出来事に対して積極的にその謎を解明しようと試み、その解明の方法を科学的・合理的なものにして、誰がみても正しいという客観性を求めようとする。

またドイツの社会学者M.ウェーバーは、著書『プロテスタンティズムの倫理と資本主義の精神』の中で、「プロテスタントの特殊な宗教倫理（エートス）が、近代の資本主義を発達させた」と述べている。これは人々が神によって救われたいがために、プロテスタントの教えである「人を愛し、無欲に一生懸命働く（隣人愛、禁欲や勤労）」ということを守った結果、社会の経済が発達し、現代のような大規模な産業社会が成立したというものである。

しかし、社会変動の第一の要因だけでは、社会の変動を説明しきれない部分がある。人々の意識や考え方は、人々にヴィジョンと方向を示すだけで、それ自体が強力に社会に変化を起こさせるわけではなく、それが人々の価値観や利害に結びついたときにはじめて歴史を変える力をもつようになるからである。

第二に、「物質文化の発達」が、社会を変えるという考え方がある。例えば、産業技術の発明や発見などである。アメリカの社会学者W.F.オグバーンは、著書『社会変動論』の中で、20世紀の社会変動の特色を述べている。彼は、科学技術が発達して物質文化が急速に進むと、非物質文化との間にずれが引き起こされるが、やがてそのずれが調整されて、社会全体に変動をもたらすと考えた。つまり、科学技術の変化→経済組織の変化→社会制度の変化→思想の変化→科学技術の変化、という変動のサイクルである。

オグバーンの主張するように、技術が進歩することによって、社会も発展していくということは確かである。しかし、技術の進歩は、何もないところから生まれるのではなく、それまでの科学知識の蓄積やそれを発明して用いる人間の能力、またそれらの技術を用いるための企業と労働者のような関係などがあってはじめて生まれるものである。そう考えると、彼の主張するような、物質文化の発達が社会変動の根本的要因である、と考える点に少々疑問がもたれる。

そのような疑問から第三の要因が考えられる。それは、ドイツのK.マルクスの社会変動論によって説明される。マルクスは社会を下部構造と、上部構造の2つに分けて考えた。下部構造は

経済を指し，生産力と生産関係によって規定される。生産力は科学技術にあたり，生産関係は生産における人間同士の社会関係を指すもので生産活動を含み，上部構造は政治・文化・思想（イデオロギー）などを指す。

マルクスの考えた社会変動は次のようなものである。科学技術が発達し，物を作る生産力が増大すると，それまでの古い生産様式では支えきれなくなり，新たな生産様式に変わっていく。生産様式が大きく変わったときには，それは大きな矛盾を生み，政治・文化などの上部構造まで劇的に変化させてしまう。そのような劇的な変化が「革命」といわれるものである。

つまりマルクス主義による社会変動論は，「革命」によって，社会の発展，変化がもたらされるとしたものである。

いずれにせよ社会変動は，人々の新たな創造が，科学技術の進歩を招き，そして社会の生産力が高まることによって起こるものであると考えられる。

しかし，重要なのは社会変動が起こるその仕組みである。なぜなら，社会が変化しているにもかかわらず，その変化の仕組みがわからなければ，人間はただ単に社会の変化に流されているだけの存在になってしまうからである。

そうならないためにも，われわれは社会の変化に対し，常に関心をもち続け，その変化の仕組みを解明する努力をする必要があろう。

社会が変動する要因には，さまざまな条件が考えられるが，われわれは，そのようなさまざまな現代社会の変化に正しく対応し，将来の変化をも予測できるよう，常に客観性を保ち，価値観を自由にし，柔軟な精神で社会の出来事を解明していく努力を怠るべきではない。

そのような社会を科学的に捉える態度が，社会変動の要因を正しく捉えることにつながっていくと考えられるからである。

家族の構造と機能について

T. パーソンズをはじめとする構造＝機能主義では、社会をまるで大きくて精密な機械のように考える。機械には、さまざまな配線や部品の組み合わせがあり、部品は特定の働きをして、機械全体を支え、役に立っている。このように考えると、社会という大きな機械がうまく動くために、家族という部品は、どんな仕組み（構造）でどんな働きをしているのか（機能）を研究できる。

家族の構造は、家族の形態を中心に研究されてきた。これは、家族の規模や家族構成、血縁や結婚などによって広がる親族関係などから把握される。世界にはさまざまな家族形態が見られるが、G. P. マードックは核家族が家族の最小の単位であると主張した。核家族とは、夫婦とその未婚の子どもからなる家族である。

次に家族の機能とは、家族がどんな働きをしているかである。これについてはさまざまな意見があるが、パーソンズは「子どもの社会化」と「大人の情緒的安定」という2つの機能をあげた。子どもの社会化とは、子どもを社会の一員として育て上げて、社会に送り出すことである。子どもの数が減ったり病気などで死んでしまったり、また子どもが育っても社会の決まりを十分に知らないようでは、社会はうまく次の世代へと続いていくことができない。また大人の情緒的安定とは、大人が安らぎや感情的な満足を得たりすることである。大人は社会を支えているため、家族の中で休む必要がある。パーソンズは、この2つの最低限の機能を、どんな社会でも家族が果たしていると主張した。

彼らの研究から現代の家族を見ると、産業化の中での核家族化と家族の機能の縮小化が進んできたといえる。産業化により、人々は地域の共同体を離れて都市へと移り住み、核家族を作った。その中で、生産は工場へ、教育は学校へというように、専門的な機能を果たす機関が数多く作られていった。つまり、家族の機能が縮小し、家族がそれまで行ってきた機能が、家族の外の専門的な機関によって行われるようになったということになる。人々の生活は家族を離れても必要が満たされるため、家族が一緒にいる理由は、情緒的なつながりくらいになる。そのため、家族はもろく弱いものになったと考えられている。

30-3 社会学成立の時代的背景について

　社会学が生まれたのは，19世紀初めのフランスである。当時のヨーロッパは，産業化・資本主義化（産業革命）と市民革命という2つの大きな変化の中にあった。その中でA.コントは，学問としての「社会学」を考え出し社会学によって激動の時代を学問的に説明し，フランスの社会を秩序づけて進歩させようとした。

　18世紀後半，イギリスで産業化が始まった。産業化は，機械による大量生産が行われるようになったものである。同じ頃，西ヨーロッパを中心に，利潤の追求を目的とする資本主義経済が広まりつつあった。利潤の追求のためには，無駄を省き徹底して合理化した生産の仕組みが必要である。産業化は商品を大量に効率よく生産できるため，資本主義経済に有利な方法として広まった。そして，人々の生活や働き方に大きな変化をもたらした。多くの人々が，農村から都市へ出て，資本家が経営する工場で賃金と引き替えに働く労働者となった。

　一方，政治体制では，封建制を壊して民主制を作り出そうという市民革命が起こっていた。これは，国王や貴族による専制的な封建社会を倒し，市民が自ら社会を治めようというものである。産業化によって経済力をつけてきた新興の市民層は，自分たちの経済的な自由や政治への参加を求めて，革命を起こしたのである。アメリカではイギリスからの独立を求めて戦争が起こり（独立革命），フランスでも市民革命が起こった。

　このように，19世紀前半のヨーロッパは，政治面でも経済面でも大きな変化の中にあった。その中で特にフランスの人々は，大きな危機感をもっていた。フランスは産業化の後進国だったため，資本主義経済体制の発展に向けて，工場や会社や働く人々の状況を整える必要があったからである。しかし，市民革命は成功したが戦争が続き，理想とした市民社会はなかなか実現できなかった。そこで，社会を秩序づけ，安定と進歩に向かわせるために実際にどうしたらよいのか，具体的な方法が求められていた。

　それに対しコントは，実際に社会がどうなっているのか，広く社会をありのままに観察し，論理的な根拠をあげて説明するという実証的な方法を主張した。それにより，社会の問題点やそれへの対処法を考えるのである。

　以上のように，社会学は，市民社会の危機的な状況を克服するために，新しく生まれた学問である。

「近代化」「産業化」「都市化」について

　近代の社会は、従来の伝統的で前近代的な社会のよりどころとしていた主な価値観や古い社会構造を排除し、これに代わる新しい価値と社会構造を作り出し、それらを拡大しながら、近代らしくなっていった。

　「近代化」の特徴は、合理的精神が広くゆきわたることである。

　近代化の具体的な例として、

　① 昔からのしきたりや古くさい慣習とか義理や人情・感情に左右されることなく、しかも他者を欺くことなく、すぐにその場でビジネスライクに仕事を処理すること、

　② 目的を達成するためには、最も有効で適切な手段や行動様式を採用することを前提とすること、

　③ 自分の生まれ育った地域や住んでいる地域、社会的身分による束縛から解放され、また自分の所属する集団に埋没する状態から脱して、自分のしたことに、きちんと責任をもつこと、

　④ 古い共同体や共同体的関係を解体させ、高度に各々の機能を分化させた社会関係を相互に取り結ぶこと、などをあげることができる。

　近年は、「亀の甲より年の功」といった年功序列の原理にかわって「各人はその能力に応じて、各能力はその仕事に応じて」という能力、仕事の成果を重んじる業績主義が支配的となった。親からもらった世襲的特権が排除され、誰もが学ぶ意思さえあれば教育が受けられるようになった結果、奨学金などの社会的な機会の平等化と大衆化が拡大した。また、競争と社会的移動が活発になり、合理的な社会の諸価値が生み出されたことで、そのもの自体に価値があれば、どこでも良い品物は売られていく。このような社会の近代化は、産業化と都市化を進展させることになる。

　「産業化」とは、技術工学上の最も新しい成果を取り入れ、農林漁業の第一次産業から製造工業を主体とした第二次産業へ、また商業やサービス情報産業を中心とした第三次産業部門が圧倒的に優位にたち、もうかるようになり、第三次産業で国民生産力を増大させていく過程である。つまり、経済成長のない産業化はありえない。それが産業構造の質的変化、すなわち、第二次産業そして第三次産業部門の方が優位となることにつながる。産業化は巨大な機械化のためのお金や設備といった投資を必要とするから、資本の集中、労働者人口の都市を中心とした地域的な集中、経営規模の拡大と系列化、技術的な分業がさかんになり、技術間の

関連,各種の機関の社会的関連を深めていく。

新たな優れた技術による産業化は,それに対処できる多数の新しい知能,技術労働者を必要とするから,産業社会は高学歴社会の性格をもち,高技術水準を保っている時にのみ成立する。また産業化は,さらに技術水準を高めていくすべての人が,それぞれ自分のやっている仕事において高度な専門家でなければならず,その意味で専門家が「普通人」なのであり,専門家でなくては産業社会人ではありえない。

専門家社会としての産業社会は,基本的に実力本位の業績中心社会ともいえる。よく働き,真の能力のある者が力をもつ機能的権威の社会といってもよいであろう。年功序列制をはじめ,前近代的諸原則の必要性をなくし,産業社会では,多くの専門家の「より高い地位を求める人々」の激しい競争社会となる。

産業社会は製品の質や形といったものを一定の基準をもとにつくろうとする大量規格生産社会であり,また,同じ内容のことを新聞,テレビなどのマスメディアを使って,広く多くの人に伝える大量伝達社会であり,また品質の良いものを大量に消費する社会で,生活と文化の各面にわたって標準化と大衆化が促進されよう。

「都市化」とは,第二次,第三次産業人口を主として,多数の人間が地域的に集中することであり,彼らの主な活動地域は都市であるから,産業化は必然的に都市化を伴う。社会の都市化は産業化の地域的表現である。都市化するのは産業化しているからでもある。商工業の拠点としての都市は,生産,流通,消費面での経済構造の分化と機能の多様化を生み出すとともに,文化構造をさらに細かく分ける。学芸,教育,医療,福祉,娯楽,行政などの諸分野での専門化した大学,大学院,施設,研究所などの各種機関や機能集団の続出と,細かく分けられ専門化した諸分野がさまざまに組み合わさりながら,また互いに助け合い,特質のある都市生活様式を作り上げ,都市地域の拡大と並行してこのような都市風が普及し浸透していく。

都市風とは人間関係が希薄化し冷たくなり,さらに合理化し,生活すべてにわたって地位と役割の分化と多様化がすすむことである。家族や親戚,隣近所の人々だけのおつきあいではなくなり,全く新しく今まで関係のなかった人たちと,自分の学校や職場,サークルなどで知り合いになり,友人になることが増えて,血縁,地縁的な伝統的共同関係が衰退する。仕事の中でのつきあいや,趣味が一緒だからつきあうなどの機能的諸集団の優位と増大,文化及び行動様式の多様化と流動化,生活のスピード化,自分の利益をめざした行動,商業化された消費,娯楽を楽しむ生活が普通になることを都市風という。

ウェーバーの理解社会学と行為論について

　社会学の研究対象である社会を作っている人間は，必ず何らかの法則の通りに動くとは限らない。なぜその道を歩くのか，どこへ行くのかと聞くことはできるが，その答えは人によってさまざまである。そこで，社会を研究するときには，社会を構成しているそれぞれの個人が意思をもっているということに注意しなくてはならない。

　マックス・ウェーバーが注目したのは，この点である。社会は，意思をもった個人が集まってできている。だからウェーバーは，個人が考えたこと（意思・動機など）を調べる必要があると訴えた。個人が何を考えているのか，それによって行われたことがどんな社会を作るのかが，明らかにされなくてはならないのである。

　そこでまず，個人は日々何をしているのか（行為論）が考えられた。その際に重要なのは，あくまで個人と社会の関係である。そのため，膝をたたくと足が上がるような反射的なものや，睡眠などの生理的なものは，社会を作り出すことには関係ないため，考える必要はない。では，単に目を閉じている場合はどうだろうか。同じように目をつむっているだけにみえても，眠っていたり気を失っているのと，「考えごと」をしているのは全く違う。このとき，「考えごと」のように個人が自分で意味づけをしている場合が，人間に特有の「行為」である。

　しかし，これだけでは社会は生まれない。社会は，個人と個人が出会うところから生まれる。つまり，個人の行為が他者に向けられなければならないのである。ウェーバーは，個人が何らかの動機（主観的意味）によって，他の人に働きかける（他者関係性）ことを，社会的行為と呼んだ。そして，社会は個人が互いに社会的行為を行うことで成り立っているため，社会学は社会的行為を理解しなくてはならないと主張した。

　個人はそれぞれにさまざまなことを考えて，その考えに基づいて社会的行為を行う。しかし，他者も自分と同じように考えをもっているため，みんなが必ず自分の思い通りに社会的行為を行えるわけではないし，思いもよらなかった結果を招くこともある。そこで，個人の動機を出発点とした社会的行為を理解し，他者の社会的行為との複雑な関わりの過程から社会全体への結果へと探ることになる。このようなウェーバーの社会学の方法を，「理解社会学」という。

30-6 「メディア」とは何か，またその「変化」について

メディア（情報伝達手段）は，産業が発達するに伴い変化してきた。まず，印刷技術が発達し，新聞や雑誌などが大量に印刷できるようになった。このことによって，より多くの人が同時に同じ情報を手に入れることができるようになった。また，ラジオやテレビの発達により，印刷されたものより，もっと多くの人々に対して，同時に，即座に，同じ情報を大量に伝達することができるようになった。

このように，メディアは産業の発達に伴い，多くの大衆を対象とする役割をもつようになった。第二次世界大戦中には，マスメディアの影響力を利用して，ナチス・ドイツのヒトラーが，支配のための政治宣伝の道具としたこともあった。

さらに，科学技術が発達し，マスメディアが巨大化すると，それまでの個人的な情報伝達（パーソナル・コミュニケーション）とは全く異なるマスコミュニケーションが生み出された。

このマスコミュニケーション（マスメディア）の特徴的な役割は，「大量性」（大量に情報を伝達すること），「速報性」（情報がすぐに伝わること），「一方通行性」（情報が一方的であること）などである。この大量性や速報性などといったマスメディアのもつ機能は，人々に絶え間なく新しい情報を送り続ける一方，大衆の感覚をマヒさせる「麻酔作用」を引き起こす。

また，マスコミの提供する環境は，現実の世界ではなく，現実をコピーした「疑似環境」を作り出す力がある。アニメやテレビゲームと犯罪の関連がよくいわれるが，バーチャル殺人といった商品が巷に溢れるようになると，人間や社会はどうなるのだろうか。マスメディアは企業である以上，利益を追求し続ける。そのため，マスメディアはこぞって，大衆の求める興味本位の内容を流し続け，内容を伴わない，あるいは娯楽機能ばかりを優先する傾向が強い。

科学技術の進歩した現代においては，通信衛星の登場によって，地球上の人々が同じ情報を瞬時に得ることが可能となった。また，インターネットの導入によって，高度情報化，双方向化が実現し，多くの人々が情報を選択できるようになった。しかし，飢餓に苦しみ，パソコンどころか電話もないメディア弱者といわれる発展途上国と先進国との格差は，広がるばかりである。このようにメディアの発達は，必ずしも良いことばかりではない。

社会学における行為について

社会学における行為論とは、社会現象がなぜおきるのかの本当の理由が理解できるように、行為を意味的にも理解できるようにする理論である。

1 他人の行為のパターンを見出すことが「理解」にもつながる

ある国ではバスに乗る時、列を作らずに一か所に群がり、ドアが開くと両手で他者を押しのけて乗車している。これはわれわれ日本の感覚からすれば無礼な者ということになるかもしれない。しかし、それは社会的な場面における知識（その国ではバスに乗るときは力ずくで乗り込む）の獲得につながることでもある。

2 ひとつの行為の理解は、他にも適用できるくらい正しいとは限らない

行為のパターンを見出しても、その理解が間違っていたということもわれわれの社会ではよくあることだ。例えばバスに強引に乗り込むことに慣れた彼が、もし同じように地下鉄に乗り込もうとしたら、今度は周りの人からたしなめられるかもしれない。

3 われわれは相互行為によって理解の妥当性を確認している

われわれは自分の理解が正しいのかどうかについて、それに関係する相互行為を行う過程で確認している。その行為がつつがなく行われ、他者の反応も普通ならば、われわれは自分の理解したことが妥当であったと判断する。しかし逆に、その行為が何らかの問題を引き起こしたならば、われわれは自分の理解が妥当ではなかったと判断することになるのだ。

われわれは人々の行為の中に一定の規則性を見出すことで行為の意味を理解し、理解に基づいてなされる相互行為の中でその妥当性を確認しているのである。

4 社会学における意味理解

社会学において行為の意味を理解するということは、ただ単に行為者の心の中を推測するだけでは不十分なことがわかる。行為がどのような環境状況でなされたのか、その当事者はどのような人であるのか。社会学はこういった知識を十分に踏まえる必要がある。その上で、全体の中で一連の相互行為の意味を確定する必要がある。行為を理解するとは、ただ単に行為者の主観を理解することにとどまらず、行為のもととなるさまざまな要因を踏まえつつ、全体の流れの中でその位置づけをしっかり押さえることなのである。

第31章
法　学

法　学

「社会あるところ法あり」という格言があるように，われわれは社会の中で，何らかのルールに従って生活している。人々の行動を規律し，社会生活の秩序を維持するためのルールには「法」「道徳」「習慣」「礼儀」「宗教」などがあるが，多くの人は，法を意識せず，常識や道徳によって考え行動している。

そのため，「法」とか「法学」という言葉を聞くと，日常生活には関係のない難しいもののように思われがちである。しかし実際には，われわれは「法の網」の中で日々生活を営んでいるのである。社会生活において，法がわれわれに最も身近に迫ってくるのは，何か法的な問題が起こった場合である。例えば，交通事故にあい，加害者に損害賠償を求める場合，法に関わらないわけにはいかない。

日常生活の中で，法がいかに創造され，そして作用していくのか，また多くの人々の間での紛争，事件を解決するために法はいかに機能していくのか。このように法が，社会とその構成員である人々の間にどのような現象を生じさせていくのかを科学する学問が「法学」である。

法律を学ぶことの意義は，その紛争の争点を明確にし，紛争の内容はどの法律のどの条文に該当するか，どのように法律構成をすれば適切な解決ができるかを考え，論理的に説得力ある結論を導く能力，つまり「法的なものの考え方」を養うことにある。現代社会におけるわれわれの生活が，複雑化すればするほど，何らかの形で法と深いつながりをもつようになる。その意味で，基礎的な法の知識を学ぶことは，いわば社会の常識であり，国家の最高規範である「憲法」について学ぶことは，主権者である国民の義務といえる。

「法学」では，法とは何か，法と道徳・宗教の違い，法の解釈と適用など，法学の基礎知識，日本国憲法の基本原理である「平和主義」「基本的人権の尊重」，さらに「生存権」について学ぶことにより，すべての国民が幸福な生活を送るためには，どのようにすればよいのかを考えることとする。

31-1 憲法の定める自由権について

●法学レポート学習参考例●

日本国憲法の基本原理は，①国民主権，②平和主義，③基本的人権の保障である。憲法第97条は，この憲法が日本国民に保障する基本的人権は，「現在及び将来の国民に対し，侵すことのできない永久の権利として信託されたものである」と規定している。

憲法が保障している自由権，社会権，参政権等の基本的人権のうち，自由権（人が生まれながらにしてもっている自由な個人としての権利）を大別すると，精神的自由，人身の自由，経済的自由の3つがある。

1 精神的自由

① 思想の自由：憲法第19条は「思想及び良心の自由は，これを侵してはならない」と定める。これは個人の内面的精神の自由を保障したものである。しかし，個人の思想が出版活動等によって外部に公表される場合には，公序良俗を乱さないため，また，他の個人の人権を侵害しないために，法的な制限をされる場合もある。

② 信教の自由：憲法第20条は「信教の自由は，何人に対してもこれを保障する」と定めており，宗教の布教・宣伝の自由，宗教的行為の自由，宗教上の結社の自由などを含む。同条第2項では「何人も宗教上の行為，祝典，儀式又は行事に参加することを強制されない」と規定している。

また，憲法は政教分離の原則を定めており，「いかなる宗教団体も，国から特権を受け，または政治上の権力を行使してはならない」（第20条第1項後段），「国及びその機関は，宗教教育その他いかなる宗教的活動もしてはならない」（同条第3項）と規定している。また，「公金その他公の財産は宗教上の組織若しくは団体の使用，便益若しくは維持のため又は公の支配に属しない慈善，教育若しくは博愛の事業に対し，これを支出し，又はその利用に供してはならない」（憲法第89条）としている。

③ 表現の自由：憲法第21条第1項は「集会，結社，言論，出版その他一切の表現の自由は，これを保障する」と定め，同条第2項は「検閲はこれをしてはならない。通信の秘密は，これを侵してはならない」と定めている。この規定は，国民の内面的思想が言論，出版等の形で表現される場合の自由を保障している。ただし，この自由を無制限に保障すると，他の個人の人権を侵害したり，公共の利益に反する場合があるので，法的規制を全くなくすことはできない。例えば，公安条例によ

るデモ行進の規制や，犯罪を勧める文書やわいせつ図書の出版を制限することは，表現の自由の侵害にはあたらないとされ，また，小・中学校，高校の教科書の検定や税関による輸入書籍などの審査は，憲法が禁じている検閲にはあたらないとされている。

④　学問の自由：憲法第23条は「学問の自由は，これを保障する」と定めている。真理探究の自由がなければ学問の進歩はありえず，学問の進歩は社会の安定と発展，国民の文化と生活の向上のために不可欠である。学問の自由は，研究や発表の自由とともに大学の自治を含むものとされる。大学教授の任免についての大学の自主性や，大学の学内秩序の自治などを意味している。なお，第23条の規定は小・中学校などの初等・中等教育機関における教育課程（カリキュラム）や各教科で教える内容の規制を禁止するものではない。

2　人身の自由

①　人身の自由：憲法第18条は「何人も，いかなる奴隷的拘束も受けない。又，犯罪による処罰の場合を除いては，その意に反する苦役に服せられない」と定める。また，刑法も第220条で，不法に人を逮捕監禁することを犯罪としている。

憲法第18条の規定は，国による人身の自由侵害を禁止したものと解釈されているが，この規定は国民同士の間にも適用されると考えられており，労働基準法は第5条で強制労働を禁止している。徴兵制については，憲法第18条と同第9条（戦争の放棄，交戦権の放棄）の両規定によって否定されている。

②　児童の保護：憲法第27条第3項は「児童は，これを酷使してはならない」と定めている。また，労働基準法第56条以下は年少者の保護義務を定め，児童福祉法第34条は児童に関する各種の禁止行為を定めている。

③　刑事手続きにおける人身の自由：憲法第31条以下の規定は，刑事手続きにおける人身の自由を保障したものである。第31条は「何人も法律の定める手続きによらなければ，その生命若しくは自由を奪われ，又はその他の刑罰を科せられない」と定める。罪刑法定主義（犯罪の構成要件や刑罰はあらかじめ法律によって定められていなければならないこと）を定めたものと考えられる。

憲法第33条は「何人も，現行犯として逮捕される場合を除いては，権限を有する司法官憲が発し，且つ理由となっている犯罪を明示する令状によらなければ，逮捕されない」と定める。

憲法第34条は「何人も，理由を直ちに告げられ，且つ，直ちに弁護人に依頼する権利を与えられなければ，抑留又は拘禁されない。又，何人も，正当な理由がなければ，拘禁されず，要求があれば，その理由は，直ちに本人及びその弁護人の出席する公開の法廷で示されなければならない」と定める。

憲法第35条は，「何人も，その住居，書類及び所持品について，侵入，捜索及び押収を受けることのない権利は，第33条の場合を除いては，正当な理由に基づいて発せられ，且つ捜索する場所及び押収するものを明示する令状がなければ，侵されない」と定める。

第36条は「公務員による拷問及び残虐な刑罰は，絶対にこれを禁ずる」と定め，また，刑法第195条は裁判，検察，警察，看守などによる暴行又は陵虐の行為を罰することを定めている。

憲法第38条第1項は「何人も，自己に不利益な供述を強要されない」という黙秘権を定める。同条第2項は「強制，拷問若しくは脅迫による自白又は不当に長く抑留若しくは拘禁された後の自白は，これを証拠とすることができない」と規定している。これは，拷問等から逃れるために不本意な自白をすることがあってはならないということである。同条第3項は「何人も，自己に不利益な唯一の証拠が本人の自白である場合には，有罪とされ，又は刑罰を科せられない」と規定する。これは「自己免責の禁止」と呼ばれ，誰にも自分自身に不利益な自白を強要されないということである。過去の社会では，自白を強要する場合に，しばしば拷問や脅迫が行われたため，憲法第38条は自白について定めている。

憲法第39条前段は「何人も，実行の時に適法であった行為又は既に無罪とされた行為については，刑事上の責任を問われない」と規定し，「刑罰の不遡及」と「一事不再理」を定めている。「不遡及」とは「過去にさかのぼらない」という意味で，「事後立法の禁止」とも言う。「一事不再理」とはいったん無罪の判決が確定したら，これをひるがえして有罪にはできないという原則である。同条後段は「同一の犯罪について，重ねて刑事上の責任を問われない」と規定し，「二重危険の禁止」（二重処罰の禁止）を定めている。

3　経済的自由

① 職業選択の自由：憲法第22条第1項は「何人も，公共の福祉に反しない限り，住居，移転及び職業選択の自由を有する」と定める。この職業選択の自由は，営業の自由を含むと解釈される。ただし，本条に定める自由は，公共の福祉という見地から，一定の制限が加えられる場合がある。公衆浴場の開業許可のように衛生的見地から制限される場合や，医師，看護師，弁護士のようにその職業に就くために一定の資格を要求する場合などである。

② 財産権の不可侵：憲法第29条第1項は「財産権は，これを侵してはならない」と財産権の不可侵を規定し，個人の経済活動の自由と私有財産制度を定める。しかし，財産権は絶対的なものではなく，「財産権の内容は，公共の福祉に適合するように，法律でこれを定める」（同条第2項）とされている。

環境権について

　「環境権」とは，きれいな空気，水，騒音のない静かな環境を享受する権利である。広くは自然環境のほかに道路，公園，文化施設などの社会的環境，さらには歴史的文化財などの文化的環境，を求める権利として構成する立場もある。公害防止のために既存の法理論が有効に機能しないことを反省し，健全な環境を守るための法的武器たることを意図して提唱された。

　1970年3月に東京で開催された公害に関する国際シンポジウムは，環境権の確立を要請して次のように宣言した。「とりわけ重要なのは，人たるもの誰もが，健康や福祉を侵す要因に災いされない環境を享受する権利と，現在の世代が将来の世代へ残すべき遺産である自然美を含めた自然資源にあずかる権利とを，基本的人権の一種としてもつという原則，を法体系の中に確立するよう，われわれが要請することである」。

　環境権は，国や地方公共団体に対してよい環境を確保することを求めることができる生存権的基本権であるとともに，強大な企業から社会的弱者である公害の被害者を守るための権利である点で社会的基本権である。その根拠は日本国憲法第13条（幸福追求権）及び第25条（生存権）である。また同時に，環境権は，環境という対象を直接に支配し，その侵害があれば，これを排除できる私権である。この主張は，環境権を単なる宣言的，プログラム的な権利ではなく，裁判の場で実際に機能する権利として構成するところに特色がある。しかし，人間活動は常に環境に何らかの影響を与えるものであるから，こうした絶対的な差し止めを認めようとする理論によれば，，原則として人間活動は禁止されることになりかねない。人間社会では常に利害の適正な衡量が必要なのであって，この理論は硬直的にすぎたとみられる。

　環境権理論は公害に悩む住民団体に広く受け入れられ，伊達（北海道）環境権訴訟，豊前（福岡県）環境権訴訟，大阪空港公害差止訴訟の根拠として主張されたが，前記のような問題があるため，結局裁判所の採用するところとはなっていない。しかし，環境権の主張は無駄だった訳ではない。従来の理論も環境の価値を重視する方向へとかなり方向転換し，裁判例でも環境権的発想を取り入れたものは少なくない。なお，入浜権は環境権の一分枝ないし発展形態であるが，裁判上承認されるには至っていない。

31-3 民法上の財産権について

●法学試験問題学習参考例●

　民法上の財産権には，物権，債権，無体財産権，株主権などがあるが，このうち，日常の社会生活で重要な役割を果たしているのは物権と債権である。

　「物権」は，民法の定めによると，所有権，地上権，永久小作権，質権，抵当権等に分類されている。

　「物権」とは，家や土地などの「物」を，他人の許可を必要としないで直接自分で支配する権利である。同じ内容の物権が同時に2つ以上は成立できないという排他性をもつなど，この支配権はかなり強い効力をもっている。このような強い支配権をもつだけに，物権を法的に移動するには，取引の安全が配慮されている。家や土地に対する物権（家や土地を誰が所有しているか）を明らかにする制度としての不動産登記などはその例である。

　「債権」は，特定の人（「債務者」と呼ばれる）に対して，特定の行動（主に金銭の支払い）を要求することを主な内容とする権利である。具体的に言えば，ある人が何か品物を売って代金をもらうとき，そこには販売者と消費者との間の売買契約に基づく債権が発生する。人が働いて賃金をもらう場合，使用者と労働者との間には労働契約に基づく，労働力提供と賃金支払いという債権が発生する。住宅ローンを設定して，顧客にお金を貸した銀行が，顧客に返済を要求できるのは，そこに債権の効力があるためである。債権者（貸主）は，債務者（借主）が債務を履行しない（借りたお金を返さない，家賃を支払わない等）場合でも債務者に対して人的な支配はできない。したがって，債務者がお金を払えないときには，債権者本人ではなく，国が法律に基づいて強制執行をすることによって債権の効力を実現してもらうことになるのである。しかし，債務者が何の財産もお金ももっていないときは，それ以上何もできないので強制執行にも効果がなく，お金がなければ何も取れないので，債権の効力も十分な意味がなくなってしまう。

近代憲法と現代憲法の特徴について

1 近代憲法の特徴について

近代憲法は，17世紀から18世紀のヨーロッパ諸国において市民の権利・自由を獲得しようとして起きた市民革命を契機として成立した。したがって，近代憲法には，次の諸原則が共通して採り入れられているのが特徴である。

(1) 代表民主制

近代憲法の重要な原則のひとつは，国民が選挙によって代表者を選び，間接的に国政に参加する代表民主制（間接民主制）が制度化されていることである。

(2) 法治主義の原則

君主のような権力者の「人による統治」ではなく，「法による統治」でなければならないという法治主義（法の支配）の原則が採用されている。

(3) 政治責任の原則

近代憲法は，国家権力が国民生活に対して責任を負う「政治責任の原則」の仕組みを採り入れている。この原則の典型的な制度は，内閣が国民に対して連帯して責任を負う制度である。

(4) 権力分立の原則

国家権力を立法，司法，行政の三権に分散させ，相互に抑制させることによって，権力の乱用を防止し，国民の権利，自由を保障するものである。

(5) 基本的人権の保障

近代憲法は，個人の尊厳を重視し，国民の権利と自由を保障することに重点が置かれている。

2 現代憲法の特徴について

19世紀後半から資本主義の発展に伴って貧富の差が著しくなり，憲法の保障する自由が有名無実化していった。そこで20世紀になると近代憲法の原則を保持しながら，その内容を修正した現代憲法が成立していった。

(1) 権力のもとでの自由

現代憲法では，国家権力と自由が同化し，国民は国家権力に服しながら基本的に自由が保障されるようになっていった。

(2) 権力集中の抑制

現代国家では，近代憲法における権力分立を修正して行政権の優位を正当づける動きが見られるようになってきた。これに対して，国民を直接代表する議会を通じて行政権を統制する民主制原理が示されるようになった。

(3) 社会権の保障

現代国家において資本主義社会の矛盾を解決するため国民の実質的な自由と平等を実現する生存権や幸福追求権など「社会権」といわれる新しい人権が生み出された。

31-5 法の下の平等について

●法学試験問題学習参考例●

法の下の平等について，憲法第14条第1項は，「すべて国民は，法の下に平等であって，人種・信条・性別・社会的身分又は，門地により，政治的・経済的又は，社会的関係において差別されない」と規定している。したがって，華族その他の貴族の制度は認められず（憲法第14条第2項），栄誉，勲章その他の栄典の授与はいかなる特権も伴わず，栄典の授与は一代限りとされる（憲法第14条第3項）。また，教育の機会均等が第26条第1項に規定され，国会議員の選挙について人種，信条，性別，社会的身分，門地，教育，財産又は収入によって差別してはならないと第44条で規定されている。これらの規定に表れている平等主義の平等思想は，法思想として，また社会思想として欧米諸国の憲法に取り入れられていたものである。

19世紀に入ると，ブルジョワ階級的平等からプロレタリアート的平等へと移り変わっていった。これは，つまり，形式的平等から実質的平等へということであり，法の下の平等を意味する。

平等思想は，日本国憲法の第14条と第24条にも明文化されている。第14条は，簡潔にいうと，一般的規定であり，第24条は，夫婦同権，及び両性の本質的平等を次のように規定している。まず第1項で「婚姻は，両性の合意のみに基いて成立し，夫婦が同等の権利を有することを基本として，相互の協力により，維持されなければならない」と規定し，第2項で「配偶者の選択，財産権，相続，住居の選定，離婚並びに婚姻及び家族に関するその他の事項に関しては，法律は，個人の尊厳と両性の本質的平等に立脚して，制定されなければならない」としている。つまり，憲法の，平等とは，本質的平等から人間の価値における平等というように変わってきている。しかし，第14条第3項での，栄典の授与（ただし，一代限り）は，認められる差別ではあるが，それ以外の差別は絶対に認められないということである。

次に，絶対守るべき平等というものがある。これは，裁判などでよく使われるものである。①議員定数，これは，票の格差を違憲としており通説になっている。また，②一定年齢以上の者にのみ参政権を認めたり，③女子のみに出産休暇を認めたりすることも平等に反しないものである。

公務員の政治活動の制限について

　日本国憲法は，国民主権を基礎とし，基本的人権の尊重をその根底においている。しかし，公務員の人権については，その性格上，特別な目的を達成するために，一定の制限を受けている場合がある。そのひとつとして，「政治活動の制限」がある。つまり，国や都道府県，市町村に勤務する公務員は，国民や地方自治体の住民に奉仕する立場から公正・中立であることが求められており，国民に参政権として認められている政治活動については，国家公務員法などにより一定の制限を受けている。すなわち憲法第15条第2項において，「すべて公務員は，全体の奉仕者であって，一部の奉仕者ではない」と規定されている。

　このことからも公務員は公正・中立でなければならない。このことは，国家公務員法第102条において，「政党又は政治的目的のために，寄附金その他の利益を求め，若しくは受領」（第1項）したり，また「公選による公職の候補者」（第2項）になったり，「政党その他の政治的団体の役員，政治的顧問」（第3項）になるなどの行為を禁止していることからもわかる。

　さらに「選挙権の行使を除く以外，人事院規則で定める政治的行為をしてはならない」（第1項）と定められている。もし，これらに違反した公務員がいた場合，同法に基づき，懲戒処分や刑罰による制裁を受けることになる。

　また，警察官や自衛官など特別職の公務員については，警察法第10条第3項，同第42条第3項，自衛隊法第61条などに多少表現は異なるが，同様に政治活動の制限が定められている。地方公務員についても地方公務員法第36条に同じ趣旨の定めがあるが，国家公務員に比べて禁止される行為の範囲が狭く，制裁も懲戒処分のみとなっている。

　このように公務員の政治や選挙活動には，厳しい制限がある。それは，前述した憲法第15条第2項から，行政における中立的運営が，国民の信頼につながると考えられているからである。さらに，言葉を換えて言えば，国民全体の奉仕者である公務員の政治的中立性が，国民全体の重要な利益につながると考えられるからである。このため，公務員の政治的行為を禁止することは，公務員の任務・責務を考えた場合，限度を超えない限りやむをえないとされている。そして，このことは，過去の裁判において合憲であると判断が下されている。

31-7 不合理な差別の禁止について

●法学試験問題学習参考例●

　日本国憲法第14条第1項は「すべて国民は，法の下に平等であって，人種，信条，性別，社会的身分又は門地により，政治的，経済的，又は社会的関係において，差別されない」と定めている。つまり，「法の下の平等」の原則によって「不合理な差別の禁止」を明確に規定しているのである。

　すべての国家機関，すなわち，行政（各省庁）や裁判所だけでなく，立法府（国会）もこの規定に従わなければならない。「法の下の平等」とは，法の適用（人が，法によってどのように保護され，あるいは罰せられるかなど）の平等だけでなく，法の内容の平等も含むものと考えられる。たとえ法の適用が平等であっても，法の内容自体が不平等なものであれば，「法の下の平等」は実現できないからである。なお，ここに言う「法」とは，国の「法律」のみならず，すべての法規範（都道府県，市町村などの規則，条例など）を含むものと考えられる。したがって，憲法第14条に定められている項目は，あくまで例にすぎず，これ以外のあらゆる差別が禁止の対象となる。つまり，参政権，教育権，職業選択権などにおける差別も，当然禁止されるのである。

　このような平等の思想は，日本国憲法の上記第14条のほか，第24条にも明文化されている。第14条は一般的規定であるが，第24条では，夫婦同権，および両性（男女）の平等を規定している。しかし，第14条第3項での，栄典（勲章など）の授与（ただし，一代限り）は，認められるが，人権の差別は認められないこととなっている。また，注意しなければならないことは，憲法の言う平等は，「絶対的平等」ではなく「相対的平等」であるということである。

　各人は，それぞれ精神的・身体的条件が異なるのであり，これを無視した機械的平等は，かえって平等の理念に反するのである。言葉を換えて言えば，合理的理由による合理的な差別は許されているということである。例えば，①一定年齢以上の者だけに参政権を認めること，②女子のみに出産休暇を認めること，③学歴による初任給の差，④能力差による賃金の差などは「法の下の平等」に反しないとされている。その他，収入の多い者に累進課税で多額の税金を払わせることなども，合理的理由のある差別的取扱いであり，法の下の平等に反しているものではない。

第32章
心理学

心理学

　私たちの心は常に動いている。例えば「ごはんを食べよう」と思うのは，心の働きであるし，「人を好きになる」のも心の働きである。また「自動車を運転」したり「新製品を開発」できたりするのも，人間が生きている以上すべての時に心が働いているからである。このように心の働きは，私たちの生活にとってなくてはならないものになっている。だからこそ人々の関心も高く，心の話題がマスメディアに登場しない日などないといってよい。このような「心の働き」を研究する学問，それが心理学である。

　心理学が扱う領域は，基礎心理学と応用心理学の2つに大きく分けられる。基礎心理学とは，人の心に存在するかもしれない一定の法則を見出そうとするものである。人の発達の過程を研究する発達心理学，より詳しく分ければ児童心理学や青年心理学，老人心理学などがあてはまる。一方，応用心理学は，基礎心理学で獲得した心の法則や知識を，私たちが直面している問題の解決に活用しようとするものである。社会に適応できない人などへの対応を研究する臨床心理学，カウンセリング心理学などがこれにあてはまる。

　しかし，心の働きを直接調べることはできない。そこで，例えば身体の動きや顔の表情を観察したり，考えていることや感じていることを言葉に換えて話してもらったり，絵画や彫刻といった作品を分析したりして，間接的に心の働きを調べていくのである。

　心理学は，まだ歴史が浅く，現在はいくつものアプローチが存在し，それを用いて心を研究し，心理学の発展にそれぞれ貢献している。それは精神分析学的アプローチ，行動的アプローチ，現象学的（人間性）アプローチ，神経生理学的アプローチ，認知的アプローチなどである。

　各アプローチは，それぞれ長所と短所をもっており，どのアプローチがいちばん良いかという判断はできない。そこで心理学を学ぶ際には，さまざまなアプローチを学ぶことで，心の働きを多面的に見られるようになることが望ましい。そうすることで，現在課題となっている心の諸問題，例えば「いじめ」や「不登校」といった問題への対応，うつ病などに見られる精神障害への対応，子どものより良い発達を促す対応に関する解答の糸口が見えてくるに違いない。

32-1 人格形成に及ぼす環境要因とその役割について

●心理学レポート学習参考例●

　人間の行動は，まわりの状況や刺激など環境によって影響される。しかし，環境の諸条件が全く同じであっても，その時の個人の行動や思考が同一であるとは限らない。

　「人格」とは，その人の行動や思考の基準であり，それぞれの個人に特徴的な，また一貫し持続性をもった性質であるといえる。また，人格というと，「あの人は人格者だ」というように，何らかの評価的な意味をもっているが，心理学でいう人格とは，道徳的な意味での「良い，悪い」の価値評価をもっていない。ごく簡単にいえば，人としての特性，すなわち「その人らしさ」という意味で取り扱っている。

　人格形成に影響を及ぼす要因は，大きく，遺伝的要因と環境的要因に分けることができる。これらの要因に対し，古くから「遺伝か環境か」という論議がなされ研究されてきた。しかし，今日では，人格は遺伝的要因と環境的要因が互いにからみあって形成されるという考え方が一般的となっている。つまり，「遺伝も環境も」両者の相互作用によるものであるといえる。

　ここでは，特に人格形成に影響を与える環境的要因について，①家庭的要因，②学校集団的要因，③社会・文化的要因の3つに分け述べることにする。

1　家庭的要因について

　家庭環境は，環境的要因の中でも子どもの人格形成にとって，特に重要な位置をしめている。子どもにとって家庭は，単に空腹や苦痛などの不快に対して要求を満足させるためだけでなく，家族の暖かい愛情があるかどうかが健全な人格形成を決める要因にもなる。

　子どもを直接育てるのは，多くの場合その母親であり，子どもはこの母親を中心として父親，祖父母，兄弟姉妹など，家庭環境から与えられるものを受け入れて成長する。つまり家庭においては，母と子どもの関係が子どもの人格形成にとって，最も大きな影響力をもっているといえる。

　乳児は生後6か月前後から母親に対し，ほほえみかける，声を出す，泣くなどの愛着行動を積極的に示し始める。この乳児からの働きかけに対して母親が適時適切に対応する。このような母子の相互関係から，子どもに人間としての基本的信頼感が確立され，そして他人をも信頼するようになる。しかし，人間としての最初の母親との信頼感の確立に失敗すると，母親に対する強い不信をいだき，大きくなっても良い母子関係が確立されない。また，これが

一般化され他人に対する不信感へと発展し，ひいては成人になってから，たとえ，表面的には愛想がよさそうに見えても，他人を心から信じないなどの愛着障害や人格のゆがみを生むことにつながる。

例えば，乳幼児期に長期にわたって母親が不在であったり，あるいは母親がいても母親から適切な肌の接触や養育的かかわりや刺激を受けなかった場合には，心身の発達の遅れ，情緒的反応に乏しい，無感動的になるというような現象つまり母性的養育の欠如を示すことが多い。

また，一般に母親の子どもに対する好ましい養育態度（赤ちゃんをよく抱いて肌で接しての保護的，合理的，寛大など）は，子どもの人格を好ましい方向（積極的，協力的，情緒安定など）に発達させ，親の好ましくない養育態度（拒否的，溺愛的，支配的など）は，子どもに好ましくない人格特性（不適応的，神経症的，情緒不安定など）を形成しやすい傾向にあるといえる。

一方，父親と子どもとの関係であるが，長期にわたる父親不在の家庭の子どもは，母親に過度に依存的であり，基本的生活習慣の形成も不十分となり，また，男子の場合は男らしさに欠けるという傾向もあらわれる。

そして，兄弟姉妹の関係からは，協力，競争，友情，優越，指導などの性格特性が形成される。この兄弟姉妹の関係を欠くひとりっ子は，社会性に欠け，また親の溺愛，過保護，過干渉により，依頼心が強く，わがまま，神経質，落ち着きがないなどの性格を示すことが多く見られる。

出生順位も個人の人格形成に関係し，長子は独立的，慎重など，次子は活動的，勝ち気など，末子はひとりっ子に似た特性を示す傾向が見られる。

このように家庭は，子どもを保護しつつ，子どもを社会活動に参加できる健全で社会化された人格に成長させる機能をもっている。

2　学校集団的要因について

学校は家庭とともに児童・生徒の人格形成に非常に重要な影響を与える。

学校には，それぞれ規律や秩序があり，さまざまな家庭の出身者との交流がある。そして，集団を維持する上で障害となる態度には，一定の制約が加えられ，一般社会のルールが適用される。そして，児童・生徒には，学業成績，体格，運動能力などに応じて能力差があらわれ，他者と協力し援助する役割が集団から与えられる。この中で，力があってのびのびふるまえる人と，そうでない人とが生じてくる。つまり，子どもの人格形成において，学校には，優越感・劣等感・自信・挫折感といった感情や，自主的・愛他的態度などを形成する役割があるといえる。

教師と児童・生徒の関係において，教師が民主的な態度で子どもに対応すれば，子どもは情緒的安定感をもち，

協同的，規律的行動を多く示すが，専制的な教師の下では，乱暴で攻撃的，破壊的な行動を多く示し，相互に敵意をもつような傾向を示すことが多い。

学校においては教師との関係の他に仲間との関係が生じてくる。これらの関係は子どもの社会性にとって重要な役割を果たす。特に，小学校中学年になると，親や教師よりも，友人・仲間の影響が大きくなる。子どもは，ここで家庭とは違った規範を身につけ，自律性を養い，社会への適応の技術を学習していく。

このような仲間関係は，児童期から青年期，さらに成人期へと，重要な役割と効果をもち，それぞれの段階において，所属感，心理的安定，自尊心，自立性，社交性，道徳性など人格の諸側面に大きく影響を及ぼしている。

3　社会・文化的要因について

個人の人格は，それぞれが所属する社会の文化の枠組みによって強く影響され形成されていく。したがって，社会が異なり，時代が異なると，親のしつけや育児態度も異なり，そこから，その社会特有の人格が形成されることになる。このような人格の特性は，国の文化により，地域の文化により，あるいは時代によって異なるものとなる。

また，社会にはいろいろな階層が存在し，それぞれの階層が異なる文化を担い，異なる価値基準をもっている。

他方，現代社会は情報化社会といわれ，テレビ，ラジオ，新聞，雑誌などのマスメディアが，現代社会で人々の生活様式や行動様式を変え，その態度や価値観，ひいては人格形成にも，直接的，間接的に影響を及ぼしているといえる。

最後に，人格は，受動的にのみつくられるものではなく，自分自身で自らの人格を，ある方向に形成していこうとする能動的な面をもつことも見逃してはならない。

発達の概念と理論及び諸問題について

「発達」とは，人間が生涯を通じて環境の変化に適応し，成長していくことをいう。

例えば，ある人間がそれまで対処できなかった事柄に対処できるようになることや，年齢と共に老化していくことも発達という。

「発達」は，人間が生まれつきもっているプログラムに沿って時間を追って変化していく過程である「成熟」と，生まれた後の経験による変化である「学習」との，両方の影響を受けて進んでいく。成長についても同様である。実際，「発達」と「成長」の両概念は，区別されないことが多い。

「発達」には，量的側面と質的側面がある。量的な発達と質的な発達とを区別して考えることができる。

「量的な発達」とは，何らかの量の増減として表せる発達である。その中でも特に急激な飛躍のない連続的な変化であるものを指すのが一般的である。例えば，階段ではなく坂道を少しずつ登っていくような過程といえる。身長，体重，内分泌腺の重量などの正常な推移，覚えた単語数の増加などがこれにあたる。

一方，「質的な発達」とは，第一に，何らかの量の増減として表せない発達である。例えば，自転車に乗れなかった状態から乗れる状態への移行，さらにそこから片手運転ができる状態への移行という発達である。

第二に，たとえ量の増減で表すことができても，短期間での急激な増減の次に長期間の停滞が続くことが繰り返されれば，全体として階段状の変化になる。その場合，先行する停滞期よりも後続する停滞期の方がよい特徴をもつのなら，質的な発達とみなすことができる。スポーツなどで，突然合理的なコツをつかむことによって急激に記録がレベルアップするような場合である。

第三に，量の増減で表せる特質も含めて，複数の特質が合わさった結果，より高いレベルのひとつの段階に達した（例えば「幼児」が「児童」になった）とみなせる場合も，質的な発達と考えてよいだろう。

こうした質的な発達を示す階段の一段一段を「発達段階」と呼ぶ。そして，段階の順序や，各段階の特徴や，段階移行のメカニズムに関して，多くの人間にある程度共通するような法則を捉えられれば，ひとつの発達段階説を打ち立てることができる。

次に著名な発達段階説について考察する。

1　J. ピアジェの発達段階説

J. ピアジェ（スイスの心理学者）は，子どもの認識能力の発達を研究し，発達段階を次の4つに区別した。

① 感覚運動期（通常2歳頃まで）：身体を通して自分の外の世界に何度も働きかけるうちに，外の世界と自分とが別々だということが分かってくるだけでなく，感覚と運動とが結びついた行動パターン（例えば目で見た物の方に手を伸ばして触ること）が出来上がってくる。それがその後の認識や思考の土台となる。

なお，生後7か月頃までは，「物の永続性」（物は視界から消えても本当にこの世から消え去るわけではなく，ちゃんと存続しているということ）がわからない。

② 前操作期（2〜7歳）：事物を絵や言葉に置き換える象徴的思考が芽生える。しかしまだ，その時その時，その場その場にとらわれて物事を考えるので，「いつでも……だ」「どこでも……だ」などと一般的にものを考えることは苦手である。

また，物事を実際にやる代わりに頭の中でやってみること（つまり「操作」）がよくできない。指を折って数を数えるのもその表れである。例えば，物の形や並び方が変わったとき，頭の中で元に戻してみて「増えても減ってもいない」と気づくこと（つまり，量の「保存」を理解すること）が難しい。また，「黄色で三角」など，複数の観点から物事の特徴をつかむのも苦手である。他者の視点から物事を見たり考えたりできないという「自己中心性」もある。

③ 具体的操作期（7〜12歳）：同時に複数の観点から物事を見られるようになる。「自己中心性」も減退する。見たり，触れたりできる具体的な物事に関してなら，頭の中での「操作」もできるようになる。だから，物の個数，長さ，広さ，液量，重さなどの「保存」もわかるようになる。こうして論理的に思考できるようになっていくが，まだ物事の見かけに左右されやすく，抽象的なことを考えるのは苦手である。

④ 形式的操作期（11歳〜）：抽象的な「操作」が可能になり，目の前にない状況や，日常の感覚に反するような想定をした話（「もしも摩擦がなかったら」など）についても，筋を通して考えを進めることができるようになる。これ以後，知識の量は増やせるが，考え方のスタイル自体はこれで完成であって，これ以上は変わらない。

以上の，ピアジェの発達段階説には，次の問題点をあげることができる。

① 子どもの発達ぶりは，年齢だけでなく生活経験や教育の内容・順序などに左右され，ピアジェがいうよりずっと多様だという批判がある。例えばブルーナーたちが指摘したように，低年齢の子どもには無理だと思える課題でも具体的で分かりやすい表現や題材で教えればできる場合がある。またヴ

ィゴツキーが研究したように,難しい課題でも熟達者に混じって活動するうちにいつのまにかできてしまい,次第にひとりでもできるようになる場合がある。つまり,子どもの側に学習のレディネス(心身の準備)が整う時期は,人為的に早められるということである。

② 乳児に関する近年の多くの実験は,乳児にはピアジェが考えた以上の能力があることを示している。例えば生後3～5か月の乳児でも,実験者のトリックによって物体が通常ありえないはずの消え方をした場合には,トリックがない場合とは違う反応(心拍数の急激な増加など)を示す。こうした実験結果からすれば,乳児はピアジェがいうよりも早い時期から前述の「物の永続性」を知っていることになるだろう。

2 S.フロイトの発達段階説

S.フロイト(オーストリアの精神医学者)は,人間の無意識を解明する精神分析を創始した。フロイトは,子どもも含めたすべての人間は,だれもが生まれつきもっている性的なエネルギーである「リビドー」につき動かされて考え行動しているのだと考えた。そして,「リビドー」が体のどの部分に向けられるかによって,次の5つの発達段階があると想定した。すなわち,①口唇(こうしん)期(0～1歳),②肛門(こうもん)期(2～3歳),③幼児-性器期(「男根(だんこん)期」「エディプス期」ともいう)(3～4歳),④潜在期(4～13歳),⑤成熟-性器期(14～21歳)である。各段階には解決すべき課題があり,それに失敗すると,その段階へのとらわれ(すなわち「固着(こちゃく)」)が生じてしまい,次の段階へと正常に進めなくなる。すると以後の人格形成に悪影響が及び,神経症の症状などとして表れるのだとフロイトは考えた。例えば,肛門期の課題である排泄の統制に失敗した人は,その後,生涯にわたって,けち・潔癖(けっぺき)性・几帳(きちょう)面(めん)などの特徴をもつ「肛門期的性格」になるとされる。

フロイトの発達段階説に対しては,次のような問題点が指摘されている。

① フロイトは無意識の働きを過大評価しているのではないか。意識の働きにより人格が発達する面も十分に考慮する必要があるのではないか。

② フロイトの説が本当に正しいのか,客観的に確認する方法がない。例えばフロイトによれば,上記の「エディプス期」の幼児は,異性の親に性的欲望をいだくが同性の親の存在が邪魔になってその欲望が満たされないので,無意識のうちに,異性の親には愛情(あいじょう)を,同性の親には憎悪(ぞうお)を向けるという複雑な感情,すなわち男児の場合「エディプス・コンプレックス」,女児の場合「エレクトラ・コンプレックス」を経験するという。しかし実際には,自分の幼少時を振り返って,この説に全く心当たりのない人もいる。ところがフロイトの理論では,「その人の性的欲望は無意識によって強く抑圧され

てきたから，思い出せないのだ」と説明してしまう。こうしてフロイトの理論では，性に積極的な態度も，禁欲的な態度も，無関心な態度も含めて，人間はすべて無意識の性的欲望に支配されていると主張できてしまう。すなわち，どんな証言をあげても，それを否定できないことになる。これは一見，フロイトの理論の絶対的な正しさを示しているかに見える。しかし見方を変えていえば，疑って試してみる方法が全くない理論というものは，疑いを乗り越えてこそ生まれる信憑性を，少しも得られないのではないだろうか。これはつまり，「フロイト理論は科学的でない」という批判である。

③　上述の批判に対しては「科学的であろうとなかろうと診断を受けた人が納得し，それで治癒すれば十分である」という反論もある。しかしそれでも神経症的な症状を抱えてカウンセリングに来た人々をモデルとして作られたフロイトの理論が，健康な人にも本当に当てはまるのかという疑問が残る。つまり，無意識はだれの場合でも同じように働くのかという疑問である。

3　E. エリクソンの発達段階説

E. エリクソン（ドイツ生まれのアメリカの精神分析家）は，フロイト理論への上記の批判を意識し，あくまでも健康な人格に着目して独自の「心理－社会的発達段階説」を唱えた。それによれば，人間の生涯には，社会との関わり方の面で，8つの課題が順次訪れる。すなわち，①「環境への基本的信頼」（1歳），②「自己統制ないし自律性」（2～3歳），③「自由や自発性の感覚」（4～5歳），④「規則の受け入れと勤勉感」（6～11歳），⑤「アイデンティティ」（12～18歳），⑥「他者との親密な関係」（～30歳代），⑦「自身から家族や次世代への関心の拡がり」（中年期），⑧「一生の成就の感覚」（老年期)を形成ないし獲得することである。これらがそのままだれにでも当てはまる発達の8段階だとされる。

こうしたエリクソンの発達段階説に対しても，次の問題点を指摘できる。

①　どのような人の人生航路を標準的とみなしてモデルにするかが問題である。エリクソンの場合，生涯一貫した職に就き，結婚し子どもを設けた男性がモデルだという印象を与える。ここに偏りがないだろうか。

②　真に標準的な発達段階があったとしても，それ自体が社会の変化や歴史の大きな動向によって，時とともに変わる可能性もある。例えば，日本では少子化と高齢化の影響で，「1970年に結婚した人」は「1930年に結婚した人」よりも，末子の結婚から夫婦のいずれか片方の死亡に至るまでの期間が平均して約15年も長くなった。そして，親としての役割を終えたこの期間に女性が社会参加などの新たな出発をするという風潮が出てきている。これは，人生の新しい課題，新しい段階の出現といえるのではないだろうか。

発達のメカニズムについて

人間の発達に影響する主な要因として，遺伝と環境があげられる。したがって，異なった両親から生まれ異なった環境で育った人の発達の様相や過程は多様であると考えられる。

しかし，標準的に発達している人間には，多様な中にも共通する特徴がみられる。これを「発達の法則」といい，子どもの発達のメカニズムを示すものである。

(1) 発達の方向性

ひとり歩きをする前に，首がすわり，ハイハイをする。また，腕が自分の力で動かせるようになってから，手首→手→指といったように，細かな部分の運動ができるようになる。身体の中心から周辺部へ向かう発達の方向性がみられる。

(2) 発達のリズム性

人間の発達の速さは常に同じではなく，時期によって変化する。例えば，身長は出生後1年間で急激に伸びるが，その後はゆるやかに伸び，青年期になると再び急激に伸びる。

(3) 発達の順序性

一般的な行動から特殊な行動へ順序立てて発達するということである。子どもの行動はしだいに分化し，特殊な反応を示すようになる。生後2か月頃の乳児の目の前にものを差し出すと，つかもうとして両手両足をバタバタと動かすが，手に取ることはできない。これが6か月になると，片手でしっかりものをつかむようになる。

(4) 発達の連続性

発達は連続的であるということである。発達は成熟期へ向かって段階をふみながら少しずつ進む。いままでハイハイもできなかった子どもが，いきなりひとり歩きをしだすなど，突然の飛躍が起きるということはなく，段階的に発達するのである。

(5) 発達の個人差

発達には個人差があるということである。生後9か月でひとり歩きをする子どももいれば，1歳半でまだハイハイをしている子どももいる。幼児期に入る頃でもあまり言葉を話さない子どももいる。身体の成長に個人差があるからこそ，中学生で大人っぽい容姿の子や小学生程度にしか見えない容姿の子どももいる。一人ひとりの子どもの発達速度は，それぞれ異なってくる。

このように人間の発達の過程では，遺伝子的な素質と環境によって与えられる刺激が重なり合って，しだいに高度なレベルへと発達していくものと考えられている。

32-4 発達障害について

●心理学試験問題学習参考例●

「発達障害」とは，胎生期又は生後の早い時期において中枢神経系の何らかの障害が原因となって起こる認知・言語・社会性・運動機能などの障害をいう。通常，青年期までに発症し，生涯続くと予測されるものである。自己管理・自己決定力・言語機能・学習・移動・身辺処理能力・経済的自立など，いくつかの領域で支障が生ずる。次に，世界保健機関（WHO）の国際疾病分類などを参考に，主な発達障害をあげる。

1 精神遅滞

18歳未満に発症し，全体的な知的機能が明らかに平均より低く（IQ70以下），社会への適応能力の障害をもつものである。なお21番目の染色体の異常が原因といわれるダウン症候群（ダウン症）も，精神遅滞の症状を伴う。

2 特異的発達障害

学業・言語・運動などのうち，特定の能力の発達が顕著に遅れる障害である。
その中の代表的な障害である「学習障害」（LD）は，一般知能に大きな障害はないが，学習の機会はあったのに，読み・書き・計算・運動といった能力のどれかが遅れているものである。概して社会性には問題ない。
なお，かつては自閉症と混同されていたが，近年は異なる分類をしている。

3 広汎性発達障害

広範な領域にわたって発達の障害があり，自閉症やそれに近い脳機能の障害の総称である。
「自閉症」は，一般的に他者の感情や考えを察するコミュニケーション能力に障害がある。言語の発達は遅れがちで，反響言語（オウム返し）がしばしばみられる。限られた対象への執着や，知覚の過敏も特徴的である。
「アスペルガー症候群」は，言葉の遅れはほとんどないが，その他の点では自閉症と同様の症状をもつので，近年では自閉症と合わせた「自閉症スペクトラム」という名称もできている。

4 注意欠陥・多動性障害（ADHD）

ADHDの特徴は，集中力がなく，情緒が不安定で衝動的な病状を示す。例えば授業中でも席を離れ動き回ったりする多動性などである。注意集中や行動抑制を司る大脳前頭葉でドーパミンなどの神経伝達物質がうまく機能していないことが直接的な原因とされている。

これまで，「発達障害」への理解や対応は不十分であったが，2004（平成16）年に「発達障害者支援法」が制定され，発達障害を明確に定義するとともに，早期発見と学校教育や就労面の支援などが図られるようになった。

32-5 ●心理学試験問題学習参考例●
心理測定と診断について

「測定」とは，一定のルール（規則）に従って対象又は事象に数値を割り当てることをいう。例えば，ある子どもが九九の1の段から9の段までを言うのにかかった時間として「180秒」という数値を得るまでが「測定」である。特に，人間の心理に関する測定を「心理測定」という。

一方，「評価」は「180秒」という数値が速いのか遅いのか判断したり，何を物語っているのかを解釈したり，この子は九九の"初級"などと分類したりする。それが「評価」である。「測定」は「評価」を伴ってこそ意味をもつ。

「診断」も，一種の評価である。「診断」とは，病気などの種類や経過を分類ないし命名することである。「診断」の材料は，上述の例のように「測定」によって得た値である場合もあれば，面接におけるクライエントの様子などのように，数値ではない場合もある。

心理的症状や心理的障害に関する診断を「心理診断」という。「心理アセスメント」とも呼ばれる。

心理診断（心理アセスメント）を行うための重要な手段として，「心理検査（心理テスト）」がある。代表的な「心理検査」として，知能検査と人格検査がある。

「知能検査」では，抽象的思考力，合理的思考力，記憶力，言語能力，空間認知能力，新しい環境への適応力などを検査する。被験者の成績が何歳レベルかを示す「精神年齢」と実年齢との比から，「知能指数（IQ）」を求める。

「人格検査」は，個々人の性格や精神的な病理など，人格に関わる諸側面を検査するもので，①投影法（ロールシャッハテスト・絵画統覚検査（TAT）・絵画-欲求不満検査（P-F検査）など），②質問紙法（谷田部ギルフォード性格検査など），③作業法（内田クレペリン精神作業検査など）がある。

「心理検査」を行う際には，より正しい診断を下すために，同じ検査でもできるだけ正確に行う必要がある。

また，複数の異なるテストを組み合わせて（いわゆるテスト・バッテリー），多面的な情報を得ることが望ましい。

心理測定や診断を行うにあたっては，「いかなる診断も，その人間の全体像を摑んだものではないし，誤りの可能性も常につきまとう」という自覚が大切である。また「あくまでも被験者を援助するために行うのである」という倫理的な自覚をもつことが大切である。

32-6 心理療法と行動療法について

●心理学試験問題学習参考例●

(1) 心理療法

疾病の治療法のうち身体ではなく，心に働きかける治療法をいう。対象となるのは，不安やそれに伴う怒りや苦悩などの感情，不適切な行動，心身の異常などである。

主に人間の感情や意思に働きかける心理療法として，ロジャーズ派のカウンセリングによる「クライエント中心療法」，フロイトの「精神分析療法」，ユングの「分析心理学」に基づく療法などがある。

一方，人間の知的な側面に働きかけるものとしては，信念や推論の歪みを矯正しようとするエリスの「論理療法」や，知覚・記憶・判断等の歪みを矯正することから情緒面を安定させようとするベックの「認知療法」などがある。

(2) 行動療法

人間の行動を矯正することを通して人間の内面を好転させようとする心理療法であり，心理学の行動主義理論に基づいている。

① 系統的脱感作法：「もともとは無関係な刺激同士でも，セットで繰り返し与えていると，脳の中で関連づけられてしまう」という「古典的条件づけ」を利用する技法である。例えば，不登校の問題の場合，最初は恐怖の程度が弱い刺激（例えば鞄を持って家を出る）をイメージしながら筋肉を緩めてリラックスする練習をさせる。それができたら少し強い刺激（校門が見える）に置き換えて同じ練習をさせる。同様にだんだん強い刺激に進み，教室で席につくのをイメージしてもリラックスしていられるようになれば，本当に学校に行けるようになる。恐怖に代わってその正反対であるリラックス状態が，本人の脳の中で，学校という刺激と結びついたからである。

② シェーピング：「ある行動に対してご褒美を与えれば，その行動は起こりやすくなり，反対に罰を与えれば起こりにくくなる」という「オペラント条件づけ」を利用する技法である。例えば，学校では緊張して一切喋れないという子どもの治療者は，まずその子が自分の方を向いただけで褒め，次に唇が少しでも動いたら褒め……というように，こまめに褒めながら少しずつ発話に向かって進んでいく。

この他にも，行動療法には望ましい行動の手がかりを与える「プロンプティング」や，他人を模倣させる「モデリング」など，多くの技法があり，精神医学，リハビリテーション，障害児教育などの領域で利用されている。

人格の諸理論について

人間は，周りの状況，刺激，環境によって影響され，行動することが多い。人間の行動にはこの他に，その行動の主体，つまりその人自身のもつ，諸要因が大きく作用している。人間個々人には，その人らしい一貫した独自の行動傾向がみられる。以上のように，行動の背後にあって，各々の個人に特徴的な，また一貫して持続的な性質のまとまりを人格や性格と呼んでいる。

性格の定義としては，個人の感情及び意思の比較的恒常的な反応の総体ということになる。性格は人格の下位的な概念である。気質は，個人の情動的反応の特徴を指すもので，その人に固有の根本的気分の特色などを含んでいる。

人格の意味はさまざまであるが，4つに分けることができる。①他人にそのように見えている個人の外観。②人がその生活において演じている役割。③それぞれの人に内在している個人的な性質の総体。④個人の尊厳性。以上の4つが重要だと思われる。人格という場合一般的には価値的な意味が含まれるが，心理学においては，道徳的な意味は含まれない。

人格の記述の基礎となる理論について考える。それはおおまかに分けて3つになる。(1)類型論，(2)特性論，(3)力動論である。

(1) 類型論

人格を全体的に，統一的に，具体的に捉えようとするもので，多様な人格を整理して，なんらかの原理に基づいて共通する類型的なものを発見して分類しようとする考え方である。代表的なものをあげてみると例えばクレッチマーの体格気質類型説がある。クレッチマーは豊富な臨床経験から，体格と人格とに相関があることに気づきこの説を展開した。すなわち躁うつ患者の多くが，ずんぐりした肥満型かその混合型であることに着目し，統合失調症患者は，やせすぎの細長型が多いことを発見し，精神病者から正常人までを含んだ規模の大きい理論にまとめたのである。性格傾向を躁うつ性気質，分裂性気質，てんかん性気質に分け，それらを正常の範囲の性格特徴を含めて考えた。つまり，躁うつ性気質は肥満型，分裂症気質は細長型，てんかん性気質は闘士型というように，体型と精神病との関係を見出した。クレッチマーの類型論を批判的に追試して研究を進めたのがシェルドンである。彼は，人間の行動は生物学的因子が決定的な意味をもつと考え，人間の体格を3つ

の型に分類して（肥満型，筋骨型，細長型）対応する気質をあげた。この理論によると，肥満型は社交的で寛容であり，筋骨型は権力や冒険を好み，競争心が強く，そして細長型は頭脳型で非社交的で率直である。

この他にも類型論があるが，類型論に共通した点は，全体としてまとまりをもった人間を質的に把握しようとすることである。人格を直観的に理解できるという利点はあるが，人格をあまりにも画一化してしまう恐れもある。さらに，人格を固定したものと考えて変化し発展するという側面を見逃すきらいもある。

(2) 特性論

類型論とは対照的で，人格の特徴は多面的で複雑であり，これを少数の類型に分類するのは困難だと考えるのである。そこで人格をいくつかの特性に分けてそれぞれの特性をどの程度もっているかを問題にしようとするのである。特性とは，いろいろな状況を通じて個人に一貫してみられる行動傾向やそのまとまりをいう。個人間の人格の相違は特性の程度の問題であって，質の問題でないとするのが，特性論の基本的な立場である。

①オルポートの特性論。オルポートは，体質，知能，気質を人格の基礎と考え，これらを個体が他者との関連なしにもちうる人格の心理的生物的基礎特性とした。これに対して，より共通的な一般的な人格特性をあげた。これは2つの特性に分けられる。人格の表現的特性と，人格の態度的特性があげられている。

②キャッテルの人格特性論。人格の特性論は，統計的な因子分析の手法を使って，因子論へと発展した。キャッテルは，オルポートにならって人格特性を共通の特性と，独自の特性に分け，共通の特性をさらに表面的特性と根源的特性に分けた。そして人間の行動傾向を示す4500語を検討し，171語にまで圧縮，これに基づいて62個の群をつくり，ここから35個の核群を得て，因子分析によって12の因子を抽出した。A～L因子の12因子中，最も重要なのが，「循環気質分裂気質」のA因子ということは，クレッチマーの類型論の妥当性が，特性論の角度から裏づけられたという点で非常に興味深い。

このような特性論は客観的測定をめざすあまり，個人の全体性や独自性を見逃しやすいという欠点がある。類型論的方法と特性論的方法が補足し合い，統合されることが望ましい。

(3) 力動論

人格の構造を固定したものと考えず，環境との相互作用において環境との動的平衡を維持しようとして動的に変化していくものとして捉える立場で，理論を展開しているのがこの説である。そこで重要なのは，フロイトの力動説である。フロイトは人間のいろいろな錯誤行動・夢・ヒステリー症状などの研究から，人間の精神活動には意識上

の過程のほかに意識下の過程があり，さらに後者には，前意識と無意識の過程があると考えた。さらに人間の精神構造として原始的無我，自我，超自我の三領域を仮定した。自我が社会的適応できなくなった場合には，欲求不満におちいる。そこで何とか合理的に解決しようと行動するが，それがうまくいかないと，現実を歪曲し，偽の適応をとることになる。このような機制を自我の防衛機制と呼んでいる。主な防衛機制として　①抑圧，②合理化，③補償，④代償，⑤置きかえ，⑥反動形成，⑦投射，⑧同一化，⑨退行，⑩逃避，⑪攻撃，⑫昇華があげられる。一般に防衛機制は欲求不満や葛藤の状態を解消し，何らかの平衡を保とうとする，非合理な解決方法と考えられる。しかしそこには積極的な意味が見出される場合もある。そのため防衛機制は，望ましい本来の合理的適応へのひとつの過程であると考えられる。

　以上述べてきた類型論，特性論，力動論のそれぞれに長所と欠点が見られ，人格というものを完全に理解できるこれといえる完全な学説はまだない。それほど人間の人格や性格というものは複雑で理解するのが難しいものである。しかしながら，以上にあげた説が基礎理論であることはまちがいない。人格の研究のためには，総合的で質的に把握しようとする類型論的方法と，分析的で量的に把握しようとする特性論的方法，さらに，環境との相互作用や動的変化まで視野に入れた力動論的方法が補足し合い，統合されることが望ましいと思われる。

32-8 ●心理学レポート学習参考例●
人間の環境認知の特質について

　人は同じものを見、同じ音を聞いても、個人のその時の状況やおかれた環境によってそれぞれ異なった行動（外に現れた言葉や動作）をとる。つまり行動は、その人が環境をどのように認知するかによって異なるのである。そこで、まず生物はどのように環境を認知するか、その特質について述べる。

　一般に生物は、それぞれ生まれながらにして備わっている感覚器官を通じて環境を認識し、この認識した物に対して独自な反応をし、行動を起こしている。

　例えば、家の居間にあるものを考えると、そこには、いす、食卓、食器、食べ物、机、電灯などがある。それらを人間は、座るため、食事のため、部屋を明るくするためといった用途の物として認知している。しかし犬は、これらを障害物と食べ物とに分け、その他は座るための場所というように認知する。また、ハエは、餌となる物と飛び回る場所だけが独立し他はみな障害物と認知している。

　このように生物は、自らに適した独自の認知の仕方によって環境を選択し、その環境に適応しながら生活している。

　認知とは、視覚、聴覚、触覚、味覚、嗅覚などの感覚を通じ、外から入ってきた刺激の情報を脳の中で知識とつきあわせて（記憶・想像・思考・推理・判断など）外界の物的な環境を認めて、理解し、そして知ることである。

　例えば、青色と白色で書かれたゴルフ用品店の看板があったとする。青い、白いと感じるのは感覚であり、青いペンキで書かれた看板の文字を文字としてみるのが知覚である。さらにその文字を構成し、知識と照らし合わせそれがゴルフ用品の店だと理解することが認知である。

　人間の行動は、こうした人の環境認知に導かれ行われる。したがって、人間の行動は、それらが明らかに合理的なものである場合にはもちろんのこと、一見非合理的に見えるものでも、その人にとってはそれなりの意味があり、必然性がある場合もある。例えば、他人の眼には奇妙な行動に映っても、本人の認知に照らしていえば、全く「筋が通って」おり、「首尾一貫して」いると思い込むことがある。その意味では、人間の環境認知は、人の行動の基準であり、指針であり、その人の行動を支配するものであるといえる。

　しかし、人間はその環境のすべてを細大漏らさず、かつ正確に認知するわけではない。言いかえれば、認知は写

真やコピーとは異なり，環境をあるがままに写し出すことではないということである。つまり，人は五感を通し外部の環境からの情報を得て，さまざまな形で自分の欲しい情報を取捨選択し，それに基づいて行動しているのである。

このように人は自分の欲しい情報を選択して環境を認知するという特徴があるが，その他にもいくつかの特質をもっている。

第一に，環境の事物を「体制化」して認知している点である。体制化とは外界に無秩序に存在する物事や出来事を，秩序づけ，意味づけ，「まとまり」のある知覚的世界を作りあげるということである。この働きによって環境の認知が容易になり，その結果人々は周囲の環境に対して，的確に行動することができる。

この体制化において最も基本的な現象は「図と地の分化」である。

人が「何か物がある」と認知をするためには，ものの形がまわりの背景からはっきりと浮かびあがって見えなければならない。例えば，壁に絵が吊るされている場合や紙に文字が書かれている場合を考える。この場合，絵と文字は「形」として認知され，壁と紙は「背景」として認知される。このように形として捉えられる部分を「図」，背景となっている部分を「地」と呼ぶ。この図と地の関係は，それぞれの位置によって，図になりやすい部分と地になりやすい部分が決まってくる。この働きによって，人は形やものを認知することができるのである。

次に「群化」という働きがある。人はものがバラバラに配置されている時，それをバラバラに見ようとするのではなく，あるひとつの「まとまり」として捉えようとする傾向にある。例えば，夜空の星は何の法則もなく散らばり輝いている。しかし，人はこれらの星をいろいろなひとつのまとまりのある形，つまり，星座として認知している。このように，人がより簡単で規則的なまとまりを作り，環境を認知することを「群化」と呼んでいる。

そのほか，人は「パターン認識」して事物を認知している。パターン認知とは，例えば，「P」という文字には大きかったり，小さかったり，傾いていたり，まっすぐだったり，倒立したものがあっても，すべて同じパターンの「P」として認知することである。

第二に，環境の事物を「恒常性」をもって認知する点である。恒常性とは，物理的刺激の変化にもかかわらず，そのものの性質を同一に保とうとする働きである。例えば，斜め上から見たコーヒーカップの縁は，眼の網膜には楕円として写るが，人は真円として捉えている。また，身長がほぼ同じのA・Bさんがいたとする。Aさんは10m先に，Bさんは20m先に立っている。幾何学的には，BさんはAさんの2分の1の身長に見えるはずである。しかし，人にはそれほどの大きさの変化は認め

られない。このように「コーヒーカップの縁は真円である」「2人の身長は等しい」という経験に裏づけられた知識に基づいて人はさまざまな判断をしている。この現象を大きさの「恒常性」という。形や大きさの他にも，色，明るさ，位置，方向などの恒常性がある。

人が対象の同一性を認知することができるのは，この恒常性の働きによるところが大きい。この働きにより，人の知覚的世界は安定し，人は容易に環境に適応できるのである。

つまり，上記の恒常性の例でもわかるように，人が認知した状態と，実際の物理的状態とは必ずしも一致していないのが普通である。

このように物理的状態と経験される内容（認知）との間にはズレがある。その現象のひとつに「錯覚」がある。例えば，月の大きさ自体は変わらないものであるが，水平線に沈む月の方が天頂にある月よりも大きく見える。これを「月の錯視」と呼ぶ。また，ツェルナー図形（平行斜線部が平行に見えない），垂直水平図形（垂直線分が長く見える）などの幾何学的錯視図形もある。その他，同じ重さの鉄と綿を持ち上げると，鉄の方が綿よりはるかに重く感じられるのも錯覚である。

誘導運動も，錯覚現象の一種といえる。例えば，夜空に浮かぶ月は止まって見えているはずなのに，その周囲にある雲が動くと，雲は止まって月が逆向きに動いて見える。このような経験をさして誘導運動と呼んでいる。

このように，人は環境から五感を通じて刺激を受け，その情報を鏡のようにあるがままに認知するのではなく，そのときの状況やその人がもつ知識，経験，意図などに基づき，情報を歪めたり，刺激にはない情報を付加したり，あるいは存在する情報を見落とさせたりして環境を認知している。

例えば，蛇が嫌いな人がいたとする。この人も蛇の存在に気がつかなければ，いつもと同じように道を歩くが，道に捨ててある古い縄を蛇と誤認すれば，悲鳴を上げたり，立ちすくんだりする。物理的に蛇がいても心理的にはいない場合と，物理的にはいなくても心理的にはいる場合の違いである。

つまり人間が環境認知をする場合，単なる物理的・地理的な環境を認知するのではなく，その人がもつ知識と照らし合わせ，その人のそのときの心理的環境で認知しているといえる。

心理学における環境の意味について

　一般的に環境という言葉は地球の自然を説明する場合に使われることが多い。例えば環境破壊といった場合は，地球の自然が破壊されているという意味である。ここでは，心理学に登場してくる環境については，どのような意味で登場するのか考えてみたい。

　心理学でいうところの環境の意味づけについて，レヴィンとコフカの説から考えてみたい。レヴィンは，人の行動を環境との相互作用として捉えることが，心理学の基本的な考え方だとして，B＝f（P・E）という公式を設定した。Bは行動，Pは人，Eは環境，fは関数，相互作用である。要するに，行動は環境的要因と行動する人の内部的要因との相互作用によって規定されるという意味を表しているのである。行動する人の内部的要因とは，生理的要因・過去の経験・欲求・態度・価値観などを指している。この公式によると，同じ環境Eにあっても行動に個人差が見られるのは，それぞれの人の内部的要因が異なるからであり，同一人物が異なった環境下で同じ作業をしてもその結果が異なってくるのは，環境的要因が異なるからと見ることができる。

　次にコフカであるが，彼は事例を引いて次のように説明している。「ある冬の夜，ひとりの疲れ切った旅人が雪の平原を通ってようやく1軒の宿に辿りついた。宿の主人は旅人にどこからやってきたのかと尋ねた。旅人は歩いてきた方向を指したが，そこには凍った湖があった。そこで宿の主人は言った。"あなたは，湖の上を渡ってきたんですよ"。旅人はこの言葉を聞くや否や気を失った」。この場合，旅人にとって存在したのは「雪原」であって「湖」ではなかったはずである。だから湖の上を渡ったと聞かされて驚き，気を失ったというわけである。地質的・物理的には湖があるのは確かであるが，この旅人にとって，心理的・行動的には湖はなかったといえる。そこでコフカは，客観的に存在する環境－湖を「地球的環境」と呼び，主観的に認知される環境－雪原を「行動的環境」と呼んで，両者を区別したのである。

　さて人間の発達と環境はどのような関係があるのだろうか。ゲゼルは「個人は，その民族的及び祖先からの遺産を成熟の過程によって獲得し，展開していく。そしてその社会的遺産を文化適応（社会的環境）の過程によって獲得展開していくのである」とした。す

なわち成長の型は，遺伝的要因並びに子どもの育つ環境・文化によって規定されることを主張した。例えば，狼に育てられた子どもと一般人とを比較した場合，発育，知能に大きな差が見られた。人間の発達には社会環境や自然環境が大きな影響を及ぼしていることは衆知の通りである。

　次に知覚と環境との関係について考えてみる。知覚とは何か。人間は常に活動を営む生活体である。生存していくためには，常に環境内のさまざまな事物を識別し，その変化に対応していかなければならない。この環境の受けとめ方を知覚という。環境の認知は，目，耳などの感覚器官の働き，つまり目で物を見，耳で音を聞き，手で物の表面に触るなどの働きによって外界を認めていく。しかし，日常生活の中では，物理的状態（環境）と知覚される内容との間に食い違いが起こることがある。これを錯覚現象という。次に環境世界について考えてみる。動物は物理的環境を共有し，それぞれが種・個体に特有の仕方で異なる環境として受けとめている。海辺・山・草原や樹木・草などがつづく景色など，これは人間が物として捉えた環境であり，それらの景色などは水中に住む魚には何ら意味をもたない。イソギンチャクにとってはとりついている岩が重要であるし，カニにとって砂浜が重要な場となり，鳥にとっては巣を作った樹木以外は障害物となるだけである。このように、それぞれの個体は，すべてそれぞれに異なった自らの考え方で環境を受けとめているのである。生物にはそれぞれ固有の環境との間の機能的結びつきがあり，その仕組みは，その種に固有のあらかじめ準備されている感覚器官を通じて環境を知覚し，この知覚が物に対して特別に備わった反応様式で働きかけることから成り立っている。これは人間にとっても同じである。

　次に欲求との関係を考えてみよう。われわれの日常生活の動機にはいろいろな欲望や願望が働いていることがわかる。人間は誰でも生きている限り欲求から全く離れることはできない。つまりわれわれは，常に何らかの欲求を抱きながら行動している。さて，知覚に及ぼす欲求の影響について考えてみよう。被験者に一定期間，水や食物を与えないで心理テストを行ってみると食物や水に関する反応が強くなるという。つまり欲求が強くなるという。欲求が強くなると，その欲求を満たす価値のある刺激の知覚が敏感になるということである。これを「知覚の鋭敏化」という。例えば貧しい家庭と金持ちの家庭の10歳の子どもたちを使って，貨幣の大きさを判断させる実験が行われたことがある。その結果は貨幣の実際の大きさと比べて，明らかに過大視が見られたのである。貧困家庭の子どもと，裕福な家庭の子どもを比べてみると，貧しい家庭の子どもの方が過大視の著しいことがわかった。この事実

から，それぞれの個人がもっている貨幣に対する価値観が大きさの知覚にも影響することが明らかにされたといえる。

次に知覚と環境との関係について考察してみよう。知能が遺伝と環境にどのように関係しているか。例えばイギリスの科学者がどんな社会階級から輩出したかを調査すると，その結果は，科学者は学者階級から輩出するとは限らないというものであった。科学者が知的優秀者の唯一の代表者ではないが，優れた科学者が現れるためには，刺激となるところの社会環境・徹底した勉強や訓練・経済的な安定性などの環境的要因が重要なのである。現代の心理学では，人間の知能の発達を遺伝と環境との相互作用で説明している。つまり，遺伝と環境との両者の力を認めているのである。しかしどちらにウエイトをおくかはその人の専門的立場によっても違ってくる。知的障害児の教育にたずさわっている人にとって，素質的障害を認めながらも，環境的な働きかけに希望をつないでいく。昨日できなかったことが，今日できたことに対する喜びは実に大きい。

このように自然環境や社会的環境が，発達や知覚・欲求など人間のもっている生まれつきの能力に多大な影響を与えている。また人格の形成に関しても「遺伝か環境か」と古くから議論されてきている。たしかに日常生活の中で，さまざまな人たちと接すると，生活してきた環境の違いによって考え方が大きく異なるのに驚かされることが多い。ひとり親に育てられた人，裕福な家で育てられた人，育つ環境によって，また育つ過程において，心的に非常に大きな影響をうけることは自明のことである。だから環境というものがとりわけ人間にとって，非常に重要である。

第33章
心理学研究法

心理学研究法

　われわれは，日常生活のなかでさまざまな疑問をもつことがある。この疑問を研究する「方法論」が「心理学研究法」である。疑問は，面接法や質問紙調査法，観察法，実験法などの研究方法を用いて解明する。

　直接対象者に会って質問する「面接法」では，個別的な情報が得られる。また，調査票の質問に「はい・いいえ」のような形で回答を記入させる「質問紙調査法」では，一度に多数のデータを収集することが可能である。「観察法」は，自然な状況をそのままに記録することに重点が置かれ，条件を統制する「実験法」では因果関係が解明される。例えば，ある研究者は「正義感の強い人ほど喧嘩の仲裁に入る」と仮説を立て，面接や質問紙調査から情報を収集し，結論を導くかもしれない。また，別の研究者は「喧嘩の場所から近い距離に立つ人は，遠い距離に立つ人よりも仲裁に入る」という仮説を実験によって確認するかもしれない。

　どの研究法にも長所と短所があり，重要なことは自分の研究テーマや仮説に即した研究法を選択することである。研究法が誤っていれば，大量のデータも大がかりな実験も意味がない。このような過ちを防ぐために，各研究法の特徴を理解することが求められる。

　心理学の研究において，もうひとつ留意すべきことは「倫理的問題」である。人間の心を対象とする研究では，時に家族構成や性格など非常にプライベートな情報を扱うことになる。研究は対象者に目的を説明して同意を得ることが前提であり，同意が得られても対象者のプライバシー保護には十分に配慮しなければならない。

　「心理学研究法」を学び，研究の姿勢と論理的な思考力を身につけ，身近に感じた疑問を心理学の研究レポートとしてまとめて欲しい。

●心理学研究法レポート学習参考例●

33-1 面接法と質問紙調査法について

心理学研究法の一般的な方法は，何らかの方法でデータを収集し，主に統計的手法によりそれらを分析することである。どのような調査方法を用いるのかは，その研究目的，研究領域によって異なる。ここでは，「面接法」と「質問紙調査法」について述べる。

1 面接法

「面接法」は，研究者が回答者に直接会って回答を得る方法である。インタビューという言葉が最もよく当てはまるのが「調査的面接」と呼ばれるもので，質的調査によるデータの収集を主な目的とする。この場合，面接場面や面接の手続きは標準化されており，個人よりも集団の特徴把握に焦点が置かれる。面接は目的に応じ，個人又は集団で行い，面接の進め方も厳密に統制されたものから緩やかなものまでさまざまである。

この方法は消費者の購買行動，企業あるいは商品のイメージ調査など実生活に関する領域で，よく用いられる。

なお，調査的面接の代表的研究としては，性行動に関する「キンゼイ報告」が有名である。

また，臨床心理やカウンセリングで用いられる面接は「臨床的面接」と呼ばれる。その目的は，クライエント（援助対象者）の相談内容をよく理解し診断することであり，さらに面接そのものが治療的役割を果たすといった複雑な側面をもっている。このような臨床的面接の特徴は，調査的面接とは著しく異なり，クライエントの病歴などの自己開示を求めるため，面接者とクライエントとの相互信頼（ラポール）の形成が重要になる。特にクライエントは，コミュニケーションに問題をもつことも多く，面接の進め方には柔軟性が必要とされる。フロイトの自由連想法なども幅広い意味では臨床的面接の一技法といえよう。

2 質問紙調査法

「質問紙調査法」（質問形式による調査法）は，一定の質問によって個人の経験について尋ねたり，あるいは問題についての意見や判断を調査する方法である。この方法は，口頭の場合と筆記の場合がある。また，個別訪問によって行われたり，集団的に行われる場合もある。

この方法は，言葉による質問で行われるため，言語さえ理解できる者であれば，態度・興味・気質・性格・適応性・交友関係・遊びなどあらゆる調査ができる。特に多数の者について，同時にかつ比較的簡単に調査することが

できるので，一般的傾向を調べる方法として用いられる。しかし，この方法で得られる結果の信頼性は，どのような人々に質問をしたかによって左右される。つまり，でたらめに答えても叱られる心配がないと考える人，本当のことを書いては，かえって叱られると考えるような人などは，被調査者としては不向きである。調査者の信頼性というのは，回答者が正直に書くか書かないかと関連する重要な問題なのである。

また質問紙調査法は，言語を媒体とするものであるため，文字が読めない，理解できない者を対象にはできないという欠点がある。日本語の質問文であったら，もちろん日本語を理解できない外国人には適用できない。このように，利用できる範囲が限定されてしまうので，この点に留意して利用することが必要である。

次に質問紙調査法により，調査研究する際に留意すべき点について述べる。

(1) 調査の種類と方法

(ア) 内容による分類

① 事実についての調査：年齢・就職先・家族数・通学経路など，あることについての状態とやり方，あるいは被調査者の生活の背景について調査する。

② 意見，判断の調査：ある問題についての意見，ある場面でどのような行動をするかの判断などを調査する。

③ 感情，態度の調査：ある対象に対する好悪や態度など心理的な反応を調査する。

(イ) 回答形式による分類

① 自由に記入させる形式：回答の枠組みを与えず，被調査者の自由な記入にまかせるもので，被調査者が自分の考えを比較的自由に表現できるという点で有利である。しかし，記入に要する時間や，労力の負担が大きいために記入が不完全になりやすく，回答の分類集計にも困難が伴う。

② 諾否を求める形式：「はい」「いいえ」形式のもので，最も簡単な方法である。性格検査などもこの形式のものが多い。この場合，中間的な「どちらでもない」「？」なども入れておく方が望ましい。

③ チェックを求める形式：複数の選択肢を示し，そのうちひとつないし複数にチェックをさせる方法で，選択肢が数個ある形式をいう。

④ 順位づけを求める形式：ある対象が全体の中で，どの順位に位置するのかを知るのに用いられるが，余りにも対象が多い場合には信頼度が低くなる。

⑤ 評定を求める形式：単なる諾否では求められない対象を段階にして示し評価させる形式。「そう思う」「ややそう思う」「あまりそう思わない」「そう思わない」など。

(2) 質問紙の作成

質問は慎重に作成する必要がある。

① 質問する内容は，できるだけ簡

単で具体的・客観的であること。長文で意味の不明瞭な質問では，回答が得られない可能性がある。

② 質問に用いられる言葉は，一義的で明瞭であること。一文に2つ以上の論点が含まれるような質問（ダブルバーレル）は避ける。また，できるだけ簡単な言葉を用いるようにする。

③ 被調査者を飽きさせたり，むやみに刺激するような質問は避ける。このような質問文の場合，ありのままの回答が得られない可能性が高い。

④ 調査者が望ましいと思う方向に，回答を誘導するような質問文を作成しない。

⑤ 回答は簡単に記入でき，しかも（コンピューターなどで）整理しやすいようにする。

⑥ できる限り予備調査を行う。このとき，先行研究を参考にするとよい。

⑦ 守秘義務や調査の内容により記名式か無記名式かを吟味する。

⑧ 質問紙（調査用紙）には，調査者の氏名，地位，所属などを明記して責任の所在を明らかにする。また，調査の目的を理解させ，協力を求める説明文を前書きする。また，回答記入欄は十分にとっておく。このようなことも被調査者に好感を与え，信頼感を高める効果がある。

⑨ 調査協力者に対し，謝辞を述べる。

(3) 調査の実施

① 被調査者の調査に対する信頼感は，結果に大きく影響する。そのため，気楽に回答できるような雰囲気づくりを心がける。また，守秘義務についての説明や，匿名性，結果の報告を約束するなどのインフォームドコンセントの徹底は研究倫理の観点からも重要である。

② 郵送による調査を行った場合，回答率が低くなる可能性があるので，挨拶状や謝礼，督促状などを用いて回答率を高める工夫をする。

(4) 整理の方法

集計から分析，報告書の作成までは敏速に行う。コンピューターを有効に活用すれば短時間に簡単に処理できる。

(5) 結果の解釈

① 調査結果による数字のみに頼って結論を出すのではなく，その結果を評価しながら解釈する態度をもつ。

② 1回の調査のみで満足せず，追試などを行い，妥当性・客観性を高めていく。

③ 質問紙法は正直な回答が得られない可能性もあることを，常に考慮に入れておく。

④ 調査終了後は，迅速に被調査者に謝辞や結果をフィードバックする。

最後に質問紙法の特徴についてであるが，取り扱う標本の大きさとコンピュータによるデータ処理の迅速さがあげられる。このため多くの分野で利用されているが，その利点とともに前述のように多くの欠点があることも理解しておくことが必要である。

●心理学研究法レポート学習参考例●

観察法と実験法について

1 観察法について

「観察法」とは，人間や動物の行動を自然な状況や実験的な状況のもとで，観察・記録・分析して行動の質的・量的な特徴や行動の法則性を解明する方法をいう。「観察法」は，自然観察法と参加観察法に大きく分けられる。

「自然観察法」は，目的とする行動の起こっている現場で，何が起こっているかを記録するところから始まる。

自然観察法では，被観察者の行動を妨げることなく，自然に起きるままを記録する。「観察者は壁であれ」といわれるように，被観察者が観察者の存在に気がついて，自然な行動を抑制したり不自然な行動を示したりしては，自然観察の目的に反する。したがって，言語によるコミュニケーションも存在してはならない。いうまでもなく，複数の被観察者の間でのコミュニケーション（言語を含めて）は，研究の対象とし記録される。言語を用いないという点は，子どもや障害をもつ人々の行動研究において他にない利点となる。

自然観察法では，2つの条件を考える必要がある。何を，いつ観察するかという問題である。第一に，どんな現象を調べるのか，研究対象をはっきりさせる。その現象が起こっているのか，いないのか，判断の基準を操作的に定義しておかないと，記録が不正確になる。例えば，子どもの攻撃行動を記録するために，ぶつ真似だけで相手に接触していない場合を含めるのかどうか，接触しても相手が何の反応もしない場合はどうか，真似だけなのに相手が反撃に出た場合はどうかなど，あらかじめ基準を設定しておく必要がある。第二は，時間標本の問題である。研究対象の行動を24時間毎日連続して観察するのは，大変な労力が必要なばかりでなく，多くの無駄を含む。現象の起こりやすい時間帯を選んで，1日に何回か，1年のうち何日かなどのサンプリングを行う。観察内容の客観性を保つために，ビデオ記録をとることが望ましい。複数のカメラを設置して見逃しのないように心がける。たとえ子どもであっても，個人の行動を許可なく撮影することはプライバシーの侵害である。記録した映像が，研究以外の目的に用いられないよう細心の注意を要する。

「参加観察法」では，観察者の存在を被験者たちにはっきりと知らせてしまう。研究者が研究対象である集団の中に入り，集団の一員となって観察を続ける。文化人類学でよく使われる方

法であるが，社会心理学にも取り入れられている。表面的な観察では得られないような，詳細な資料が得られる反面，記録は困難であり，ノートをとるのさえはばかられることが多いので，資料の客観性について問題になることもある。

2 実験法について

実験は実験条件のもとでの観察という意味で，観察の一種と考えることができる。典型的な実験では，被験者を2群に分け，実験群には実験操作を加え（独立変数）統制群には加えない。実験群の測定値（従属変数）を統制群のそれと比較して，有意な差があった場合に初めて，「実験群の行動変化は実験操作が原因である」と結論できる。この結論が当てはまるには，実験群と統制群が等質でなければならない。そして等質性を最もよく保証するのは，被験者の無作為配分である。マッチングによる配分では，年齢・性別・教育水準などの特性について最も類似した2人を，両群に振り分けるのであるが，考慮しきれなかった特性が偏りを生む可能性が常に存在する。実験操作の有無で2群を設定するのでなく，操作の大きさ（強さ）を変えて，多数の実験群を作ることもできる。例えば，刺激の強さを変えると，それに比例して反応の強さが変わったとすれば，刺激強度が反応変化の原因であると結論できる。この場合，刺激の存在しない対象条件（強さが0）を設定してもよいが，設定しなくても結論に変わりはない。

実験的な操作を1個の独立変数に限ることなく，複数の独立変数を同時に変化させることもできる。例えば，音の強を3条件，高さを4条件変化させると，全部で12群の被験者が必要となる。このような実験では，強さと高さの交互作用が検出できる。例えば，「音が強くても弱くても，低い音が有効であるが，音の強さが中程度の時だけ高い音が有効である」といった複雑な関係を検出できる。

同一被験者を実験条件と統制条件とでテストすると（ABデザイン），個人差を少なくすることができる反面，どちらの条件を先にするか（AB又はBA）で差の出ることがあり，その解釈が困難である。もし実験操作の効果が一時的であるなら，統制条件でベースラインを確立し，次に実験条件，最後に統制条件をもう一度繰り返して（ABAデザイン）反応がベースラインに戻ったときに，実験操作の効果があったと結論する。それに反して，もし操作が治療や学習のように永続的ならば，同じABAデザインで，最後のベースラインが最初のベースラインと有意に異なっていたときに効果があったと結論する。このようなデザインは，無作為配分の条件を充たさないので，厳密には実験ではなく準実験と呼ぶ。

同一被験者の条件を極端に進めると，ひとりの被験者について因果関係の追及を行うことができる。その例として，

臨床実験の一事例研究があげられよう。ひとりの患者に対して，ベースラインの観察（A）を何日か繰り返した後に，治療手続き（B）に入る。その後，治療手続きを終了したとき（A）に，患者の行動がベースラインから有意に変化していれば，治療の効果があったと結論できる。類似した条件の被験者（患者）が複数いた場合には，時間をずらして同一手続きを繰り返す。第一の患者が，Bまで来たときに第二の患者をAから始め，2人が同じ時期に同じ手続きを受けないようにすれば，症状の消失が時期や季節の変化に基づくかもしれないという，批判を避けることができる。

実験研究の利点は，デザインがどんなに複雑でも，それに対応する統計的な方法が確立していることである。単純な実験群と対照群の比較から，多変数の処理，交互作用の検出，非線型の関係などのすべてについて，妥当な推計学的方法が存在する。従属変数の測定がきわめて原始的（例えば，条件をそなえた被験者の人数を数えるなど）で間隔尺度や比例尺度の条件を充たさないときには，ノン・パラメトリック法が適用できる。反対にいえば，何らかの統計処理をしていない実験は，論ずるに値しないといってよい。

実験が余りにも人工的で，実用から離れているという批判があるが，本来実験の目的は実用ではなく，理論の厳密な検証にある。特定の理論を現実に適用すべきかどうかという疑問に答えるには，アクションリサーチが用いられる。アクションリサーチは，基本的にABデザインの一事例研究に類似している。ある個人又は集団の行動を変化させるために，理論的に最も適当と思われる処置をほどこす。ベースラインの測定（A）は，できるだけ簡単にして直ちにアクション（B）に入る。

行動の変化が現れたらアクションを停止して，ベースラインの測定（A）に戻る。ここで以前の行動が現れたら，直ちにアクションを再開（B）して，行動変化を定着させる。基本的にはABABデザインである。

アクションリサーチは，臨床心理学における治療法の研究や，発達心理学における「しつけ方」の研究に広く用いられる。心理学の実験では統制群の被験者に，治療や教育をしないという倫理的な批判を避けることもできる。その反面，アクションリサーチは理論の検証に用いられるほどの，客観性をもっていない。

最後に，実験法も含めた「観察研究」の留意点であるが，観察は常に信頼性のあるものでなければならない。すなわち，同じ観察であれば，何度見ても，また誰が見ても同じ一貫性のあるデータとならなければならない。また観察は，人間の自然な行動を直接扱うので，対象者のプライバシーや肖像権を損なうことのないよう十分配慮することが重要である。

33-3 ●心理学研究法試験問題学習参考例●
「研究とは何か」について

　「研究」とは，知識の創造である。世界中の誰も知らない知識を作り出すこと，そして他の人々に「その答えはこうです」と指し示すことができるようにすること，それが研究である。研究課題はいろいろな形で起こる「あのお年寄りは，なぜ忘れっぽいのだろう」という素朴な疑問や「落ち込んでいる人を何とかしてあげたい」という純粋な共感や「この子にこのことを分からせなければならない」という必要であったりする。

　これらの課題は，そのままでは研究の対象にはならない。研究を始める前に，自分が取り上げようとする課題が社会的に意義があるかを確認しなければならない。入門書・百科事典・インターネットなどから得た情報は，必ずしも信用できない。極端に単純化されていたり誤解に基づいていたり，また（インターネットにはしばしば見られるが）全くの冗談である場合もある。

　比較的信用のおける情報源は専門書や学会誌である。①他の人たちはこの問題をどのようにとらえて研究してきたか，②今までにどんなことがわかっているのか，③わからない点はなにか，④最も重要な点はどこか，などの基礎知識を集める。もし今までにだれも解答を出していない重要な問題があり，それを研究する人がどこにもいないならば，その問題は研究に値する。研究問題を発見したら研究計画を立てる。①何のために研究するのか，その研究は何の役に立つのか，②どうやって研究するつもりか，その方法は，その費用や時間はどうして捻出するのか，③もし計画通りに研究が進んだとして，その結果をどう解釈するつもりか，などの諸点を明確にする必要がある。「研究」は人のためになる活動であるから，政府や財団，あるいは勤務先に研究計画を示して経済的援助を要請する。

　このようにして研究の機会に恵まれ，問題に対する解答を得たならば，その結果を支援してくれた人々だけでなく，広く他の研究者たちに知らせなければならない。学会に発表すれば，同じ領域の研究者たちからも支援を受け，さらに研究を補い，充実させることができる。

　これによって，ひとりの研究者によって発見されたことは，万人にとってひとつの真理となり得るのである。研究は「公共性」が重要であり，個人的な自己満足的行為であってはならない。また，すべての研究は，科学的で他人による検証が可能でなければならない。

33-4 ●心理学研究法試験問題学習参考例●
データ収集と情報源について

1 データとはなにか

人間科学の研究者にとって，利用可能なデータの範囲は非常に広く多様である。それらのデータは「物質的資料」と「非物質的資料」の2つに大きく分類される。これらの資料から認知・情動・行動などに関する詳細な多くのデータを収集することができる。「物質的資料」（物質的文化）とは，建築物・家具・道具・美術品・衣服・装身具・食物などである。「非物質的資料」は，人間科学においてデータとして最もよく利用されるものであり，外側から観察される人々の発話や行動，及び彼ら自身による言語の報告，さらには意識や行動の記録である手紙や日記などの文書である。

2 データ収集について

データの収集とその分析を，適切かつ効果的に行うためには，さまざまな知識と技術が必要とされる。

まず，自分が求めている情報を探して集める能力である。

① 情報源に関する知識（図書館資料館，データベース，社会一般の情報収集と情報公開の制度や慣習に関する知識）。

② 情報源にアクセスするための知識と技術。

③ 情報を集める技術。

④ 集めた情報を適切に整理し効果的に引きだして活用する技術。

⑤ 集めた情報を分析する技術。

⑥ 結果を理論的に解釈し，そこから有意味な結論をひきだす能力。

「研究」とは，これらのすべての技術と技能を駆使して行う複雑な知的作業なのである。

3 情報源について

人間科学の研究では，主に非物質的資料が情報の中心になる。人間と文書が情報の二大源泉である。

その源泉は第一に人間の行動や発話，つまり人間であり，研究者の求めに応じてさまざまな情報を提供してくれる人々のことを一般に「インフォーマント」と呼ぶ。質問紙調査の場合は「回答者」，実験の場合は「（実験）参加者」，臨床研究の場合は「クライエント」という用語を使用する。

また，人間を情報源とするデータの収集法として，①観察法，②面接法，③質問紙法，④実験法の4つが代表的である。

第二に，行動や言語の記録文書がある。文書は手紙，メモ，日記など個人的文書と研究など一般に公開される公的文書に分類される。

33-5 サンプリングについて

●心理学研究法試験問題学習参考例●

　研究をする際には、さまざまな情報をデータとして扱わなければならない。情報源を何にするにせよ、私たちの目前には膨大な量の情報や資料がある。

　これらのうち、どれを対象としてデータ収集をすればよいのだろうか。

　理論的にいえば、研究対象としている母集団の全員をデータの対象として全数調査を行えば完全であろう。しかし、現実には与えられた研究資源の範囲内で全数調査を行うのは不可能な場合が多い。仮に可能であっても、それに費やさなければならない多大な時間や費用からみて、全数調査が望ましくない場合もある。そこで考え出されたのが「サンプリング」である。

　「サンプリング」は一部の人のみを対象に調査や実験を行い、そのデータから母集団全体に関する結論を導き出すという方法である。それでは、ひとつの母集団から、どの個体を選んで調査したら、全体の傾向を偏りなく推測することができるのだろうか。絶対に偏りのない方法で標本を選ぶということは現実的には不可能であるが、抽出した標本に一定の偏りが生じる確率を計算することは可能である。しかし、そのためには標本が無作為（ランダム）に抽出されている必要がある。無作為抽出とは、母集団のどの成員も等しい確率で抽出される可能性がある条件のもとで抽出を行うことである。ただし、フィールド研究で行われる面接調査ではキー・インフォーマント（少数の重要な情報を持ちあわせているインフォーマント）をサンプルとして選ぶ場合がある。

　サンプリングの考え方は、観察の対象とする場面や時間に関しても同様に当てはまる。特定の日の、一定時間を選んで観察したりする。また、観察対象行動についてもサンプリングを行うことがある。無作為のサンプリングが基本であるが、必ずしもそれが現実的でない場合が多く、状況に応じてさまざまな工夫が要求される。いずれの場合においても、一部分の観察から全体に関する一般化を行うという点は変わりない。また、文書を情報源にする際にも、サンプリングの方法が用いられることがある。例えば新聞雑誌の記事や広告のように頻繁に出されるものを対象とする場合にはデータの数が莫大なので標本抽出が基本となる。

　人間科学の基本は標本調査であり、調査対象は人間だけでなく、時間、行動範囲、文書にもあてはまることを理解しておく必要がある。

人間科学における研究倫理について

　人権を尊重すべき「人間」を研究の対象とすることは，公共の資源である自然を研究するのとは，全く違うものである。人間を情報源とした研究は，相手の同意があってこそ可能になる。その同意を得るためには，ある程度の信頼関係が必要になってくる。

　研究の対象者・協力者との信頼関係という視点について考えてみる。まず，フィールド研究では，研究者とインフォーマントとの関係は，観察する者とされる者という一方通行の関係に思われがちだが，信頼関係を視点に入れるとするならば，同じ目的に対する理解を目標とした協力関係だといえよう。また，他人との協力関係を長く維持していくためには，互恵の考えが必要になってくる。基本的に互恵とは，同等の地位にある者同士間で行われる等価の物品・サービス・名誉や，安心などの心的・抽象的なものの交換を指し，個人間の友好的で協力的な社会関係は互恵があってこそ成り立つと考えられている。

　研究が協同作業であり，対象者が研究のパートナーだという考え方は，研究者の倫理的責任につながる。研究においても研究者と対象者の間に日常の人間関係と同様な信頼関係が基本にある。そのため研究者は「研究に際しては，対象者の福利を守ること」を厳守し，以下の倫理的な留意点の理解が求められる。

　① 研究についての情報を事前に十分に提供すること。
　② 情報を提供した上で研究参加の同意を得ること。
　③ 事前にインフォーマントに情報を与えない研究，あるいはディセプション（相手に偽りの情報を与えること）を含んだ実験は，正当性が慎重に吟味されたもののみ行うこと。
　④ ③のような実験を行う場には，被験者の福利を守るためにインフォームドコンセントやディブリーフィングなどの十分な対策が立てられていること。
　⑤ インフォーマントのプライバシーを守ること。

　以上の点が本当の意味で機能するかどうかは，社会や実験室場面で実際に行動する人々の意識にかかっているといえよう。その意味で，学会レベルにおける綱領の準備が必要となってくる。また，そのような準備活動とともに，現場で行動する研究者，実験者，観察者などに対する「倫理教育」が必要になるのではないだろうか。

33-7 実験論文の構成について

●心理学研究法試験問題学習参考例●

　科学的な発見は，まず学会誌への投稿という形で発表される。それは，専門を同じくする人々が発見の価値を最もよく理解し，解釈の間違いがあったときにそれを指摘できるからである。

　多様な実験研究を理解してもらうために，論文には伝統的な形式がある。その形式に従った論文は読みやすく，結果に疑問をもった読者が追試をするのも容易である。

　実験報告の本文は，序論，方法，結果，考察の順に書かれる。序論の前に，表題と著者の姓名と所属を書いた表紙，要約とキーワードの第2ページをつけるから，本文は第3ページから始まる。考察の後には，引用文献のリストと表や図が続く。

　「序論」という見出しはつけないことが多い。本文が序論で始まるのは自明だからである。序論には研究の背景と研究課題の論点を示す。「方法」には，（実験）参加者，装置・材料，手続きなどの小見出しを含む。実験の追試に必要な情報はすべてここになければならない。実験が著者の所属する学会や大学の倫理規定に従っているという記述もここに入る。「結果」は，まず発見した事実を文章で記述し，それを数値で補う。発表するのは記述統計（平均や標準偏差など）と推測統計（仮説の検定など）の結果である。このような統計結果の理解を助ける図や表があればその説明をする。「考察」は，結果に対する実験者の解釈，理論的な評価，結論と応用の可能性を含む。統計的に有意でなかった結果について意味があるかのように考察してはならない。本文の中に引用した文献は必ず詳細を末尾の文献リストに記し，読者の検証を可能にする。研究費の出所は脚注に記す。

　論文の投稿にあたっては，自分の発見を最もよく評価してくれる読者をもつ学会誌を選ぶ必要がある。そして，その雑誌の編集方針に従って論文を構成することが大切である。伝統的な形式でなく，編集者への投書という形式をとる学会誌もある。自分の発見が世界的であるという自負をもつ場合は，自国語よりは英語で国際学会誌に発表する研究者が多い。編集者は投稿された論文を専門領域の研究者に依頼して，掲載の価値があるかどうかを審査してもらう。審査の厳しい学会誌ほどよい論文が集まり，読者も多いのである。

第34章
心理学基礎実験

心理学基礎実験

われわれは，日常生活の中で，「ある状況において，このような行動がなぜ生じるのであろうか」「ある出来事が起きたときに，このような気持ちがなぜ生じるのであろうか」といった疑問をもつ。すなわち，「行動」や「気持ち（感情）」の背景にある「心の働き」に関する疑問である。この疑問を研究する学問が「心理学」である。そして，この疑問を研究する方法論が「心理学研究法」である。「心理学基礎実験」では，心理学研究法の主要な方法論である実験法について学ぶ。

心理学における実験とは，人為的に，「ある状況」や「ある出来事」を形成し（こうしてみたら），その場合にどのような心理的反応や行動が生じるか（どうなるか）を試すことである。これは，心理学用語では，刺激（stimulus）となる独立変数を人為的に操作し，それに対する反応（response）である従属変数を測定するということになる。この場合の刺激には，最初に述べた「状況」のような，人間を取り巻く環境をも含む。そして，反応には，行動や気持ち（感情）のほかに，血圧や心拍数，筋肉の動きといった生理的な反応も含まれる。

実験法は，このような，刺激と反応との変数間の因果関係を明らかにするための研究方法である。ただし，やみくもに，「どうなるかを試（す）」しても，実験法を用いた研究であるとはいえない。なぜならば，すべての研究方法に共通する「どのように試すか」という「方法論」があるからである。

「心理学基礎実験」は，この刺激をどのように操作し，反応をどのように測定するかといった，実験法の方法論における基礎的な知識について学ぶものである。

34-1 ●心理学基礎実験レポート学習参考例●

心理学実験法の実験テーマと方法について

心理学研究において因果関係の究明に最適な方法は「実験法」である。「実験法」は，観察場面に何らかの「人為的操作」を加え，そこでの行動・事象を観察する方法である。つまり実験は，仮説を実際の現実場面に移し，その現実場面の中で実証的に仮説を検討する方法といえる。仮説は，どのような原因でどんな結果が生じるかを検討する形で提出される。

原因となる要因（独立変数）を変化させ，どのような結果（従属変数）が生じるのかを調べることが「実験法」の基本である。通常は，独立変数の操作を受ける「実験群」と，操作を受けない「統制群」という複数の条件群が設定され，両群の従属変数の差異を比較することによって，独立変数の効果を検討する。その結果，仮説を支持するか，あるいは棄却するかが決められ，対象とした事象についての因果関係をはっきりさせるのである。

「実験法」は，大きく分けて実験室実験とフィールド実験がある。

「実験室実験」は，人為的に実験室で場面を設定して行う方法であり，操作の自由度が高く条件の統制が容易で，厳密な実験が可能であるが人工的になりやすいという欠点がある。そのため，得られた結果の一般化が可能かどうかという点が問題になることがある。しかし，基礎的な心理の研究領域ではこの方法がとられることが多い。

「フィールド実験」は，現実の生活場面に実験を「持ち込んで」実施する方法である。自然であるけれども状況を統制することが難しく，余計な要因が入り込んでしまうために因果関係が不明瞭になったり，結果に無関係な要因の影響が出てしまったりすることもある。また，日常の場面に実験操作を持ち込むため，テーマによっては被験者に対する倫理的問題や道徳的問題を招くこともある。教育・社会・産業など現実の社会的場面，または応用的な心理の研究分野で用いられることが多い。

次に，「心理学実験法」の基本的な手続きについて具体例をあげて述べる。

① 「目的」は，仮説を導く過程を論ずる部分である。仮説は，原因と仮定される事象（独立変数）と，結果と仮定される事象（従属変数）間の関係について記述される。実験的研究では仮説が最も重要である。これがないと，実験で何を操作し，何を測定するか決まらないからである。これを導く「目的」では，研究者は自分の立てた仮説

がいかに合理的で，検証に値するかを論ずる必要がある。仮説を証明することが目的である実験法の良し悪しは，いかに魅力的で説得力のある仮説を呈示できるかにかかっている。実験的研究というと，どんな装置を使ったかとか，いかに巧みな操作をしたかなど，技術的な側面に目が向けられがちであるが，仮説呈示を行う「目的」の理論構築が最も重要なのである。

例えば，「恐怖によって行動の変化が生じる」という仮説を立てたとしよう。そうすると，ここでの独立変数は「恐怖」であり，従属変数は「行動」であるといえる。また，仮説の導入に先だって，関連する理論や先行研究のレビューを行う。これは，自分のテーマに関連した諸問題が各学問領域でどのように扱われてきたかを概観し，学術情報を自分のテーマに沿って批判し，体系化する作業である。

② 「方法」は，仮説を構成する原因と結果の具体化を行う部分である。原因は実験操作によって生み出される。実験参加者の反応に影響を与えると予想された出来事（人的・物理的刺激，環境条件など）を，研究者が実験状況に人工的に発生させ，その強さや性質をコントロールすることである。一方，結果は何らかの形で測定される。これは，原因の影響が現れると予想された実験参加者の反応を捉え数量化する試みである。またここでは，実験場面・装置・実験者や実験参加者の行動などについて，具体的なものを考える必要がある。実験では多くの資材が用いられる。何の装置を使うのか，どんな実験室で実験を行うのかを，実験の仮説や目的に沿って考える必要がある。

ここで，①の仮説で提示した例を取り上げ，方法を考えてみたい。まず，「恐怖によって行動の変化が生じる」という仮説を，安全ベルトの着用を題材として検討したいと思う。安全ベルトの話題を用いるので，実験参加者として運転者を選択し，条件によってばらつきがないように無作為（ランダム）に「実験群」か「統制群」に振り分ける。実験群は独立変数について操作を受ける群なので，「恐怖」を与えることが必要になってくる。そこで，車両事故という恐怖映像を見せるという状況（結果に影響を与えるであろう要素）を設定する。それに対して，統制群では独立変数について操作を受けない群なので，車両事故の恐怖映像は見せない。実験群に恐怖映像を見せ，統制群には恐怖映像を見させない状況で，その後，シートベルトの着用率が統制群に比べ，実験群の方が増加したならば，恐怖によって行動に変化が生じるという仮説が支持されたこととなる。

③ 「結果」は，得られたデータを，主に統計的な面から検討していく部分である。ここで重要なのは，心理学実験が，仮説を検証することを目的としている方法であるということである。

自分が立てた仮説の真偽を明らかにするために，必要十分な分析を行う必要がある。

④「考察」は，生じた結果を述べるものではない。結果によって作成された図表を説明する文章を書く場合があるが，それだけに留まると，それは結果であって考察ではなくなる。「考察」では，意識的に自分の立場を離れ，第三者の立場に身を置かなければならない。第三者から，自分の仮説，実験方法，結果がどう見えるかを「客観視」する必要がある。そして，仮説を軸に結果の解釈が試みられるのである。

次に，実験法を用いて身近で関心のある問題をどのような手続きで研究することが可能であるのかを考察する。ここでは歯科医の姿勢について考えてみることとする。

歯科医はその職業柄，腰を折り曲げて仕事をすることが多い。そのため，腰へかなりの負担がかかっていると思われる。そこで，腰への負担を軽減させるために，歯科医の使用するいすの高さについて考えてみる。ここでは，「腰を曲げる角度によって腰への負担が違う」という仮定をたてる。そこで「腰への圧迫の少ない角度に座れるいすを開発すれば，腰への負担を軽減することができる」と考えられる。

次にその方法であるが，まずは実験参加者の選択が必要になる。実際に歯科診療を行っている歯科医を実験参加者に選ぶことにする。また，患者が横になるベッドの高さを，事前に調べる必要がある。なぜならば，ベッドといすがセットで使用されるからである。加えて，開発したいすが，歯科医にとって楽な姿勢となるかどうかを見るためには，事前の調査が必要である。この事前の調査では，圧迫測定計や疲労測定を行って，腰への負担がどの程度であるのかを調べる。

事前測定を行い，ベッドの高さが分かったならば，今度は腰の角度を測る必要がある。測定器を使用して，圧迫が少ない角度を調べたら，ベッドとセットにして圧迫の少ない角度になる高さのいすを開発することになる。そして，開発されたいすを実際に使用してもらい，一定期間が過ぎたら疲労度を測定し，事前の疲労度との比較を行えば，腰への負担の軽減に役立ったかどうかの結果がわかるであろう。

以上のように，身近な関心事についての問題を解決するために，実験法を用いて測定し結果をだすことで問題解消の糸口を発見することができるのである。

●心理学基礎実験レポート学習参考例●

日常生活や社会問題に貢献する実験心理学研究について

「実験心理学」と日常生活・社会との関連について，ここでは環境と人の関わり，特に，コミュニケーションについて考察する。

環境と人との関わりについては，心理学においても古くから取り上げられてきたテーマであるが，環境がコミュニケーションとの関係の中で論じられるようになったのは，比較的新しいことである。この点について，近年，環境心理学の分野において，新たな視点から実験をもとに検討が加えられている。次に，コミュニケーションについて「空間」のもつ役割という視点から考えてみることにする。

1 「空間利用」の実験的研究

与えられた空間を効率よく利用することで，コミュニケーションを円滑にすることができるといわれている。また，コミュニケーションの種類や質・内容などによって，とられる空間配置が異なっていることもよく知られている。この考え方を利用して，老人間におけるコミュニケーションについての研究を紹介し，それについての考えを述べてみたい。

空間配置によってコミュニケーションが異なることを，老人病棟において実験的に検証したものに，ソマーとロス（1958）の研究があげられる。

ソマーらが研究対象とした老人病棟にいる老人たちの日常生活には，コミュニケーションと呼ばれるような関係は，ほとんど存在していなかった。彼らが昼間いる部屋では，いすが「壁」に沿って直線的に並べられていた。ソマーは，こうした空間配置が入居者たちのコミュニケーションを妨げているものと考え，部屋の中央にテーブルを置き，その周りに数脚のいすを配置した。その結果，入居者たちは部屋の中央に集まるようになり，以前の配置に比べコミュニケーションの量が著しく増加した。この試みは，いすの配置を改善することでコミュニケーションを促進させたものである。

また，積極的なコミュニケーションを期待する場合にとられる配置については，ソマー（1959）が病院の職員食堂での観察によって明らかにしている。それによると，会話をしている人たちの多くがテーブルの角をはさんだ席（corner to corner）をとる傾向があった。さらに，質問紙調査によってコミュニケーションの種類と，とられる空間配置の関係を検討したところ，ここでも会話のときにはテーブルの角をはさんだ席が選ばれた。また，共同作業

のときには隣合った席（side by side）が選ばれ，異なった作業をするときには斜め向かいの席（distant opposite）が選ばれ，そして競争のときには向かい合った席（face to face）が選ばれる傾向があった（Sommer, 1965）。

以上2つの実験調査により，老人間のコミュニケーションを活発にするためには，こうした空間配置が重要な手がかりになると考えられる。これから増加するであろう老人ホームや老人病棟において，初対面でも高齢者同士が話のできるように，いすやテーブルの配置を考える必要があるのではないだろうか。

ソマーによる先行研究を参考に，各老人ホームや老人病棟の部屋のつくりをそのまま使用して，いすやテーブルの配置を変え，それに伴った入居者の行動を調査すれば，各ホーム・病棟での有効な空間利用ができると考えられる。特に，老後を老人ホームで過ごす高齢者にとっては，同居者とのコミュニケーションは，大変重要になってくる。同居者とのコミュニケーションがあるかないかによって，精神的な安定も左右されるのではないだろうか。その点から考えると，やはり実験的な視点から見た，コミュニケーションを活性化させる空間配置の利用方法の検討は，有効であると考えられる。

また，2つ目にあげた先行研究に限定して，実験心理学と社会との関連についてみると，人間同士のコミュニケーションの活性化，作業の効率化という面において有効な手段と考えられると思う。

また，学校内の学生や生徒間のコミュニケーションにおいても応用できる。

現代の学校社会では，児童や生徒の非協力的な態度が問題となっている。そこで，前述の席の座り方の研究を応用して，何かの作業のときには，横一列で隣り合った席に児童や生徒を座らせてみるという方法が考えられる。そのクラスの担任が，それまでに児童・生徒に経験させた共同作業の様子を検討してみて（調査），そこに何か問題点が含まれていると感じるならば，座り方の実験を施行してみるとよいかもしれない。

次に，人間の認知を取り上げ，日常生活と関連した実験をあげながら考察してみたい。

2　「痛み」の実験的研究

大人でも歯科医院や病院には行きたくないものである。あの痛みや不快感を思うと，多少の歯痛や身体的な不調なら我慢してしまおうとさえ考える。ましてや，手術などといったら大変な不安を覚えるであろう。こういった心理は，基本的に「痛み」への不安や恐怖によるものである。これほど人に脅威を与える痛みには，どのような対応が可能であろうか。痛みは本来，物理的な刺激によって起こる感覚の一種，つまり痛覚であると考えられがちであるが，それだけでなく，ある種の苦

痛・不快感とみることができる。そして，痛みを認知するには，心理的要因が大きく関与しており，痛みを心理学的に変容させることができるとの報告がなされている。ここで，その「痛み」を心理学的に変容させる例を紹介する。

人は，痛みを少しでも回避しようとして，その痛みから「注意をそらそう」とする。例えば注射である。注射をされるとき注射器を見ないようにして，痛みから注意をそらそうとするだろう。

この行動は，単に「見たくない」という感情だけでなく，見ないことによって痛みの感覚を緩和するという手段であるとの実験結果が出ている。その事実を医療の場面に応用した例をあげながら，日常生活と心理学実験についての関連を考察してみる。

例えば，実際の医療場面で前述した注意をそらす方法を用いる場合，ある種の操作により患者の苦痛を緩和する方法がとられている。注意をそらす方法が痛みを緩和するということは，次の医療場面での注意の方略を検討した研究例によっても，明らかになっている。

ホラン（1971）は，患者に歯痛時の対処方法を指導し，注意の効果を調べた。ある患者は痛みを覚えたら快適な空想をするように，また，別の患者は数字を思い浮かべるよう指導された。その結果，快適な空想を思い浮かべるようにいわれた前者は数字を思い浮かべるようにいわれた実験群よりも，はるかに痛みの不快度を低減することができたのである。

3　実験心理学の目的

ところで「実験心理学」というと，科学的な実験や調査，データの処理をするという学問という意識があり，日常との関連性が薄いというイメージがあるようだが，以上のような研究や研究結果からも分かるように，日常と密接に関わっているのである。本来，「実験心理学」の目的は，日常の出来事や，人間の本当の行動を明らかにすることにある。つまり，普段，何気なく行っている自分たちの行動がどのように起こるのかを，データという目に見える形で示し，そのデータをもとに，もう一度，社会に役立つ形で人間の行動パターンの情報を提供していくのが「実験心理学」の目的なのである。

興味や関心のある人間行動について，それが常識的な，一般的な人間の行動であったとしても，それを目に見える形で表し「やっぱりこうだったよ」と裏づけを示すのである。つまり人間行動の「社会への還元」が，究極的な実験心理学のテーマといえよう。その点から見ると，実験心理学は，常に日常を意識していなければならないのである。

34-3 ●心理学基礎実験試験問題学習参考例●

グループ比較デザインと事例研究について

「心理実験」で発見した事実を一般に広く応用するためには，統計的な手続きが必要である。特定の実験の被験者は，標本であって，そこから導いた結論は，その被験者たちだけでなく，すべての人に適用されなければならない。実験処置を加えたグループ群（実験群）と処置を加えなかったグループ群（統制群）との差が，本当に実験処置によるものであるのか，それとも偶然の所産であるのかを知るには推測統計学の方法を用いる。

「推測統計学」は，少数の標本から大きな母集団の性質を推測することを目的としている。したがって，それに基づいた実験計画も「実験群」と「統制群」の差を検定することが基本となっている。ある実験で得られた「実験群」と「統制群」との差が，全く偶然に起こったとすれば，その確率はどれほどであるかを計算することができる。例えば，その確率が1％以下であるときに「この実験の結果を他の人に適用した場合に，私が誤っている可能性は100分の1である」と結論できる。

このような実験計画の適用が困難な場合がある。例えば臨床心理学では，ひとりの患者の病状を研究し，特定の療法が有効であったかどうかが問われる。同じ症状の患者を何人も揃えるのは，困難であるし，その半数を「統制群」として無処置に放任することには倫理的な問題もある。このような困難の解決法として考え出されたのが事例研究法である。

「事例研究法」では，まず処置前に測定を繰り返してベースラインを確立する。処置後の測定値がベースラインの連続である確率は，どれほどかを計算する。例えば，その確率が1％以下であるときに「この処置の効果は偶然とは言い切れない」と結論する。この場合，処置前と処置後の測定値は，同じ被験者から得られているから，互いに独立ではない。したがって用いられる検定法には，その点が考慮されなければならない。効果が一時的であることが予想されるならば，処置後の測定を繰り返した後にベースラインに戻る方法（ABAデザイン）もある。しかし，心理療法のように効果が永続的であることを期待するならばこの方法は妥当でない。

グループ比較デザインと事例研究法のどちらが優れているかという比較には意味がない。実験の状況によって，また被験者の条件によって，妥当な方法を採るべきなのである。

34-4 ●心理学基礎実験試験問題学習参考例●
実験の利点と欠点について

　実験における利点と欠点は，表裏一体の関係にある。このため，実験の利点と欠点を共に考慮した上で，研究を計画することが望ましい。実験は心理学で最もポピュラーな方法のひとつであるが，その特質と限界を，わきまえておく必要がある。

(1) 実験の利点

　実験の最大の利点は，因果関係の証明にある。実験は独立変数を操作して，従属変数の変化を測定する。いくつかの可能性を実験条件として取り上げて対照実験をデザインし，独立変数以外に従属変数を変化させる要因が存在しないことを示せば，因果関係が証明できる。「この精神現象の原因はここにある，そしてここ以外にはない」と断言するには，実験以外のいかなる研究法も役に立たない。

　第二の利点は，客観的なデータの提供にある。同一条件の下では，だれがいつ実験しても（誤差の範囲内で）同じ結果を出すことができる。しかしこの点は実験に特有ではない。同じ母集団を取り扱う限り，調査によっても客観的なデータを出すことはできる。

　第三の利点は，統計処理が簡単なことである。これも実験の特質ではなく，よく計画された調査についても同じことがいえる。

(2) 実験の欠点

　実験法の欠点として，第一にあげられるのは，人工的なことである。被験者がこの点にとらわれると，不自然な構えができてしまい，通常では起こらない結果が起こる可能性がある。しかし，この欠点は対照実験を正しくデザインすることで取り除ける。

　第二の欠点は，実験の結果をそのまま実生活に適用するのが困難な場合があることである。実験は，むしろ仮説の検証に向いているから，その結果を直接応用するのではなく，別に応用実験を計画すべきであろう。つまり，現実場面と実験室では被験者が取り組んでいる課題が表面的には同じであっても被験者の処理や方略は異なっているかもしれない。そのため実験室で見出された法則は，実験室内の行動にしかあてはまらないかもしれないのである。

　多くの場合，研究の目的によって，実験でなければ回答が得られない，またはその他の方法（調査や面接など）では目的が達せられない，といった状況が決まってくる。したがって，研究者が研究法の利点や欠点を考えて，どの研究法を選ぶかという自由は，通常は存在しないともいえる。

34-5 感覚・知覚の特性と形やパターンの知覚について

(1) 知覚の範囲

動物の感覚受容器官は，外界の種々のエネルギーに反応して神経信号（インパルス）を起こし，脳はその信号を統合して形やパターンを知覚する。

受容器のないエネルギー（例えば磁気や紫外線）は感知されないし，弱すぎるエネルギー（閾下(いきか)刺激）も感知されない。したがってわれわれの知覚は，外界のきわめて限られた情報に基づいて作られている。

しかし脳は，異なった感覚系の情報を統合して，外界のモデルを作る能力をもっている。例えば，ビデオテープに含まれた情報は，3本（赤，青，黄）のケーブルによってテレビに送られ，それぞれ左耳と右耳と目を刺激する。そして脳では3種の信号を統合して，画像にある人物が声を出しているという知覚を得る。

(2) 特徴の分析

大脳の視覚領（第1次視覚領）には，特定の傾きをもつ直線だけに反応する細胞や，特定の色にだけ反応する細胞が存在する。第2次，第3次の視覚領には，第1次視覚領の直線検出細胞のうち，直線のある特定の組み合わせ（例えば三角形，カナ文字など）にだけ反応する細胞があって分析を進める。さらに高次の視覚領では，これらの細胞の活動を統合して，もっと複雑な刺激を検出する細胞が存在する。

したがって，高次の視覚領に損傷を受けると「何かが動いているけれども，子どもかイヌかわからない」という視覚失認症や，「人がいるのはわかっているが，それがだれだかわからない」という相貌失認(そうぼうしつにんしょう)症が現れる。なお聴覚についても同様な特徴分析が行われている。

パンデモニアム仮説では，特徴検出専門のデーモンたちと，それらを統合する決定デーモンが想像されていたが，いまや，それらのデーモンに相当する神経細胞が脳に存在し，脳の一部が破壊されるとそれに相当する知覚障害（失認症）が起こることが知られている。

(3) まとまり（群化）の要因

検出された刺激特性のうち，どれが統合され，どれが統合されないかという疑問は古くから研究されてきた。接近，類同などの刺激特性がまとまる要因としてあげられている。特にコーエンとジルガスは，まとまりの要因の重要性を実験的に検証した。まとまりの要因は，刺激だけによって決定されるのではない。ルビンの杯では，同じ刺

激布置が1個の杯としてまとまったり，2人の横顔としてまとまったりする。これは見る者の構えによって，まとまり方が異なる例である。

視覚刺激のまとまりだけでなく，視覚と聴覚が統合される場合も接近や類同の要因が重要である。テレビ画像の口の動きとスピーカーから出る音の変化が同調していると，「画面の人物が話している」という知覚が起こる。

(4) 恒常性

種々の感覚情報が統合されて特定の対象が知覚されると，その知覚をもたらした要素に変化が起こっても知覚は維持される。友人が「さよなら」といって遠ざかって行くとき，人の姿が段々縮んで行くようには見えない。明るさが段々変化した場合も，白い紙は白い紙に見え，灰色には見えない。同じような恒常性は，色の知覚にも形の知覚にも存在する。大きさの恒常性について，ホルウエイとボーリングが実験的な検証を行っている。

「夕焼け小焼け」を高い声で歌っても，低い声で歌っても，同じ歌に聞こえる。個々の音は異なっても，連続して起こる音の関係が同じなら，同じ歌に聞こえる。これがパターンの知覚である。恒常性の知覚において変化しない部分（不変項）もパターンである。

このように要素が変化しても，各要素間の関係が一定に保たれている場合に同一の対象として知覚されることは聴覚に限らず，他の感覚についても起こるが，音楽から言葉を借りて，変調と呼ばれる。

(5) 文 脈

反対に，同じ対象が周囲の状況によって変化して知覚される場合がある。例えば，ミューラー・リヤーの錯視では，同じ長さの直線が両端の矢羽の向きによって異なって見える。矢羽が内向きなら短く，外向きなら長く見える。

聴覚についても同じ現象が起こる。同じ大きさの駅のアナウンスメントでも，朝プラットホームが混雑しているときは小さく，深夜だれもいないときには大きく聞こえる。これらは，どちらも対比の例であるが，場合によっては周囲の刺激に引きずられて同化の起こるときもある。「同心円錯視」は，その例である。おなじ文字がTHEの中にあればHに，CATの中にあればAに見えるのは，対比でも同化でもないもっと複雑な文脈効果である。

われわれの知覚は，限られた感覚情報に基づいて組み立てられたモデルであって，必ずしも外界の物理的特性とは一致しない。モデルがどのようにしてつくられるのかについては，ある部分では神経学的な基礎が判明しているが，まだ明らかでない部分も多いのである。

34-6 記憶における符号化と検索について

●心理学基礎実験試験問題学習参考例●

　「記憶」とは，ある事柄を覚え，これを後まで保持し思い出すことをいう。一般的には，覚える働きを「記銘」，貯え維持する働きを「再生」と呼んでいるが，最近では情報処理理論の立場から，記銘・保持を「貯蔵」，再生を「検索」といっている。記憶は新たなものを覚えるという働きだけでなく，知覚，思考，社会的行動といった人間のさまざまな行動を支えている。

　また記憶は，その長さによって，最短の感覚記憶，それよりやや長い短期記憶，そして半永久的な長期記憶に分類されるが，その区別は単なる仮定ではなく，実験的に証明されている。感覚記憶は，直後に提示された妨害刺激によって消えてしまう。このように，ある刺激によってもう一方の刺激が消滅してしまうことをマスキングという。ただし，異質の感覚の間ではこれは起こらない。視覚記憶は，白色光によって消えるが，雑音によっては消えない。逆に聴覚記憶は，雑音によって消えるが，白色光によっては消えない。

　感覚記憶のうち，注意を向けたものが符号化され，短期記憶となって残り，その他は妨害されなくても数秒で消える。少なくとも2種の符号化があることが知られている。視覚符号化（画像として記憶する）と言語符号化（名前をつけて音で記憶する）である。一度符号化されると，マスキングによって消滅することはない。

　ポズナーは，文字が視覚符号化される方が，言語符号化されるよりもすばやく検索されることを実験で証明した。

　彼らは，アルファベットの2文字を続いて被験者に提示し，第2字が第1字と同じかどうかを答えさせた。形が同じ（AとA，視覚符号化）ときは，名前が同じ（Aとa，言語符号化）ときよりも，短い時間で反応が起こった。

　符号化された記憶は，長期記憶の中にある項目に結びつくと長期記憶に変換される。このように，ある情報に別の情報が付加されることを精緻化といい，これによって長期記憶への変換が容易になる。また短期から長期記憶への変換は少しずつなされるので，時間をかけて精緻に仕上げるほど記憶は長持ちするようになる。また，ペイビオの実験では，具象語と抽象語を用いて記憶させたところイメージの湧きやすい具象語の方がよく記憶された。これはイメージが精緻化を助けたものであるといえる。上記のことからも，記憶は言語符号化よりも視覚符号化の方が検索が容易であることがわかる。

34-7 外発的動機と内発的動機づけについて

●心理学基礎実験試験問題学習参考例●

　「動機づけ」は，学習を生起させる基本的な要因である。「動機づけ」とは，行動を誘発し，維持し，目標の方向へと行動を導く過程の総称である。動機づけは，生体の内から生じる飢えや渇きに代表される「欲求」に基づいて行動へと駆り立てる「動因」と，環境側にあって飢えに対する食物のような目標となる「誘因」との相互作用によって構成される。

　多くの「動因」は，外部から充足される。食欲は食物によって，性欲は異性によって充足される。また，親和や承認などの社会的欲求も外部から他人によって充足される。しかし，これらの「外発的動機づけ」に帰着できない動因が存在する。その典型的な例は好奇心である。人は好奇心にかられて行動を起こす。しかし，好奇心は外部からではなく，本人が探索行動を起こすことによって充足される。

　達成動因を社会的欲求に含める場合があるが，その達成が社会的承認を得るためでも非難を避けるためでもなく，自分で立てた目標に到達するためだけであったら，それは「内発的動機」と呼ぶべきである。子どもの遊びも（ある程度は大人の遊びも）内発的動因のカテゴリーに入れることができる。探索も達成も遊びも，強制されたら内発的とはいえない。止めたいときにはいつでも止められることも重要な条件である。通常，内発的動因と外発的動因は加算されることが多い。例えば知的な興味にかられて行った研究に賞金を与えられたとしても，そのために知的な興味を失うことはない。むしろ賞金が多ければますます研究にはげむ，ただし特殊な例では外発的動因の充足が内発的動因を減退させることもある。「内発的動機づけ」による行動をしているときには快感があり，その行動が妨げられると不快に感ずる。この点は，外発的動因の充足には快感があり，その阻止が不快であることと平行している。ドーパミン（伝達物質の一種）などを阻害する物質（多くは向精神薬）の投与は，内発的動因を減退させる。反対にドーパミンの促進剤（覚醒剤・コカインなど）は，内発的動因を増し，普段なら行わない行動を遊び半分でやる気にさせる。

　「外発的動機づけ」に較べて，「内発的動機づけ」には不明な点が多い。しかし，内発的動機づけの研究は，動因や感情の解明に重要な鍵を含んでいる可能性が高い。また，その知見は教育や福祉の分野で広く応用が可能である。

第35章
カウンセリング演習

カウンセリング演習

　カウンセリングの目的は，基本的には，健康な人を対象として，心の葛藤，不安，不適応などの比較的軽い一時的な問題の解決を図ることにある。心理療法は，神経症や人格的な問題をもつ人を対象としており，比較的，問題も重大であることが多い。しかし，カウンセリングと心理療法の区別は，必ずしも明確ではなく，同じような意味で使われることもある。

　カウンセリングには種々の論理と技法があるが，基本的にロジャーズ（Rogers, C. R.）が提唱している来談者中心療法の立場をとる場合が多い。ロジャーズは，クライエント（来談者）は，本来的に自分の問題を自分で解決できる能力をもっていると考える。したがって，セラピストはクライエントを指示したりせず，クライエントが自ら成長するのを見守る，あるいは援助する姿勢をとる。そして，クライエントの心の痛み，苦しみをあたかもクライエント自身であるかのように理解する共感的理解を示し，受容する。そのような過程でクライエントは，自分が尊重されていることに気づき，自己受容が可能になる。そして自己解決能力を取り戻すことができるのである。

　ロジャーズは，カウンセリングの技術として感情の受容，感情の反映，繰り返し，感情の明確化，承認などの応答技法をあげている。技術は大事だが，カウンセラー自身も自分自身の心を開き，誠実に対応する姿勢が重要である。その結果，クライエントのみではなく，カウンセラー自身も自己の変化や成長を確認できる。これらを習得するためには，心理学の理論を学ぶだけでは実践できない。実際の場面を想定して学ぶことが必要で，「カウンセリング演習」の目的は，ここにある。

　現代のストレス社会で，人は悩んだり，傷ついたりすることが多く，カウンセリングはますます必要とされている。この他にも精神分析，行動療法をはじめとする多くの理論や技法がある。心理の専門職をめざす人たちは，さらに多くのことを学んで欲しい。

35-1 ●カウンセリング演習レポート学習参考例●
カウンセリングの歴史と課題・カウンセラーの資質について

1 カウンセリングの歴史と課題

(1) カウンセリングの歴史

カウンセリングとは，広く捉えれば苦痛をもったある人間（クライエント）の心に他の人間が影響を与え，そのクライエントの問題を解決するために援助をしていく過程をいう。基本的には身体的・精神的には健康な人を対象とした援助の仕方である。例えば，それまで仕事や人間関係などの社会生活を営む上で問題のなかった人が何かしらの障害にぶつかり，どうしたらよいかわからず精神的な苦痛を経験した場合にお互いに話すというかたちの中で心理的な援助を行うのである。そう捉えるとカウンセリングは，人間社会の誕生以来，いたるところで行われ続けてきたといえる。

また，カウンセリングと似た領域の中に心理療法・サイコセラピー（psychotherapy）というものがある。これは，神経症などの病理的な問題を抱えている人などを対象に援助をしていく方法である。以下に述べるカウンセリングという言葉は，前述した広義のものではなく，もっと限定的に捉えたもので，一定の理論や手続きを背景にしている。この限定的な意味でのカウンセリングには，①職業指導運動，②教育測定運動と精神測定運動，③心理療法に対する関心の高まりの3つがある。

① 職業指導運動

カウンセリングは，アメリカ合衆国で生まれた。1908（明治41）年に F.パーソンズがボストン職業局を創設した。創設の目的は学校を卒業する青少年が自分の適性にあった職業を見つけ，その職業によりよく適応するための指導助言を行うことであった。パーソンズはこの職業指導助言の中で初めて「カウンセリング」という言葉を使った。つまり，彼は指導の際，職業の分析（特定の職業に必要な能力や適性の分析），個人の分析（対象者がもっている潜在的な能力，適性，資質の分析），そしてカウンセリングによる個人と職業との結びつけを行ったのである。こうしたパーソンズの功績が今日のカウンセリングの基礎のひとつとなっている。

② 教育測定運動と精神測定運動

教育測定運動の創始者は，アメリカのソーンダイクである。彼は，人間の能力は量的に測定できると考え，個人の能力を客観的に採点できるテストの作成と普及に努めた。

一方，フランスのビネーは，知的障

害児を判別するための知能検査という測定法を開発した。この検査が開発されたことによって，個人差の研究（精神測定運動）がめざましく発展したのである。そして精神測定運動は第一次世界大戦後，アメリカの職業指導運動と融合(ゆうごう)した。その結果，職業配置活動や教育界において，労働者や生徒の潜在的な能力やパーソナリティの測定が行われるようになったのである。

③　心理療法に対する関心の高まり

1930年代から40年代にかけて，人間行動を引き起こす原因である動機や感情を探る運動が盛んになった。なかでも特に注目を浴びたのが，アメリカのカール・ロジャーズの説である。

彼は，人間行動を引き起こす原因をつきとめるためには，クライエントを客観的に捉えるのみではなく，クライエントを主体として捉えなければならないと考えた。そしてカウンセリングというものは，クライエントの情緒的側面を重視し，その内面にある心理的な成長や適応するための衝(しょう)動(どう)に訴(とな)えかけなければならないと唱えた。この立場は現代カウンセリングの基本的な姿勢となっている。

(2)　カウンセリングの課題

これまでのカウンセリングは職業テストのように，心理テストに基づいた指導・助言が主な働きであった。特に，第一次世界大戦後のカウンセリングはクライエント自身が独力で問題を発見したり，合理的な問題解決をするなどの判断力があることが前提となっていたため，現在のような治療を目的とした心理療法とは，はっきりとした線引きがなされていたのである。

第二次世界大戦後，カウンセリングはクライエントの診断や測定の結果そのものよりも，そのプロセスを重視するようになった。クライエントに合理的な判断を下せるようにする技術的側面だけでなく，人間そのものを問題にする視点をもつことがカウンセリングにとって必要になってきたのである。そのためカウンセリングは学問として精神分析学やさまざまな心理学の理論におけるそれぞれの人間論や人格理論を取り入れてきたのである。

現代社会はますます複雑多様化している。例えば，日本においては，高度成長の時代を経て，所得が増加したことにより「自分らしさ」や個性を打ち出せるような時代になり，個人の生き方も多様化したのである。そして，それに伴って心理的な問題も複雑になってきている。このような，社会の変化による個人への影響もカウンセリングでは考えていくことが必要である。カウンセリングは，常に「社会との関連を含めた人間」の理解を深めることが求められるのである。

2　カウンセラーに必要な資質

(1)　カウンセリングのあるべき姿について

①　クライエントの心の動きを読み取る

カウンセリングにおいてカウンセラーは，クライエント（来談者）と交流することにより，互いに影響を与え，それによってクライエントをより安定した良い状態に変化させなければならない。そのため，カウンセラーにはクライエントの心の動きを読み取る洞察力が求められる。つまり，クライエントの言葉や表情，仕草などをよく捉えることができなければならないのである。さらにカウンセラーはクライエントの心の動きに反応する自分自身の心の動きも的確に理解し捉えられなければならないのである。

② クライエントの話をよく聴く

良いカウンセリングには，カウンセラーがクライエントの話をよく聴くことが必須である。ただし，ここで言う「聴く」とは，単にクライエントの話を「聞く（情報として知る）」ことではなく，その心情までも理解することである。そうした資質を備えたカウンセラーに出会うことで，クライエントは生きる力を高めることができる。

③ クライエントの基本的特性や欲求，可能性を認識する

カウンセラーはカウンセリングを正しい方向へ導くために，クライエントがどのような特性をもっていて，何を望み，これからどうしたいのか，どのようになりたいのかなどについて，よく理解できていなければならない。しかも，その理解はクライエントの無意識のレベルにまで掘り下げてなされなければならない。

④ クライエントの成長への信頼

カウンセリングが円滑に進むには，不幸な状況や絶望感に捉われているクライエントがカウンセリングを通じて，「カウンセラーは信頼できる」「カウンセラーは自分を尊重してくれる」「私の人生は生きる価値がある」といった思いを抱けるようになることが重要である。こうした思いは，自分が生きていれば成長する可能性があることを信じてくれる他人がいてこそ抱けるものである。そのためカウンセラーには，他人を全面的に信頼させるという技術が必要である。

(2) カウンセラー養成の方向性

カウンセラーには以上に述べたような資質が必要とされるが，そうした資質を備えたカウンセラーを養成するにはどのような訓練が必要であろうか。

まずあげられるのがクライエントの心境や欲求，知覚内容，体験を感じ取り，それを言葉にし，それらの自分の理解をクライエント本人に伝えていこうとする訓練が必要である。次に，クライエントの言動から，クライエントの心の内面を想像し，再構成していくという訓練があげられる。さらに，カウンセラーが自分の特性にあったカウンセリングの方法を身につけ，それを基盤にして自分の方法を作り上げる訓練が必要である。こうした訓練によって，個性ある優れたカウンセラーが養成できる。

35-2 ●カウンセリング演習レポート学習参考例●
現代人の生活とカウンセリングのあり方について

1 現代の社会状況とカウンセリングの必要性

日本の社会状況は戦後大きく変化した。産業の中心が第一次産業から第二次・第三次産業へと移ったのに伴い、都市に多くの人々が集まり、地方の社会にみられる地縁・血縁関係に基づいた人のつながりは薄らいでいった。その影響で、家族の形態は大家族から核家族へと変化した。同時に、家族の絆(きずな)を含めた人間関係の親密度も薄らぎ、相互のコミュニケーションの機会が失われていった。そのため、多くの人々は孤立し、悩みやさまざまな問題があっても、それらを容易に相談できる地域社会での相手が見つからないという状況が生まれてきた。現代において悩み多き人々のためにカウンセリングが必要とされるのはまさにこうした点にある。また、欧米文化が急速に導入されたことも日本におけるカウンセリングの必要性に拍車(はくしゃ)をかけた。

欧米では以前から、個人がカウンセリングを受けることは当然のことであった。学校には専属のスクール・カウンセラーがおり、また、一般的な企業にも専属の企業カウンセラーが配置されている。これに対して、かつての日本では、カウンセリングの必要性を論ずる以前にカウンセリングという言葉さえ知らない人が多かったのである。戦前の経済的な貧困から脱するために、物理的な裕福さを求めていた日本人にとって、精神の内面の問題は二の次だったのかもしれない。このこともカウンセリングが知られていなかった理由なのであろう。しかし、戦後の経済成長から、日本人も、物理的な豊かさを得て、さらに進んで精神的な豊かさを求めるようになった。このような時代の変化によって、カウンセリングの必要性が強く訴えられるようになったのである。

2 現代人の生活とカウンセリング

(1) 家族生活とカウンセリング

家族が直面する問題はさまざまである。例えば夫婦間の葛藤(かつとう)、親子間の葛藤、兄弟間の争い、家庭内暴力（DV, Domestic Violence）、アルコールや薬物などがやめられない依存症などがあげられる。

では、こうした問題に対して、カウンセリングはどのように対処するのだろうか。

具体例をあげてみると、夫婦の問題を解決するための夫婦カウンセリングにおいては、夫婦を統合体とみなし、彼ら自身の問題を二人で解決し克服し

ていけるように援助する。その援助の仕方にはいろいろあるが、クライエントが新婚夫婦であるなら、お互いが自分の生まれ育った家庭から独立し、二人に共通の新しいルールを作り上げていけるよう援助するというように、夫婦が互いに生活し成長していく中で生じる新たに乗り越えるべき課題を達成することを促すという技法が代表的である。

なお、問題の核心が明確にされることによって、かえって関係が悪くなり離婚に至る夫婦がいるが、その場合には、離婚が人間的な成長へのきっかけとなるように援助する。

(2) 学校生活とカウンセリング

学校におけるカウンセリングは、小学校、中学校、高等学校、大学の各段階で、その内容が異なる。

① 小学生の場合

小学生（あるいは幼児）の場合、親や教師によって問題がカウンセラーのもとにもちこまれるというケースがほとんどである。もちこまれる問題は、乱暴や反抗といった反社会的行動、不登校、学業不振などさまざまである。

この場合のカウンセリングは、たいてい親との相談と子どもへの心理療法を同時に併行して行うことで進められる。子どもへの心理療法は、基本的には、おもちゃを使ってカウンセラーといっしょに遊びながら行う遊戯療法が用いられる。高学年になると、対話を中心としたカウンセリングが行われる

ことが多い。しかし、親や教師としては、カウンセリング室に子どもを連れてくる前に、まず子どもの訴えを積極的に聴くことが大切である。

② 中学生・高校生の場合

中学生や高校生の年齢段階は思春期・成長期にあたり、身体の成長とともに自我が急速に成長し、身体と心のアンバランスが起き、それとともにさまざまな悩みごとが起きる時期でもある。現実の勉強や進学についての悩み、自分の性格や容姿についての悩み、家族についての悩み、異性関係や恋愛についての悩みなどである。中学校や高校で、彼らのこうした悩みに応じるのは、学級担任や、相談室でカウンセリングを担当する「スクール・カウンセラー」である。そのカウンセリングは、彼らの悩みや問題をよく聴き、彼らに共感的な理解を示し、彼ら自身で問題解決への道を見つけられるよう援助するのが主流である。

また、この頃の子どもは、学校に関連する問題（成績についての不安や学級内の問題）が生じても、学校側の人間である教師に相談できないということもある。また、学級を担任する教師はたいてい多忙であり、生徒へのカウンセリングに時間を十分に割くことができないという実情もある。

日本ではスクール・カウンセラーの義務教育課程への配置がすすんできている。都道府県や地域によって差はあるものの、その数が絶対的に少ないこ

とが問題となっている。中・高生のいじめや非行，犯罪が急増している現在，スクール・カウンセラーの配置と学校現場ですぐに活躍できるようなカウンセラーの養成が急がれている。

③　大学生の場合

大学で行われている学生のためのカウンセリングは，一般に「学生相談」と呼ばれている。大学によっては，学生相談所（学生相談室）や心理相談室といった，カウンセリングを専門に行う機関を設けているところもある。学生の悩みは基本的に中学生や高校生のものと大差はないが，ひとつ大きく異なる点は，何らかの心理的不適応に陥り，無気力状態になる「スチューデント・アパシー」が多いことである。これは，専門のカウンセラーによる適切なカウンセリングが施されないと，留年や中退に結びつく恐れが極めて高いのである。

(3)　職場生活とカウンセリング

職場におけるカウンセリングの主な対象となるのは，人間関係にまつわる問題である。その内容は，上司と意見が合わない，同僚と対立している，部下が上司のいうことを聞かないといった仕事上の問題から，社内恋愛や交友関係のもつれといった職場を舞台にした問題までいろいろである。こうした問題をカウンセリングで解決する場合，大きく分けて2つの方法がある。

一つは，クライエントの悩みを十分に聴くことである。これは，クライエント自身に問題の本質を自ら発見してもらったり，改善への道を見つけてもらったりするやり方である。もう一つは，カウンセリングを通して，合理的で心の通った人間関係づくりの原則を身につけてもらうやり方である。

このようにして職場におけるカウンセリングはクライエントの職業（職場）適応能力を高め，個人や集団としての業績（生産性）の向上に貢献している。

3　カウンセリングのあるべき姿

カウンセリングは人間のさまざまな悩みや問題の解決を目指すが，ここで気をつけなければならないのは，カウンセリングはそうした悩みや問題の解決だけを目標とすべきではないということである。クライエントがそれまでの自分を変え，「新しい自分をつくる」ことを目標に据えていかなければならない。新しい自分をつくれば，それまでの悩みや問題に対して新しい見方ができる。そうすれば，そこにはおのずと行動の変容が起こる。つまり，悩みや問題を生み出していた見方や行動を解消できるのである。

カウンセラーとしてこうした考え方をもつためには，人間を全体的に見る視点が必要になってくる。そのため，カウンセラーは常に心理学のみならず生物学や行動学，社会学から芸術，文学・哲学にいたるさまざまな分野を学び，その土台をもって人間を深く理解していなければならないのである。

35-3 ●カウンセリング演習試験問題学習参考例●
パーソナリティの成長論について

　パーソナリティの成長論とは,「クライエント(来談者)の問題や病気の症状は,クライエント自身の人格(パーソナリティ)の成長を起こさせることで解決する」と考えるカウンセリング理論である。この考え方に立つカウンセラーとしては,カール・R.ロジャーズが代表的で,その他にユージン・T.ジェンドリンらがいる。

　(1)　カール・R.ロジャーズ
　1902年,アメリカのロジャーズは,カウンセラーとして臨床経験を積んでいく中で,従来の古い理論や技法に基づくカウンセリングでは根本的な問題解決がうまくいかない例を何度か経験した。この経験から彼は,「問題や症状を解決する道や方策,つまりなぜ傷つき,どの方向に行くべきか,実際に味わったどんな経験が心の奥深くに隠されているかを知っているのはクライエント本人のみである」ことを悟った。つまり,クライエントの話に耳をよく傾け(傾聴),本人自身がどのように感じているかを十分理解すれば,カウンセラーが理論や技法を振り回さなくても,クライエントは自ら自分の問題解決方法に気づき成長していくということを確信したのである。

　ロジャーズは,クライエントのパーソナリティに成長が起こるためには,次の点を満たすことが必要条件であるとした。①カウンセラーとクライエントとの間に心の交流があること,②クライエントは建て前(理想)として言っていることと現実として感じていることとの間に不調和がある(自己不一致)こと,③カウンセラー自身は「自己一致」の状態にあること,④カウンセラーはクライエントに対して「無条件に肯定」して受け入れようとしていること,⑤カウンセラーはクライエントの内的世界を共感的に理解し,それをクライエントに伝えるように努めていること,⑥カウンセラーが「無条件の肯定的な受け入れ」と「共感的理解」の状態にあることをクライエントが知っている状態にすること。

　(2)　ユージン・T.ジェンドリン
　1926年にオーストリアのジェンドリンは,「人間がこの瞬間に経験している感情や気持ちの流れ」を「体験過程」と名づけた上で,クライエントがこの過程を感じ取り,自分の心の底にある真の感情に近いことばを探し出すこと(照合)によって自分の本当の気持ちを理解し,その結果おのずと「パーソナリティの成長」が起こると説いた。

35-4 ●カウンセリング演習試験問題学習参考例●
クライエント中心のカウンセリングについて

「クライエント中心のカウンセリング」は，1940年代にアメリカのカール・R.ロジャーズの唱えた説に基づいている。このカウンセリングは「非指示的カウンセリング」とも呼ばれている。従来のカウンセリング理論に基づいた指示，助言，解釈などを批判し，クライエントの話を傾聴することを重視した療法である。

ロジャーズは，人間は，もともと「自己実現へと自然に向かう性質をもつもの」であり，絶えず成長しよう，適応しようとする傾向が備わっていると考えた。また彼は，人は理性や意識による判断よりも情緒面を重視したことから，「感情の自由な表現」を積み重ねていけば人間は自己実現に近い状態になると考えたのである。そして，この自己実現状態にある人をロジャーズは「十分に機能している人間」と呼び，クライエントがこの状態になることを治療の目的とした。

ロジャーズは，治療過程の中でクライエント自身にパーソナリティの成長や治癒を促し，「十分に機能している人間」の状態をもたらすには，カウンセラーがどういう態度をとるかが重要だと考えた。この態度は，主に「共感的理解」「無条件の肯定的な関心と受け入れ」「自己一致」といった言葉で示される。

「共感的理解」とは，クライエントの「今この瞬間」の感情や体験に耳を傾け（傾聴），それをあたかも自分の感情や体験であるかのように感じ取り，言葉によって表そうとする態度のことである。「無条件の肯定的な関心」とは，カウンセラー自身の価値観や信念に基づいて，クライエントの感情や体験を批評せずありのまま受容する態度のことである。また「自己一致」とは，カウンセラーの自己概念（自分はこういう人間である，という考え）と実際の行動が一致していることである。

つまりロジャーズは，カウンセリングを成功させるか，不成功に終わらせるかは，単に技法だけでなく，カウンセラーの態度やそれに伴うカウンセリングの過程にあると考えたのである。こうした「クライエント中心カウンセリング」は，現在用いられている多くのカウンセリングや心理療法の理論・技法に大きな影響を与え，カウンセラーが必ず学ぶべきもののひとつとなった。

あくまでクライエント本人をカウンセリングの主役にするこの方法は，価値観や考え方が多様化する現在において，大変有効である。

35-5 ●カウンセリング演習試験問題学習参考例●
行動カウンセリングについて

「行動カウンセリング」は，問題解決のためにクライエントが抱える心の問題に働きかけるのみではなく，問題行動自体にも働きかけるものである。

適切な習慣・行動と不適切な習慣・行動はどちらも人の学習方法や経験によって身につくものである。行動カウンセリングは，過去の不適切な学習や経験によってつくられた不適切な習慣を取り除いたり，適切な習慣に改められるように学習し直せば，問題は解決しやすいという考え方に基づいている。

カウンセラーは，クライエント自身にも問題を自覚させ，本人自身が問題解決のための目標を設定するように導く。目標が設定されたら，その目標にいたるまでの過程や段階をいくつかに分け，過程ごとに目標を設定し，最初の目標から段階を踏んで一つずつ達成（学習）できるようにクライエントを援助していく。このいくつかに分けられた目標を「下位目標」，段階的に下位目標を達成（学習）していく原理を「スモール・ステップス（「小さな段階」）」という。スモール・ステップスの原理にしたがって目標を設定する際は，なるべく多くのステップ（階段）をつくり，クライエントが無理をせずに前進できるように導くことが大切である。行動カウンセリングが用いる技法の代表的なものとして「系統的脱感作法」と「除外学習法」の2つがある。

(1) 系統的脱感作法

クライエントがあることに対して一定の不安や恐怖を感じる際に多く使われる方法である。軽い催眠などでリラックス状態になったクライエントに対し，悩みの対象である不安・恐怖を抱くイメージを最初はほんの少しだけ与え，そのイメージを徐々に強くしていき，クライエントをそれらの不安や恐怖に慣れさせていく方法である。

(2) 除外学習法

クライエントが問題行動を起こすことで得ていた利益を取り去ることで，その問題行動を解消させていく方法である。これは対象が子どもの場合によく使われる。例えば，騒ぐ子どもに対して母親がアメを与えて静かにさせようとすると，子どもはかえって母親の注目を引こうともっと騒ぎ立てる。しかし，子どもが騒いでも母親が注目せず全く無視をしていると（子どもにとってアメをもらうという利益を取り除かれる），子どもは問題行動を起こしてアメがもらえるという利益がなくなると悟り，騒がなくなるという理論である。

精神分析的カウンセリングについて

(1) 考え方

「精神分析的カウンセリング」とは，ドイツの精神分析学者ジークムント・フロイトによる精神分析の考え方を用いた技法である。後の様々な学派に大きな影響を与えた。

フロイトは，我々の心（意識）は氷山のようなものであると考えた。自覚できるのは水面上に現れた氷山の頂上部のみで，水面下の見えない巨大な部分は「無意識」である。無意識には，自分では認めたくない欲望や感情が抑圧されていて，それらが様々な心の葛藤を生み出す。そして問題行動や心身の病気の症状は，こうした心の葛藤が目に見える形で現れたものだとした。

(2) 目 標

精神分析的カウンセリングでは，無意識の中で抑圧されている欲望や感情を解放することで，自分の心の葛藤に気づくこと（洞察）を最大の目標としている。つまり，現在の症状や問題行動が心の葛藤から起きていること，自分でも受け入れたくないさまざまな欲望や感情をもっていて，それに束縛されているということをしっかりと認識することをクライエント（来談者）に自覚してもらうのである。そして，カウンセラーとのやりとりの中で，自由で建設的な考え方を得て，よりよく社会に適応できる行動を身につけるように導いていくのである。

(3) 対象と方法

精神分析的カウンセリングの対象者（クライエント）は抑圧されている自らの欲望や感情を認識することができ，自分自身の理解をすることを通じて人間的な成長を強く望む人が適切である。

カウンセリングの方法は，クライエントが自分の中に湧いた考えや感情をそのまま話す「自由連想法」や，クライエントの考えや感情に対するカウンセラーの解釈を中心に進める方法がある。または，クライエント自身がどのように問題を解決するのかを考えることを基本にしながらも，クライエントの現在の人間関係や生活上の行き詰まりについて話し合ったり，カウンセラーの方から問題の核心に迫るような話題や疑問を取り上げたり，適切な助言を与えたりして進める方法もある。

なお，カウンセリングの際，以前はクライエントをリラックスさせるために安楽いすや長いすなどに座らせることが多かったが，最近では話をすることが中心になっているので正対あるいは90度の位置で斜めに向き合って座ることも多い。

35-7 ●カウンセリング演習試験問題学習参考例●
交流分析について

「交流分析」（TA, Transactional Analysis）とは，アメリカの精神科医エリック・バーンによって開発されたカウンセリングの方法である。

交流分析では，「今現在ここにいる」自分の状態に気づくことが大切である。このことによってパターン化した自分の感情や考え方，行動を自分でコントロールし，変えていくのである。

例えば，自分が何かをやりたいのにできないとき，その原因を周囲の状況や他人に求めるが，交流分析ではすべて自分自身に原因があると考える。そして，周囲に原因があると考えるようになった経緯を親や他人との関係の中で明らかにしていきながら，自分は本当はどうありたいのか自覚し行動を変化させることを目標にする。

交流分析では，①構造分析，②交流分析，③ゲーム分析，④脚本分析という段階に従ってカウンセリングを進める。

① 構造分析：人の心の働きには「P（Parent：親）」「A（Adult：成人）」「C（Child：子ども）」という3つがあり，これらの働きによってクライエント（来談者）の感情や思考，行動を分析する。「P」とは相手を思いやったり批判しながら教えたりする親のような心の働き，「A」とは物事を合理的・客観的に捉える心の働き，「C」とは喜怒哀楽に関わる子どものような心の働きのことを指す。

② 交流分析：クライエントが「P」「A」「C」のどの部分を使ってコミュニケーション（交流）をとろうとしているのかを分析し，より効果的なコミュニケーションの仕方について検討する。

③ ゲーム分析：クライエントにマイナスの感情をもたらす特定の人との交流のあり方（これを「ゲーム」と言う）を「P」「A」「C」の概念を使って分析する。それによって，クライエント自身に本人が気づかない隠れた心の底の感情を気づかせ，それをプラスの方向へ変える訓練を行う。

④ 脚本分析：それまでの分析をもとにクライエントが無意識にもっていた「人生脚本（人生の青写真）」に気づかせ，それをクライエントに自力で書き換えさせる分析方法である。カウンセラーは，「人生脚本」はクライエント自身が書くものであり，豊かな人生になるようにその脚本を書き換えるには，本人の強い決断が必要であることを自覚させる。クライエントが，問題を解決するために自分自身をもう一度育て，よりよい方向に直すことが，交流分析の本質である。

第36章
児童心理学

児童心理学

　児童心理学は，児童の健やかな育成を促すために必要とされる知識を教育心理学，発達心理学の視点から身につけることを目的としている。
　このため，まず，児童心理学における主要な概念や研究方法について習得し，さらには，知性，情緒，社会性などの諸機能の発達過程について学ぶものとする。
　そして，それらの発達に即して，次代を担う子どもたちにとって，どのような教育が必要とされているのか，あるいは，遊びはどのような意義をもっているのかなど，子どもの「社会化」についても考えていく。
　また現代社会は，少子化や核家族化が進行し，地域社会における家庭の孤立化など，子どもたちをめぐる環境は，大きく変容してきている。
　こうした環境の劣悪化が，子どもの心理発達に及ぼす影響について考察した上で，家庭と地域社会における今後の保育のあり方についてまとめることとする。
　さらに，乳幼児期における心理の特性と認知・言語などの発達過程について考察し，母と子の相互関係が乳幼児の情緒の発達や，基本的信頼感の獲得，愛着の形成などに及ぼす影響についても考察する。

36-1 ●児童心理学レポート学習参考例●

家庭と地域社会における保育のあり方について

1　家庭の変化と子どもへの影響

　家庭は，子どもが生まれて初めて接する社会である。子どもは，家庭を中心として社会に適応するための知識や技術，社会のルールを学びながら成長していく。いわゆる「社会化」である。

　子どもがうまく社会に適応できるかどうかは，家庭の教育力にかかっている。家庭の教育力は，子どもの成長にとってきわめて重要な位置を占めているのである。

　しかし近年，この家庭の教育力が著しく低下しているといわれている。かつて，日本の家庭といえば，祖父母，父母，子どもたち，場合によっては曽祖父母という大家族で成り立っていた。

　子どもたちは，そこで働いている大人たちの姿を見たり，兄弟間でけんかをしたり，遊んだりしながら人間関係や役割分担を自然に学ぶことができた。

　しかし近年においては，子どもが人間関係や役割分担を学ぶ機会も少なくなっている。その要因は，両親と子どもだけで成り立つ核家族が多くなったり，少子化の影響で兄弟数も減っていることである。

　また，以前は農業など自営業が主流であったため，両親が働く姿を身近なところで目にすることができたが，最近は両親が外で働くことが多くなり，それも難しい状況になっている。そのためか，友人などとどう接すればよいのか，自分はその時々の状況の中で何をすべきなのか，判断できないでいる子どもたちが増えている。

　さらに，最近では家電製品やインスタント食品が出回っていることもある。家事労働を軽くする意味では，喜ばしいことではあるが，それは季節の行事や祭りなどが少なくなっていることとあわせて，子どもたちにメリハリのない生活体験や感動の乏しい生活をもたらしている。生活時間も，早寝早起きの「朝型」のリズムから，次第に「夜型」に移行する傾向が見られ，食生活の面でも朝食の時間や内容に乱れが見られる。

　この影響で，朝はぼんやりしている子，食欲のない子，好き嫌いが激しい子などが保育園や幼稚園で見られるようになっている。

2　地域社会の変化と子どもへの影響

　地域社会は，家庭に次いで子どもたちにとって身近な社会である。高度経済成長期以前には，子どもたちは地域社会の中で血のつながりのない他人と交流し，他人との接し方を学んだ。家庭の中では許されることでも，他人に

は通用しない場合もある。そういった人間関係におけるルール・常識を近所に住む大人と接したり、子どもたち同士で遊んだりしながら学んだのである。つまり地域社会も家庭同様、子どもの「社会化」を促進する役割を果たしていたのである。

しかし、この地域社会も経済成長に伴って大きく変化した。高度経済成長期の頃から、人々は職を求めて都市に集中するようになった。大都市の中では新しく住民になった者同士での交流が少なく、隣に住む人が何をしている人なのかさえお互いに知らないという状況まで生まれている。例えば出産を迎える場合に、身近に直接相談できる人がいないため、育児ノイローゼに陥ったり、思い込みによる不適切な養育をするというような影響を及ぼしている。こうした現象は、親子間の安定した関係や子どもの情緒的・社会的発達を阻み、将来の対人関係にも大きく影響する要因となっている。

また、子ども同士の人間関係の希薄化をもたらしていることの問題もある。例えば、自然破壊や交通量の増加などによって、集団で子どもたちが戸外で遊ぶということが少なくなった。また、高学歴化の風潮によって「塾通い」が一般的になり、遊ぶ時間も少なくなった。その結果、地域社会の中で大人との関係、あるいは子ども同士の関係で今まで学んできたことが、学べなくなってきている。その代表的なものが、「社会性」（社会に適応していく力）であり、「自主性」（自ら進んで物事をこなしていく力）である。

3　今後の保育のあり方について

さらに、核家族化が進み地域社会が変化したことによって、保育所に入所しても集団保育に適応できない情緒不安定な子どもたちが増えているといわれている。こうした現状の中で、豊かな人間性をもった子どもたちを育成するためには、子どもに接する親、特に母親が愛情をもって子どもに接することが重要である。乳児が最初に経験する母親との関係が愛情に満ちたものであれば、子どもに「基本的信頼感」が形成され、その後の好ましい発達の基礎になっていく。

母親から愛情深い適切な世話を受け、安定した愛着(あいちゃく)を形成することによって、乳児は母親や自分の住む世界が信頼できるという感じをもつようになる。また、母親から大切にされているという経験から、自分も信頼に値するものであるという確信をもつようになる。このようにして乳児は自分の世界を築き身近な人たちに対する信頼の気持ち、いわゆる「基本的信頼感」を育んで(はぐく)いくのである。

この基本的信頼感をもつ子どもは、自分が出会う人は信頼できると思い、母親に対するのと同じようにリラックスして自分の感情や欲求を表現し、周囲に対して積極的に働きかけることができるようになる。逆に、母子の間に

愛着関係が築けなかった場合，子どもは自分を取り巻く人たちに強い不信感を抱き，自分自身についても価値のない人間だと思うようになり，周囲に対しても積極的に働きかけることができなくなる。

このように，親と子どもの愛着関係は，基本的信頼感の獲得を左右するし，ひいては子どもの人格形成をはじめとする種々の成長に大きな影響を及ぼす重要なものなのである。

しかし最近は，前述したように，育児に対して不安を抱いている親は少なくない。その不安を誰かに打ち明けられればよいのだが，核家族化が進み，地域社会が崩壊した今日では相談する相手を見つけること自体が難しい状況にある。こうした状況の中で，親たちは育児不安をつのらせ，中には，育児ノイローゼから自分の子どもを虐待する親もいて，社会問題にもなっている。そのため，母親が育児不安に陥らないよう，あるいは不安を抱いたとしても気軽に相談できるよう，地域社会の中に育児環境を整える必要がある。この地域社会の育児環境という面で重要な役割を果たすのが保育所である。

保育所は，子どもの発達状況や年齢に応じた処遇を基本とし，集団保育を生かしながら家庭に代わり保育を行う児童福祉施設である。また，保育所には，家庭の機能回復や維持に努めるとともに，地域社会と子どもを結びつける役割を果たすことが期待されている。

家庭や地域社会の養育能力が低下し，少子化が進みつつある今日，地域社会に保育所を開放し，子どもについての情報を集め，地域の人たちとの触れあいを大切にしていくことが求められている。

また，こうすることで育児に対する自信をなくした社会的・精神的に未熟な親たちに，育児の楽しさを広めていく働きも期待できる。

家庭で子育てをしている母親が育児に対するストレスや不安・悩みを抱えている状況の中で，今後，家庭や地域の養育力を高め，「安心して子どもを産み・育てることのできる社会」づくりのために，保育所が地域における子育て支援の拠点としての役割を果たすことが期待されているのである。

●児童心理学レポート学習参考例●

乳幼児の心理について

1 乳児期の心理について

　生後1年ないし1年半の期間を「乳児期」という。人間の赤ん坊が生まれ，立ち上がり，歩き，言葉を話すことができるようになるまでには，約1年半を必要とする。この期間が「乳児期」であり短い期間ではあるが，後の心身発達の基礎となる重要な時期である。

　乳児期の子どもは，イメージを思い浮かべたり，言葉を使って考えることができない。目に見えない物や体験していないことは認識できないのである。

　乳児期の子どもが認識できるのは，直接自分が見たり，触ったりしたものだけである。そのため，心理学者ピアジェは，この時期を「感覚運動的知能の段階」と呼んでいる。

　乳児期では自分の体験したことから，大きさ・固さ・量など周囲の事物の性質を理解し，次第に事物間・事象間の関係を理解していくようになる。このような経験を繰り返すことによって，イメージを思い浮かべることができるようになるのである。

　こうした認知の発達と密接な関係にあるのが言語の発達である。周りにあるいろいろな物を手に持ってみたり，口に入れてなめてみたりして，物を見分け，区別し，特徴づけるようになるわけであるが，それは後に言葉の意味を理解する働きにつながっていく。そして，見たり触れたりした物を「存在する物」として認識できるようになると，自分の欲しい物へ母親の注意を向けさせるように，その欲しい物へ手を差し出し，声を出し，母親とその物を交互に見る，という行動を起こすことができるようになる。

　これは，それまで目の前にある物しか「存在している」と認識できなかったことが，目の前になくても「存在する物」として認識できるようになったことを示す。同時に，言語面においてもそのものが欲しいと周囲の人に伝えようとするまでに発達したことを示す。

　これらの認知や言語を順調に発達させるためには，母親など保護者との安定した愛着の形成が重要である。愛着とは，乳幼児が母親など特定の人との間に形成する情愛的な結びつきである。

　愛着は，日常の養育における生理的要求の充足によって形成される。すなわち，親は空腹や渇き，あるいは，不快などの乳児の生理的要求を充足する。

　こうした生理的要求の充足が毎日行われるうちに，乳児は親を「自分の世話をしてくれる人」として他の人と違うことを識別し，保護者が緊張を解消

し，快感をもたらしてくれることを学習する。そして，乳児は，母親と一緒にいることを強く求める依存要求をもつようになる。こうして「安定した愛着」をもった子どもは，愛着をうまく形成できなかった子どもと比べ，より頻繁に親と接し，親を中心とした探索行動を起こそうとしたりする。

子どもたちは，保護者から多様な経験や情報をより多く引き出すだけでなく，積極的に広範囲に探索行動を行い，経験の幅を拡げていくのである。

「安定した愛着」を形成するということは，子どもたちが自らの発達を着実に進めていく基礎といえよう。例えば，乳児が笑ったり，声を出したりしたときに，親がタイミング良く応答すれば，乳児は自分が環境（親）に影響を与えたことで自信をもち，さらに笑ったり，声を出すことが多くなる。

しかし，自分のしたことに相手の反応がなければ，次第に笑うことや声を出すことは少なくなってしまう。視覚的・聴覚的な刺激の多いテレビを見せ続けたとしても，乳児の言語発達には役立たない。テレビは子どもに対して応答しているわけではないからである。

ラジオを聴かせ続けて育てられた子どもが，オウム返しに言葉を繰り返すことしかできなくなり，他者とコミュニケーションをとることができなくなってしまった，という例もある。

このことは，愛着に基づいた親の応答行動が言語発達に大きな影響を及ぼしていることを示している。

2　幼児期の心理について

1歳から6歳未満児を幼児という。この時期の子どもは乳児期に比べ，はるかに多彩な発達の様相を示す。特に運動機能の発達が著しく，幼児期におけるあらゆる精神発達の基盤をなしている。

標準的な子どもは，1歳から1歳3か月の頃にひとり歩きができるようになる。この時期の子どもは，全身運動の基礎となる歩行運動を身につけ始め，2歳頃になると，転ばないで走ることができるようになる。

3歳頃では，階段の昇降，つま先立ち歩き，片足飛びもできるようになる。4歳頃になると歩き方もほとんど大人並になり，全身的な動きが一段と上手になる。

5歳を過ぎるといろいろな全身運動が一段となめらかに，上手にできるようになる。手先の動作は，全身運動に比べてやや遅れて発達する。これは「全身運動から身体の各部分の微細運動へ」「固いぎこちない動きから柔軟な動きへ」といった発達の特徴による。

子どもが身体運動をすることができるようになる背景には，周囲の状況を理解する力や判断する力，観察学習能力など，知的領域を中心とした精神発達がある。身体運動ができるようになったり，それで自己表現をすることができるようになると，自分自身に自信がもてるようになり「自我」が生まれ

てくる。

　運動機能が獲得されると，子どもは身体的な安定感をもち，それが心理的安定感につながるのである。その結果，子どもの生活は健全なものとなる。幼児期における子どもの運動発達と精神発達は一体的な関係にあるのである。

　ところで，こうした運動機能の発達によって行動範囲が広くなると，それまで母親の手を借り，母子一体感の中で過ごしてきた子どもに，自立心が芽生え，「自我」の意識が現れてくる。しかし，この「自我」は他者と対立して獲得しているわけではないので，大人から見るときわめて自己中心的な自我である。そのために大人は，子どもを叱ったり，命令したりすることが多くなる。子どもは子どもで自分の欲求を通そうとしてそこで衝突が起こる。これが3歳前後に見られる「第1次反抗期」である。反抗期にある子どもは，大人にとって手のかかる存在であるが，幼児期に反抗を示さなかった子どもは，児童期になってから意志薄弱になる傾向が見られる。反抗期は正常な発達をするために通過しなければならない大切な節目なのである。

　反抗期を通じて子どもは，自他の区別がわかり始め，他者の存在を認める方向へと発達していくのである。こうして子どもは自分だけの世界から出て，外界に目を向けるようになると，大人や友だちとの関わりが増えてくる。その関わりの中で子どもは，自分の気持ちと闘ったり（葛藤），自分の気持ちを抑えたり（抑制），あるいは自己主張して行動を起こしたり（自我の表出）することを覚える。

　また，「基本的生活習慣」と呼ばれる食事，睡眠，排泄，衣服の着脱，清潔といった5つの習慣を身につけるのも幼児期である。この習慣を身につけることによって，幼児は生活の自律性を獲得し，人間として自立の一歩を踏み出すことができるのである。これがいわゆる「社会化」の始まりである。

36-3 発達における個人差について

●児童心理学試験問題学習参考例●

「発達」とは，人が生まれてから青年期に至るまでの心身の形態，構造，機能の質的・量的変化をいう。広くは，老年期までも含める考え方もある。発達は個人により速度や状態が異なっており，個人差が生じる要因として，「遺伝的要因」と「環境的要因」がある。

「遺伝的要因」とは，人間が生まれながらにして親から遺伝子により受け継いだ生得的要因で，この遺伝によって人間の発達が決まると考えられている。一方，「環境的要因」とは，人間のもつ素質が環境のあり方によってさまざまな影響を受けることで，素質の現われ方が異なるという考え方である。

例えば，心理学者のジェンセンは，環境閾値説の中で，素質の違いによって影響の受け方が異なることを述べ，具体的に4つの特性を示している。すなわち，①身長のようにいかなる条件下でも素質がそのまま現れるもの，②知能検査で測定される知能のように悪い条件下では発達が疎外されるもの，③学業成績のように環境条件に左右されるもの，④絶対音感のように好適な条件下でしか顕在化しないものもある。

個人差を決定するのは，「遺伝か，環境か」という問題は，近年では「遺伝も環境も相互に影響する」という考え方が代表的である。

これは，遺伝的要素をもっているが，発達は環境によって変化するということを意味している。子ども一人ひとりがもっている素質を引き出していくためには，最適な環境が必要であるということである。個人差というのは，必ずしも素質の差だけではなく，環境的要因の影響を受けた結果，生じるのである。

個人差に応じた援助を行うためには，次のような4つの視点をもつことが重要である。

① 「発達的観点」子どもの状態がどのレベルに達しているかを判断する視点。

② 「統計的観点」子どもの状態をその所属集団の偏差によって問題の重要性を判断しようとする視点。

③ 「価値的観点」常識や社会通念とされている問題を判別する視点。

④ 「病理的視点」心身の構造や機能の欠陥に対する視点。

発達を援助するにあたっては，以上の視点から一人ひとりの特性に応じて適切な援助を行う必要がある。特に，個人差の大きい障害児に対しては，格別の配慮が必要である。どのような障害の状態であっても，その子自身を受け入れるという姿勢が大切である。

発達の理解の方法について

発達を理解するための方法として「観察」「実験」「テスト」の3種類の方法をあげることができる。

(1)「観察」は、見たり聞いたりというような感覚的経験に基づいて行われるものである。したがって観察から得ることや感じることは、観察者によって異なることが生じてしまう。そこで、誰でも繰り返し観察することができ、かつ誰もが同じ尺度・基準で確認できる「科学的観察」が求められるのである。科学的観察とは、ある一定の目標に対して観察し、その実体を捉え、それを記録し整理し、それをもとに結論を導き出そうとする方法である。

また観察法は、「自然的観察法」と「実験的観察法」に分けることができる。

① 自然的観察法：観察場面を制限することなく、自然に起こる行動を観察する方法である。これはさらに、「偶然的観察法」と「組織的観察法」に分けられる。

② 実験的観察法：条件を整えて観察したい行動を人為的に起こして観察しようとする方法であり、「場面分析法」「遊技面接的観察法」「臨床法」がある。

(2)「実験」は、実験者が意図して用意した条件や環境下で必要な事象を起こさせることにより、精密な観察をすることである。また条件設定を再現することにより、他の研究者による追試、繰り返し、確認ができるという長所がある。心理学における実験とは、人為的に整えた状況下で意図的に観察することであり、ある環境条件をコントロールし、その効果が被験者の行動にどのように現れるかを観察するものである。

(3)「テスト」は、人間の精神機能を正しく理解する方法として用いられる。心理検査はその一つであり、人間の奥に秘められている心を知る手段であり、心理検査は、特定の個人、あるいは集団の性格、知能、学力、興味などを一定の手続きのもとに測定する。

この方法では、予め作られている標準に照らして、その個人がどんな特色をもっているかを理解したり、診断することを目的とし、また、将来の行動を予測する手段としても用いられる。

心理検査の長所として、客観的測定を重視することから、①標準化されていること、②実施方法・採点方法などの手続きが明確に定められていること、③短時間で多くの情報が得られること、④他の検査結果と容易に比較することができる、という点があげられる。

36-5 愛着の形成について

●児童心理学試験問題学習参考例●

「愛着」(アタッチメント)とは,特定の対象に向けられた心の状態をいう。

これは,イギリスの精神分析学者ボウルビィが提唱した概念である。子どもは生後6か月を過ぎるころから母親に対して他の人とは明らかに異なる態度を示すようになる。具体的にいえば,他の人が部屋を出て行っても平気なのに,母親が出ていくと泣きわめき,それを他人がいくら慰めても泣きやまない。しかし,母親が戻ってきて抱き上げるとすぐに泣きやみ,喜びの仕草をする。また,母親が部屋にいると母親から離れて探索活動をするが,時々母親の存在を確認したり,戻ってきて母親の膝に顔を埋めたりもする。このような母親(特定の対象)に対する一連の行動が「愛着」(アタッチメント)である。

「愛着の形成」について,ボウルビィは,次の4つの段階に分けて説明している。

第1段階は,「特に母親に対して行動するというのではなく,誰にでも反応する段階」である。この段階の乳児は,人に関心を示し,人をじっと見つめたり,追視したり,微笑んだりとさまざまな行動をする。この段階は,生後8週頃から12週頃まで続く。

第2段階は,「母性的人物に対して反応する段階」である。乳児は生後12週以降,人に対する反応が増大し,自らも積極的に働きかけるようになる。また,聴覚的な刺激だけではなく,視覚的な刺激に対する反応も明確になってくる。この段階は,生後12週頃から生後6か月頃まで続く。

第3段階は,「母親と他者に対して異なる反応をする段階」である。この段階における乳児の弁別能力は確固としたものになり,母親と他の人に対する反応との間に明瞭な差異が示されるようになる。この段階は,2歳から3歳くらいまで続く。

第4段階は,「相手の目標を考慮しながら自分の目標との間を調整していく段階」である。この段階に入ると,子どもは母親が必ずしも空間的に接近していなくても安心していられるようになる。この段階に入るのは,早くても2歳,多くは3歳頃である。

以上のように,愛着は特定の対象に対する愛着行動が全く見られない段階から出発し,次第に特定の人物への接近や接触を求めるようになり,やがては特定の人と離れていても「絆」を心の中に保ち続けることができるように発達していくのである。

36-6 児童心理学試験問題学習参考例

情緒の発達について

「情緒(じょうちょ)」は，人間として自分自身および他者を含む，環境に対しての関わり方を決める心理的な働きである。また，情緒は次のような3つの側面をもつ。第一は，人との関わりにおける自己の表現に関する側面。第二は，自ら行動を起こし認識を深めようとする欲求としての側面。第三は，興味・意欲の価値を増減している側面である。

これらの「情緒」を発達させる基礎は，母親との結びつきにある。乳児は，外部からの刺激を調節することや生理的欲求の充足について，すべてを母親にゆだねている。母親がそれらの調整を行うことによって，乳児は情緒を表わしていくのである。つまり，乳児と母親を結ぶものは，母親からの働きかけとそれによる情緒的反応である。つまり，「情緒」は母子間のコミュニケーションの基本的な要因であるといえる。

このような母子間のコミュニケーションを通して，乳児は次第に母親の情緒的な力を感じるようになる。そして，乳児の情緒的反応は次第に意図をもった働きかけをするようになるのである。つまり，母子相互の共感や理解がますます深まり，乳児は積極的に母親を求めるようになる。このような子どもからの自発的な働きかけが母親に十分受け入れられ，尊重されることで，乳児は，他者の存在を認めたり，自分が生きている世界を良いものとして受け入れることができるようになる。

乳児は，母親が世話してくれることで不安が取り除かれ，母親の傍(かたわ)らにいることで安心していられることがわかるようになると，乳児は母親と他者とを明らかに区別し，母親が見えないと不安を示すようになる。この「人見知り」の行為は，母親と乳児との情緒的関係が成立したことを示している。

乳児期も後半になり，生活範囲が急速に広がると，移動する力がつき，さまざまな体験をするようになる。この時期で大切なことは，そのような乳児の不安定な情緒を母親がしっかりと受け止め，静かになだめたり，安心させたりして，再び安定した情緒を取り戻すことである。乳児の怒りや恐怖や不安を，母親の胸で優しく慰められる体験は，乳児自らの情緒をコントロールする力を養う第一歩となる。

「情緒」の発達を促進していくためには，意欲を引き出し，内発的な動機づけを高めていくことが重要である。つまり，努力して得られる満足感や期待感を感じていくことが情緒の発達によい影響を及ぼすのである。

子どもの「社会化」について

36-7 ●児童心理学試験問題学習参考例●

　人間は、いうまでもなく人間社会で生きる存在である。つまり人間は、社会的な存在であり、それゆえにその個人が所属する社会が共有している行動・知識・技能・価値・動機などを身につけていくことが求められるのである。

　このように、個人が社会的に認められている価値や規範や行動様式などを獲得し、これに基づいて社会の一員としてふさわしい行動がとれるようになることを「社会化」という。

　子どもにとって、生まれてはじめて接する社会は家庭である。家庭において子どもは、家族との情緒的な結びつきを確実なものとすることで、人間への基本的信頼感を獲得し、さまざまな感じ方、考え方、行動の仕方、人間関係のあり方などを学習していく。幼児期には、親からの「しつけ」が基本的生活習慣の形成につながり、さらに社会的行動へと導かれる。また、言語や運動能力の発達により生活空間が広がると、子どもは保育園や幼稚園という新しい場において生活するようになる。そこでは、多くの友達や教師との交流を通して「社会化」は進んでいく。とりわけ集団教育の場においては、教師の影響力は大きい。例えば、子どもは集団の一員として与えられた課題をやり遂げたり、秩序や規則を守ることを学んでいくのである。つまり「社会的規範」の学習が行われるのである。

　社会的規範を身につけていくためには、この過程を援助してくれる担い手が必要となる。特に、幼児期におけるその代表は母親である。母親からの「強化」作用が子どもの社会的規範の理解を高めていく。つまり、母親が子どもに望む行動を示し、子どもがそれに従って実行したならば、子どもは母親から誉められたり、あるいは、母親が一緒に喜んでくれたりする。逆に、指示通りに行動できなかった場合、母親から叱られたり、注意されたりする。

　これらは、家庭や学校で日常的に行われている「しつけ」である。このときに気をつけなければならないことは、母親からの「強化」が単に報酬や罰を与えるだけにとどまってはいけないということである。むしろ母親や社会が期待するものを子ども自らの力で行えるようになったことで周囲から認められ、ひいては所属する集団や社会から受け入れられているという満足感と自信を培うことが大切である。

　このように、子どもの「社会化」は、子どもの内面から生じるものであることが望ましいのである。

第37章
障害児・者の心理

障害児・者の心理

　わが国の障害児教育は，盲学校とろう学校が1948（昭和23）年に義務化され，養護学校については，1979（昭和54）年に至りようやく義務化が施行されている。それまで重い障害をもつ障害児は，就学免除あるいは就学猶予の制度により「教育を受ける権利」が保障されていなかったのが現実である。

　いかに障害が重くとも教育権を保障すべきであるという親や関係者の運動が実り，各都道府県に養護学校の設置が義務づけられ，自立と社会参加の実現をめざして，障害児もその能力を最大限に伸ばし，障害の種類・程度に応じて，盲学校，ろう学校，養護学校及び小・中学校の障害児学級における教育及び通級による指導が行われてきた。

　しかし，最近では学習や生活に特別な支援を必要とする発達障害児を含め障害種別にとらわれない学校制度として，地域において障害のある子どもたちの教育がより適切・柔軟に行われるような特別支援教育を推進することになった。このため，従来の盲・ろう学校，養護学校を「特別支援学校」制度に転換することを内容とする学校教育法の改正が成立し，2007（平成19）年4月から施行されている。

　こうした状況の中で，障害児・者の教育・福祉などについて正しく理解することが重要である。

　この科目は，以上の視点に立って，障害児・者に共通する主要な心理的問題に着目して，その原因と指導援助の方法などについて考察することを目的としている。

　このため，発達期にある障害児の心理は，一人ひとりに個性があり，それぞれが発達の可能性をもっていることを理解するとともに，社会を構成する成人期の障害者の心理について，その家族や地域社会の立場から理解を深めることを基本とする。具体的には，障害児・者に共通する不安や欲求不満，劣等感などの心理状況を理解するとともに，障害児・者の学習や社会適応を困難にしている環境要因を踏まえた上で，適切な指導援助の方法について考察するものである。

● 障害児・者の心理レポート学習参考例 ●

37-1 障害児・者に共通する心理問題について

「障害」の定義には，見方や立場によってさまざまなものがある。従来は障害そのものに焦点を当てて定義していたが，最近では，援助の必要性に焦点を当て，「社会生活や日常生活を送る上で援助を必要とする者」，「教育に際して個別の配慮を必要とする者」を指すとの考え方が広まってきている。

心身障害児（者）がその障害のため生活や学習に際して不利があると，それが原因でさまざまな心理的な問題が起こることがある。福祉や教育の専門家が障害児（者）と関わる際には，この心理的問題に配慮しなければならない。

その心理的問題として，「欲求不満」や「不安」，「劣等感」がある。

1 基本的要求と「欲求不満」

人間誰もがもっている心理的欲求を基本的要求と呼ぶ。これは心身の発達にとって重要である。基本的要求には生理的要求と人格的要求がある。

(1) 生理的要求

生理的要求とは，飢えや渇き，排泄，睡眠や休息などのことである。

(2) 人格的要求

人格的要求とは，人に仲間として認められたい，受け入れられたいという社会的承認，人々を支配したい，人より優れたいという支配と優越を求める要求，本を読む，旅行をするなど新しい経験をしたいという新しい経験への要求，人に愛され認められたいという安定感を求める要求，他人に頼らずひとりで物事をやりたいという独立への要求などがある。

これら2つの生理的，人格的な基本的要求は，個人差はあるが，誰もがもっているものであるが，そのすべてが満たされるわけではない。特に障害がある場合は，その障害ゆえに満たされないことが多い。

要求が満たされず不安定な心理状態を，欲求不満（フラストレーション）という。そして，欲求不満を一時的に我慢する力を，欲求不満耐性という。

2 適応機制

欲求不満が高まったときにそれを解消しようとする心理的なメカニズムがある。このメカニズムを適応機制という。適応機制のうち，代表的なものについて述べる。

(1) 代償行動

ある目標を達成することができない場合，その目標と似た他の目標を達成することで欲求を満たそうとする行動を代償行動という。例えば，空想の中で要求を満たす方法（白昼夢）や自分のやりたいことを実現させた人物を

みつけてそれを自分と同じだと考えて要求を満たす方法（同一視），あるいは，はじめの目標と異なる方法で要求の実現をはかろうとする（現実の補償(ほしょう)）がある。現実の補償の方法として，奇声をあげたり，大声を出したり，目立つ行動をとることなどがあげられる。

(2) 合理化

自分の不安や失敗を，屁理屈(へりくつ)をつけて正当化したり，失敗を偶然のせいにしたり，他の要因のせいにして他に責任転嫁(てんか)をすることである。

(3) 逃避(とうひ)

困難な場面に直面しないようにして，はじめからフラストレーションを避ける方法である。非社会的行動や疾病への逃避などがあげられる。

これらの3つの適応機制は，欲求不満を解消するのに一時的な効果はある。しかし，これらの行動が習慣になるのは好ましくない。例えば，逃避を習慣的に用いると，積極性や自発性に欠ける性格になる可能性がある。

心理的問題が欲求不満（フラストレーション）と関係のある場合の指導や援助の方法としては，まず基本的要求を大切にし，要求を満たすために適切な目標や方法を考えるようにすることが必要である。また，要求が満たされなかった場合に欲求不満耐性（フラストレーショントレランス）を身に付けるためには，障害児（者）自身に欲求不満の原因と解決法についてよく考えさせることである。

3　不安とその原因

不安とは，漠然(ばくぜん)とした恐れ，心配のことである。誰しも周囲の期待に応えられるだろうか，新しい環境になじめるだろうか，失敗するのではないか，などの不安をもつが，障害児（者）に特有の不安もある。それは，主に「身体的・行動的不安」「社会的不安」「精神的不安」の3つである。

(1) 身体的・行動的不安

これは，身体や行動に関する不安である。障害がない人にとっては不便なく行動できる所であっても，障害のある人にとっては行動を制限されることが多い。特に初めての場所では，うまく行動できるか，外出先や旅行先で困るのではないかという不安をもつことになる。

(2) 社会的不安

社会生活に関することで，他の人と対等に付き合っていけるか，就職ができるかといったような不安である。

(3) 精神的不安

精神面に関する不安であり，知能や性格，人間としての価値が他人より劣っているのではないか，あるいはそのように見られているのではないかという不安である。

不安が強いと焦(あせ)りやいらだち，身体的に病的な症状が生じることがある。このような不安に対する指導と援助では，まずどのようなことに不安を感じるかを把握し，不安の原因を明らかにすることが大切である。そして，その

不安に対してどのように対処すべきかを一緒に考えていく。対処方法のひとつとして，不安の原因と考えられるものと直接対決することがあげられる。努力し最善を尽くすことでそれを乗り越えられれば，不安を自信に変えることができる。また，不安の対象について本人の気持ちのもち方を変えていくことで，不安を和らげる方法も考えられる。

　不安の原因は，障害児（者）自身に起因する場合と，周囲の環境に起因する場合がある。前者については，自分自身についての理解を深めることが必要である。自分には障害があるため不得手なこともあるけれども，それは一側面に過ぎず，得意なことや長所もあるのだということを認識させるような援助が望ましい。自分自身のことについて正しく自己理解を行い，肯定的に自己を捉えられるようになると，過度に不安の感情を抱くこともなくなる。

　一方，心身障害児（者）の不安を解消させるためには，社会的な制度を整えたり物理的な障壁をなくすよう働きかけを行うとともに，地域住民の理解を促進するような教育活動や啓蒙活動も重要である。社会から障害児（者）を不安にさせるような環境が減れば，不安は生じなくなる。

4　劣等感の理解

　不安とよく似た感情に劣等感がある。劣等感は，他人よりも自分が劣っているという感情である。心身障害児（者）は，さまざまな機能障害をもっており，行動の制限を受けたり生活の不便さをひきおこしたり多様なハンディを負っている。しかし「機能障害があるから自分はダメな存在である」とか「自分は価値のない人間である」という精神的な不安は，障害をもたない人と比較した自分の劣等感としてのあらわれと見られ，器官劣等感とよばれている。

　劣等感は，劣等性の根拠となった対象に対する認識の程度によって2つの種類に分けられる。ひとつは，実際に他の人より自分が劣っているために悩む場合，二つ目は，実際にはたいして劣っていないのに，大変劣っていると誤解し悩む場合である。後者は，精神的不安と関係している。たとえ客観的な事実としては劣っていなくとも，自分で劣っていると思い込んでしまうことにより不安が生じるのである。精神的不安は，後者の劣等感と関係があり客観的な事実とかかわりなく生じる心理的問題であるため，その症状は複雑で重度化しやすいといわれている。

　劣等感が発見されたらどのような劣等感であるのかよく調べることが必要であるが，その多くは障害児（者）自身の心理と周囲の人たちの障害に対する見方や考え方に起因している。このことから障害をもつ人と障害をもたない人との相互理解を促進することが重要である。

● 障害児・者の心理試験問題学習参考例 ●

37-2 障害児・者の学習困難の実態と原因について

　障害児にとって学習が困難な理由として，「一次的な学習問題」と「二次的な学習問題」がある。

　「一次的な学習問題」は，障害自体のために起こる学習困難のことであり，その実態や原因は，障害の種類によってさまざまである。

　例えば，知的障害の場合は，知能の発達に障害があるため，学習に時間がかかったり複雑なことを学習するのが困難なことが多い。また，日常生活で出会う新しい物事に十分に対処できなかったり，対人関係のコミュニケーションが苦手であったりする人もいる。視覚障害の場合は，物や文字などが見えなかったり，見えにくかったりするため，絵や図柄を判別したり文字を学習したりすることに困難が生じる。

　聴覚障害の場合は，音を十分に聞き取れなかったり，聞きとりにくかったりするため，話が分からない，音から周囲の状況を判断できないといったことが起こる。このほか，上肢（腕）や下肢（足），体幹（胴）の障害，てんかん，内部障害などの場合にも学習の機会が制限されるなど，それぞれの障害が学習に直接，影響を及ぼす。

　つぎに「二次的な学習問題」とは，障害のために生じた「心理的」な問題のことである。例えば，積極的に物事に取り組まなかったり，何をするにも自信がなかったり，興味・関心・意欲に欠けることなどである。このような二次的学習問題には，本人だけでなく周囲の環境が原因となっている場合もある。障害児にとって指導の場が適切でなかったり，適切な教材・教具が不足していたり，治療・訓練のために学習時間が制限されてしまうことなどである。また，周囲の人が障害児の学習に対して協力的でなかったり，過保護だったりするのもこれにあたる。

　一次的な学習問題と二次的な学習問題の関係は，単純ではない。障害自体が重いからといって心理的問題も重いとは限らない。たとえ障害が重くとも積極的で前向きに生活を送っている人もいる。逆に障害自体は軽いにもかかわらず，心理的問題が大きく影響する人もいる。障害が軽いがゆえに，余計に他人とのほんのわずかな違いを気に病み，悩むということもある。

　学習困難な障害児に対する指導にあたっては，その困難が一次的学習問題と二次的学習問題のどちらであるかを見極め，つまずきの原因を取り除いたり改善したりして，指導・援助していくことが必要である。

37-3 障害児・者の心理試験問題学習参考例

障害児の親の心理について

障害児をもつ親の心理には，次の3つの段階があると考えられている。

1 子どもの障害を認めたくない段階
① 子どもに障害があることが認められず，わが子に本当は障害などないのだと思いこもうとする。
② 子どもの障害に気づいていながらも，その事実に直面したくないために専門家への相談などを避けようとする。
③ 子どもの障害に気づいているが，その事実を知られたくない，隠したいと思う。

2 障害があるということを頭の中では認めるが，感情面では受け入れられない段階
① 子どもに障害があることを恥じたり，子どもに対して拒否的な感情や敵意をもつ。
② 子どもの障害の原因は自分ではないと思う。
③ 自分を責める。罪の意識をもったり，自分に罰を与えたりする。
④ 世間体が悪い，恥ずかしいと思い，孤立する。

3 頭の中でも，感情面でも，障害のある子どもを受け入れる段階
子どもに障害があることで恥じたり悩んだりせず，子どもの障害を事実としてありのままに受け入れる。

このように障害児をもつ親の多くは，最初はわが子に障害があることを認めたがらないか，認めたとしても心の底でも気持ちの面でも受け入れられない状態にある。このような状態が長く続くと，子どもは親からの愛情を十分に受けられなかったり，必要な療育を受けられなかったりすることがある。乳幼児期に養育者からの適切な愛情や療育が与えられない場合，子どもの心身の成長・発達に大きな悪い影響があるといわれている。このようなことを防ぐためにも療育の専門家は，障害のある子どものみでなく，親に対する援助や指導も適切に行う必要がある。

親の相談や援助に関わる専門家には，まず親の気持ちを理解し，受け入れることが求められる。専門家が親の気持ちに共感し受け入れれば，親も専門家のことをより信頼し，相談相手として認めるようになる。そのような両者の良い関係を築いた上で，親が子どもの障害を受け入れるように支えていくことが望ましい。また，子どもにとってどのような療育を行うのが適切なのかを具体的に指導したり，正確な情報を提供したりすることも忘れてはならない。

37-4 ●障害児・者の心理試験問題学習参考例●
知的障害児・者の心理的指導について

　知的障害児（者）に有効な心理的指導のひとつとして，行動療法や応用行動分析が有効である場合が多い。これらは，学習心理学の分野における「オペラント条件づけ」を応用したものである。

　「オペラント条件づけ」の研究では，自発的に引き起こされた行動を報酬（ほうしゅう）や罰（ばつ）によって強化していくことが行われた。

　レバーを押すと"えさ"が出てくる装置のついた箱の中にねずみを入れたところ，最初のうちは偶然レバーに触れるだけだったが，やがてねずみはレバーを押すとえさが出るということを条件づけられ，頻繁（ひんぱん）にレバーを押すようになった。こうしてねずみは，レバー押しという新たに学習した行動を強化されるのである。

　このオペラント条件づけの考え方を人に対して応用したのが行動療法や応用行動分析である。しかし人の行動は，ねずみのレバー押しよりも複雑であり，また身につけさせたい行動が自発的に起こるとは限らない。そこで，目標とする行動をさらに細かい行動に分割して，一つひとつを指導していくという方法がとられる。トイレで用を済ませるという指導では，①トイレの前まで行く，②ドアを開ける，③ドアを閉める，④ズボンのボタンをはずす……というように，できるだけ行動を細分化する。そして，一つひとつの行動ができるように指導していき，最終的には一連の行動として身につけられるようにするのである。また，人にとって報酬（ほう）となるのは，賞賛（しょうさん）、貨幣，名誉や地位などである。知的障害児（者）に対しては，ねらいとする行動ができたときには拍手をして褒（ほ）めたり，好きな食べものを与えたりする。場合によってはシールなど貨幣に代わるもの（代用貨幣）を用いることもある。このような方法は主に日常生活動作の形成や望ましい行動の獲得などに有効である。

　行動療法や応用行動分析のほかにも知的障害児・者の心理的指導には，さまざまな方法がとられている。モンテッソーリの感覚，知覚を重視した教育やケファートやフロスティッグなどによる感覚―運動の段階から徐々に知的発達に導いていく方法がある。

　これらのどの指導方法が適切かは，障害児（者）の年齢や目標とする課題の種類によって多少異なるため，指導者は対象者の実態を正確に把握し，発達段階に即した指導方法をとるように留意すべきである。

37-5 病虚弱児・者について

●障害児・者の心理試験問題学習参考例●

病虚弱児（者）とは，病弱児（者）と虚弱児（者）の両方を合わせたことばである。

病弱児（者）は，心臓病，腎臓病，糖尿病，ぜん息，進行性筋ジストロフィーなどの慢性的な疾病にかかっている人をいう。

虚弱児（者）は，極端に体力がなく風邪をひきやすい，疲労しやすいなど，体が弱く病気になりやすい人をいう。

病弱や虚弱状態が影響し，健康障害，行動制限，体力の低下，周囲の不適切な養育（過保護・放任など）が生じ，欲求不満，疾病への不安，攻撃性，逃避性，意欲の欠如，依存性，神経質などの心理的特性を示すこともある。

このような病虚弱児（者）には，しばしば病気とそれによって生じた好ましくない条件が望ましくない性格や行動を形成し，病気の回復を遅らせたり悪化させるという悪循環がみられる。そこで，病虚弱児（者）の指導や援助においては，そのような悪循環を断ち切るための心理面での援助も重要である。

病虚弱児（者）の心理は，病状に伴い大きく変化する。そのため，その時期に応じた援助や支援を行うようにしなければならない。

まず，発病時または入院時に必要とされる心理的な援助・支援は，疾病に関する不安を取り除き，家庭や社会生活から入院生活への移行を円滑に行うことである。入院中は家族と離れて生活するため，特に子どもの場合は母子分離に関しての援助が重要である。また，新しい環境にもなじめるように配慮していくことも大切である。

療養期または入院中には，病院生活に適応し積極的に人間関係を築けるように援助する。そして，病院の資源やサービスの活用の仕方をアドバイスするとともに，治療に対する意欲を喚起し，励ましていく。

回復期では，社会復帰の支援が中心となる。患者がしばしばもっている社会的・経済的不安を取り除き，退院後の生活の見通しが立てられるように支援や援助を行う。

一方で，終末期の場合には，死に対する不安や恐れを受け止め，遺された家族の生活などに関する問題に対応することが援助の対象となる。

このように，病虚弱児（者）は他の障害児（者）とは異なる特有の問題をもっているため，身体的な面のみならず，心理面についてもその特性に応じた援助をすることが求められている。

●障害児・者の心理試験問題学習参考例●

37-6 聴覚障害と社会生活上の問題について

　社会生活を送る上で，聴覚の果たす役割として「聴音」と「ことばの発達」の2つがある。

　聴音には周囲の音を聞く役割があり，サイレンや非常ベルなどの音を聴く「警告聴（けいこくちょう）」，音楽などを聴く「音楽聴（おんがくちょう）」，相手の話しことばを聴く「語音聴（ごおんちょう）」がある。

　「警告聴」は，危険を察知し身の安全を保つために必要な聴音である。聴覚障害者は車の近づく音や鉄道の踏み切りの音，サイレンやブザーの音などが聞こえなかったり聞きとりにくかったりするために，危険な場面に遭（あ）いやすい。また，お湯の沸（わ）く音や乳幼児の泣き声などにも気づきにくく，日常生活や育児の点でも不便なことが多い。

　「音楽聴」は，警告聴とは違い，聞こえなかったからといって危険にさらされるわけではない。しかし，音楽聴があるからこそ，生活に潤（うるお）いや楽しみをもたらす歌声や楽器の演奏を楽しんだり，虫の声やせせらぎの音など自然の音を鑑賞することができるのである。音楽聴がない聴覚障害児には，楽しいはずの音楽が自分には聴けないという劣等感が生ずることがある。

　「語音聴（ごおんちょう）」は，相手の意思を受け取ったり，社会的な関係を成立させたり，社会生活を楽しんだりするために必要となる。例えば，あいさつは社会的な関係を築き，おしゃべりは社会生活を楽しむことになる。

　聴覚の果たすもう一つの役割として重要なのは，ことばの発達を促すことである。ことばの発達には，まず養育者（例えば母親）の話す音声を聴くことが必要である。そして養育者の声をまねて子ども自身が声を発し，次に自ら発した声を自分自身で聴くことにより正しいかどうかを確認する。聴覚に障害があるとこれらの一連のつながりが途切れてしまい，ことばの発達が遅れたり独特の発音になったりする。そのような場合，他者との音声による意思伝達がうまくいかないなど，社会生活上，支障をきたすことになる。

　このようにさまざまな場面で不便なこともあるが，近年では，銀行が手話（しゅわ）で接客のできる行員を配置したり，110番通報をファクスでできるようにするなどの環境もできつつある。聴覚障害者に対しては，聴覚（ちょうかく）が日常生活でどのような役割を果たしているかをよく理解した上で，必要としている援助を適切な形で提供できるように，社会全体で環境を整備していかなければならない。

第38章
政治学

政治学

　「政治学」という学問は，これまでは国内の政治を扱うことを基本としてきた。国際政治については，国際政治学ないし国際関係論という独自の学問領域がたてられていたからである。しかし，今日の政治の動きを見るとき，国内政治と国際政治を区別して論じることはまず不可能に近い。それは世界は政治，経済，文化とあらゆる面で相互に関連しグローバル時代を迎えているからである。

　政治の面でいうと，例えば，ミャンマー（ビルマ）の軍事政権による民主化運動家アウン・サン・スー・チーさんへの弾圧は一瞬のうちに日本，全世界に伝わる。そのとき，日本政府がビルマの軍事政権へのODA（政府開発援助）を続行するならば，世界各国から非難を浴びることになる。

　このように現代社会において政治を論じようとするとき，このようなマスコミによるグローバルな時代という時代背景を無視することはできない。

　また，政治というものの範囲も幅広くなってきている。政治は，貿易，産業，労働，教育，保健，社会福祉など国民生活のあらゆる分野に浸透し，強い影響を及ぼすようになった。かつては，政治と切り離して考えられた問題も，今日では，それではすまされなくなっている。政治と非政治との区別はぼやけ，政治はあらゆるものの中に入りこみ，さまざまな形で現れ，複雑な状況を展開している。現代が「政治化の時代」と呼ばれるのは，このためである。

　このように，政治が多様な範囲をもってわれわれの生活に影響を及ぼしている以上，その政治の歴史，思想，理論を勉強し，それらを活かして21世紀を切り拓いていかなければならない。また国家を運営するのが政治である以上，われわれ国民は政治に無知であってはならない。国家の主権者たる国民が，政治に対するしっかりした知識や見識を身につけ，その代表を確かな眼で選ぶことは近代民主政治の基本なのである。そして，それがよりよい未来の創造につながるのである。

　政治の力は，世の中を幸福にすることも不幸にすることもできる。

　21世紀の国際社会を素晴らしいものとするために，われわれ国民一人ひとりが政治学の基本を学ぶ必要があるといえよう。

38-1　●政治学レポート学習参考例●

現代社会における議会制民主主義について

1　議会制民主主義の危機の原因

　近代国家は当初、できるだけ行政府には権力を集中させまいとする「夜警国家論」が主流であった。現代社会においては、政治は、「民主主義」（国家の主権が国民にあるという思想に基づき、国民が自らのために政治を行う主義）によって動かされている。そして「議会制度」とは、国民の代表が議会に集まって政治を行う仕組みであり、現代では「民主主義」に欠かせない制度となっている。

　この議会制度は、「議員は国民の代表である」「話し合いと多数決によって議決する」「行政府を監督する」という3つの基本原理に基づいている。この議会制度の原理から見ると、現代社会における（議会制）民主主義は、国民が自ら政治を行うという直接民主制ではなく、自分たちの選出した代表が議会で話し合うという間接民主制をとっているということがわかる。

　現代社会において、議会制という間接的民主制がとられる理由は、現代国家が、古代ギリシアの都市国家とは比較にならないほど大規模であり、国民が直接に議会に集まって議論することが不可能だからである。

　しかし現代において、議会制民主主義は、主権者たる国民の意思を十分に反映させるものとして機能していないという批判が生まれてきている。

　日本の国及び地方レベルの選挙では、年々投票率が低下し、50％を切ることも珍しくない。また、無党派層も増大している。こうした事態は国民の政治不信の現れともいえる。

　そこで、議会制民主主義を危機的な状況に追い込み問題の根源となっている「行政国家化」と「大衆民主主義」という2つの要因について考察する。

(1)　行政国家化

　行政（日本の場合、内閣総理大臣と各大臣及び内閣のもとにある行政機関）が中心となって政治を行うことを「行政国家化」という。

　現代社会のように、経済が発達し社会の規模が大きくなってくると、市場まかせの自由競争だけに頼るのみでは経済・社会の安定を確保することは難しい。競争を自由に放任しておけば、圧倒的に力の強い企業が市場を独占してしまう恐れもある。また、好況・不況の景気変動の調整も難しくなる。だれかが市場に介入しなければ貧富の差は広がり続け、労働者や貧しい人、高齢者、障害者などのいわゆる社会的弱者にそのしわ寄せがいく恐れがある。

このような状態に陥らないためにも，政府による社会保障政策や経済政策が不可欠になってくるのである。

さらに現代社会ではそれぞれの分野における専門性は高度かつ複雑であるため，専門家でない議員はすべての問題に精通することはできない。その結果として，経済政策や法律立案などに詳しい専門的な知識をもった人々（官僚）が必要になり，行政府の重要性が増大した。

行政府の役割が大きくなっていく一方で，議会（立法府）はその役割を低下させていく。立法府の最も重要な機能である立法作業でさえも立法府では十分に対応できず，実質作業のほとんどは官僚が行い，立法府はそれを単に形式的に認めるだけに過ぎなくなっている。こうして，現代国家は立法府主導の立法国家から行政府に権限が集中する行政国家へと変化したのである。

官僚制は，高度で複雑な現代社会においては，確かに最高の能率を上げる合理的なシステムであるといえる。だが，官僚制が必ずしも有効に機能するとは限らない。それが「官僚制の逆機能」と呼ばれるものである。形式さえ合っていればそれでよいという形式主義や自ら新しいものを作り出そうとする創意性の欠如，事なかれ主義，あるいは権威主義や秘密主義，公の立場を利用しての権限の濫用などの負の効果が生じる恐れがある。

本来は，国民によって選ばれた「国民の代表（議員）」が構成する立法府たる「議会」が中心となり，行政府とバランスをとりながら政治を行うのが近代政治の理想である。ところが，日本の現実をみると，官僚が政策を形成・執行する中核となっており，政治家はそれを形式的に承認するだけの存在に過ぎなくなっている。官僚といわれる人たちは，確かに官僚になるときに専門能力をチェックする試験を受けるが，それは主権者たる国民によるチェックではない。しかしその国民のチェックを受けていない官僚が実際に政治を動かしているのである。これは日本国憲法の基本原則である「国民主権の原則」からあまりにもかけはなれているといわざるをえない。

また，日本は欧米よりも遅れて経済発展したため，近代化を進めるときに，欧米に追いつくために権力を中央政府に集中し過ぎた（中央集権制）ということがある。そのため，主権者であるはずの国民は置き去りにされ，中央政府に対して受身的な立場になってしまったと考えられ，その関係は今日においても基本的に変わっていない。

いずれにせよ，このような「行政国家化」のために，今日の議会制民主主義が十分に機能せず，国民の政治不信の増大を招いている。

(2) 大衆民主主義

すべての人に平等に政治に参加する権利（選挙権）が与えられて行われる民主主義を大衆民主主義という。

現代社会はまさにこの大衆民主主義社会であり，17世紀以降，市民革命によって生まれた近代市民社会と対比される。近代市民社会では政治に参加できる市民は，一部のブルジョア階級（中産階級）という教養や財産のある人々だけに限られていた。それだけに，選挙で選ばれる議員たちは同じブルジョア階級の人間として，利害が一致しており議会運営は激しく対立することもなくスムーズにいった。

これに比べて現代の大衆民主主義社会は，選挙で選ばれる議員たちは職業・団体などが異なる階層の人たちを代表しており，議会において意見がスムーズに統一されることはほとんどない。しかも，最後は多数決で決議されるために，少数意見が採用されることはなく，政治に自らの意見を反映させることは難しい。その結果，多くの人々は，この政治システムのもとでは無力であることを知り，政治に無関心になっていくのである。

2 議会制民主主義の再生

この議会制民主主義の危機を打開し再生するためには，どのように改革していけばよいか以下に述べる。

第一に，「議会制民主主義＝間接民主制」に問題があるとして，草の根市民運動や住民投票のように市民が直接政治にかかわり，市民の直接の声を反映させる機会を極力もつことが重要である。

第二に，行政国家化によって巨大化し，権力をもちすぎた官僚機構を改革することも必要である。つまり，行政改革論議の中でたびたび出てくる官庁再編，スリム化ばかりでなく，官僚制度の逆機能化を解消し行政国家化を防ぐために，官僚による政策形成を独占させないようにするシステムをもつことが大切である。例えば，政策作成機能の中枢に位置するような主要官僚を政権の交代とともにほとんどすべて入れ替えるアメリカの2大政党政治のシステムを導入することも，市民社会の優秀な人材や知恵を官僚機構の中に新しい息吹として吹き込むという点で効果的と考えられる。

第三に，現代社会において，市民が力をつけるためには，行政側は行政の中で何が行われているのか政策策定の経過を透明にし，情報を全面的に公開することが肝要である。

例えば，官僚機構を市民社会に向かって開かれたシステムに改善する。つまり市民社会の意見や批判をきちんと受け入れ，政策に反映することを義務づけることである。いいかえれば，官僚機構の中での政策作成プロセスを透明にすることである。行政文書を原則として公開することを義務づけた情報公開制度も，行政国家化，官僚機構の肥大化，特権化の中で，議会制民主主義の危機を打開するひとつの鍵であるということができる。

●政治学試験問題学習参考例●

38-2 現代民主主義における政治参加について

　近代社会の成立は、民主主義という思想と制度の発達をもたらした。ことに、第二次世界大戦は「ファシズムから民主主義を守る」ことを目標とした連合国側が勝利したため、世界共通の理念は「民主主義」となった。民主主義は国家の主権を有する国民によって政治を行う主義を意味し、国民が直接政治に参加する直接民主主義と民衆の代表が統治する間接民主主義がある。

　ところで、民主主義を掲げながら民主主義の基盤である人権が一部の国々で無視されたり、クーデターが多発するなど、戦後の一時期に比べて「民主主義」の権威はない。また、安定した民主主義が続いている国々においても、政治における間接民主主義制度が確立して以来、主権者である国民一人ひとりの声は直接、政治や社会の運営に反映されにくくなってきている。いわゆる民主主義の空洞化である。多くの国民は、政治や社会から目をそらし、無関心になってきた。この政治的無関心は、政治がわからない、あるいは政治に目覚めていないので政治に無関心な場合もあるが、問題なのは、知識層などが一度は政治に関心をもったが、実際の政治に失望してあきらめをもち、積極的に政治離れする場合である。前者の場合は、政治教育をし関心を起こす余地はあるが、後者の場合は政治離れを克服させることであり難しい。

　他方、植民地から独立した新興国において、国際舞台で表面的に民主的なポーズをとってはいるものの、国内体制を見れば全体主義的である場合が多い。この現象は、発展途上国が独立した後、資本主義的コースにすすんだ国にも社会主義的コースに進んだ国にも共通していえることである。国際的には、自主独立路線を歩んでいる国においても、国内体制は独裁体制まがいの国が多い。

　このように、現代民主主義における課題として先進国における民主主義の空洞化と一部の新興独立国における全体主義化などが存在する。

　一方、1952（昭和27）年にユーゴスラビアにおいて、独自の自主管理社会主義が正式に国家体制として採用された。自主管理社会主義とは、企業を労働者の共同体として労働者が自主管理しようとする考えであるが、ユーゴスラビアにおいてもポーランドにおいても自主管理が経済の効率化に役立たないことが明らかとなって、自主管理社会主義体制は1989（平成元）年以後、崩壊している。

38-3 議員内閣制と大統領制について

●政治学試験問題学習参考例●

(1) 議院内閣制

　議院内閣制とは議会の多数を占める政党（あるいは政党の連立）の党首が首相に選出され、内閣を組織して行政を行うものであり、イギリスや日本ではこの方式を採用している。

　議会（イギリスでは下院、日本では衆議院）は内閣に対する不信任決議権をもつが、議会の多数党の議員によって内閣が組織されているのが普通であり、与党内で分裂などが生じていない限り不信任決議権が行使されることはなく、内閣の方針は議会でも承認され、行政府が比較的優位になることが多い。

　議院内閣制では、内閣は任期途中でも、議会と対立して信任を失えば責任を負い、内閣が総辞職するかあるいは議会を解散して総選挙を行い、新たに国会議員を選出し、新しい内閣を組織する。この制度の特色ともいえる解散制度の長所は、重要な政治問題について議会と内閣との間で対立し調整がつかないような場合、総選挙というかたちで主権者である国民に判断をあおぎ（国民に訴える）、国民の声を柔軟に政治に反映できる点である。

(2) 大統領制

　アメリカの大統領制においては、立法権と行政権が明確に区別されており、三権分立が議員内閣制よりも厳格である。例えば、大統領は、議会とは別に国民によって選挙で選ばれ、各省の長官（大臣）も、議員以外から大統領によって直接任命される。

　大統領は、行政・軍事・外交権などの大きな権限をもつとともに、自分の考えは教書をつうじて議会に伝えることができる。ただし、法案提出権や議会の解散権は一切ない。

　他方、議会は法案提出権をもっていても大統領の不信任決議権はなく、立法と行政は完全に独立している。しかし、大統領は、議会を通過した法案に不満があれば、拒否権を行使できるが、議会が3分の2以上の賛成で再議決すれば、大統領が反対しても法律となる。司法部が違憲立法審査権（法令審議権）をもち、立法部や行政部の行動を監視できるのも、アメリカ型の大統領制の特色である。

　このように、この制度では、大統領は議会によって不信任を受ける心配をすることなく政治を行うことができるが、柔軟な意思を欠く大統領であったり、議会と大統領が対立するような事態になった場合、硬直した政治になる危険もある。

国内政治と国際政治の相違について

　国内政治は，自国の国家社会だけを対象とする。国際政治は，少なくとも2つ以上の国家間で行われる。国際政治の目的とするところは，自国の利益（国益）を追求あるいは守ることである。自国の利益を追求することが他国のそれと対立する場合，その対立や利害を調整するのが国際政治の役割といえる。

　国内政治とは異なる国際政治の重要な要素として，現代の世界では，国家を越えた統一権力が存在しないことがあげられる（国家の物理的強制力の及ぶ範囲は一国家社会）。一方，多民族国家は少数民族の問題を抱えることが多い。これはもともとは国内政治的なものであるが，最も国際化しやすい問題である。というのも，少数民族が自主独立を要望し，分離国家をつくる場合があるためである。

　国際政治を動かす原理としては，大国主義，ナショナリズム，インターナショナリズムなどがある。大国主義は，軍事的，経済的に実力をもった大国が国家意思を通そうと活動するものである。ナショナリズムは，自己の国家・民族の利益を第一においたものであり，インターナショナリズムは，民族を母体とし，民族の自主性を尊重しながら，相互に協調していこうとするものである。この際，民族の自主性をあくまで尊重し，排他的な立場からの自己主張に固執していると戦争を誘発する可能性がある。そのため，国際協調を保っていくためには，民族の自主性を尊重しながらお互いの協調と提携と友好関係を維持することによって国際平和を維持していかなければならない。そのよい例がEU（欧州連合）である。

　現在の国際情勢では，民族主義的伝統が強く，国際協調よりも主権国家の国民的利益を守ることが優先されている。国際社会は主権国家の集合体であるが，各国は他国に対しては自国の独立を主張し，主権の及ぶ範囲については他国の干渉や侵害を絶対に許さない。また，各国は自国民の安全と利益を図るために，国際関係の場では国家利益（ナショナル・インタレスト）を優先させる。このため，国際社会においては，世界のすべての国々の行動を規制する共通の規範や，それを守ることを強制するような統一的な権力機関を確立することがなかなか難しいのである。そこで，もしも国家間の利害が対立し激化すると，話し合いでは解決できず，最後の手段として武力に訴えるということにもなる。

38-5 大選挙区制と小選挙区制の長所と短所について

●政治学試験問題学習参考例●

1選挙区から複数の議員を選出する選挙区制を大選挙区制といい，1選挙区1人の制度を小選挙区制という。衆議院の場合は，小選挙区と各政党の得票数に応じて議席数を配分する比例代表制を組み合わせた並立制となっている。

大選挙区制の長所は，①選挙結果に少数代表を反映することができる，②全国的人物，新人の当選が比較的容易であり，議員が地方的利害に拘束されることが少ない，③選挙民とのつながりよりも候補者の人物識見が重視される，④選挙民の候補者選択の範囲が比較的広い，⑤小党派及び新政党にも有利である，⑥選挙運動が過度にならず，買収などの不正行為の減少につながる，などである。

一方，大選挙区制の短所は，①小党分立になりやすく，政局の不安定をもたらしやすい，②扇動家的人物，売名的人物が立候補し，当選しやすい，③議員と選挙区との関係が密接でなくなる，④候補者の人物，識見，政見を選挙民によく知らせることが困難である，⑤棄権者数が増加する，⑥同一政党内の同士討ちの弊害が生じやすい，⑦選挙運動費用が高くなる，⑧候補者の乱立の恐れがある，⑨選挙運動の取り締まりが徹底せず，選挙公営の実施が容易でない，などである。

小選挙区制は，イギリス・アメリカの下院などアングロサクソン系の諸国で多く採用されている。2大政党化が進み政局が安定する。政党の得票数と議席率が大きくかけ離れるのが特徴で，このため，勝利を収めた政党は総議席の過半数を大きく上回り安定した政権基盤を獲得できる。2大政党化が進むため選挙費用の節約がなされ，候補者乱立や同じ政党内の同士討ちが防止されるなどの長所があげられる。

しかし，少数党の候補者が選出されることはなく，民意の反映という意味ではきわめて不公正な結果を生む。また死票が多くなり少数党に不利に働き，少数意見が反映されなくなり，買収や供応，干渉などの選挙違反が多くなったり，地方的な小人物が選出されやすくなるなどの短所が見られる。ゲリマンダーの危険があるのもこの場合である。ゲリマンダーとは，1812年アメリカのマサチューセッツ州知事ゲリーが自分の当選に有利な選挙区割りをしたことに由来する。これは小選挙区の欠陥のひとつとして知られており，選挙区を多数党に有利になるように区割りすることをいう。

現代の民族問題について

　「民族問題」とは，異なった文化，言語，宗教などをもつ民族間の対立が原因で生ずる紛争などの問題のことをいう。東西の冷戦が続いていた時代には，民族の問題は今ほど表面化していなかったが，冷戦が終わった現在，世界各地で民族紛争が数多く起きている。

　冷戦が終結するまでは，少数民族を含め，すべての民族は，国家の中に組み込まれ，国民という枠でくくられていた。しかし，冷戦が終結し，「資本主義国家」対「共産主義国家」という国家間の対立が薄らぐと，それまで国家という概念の中に押さえ込まれていた各民族は，国家から独立しようと活動を始めた。各民族は，それぞれの経済的利益・政治的利益のみならず，自民族の「威信」までも主張し，それを押さえ込もうとする国家と対立が激化し，紛争状態にまで発展していったのである。

　旧ソ連，旧ユーゴスラビアの両国に共通することは，社会主義の思想のもとに多民族で成り立っていた国が，ひとつの民族による政治権力の台頭によって「自民族だけの純粋な国」をつくろうとしたことである。しかし，そのような過程を経て，紛争が拡大していくと，自己の民族を絶対化し，他の民族を押しのけ，退けていく民族浄化主義と結びついていく。そして，その民族浄化主義がもつ膨張・攻撃性によって，さらに戦争・内戦が拡大してしまうのである。

　パレスチナ紛争やチェチェン紛争以外にも，今，世界はさまざまな民族問題を抱えている。そこからわかることは，日本のような「ひとつの国にひとつの民族」という考え方は，世界では通用しないということである。

　世界には，現在，国は192か国あるのに対して，民族は実に4000以上もあるといわれている。つまり，これまでの国家や民族に対する考えのもとで，国家と民族とを単にひとくくりに捉えることはできないのである。

　多発する民族紛争を解決するためには，国家と民族をひとまとめにして考えず，すべての民族が同じ人類として，共に生きていけるようにすることが重要である。

　そして，国際政治における課題は，さきの旧ソ連と旧ユーゴスラビアの解体を引き起こした民族問題と同時に，人口問題を含めた資源・食糧などの経済的問題，さらに環境問題へと移り変わってきているのである。

第39章
経済学

経済学

　われわれの日常生活において，経済は切っても切れないものである。経済とは何であるのか。多くの人が，われわれの生活を取り巻く資本主義経済社会の中で，その経済活動について，関心をもち，おおよその仕組みは理解しているつもりでも，意外に知らないことも多いのである。

　「経済」というと，経済学者の話などを想起する人も多いのではないか。しかし，本来，経済はわれわれの日常生活に最も身近なものであり，人間の社会生活の上で起こるモノやお金の現象を捉えたものである。つまり，日常生活そのものが，経済活動なのである。

　一国の経済の中で，経済の流れにかかわる存在（経済主体）は3つあり，それは「家計」・「企業」・「政府」の3つである。各経済主体はそれぞれ財貨・サービスを提供しあい，その見返りとしてお金のやりとりを行う。こうした相互の取引の集大成により経済活動が形成される。

　経済活動を捉える時，そこに「マクロの（大きな）視点」と「ミクロの（小さな）視点」が考えられる。

　マクロの視点は，さまざまな経済指標との関係に基づき，一国の経済全体の動きを捉えようとするもので，「マクロ経済」はこの視点から経済を論じたものといえる。マクロ経済では，「家計・企業・政府」という3つの経済主体による経済活動全体をひとつのものとして捉え，物価上昇率，失業，経済成長，国際収支など，さまざまな経済指標を参考に経済主体の動きをみる。さらに，各々の経済主体を総合した一国の経済全体の動きも捉える。

　一方，ミクロの視点は，個々の企業や消費者の行動にさかのぼって，その経済行動を捉えようとするもので，その視点で論じるのが「ミクロ経済」である。ミクロ経済の目的は，経済活動を行う人間と企業の心理や行動にまで深く踏み込み，分析することによって，われわれを取り巻く市場経済のメカニズムを明らかにするものである。

　経済学とは，経済のメカニズムを通して，われわれの社会においてさまざまな経済活動がどのように営まれ，その結果，われわれの生活にどのように影響を与えているのか，そしてわれわれの生活を改善するためにはどのようにしたらよいのかということを学ぶためのものである。

39-1 インフレーションとスタグフレーションについて

●経済学レポート学習参考例●

1 インフレーションについて

インフレーションは、物価騰貴を指すが、すべての物価騰貴がインフレーションではない。かつては、物価は好況時には上昇し、次いで、不況期に入ると下落し、景気循環が一巡するとほぼもとの水準に戻った。インフレーションとは、かなり長期間の一貫した物価上昇をいう。

いま失業者と遊休している資本施設が存在しているならば、有効需要が増大し、完全雇用、資本の完全利用に達するまでは物価上昇は生じないであろう。しかしながら、経済機構の中に部分的な完全雇用、完全利用が生じる。労働もある職種から、他の職種への短期的な代替は困難であり、また、資本設備もその種類がだいたい決まっており、他の生産目的のための転用は不可能な場合が多い。そのとき、生産・流通のある部分に生産能力不足の隘路（支障、難点）が生じる。完全雇用に近づけば、この隘路はますます多くなる。

生産能力不足状態になった部門の価格・資金は、需要増加（ディマンド・プル）によって上昇する。しかもある部門の生産物は、別のある生産部門にとって生産に必要な原材料でもある。

例えば、鉄材の価格が上昇したとする。鉄材を使用する自動車産業は、当然自動車の価格を上げる。鉄材の値上がり部分だけでなく、それにマークアップ率（コストに一定比率のマージンを上乗せして価格をきめる方法）をかけた部分が付加的に値上げされる。同様のことは資金分野でも生じ、資金は企業にとってコストであるから価格の上昇部分は、賃金上昇部分とそれにマークアップ率をかけたものになる。

さらに賃金の場合には、他の労働の部門に賃上げの効果が波及しやすいので、一般物価水準が上昇する。完全雇用・完全利用の水準に近づけば、ディマンド・プルとコスト・プッシュの相互作用が強まって一般物価の上昇が加速される。

2 スタグフレーションについて

スタグフレーションとは、経済活動の停滞（不況）と物価の持続的な上昇（インフレ）が共存する状態をいう。このスタグフレーションは、物価の高騰や失業率の悪化などが同時に進行することになるため、国民生活に大きな影響を及ぼすことになる。

また、スタグフレーションは、資源の供給能力の急激な低下などが主な原因となって発生する。例えば原油価格

が急激に高騰した場合には，原油を主原料とした生産設備や生産工程に行き詰まりが生じ供給能力が低下することを指している。このことから物価の高騰や失業率の悪化などが急激に進んでしまうこととなる。

1973（昭和48）～74（昭和49）年の第一次石油ショック，1979（昭和54）年からの第二次石油ショックでは，多くの先進国がこのスタグフレーションに悩まされることになった。

第一次石油ショック以降の世界経済は，戦後かつてない困難に直面することになったのである。

石油価格の4倍もの引き上げで，世界の貿易収支の構造が一変してしまい，産油国は1974（昭和49）年以来毎年巨額の貿易黒字を累積させ，それは1974（昭和49）～76（昭和51）年までの3年間で，2000億ドル以上にのぼった。このオイルマネーは，主として先進工業国へ長期資本（実物資産，株式，国債）及び短期資本（短期証券，金融機関預金）の形で還流し，これを先進国は，民間，政府いろいろのルートで非産油発展途上国に資金として供給した。しかし，これは債務なのでいつかは返済しなければならないものである。

この発展途上国の累積債務が限度を超えた巨額なものになり，それをいかに解決し，世界貿易のふさがりを回避するかが重大な課題になっていた。

さらに1979（昭和54）～81（昭和56）年にかけての第二次石油ショックは，ますます世界経済を混迷させたが，主要先進工業諸国の経済パフォーマンス（失業率とインフレ率の組み合わせ）には，かなりの差がみられた。

このように石油ショックは，各国にスタグフレーションの発生をもたらし，多くの国々が急激な経済の悪化に苦しんだ。しかし，石油ショック以降各国は，生産設備・生産工程の見直しや省エネルギー運動の推進などを積極的に行うことにより，スタグフレーションの発生を抑制することに成功してきており，近年においては世界的な規模でのスタグフレーションは発生しにくくなっている。

3　日本経済の動向について

わが国においても石油ショック時には，それまで上昇が続いていた実質経済成長率が1974（昭和49）年に戦後はじめてマイナス成長に転じ，著しい物価上昇や不況に見舞われるなど，スタグフレーションが発生した。

こうした中で政府は，積極的な財政政策を実施するなどして景気を刺激し，比較的短期間でこの状態からの脱却を果たした。そしてその後1980（昭和55）年後半以降，金融自由化が進む中でバブル経済を謳歌することとなるが，やがてこのバブルは崩壊し，金融機関の破綻や不良資産の増大などから，わが国の経済全体が停滞し，不況に陥ることになった。

日本経済は，90年代に入ってから安価な輸入品の増加や技術進歩，規制緩

和などの影響から物価上昇は抑制されたが，その一方，景気の落ち込みは回復する兆候がみられなかった。

　2002（平成14）年の初め頃から景気は回復局面に入り，2003（平成15）年後半から2004（平成16）年の初めにかけては，海外経済が急速に回復する中で，比較的高い投資や消費の伸びに支えられて景気回復の勢いが増していく動きがみられた。

　2004（平成16）年半ばには，海外経済の減速やデジタル家電や半導体といった情報化関連財の輸出や生産が落ち込んだことなどにより成長の勢いはやや鈍化したが，基本的には消費や設備投資といった民間需要を中心に回復を続け，企業収益も高い水準まで回復するに至った。

　一方，失業率は2003（平成15）年1月には，5.5％に達していたが，それまで低下傾向であった労働力人口が下げ止まる中で，2007（平成19）年7月時点には，3.6％まで回復した。これにより雇用不安も減少し，個人消費も回復に向かった。

　しかし，2007年度後半から再び景気は後退し，2008年度は2001年度以来のマイナス成長となった。失業率も2009（平成21）年7月には5.7％まで上昇した。

　今後もアメリカや中国経済の動向，原油価格の高騰や円高が内外経済に与える影響，情報化関連財における調整などのリスク要因が景気回復に影響を与えることが懸念されている。

●経済学レポート学習参考例●

39-2 公共料金の合理的決定の仕組みについて

1 公共料金はどのように決められているか

　生活基盤の整備には巨額の公共投資を必要とし、その維持・運営にも巨額の費用を必要とする。しかし、公共サービスの料金をむやみに引き上げるわけにはいかないので、水道・バス・公立病院など、ほとんどの公共事業が大きな赤字を抱えて苦しんでいる。これを打開するために、独立採算制や受益者負担を確立すべきだという意見が出されており、また近年進みつつある。

　生活基盤用の社会資本は2つの特徴をもっている。その第一は、人々の基本的ニーズ（欲求）を満たすために必要不可欠であるということである。この基本的ニーズを満たすことについては、原則として機会均等の精神を貫くべきであり、そうしないと、人々は社会的整備というものに疑問を抱くようになってしまう。教育とか医療とかいった公共サービスの利用について、差別を設けることは好ましくない。しかし、公共サービスの料金が上がると結果的にみて貧者や弱者の利用を排除することになる。独立採算制や受益者負担などというものは、こうした点の配慮や対象を十分に考慮した上で導入すべきだと考える。

　第二の特徴として、大規模な長期的固定的投資を要することがあげられる。このような特徴は自由競争の展開を妨げるもので、事実電力や水道などは独占的な事業によって供給されている。巨額の投資を必要とする事業はどうしても独占的な性格をもつようになる。しかし、独占的事業に勝手に料金を決めることができる価格決定権を与えてしまうと、独占の座に安住してなすべき努力を怠り、たやすく赤字を作り出すようになりがちである。このため公共サービスの料金（公共料金）については、議会や政府が介入して決定することになっているのである。

　しかし、政府は国民の反発をおそれて、料金の引き上げをできるだけ延ばそうとする。その結果赤字が発生して、サービスの質が低下する。どうにもならなくなって値上げをするので、いきおい大幅な値上げが必要となるなど悪循環を繰り返すことになる。要は公明正大な形で料金を決定すること、利用者の納得が得られるような合理的な方法で料金を引き上げることが望ましい。独占事業については、くわしい財務公開を義務づけることなども、納得を得るためのひとつの方法だと考える。

　料金や価格によって需要供給を調整

することは，弱者排除という好ましくない結果を招く。しかし，料金や価格による調整を行わなければ，別の形の排除が出現するだけで，このようなジレンマを克服する方法は，社会保障を確立し，徹底した弱者対策を実行することを条件として，料金や価格による調整を認めることである。

2　合理的な料金体系が必要

　生活基盤のための社会資本は，巨額の資本を要するので，むやみに拡充することはよくない。人々の生活上のニーズの大小を考慮し，資本をできるだけ効率よく使うことに努めるべきである。そのためには，料金や価格のもつ調整機能を，もっと十分に活用すること，きめ細かな料金体系を組み立てることによって，需要と供給を調整することが必要である。このような角度から，2，3の問題を指摘してみると，第一の問題は，遊休コストと混雑コストである。ベッド数50の病院が最適規模であったとする。そこで，ベッド数100の病院を作ったとすると，50のベッドを常に遊ばせることになる。遊ばせていても，建設費や維持費は負担しなければならない。このような費用を遊休コストという。反対にベッド数100の病院が最適規模であった時ベッド数50の病院を作ったとすると，入院できない患者が出てくる。やむをえず待機させられた患者はその間に病状が悪化することもあるかもしれない。こういう形で患者の払わなければならない犠牲のことを，混雑コストというのである。遊休コストは病院側の負担となり，混雑コストは患者側の負担となる。そこでお互いに自分の負担するコストを軽減しようとして，病院側は適正規模以下の病院を作ろうとし，患者側は適正規模以上の病院を作らせようとする。病院に限らず，社会資本の整備は常にこのような問題を解決する方法として，利用者側に混雑税を負担してもらうという考え方がある。例えば，高速道路の通行料金を引き上げると，不要不急の利用者は高速道路を避けて走ろうとする。そこで，高速道路の混雑が解消されるというわけで，料金や価格のもつ排除機能を活用した解決策だといえる。もっとも，この場合は，一般道路の方で混雑が激化するかもしれない。

　第二の問題は，ピーク時のコストである。電力やガスなどの事業では，季節別にピーク時がやってくる。電力では夏期の利用料を100とすると，冬季のそれは，60ぐらいあるが，発電や送電の設備は夏期にあわせて作らざるをえないので，ここでもピーク時コストが発生する。これを減らすには季節別料金制度を導入して，夏期の利用者に割り増し料金を負担してもらうことになる。

　第三の問題は，増分コストである。水道を例にとって考えてみると，100万人の市民に水を供給するためのコストは，50万人の市民に水を供給するた

めのコストの2倍以上になる。供給量が増えると新しい水源を確保しなければならず、それは現在の水源よりもはるか遠方のところでしか見つからない。そのため配水管は非常に長くなるので、コストは2倍以上に増えることになる。人口50万人の規模では100のコストで供給できた水が、人口100万人の規模になると300も400もコストがかかるようになるのである。この増加分を増分コストという。新市民は増分コストの分だけ旧市民に迷惑をかけることになるわけである。この問題に対しても、混雑税の考え方を適用することができる。新市民に対して、増分コストの全部または一部を負担してもらう。各都市が開発者負担金というものを徴収しているのは、その具体的な例であり、都市の乱開発を抑えるには、このような方法しかないのではないだろうか。

39-3 福祉充実のための基礎的な社会政策について

●経済学試験問題学習参考例●

1　経済成長は必ずしも福祉を高めない

社会福祉というのは，生活の質を高めることであり，それ故，社会福祉に経済負担は必要と考えられる。しかも必要な負担は剰余から調達する以外に方法はないのであるが，経済成長によって経済活動の規模を大きくしていけば，剰余も増加し，また，福祉を高めることになる。経済成長は社会福祉にとって必要であり，両者はたがいに補完する関係をもつ。

2　ナショナル・ミニマムの確保

貧富の差を縮めるための扶助・救済による是正を合理的に進める1つの方法として，負の所得税（negative income-tax）があるが，これはナショナル・ミニマムに見合う所得水準を決め，これ以下の所得しか稼ぐことのできない人々に対して，その差額に比例した金額を扶助しようとするものである。この制度が実施されると，（ナショナル・ミニマムに見合う所得水準－現在の所得）×扶助率＝扶助額，ということになる。負の所得税という方式は，先にのべた欠陥を改善するものである。

3　社会保障の充実について

病気の治療には，救急的なものと予防的なものを併用する必要がある。貧困というのは社会の病気であるが，扶助・救済というのは救急的な治療といえる。これに対して保障・保険というのは，予防的な治療であるといえる。

貧困をもたらす原因の主なものは，失業・病気・災害・老齢などであるが，あらかじめこれらの困難を予想して一定の拠出を行い，生活上の困難がおこったときに給付を行う。これが社会保険の主旨である。日本の場合は，雇用保険，医療保険，労働者災害補償保険，年金保険，介護保険があるが，この中でも医療保険と年金保険の伸びが著しく，深刻な財政問題を抱えている。

これを解消する方法としては，保険料の値上げ，給付の引き下げ，国庫負担の引き上げが考えられる。このうち国庫負担の引き上げは，保険料が過重になるのを避け，しかも適切な給付水準を確保するには，必要不可欠である。このため基礎年金に対する国庫負担割合を2009（平成21）年度以降，従前の3分の1から2分の1に引き上げるとともに，これを恒久化するため税制の抜本的改革または臨時的な財政措置を講ずることとしている。

国内総生産（GDP）の概念について

　一国の経済は，その国に住む個人，企業，政府といったさまざまな人や組織が商品やサービスを売ったり・買ったりすることから成り立っている。その規模を表す数字が，国内総生産（GDP）である。GDPは，その国全体でどのくらいの金額が使われたかということ，すなわち国内総支出によって表される。

　この国内総生産を決定する要因のうち，個人消費がどのくらい行われるかは，国民の所得の水準に左右されるが，所得が高くても，それが使われないで貯蓄にまわされたりしてしまうと，個人消費は伸びない。失業の心配や物価上昇の心配などの経済に関する不安感があるにもかかわらず社会保障が十分でないときは，消費性向は下がる。

　国内総生産を増大させるためには，なによりも企業による設備投資が必要である。投資は，その支出の何倍かの総支出を保障し，それを通じて，国内総生産を増大させてくれる。すなわち，いま10億円の投資があると，100億円の国民所得の増大が見られるというわけで，それだけ経済の成長可能性を保障する。

　民間総投資には，会社が必要な設備を買う資金である民間設備投資と，民間住宅投資と在庫の増加，つまり売れ残り分（民間在庫投資）がある。民間設備投資を決定しているのは，投資すればどれくらい儲かるのかという予想収益率と利子率である。利子が高いと，リスクを伴う投資よりも銀行に預ける方が魅力的になってしまうから，資金は貯め込まれてしまい，投資はさかんにはならない。

　次に，政府支出の中で，GDPに対して複雑な影響を与えるのは，政府などによる公共投資である。個人消費にも企業の設備投資にも元気がないようなとき，これらの政府の公共投資が増えれば，GDPの増加にはずみがかかる。しかし逆に，公共投資が民間投資を抑え込んで，減らしてしまうこともある。例えば，公共事業がある分野を独占しているような場合などであり，故に，政府の支出が民間設備投資を誘発するとして期待されているのは，橋や道路などの公共財の建設や社会福祉なのである。公共財の建設は民間の投資を誘い込み，社会福祉は民間投資と競い合うことが少ないからである。

　また，海外に需要があれば，国内の需要が停滞しているときでも，輸出が伸びれば，GDPは増える。また，輸入が増えれば，GDPは減る。

39-5 経済の目標と目標達成の仕組みについて

●経済学試験問題学習参考例●

1 経済の目標

経済の目標は，①完全雇用，②効率，③公平，④安定成長の4つである。

① 完全雇用：完全雇用は，人々の労働力という有限の資源を利用し尽くすということである。社会的資源のひとつである労働力をすべて使いきろうとする完全雇用は，経済の重要な目標のひとつになる。

② 効率：効率とは，簡単にいえばできるだけ少ない費用でできるだけたくさんの財貨を生むということであり，各企業の不断の技術革新や労働者の能力の改善と向上に負うところが大きい。公害のように社会全体が結果的に高い代価を支払わなければならないような事態が生じることもある。

③ 公平：公平ということは，単純な機械的平等とは異なる。例えば，労働者に生産物を均等に分配することは，必ずしも公平とはいえない。一般的には，熟練度や労働意欲，経験年数，家族構成などを考慮に入れて，分配の仕方に一定の差をつける。

④ 安定成長：安定成長とは，景気の変動の幅をできるだけ小さくしながら経済を成長させていくことである。このことは資本主義社会のように，かなり顕著な景気の変動を繰り返しているところでは，そこに暮らすすべての人々の生活の安定的向上にとって重要である。

以上4つのほかにも，例えば物価の安定や国際収支の改善などが経済の目標として考えられる。

2 目標達成のための仕組み

経済目標を達成する仕組みには，大きく分けて「市場」と「計画」がある。

① 市場：限られた資源の中から，何を，いくらで，どんな方法で，誰のために生産するかを決定することは経済の根本問題といわれるが，市場機構はこの決定を価格を指標にした企業や家計の自由な行動にまかせる。

② 計画：一方，何を，いくらで，どんな方法で，誰のために生産するかを中央計画当局（例えば日本でいえば，財務省，内閣府，日本銀行のような，経済・金融政策を決定する機関）が決定することを，計画と呼ぶ。

市場の仕組みによる経済運営は，上述した経済目標の効率化にはよく合致するが，富や所得の不公平な配分を修正することができないなど，公平性の面から問題がある。

● 経済学試験問題学習参考例 ●

39-6 「産業構造とは何か」について

　産業は，農林水産業のような第一次産業，鉱業や建設業や製造業のような第二次産業，及び金融業・商業・サービス業のような第三次産業に分けられる。一国の経済全体におけるこれらの産業の構成比率を産業構造という。一般に，経済が発展するにつれて，第二次産業や第三次産業の比率が，第一次産業の比率に比べて，増大していくことが認められている。また，最近では，第三次産業の拡大（経済のサービス化）が注目されている。

　次いで，産業構造を変化させたり，決定したりする条件を考えてみる。

　ある国の産業構造を決定するものとしてまず考えられるのは，その国の自然条件である。海のない国では漁業はできないし，砂漠ばかりの国では農業はできない。

　① 国民のニーズもしくは需要の構造の変化では，エンゲル係数（食費が消費支出の中で占める比率）の低下があげられる。所得水準の上昇とともに，エンゲル係数は低下するが，これは第一次産業の比率を低下させる。また，上記の経済のサービス化は，情報化の進展とともに，高度経済成長を通じた所得水準の上昇によって，日々のやりくり以外のレジャー・教育・スポーツへの支出が相対的に増加したこと，経済が複雑化した中で，運送・計算・清掃などの業務を外注化する企業が増加したことを意味する。

　② 国民の労働意欲・能力については，特に技術力が重要である。例えば，開発途上国では一般に学校教育や技術教育の機会が少ないといえるが，こうした条件の下で工業化を進める場合，どうしても技術の習得が相対的に容易な（繊維産業などの）軽工業が中心にならざるをえない。また，その国の資本蓄積能力，関連産業の発達の度合い，さらには政府による特定の産業への保護政策の有無も産業構造に大きく影響している。

　先進国は国際的な価格競争力の面においては賃金などの生産コストの安い途上国に勝てないことになる。そこで，第一次産業や第二次産業（特に製造業）の生産拠点の先進国から途上国への移動が促されることになる。

　これは，先進国内で産業空洞化を引き起こすことになる。同時に，先進国では，付加価値が高く競争上優位にあるハイテク産業，情報産業など知恵を売る産業の比重を移動させざるをえなくなる。

39-7 国際貿易と海外投資について

●経済学試験問題学習参考例●

国際貿易とは，国境を越えて商品やサービスが交換されることである。その意義は，単に自分の国で手に入れることのできない品物を手に入れることができるということにとどまらない。国と国の間で仕事を分担することである国際分業を通して，各国が自国内にあるモノやお金や労働力の利用を効率化することに貿易の意義がある。貿易は，現実的には制限が全くない自由貿易ではなく，各国政府が自国の産業や雇用を保護するという名目で，貿易に対して，特に外国製品の輸入に対して，関税その他の制限を加えているからである。貿易はモノやサービスが国境を越えて移動することだが，資本も国境を越えて移動している。これを海外投資という。

海外投資のうち，外国の株式や債券を買うことである間接投資のほかに，最近では直接外国で事業を展開する直接投資が増えている。先進国では人件費などの生産コスト（生産するためにかかる金額）が高くなり，企業が発展途上国の安い労働力を求めているからである。この結果，先進国内で生産が全く行われなくなって，工場などが海外に移動してしまうという「産業の空洞化」が起こる。しかし，「空洞化」とは国際分業のやり方が新しく変わったということにすぎず，むしろ「空洞化」した産業に代わる新しい第三次産業が活性化していないところに最大の問題がある。

ところで，自由貿易が徹底されず，輸入が規制されていることは，小売業者や消費者にとっては，安い外国の商品が買えず，高い国産品しか買えないということでもある。また，社会全体の国際化が進んでくると，みんな商品やサービスの内外価格差（国内と外国での価格の差）に敏感になってきた。さらに，近年における不況下において，消費者は，とにかく安いモノを求める志向，つまり価格破壊（安売り競争）への圧力を強めている。それを背景として，安い仕入れのルートを開発するとか独自に低コストのプライベート・ブランドを開発するなどといった企業努力をした量販店やディスカウント・ストアが価格破壊のリーダーとして急成長している。消費者の価格破壊への圧力は，企業にとっては，安く売るなどのコスト削減への圧力であり，政府や業界にとっては規制緩和への圧力である。

第40章
哲 学

哲 学

「哲学」は，あらゆる問題の本質について考える学問である。この問題には抽象的なこともあれば具体的なこともある。科学の問題もあれば，政治の問題，道徳の問題もある。

しかし，これらの問題すべてについていつも新しく考えられるわけではない。そこでわれわれは過去の哲学者の考えからも学ぶのである。

今現在問題になっていることは，何らかの形ですでに過去の哲学者によって考えられていることが多い。したがって現在の問題を考える上で，過去の哲学者の考えが問題解決の糸口となるのである。

例えばプラトンやアリストテレスは真理とは何か，真理に至るためにはどうしたらよいのかといった問題について考えた。スピノザという哲学者は，人間に自由はあるのかといった問題について考えた。

また哲学の歴史は，しばしば哲学者の対立の歴史でもある。それは過去の，あるいは同時代の他の哲学者に対する反論の歴史であり，過ちの指摘の繰り返しでもある。このような対立，批判を繰り返すことによって人間の思想は進歩してきたともいえる。特に科学の発達に関しては，哲学はしばしば宗教的勢力に対して科学を擁護し，科学の発展に寄与してきた。

こういった哲学の歴史をたどることによって，それぞれの問題に対して，個々の哲学者はどのように考えたのか，その考えの重要性，面白さを学びとっていくのである。

さらに哲学の歴史を学ぶことによって，相対的思考を身につけることも大切な目的である。われわれとは違った考え方があったということを知ることによって，現在のわれわれの考え方をもう一度点検してみることができる。

今日，世界史的危機が叫ばれ，人間のあり方が問われているというのは，哲学の歴史を正確に学び，人類の営みに基礎を与えることができていないということに原因のひとつがある。過去の人たちの過ちを学ぶことによって現在に活かす。そうすることによって誤りをなくすことはできないかも知れないが，少なくすることは可能である。少なくともそうした努力をしていかなければならない。

哲学は直接社会的に役に立つ学問ではないかも知れない。しかし問題がこじれた時，根本的なことを知らなければならなくなった時，過去の哲学者に学び，自ら哲学することは有益なことである。

本科目においては，限られたものではあるが，いくつかの問題を取り上げて，哲学的思考について学んでいただければ幸いである。

40-1 プラトンの思想における二世界性について

●哲学レポート学習参考例●

　プラトンの思想における二世界性とは，次のようなものである。すなわち，肉体の目によって見える世界（現象世界）と，魂の目によって見られる世界（イデアの世界）である。プラトンは，このイデアの世界の方が真の実在だと考えている。

　日常の生活の中でわれわれの関わる個別的感覚世界や，言動は，それらを個別的に切り離してみるとき，相対的な観をまぬがれない。具体的にいうならば，ある観点から見れば，美しい・正しいと感じられるものも，別の観点からすれば醜く，正しくないものとされるのが常である。これが現象世界である。一方，常に美しく常に正しい世界はわれわれの魂によって見られるイデア世界である。「正のイデア」についていえば，それは常に正しく，「美のイデア」についていえば，それは常に美しい。この2つの世界を比較すると，前者が多様であるのに対し，後者が単一であることがわかる。

　イデア世界と現象世界に関しては，プラトンは3つの説をあげている。第一に現象世界の個別の事物が正しく美しいものであるとすれば，それは，イデアを分有したからそうなるのだということ。これを分有説という。第二に，不確かな現象世界は，イデアを範として形成されると考えられる。これを範型説という。最後にイデアの知は魂の本来性のうちにすでに宿されており，日常は，意識下にある。このような世界の中で，イデアの類似と出会うとき，ただちによみがえってくる。これが，想起説である。

　プラトンによれば，イデアを求めることが，魂がその本来的なあり方（真理）を回復しようとしておこす哲学＝フィロソフィア（知を愛するということ）の運動なのであり，そのはじめと終わりに愛知を成り立たせるものだといえる。先に述べた「美のイデア」「正のイデア」は，こういったイデアの典型として捉えられる。以上が一般的にプラトンのイデア論とされているものである。

　では，プラトンにこのイデア論を考察せしめた端初は何だったのだろうか。プラトンは彼の師ソクラテスの生き方，死に方が意味するものを追求しながらそこに自分の考察を加えてこの哲学的思想を形成するに至ったのである。「問答」はソクラテスの大きな特色であり，彼は青年たちに勇気・節度・正義といった道徳上の概念について問いかけた。

例えば、「勇気とは何であるか、言ってほしい。勇気があると呼ばれるさまざまな行為のすべてに共通してある同じものは何なのか」（『ラケス』）。
　このような問いに対する答えは、何らかの真の知であることははっきりしている。この到達点にイデア論が展開される。
　「パイドン」や「国家」ではしばしば数学の例で説明される。幾何学では「等しさ」とか「三角形」というものが考察の対象となるが、それらは、数学者が定義するような完全無欠なものとしては、この現実の感覚世界には存在しない。それが捉えられるのは、純粋な思惟においてである。しかし、書かれた「三角形」は、定義どおりの性格を分けもっていることも確かである。ゆえに、現実では、感覚的に捉えられるものは限りなく定義の姿を望んでいると言える。このことがなければ、描かれた図形は考察の対象とはなりえない。
　このイデア論がものごとをわれわれが学んでいく上できわめて重要な示唆を与えていることは確かである。すなわち、われわれは本質に似ている姿の現実世界のもの（感覚的なもの）を通して、その祖型である思惟の対象を想起する。さらに、その価値を見出す根拠をイデア論とみなしている。ものごとの価値はイデアを分有することにある。したがってイデア論とは存在と生成の問題全体における統一的な説明の原理となるのである。ソクラテス以前（自然哲学・エレア派）から思惟されるものと感覚・知覚されるものとの区別、それらの関わりに対する解明を迫られていた道筋をプラトンは、ソクラテスを介在者とし、たどっていったのである。
　このことは、われわれの経験するどのような現象も、イデアを知ることによって本当の認識を得ることができるということを提示している。さらにプラトンは、イデアそれ自身を「根拠づけるもの」を善そのものとして太陽にたとえている。この太陽は、まさに、彼にあって善そのもの（善のイデア）であり、その光のもとに行われる認識が、思惟される世界の絶対根拠として考えられている。
　この究極の原理に到達する方法として、彼は、哲学的問答法（ディアレクティケー）を提唱する。すなわち、仮説そのものをさらに根拠づけながら、ついには無限定の原理にまで到達するのである。これは、「洞窟」の比喩が語られたのち、「国家」・七巻で次のようにまとめて表現されている。
　「ディアレクティケーによって、いかなる感覚にも頼ることなく、ただロゴスを用いてまさにそれぞれであるところのものに向かって前進しようと努め、最後にまさに善であるところのもの自体を、純粋な知性によって直接捉えるまで逆転しないならば、そのときひとは、思惟される世界の究極に至る

ことになる」。

　さて，このように考えられたイデアは，プラトン後，どのように理解・批判されたであろうか。

　まず，プラトンと同時代のアリストテレスは，師の説を否定してイデアを具体的な事物の内にあるエイドスに置き換えた。中世では，神の精神の内容として理解し，近世では，観念（英語・アイデア）や理念（ドイツ語・イデー）として近世哲学独自の解釈を与えた。

　いずれも，プラトンが考えたものとは形をかえ，転生していったのである。しかし，プラトンによって示された精神のあり方は，根本的には，変わっていないと考えられる。例えばこのことを，中世の理解から取り上げてみる。

　キリスト教の基本的な考え方のひとつに，われわれ一人ひとりは神の似姿として世にあらわされた，というのがある。現実のわれわれは，この「神の似姿」からきわめて遠い存在である。しかし，われわれ自身に完全さが内在するのだとし，時と場を超えて神を祈り求める姿は，イデアの考えと，非常に近似している。「キリストが，父というのと，プラトンが太陽というのと，そこにどれほどの距離があるのだろう」。現実が不完全であればあるほど，両者の思考は，人間の根源的な生に向けて，素朴な実在論的範囲を超えて尊さを発見すると思える。この発見は，不完全な思惟を完全なものにする方向でなされるわけで，そこに永世の思想が出てくるのは当然である。すなわち，世俗性の完全な超脱が求められるのである。このとき，ひとは愛を体現しているといえるのではないだろうか。この営為は，不完全な感覚的知覚の範囲内でわれわれ自身が存在していることを，その出発の根としている。そして，この出発点を基に，人は生の肯定へと向かい，愛するということの崇高さを，また，ひとは生死の最中に光輝を放つものだということ示す。この過程において，宗教と哲学の境界は取り払われ，そして，ここにプラトンのいう真の知が内在されているのではないだろうか。

40-2 認識の起源に関するデカルトとロックの説について

デカルトはいっさいの知識を疑い、その結果＜疑う我＞の存在は絶対に疑えないという自覚から＜我思う、故に我あり＞を直感的に確実で明晰判明な第一の真理とし、探求の出発点とした。すなわち思考する理性をもとにし演繹的に知識を組み立てていく合理主義をその立場とした。デカルトは、こうして取り出された実体としての〈思考する我〉を確実な存在とし、他方、この我によって存在すると考えられる外界は、疑うこともできる存在とした。そして、〈思考する我〉の中に、生得的にそなわっている観念こそ、外界についてよりも確実な知識の源であると考えた。

ロックは、知識の第一原理を第一権威にあおぐスコラ哲学者の立場及び第一原理を生得的観念に求めるデカルトの立場をともに否定して、知識の起源をもっぱら感覚的経験に求める。彼はデカルト哲学の影響をうけて、まず人間自身の能力を吟味し、われわれの悟性がいかなる対象を取り扱うのに適しているか、を知るために「人間の知識の起源、確実性及び範囲」を検討する。彼によれば、人間は本来白紙であって、デカルトの説くのとは反対になんの性格も生得的観念ももっていない。人間に知識と推理の材料である観念をあたえるのは経験だけである。心は感覚によって外界の物質的事実の観念を、反省によって内部におけるわれわれ自身の心の作用の観念を得る。観念は単純観念と複合観念に分かれる。前者は感覚によって得られるものと、反省によって得られるものとがあるが、特に反省によって得られる知覚ないし思考は、「知識への入口」として重要である。この単純観念が組み合わせられることによって、複合観念が得られる。思考の力は悟性と呼ばれ、かかる観念をわれわれの心中に生じせしめる力が物体の性質と呼ばれる。

彼は、デカルトの意識をさらに発展させ、日常的世界の経験の中で主体の認識過程を分析する。彼のいう観念は、直接的には主体的ではあるが、対象性としては客観的であった。そしてかかる認識は、みずからの手で触れ、みずからの目で見る実験科学と同じ地盤にたつ経験論を裏づけるものである。このような人間悟性の批判は、従来のスコラ的実体形而上学を近代認識論へと転化せしめる重要な契機となった。

40-3 中世哲学における普遍論争について

1 普遍論争

普遍は存在するかどうかについての論争。スコラ哲学は普遍論争に始まり、中世最大の論争といわれるほど、大きな哲学的論争であった。普遍論争は普遍的なものであるイデア（概念）を真の実在としたプラトンの立場に対し、そのようなイデア（概念）は個物の中にのみ存在するとしたアリストテレスらの哲学的論議を受け継ぐものであるが、中世ではそれが一面カトリック教会のあり方と結びついて論じられたところに特徴がある。そして普遍の存在をめぐって次の2つの立場が現れた。

2 実在論

普遍は実在するという立場で、アンセルムス、シャンポーのギョーム、ドゥンス・スコトゥスらによって唱えられた。これは、「普遍は個物に先立って存在する」という形で普遍の根源的な存在性を主張するものである。この考えはカトリック（「普遍」の意）教会に権威を認め、キリスト教神学を中心とする中世の哲学にとっては都合がよく、例えばそれは神の位格（ペルソナ）としての父・子・聖霊も、ひとつの神として普遍的に捉えられるもの（三位一体）であることをいうものであるがゆえに、そこから初期にはこの実在論がとられた。またアリストテレスの哲学を取り入れた「普遍は個物の中にある」とするトマス・アクィナスの立場は、論理的には中間的なものであるが、この論争においては一般に実在論に入れられる。

3 唯名論

実在論と反対の立場で、普遍は実在せず単なる名称つまり「風としての声」にすぎないとするもの。したがってそこでは個物が実在であり、普遍はその後に思考の抽象作用によって生まれたもので、「普遍は個物の後にある」と説かれる。ロスケリヌスはこの唯名論の創始者のひとりとして、この普遍的存在の否定の立場から神学上の父・子・聖霊という三位一体の問題に対して各々別の神を考える三神論的立場をとったが、これはスワソンの会議（1092年）で非難され撤回させられた。またオッカムによれば、直感的認識によって個物が感覚的に見られ、これがあらゆる認識の基礎となるのであるが、普遍はこれら感覚物からの抽象によってえられた第二段階の認識であり、言語として表されるものであるとした。そしてこのオッカムの考えは経験論的な傾向を含むものであり、近世の経験論哲学への道をひらくものであった。

40-4 キュルケゴールの実存思想について

　キュルケゴールによれば、真理は客観的、合理的ではなく、個別的、主体的である。「主体性が真理であり、主体性が現実である」と彼はいう。現実的な人間は合理的体系のうちに解消されることのない不安や罪責のパトスをにない、孤独な単独者として自己自身の存在に自覚的に関わり、常に「あれかこれか」の決断に迫られている主体的な存在なのである。みずからの存在に主体的な関心をもつ存在としてのかかる実存の性格は実存哲学一般に共通するものであるが、これを要約すれば次のようになる。

　①観念論に対立して具体的存在を重視する。この意味では、実存とは一般的なもののうちに解消しえぬ個別的な「この私」を意味する。②しかし実存的自覚は実証主義的な意味での客観的事実とも対立し、客観的把握をゆるさぬ内面性として成立する。③かかる内面的現実性としての主体的実存こそ人間の真の存在をなすものであり、したがって実存とは真実存在という意味をもつ。④真実存在としての実存は直接的、日常的な生にも観念論的、合理主義的体系にも安住しえず、したがって不安と苦悩をになうと同時に、それからの超越を性格とする。もともと実存という言葉は語源的には EX-SISTERE（外に出る）を意味するが、これは観念論的本質規定あるいは合理主義的体系の外に出て具体的、個別的存在に踏みとどまることを意味すると同時に、自己自身から外へと超越する存在であることをも意味すると考えられる。しかしその超越の方向はそれぞれ異なり、そこから種々の実存哲学が生まれる。

　キュルケゴールにおいて実存は、美的、倫理的、宗教的の三段階を通過するが、真の実存は神の前での実存であり、そのときそれは孤独の苦悩の中で罪責におののきつつ、人間とは質的に異なる神、すなわち背理的な神にみずからをゆだねる決断によって真理へと飛躍する。ヘーゲルの汎神論ないし汎論理主義は人間の理性を拡大することによって絶対者に至るが、キュルケゴールにおいては人間から神に至る連続的な道はなく、その間には逆説と背理、挫折と飛躍のみがある。主体性を軸とするこの質的弁証法によって彼は、ヘーゲルの量的弁証法及び近代の人間中心主義を否定することによって、20世紀の実存哲学に道を開くと同時に、K.バルトを始めとする弁証法神学の基礎をすえた。

40-5 ニーチェの自己認識について

●哲学レポート学習参考例●

　ニーチェは「神は死んだ」と宣言し真の意味の超越を見失った現代の危機を暴露することにより、超越の問題をさし向け実存哲学のひとつの源泉となった。

　永遠回帰の思想は、運命論に似てきわめて厳しいものをもち、人間存在は偉大・卑小を問わずいかに在るところに成るかを絶対課題としたのである。そして、いかに在るところに成るかをわかり得た時、ニーチェの運命の概念が成立するのである。そうした運命をニーチェは愛せよと教えたのである。

　ニーチェは現実肯定を、悪の肯定であり、肉体の肯定であるとともに、それのみならず苦悩の肯定でもあるとした。

　悪の肯定とは、「現実は、あらゆる意味での一切の悪をも含んでいる」ということから現実の肯定は、悪の肯定でもなければならないとされる。それゆえニーチェは、悪をも肯定するのであろう。しかし、悪を、悪であるゆえに肯定したのであろうかと問われれば、ニーチェが悪を肯定したのは、悪であるゆえに悪を肯定したのではなく、悪のうちにこそ、生命の力強さが、上昇する力への意志が宿されているゆえに悪を肯定した、と言わなければならないのである。

　肉体の肯定は、「彼らは肉体を軽蔑した。彼らは肉体を度外視した。それどころか、彼らは肉体を敵のように取り扱かった」と言われているキリスト教的立場と、これまた全面的に対立する。なぜならニーチェによれば、肉体こそ「われわれの最も本来的な所有物、われわれの最も確実な存在」であり、肉体を信じることのほうが霊魂を信じるよりも、いっそう基本的であるとしたからである。

　このように肉体がニーチェ的に肯定されているとすれば、ニーチェにおいては肉体は、悪の場合におけるのと同じく、肉体であるにもかかわらず、そこに宿る強い生命力のゆえに肯定されたといえるのである。

　以上のことを端的に言うなら、ペシミズムをその先行形式とするニヒリズムの極限が開く永遠回帰の世界は、まさしく苦悩の問題にかかってさえいるのである。

　ニーチェは苦悩の種類を明確に区別する。第一は、ディオニュソス的芸術を、同じくまた生への悲劇的見解と洞察を欲するところの生の充溢で苦悩するものであり、第二は、休息、静寂、穏やかな海、芸術と認識による自己か

らの救済を求めるか，それともまた陶酔，麻痺，狂気をもとめるところの，生の貧困化で苦悩するものである。これは，第一の場合は，苦悩はある神聖な存在への道たるべきであり，第二の場合には，存在そのものが，巨大な苦悩をなおも是認するに足るほど十分精神的であるとみなされるのである。

　ここまで述べてきた現実肯定が運命愛の成立であり，運命愛は，ニーチェにおいては，人間の偉大さをはかる定式でもあった。

　このことから，運命愛と生成の無垢（むく），自己肯定と世界肯定，それぞれにおける両者は互いに対応し，すべてが，人間と世界との実在的根源に内発する力強い生命力によって，ひとつのものに融合され，完璧な意味での現実肯定を成就するのであろう。それがまた，ニーチェの言う「ディオニュソス的肯定」にほかならないのである。

　運命愛とは，そうしたおのれの生存への徹底から湧く自己確信であり，したがって運命愛はおのれの自信を認識しつくす自己認識から湧きあがるのである。

　また，運命愛とともに永遠回帰の思想は，何よりもまず現実肯定を教える。それは，２つの前提「世界における力の限定性・無限性」から成るということからである。

　これは，簡潔に述べると「時間は，過去と未来の２つの方向において，いずれも無限であるのだが，さしあたって，過去が時間的に無限であるかぎり，それに応じて，力の諸状勢・変化・展開・連結も無限である。総じて生成は無限に新しいと言わなければならない。しかし，そうした力そのものは有限であり，限定されている。このように，力の諸状勢は無限に変化するにもかかわらず，力そのものは限定されていて有限であるとすれば，まさしく，力が限定されているかぎり，力の諸状勢は，実は無限ではありえず，過去の時間的無限性のゆえに，かえって数えつくされ限定されているのでなければならない」ということである。

　これは，瞬間における力の状態は，すべてにおいて，かつて一度あったものの反復であり，したがって生成もまた無限に新しいとは言えない。すなわち，それぞれの瞬間すべてが反復であり，それが永遠回帰ということになるのである。

　この永遠回帰の思想は，力への意志を根源的実在とする。しかし，力は本質的に時間的であり，そのため時間もまたその意味で実在である。

　ニーチェが永遠回帰の思想によって開示する世界は，先にも述べた通り，何よりもまず生成の世界であった。この「生成」の語は，力への意志の本質としてむきだしたものである。力への意志とは力の制覇である。生成とは，任意に現存する状態の無性格な変転が，無規定に流れ去っていくことを意味するのではない。だがまた生成は，ある

目標に向かっての展開をいうのでもない。生成とは，そのつど力の段階が力として発揮されつつ向上していくことである。ニーチェの言語において生成とは，存在者の根本性格たる力への意志が，自らに発して生成しつつ躍動していることである。

また，存在者はそれぞれの異なった領域と段階に応じつつ，常に人間の手で探究され制圧される可能性の中に置かれている。この存在者の中にあって，それ自体としては力への意志であり，かつ全体としては同一物の永遠回帰であるところの存在者に関わる人間が「超人」と呼ばれるのである。

ほとんどの人間は，卑小であるが，運命論のときにも述べたように，卑小でも，偉大でも己れの本質そのまま，在るところに成るかが自己認識において大切な人間の力への意志をあらわす超人といえるのである。つまり，「運命愛」そのものになりきったもの，またニヒリズムを克服したものが「超人」である。

以上述べてきたようにニーチェの自己認識は，力への意志，ニヒリズム，永遠回帰，運命愛を組み合わせてなっており，永遠回帰と運命愛を現実肯定とするまでの力への意志，いわゆる「生成」が，ニーチェのいう世界観をつくっているのであり，己れ自身を認識しつくすことによって，自己認識が成立するとしたのである。

40-6 エピクロス派とストア派の特色について

●哲学試験問題学習参考例●

ヘレニズム時代からローマ時代へかけての哲学として、われわれはエピクロス派とストア派をあげることができる。

エピクロス（紀元前341～前270年）の哲学の研究の主題は、いかにして個人の心を乱すさまざまな原因を取り除きうるかということであった。エピクロスによれば、われわれの心を乱すさまざまな考えは、臆病と偏見なのであり、彼はそれらの誤った考え方に対して、事の正しい真実を伝えることにより、われわれの心に平安をもたらそうとしたのである。

例えば、エピクロスは「死はわれわれにとって無関係である。なぜなら、われわれが現存するときには死は現存せず、死が現存するときには、われわれは生きてはいないから」と言っている。つまり、死について悩むことは不要なのだというのである。

エピクロスの試みたことは、われわれの心を神や死という恐怖から解放し、魂に平和をもたらすことであり、快楽といっても永続的な精神の快楽を重視した。

エピクロスにとって、哲学の目的は幸福な生活であった。しかも幸福は快楽のうちにあり、最高の快楽は心の平静である。エピクロスはデモクリトス流の原子論的唯物論を取り入れ、感覚によって捉えられる物質以外のものを認めなかったが、これは人間を宗教や迷信に由来する恐怖から解放するためであった。

ストア派は、キュプロス島生まれのゼノン（紀元前335～前263年）にはじまる。

実践的なストア学派は「生命のための学」ということをめざした。善であってかつまた有用な思想が真理である。生命の究極目的を知り、それを実践することが学問の目的である。われわれの実践に影響を与えない物は善でも悪でもない。

ストア学派の根本信条ともいうべきものは、道徳的思想主義であり、賢人の理想ということであり、「徳のための徳」（VIRTUE FOR VIRTUE'S SAKE）ということである。名誉も快楽も徳の目的ではなく、そうした情念を離れて無関心の立場に立ち、「徳のために徳をする」ということであり、それこそ生命の目的であり、またそこから真の幸福が生まれるのである。

こういう人間を自然と一致させすべての人間は同じだと考える思想から、ストア学派は世界市民主義の発想をもち、ローマという世界帝国の現状に見合った道徳思想となった。

40-7 プラトンとアリストテレスのイデア論について

●哲学試験問題学習参考例●

　プラトンは有名なイデアの説を唱え，ソクラテスの「何であるか」という問いを契機として「イデア論（観念論）」を発展させた。すでに「徳とは何であるか」というソクラテス的な問いのうちに，徳の本質すなわちそのイデアを求めようとする試みがなされている。イデアとは「正義そのもの」「美そのもの」「善そのもの」などといわれるときの「そのもの自体」を指し示す言葉である。感覚的な個物を超越する普遍的なイデアを真の実在となし，もろもろのイデアのあいだの論理的構造を考えたところにプラトン哲学の特徴がある。

　紀元前6世紀の初め「知識のために知識を求める」精神はソクラテスとプラトンを経てアリストテレスに至って初めて完全な自覚に達した。この自覚はまず学問研究自体の反省（論理学）とその区分哲学と諸学との分離を伴うことになった。

　アリストテレスによると，哲学または学問とは直接の利益をめざさず，知ること自体の満足を求める知識の組織された全体である。哲学のきっかけは今も昔も「驚き」（wonder）からで，この純粋な真理探究なしには，真の哲学も学問もありえない。

　プラトンが真の実在を感覚の対象となる不完全な個物を超越したイデアと考えたのに対し，アリストテレスはイデアは個物から離れては存在せず，個物のうちに内在して，自己自身を実現していくと考えた。アリストテレスにとって，真の実在とは個物であり，彼は生成変化するこの現実世界の運動を説明する原理を求めようとした。その他多くの点で両者は著しい対照を示しているが，その対決は西洋の哲学思想の発展を絶えず動かしてきたのである。

　プラトンの倫理学は知情意の完全な調和であり，それらの何れかを偏重せずに公正（正義）を実現することであった。この考えがやがてアリストテレスの倫理学的な中庸の説となった。人間の行為はみな幸福をめざしてなされる。幸福な生活は意識的に規則に従って生きることである。訓練によって自分の欲望を抑え，苦しみを堪え忍ぶなどの習慣がついた時，正しく生きることが快適であり，不正が不快であるような性格が獲得される。正しい性格を獲得するのは正しい行為を反復することによってである。

40-8 ●哲学試験問題学習参考例●

ヘーゲルの弁証法について

　ヘーゲルの弁証法は，ひとつのパラドクスを抽象的に整備したものであり，すべての思想または概念は自然に放置しておくといつのまにかその反対に移り行き，またこの反対が自己に帰って両者が相即し，こうして次第にその内容を豊富にしながら発展していくというのである。

　この第一段階は定立，第二段階は反定立，第三段階は総合である。第一の段階は「即自的」，第二の段階は「対自的」，第三の段階は「即自かつ対自的」ともいわれる。

　弁証法は，一方のものがその主張を一面的に押し通して他方を打倒してしまうのではなく，他方の主張によって「媒介」されて一段と高いものに到達する点において「対話」(Dialog) に似ている。

　ふつう弁証法ということは正―反―合という図式である。例えば，

　　正（定立・テーゼ）　　ピラミッドは三角形である。
　　反（反定立・アンチテーゼ）　ピラミッドは三角形ではない（正方形に見える）。
　　合（総合・ジンテーゼ）　ピラミッドは三角すいである。

の3つのテーゼの進行が弁証法と呼ばれる。弁証法は，はじめのテーゼを否定することが全面否定ではないところから生じる，論理の運動なのである。だから三番目の合（総合）は，第一のテーゼも第二のアンチテーゼも否定しているが，その両者を自分の中に保存している，と言われる。

　常に真理は一面的なものでしかない。私はこのコップを上から見て，このコップは丸いという判断（定立）を下すが，今度は横から見て，このコップは丸いという判断を撤回する（反定立）。つまり最初のテーゼを廃棄したのである。だが，最初のテーゼが完全に棄てさられたわけではない。最初のテーゼは，否定されつつも保存されている。このような否定しつつ保存し統合するというやり方を，われわれは止揚（アウフヘーベン）と呼んでいる。こうしてわれわれは第二の反のテーゼも否定し，このコップは上から見れば丸く，横から見れば長方形に見える，円筒形という立体なのだ，という合（総合）に至る。この総合が最初の2つのテーゼより先の段階に進んだものであり，私がなした弁証法的運動の成果ということができる。

第41章
倫理学

倫理学

「倫理学」は、人生の目的や意義、人間にとっての幸福や善などについて問う学問である。すなわち、倫理学はいかに生きるべきか、いかに行動すべきかということを探求するものであり、その意味で実践的な性質をもった学問である。

倫理学を学ぶことは、直ちに個々人の生き方に何らかの指針を与える、ということを決して意味しない。私たちが教科書などで学ぶ「倫理学」とは、古今東西のさまざまな哲学者、思想家の語る"理論"であるか、あるいはそれらについて語られる問題であることがほとんどである。すなわち一方で、プラトンの「善のイデア」やカントの「道徳法則」が語られ、他方で〈因果の法則と意志の自由〉〈人間の幸福と理性の関係〉などという問題が問われるのである。

そもそも倫理学とは、古代のギリシャにおいて哲学の一部門に数えられた「学問」である。それが世俗的な処世訓ではない以上、厳密な学問的理論の上になり立つものである。したがって生き方や行為の善悪という実践的課題に関し、すべての人間に共通する普遍的課題として、抽象的な理論的探求をするのが、この学問に与えられた役割となる。

しかし、倫理学を学ぶ目的は、単に高尚な理論に触れ、知的好奇心を充たすということではない。実際、プラトンやカントといった先哲は、それぞれの時代において、時代が生む問題に切実に取り組んできたのである。

今日、著しいテクノロジーの進歩により、私たちは多くの恩恵を被る一方、新たな問題を抱えることにもなった。現在のテクノロジーは、われわれの生命を含め、自然に対し、破壊的な操作を加えている。その破壊は、狭義の自然環境の破壊に留まらず、生命や人間性の破壊というところにまで及んでいる。人間文化が生み出したテクノロジーが、人間性を破壊するような事態に際し、私たちは必然的に新たな時代の倫理を考えざるをえない。

先哲の思想を学び、自らも彼らの問題に取り組み、さらには自分の時代の問題を考え抜く。倫理学を学ぶ目的は、今日においても決して小さくない。

41-1 古代ギリシアの哲学者について

●倫理学レポート学習参考例●

1 倫理学とはいかなる学問か

倫理学は、「人間の意味や生き方」を探究する学問である。つまり、過去の思想家たちの考えをもとに、「人間はどのように生きるべきか」「善とは何か」「何が幸せなのか」「人間は何のために生きているのか」といったことについて考える学問である。

このような「人間の意味や生き方」の問題は、われわれが日々生活していくなかで解決する問題であり、学問としてあらためて考える問題ではないかも知れない。しかし、われわれ一人ひとりの経験は限られており、これらの問題について十分満足に答えることができない。そこで、広く古今東西の思想家の考えを知り、人間や人生についてのより深い意味や価値について学んでいく必要がある。

また倫理学とは、現実の一個人の幸福・生き方や行為・行動などの是非や善悪を論じるのではなく、あくまでも「善とは何か」「人間は何のために生きるのか」といった、誰にでも共通する大きな一般的な問題について考える学問である。

このような倫理学を学ぶことによって、われわれは自らの人生を、よりよく生きるために大きな知恵を身につけていくのである。

2 最初の哲学者とされるイオニアの哲学者について

最初の哲学者と言われる古代ギリシアのイオニアの哲学者には、タレスやアナクシマンドロスなどがいる。

「哲学の創始者」とされるタレスは、「すべてのものの根源は『水』であり、あらゆる生命がそこから生まれ出る」と述べた。

これに対してアナクシマンドロスは、タレスのようにすべてのものの根源を「水」に限定するのではなく、「まだ何物にも限定されていない」とした。宇宙の万物は、例えば、「熱いものと冷たいもの」「乾いたものと湿ったもの」といった対立し争うものから生まれ、構成されるとした。そして、それらの対立しあうものが争うことによって、変化が生じ調整されると考えた。例えば熱いものが優勢になれば夏になり、冷たいものが優勢になれば冬になるというようにである。

イオニアの哲学者たちは、日常の中で起きる現象や、自然を論理的に説明しようとし、ここから哲学がはじまったのである。哲学とは、自然の根底にあるものを探究しようとする学問である。

3 ソクラテスの「無知の知」について

　古代ギリシアの哲学者ソクラテスの言う「無知の知」とは，「自分が何も知らないということを知ること」である。ソクラテスが「無知の知」を重視した理由は，「無知の知」こそが人間を知恵の探求へと導く大前提となるからである。

　ソクラテスは，あるとき友人から，「ソクラテスより知恵がある者はいない」という神託（神のお告げ）を受けた，と聞き，大いにとまどった。ソクラテスは，自分が十分に知恵（善と美）がある者ではない，と自分でわかっていた。そこで彼は，自分よりも知恵のある人を探し出すことによって，自分が知恵のあるものでないことを示そうと考えた。

　ソクラテスは，各界の知恵がある者と言われる人々を訪ねて，彼らが知恵をもっているかどうか，聞いて歩いた。しかし，彼らはソクラテスが知っているのと同じようには，善や美といった大切な知恵について何も知らなかった。それにもかかわらず「知恵ある者」と思われていた彼らは，実際は何も知らないのに「知っている」とうぬぼれていたのである。

　この経験からソクラテスは，「ソクラテスより知恵がある者はいない」という例の神託の意味を，次のように理解した。つまり，本当に知恵がある者は神だけであり，人間のもっている知恵などは神の知恵に比べると，全く価値のないものである。そして，人間のうちで一番知恵がある者は，ソクラテスのように自分のもっている知恵（善と美）には何の値打ちもないと悟った者である。

　このようにソクラテスの「無知の知」とは，「人間は本当は無知で，何も知ってはいないのだ」ということを自覚するからこそ，本当の知恵の探究をしようとすることができるのだ，という考えである。

　「ソクラテス的問答法」とは相手と一問一答による対話をして，互いに自らの無知に気がつき自覚し，相手と対話をしながら知恵を探究していく方法である。

4 プラトンの「イデア」について

　プラトン（古代ギリシアの哲学者）の哲学の中で最も重要なのは，「イデア」という概念である。イデアとは，一言で言えば，物事の「真の姿」のことである。

　プラトンによれば，こうしたイデアには3つの側面があるという。

　① 正義や勇気が何であるかを見分け，それらを行うための価値の基準としての側面，

　② 物の形や性質などを見分ける認識の基準としての側面，

　③ 自然や宇宙に存在するあらゆるものの原型としての側面，である。

　彼は，このイデアという概念を用いて，人間が真の知識（真理）を得られることを示そうとした。

5 「魂」についてのソクラテスとプラトンの所説

ソクラテス（古代ギリシアの哲学者）は、「魂とは人間の本質である」と考えた。また、「肉体の死後、魂はどうなるかはわからない」という立場をとりながら「少なくとも死はよきものである（死の後に真の幸福があるという意味）」という確信をもっていた。

次に登場したプラトン（ソクラテスの弟子）は、「魂は不死である」と言った。魂は、人間が生まれる前にも存在し、前世においてイデア（真の存在）の姿をみていたが、地上に生まれたときに魂は肉体に閉じ込められ、イデアを忘れてしまったと考えた。そのためプラトンの哲学では、前世でみたイデアを「想起する」（思い出す）ことが重視される。

またプラトンは、魂を3つの機能に区分した（魂の3区分説）。第一は「知的区分」、第二は「気概的区分」（怒りや名誉心、勇気、希望などが起きる部分）、第三は「欲望的部分」であり、このうちの「知的部分」が、魂全体を本当の知恵へ導くと言った。

このほかにもプラトンは、魂を「浄化」（肉体で飽きる感覚や感情、欲望などを抑えて、魂を知性的なものにしていくこと）させるのが人間本来のあり方であること、宇宙全体を動かしている魂（世界霊魂）があることなどを唱えた。

6 アリストテレスの哲学について

アリストテレスの哲学は、「形相と質料」「現実態と可能態」という2組の概念（ものごとの捉え方）を使って、自然界に存在するものを説明している。

すなわち、この自然界に存在するすべてのものは、「形相」と「質料」が組み合わさってできていると主張したのである。例えば、家は木材や石材を素材にして組み立てられたものであるが、この家の形が「形相」にあたり、木材や石材が「質料」にあたる。

次にアリストテレスは、「現実態と可能態」という概念を用いて、日々変化する自然を説明している。例えば、植物の種には、次の世代の種がすでに潜んでいる。この可能性が潜んでいる状態を「可能態」という。また、種が土にまかれて成長し、花を咲かせ、実を結び、やがて新たな種をつけた状態を「現実態」という。

このようにアリストテレスの哲学は、複雑で変化する自然の世界を、この「形相と質料」「現実態と可能態」の2組の概念を使って、体系的に説明しようとしたのである。

幸福と理性の関係について

人間は、常に幸福を追い求め、幸福でありたいと願ってきた。幸福とは何か。それは、人によってさまざまな捉え方がある。しかし多くの人々は、幸福とは、善をなすことによって獲得され、またその善は理性によって理解されると考えてきた。

例えば、エピクロスは、「人生において、最高に善きものは快楽であり、最高に悪しきものは苦痛である」として、幸福とは「快楽」を追求することによってもたらされると考えた。しかし、瞬間的な快楽は、時に苦痛をもたらす場合がある。例えば、好きなものを食べるのは「快」であるが、食べ過ぎは、やがて苦痛に苦しむことになる。そのため、エピクロスは、理性にしたがって、真の快楽を選び、苦痛を避けなくてはならないと述べている。そこでエピクロスは、肉体的、感覚的快楽を否定し、不快や苦痛のない状態、心の平静（アタラクシア）といった精神的、知的快を理想とした。

アリストテレスも他のギリシャ人と同じように、最高善（人間の究極的な目的）は、幸福であると考えた。しかし彼は、エピクロスのように、快によって幸福がもたらされるとは考えていない。アリストテレスは、人間のもつすべての能力が発揮されたとき、人間は幸福になれると考えた。

彼によれば、人間は、植物の能力（栄養摂取、成長）と動物の能力（感覚、欲求）の他に、理性が備わっている。したがって、人間の真なる幸福は、これらの能力が完全に調和して実現されることであり、これは、人間の独自の能力である理性が感情や欲求を支配することによってもたらされる。

理性によって示される人間の徳（道徳的に優れていること）は中庸（度を過ぎないこと）によって示される。例えば、臆病と野蛮の中庸に、徳としての勇気があり（勇気のなさすぎが臆病であり、勇気のありすぎが野蛮）、けちと浪費家の中庸に徳としての気前がある（気前が悪すぎるのがけちで、気前が良すぎるのが浪費家）。

このようにアリストテレスにとって幸福とは、人間の最大の特徴である理性を発揮して、中庸によって生活し、感情や欲求を調和させていくことによってもたらされるのである。

ストア派の人々は、善とは「理性にしたがって生きること」であり、幸福とは追い求めるのではなく、「理性に従って生きる」ことによって約束されると考えた。彼らによれば、全宇宙は

神による普遍的法則，理性によって支配される。したがって，理性に従って生きるとは神に従って生きることであり，これが唯一の善，逆に非理性的，つまり感情や欲求に従うことが唯一の悪とされた。そのために通常，われわれが善いことと考えるもの，例えば，健康とか名誉とか，財産といったものに何ら価値を認めず，また死や病気，貧困といったものも何ら悪ではなく，どうでもよいものとされた。ストア派の人々は，そのようなものに何ら心惑わされることなく，心の平静（アパテイア）を保って生活することを理想とした。

カントは，人間には，生まれつき善悪を判断し，人間の行動を正しく導く「実践理性」が備わっていると考えた。これは，良心ともいえる。善とは，その行為の結果が，成功しようが失敗しようが，われわれが実践理性の道徳法則を尊重する「善意志」に従ってなされたかどうかによって決まる。善意志に従って行動するとは，例えば，「信頼を失うからウソをつかない」といったように何かの目的のためにウソをつかないことを決めるのではなく，純粋に実践理性（良心）にしたがって「ウソをつくべきでないからウソをつかない」とすることである。

カントは実践理性の最高原理を，

① われわれがしようとしていることが，自然法則のように，みんなに通用する原則となって良いかどうか自分で考えてから行為せよ。

② 自らを，又は他人を単に道具や奴隷のように取り扱ってはならない。すべての人間を尊重し，人間らしく取り扱い，人間らしく接するように行為せよ。

と言い表している。カントは，われわれに，幸福を目的として行動するのではなく，善意志に従って行動し，幸福を与えられるにふさわしい人間になれと説いている。

以上のように，幸福とは，善をどのように考えるかによってさまざまに解釈され，人間固有の能力である理性に従って私たちがその善をなしたとき，幸福が獲得される，と捉えられてきた。

プラトンの「愛の説」について

　古代ギリシアの人々は，常に物事の本質について関心を抱き，人間として幸福に生きるとはどういうことか考えてきた。そのため，プラトンの愛の説も彼の世界観，人間観が大きく反映されている。そこで，まず彼がどのように世界と人間について考えていたかにふれ，彼のとらえた愛の本質について見ていくことにする。

　プラトンの世界観と人間観はミュトス（神話）を通して巧みに描かれている。「かつて人間の魂は理性と欲求を司る二頭立ての馬車に乗って，天上界（イデアの世界）を遊歩していた。しかし，人間の魂は理性と欲望といった相反する性質をもつ二頭の馬をうまく調教できず，地上に落ち，肉体のうちに宿る運命となった。そのために人間の魂は，常に故郷であるイデアの世界にあこがれ，戻りたいと願っている」。

　プラトンは，世界をイデアの世界と感覚の世界の2つに分けて捉えていた。プラトンによれば，イデアの世界とは永久不滅な真実の世界であり，私たちの住む感覚の世界は，イデアの世界の不完全な模倣で，絶えず変化していく世界であるという。よって私たちは，この世界で何ひとつ真実，イデアを見ることはできない。そのためプラトンは，人間として幸福に生きるためには，人間の魂がかつてイデアの世界で見ていた真実を想い出さなくてはならないと述べている。そして，人間の魂が真実，イデアにあこがれ，追い求めていくことをプラトンは，愛（エロース）と呼んだ。

　人間は，真実を想い出すことによって幸福に生きていくことができる。そして愛（エロース）とは人間の魂が真実を求める心であった。では人間はどうすれば魂がかつてみていた真実，イデアの記憶を想い出せるのであろうか。それは，この世界の美に接し，美に感動することによって想い出すことができるという。プラトンは，「人生において生きるに値することがあるとするならば，それはまさに美を観ることである」と述べているが，それはこの世界において，美が最も美の真なる姿，美のイデアをあらわしているからであり，人間の魂が美を見ることによって，かつての記憶を想い出すことができるからである。

　しかし，美を正しく愛していかなくては真実，イデアを想い出すことはできない。プラトンは正しく，美を愛する人がたどる道として，まず，一人の美しい身体を愛することから始めて，

すべての美しい身体を愛すことへ，そして次にすべての美しい身体に宿る美しい精神の美を愛さなくてはならないと述べている。ここで人間は美しい身体よりも美しい精神の方が尊いことを知るに至る。さらにそこから美しい法律，習俗を愛し，やがて美しい学問への愛にたどり着く。すると突如として美のイデアが目の前に現れ，真実，イデアを見ることできるのである。

　このように美に接し，真実，イデアにまでたどりついた人は，我を忘れ，日常的な常識をかえりみることなく真実を愛していく。このような人は，他の人からみれば狂気としか写らないであろう。しかし，この狂気こそは，プラトンが神的狂気と呼んだものであり，魂が真実を想い出し，感動している状態なのである。

　このように美を正しく愛し，真実にまでたどり着くには，相当の知的な訓練が求められる。そのため，真実，イデアを見ることができるのは唯一，知を愛す者，哲学者だけなのである。プラトンは多くの人々に対して，美しい身体を見ても欲求の充足のみを求めてしまうために，美のイデアを見るまでには至らないと非難する。しかし，ここでプラトンは，必ずしも欲求の充足を求めることを非難しているわけではない。欲求の充足は，美を追い求める始まりでもあるからである。しかし，多くの人は，ただ欲求の充足を求めることのみに満足をおぼえて，真実，イデアを追い求めることをしない，それをプラトンは非難しているのである。

　以上がプラトンによって捉えられた愛の説である。今のわれわれは，物事の本質や人間としての生き方について顧みることをあまりしなくなってしまったといえるだろう。そんなわれわれにとって，誰もが経験し，うたい，想い悩む愛を通して物事の本質や人間としての生き方を問いかけるプラトンのこの愛の説は，多くの示唆を与えてくれるのではないだろうか。

アリストテレスの「存在論」について

(1) アリストテレスの哲学

アリストテレスは，古代ギリシアの哲学者である。彼はそれ以前の哲学者の探求を受け継ぎながら，「形相・質料」「現実態・可能態」という概念を使って，自然に存在するものについて説明した。

(2) 「形相」と「質料」

アリストテレスは，自然の中に存在するものを，「この人間」「この馬」「このもの」というように，一つひとつ独立した事物として捉えた。そして，こうした自然体をまず「形相」と「質料」という一対の概念で分析した。

例えば家を見てみると，家は木材や石材を素材にして，家という形に組み上げられたものである。この場合，木材や石材が「質料」に，家の形が「形相」に相当する。ここからアリストテレスは，この形相と質料は切り離すことができず，常に具体的で感覚できる個物として一緒に存在すると考えた。

(3) 「現実態」と「可能態」

その一方でアリストテレスは，「現実態」と「可能態」という概念を使って，変化する自然の姿を捉えようとした。

例えば，草花を見てみると，その種子が土にまかれれば芽を出し，やがて花を咲かせ新たな種子を実らせる。このことを，元の種子が新たな種子をつけるための生育活動と捉えれば，元の種子には新しい種子がすでに潜んでいると言える。この潜んでいる状態のことを「可能態」と呼び，新たな種子が実った状態のことを「現実態」あるいは「完成態」と呼ぶ。

(4) 「純粋な形成」「純粋な現実態」

アリストテレスはこうした考えをもとにさらに「神」について考えた。

ふつう事物が質料と形相からつくられるとき，そこには必ず動かす力（動因）が働いている。また，その力は，ただやみくもに働くのではなく，目的をもっている。しかし，神だけはそうではない。神は，素材によってつくられてはいない。また，変化をせず，動かされることもない。つまり神は，質料をもたない「純粋な形相」であり，「純粋な現実態」なのである。そして，宇宙のあらゆるものは，この完全なる神（＝「不動の第一動者」）によって動かされ，また，この神にあこがれて（神をめざして）変化するのである。

このようなアリストテレスの存在論は，その後，中世の哲学や神学に大きな影響を与えていった。

第42章
死生論

死生論

　医療技術がめざましく発達する現代において，われわれはこれまで，病の克服と生命の延長を中心に考えてきた感がある。そのため「死」について考えることを避け，死を隠蔽(いんぺい)してきたといえる。このことの反省に立って，近年タナトロジー（死についての学）という学問分野が提唱されるようになった。どんなに医療技術が発達したとしても，人間は死を免れることはできない。そうであれば，いかにして，よりよい死を迎えるかということは，よりよく生きることと同様に重要なことである。それは，単なる医療技術上の問題ではなく，人間の全存在にかかわる問題でもある。われわれはいかにして，身近な親しい人の死を，また自分自身の死を受け入れればよいのだろうか。実際に死に直面する以前から，死について考え，学んでおかなければならない。こうした死についての考察は，われわれが「なぜ生きるか」という問いにもつながっていく。死から目をそらす者は，また，十分に現代を生きることもできない。生という光の部分のみでなく，死という影をも見据えた上での死生観の形成が，いま求められている。

　同時にまた，現代科学の発達によって，従来の死生観は揺らいできている。これまでは人間が手出しすることのできない神聖なものと考えられてきた領域が，科学技術によって制御可能になってきたからである。出生前診断による生命の選択，人工受精や遺伝子組み替え技術，クローン技術の応用で全く同じ生物をつくることの可否，脳死をめぐる論争とそれに絡む他人への臓器移植の問題など，われわれは「生命と死」をどのように扱うべきなのか。技術によって可能となったことのうち，何が許されて何が許されないことなのか。そして，どこまでが個々人の選択にまかされるべきことなのか。

　新たな生命の誕生と死というできごとは，医療分野にかかわる一部の専門家の問題ではなく，ライフコースにおいて誰もが直面する大きな問題なのである。そして，その際にわれわれ一人ひとりが，自らの確固たる倫理観と死生観に基づいて，主体的に意思決定していかなければならない。そのために，さまざまな具体的場面で考察しながら，人間にとっての「死」と「生」をトータルな観点から学んでいくことが必要である。

42-1 死生論レポート学習参考例

死の受容，看取る側の死生観を踏まえ，末期医療がどうあるべきか

1 死を受け入れること（死の受容）

人にはさまざまな生き方があるように，さまざまな死に方がある。事故死や心臓マヒなどの突然に死を迎える場合もあれば，がんや老衰死などによる死のように，徐々に死を迎える場合もある。

突然訪れた死の場合は，死ぬ本人の苦しみはほとんどないものの，心の準備のない家族にとって，突然訪れた永遠の別れの悲しみは非常に強く，家族の死を受け入れること（受容）に時間がかかってしまう。

徐々に死を迎える場合は，死ぬ本人も家族もさまざまな苦しみを経験する。ただ家族にとっては心の準備をする時間があるため，悲しみはもちろんあるものの，突然の死のような激しい悲しみではないことが多い。そのため比較的死を受け止めやすいといえる。

しかしながら実際に死を受容することは，難しいことである。エリザベス・キューブラー・ロスは，人が安らかな死を迎えるためには，周囲の人々による支援の必要性を説き，本人が今どのような心理状態にあるかを知る必要があるとしている。

そこでは死の受容の過程を，第一段階：否認，第二段階：怒り，第三段階：取り引き（自らが信じる神に），第四段階：抑うつ，第五段階：受容，の五段階に分けている。この五段階説は，死の過程の理解のひとつの枠組みであり，実際には患者本人の性格や病状を考慮することが大切である。本人が現在どの段階の心理状態にあるかを自ら知ることは，本人が死の受容をしていく上で必要なことだとされている。

また，人が死の受容の段階を経ていく上で大切なことには，人間関係の広さも関係している。永遠の別れを告げなければならない人が多ければ多いほど，死を受け入れること（受容）は難しくなる。高齢者の場合は死の受け入れがしやすいと言われている。なぜなら，すでに社会の一線から退いており，友人も少なく，人間関係はせいぜい身内と親類に限られ，別れなければならない人が少ないということが関係しているからである。

2 看取る側の死生観

死生観とは，人が生や死に対してもっている考え方である。つまり「生きること」とはどういうことか，「死ぬこと」とはどういうことか，ということに対する考え方である。

看取る側とは，死にゆくもののそばで必要な世話を行い，その最期を看取

る家族などのことである。その看取る側のもっている死生観は、患者本人へのケアの仕方に大きな影響を与える。例えば、もし看取る側が死を極端に否定したり、死に対して強い恐れや不安をもっていたりすると、患者と死について語り合うことが難しくなる。そのため、看取る側がどのような死生観をもつかが重要となる。

どのような死生観をもつにせよ、患者本人だけでなく人間は誰でもいつかは死を迎える。そしてわれわれは必ず死を迎える存在であることを認識し、現在生きていることに感謝することが大切である。そこでは患者側、看取る側、両者に生や死に対する共通の認識が生まれる。その結果、お互いにいずれは死ぬべき存在であることを伝えあうことができ、お互いの人生を支えあうことが可能となるといえる。

3 わが国の末期医療（ターミナルケア）のあり方

末期医療（ターミナルケア）とは、末期患者が安らかに人生を終えられるように援助することである。末期医療では、がんやエイズなどの病気にかかり、残された命があとわずかと医師から診断された末期患者を対象としている。末期医療は人生の終末期を担う医療だけに、課題も多く、重要な役割をもっている。個別的な援助が求められるため、他の医療とは違う特有のアプローチが必要とされる。

末期医療が目標とするのは、残された命があとわずかと診断されてから死ぬ瞬間までを、質の高い生き方ができるように援助することである。その中には心身共に苦痛のない死を迎えることも含まれている。例えばがんの末期では、患者本人の QOL（生活の質）も考慮して、身体的苦痛のコントロールだけでなく、死と直面していることによって起こる恐怖、不安、さらに社会的な問題などに対する幅広い対応が必要となる。

現在、末期医療においてホスピスが注目されている。ホスピスとは、死に直面した患者が人間としての尊厳を保って、その人が十分に満足できる人生を全うするように援助する施設のことである。

ホスピスでは積極的な手術、抗ガン剤、放射線治療などにより、患者の命を少しでも延ばすことを目的にはしていない。ホスピスでは命の長さではなく、命の質を大切にしているのである。

患者や患者の家族に対するホスピスの役割は、次の3点があげられる。

(1) 痛みのコントロール

患者の病気によって受ける痛みを少なくする。痛みをコントロールすることは、患者が尊厳をもって生きられることにつながる。

(2) 精神的援助

患者の話に耳を傾けることにより、患者のニーズを知ることは、患者に対し精神的援助を行う上で大切なことである。

(3) 患者の家族に対する援助

家族のひとりを失うということに対して，深い悲しみを背負っている家族に対する援助は大切である。ホスピスでは家族に対しても援助を行うが，悲しさを共に分かち合うことにより，精神的に支えていく。患者と接する時間の多い家族を支えていくことは，患者を支えていくことにもつながる。

ところで，ホスピスでは医療スタッフの患者への対応の仕方も大切である。患者の精神的問題に対しては，

① 患者と眼の高さを同じにすること，

② 十分な時間をとって患者の話に耳を傾けること，

③ 会話の内容そのものよりも，患者の感情を重視することなどを忘れずに対応すること，が必要である。

日本では，2009年5月現在，193施設3766床の「ホスピス・緩和ケア病棟」が承認・届出されている。このほかに，指定は受けていないがホスピスを実施している医療施設が70団体ある。しかしまだまだ日本でホスピスを実施している所の数は少なく，これから先もっと数を増やしていくことやより質の高いケアを実現していくことは今後の課題である。

いずれにせよホスピスがめざすものは，患者の人生を支えるということである。そして，わが国でのホスピスに対するニーズも次第に高まってきている。しかしその一方で「畳の上で死にたい」との意見も多くある。そのため今後末期医療をどこで実施するか，どのようなシステムを取り入れていくのかということは，非常に大きな課題である。

今後望まれる末期医療のあり方としては，ホスピスの質・数の充実はもちろんのこと，訪問看護や開業医の往診などの在宅におけるホスピスケアの導入が望まれる。そして，ひとりでも多くの患者のニーズに対応していくことをめざすことが必要である。

また現在，ホスピスなどの緩和ケアの対象は，がんやエイズなどの特定の病気に限られている。しかし，死は誰にでも訪れる。末期医療のあり方について考える時には，人間としての人生最期の瞬間はどうあるべきかということを考える必要がある。

高齢者の死とその援助について

人は誰でもいずれは、死ぬ運命にある。人が死を身近なものとして意識するのは、病気になったときや、年をとって健康の衰えを感じたときである。特に高齢者は自分自身が年をとり、同年代の人の死を身近にすることが多い。

高齢者にとって、死を強く意識せざるをえない。そこで、以下に高齢者が死をどのように捉えているのか、またそれをふまえて、どのように高齢者を援助すべきなのかについて、死を迎える本人と、死にゆく者のそばで必要な世話を行い、その最期を見守るといった、死を看取る家族の立場から、それぞれ述べてみたい。

1 高齢者の死の捉え方（死の受容）

一般的に高齢者は、死がいつかは自分に降りかかり、自分も死ぬということを現実の出来事だと認め、受け入れる。しかし、こうした捉え方ができるようになるまでには、死に対する捉え方についての発達段階を乗り越える必要がある。この発達段階でよく知られているものに、アメリカの心理学者であるニューマン夫妻が発表したものがある。そこでは、高齢者の死に対する捉え方に関する4つの発達段階を取り上げている。

(1) 青年期まで（〜22歳）

児童期から死について考え続けるが、自分自身の死については成人後期になるまで、現実的には捉えていない。ただし、青年後期においては死ぬ運命、人生の意味などに疑問をもつようになり、死を大きな恐怖として捉える。

(2) 成人前期（23〜30歳）

この時期には人間関係が広がるので、親しい人の死に対する不安や、自分自身の死が他者に対し迷惑をかけるのではないかといった、責任感を死に対して抱くようになる。

(3) 成人中期（31〜50歳）

自分の人生の半分が終わったことを意識する。両親や年老いた親戚の死を通し、ますます死を現実的に捉えるようになり、人生の目標を達成するのに時間が残り少ないことを意識しつつ、死を意識するようになる。これから自分がどの程度、社会に貢献できるかによって、この段階での死に対する不安は決定される。自分が一生懸命打ち込めるものがあれば死を恐れる不安は少ない。

(4) 成人後期（51歳〜）

この段階では、自分の人生をあるがままに受け入れ、死を人生の終着点として恐れることなく受け入れることができるようになる。

以上が，高齢者が死を迎えるに至るまでの発達段階である。死に対する捉え方は，各発達段階でそれぞれ異なるが，これらの段階を一歩ずつ乗り越え，その課題を解決していくことで，自分の死を覚悟することができるかどうかが決まる。したがって，最期の第4段階に達した人は，死を恐れることなく，受け入れることができるようになる。これが死の受容である。

　しかし，現実の死を目前にしたとき，死を受容することができない高齢者も大勢いる。こうした高齢者が死を受容できるまでにはいくつかの段階をふまねばならない。

　アメリカの精神科医であるエリザベス・キューブラー・ロスは，以下のような死の受容の五段階説を説いている。

　① 第一段階：否認。自分に向けられた死の宣告を「それは真実ではない」と否認する。否認は死の宣告のショックに対する自己防衛である。

　② 第二段階：怒り。否認の防衛機能が働かなくなると「なぜ私が」という自分自身に対する問いかけと同時に怒りがわき起こる。その怒りは，あらゆるものに向けられる。

　③ 第三段階：取り引き。怒りの気持ちが一段落すると，自分が信仰する神と取り引きをする。神に対してよい振る舞いをすれば，少しでも長生きができるといった願いが叶うと考えるようになる。

　④ 第四段階：抑うつ。死期が近づいて身体が衰弱してくると，自分の死を思い悩み，ふさぎ込み，抑うつ的になっていく。

　⑤ 第五段階：受容。自分の運命を怒りもなく，静かに受け入れられるようになる。

2　死を迎える高齢者の援助について

　高齢者が死を受容できるようになるまでには，人生のさまざまな段階を乗り越えなければならない。では，実際に死を迎えつつある高齢者には，どのような援助が必要なのだろうか。

　基本的には少しでも精神的・肉体的苦痛を軽くし，人生の最期の日まで心の安らぎが得られるように援助していくことが，援助を行う者に求められる。こうした援助を行う際に注意すべきこととして，以下のものがある。

　(1)　身体的苦痛の緩和

　身体的苦痛は精神的安定を乱し，人間としての尊厳を保って人生を全うすることを妨げる。苦痛の除去は何よりも優先的に行われなければならない。

　(2)　心の平安を保つために手助けをする

　死が近づくにつれて，高齢者の心に過去の思い出が押し寄せてくることがある。楽しかったことばかりではなく，つらかったことも思い出される。過去のさまざまな出来事の中で，やり残したこと，許しを求めたいこと，誰かにどうしても伝えておきたいことなどがあるかもしれない。死を目前にして人生の総決算をしている高齢者の気がか

りになっている問題に耳を傾け，死を迎える前に望む願いごとが叶うように援助の力を貸すべきである。

(3) ともに老いること

死期の近づいた高齢者では，無気力で，声を掛けても返事がないといった，精神機能の衰えがみられることがある。しかし，だからといって必ずしも感情を失ってしまっているわけではない。むしろ，気持ちが敏感になっていることが多い。こうなると，うつ状態になったり，精神の混乱をきたす場合すらある。こうしたときに大切なことは，高齢者のそばにいて，ともに苦しみや悲しみを分かち合うことである。たとえ，言葉によるコミュニケーションができなくても，手のぬくもりは高齢者の心に届くものである。

こうした援助は，ほとんど家庭や病院で行われているが，家庭での援助には医療の面で限界がある。一方，病院の場合は医師の指示が絶対的なものになりがちで，患者である高齢者の意思は尊重されにくい。そこで，近年になって，死にゆく患者が人間らしく生活することのできるホスピスなどの施設の設立が盛んに論議されている。

3 死を看取る家族に対する援助

人の死を看取ることは辛(つら)いことである。高齢になれば，配偶者や親せきなどといった，大切な者を失うことが多くなる。特に配偶者を失ったときのショックはたいへん大きなもので，その悲しみを乗り越えることは，心身の衰えた高齢者であればなおさら難しい。

一般的に配偶者と死別した高齢者は，うつ症状や思考力の低下がみられる。また身体的にも，不眠や疲労が多くなり，健康状態が悪くなる。こうした悪い影響を避けるには，死を看取る家族が深い悲しみを乗り越えられるよう，家族をはじめとして親せき，友人，隣人による積極的な援助が欠かせない。また，同じ悩みを抱えた者同士で援助し合うためのグループでの援助活動も必要である。

高齢者にとって人生をいかに全うできるかということは，たいへん重要な問題である。高齢者の援助を考えるとき，高齢者本人の意思を尊重し，死ぬまで人間らしく充実した生活が送れるように援助していくことが大切である。

末期患者の家族のケアについて

末期患者とは，がんなどの病気にかかり，残された命があとわずかと医師から診断された患者である。このような末期患者の家族は，家族のひとりを失うということに対して，深い悲しみや苦しみでいっぱいになる。

自分の家族が末期患者であることを知らされた場合，その家族はその事実をなかなか受け入れることができなかったり，受け入れたあとも辛い思いをする。まだ日本では，がんであることは家族には知らせても患者本人には，知らされないことが多いと言われている。その場合，家族は患者にはわからないように，泣きたい気持ちをおさえて笑顔をつくったり，がんではないかと疑う患者に対して否定しなければならず，こうした日々を送るうちに心身ともに疲れてしまう。家族に病人がいるということだけでも家族にとっては大きな悲しみや苦しみをもつことになるが，残された命がわずかの末期患者となれば，家族の悲しみや苦しみは計り知れないものであると想像できる。

このことから，末期患者のケアを考えるとき，患者だけではなく，家族に対するケアも大変重要なことだといえる。しかし，現状では末期患者には目を向けられるものの，その家族に対するケアはあまり重視されていない。

欧米では，末期患者の死後も医療関係者が家族を定期的に訪れ，カウンセリングをすることもある。

今後，日本においても欧米のように家族ケアに力を入れることが必要である。日本では，まず医師や看護師などの医療関係者が，家族のケアに対する理解を深め，その大切さを認識することが必要である。そして，その上で，医療関係者は家族のためにじっくりと話を聞く機会をつくるようにする。そうした時間の中で，家族の辛く，悲しい気持ちに耳を傾け，気持ちが自由に表に出せるようにつとめる。専門用語ではなく，わかりやすい言葉で説明しながら，ストレスや不安を少しでもなくし，家族の死についての心の準備ができるようにする。その際，欧米のように相談の専門職員をおき，その職員からアドバイスを行うのもひとつの方法である。このようにして患者と直接接する時間が多い家族を支えることは，患者本人を支えることにもつながるのである。また，身内の死後，普通の生活にもどるのは，平均六か月はかかるといわれており，この間は支えが必要であることから，患者の死後も家族ケアを行っていくことが必要である。

42-3 末期ケアの理念について

●死生論試験問題学習参考例●

　末期ケアとは，末期患者が安らかに人生を終えることができるように援助をすることである。なお，末期患者とは，がんやエイズなどの病気が進行した状態で，治る見込みがなく，残された命がわずかであると診断された患者のことである。

　この末期ケアを行う上での基本的な考え方，つまり理念については，次の2つがあげられる。

(1) 患者と共に死をみつめることができるということ

　一般的に，重病の患者の前では，「死」にはふれてはいけないと思われがちである。しかし末期患者の中には，積極的に死について語り合いたいという希望をもつ人も多い。

　なぜなら，語ることによって死を現実のこととして受けとめ，心の準備を進めることができるからである。また，どのような死に方を選びたいかということも考えて，その意思を家族などに伝えておくこともできるからである。例えば，苦痛を伴う治療を受けるよりは家族に見守られて安らかに死を迎えたいとか，脳死の状態でもよいから少しでも長く生き続けたいなど，死に対する考え方は人それぞれである。

　したがって，末期患者の周囲の者は，死を怖がったり嫌ったりするのではなく，それを人間にとってごく自然なこととして捉え，末期患者と共に死をみつめる姿勢をもつことが大切である。

(2) いずれ死を迎えるという点では末期患者と平等であることを認識すること

　生きてきた間は，豊かな人もいれば貧しい人もいたといったように，人間は決して平等であるとは言えない。しかし，死は誰にでもやってくるという点で全ての人間にとって平等なものである。末期ケアをする者もいずれは末期患者と同じ立場になるのである。このことを認識しなければ，死にゆく人々やその家族の立場に立って，彼らが本当に求めているようなケアをすることはできない。

42-5 末期がん患者の精神的問題への対処について

●死生論試験問題学習参考例●

　医師や看護師といった医療従事者は，第一に，末期がん患者と同じ目線になることが精神的問題への対処の基本である。これにより，患者は医療従事者が自分に関心をもち，ゆっくり時間をとってくれるという信頼感を感じることができる。第二に，末期がん患者の言葉に耳を傾ける。十分な時間をとって患者の言うことに耳を傾けるだけで，患者はずいぶん精神的に落ち着くものである。第三に，会話の内容よりも感情を重視する。患者は，不安やいらだちといった感情を聴いてもらうことを望んでいる。そのため，医療従事者は末期がん患者と会話をするとき，そのときの患者の話し方や声の大きさ，表情などから，どのような感情がその裏にあるのかを，いつも意識して注意しておく必要がある。

　次に，病名を告げるか告げないか，告げるにしてもどのような告げ方をするかということは，患者の性格や受容能力を考えた上で決定されなければならない。受容能力とは，この場合，死に至る病気をもっていることを受け入れる精神的な力のことである。患者の性格や受容能力を知るには，医療従事者はできるだけ患者と接する時間を作ったり，患者が今まで家族や知人の死などのように受け入れてきたかを家族に聞いたりする必要がある。

　また，末期がん患者がどの程度まで自分の状態を知りたがっているかを，医療従事者ができるだけ知ることも大切である。患者は，自分の病気について真実を知る権利も，自分では対処できないような真実を知らないでおく権利ももっている。大切なことは，患者にとって真実を言うことがよいのかどうか，徹底的に考えるということである。

　医療従事者は病状を説明する際，患者の不安や緊張をやわらげる言葉づかいをしたり，一度に全て話すのではなく，少しずつ説明をして患者に心の準備をさせるなどの配慮が必要である。病名を告げない場合にも，今後起こる可能性の高い辛い症状については前もって話しておくことが大切である。

　その他，がんそのものは治せなくても，がんに伴う呼吸困難などの身体症状は，積極的に治療していくべきである。それにより，患者は医師に守られていると感じ，安心できるだろう。不安，混乱などの精神的症状に対しては，精神安定剤などの薬を与える場合もある。

インフォームド・コンセントについて

　インフォームド・コンセントとは，医師が患者に診療や検査の目的と内容，効果などを事前に十分に説明し，患者が納得した上で治療や検査が行われることをいう。

　これは，個人主義を基盤とする欧米社会で，個人の人権を守るという考えから，主に医療の原則として近年急速に広まってきた考え方であり，日本語でもカタカナ語でそのまま使われているが，「説明と同意」と訳すことができる。

　インフォームド・コンセントは，次のような原則を尊重することである。
　①　告知：医師が患者に対して十分な正しい情報（真実）の提供を行う。
　②　患者は，医師の説明を理解・納得する。
　③　自分自身の判断として検査・治療に同意，拒否，選択をする。

　このインフォームド・コンセントを行うときには，十分に考慮すべきことがあり，これについて『末期医療に関するケアの在り方の検討会報告書』（厚生省・日本医師会）では，次の4項目をあげている。
　①　告知の目的がはっきりしていること。
　②　患者に自分がおかれている状況を受け入れる能力があること。
　③　医師及びその他の医療関係者と患者・家族との間に十分な信頼関係があること。
　④　告知後の患者の身体面及び精神面でのケア，支援ができること。

　上記の4項目のうち，②患者に自分のおかれている状況を受け入れる能力があること，の判断はなかなか難しい。特に患者が高齢者の場合，明らかに認知症，うつ状態などの精神症状があらわれていることがあり，このようなときは，患者本人の理解や判断は困難であろう。それ以外の場合でも，わが国では，がんなどの病気で残された命があとわずかな場合，患者本人に対する病名や病状を知らせないことが多いと言われている。

　しかし，どのような状況にしても，まず尊重されるべきことは，患者が自分自身のことをどのように考えているのか，どのような気持ちで捉えているのか，何を知りたいと思っているのか，あるいは知りたくないと思っているのかであり，医師や医療関係者，また患者の家族には患者の立場に立った対応が求められている。

42-7 ホスピスの役割について

●死生論試験問題学習参考例●

　ホスピスとは，死に直面した患者が，その人らしく，人間としての尊厳を保って人生を全うするように援助するための場所のことである。しかし本来，ホスピスは建物を指すのではなく，より広い意味を含んでいる。家庭にいながらにしてホスピスケアを受けることも可能であり，一般病院の中でホスピスケアを実践している医療者もいる。いずれにしても，ホスピスとは，患者の命を医療により一分一秒でも延ばすことを目的とするものではない。ホスピスが大切にするのは生命の長さではなく，生命の質なのである。

　ホスピスの基本的な考え方は，患者が自分の残りの命をどのような形で全うするかという選択を，患者にまかせるということである。どのように生き，どのように死ぬかは患者が決めるべきで，医学の専門家だからというだけで医療関係者が決めることではない。

　患者に対するホスピスの役割としては，患者の病気のために起こる激痛を和らげることがまずあげられる。末期がんの痛みは強く，持続的である。そのため患者は痛みのことばかり考え，痛みと闘うことだけに全エネルギーを費やしてしまう。鎮静剤を用いて痛みを徹底的にコントロールすることは，患者が尊厳をもって人生を全うする手助けとなる。

　次の役割として，患者との対話も大切である。患者との対話は，患者を精神的に支えるという大切な働きがある。対話を通じて患者の言葉の裏にある感情をくみ取ることが大切である。また，必ずしも言葉は交わさなくてもよい。ホスピス運動に重要な役割を果たしたシシリー・ソンダースは，「重要なのは，そばに座り，患者と同じ空間の中で，時間を共有することである」と言っている。

　ホスピスでは，患者の家族に対しても働きかける。また，患者の家族に対するホスピスの役割として，患者の死を悲しむ家族と，その悲しみや寂しさを共に分かち合うことで，精神的に支えていくことが大切なのである。

　ホスピスのめざすものは，人間の生を支えるということであり，末期患者が寂しく死を迎えるのではなく，その人たちの生き方を最期まで援助していく姿である。わが国でも，ホスピスに対するニーズは高まっている。しかし，依然として「自宅の畳の上で死にたい」という願望も強い。これからは，在宅でのホスピスがいっそう期待される。

第43章
性と役割

性と役割

　これまで多くの社会では，性役割は生物学的な違いに根ざした「セックス」という意味での自然で自明なものであり，自らの性に与えられた役割にしたがって生きることが当然と考えられてきた。例えば近代社会においては，男性には社会に出て働いたり，外での活動的で創造的な仕事に従事することが，女性には子どもを産み育て，家庭を守る役が割り当てられた。そのため，各々の役割にとって望ましい特質が，「男らしさ」「女らしさ」として求められ，それに反すれば社会的否定や非難といったペナルティーが課せられてきた。しかし，現代ではこの性役割は揺らいでおり，何ら自明なことではなくなっている。それには，フェミニズムの理論と運動が与えた影響が大きい。

　フェミニズムは，20世紀の思想上最も重要なもののひとつとみなされている。この思想は，生物学的な「セックス」という性差に対して，社会的・文化的に作られた性差を構造的に明らかにしていく「ジェンダー」という概念を導入し，性役割というものがいかに社会によって作られたものであるかを明らかにしてきた。性差のどこまでが生物学的に決定された，変えようのない違いであり，どこまでが社会によって規定され，形作られたものであるかということは，大きな問題である。だが，われわれは誰しも，自らの人生を人間的なものにし，豊かに生きたいと望むものであり，その選択は主体的なものでなければならない。社会によって割り振られた役割，全体にとって都合のよい役割にただしたがって生きるだけでは，豊かな人生は望めない。

　これまでの日本の社会は，仕事に専念する男性と，子育てと家事に専念する専業主婦という組み合わせを基本に，さまざまな社会制度が構築されてきた。だが，人々の生き方は多様化してきている。女性でも生きがいとなる専門的な仕事を一生続けていきたいと願う人，男性でも仕事のみではなく子育てや地域活動に携わりたいと考える人，さまざまである。また，母親となっても独身を選択する女性や，同性同士で家庭を作ろうとするカップルも存在する。これら価値観やライフスタイルの多様化に応じて，日本社会はどのように変わっていかなければならないのだろうか。この科目においては，急速に変化する現代社会の動向を探り，社会における性とジェンダーという意味でもその役割を多角的に考察する。

● 性と役割レポート学習参考例 ●

43-1 性差別と性の役割について

　人権とは，人間だれもがもつ固有の権利である。しかし，女性の人権は，根強く残る性差別によって侵害され続けてきた。日本が1985年に結んだ女子差別撤廃条約では，性差別の構造的な原因として性の役割をあげ，性の役割をなくし，女性の人権を確立することをめざしている。これは同時に，男性の人権をより豊かにするものでもある。

　性差別とは，生物学的性差に基づいて，人間を不平等に扱うことである。ほとんどの社会は，人間を女性と男性とに分類する。そして，女性に分類された人々は，現在まで男性よりも劣った者として扱われてきた。そのため，「性差別」は，「女性差別」の同義語として使われる。性差別は，家庭生活や恋人同士などの私的領域にも，労働・教育・政治・経済・マスメディアなど公的領域にも浸透している。

　性差別の内容としては，第一に，女性に対する不公平で偏った見方と性の役割を決めることがあげられる。例えば，「女子どもでもできる」という慣用句は，成人男性よりも能力の劣る女や子どもにも可能だという意味である。その前提には，女性は男性より劣るとみなす考え方があった。また，「男は甲斐性」という言葉がある。これは，男に必要なものは家族を養える経済力であり，経済力のない男は魅力がないという意味である。男が家族を養うのが当然という考えである。

　第二に，性の役割に基づいた「男らしさ」「女らしさ」だけで，人を評価すること（客体化）がある。社会には，女性用化粧品，ミスコンテスト，マスコミに登場する「若く」「美しい」女性，女性が男性をもてなすさまざまなサービスがあふれている。好むと好まざるとにかかわらず，女性を「見られる存在」として扱ったり，そのように女性が自分を意識する機会は，数多い。また，男性が配偶者の条件として，「健康」や「性格」に次いで「容姿」や「美しさ」を選ぶ場合も多い。

　第三に，男性を「人間」「標準」とし，女性の役割を，例外的で価値の低いものとすることがある。例えば，「労働者」という場合，そこで意味されるのは「男性労働者」である。そして女性については，わざわざ「女子労働論」という分野がつくられるが，「男子労働論」はない。「男性」について述べているのに，あたかも「人間」全体を対象としているかのように示すのは，よくあることである。そして，女性の性の役割とされる家事・育

第43章　性と役割　647

児・介護など私的領域での労働は，公的な政治・経済など男性が主に担ってきた領域の労働よりも価値が低いものとみなされやすかった。ともすれば，男女平等とは，女性が「男並み」に社会に進出することとされる。しかし，この考え方は，女性の性の役割とされている家事・育児・介護の価値をさらに下げてしまう。現在では，こうした男女差別の考え方そのものも問題となり，女性の性の役割を考慮して，男性が「女並み」に家事など私的領域に進出してもよいとされている。

女子差別撤廃条約でも，ILO（国際労働機関）の156号条約（家族的責任条約）でも，性別に関係なく，公的領域・私的領域での活動を保障されなくてはならないとしている。

このように，社会にはさまざまな性差別があるが，それをなくすための活動が国際的に行われている。女子差別撤廃条約第5条では，先にあげた第一の性役割をなくすことで，性の差別をなくそうとしている。

性の差別を正当化するために，男女の違いも性の役割も「自然な」ものとする考え方がある。

「たしかに男女には，生物学的な違いがある。しかし，それよりも大きいのは，個人差である。例えば運動能力は，男性の方が平均的に『優れて』いたとしても，全ての女性が男性よりも『劣る』わけではない。仮に，全ての面で女性が男性より『劣る』としても，それを理由に人権を侵してはならない。人種差別や障害者差別と同様に，男に生まれても女に生まれても性別に関係なく，自分の人生を自分で判断決定する権利を保障されなくてはならない」とする考え方である。

しかし，女性の「自然な」性役割だとされている育児でさえ，父親・使用人・乳母など，社会によってさまざまな人が行っている。

また，現代の性役割は女性を公的領域から排除して経済的自立を妨げ，男性を私的領域から排除して生活面での自立を妨げている面がある。このことの方が，さまざまな意味で弊害が大きい。はたしてこれらが，「自然な」性の役割といえるだろうか。つまり，全ての社会に共通した性の役割は存在しないのである。

ならば，性の役割をなくし，性別ではなく本人の判断によって必要で大切な役割を選んだ方が，人生の選択の幅を広げられる。そのため，女子差別撤廃条約も，男女が公的領域へも私的領域へも，同じように関われるように国が必要な取り組みをしなければならないとしているのである。

上述のように，性差別の解消のためには，性の役割を解消しなくてはならない。これには，女性にも男性にも，変化が必要である。

日本の性役割の意識をみると，「夫は外で働き，妻は家庭を守るべきであるか」との質問に対して，「反対」と

する人（55.1％）の方が「賛成」と回答する人（41.3％）よりも多い（2009年内閣府「男女共同参画社会に関する世論調査」）。しかし，20代や30代の女性をみると，結婚や育児のために離職する人も多い。また，2006（平成18）年社会生活基本調査では，夫と妻が共に週35時間以上働いているとしても，妻が家事に費やす時間は夫よりも非常に長いことが明らかにされている。これらの結果は，意識の上では性役割に反対する人が多くなってきたとはいえ，実際には「男は仕事，女は家庭」という性役割が維持されていたり，もしくは「男は仕事，女は仕事も家庭も」という新しい性役割が作られたりしていることを示唆している。男性は勤務が終われば家で休めるが，女性は家では第二の勤務が待っているのである。家事・育児・介護が女性の性の役割として無償で行われている限り，女性は家族のための母・妻であって，性の役割に関係のない自分を確立できない。また，専業主婦として家事労働を引き受けている女性も多くの問題を抱えている。例えば家事や育児は，直接誰かから給料をもらうわけではない。そのため心ない人から「夫の従属物」と言われる。

　一方，男性は，ひとりで家族を養えるだけの賃金を稼ぐ役割が期待されている。その結果，職場で長時間働いていて家族とのコミュニケーションが減り，仕事だけが生きがいで，退職後の人生をもてあます男性も少なくない。しかも，強くたくましくあらねばならないという男性役割は，リストラされても悩みを家族に話さず，ひとりで耐えて毎日出社するふりをする男性をも生んでいる。過労死・自殺率・飲酒率・仕事のストレス・寿命の短さなどからみても，男性は女性よりも圧倒的に不利な状況にある。

　そして，男性は私的領域から排除されている。中高生時代に家庭科を履修しなかった世代の男性は，家事能力や，自分が1日に必要なカロリーも栄養も学ぶ機会を奪われた。また，仕事を理由に育児休暇も取れない男性は，育児の大変さと同時に，喜びも奪われたことになる。男性の人権には，労働時間の削減と私的領域における充実が必要である。

　固定化された性の役割は，女性・男性のそれぞれに，差別を経験させている。性の役割を固定的に設定することは，女性だけでなく男性にとっても，生きる可能性を狭めるものである。男性の私的領域への進出と，女性の公的領域への進出が，性差別を解消するために必要である。1999年4月には改正男女雇用機会均等法，介護休業法が施行され，社会全般が性差別を解消する動きになっているが，まずは「女」「男」である前に，ひとりの「人間」としての可能性を，より多くもてる社会を作ることが，性差別をなくし豊かな人権を確立することにつながる。

社会学におけるジェンダーについて

　われわれの社会では、「女性は生物学的に男性より体力がおとる。だから、男性の方が、さまざまな力仕事を分担し、女性は補助的な労働をするのが自然だ」とか「女性は子どもを生む、だから子育ては女性に向いている。それゆえ、男が仕事、女が家庭という分業は自然なことだ」というように、生物学的な男女の区分を前提にした考え方がごく最近まで常識とされていた。というのも、このような男女の性差をめぐる「きめつけ」は、20世紀前半までの多くの学者、特に男性の学者たちの間では、「常識」だったからである。しかし最近では、「男性・女性の役割」や「男・女らしさ」の大部分は育てられ方や教育などの社会・文化的環境によって決定される、というように考え方が変わってきている。

　社会学では、社会・文化的環境によって決定される性差を「ジェンダー」と呼び、オス・メスといった生物学的に決定される性差である「セックス」と区別している。つまり、セックスは自然が生み出したものであり、ジェンダーは人間の社会や文化によって生みだされた男女の区別を意味するものである。そのため、男女の「性役割」や「らしさ」といった男女の区別を意味するジェンダーは、必ずしもセックス（生物学的要因による男女差）に規定されているとは限らないのである。例えば、子育てというケースをとってみると、「女性が子どもを産む」のはセックスのレベルの問題であるが、「女性又は男性が子育てをする」のはジェンダーの問題となる。このジェンダーという視点の登場は、今までの性差による一方的な枠づけから発生する問題点を、理論的に明らかにするためにきわめて有効になる。実際、「男はこう」「女はこう」といったようにセックスのみに規定された男性主導社会においては、ジェンダーの導入により、今まで「社会常識」とされていた男女の性差に「疑い」や「批判」の目が向けられるようになった。

　ジェンダーには、服装・髪型・名前などの手がかりから性別を判断する「性別認知」や、デートの時など男女がそれぞれどのように振る舞うべきだと考えられているか、といった事柄に関する「性愛役割」、また、家族の中では男は仕事、女は家事・育児、職場内において男は幹部候補、女は秘書などさまざまな「性分業」がある。さらに、「女らしさ」「男らしさ」といった「らしさの役割」もある。

43-3 フェミニズム運動について

●性と役割試験問題学習参考例●

　フェミニズムとは，近代になって生まれた女性解放思想のことである。これは1789年フランスで起こった市民革命によって，すべての人が社会的身分から解放され，社会は自由で平等な個人から成り立つという思想が発端であった。しかし，男性と女性では平等ではなかった。具体的には，女性は生まれたときから男性に従う存在と考えられていたり，また，男性には与えられていた政治に関する権利（参政権）が女性には与えられないなどである。

　そこで，すべての人間が平等であるなら，女性も平等に扱われなければならないという考え方がでてきたため，それを実現させる運動（フェミニズム運動）が起こり，20世紀前半には，ほとんどの先進国で「婦人参政権」が確立し，法律によって女性はほぼ男性と平等な権利を得た。

　さらに，形式だけでなく実際に男女が平等に扱われることをめざした「フェミニズム運動第二の波」が起こった。ここでは，女性の生き方のみではなく，男女の関係のあり方，家族のあり方，社会のあり方などにも目を向けられた。この「フェミニズム運動第二の波」において主張された主な3項目をあげる。

(1) 性別役割分業の否定

　日常生活を通して，性別によって役割を分けることは，男女の不平等を生むと考えられるようになり，実際の平等を確保するため性別によって役割を分けることを否定する主張がなされた。

(2) 「女らしさ」の批判的検討

　従来「自然なもの」として考えられてきた「女らしさ」を女性が生まれもったものではなく，社会的・文化的な背景から生み出されるものとして捉え，見直すことが主張された。

(3) 女性の「性と生殖の自己決定権」の確立

　一般に，女性の性は「受け身」であるとされてきた。また女性は避妊・中絶・出産などを自分だけの選択で行うことは許されなかった。

　このような状況に対して，「女性の体は女性自身のもの」という主張がされた。以上のように，「フェミニズム運動の第二の波」は，先進諸国それぞれの社会・文化において違った形をとりつつも，主張においては共通な考えをもち，1960年代後半から20年間，世界的な規模で展開された。

43-4 ●性と役割試験問題学習参考例●

女性の労働について

わが国では現在，15歳以上の女性の約半数が何らかの職業に就いている。このように働く女性が増加した背景には，女性のライフ・サイクルの変化があげられる。例えば一方で女性の平均寿命が延び，他方でひとりの女性が生涯に子どもを産む数（合計特殊出生率）の減少に伴う，子育てにかかる時間が短縮されたことによって，子どもに手がかからなくなってから後の人生が50年にもなったという変化があげられる。

また，電化製品の普及によって，以前に比べて家事にかかる時間が大幅に短縮されるようになった。こうして，女性が働く時間的な余裕ができたのである。さらに，女性の高学歴化が社会参加意欲を高めたことや高度経済成長期に若い男性労働者の不足が中高年齢層の女性のパートタイム雇用を促進したことなどが，背景として考えられる。

次に，女性の労働力についてみると，多くの女性が，大学・短大あるいは専門学校などを卒業後，正規の社員として働く仕事に就き，20歳代の後半に結婚や出産や子育てで最初の勤め先を退職する。そして，40歳代後半になって，子育てが一段落したところで，再び働きに出るという場合が多い。

最近の特徴としては，年齢的にずっと後になって結婚する晩婚化の影響で女性の労働力率は20歳代前半でピークになった後，これまでは20歳代後半に低下していたのが，最近では30歳代へとずれ込んだことがあげられる。なお，結婚や出産で仕事を辞める女性の数が減少し，共働き家庭が増えてきている。

さらに女性の労働問題として，育児と仕事の両立が困難であることがあげられる。保育施設の不足や低年齢児童の保育に対する対応の遅れなどの社会制度や設備の不備，通勤距離の長さやラッシュ時の混雑などの労働条件の過酷さ，夫の家事労働への協力が得られないことなどが，女性が子どもを育てながら働き続けることを困難にしている。このことが，少子化の原因のひとつになっている。

また，女性が再就職する場合，家事と両立が比較的容易なパートタイマーを選ぶ場合が多い。しかし，パートタイマーは給与，健康保険などの面で，正社員と比べて条件が悪いのが現状である。女性の労働力は社会を支える上で重要であり，今後，女性にとってよりよい労働環境の整備が必要である。

43-5 ●性と役割試験問題学習参考例●
アイデンティティとジェンダーについて

　人間は，成長の過程でさまざまな人と関わりながら，自分自身についてのはっきりしたイメージ（アイデンティティ）を確立していく。

　アイデンティティの形成において性別は重要である。「自分は男性である」あるいは「女性である」ということを核として，アイデンティティは確立される。しかし，この性に関わるアイデンティティは単純なものではなく，安川一によれば次の3つに分けられる。

　第一に，生物学的性差としての性アイデンティティがある。生殖器による差異や遺伝子における差異によって，生物学的にオスかメスのどちらかに区分される。第二に，社会的文化的な意味や期待によって形成されるジェンダー・アイデンティティがある。われわれの社会が「男らしさ」「女らしさ」と呼んでいるものである。第三に，性的活動に結びついていく性への好みの差異として，セクシュアル・アイデンティティがある。これには同性愛，あるいは両性愛が含まれる。

　これらのアイデンティティは相互に結びつきながら，性に関わる「私」の核を形作っている。通常は，オス→「男」→異性愛，メス→「女」→異性愛の組み合わせが正常とされる。しかし，生物学的にメスだからといって画一的に「女らしさ」を要求されたり，オスだからといって「男らしさ」を要求されることに違和感をおぼえる者も多い。また，同性愛を異常とみなし，少数者を排除する社会に批判も高まってきている。

　近年，とりわけ問題として取り上げられるようになってきた「性同一性障害」という例もある。性同一性障害とは，体の性と心の性が一致しない症状であり，第一の生物学的性アイデンティティと第二のジェンダー・アイデンティティの不一致といえる。新聞で報じられた記事によると，ある男性は，生物学的にはオスであるが，子どもの頃から自分を女と感じており，社会で男性として生活することに苦痛を感じていた。職場に事情を説明し，「これからは女性として頑張りたい」と申し出て認められた。現在は，セミロングの髪に薄化粧をし，ロングスカートで働いている。しかし，性同一性障害に対する社会の理解はまだまだ遅れており，「男のくせに女の格好をするのは許せない」といやがらせを受けたり，退職に追い込まれたりするケースも多いのが現状である。

男らしさ，女らしさについて

男性と女性の違いにはさまざまなものがある。例えば，男性は女性に比べ，筋肉が発達し，瞬発力が優れている。ヒゲが生えるのも男性だけである。また，女性は男性に比べ，脂肪が多く，持久力に優れている。子どもを妊娠し出産できるのも女性だけである。これらは世界中どこでも見られる男女の違いである。つまり，これは生き物として生まれた時から決まっているオスとメスの違いである。この生物学的な男女の性による差（性差）を，「セックス」という。

わが国では，男の子は「男が泣くのは女々（めめ）しい」と教えられて育つ。また，女の子は「女は勉強するより愛嬌が大切だ」と言われて育てられる。しかし，生まれた時から，男性の方が女性より頭が良かったり，女性の方が男性より優しいわけではなく，育てられ方でそうなるのである。つまり，男らしさや女らしさとは，社会の人々が，「男はこうあるべき」とか「女はこうでなくては」などと，性別によって区別して期待していることにすぎない。このように社会・文化的に築き上げられた男女の性差を「ジェンダー」という。わが国にある「男尊女卑」の考え（男性の方が女性より優れている）も，ジェンダーに基づくものである。

ニューギニアでは，性別に関係なく，男性も女性も優しい気質の部族や，男性も女性も攻撃的な部族が観察されている。さらに，男性が子育てを行い，女性が漁をする部族もある。また，カナダのある先住民の部族では，男女の役割分業は固定しておらず，男女とも生活に必要なことを一通りやるという。このように「男らしさ，女らしさ」の内容，つまりジェンダーは社会や文化によって全く異なる。

したがって，社会が変化すれば，男らしさや女らしさの内容も変わる。例えば，最近では機械化が進み，力を必要とする仕事が少なくなった。そのため，今まで男性中心の職場にも女性が進出し，その活躍が新しい時代の女性的魅力として社会から歓迎されている。また，かつて男性は働いて家を支えねばならなかったが，最近では，家の中で家事や育児をする男性と，働く女性のカップルも出てきている。今後は，「ジェンダー」を問い直す，つまり，古い社会の男女観（男らしさ，女らしさ）に縛られることなく行動し，「自分らしさ」を追求する人が増えるであろう。

43-7 近代家族と性役割について

●性と役割試験問題学習参考例●

「近代家族」とは，19世紀のヨーロッパでおきた産業革命をきっかけに登場した中産階級（ブルジョワジー）の家族のことをいう。「性役割」とは男女の性別によって社会や集団から期待される役割の違いがあるが，その役割のことをいう。

産業革命以前は，家庭で行われる無償の「家事労働」と外に働きに出て賃金を稼ぐ「市場労働」という区別はなかった。しかし，産業化が進むと，外に働きに出て賃金を稼ぐという労働形態が生まれ，それに伴って，家事労働は女性，市場労働は男性という性別分業が定着していった。

性別分業が定着した背景には，女性には本来的に母性愛があるので子どもの養育に適しているが，市場労働での競争には不向きであるという考え方があった。

このようにして，19世紀のヨーロッパで誕生した近代家族は，もっぱら家庭で夫や子どもを世話する妻と母の役割を与えられた専業主婦を作り出し，「主婦業」といわれる「家事労働」を女性に与えた。

日本においては，大正時代になると，東京をはじめとする大都市で一部の裕福なサラリーマンが登場し，夫の給与のみで暮らせる専業主婦が生まれた。そこでは，ヨーロッパと同様に，「家事労働」は主婦の仕事とする性役割が与えられた。日本の近代家族は，1960年代の高度経済成長期に一般的になり，広く浸透していった。

平成21年版『男女共同参画白書』によると，「夫は外で働き，妻は家庭を守るべきである」という考え方について，「反対」は，女性が43.7％，男性が35.7％，「賛成」は，女性が34.6％，男性が44.6％となっている。

こうした「固定的な性別役割分担意識は，変化してきているものの，いまだ根強く残っており，男女間や世代間による意識の差も大きい」ことが指摘されている。この性別による男女の役割を分ける意識は，個人の適性を無視したり，個々人の生き方の選択を狭めたり，あるいは，性別による不平等な待遇を招いたりしている。また，現在問題とされているドメスティック・バイオレンス（夫や恋人からの女性に対する暴力）やセクシャル・ハラスメント（性的いやがらせ）などの背景には，このような性役割意識に基づく男性優位の意識，構造的な経済力の格差などの問題があると考えられている。

●性と役割レポート学習参考例●

家事労働の性別による役割分担について

　労働は，一般的に賃労働と家事労働とに分けられる。賃労働とは，物を売ったり，働いて賃金（給料）を得る労働である。また，家事労働とは，人間が生きていく上で生活を維持するために必要な家庭内の労働である。例えば，食事をつくったり，住居を掃除したり，生活必需品を買ったりする家庭内の労働である。

　この家事労働には，3つの特徴があげられる。①労働に対する対価が，賃金として収入を得るわけではない。例えば，家族のために食事をつくったからといって，家政婦や調理師のように給料がもらえるわけではない。②労働時間と休憩時間の区別が曖昧である。③競争原理が働かない。例えば，家事が下手だからといってクビになることはない。また，やめたくなっても毎日の日常生活を支えるための労働があるため勝手にやめることはできない。

　現代の日本においても，「男は仕事（賃労働），女は家庭（家事労働）」というように性別によって役割を決めてしまう考え方（性別役割分業観）が根強く残っている。実際に，日本の既婚男性の家事労働の時間は先進諸国の中で際だって少ない。夫は賃労働によって生活費を得るだけで，家事労働はほとんど妻にまかせているのが現実である。しかし，家事労働は，必ずしも女性がやらなければならない労働ではない。

　それでは，なぜ大勢の人が「女性が家事労働を担当すべきである」という考え方をもっているのか。

　それは，家事労働には，賃労働とは違って，それを行う際に愛情も期待され，それには，女性の方がふさわしいと信じられてきたからである。これがはっきりわかるのは，家事労働の中でも特に育児労働である。厚生労働省の「21世紀出生児縦断調査」（平成14年度）により，母親の就業状況別にふだんの保育者が誰であるかをみると，「母」は母親が無職の場合は99.6％，母親が就業している場合も86.2％と高くなっている。また，父親の家事・育児の状況をみると，母親が有職の時の方が家事・育児を行う父親が若干多くなっている場合がほとんどであるが，無職の時と大きな差はみられない。

　このように，男性は育児にほとんど関わっていないのが実態である。この背景には，男性の職場での労働時間が長いということがある。しかし，それ以上に，赤ちゃんを育てるのは「母親」でなくてはいけないという感覚を

多くの人がもっているという事実がある。物理的に赤ちゃんの生存を維持するためだけならば，母乳であろうと，父親やロボットが哺乳壜（びん）で授乳しようと同じことである。しかし，母親は，単にミルクを与えるだけでなく，それ以上の何かを赤ちゃんに与えているという感覚を多くの人がもっているのである。決して父親が，自分の子どもに愛情をもっていないわけではない。しかし，赤ちゃんが求めるものを母親しか満たせないと信じられているところに，女性が家事労働をするべきであるという考え方を定着させている原因もある。

また，家事労働の中の介護労働においても同様である。高齢者人口の増加に伴い，誰が高齢者の世話や介護をするのかという問題がクローズアップされるようになってきた。平成21年版『高齢社会白書』によれば，家庭で要介護高齢者を介護している人の続柄をみると，配偶者が25％，子が17.9％，子の配偶者が14.3％となっている。また性別に見ると，男性が28.1％，女性が71.9％と女性が多くなっている。

なお，主な介護者の年齢についてみると，60歳以上では，男性65.8％，女性では55.8％と，いずれも半数以上を占めており，いわゆる「老老介護」が相当数存在していることがわかる。

いずれにしても，高齢者の実質的な介護は，妻，娘，嫁などの女性に期待されているのである。ここでも介護という家事労働は，女性でないと満たせない「やさしさ」や「心配り」といった愛情が求められ，それには女性の方がふさわしいと思われていることがわかる。

しかし近年は，「男は仕事・女は家庭」という役割分担に対する意識は，変化してきている。

平成21年度版『男女共同参画白書』によると「夫は外で働き，妻は家庭を守るべき」という考え方に賛成すると答えた人は，39.6％，反対する人は，39.7％であった。性別にみると，女性は反対が賛成を上回っているのに対し，男性は賛成が反対を上回っている。

またこの白書では，家庭をめぐる状況について，次のように述べている。

家事の夫婦間での分担状況については，「妻が行う」「妻が中心になって行うが夫も手伝う」が約90％に上り，「半分ずつ分担して行っている」夫婦は約7％にとどまっている。これを妻の就業状況別に見ると，夫婦ともにフルタイムで働いている家庭においても「妻が行う」「妻が中心になって行うが夫も手伝う」が約75％を占め，「半分ずつ分担して行っている」夫婦は，約20％にとどまっている。年々共働きの所帯が増加しているものの，家事分担については，依然として妻に負担が偏っており，女性が仕事と家事・育児・介護等との両立を継続していくことの難しさを感じさせる一因となっていることがわかる。「男は仕事・女は

家庭」という性による役割分担に対する意識は、昭和47年には男女とも賛成が8割を超えていた。しかし、今回の調査結果では男女とも半数近くが賛成しており、家事分担については、主に女性が分担しているのが圧倒的であることがわかる。性別による役割分担の現状における問題点として、「男性も家事労働をすべき」といわれながら、依然として家事労働の多くを女性が担っているというのが実態である。現在、結婚している女性の半数以上が仕事に就いており、「女性も仕事」という時代になったと言える。しかし、実際に家事労働をする男性が増えない限り、「男は仕事、女は仕事も家庭も」となって、女性の負担が大きくなるばかりである。

また、家事労働には炊事や洗濯、掃除だけでなく育児や介護も含まれる。もし、これらを、女性だけがやるべき仕事と考えるならば、以下のことが見逃されてしまう。

まず、①育児は労働力の再生産に深く関わり、労働市場にとって重要で不可欠な仕事であること。子どもは次の世代を担う貴重な労働力であるから、子育ては非常に重要な労働なのである。また、②介護などは、個人個人の基本的人権を保障する大切な労働であり、社会全体で担うべき問題であること。そして、③女性にも賃労働をする権利があるように、男性にも家事労働をする権利や義務があることがあげられる。

男性女性を問わず、こうした意識をもたなければ、家事労働の平等な分担は実現しないであろう。

国連総会で採択された「女子差別撤廃条約」について、日本では1985年に批准（ひじゅん）され、同時に「婦人の地位向上のための将来戦略」が採択された。世界的に性別役割分業が見直されている現在、「女も職場での仕事」という段階にきている。次は、実際に「男も家庭」が求められているのである。

43-9 ジェンダーの概念での現代社会の諸事象の理解について

●性と役割試験問題学習参考例●

　セックス（生物学的性差）は，生まれたときの生物学的なオス／メスの区別を言い，そして成長の過程で身についていく「男らしさ」／「女らしさ」のような区別をジェンダー（社会的性差）と言う。この両者には重要な意味の違いが含まれている。男女の性の違いがセックスであればそれは生物学的な違いなのだから，基本的に変更も克服もとても難しい。例えば妊娠・出産の機能は男性には備わっておらず，母乳の出る可能性もない。これは現在のところセックスの違いとして捉えることができるだろう。一方ジェンダーは社会的な性の違いであり，それは生まれた後の環境や教育の影響によって形成されるものである。

　例えば家庭科の男女共修問題について見ると，家庭科という科目の学習内容が生活に関わる知識や技術であるとするならば，それは女子のみに限らず，当然男女両性にとって必要な内容のはずである。しかし実際は家庭科は長い間女子のみの科目であり続けた。この分割の背後には「家庭は女性の領域であり，男性が家庭科など学ぶべきものではない」という根拠のない信念が潜んでいる。しかし女性が家庭に向いているように見えるのは，社会的にそのように育てられたからであって，決して生まれながらに能力が違っているからではない。「女性は家庭のことができなくてはいけない」という社会的な規範が，本来は男女ともに必要なはずの家庭科を女性のみの科目と規定させたのである。

　さらに家庭科の女子のみの履修はジェンダーの反映というだけでは済まされない。女子のみの履修は結果として，女子のみに生活に関わる技術や知識が集まることになる。これは一方では男性には家庭の領域に関する技術や知識が得られないということを意味する。男女にかかわらず知識が豊富で技術の熟練している人が，家庭の管理をする方が合理的である。家庭科の女子のみの履修は結果的に「男は仕事，女は家庭」という性別役割分業規範を実際に再生産してしまっているのだ。

　このような性別秩序に基づいた社会事象はわれわれのまわりのあらゆる場面に見出すことができる。例えば女性や男性のヤセ願望や，女性に偏りがちな介護負担，あるいは職場での女子に課されるお茶くみやコピー取り，男性というだけで営業職に就かされるなど，これらはみな，社会のジェンダー観によって生み出された弊害であるといえる。

第43章　性と役割

セクシュアリティについて

　セクシュアリティとは，一般に性欲，性行為，性意識といった性に関わる現象，行動，傾向などを総称する言葉である。セックスが性交そのものや，生物学的性の意味で用いられるのに対して，セクシュアリティは人間関係における社会的・心理的側面を含めた，より広範の性的なものをさす。セクシュアリティに関する研究は，1900年代半ば以降になってようやく本格的にスタートを切ったばかりである。

　性的欲求が男女とも同じく食欲や睡眠欲と同じ欲求のひとつであることはよく知られている。しかし，他の欲求と異なり，自己のセクシュアリティについて語ることは一般的に強い抵抗感がある。その理由のひとつは，食欲や睡眠欲がわれわれの生命を維持するために不可欠であるのに対し，性欲は生命維持とは直接関係がないという点にある。とりわけ女性のセクシュアリティに対する抑圧は非常に強かった。しかし，アメリカにおいて実施された『キンゼイ・レポート』(1948年)，『マスターズ&ジョンソン・レポート』(1966年)，『ハイト・レポート』(1976)といった先駆的な研究によって，従来の女性の性についての社会通念の誤りが徐々に払拭され，新たに女性のセクシュアリティの存在が認められるようになった。

　これらの研究は，個々の女性が過去から現在に至る性的体験の過程において，自己のセクシュアリティをどのように感じ，受けとめ，考えてきたかを問いかけ，現代女性が抱えている"体と性"の問題を浮かびあがらせた。これらのレポートは成果として，現在の社会で必要なのは，女性の性がどうあるべきかを教えることではなく，事実を捉え理解する姿勢であるということをさし示している。また，従来男性の願望を中心に作られてきた女性のセクシュアリティ神話が，性における男性優位の力関係を理論的に裏づけるために利用されてきたことを気づかせることにもなった。

　一見平等のように見える現代の男女の性意識も，実際にはかなりアンバランスな力関係にある。女性が性について自己の考えを述べることを「はしたない」とする風潮が，現在も強く残っていることは否めない。

　人間同士の心の絆として，精神的安定の要求として，より自然な形で性が捉えられ，選びとられることのできる社会的な環境がわれわれの周囲に確実に築かれなければならない。

第44章
生物学

生物学

　人は，自ら生きていることを自覚し，また周囲に多くの生きもの（生物）が存在していることを知っている。この生きていること（生命）の仕組みを，自然科学の面から明らかにしようとするのが生物学である。生きる仕組みを理解することは，人がよりよく生きることにもつながるのである。

　生物学は，生命現象を研究して，生きる仕組みを明らかにすることをめざしている自然科学の一分野である。現在のわれわれには，「生命」あるいは「生きている」ということを，科学的に完全に理解することはまだ不可能である。しかし，これを理解しようとする営みそのものが，高度に進化したヒトという生物のあらわしている，まさしく生命現象のひとつである。このように，生命現象の理解には，その主格である「自己」を客観化して捉えなければならないという，他の自然科学とは異なった立場とおもしろさがある。このように客観化した生命現象の一つひとつが複雑多岐に関わり合ったかたちで，徐々に鮮明になっていくのである。

　生物にはいろいろな特徴があげられる。例えば，①生物は高度に秩序だった柔軟でかつ統一のとれたシステムで成り立っている。②生物はこのシステムの維持に必要なエネルギーを確保するために，物質代謝を営んでいる。生体では，物質の激しい流出入を繰り返しているが，その収支はいつもつりあって動的平衡が保たれている。③生体は環境の変化である刺激に対して絶えず応答しながら，体内の恒常性を維持する機構が働いている。④生物個体は生殖と遺伝によって，自己と同じ種類の個体を生み出し，個体並びに種としての生命を保持している。⑤生物の個体は細胞から発生し，成体においては形態にあまり変化が見られないが，発生の初期においては，細胞は自己再生的に生産され増殖する。⑥生物には変化する外部環境に適応しようとする働きがあり，環境の変化や生体内の要因の変化を引きおこす。

　生物学は，生物がもっているこのような現象を解明することを使命とするが，一方また，人の生命を守り，生活を豊かにし，人の住む生活環境を含めた，地球環境の破壊をくいとめる方策をたてる基礎となる学問でもある。近年，生物学と応用科学，例えば医学・農学・水産学・工学などとの境界領域の分野が急速に発展して注目を集めている。

44-1 染色体と遺伝子について

●生物学試験問題学習参考例●

　細胞の生命活動の中心は核である。染色体はこの核の中に存在し，生殖の働きに深く関わっている。染色体の中には数多くの遺伝子（DNA）がある。
　染色体は構造が規則的であり，遺伝子の種類によって異なる遺伝情報を伝えることができるのである。
　ところで，染色体の数や形にはいろいろなものがある。例えば，動物の種類によって異なるが，染色体の数はヒトの場合46本である。つまり，23対の染色体が存在することになる。ただし，そのうちの1対は男女で形が異なり，性を区別するために存在するので性染色体と呼ばれる。
　また，子が親と同じ遺伝形質をもつのは，子が親と同じタンパク質を作り出すようになるからである。つまり，たくさんの形質を伝えることは，たくさんのタンパク質を作り出す情報を伝えていくことを意味する。
　交雑は，異なる遺伝情報をもったオスとメスの間で交配が行われることである。交配には，受粉と受精がある。例えば植物の場合，おしべの花粉がめしべに運ばれて受粉が行われ，動物の場合，精子が卵にたどりついて受精が行われる。子は精子と卵それぞれから1本ずつの染色体をもらい，受精すること（交雑）で新しい組み合わせの2本1組の染色体を得ることができるのである。このことが，新しい別の遺伝情報，つまり新しい形質をもつ子どもとなることにつながる。
　また，遺伝情報による形質の現れ方は一定ではなく環境条件によっても変化する。さまざまな原因により細胞の中の遺伝子の規則的な並び方が乱れた時，遺伝子が部分的に壊れた時，突然予想外の変化が起こることがある。これを「突然変異」という。突然変異は多くの場合有害なものなので，次の代に伝わることはない。しかし子の生存の障害にならない時には，新たな形質として次の代の子に伝わる。このようにして生物は新しい染色体の形質を獲得していく。

細胞内器官の核について

　細胞内器官，つまり細胞内を構成している主なものは，核と細胞質である。どちらも細胞の生命活動を行っている。

　核は1細胞に1個。球状で細胞質に浮いた状態にある。核は核膜によって囲まれ，核膜には小さい穴がたくさんあいている。核の内部は核液で満たされ，その中に小さく球状で仁と呼ばれるものが1個から数個，また糸状の染色糸が核内に散らばっている。染色糸には遺伝子が存在する。この遺伝子の働きは細胞の生命活動を根本的に支配するものである。

　核は細胞全体の生活機能をまとめたり，生殖や遺伝，細胞分裂などに関わり重要な働きをしている。これらの働きは遺伝子によるものである。遺伝子はDNAと呼ばれる化学物質で，塩基の鎖状のものが2本らせん状にからまった構造をしている。1本の鎖状にある塩基は決められた順序で並んでいる。そしてこの塩基の並び方が遺伝子の情報をあらわしている。遺伝子の情報とは，生物の体を作っている細胞の主成分であるタンパク質を作り出すための情報であり，塩基の並び方を変えることでさまざまなタンパク質を作り出すことができる。すなわち遺伝子によりいろいろな特色や個性をもった両親に似た生物が生まれてくる。核の中のDNAはそのまま細胞質に情報を伝えることはできない。核の中のDNAの情報は伝令の働きをするm-RNAという物質に写されて，核膜の穴から細胞質に運ばれる。運ばれた情報は細胞質で情報を翻訳するt-RNAという物質で再度読み取られてタンパク質が合成される。

　細胞は核の中の遺伝子の情報にしたがって，必要なタンパク質を作り出し生命活動を根本的に支配しているのである。

44-3 ホメオスタシスにおける神経とホルモンの関係について

生物の各器官はそれぞれ独自の働きをもっているが、互いに連絡して、体全体の生理的状態を安定した範囲内に保って生体を生存させている。環境の影響を受けながら、統一され安定して保たれている状態をホメオスタシス（恒常性）という。ホメオスタシスは生物の示す最も基本的な機能のひとつで、これを破壊することは生物の死を意味する。ホメオスタシスは、動物では主に神経やホルモンの作用によって保たれる。

(1) 神経とホメオスタシス

意思とは無関係に働く神経を自律神経系という。自律神経系には、交感神経と副交感神経がある。自律神経系の中枢は、間脳、中脳、延髄、脊髄などにある。

自律神経系は、多くの場合、一方がその働きを促進すれば他方が抑制するというように、お互いに体の器官の働きを直接調節する。例えば心臓の拍動は、交感神経によって増し、副交感神経によっておさえられる。また、消化器の運動は、副交感神経によって活発になり、交感神経によっておさえられる。

(2) ホルモンとホメオスタシス

ホルモンは機能を調整するための物質で、特定の内分泌腺で作られる。血液などに分泌されて全身に運ばれ、ごく微量で作用することができる。ホルモンの働きは自律神経系と深い関係があり、それらの相互作用によって個体のホメオスタシスが保たれている。交感神経や副交感神経が働くときは、同時にホルモンが分泌され各器官に作用する。例えば、交感神経が刺激を受けるとノルアドレナリンが、副交感神経が刺激を受けるとアセチルコリンというホルモンが、それぞれ分泌される。

内分泌腺には、脳下垂体・甲状腺・すい臓のランゲルハンス島・副腎などがある。これらの内分泌腺から分泌されるホルモンの種類は決まっている。それぞれ特定の器官に作用してその器官の働きを促進したり、抑制したりする。例えば、すい臓から分泌されるグルカゴンは、血糖量を増加させる。一方、同じすい臓から分泌されるインシュリンは血糖量を減少させる。ホルモンによるこのような働きは、個体のホメオスタシスを保つ上で重要な役割を果たしている。

また、あるホルモンが血液中に増えすぎると、内分泌腺が働き、増えたホルモンを減らすためのホルモンを分泌することも行われる。

44-4 ●生物学試験問題学習参考例●

卵発生とその機構について

　精子と卵が合体すると受精卵が出来上がる。出来上がった受精卵はすぐに卵分割（卵割）と呼ばれる分裂をしはじめる。この受精卵は，外からの栄養補給をうけないため，卵は大きくならず一つひとつの細胞はどんどん小さく卵分割する。この小さな細胞を割球という。受精卵が卵割をはじめ，まだ個体として独立した生活ができない状態を「胚」と呼ぶ。

　また胚の各部分は，分裂を繰り返すことでどのような役割を果たす器官かわからない状態から，心臓，腸といったように何の器官かがわかる状態にしだいになっていく。これを「分化」といい，胚の各部分がどの部分に分化し，何の器官になるかは，あらかじめ決められている。

　胚は，卵割が進むと割球の数がどんどん増え，やがて胚の表面に大きな変化がおこり，表面の一部が内部に向かってもぐりこみをはじめる。

　このもぐりこんだ部分の入り口を原口と呼ぶ。この原口の上部は原口上唇部といわれ，原口上唇部に触れる他の部分に働きかけて特定の器官に分化させる働きをする。原口上唇部はもともと脊索（脊椎の骨が出来上がるまで背部を支える器官）に分化する部分である。例えば分裂の初期で将来表皮となることが決まっている胚の部分でも原口上唇部を移植すると，移植された部分は表皮にはならずに，脊椎の骨が出来上がるまで背部を支える器官である脊索になり，同時に周囲に働きかけて神経管も作り出す。このように他に働きかけて，分化をひきおこす営みを誘導と呼ぶ。そして，原口上唇部のように誘導の働きをもつ部分を形成体（オルガナイザー）と呼ぶ。

　この誘導の働き，つまり形成体（オルガナイザー）は，原口上唇部だけにあるのではなく，胚の発生段階に応じて，他のいろいろな部分でもみられる。例えば，原口上唇部に誘導された神経管は脳に分化し，脳の一部は眼杯という眼の部分に分化する。この眼杯は形成体として働き，周囲の表皮に働きかけてレンズを誘導し，さらにレンズは周囲の表皮に働きかけて角膜を誘導する。誘導は連鎖的に起こることによって，胚の各部が次々に分化し複雑な物を見るための眼の器官が形成される。

　このように，1個の受精卵が規則正しく分裂し，分化や誘導を繰り返しながら組織が形成され，やがて成熟した成体となる過程のことを「発生」という。

44-5 生物学レポート学習参考例

生態系における有機物の合成と重要性について

生物は，それを取り巻く生活環境（大気，温度，水，土壌など）から大きな影響を受ける。また反対に，環境も生物の活動から何らかの影響を受けている。このように，生物とそれを取り巻く環境は，密接に関係しあっていて，ひとつのまとまりとして捉えることができる。このまとまりを生態系と呼ぶ。

生物は，生態系内で果たす役割から，①生産者，②消費者，③分解者に分けられる。

① 生産者とは，太陽の光エネルギーを利用することで，無機物から自分自身に必要な有機物を作り出す生物である。主な生産者としては，緑色植物があげられる。

緑色植物は太陽光を吸収し，二酸化炭素と水を原料としてブドウ糖，デンプンといった有機物を作り出す。

② 消費者には，草食動物・肉食動物が含まれる。消費者は，緑色植物（生産者）が行うような方法で，有機物の合成ができない。消費者は，植物や動物を食べ，有機物を体内に取り込むことにより，その生命を維持している。

③ 分解者は，生産者の枯死体や消費者の遺体・排出物中の有機物を分解して無機物にする役割をしている。主な分解者としては，土中や水中で生活する菌類や細菌類などの微生物があげられる。分解者は，有機物を分解し，再び大気中・土壌中・水中に戻している。

主に①にみられる有機物の合成は，緑色植物（生産者）が行う。有機物合成で特に重要なものとして，(1)光合成（炭酸同化）と，(2)窒素同化があげられる。

同化とは，体外から取り込んだ物質を生命活動に必要な物質に作りかえることをいう。生物は同化を行うことによって，実にさまざまな生体物質を作り出しているのである。

(1) 光合成（炭酸同化）

光合成とは，植物が太陽の光エネルギーを利用して行う化学反応をさし，炭酸同化とも呼ばれる。植物は，光合成を行うことによって，二酸化炭素と水から炭水化物（デンプン）を作り出す。光合成は，植物細胞の「葉緑体」と呼ばれる細胞内小器官で行われる。光合成には，光エネルギーを必要とする①明反応と，光を必要としない②暗反応の2通りの反応がある。

① 明反応は，葉緑体内に存在する「膜構造（チラコイド）」において行

われる。チラコイドには，「葉緑素（クロロフィル）」と呼ばれる光エネルギーを吸収する色素がある。この場所で光エネルギーを吸収した葉緑体は，水を分解し，(a)酸素，(b)光合成で必要な水素化合物，(c)体内でのエネルギー源となるATP（アデノシン三リン酸）と呼ばれる物質を生み出す。ATPとは，すべての生物がもっているもので，エネルギー代謝に関わる生命活動の維持に必要な物質である。

② 暗反応は，葉緑体内の「ストロマ（チラコイド以外の部分）」と呼ばれる場所で行われる。この場所には，有機物の合成に関わるたくさんの酵素が存在する。これらの酵素には，化学反応の際に起きる物質同士の結合や分解を助けて，暗反応を進める働きがある。こうして，明反応で作り出した物質と二酸化炭素から，ブドウ糖やデンプンが合成される。

(2) 窒素同化

窒素は，生物体の重要な構成成分であるタンパク質や，遺伝現象に不可欠な物質である核酸などの原材料となる重要な物質である。

窒素同化とは，植物が無機の窒素化合物から窒素有機化合物を合成することをいう。窒素同化は，窒素を植物体内に取り込むことから始まる。窒素は，植物の根から吸収される。しかし，マメ科植物のダイズなどのような一部の植物を除いて，植物は空気中の窒素を直接体内に取り込むことができない。

そのため窒素は，アンモニウムイオン形態をとって吸収される。吸収されたアンモニウムイオンは，光合成で作られた炭水化合物とともに，タンパク質合成のための材料として用いられる。

こうした緑色植物が行う有機物の合成は，生態系の生物に有機物を提供するだけでなく，地球環境にも大きな影響を与えた。そのひとつとして，光合成における二酸化炭素吸収の作用があげられる。

光合成で使用される二酸化炭素の同化量は，年間200億トンを超える。この量は，大気中の二酸化炭素の約10分の1にも相当する。二酸化炭素は，大気中で濃度変化することによって，気候変動を引き起こす力をもつことが知られている。

したがって，光合成に伴う二酸化炭素吸収は，大気中の二酸化炭素濃度を一定に保つ働きをすることで，気候の変動を防いでいる。このように光合成は，生態系を守る働きもしている。

地球環境に影響を与えたもうひとつの作用として，酸素の放出があげられる。光合成で生じた酸素は，酸素呼吸を行うさまざまな生物を誕生させた。

また，酸素は，高層の大気圏においてオゾンという物質に変化し，オゾン層を形成する。オゾン層には，生物に有害な紫外線が地上に降り注ぐのを防ぐ働きがある。このオゾン層の形成によって，生物は水中から陸上へと進出することができた。

地球環境のこうした変化は，生物の進化を引き起こし，さまざまな生物を誕生させた。つまり，緑色植物が行う光合成は，生態系における生物と環境との相互関係をより深めた。こうして，生態系は安定し，多様化することができたのである。

　このように緑色植物は有機物の合成を通して生態系に大きな影響を及ぼしてきた。

　緑色植物が合成した有機物は，次々と他の生物に取り込まれていく。生態系の生物は，緑色植物が作り出した有機物を利用することで，その生命を維持しているのである。

　こうした有機物の流れは，生態系の生物が繰り広げる，有機物争奪戦のドラマを生む。

　まずはじめに，有機物を合成した緑色植物（生産者）は，草食動物などに食べられる。草食動物の体内に取り込まれた有機物は，代謝され，生命活動のエネルギー源となる。こうしたエネルギーは，いろいろな形に姿を変える。例としては，①呼吸，②血液・筋肉など，体の構成物質，③細胞膜における物質の吸収・排出，④神経の興奮，⑤動物の発声・発熱，⑥子どもを産み，子孫を残す（繁殖）など，ありとあらゆる生命活動があげられる。

　次に，こうした草食動物や，さらに草食動物を餌として生命を維持してきた肉食動物（消費者）の遺体や排泄物は，微生物（分解者）によって無機物にまで分解される。分解によって生じた無機物は，再び緑色植物の光合成などに使われる。

　このように有機物は，①緑色植物（生産者）による有機物の合成，②草食・肉食動物（消費者）に取り込まれることによる生態系内での移動，③微生物（分解者）による分解を繰り返し，リサイクルすることによって，生態系内をめぐり続けている。

　有機物は，生態系において欠かせないものなのである。

44-6 炭酸同化作用と自然界に果たす役割について

●生物学レポート学習参考例●

普段われわれが牛肉を食べても，われわれ人間が牛になることはない。それはわれわれが食べたものを消化して，牛肉を人間の体が必要とする別の物質に作りかえるからである。このように，生物が外から食べて摂り入れた物質を，体を構成する物質や生命活動に必要な物質に作りかえる過程を同化という。同化ではエネルギーを利用して，簡単な物質から複雑な物質が作り出される。

植物は気孔という葉にあいている穴から二酸化炭素を取り入れる。この二酸化炭素と水から炭水化物（ブドウ糖）という別の物質を作り出す働きを炭酸同化という。炭酸同化の炭酸とは，炭酸ガス＝二酸化炭素のことである。つまり炭酸同化とは，植物が炭酸ガスを取り入れて植物を構成する物質やその生命活動に必要な物質を作り出すことである。

炭酸同化を行うにはエネルギーが必要である。使われるエネルギーの種類によって，炭酸同化は2種類に分けられる。一つは光のエネルギーを使って行われる「光合成」，もう一つは硫黄や鉄，アンモニアといった無機化合物と酸素が結びついて生じる化学エネルギーを利用して行われる「化学合成」という炭酸同化である。

1 光合成

光合成は植物の葉緑体で行われる。光合成の反応には，光のエネルギーを必要とする反応（明反応）と，光を必要としない反応（暗反応）がある。

(1) 明反応

明反応は植物の葉緑体の膜構造（チラコイド）の部分で行われる。この部分には葉緑素（クロロフィル）という緑の色素が含まれており，これにより光のエネルギーが吸収される。葉緑体は光を吸収し，水を分解して酸素を発生させる。それとともに水素の化合物を作り出し，エネルギー物質であるアデノシン三リン酸（ATP）を生み出す。

明反応は光のエネルギーがなければ反応が進まないので，その働きは光の量に左右される。

(2) 暗反応

暗反応は植物の葉緑体のストロマ部分（チラコイド以外の部分）で行われる。この部分には化学反応に関わる多数のタンパク質（酵素）が含まれている。暗反応とは，明反応で生じた水素の化合物と二酸化炭素とが反応して，最終的にはブドウ糖やデンプンなどの有機物になる過程である。

暗反応全体には光のエネルギーは必

要ではないが，その働きは主に温度や二酸化炭素の量に影響される。

(3) 細菌による光合成

光合成はほとんど緑色植物のみで行われ，多くの細菌類は高等植物のような葉緑素（クロロフィル）という色素をもたないため光合成を行うことができない。しかし，細菌類の中には，例えば，紅色硫黄細菌は紅色の，緑色硫黄細菌は緑色のバクテリオクロロフィル（クロロフィルに似た色素）をもっていて，光のエネルギーを吸収して光合成を行うものもある。光合成を行う細菌類を光合成細菌という。

光合成細菌は水の代わりに硫化水素や水素を用いて，光のエネルギーと二酸化炭素とで炭水化物を作り出す。光合成によって緑色植物は酸素を発生させるが，光合成細菌では硫黄など人体に有害な物質を発生させる。

2 化学合成

化学合成は光のエネルギーによらず，無機物が酸素と結びつくことによって生じるエネルギーを用いて炭酸同化が行われることである。化学合成は，土の中や水の中に生活する特殊な細菌によって行われるが，光合成に比べると作り出されるエネルギーの量は少ない。光合成が光のエネルギーを化学エネルギーに変えるのに対して，化学合成は，物質中にすでにある化学エネルギーを別の物質に移すにすぎないからである。

3 炭酸同化作用の自然界に果たす意義

太陽の光のエネルギーは炭酸同化作用によって化学エネルギーとして生物の中に取り込まれる。緑色植物の光合成は，太陽の光のエネルギーにとって生物界への唯一の入り口であると言える。無限のエネルギーの供給源である太陽の光のエネルギーを化学エネルギーに変換できるのは，地球上では緑色植物の炭酸同化以外にはないのである。

取り込まれたエネルギーはいろいろな形に姿を変え，生物が呼吸するため血液や筋肉など体を作る物質を作り上げたり，細胞膜における物質の吸収，排出，神経の興奮，動物の発音，発電，発光，発熱など，それぞれの生物が生命を作り出し維持していくための化学エネルギーとなる。

また自然界の物質の流れは，緑色植物が炭酸同化の作用によって自然界から二酸化炭素という物質を取り出すことから始まる。

空気中の二酸化炭素は光合成によって植物に取り入れられるが，その一部は植物の呼吸作用によって再び空気中にもどされる。また，動物に食べられた植物は有機物として動物の体内にはいって分解され，動物の呼吸作用によって二酸化炭素として空気中にはき出される。植物や動物の遺体や排泄物も微生物によって分解され，二酸化炭素になって空気中にもどる。過去の生物の遺体からできた石油や石炭も掘り出されて燃やされた結果，二酸化炭素となって空気中にもどされる。このように二酸化炭素をはじめとして，自然界

では、物質はいくつもの経路を通って循環しているのである。

しかし、二酸化炭素は実際には空気中にわずか0.03％しか存在しない。植物が炭酸同化作用によって二酸化炭素を利用して、デンプンなどの有機物を作り出すためである。使われた二酸化炭素の量は、年間200億トンを超えるといわれている。大気中の二酸化炭素の濃度の著しい変動は気候に大きな変動を与える。緑色植物の光合成により、大気中の二酸化炭素の濃度は一定に保たれ、気候も生物の生存に適したものに調節されているのである。

また、光合成による酸素の発生は酸素呼吸を可能にさせ、地球上にさまざまな生物を出現させることになった。酸素はまた高層の大気圏ではオゾンという物質に変化し、オゾン層を形成する。オゾン層により地球上に降り注ぐ紫外線の量が減り、生物は水中から陸上へ進出することが可能になったといわれる。

世界の三大主食と呼ばれる、米、麦、トウモロコシは、いずれもこのデンプンを効率よく貯えることができた種子である。人間はこれらの植物がより能率よく、光合成により炭酸同化ができるように改良を加えることで農業の生産量を増やしてきた。

光合成を行う植物のように、外から取り入れた二酸化炭素のような無機物からデンプンのような有機物を作り出す生物を独立栄養生物という。これに対して、多くの菌類や動物などは、植物が光合成によって作り出した有機物を直接または間接に食べて栄養分として取り入れ、それぞれの生物が必要な物質に作りかえている。このような生物を従属栄養生物という。

独立栄養生物である植物は、炭酸同化作用によって炭水化物の他にもビタミンなどの複雑な有機物をも作り出す。一方、従属栄養生物であるヒトには、無機物から有機物を作り出す機能がない。したがって、人間の食生活に緑色野菜は重要な役割を果たしているのである。しかも科学技術が発達した現在でも、人間は無機物である二酸化炭素と水を原料として人工的にブドウ糖やデンプンといった有機物を作ることにはいまだに成功していないのである。緑色植物による炭酸同化の役割は大きいといえる。

細胞の原形質について

　細胞は生物の生命活動の最小基本単位である。細胞の形や大きさは，各々の細胞の種類によっていろいろであるが，どの細胞にも基本的に共通した構造がある。つまり細胞は，生きて働いている部分（原形質）と原形質の働きによって作られた生命のない部分（後形質）とからできている。

1　原形質の構造と働き

　細胞の生きて働いている部分である原形質は，核と細胞質とからできており，細胞質のまわりは細胞膜で包まれている。核は，細胞の働きをコントロールし，細胞の中では最も重要な器官である。細胞質とは，核を除いた残りの原形質すべてのことである。たくさんの小さな器官でできていて，原形質は，核の指令のもとに，いろいろな働きをする。細胞の働きは，核を中心に，核と細胞質の相互作用によって成り立っている。このため，核を失った細胞は長く生き続けることはできない。

　(1)　核

　ふつう細胞は1個の核をもっている。核の形や大きさは細胞によって異なるが，球形またはだ円形のものが多く，その大きさは，直径およそ20〜30μm（マイクロメートル：ミリメートルの1000分の1の単位）である。核を作っている主な成分はタンパク質と核酸という物質である。核酸は遺伝やタンパク質の合成を支配している重要な物質である。核のまわりは，核膜で包まれ，核膜には小さな穴がたくさんあいている。核は，この小さな穴を通して核の内側に物質を出入りさせ，細胞質と連絡をとり，細胞全体の働きをコントロールしている。

　核の内部は核液で満たされ，その中に糸状の染色糸，1〜数個の核小体（仁）がある。染色糸は，ふだんは核内に散らばっているが，細胞が分裂するとき，棒状のかたまりになって染色体として見えるようになる。染色糸は，遺伝子である鎖状のDNAという物質が何本か集まってできたもので，細胞分裂や遺伝，生殖に必要不可欠なものである。

　(2)　細胞質

　たくさんの小さな器官（細胞小器官）からできており，小器官の間はいろいろなタンパク質で満たされ，物質を分解したり合成したり，化学反応が行われたりする場所である。細胞内小器官には次のようなものがある。

　①　ミトコンドリア：酸素呼吸が起こる場であり，細胞のエネルギー産生の場で，エネルギー物質である，アデ

ノシン三リン酸（ATP）を作り出す。

② 小胞体：肝臓やすい臓の消化液を作っている細胞で発達し，細胞内で作られた物質の輸送路となる。物質の合成，分解や，解毒の働きもする。

③ リボゾーム：小胞体やその付近にある小粒子で，タンパク質の合成の場である。

④ リソゾーム：不要な物質を分解したり，細胞内に取り込んだ食物を消化する（細胞内消化）。白血球が菌を食べて分解できるのもこのリソゾームの働きによる。

⑤ ゴルジ体：物質を分泌したり，蓄えたりすることに関わる。

⑥ 中心体：核近くの粒子で細胞分裂に関わる。

⑦ 葉緑体：チラコイドとストロマという部分からできている。チラコイドのまわりの部分がストロマである。チラコイドに葉緑素（クロロフィル）が含まれており，ストロマにタンパク質と水が含まれている。チラコイド，ストロマ2つの部分で光合成が行われる。

⑧ 細胞膜：細胞質のまわりの膜で，細胞への物質の出入りを調節する。

2 原形質の成分

細胞の生きている部分，すなわち原形質の成分は，水，タンパク質，核酸などの物質である。水は，核や細胞質を構成する物質の中で最も多く，全体の70〜90％を占めている。いろいろな物質を溶かしたり，移動したりする性質をもっているために，細胞内で物質が反応したり，移動したりするためには欠かせない。また，温度を安定させ，細胞の働きを安定に保つ働きもある。

細胞質の中で水についで多くの割合を占めるタンパク質は，核などの細胞小器官や細胞膜の主成分であり，細胞の働きを支えている物質である。細胞内の化学反応がすみやかに進行するように働く酵素もタンパク質でできている。

核や細胞質に含まれている核酸という物質も，タンパク質でできており，細胞の生命活動に深く関わっている。

この他に，脂質・炭水化物などの有機物や，量は少ないが，かなり多くの無機塩類などが含まれている。無機塩類とは，リン，カリウム，硫黄，塩素，ナトリウムなどで，水に溶けたり，タンパク質などと結びついて，どれも原形質の生命活動を正常に保つのに役立っている。

3 原形質における物質の出入り

細胞の生きている部分，すなわち原形質は，たえず外から水分や養分を取り込み，細胞内の老廃物や余分な水分などを排出している。このような細胞への物質の出入りは，すべて細胞膜を通して行われ，細胞膜の働きによって調節されている。

細胞膜は，厚さ8〜10 nm（ナノメートル：マイクロメートルの1000分の1の単位）の薄い膜で，同じような膜は，核，ミトコンドリア，葉緑体などの細胞小器官においてもみられる。例

えば，砂糖を水に入れると溶けるが，このとき，溶かしている成分である水を溶媒，溶けている砂糖を溶質という。溶液中の溶媒を通すが，溶質は通さない膜を半透膜といい，細胞膜は，半透膜に近い性質をもっている。

しかし，細胞膜は，物質の種類によって透過を許したり，妨げたり，透過の速度の速いものと遅いものなど物質の種類に応じて異なる透過性をもっている（選択透過性）。また細胞自体が，呼吸によって生じたエネルギー物質アデノシン三リン酸（ATP）を使って必要に応じて特定の物質を積極的に吸収したり，排出したりもしている（能動輸送）。例えば，コンブやワカメは，海水からヨウ素（I）を取り出して蓄えるが，その濃度は海水の100倍である。

4　原形質での化学変化

細胞を構成する物質は，たえず変化をうけいろいろな物質に変わっていく。古いものが除かれて新しいものに置き換わるという変化が，絶えず進行している。これを代謝という。

代謝は，細胞質で行われ，同化と異化の2つの過程に分けられる。同化はエネルギーを必要とする過程であり，その主な働きは，体に役に立つ物質の合成である。異化は，複雑な物質をより単純な物質に変える過程であり，エネルギーを生み出す過程である。呼吸は異化の代表的な反応である。異化の過程は，同化の過程を支え，生体によって営まれるいろいろな生活活動を助ける。

代謝で行われている化学反応は，それぞれ異なる種類の酵素によって触媒されておこる。触媒とは，化学反応においてそれ自身が変化せずに反応速度を変える働きをもつ物質である。生体内で行われている化学反応には，2000種類以上のものが知られているが，それぞれの反応には，特定の酵素が働くことで反応が進行している（基質特異性）。細胞質の細胞小器官には，それぞれ固有の働きをする酵素がおさまり，決まった場所で働く。その結果，ひとつの反応系が独立して他の反応系から影響されることなく，反応が効率よく進行する。また，タンパク質には，60℃以上の高温や極端な酸やアルカリなどによって変性する性質をもっている。タンパク質でできている酵素も変性すると本来の働きができなくなる。

細胞では，細胞小器官が分業を行っているが，ばらばらではなく「生きる」状態を保つために全体としてバランスがとれている。

第45章
健康・スポーツ

健康・スポーツ

　わが国の疾病構造は，かつての結核に代表される感染症から悪性新生物（がん），心疾患，脳血管疾患等に代表される生活習慣病へとこの1世紀の間に大きく変容した。

　これらの生活習慣病の疾患は，全死因の60％以上を占めており，今後さらに増加する傾向を示している。さらに，生活習慣病の場合，数十年にわたる日常の基本的生活習慣（栄養，睡眠，運動など）が，遺伝素因と複雑に絡み合いその発症に大きな影響を及ぼしている。また，疾病構造の変化だけでなく，国民経済の向上に伴う社会構造の複雑化，ライフスタイルの多様化や生活の質的変化（食生活の欧米化，省力化・情報化による運動不足や身体活動量の減少など）が医学の進歩と相まって，死亡率の低下をもたらし，深刻な高齢社会が到来すると予想されている。

　このような状況下において，人々の健康，特に運動に対する意識は年々高まってきている。人間といえども動物であり，活動することによって身体機能を正常に保っている。このことを忘れ，長期間積極的な身体活動を行わなかった場合，本来人間に備わっている能力が衰えてしまうばかりか，生活習慣病の発症にもつながる。そのため，生活習慣病と呼ばれる疾患の多くは，「運動不足病」とも呼ばれている。

　したがって，省力化・合理化が進んだ現代社会において，人間が生涯を健康に過ごすためには，運動の必要性を認識した上で，適度な運動を行っていかなければならない。しかし，各個人の年齢，体力，生活環境によって，運動の方法，量，種類が全く異なってくる。

　この科目では，わが国における健康観の変遷や健康についての考え方を理解した上で，「運動に伴う身体の変化」をはじめとした運動やスポーツに関する基礎知識を学ぶとともに，生涯を健康に過ごすことができ，なおかつ楽しむことのできる運動とはどのようなものかを理解する。

45-1 ●健康・スポーツレポート学習参考例●
わが国における健康観の変遷について

　わが国において,「健康」という言葉が書物の中に見られるようになったのは,江戸時代末期といわれているが,日常的に使われるようになったのは,明治時代初期からである。それまでは健康である状態のことを「健やか」「丈夫」「養生」「達者」「無事」「強健」「壮健」などといった言葉が用いられていた。江戸時代後期,政治も生活も安定している中で,人々の関心は自分や家族のこと,とりわけ健康に向けられるようになった。

　この頃から庶民も医者にかかるようになり,医業で生計を立てる人も増え始めていった。また,「薬」の流通が広がり,江戸に健康ブームが起こったといわれている。この江戸の健康ブームでは,健康や病気についての庶民向けの「健康読本」のような書物が出回るようになり,これらは「養生書」と呼ばれていた。その中の代表的なものに貝原益軒の『養生訓』がある。『養生訓』は朱子学という儒教思想,すなわち道徳的な善悪の判断「理」にしたがって行動することで,社会秩序を安定させようとする考えが底流にあった。したがって,現代のように健康に関する知識の判断だけで行動することはなかったのである。その証拠に『養生訓』では「つつしみ」「畏れ」という言葉が頻繁に出てくる。これは,単に禁欲論的に用いられているのではなく,自然をおそれ,自然のめぐみに感謝し,生態系は無限の中で保たれているのではなく限りがあること,個人の生命もその自然の一部であるという世界観があり,それを承知で抑制に努めようとする姿勢が感じられるものであった。それは現代でいう地球環境教育をも包含するものである。そして,その姿勢は,現代でいうホリスティックな健康観,「身を保ち,生を養う」すなわち,からだは心を養い,心はからだを養うという心身相関,心身一元の考えがうかがえるものであった。

　前に述べたように「健康」という言葉は,幕末までは医学専門書に使われていただけで,あまり馴染みのない言葉であった。「健康」という言葉を日本語に登場させたのは緒方洪庵であるといわれているが,この言葉を庶民に広げるのに大きな役割を果たしたのは福沢諭吉である。福沢は,1866(慶応2)年『西洋事情初編』の「学校」という項目に「動物のようにじゃれ合って手足を運動し,勉強でたまったうっぷんを解消し,身体の健康を保っている」と書いている。また,明治7年

『学問のすゝめ』の中で健康の概念を「生理学的に正常な状態，調和がとれている状態」と記し，明治11年『通俗民権論』では，より積極的な意味で「社会の困難に打ち克つことのできる強さ」を求め，明治14年『時事小言』では，「体力・体格の向上」について言及している。このように，庶民の中に「健康」という言葉がだんだんと普及していった。一方，開国によってもたらされた西洋の文化・思想は文明開化の目標となり，「西洋に追いつけ，追い越せ」という掛け声のもと，明治政府は近代国家の威信をかけて，「富国強兵」政策に力を注ぐようになっていった。つまり，「私利が公益に結びつく」「個人の健康は国益」という価値観に基づき，国家による健康管理が行われ，あくまでも国益の追求としての健康キャンペーンが推し進められていったのである。まず，国民皆兵による軍隊の組織化は，より大きく，より強い者とそうでない者を徴兵検査で振り分けることであった。これがわが国において国民の健康状態が統計的に把握された最初である。徴兵検査は，身長・体重・胸囲等の測定と疾病の有無の検査が中心であったことから，「健康体＝兵役に耐え得る体格」という健康についての価値観が浸透していった。またこの頃，西洋医学とともに栄養についての知識も入り，西洋人の体格に近づくため，牛肉を食べ牛乳を飲むようになったといわれている。こうした徹底した国益追求の姿勢は，逆にいうと「公益を損ねるもの」すなわち「健康の対極にある病弱者や障害者は収容・隔離せよ」という思想と風潮を生みだしたのである。

明治時代から昭和前半に至るまで，国益中心の考え方に基づき「いかなる運動が最良・最強の身体をつくり，いかなる食物が体力・体格を増強するのか」を西洋医学や解剖学的見地から解説した書物や文献が数多く出版されるようになり，かつての「養生法」から「健康法」という言葉が使われるようになっていった。それは，身体内部の秩序に注意を払うという視点が中心であり，かつての『養生訓』のような世界観や身体内部と外部との秩序や調和に注意を向けるような視点は薄れていったのである。しかし，明治開国による西洋文化の流入・浸透，また戦時下の「富国強兵」というスローガンのもとでのさまざまな健康に関する事象は，国民に「科学的・客観的に健康をとらえる」という視点を与えてくれたのも事実であり，衛生観念が普及したのもその恩恵であるといえよう。

また，戦後の高度経済成長の時代には，かつて見られなかった程の生活の合理化・効率化が進み，かつての貧しい時代から，飽食の時代といわれ物質的な豊かさに恵まれた時代が実現した。現代の日本社会では，栄養過剰，運動不足，精神的ストレスが原因で健康を損なう人たちも多く，そのために

食事の制限に気を配ったり，サプリメント（せっしゅ）を摂取し，あるいは運動の機会を求めてスポーツ・ジムに通ったりする人たちも増えてきた。そして，日々新しい健康情報がマスメディアによって提供され，自分の健康状態をチェックしながら，一喜一憂（き ゆう）している。戦時下の食料不足や，農業が産業の中心だった時代には，そのような意識はだれももっていなかったことである。

このように健康に対する意識や価値観は，社会の背景を大きく反映して形成されていくものなのである。

ところで，「健康」の定義は，世界保健機関（WHO）憲章で「ただ単に疾病や虚弱でないというだけではなく，身体的にも精神的にも社会的にも完全に良好な状態」と謳われているが，これはあくまで理想の姿だといえる。

わが国における「平均寿命」（2008年「簡易生命表」）は，女性86.05歳，男性79.29で過去最高を示し，何歳まで健康に暮らせるかを示す「健康寿命」でも日本は75歳で，いずれも世界一であることが明らかになっている。しかし，高齢者の健康状態についてみると，65歳以上の高齢者（入院者を除く）のうち半数近くの者が「病気やけがの自覚症状」を訴えており，「健康上の問題で日常生活に影響のある者」は，約22.6％にのぼると報告されている（平成21年版『高齢社会白書』）。

もとより，個人による健康の自己評価や意識は，集団としての健康指標と必ずしも一致するものでもなく，他者との比較において満足できるものでもない。しかし「健康になるためなら，死んでも構わない」という笑い話があるほど現代の日本人は健康に対する自己評価が低く，「健康という病に冒（おか）されている」と指摘する人は少なくない。

健康であり続けることは，すべての人々の願いであり，自己実現をめざし豊かな人生を送る上での基盤となるものであり，喜ばしいことである。

しかし，経済的に豊かになり，行き届いた教育と医療を受け，個人の生活が保障され，さまざまな情報が溢れている現代社会において，どのような価値観をもって「健康」と捉えるのか冷静に考える必要がある。

1999年には，世界保健機関（WHO）の「健康」の定義について中近東諸国を中心に，民族的・宗教的な見地からの見直しが提案されており，国際的にも「健康」についての価値観の捉え方が見直しを迫られていることを銘記すべきである。

●健康・スポーツレポート学習参考例●

運動不足と生活習慣病について

　科学技術や文明が発達した現代は，Door to Door のいわゆる「車社会」や，家事労働から職場の労働にいたる電化・OA化などによる「省力化」をもたらした。その反面，便利さと引き換えに身体活動の低下による運動不足の時代をもたらした。例えば，室内の快適を保つための「エアコン」（温湿調節装置）は，体温の調節や抵抗力などの機能を低下させている。一方，生産性と情報獲得に競争とスピードが求められる現代社会は，ストレスによる心身症や精神疾患を増大させている。

　人間をはじめ動物の特性は，動く事にある。しかし，運動意欲を調節する中枢(ちゅうすう)機能は備わっていないため，動く必要性がないと動かないまま過ごすこともできる。それでも，若い世代では，思い切り身体を動かしたいという気持ちや意欲は認められるが，年齢を重ねるにしたがってその意欲は消え失せ，日常生活の中で活動量が減少していく傾向にある。医学が進歩した今日では，感染症や伝染病を恐れる時代ではなくなったが，このため体力不足や抵抗力不足も「まだまだ健康体」として通常の生活を送れる。しかし，使われなくなった機械がサビつき，機能を果たさなくなるように，人体もまた長年の運動不足により，筋肉や骨格系，呼吸器・循環器など，身体の諸機能を低下させ，いわゆる「運動不足症」を発病させることになる。

　近年，身体活動が極端に少ない例として「寝たきり状態」（ベッドレスト）や宇宙飛行士の飛行時の「全身安静状態」と「無重力状態」による研究が行われ，その結果，運動不足は身体機能に次のような変化が起こることが明らかになった。

　① 筋：筋の萎縮(いしゅく)・筋力低下
　② 骨：骨のミネラル（骨塩量(こつえんりょう)）の減少・骨粗しょう症
　③ 心臓：心拍数の増加・心拍出量(しんぱくしゅつりょう)の低下・心室容量の減少
　④ 呼吸・循環器系：最大酸素摂取量の減少・循環血液量の減少
　⑤ 代謝系：耐糖能(たいとうのう)の低下・HDL（善玉）コレステロールの減少・LDL（悪玉）コレステロールの増加
　⑥ その他：体力の低下・抵抗力の低下・免疫力の低下・基礎代謝量の低下など

　これらの変化は，腰痛症，肩こり，関節炎，骨折，虚血性心疾患，高血圧，動脈硬化，糖尿病，全身持久力の低下，肥満などにつながりやすく，「運動不足症」と呼ばれている。また，これら

は，日頃，運動習慣がないことから起こる症状・疾病であるから「生活習慣病」，またはその前駆症状（ぜんくしょうじょう）として捉えられている。

「生活習慣病」という言葉が普及したのは，1996年，国の公衆衛生審議会において「成人病」を「生活習慣病」という名称に変更することを検討したことに始まる。はじめの「成人病」という名称は，成人になると，発症する疾患（しっかん）（高血圧症，高脂血症，糖尿病，心疾患（しんしっかん），循環器系疾患など）の早期発見・早期治療をめざし，症状の重症化を防止しようとする第二次予防的な考えから1957（昭和32）年に名づけられたものである。

成人病の多くは，一度罹（か）ると治らない慢性病であり，感染症のように急に悪化したり薬剤によって急速に治ったりすることがないのである。逆にいえば，成人病は少しずつ疾病の方向へと進み，症状が現れ，二次予防対策で疾病の進行・悪化・重症化を遅延させたとしても，高齢者数が増えれば医療費負担が減ることはないのである。

そこで，成人病と呼ばれている疾患が，食事，運動，休養の習慣による影響が大きいことに着目し，生活習慣を見直し，改善することによって疾病にいたる前に予防したり，あるいは発病を遅らせ，通院や投薬の期間を延ばすことが有効であるという考え方に方向転換したのである。

このように「生活習慣病」は，もともと「成人病」と呼ばれていた多くの疾患に対して，1996（平成8）年に厚生省（当時）が導入した言葉である。その際，「食習慣，運動習慣，休養，喫煙，飲酒などの生活習慣がその発症，進行に関与する疾患群」という概念づけがなされている。

「生活習慣病」は，食事や運動などの生活習慣と深い関係があり，日常の生活のあり方，自分の健康管理で予防ができる病気であるといえる。

例えば，高血圧症は，遺伝的要素があったとしても，若い頃からそのことを自覚し，塩分摂取（せっしゅ）を控えること，薄味の食事と適度な運動の習慣化で予防できる。また，動脈硬化や高脂血症などは，脂肪と糖分の摂（と）りすぎに注意し，日頃からよく歩くようにすることなどを習慣化すれば，疾患率（疾病に罹る確率）は，抑えることができる。このように，疾病の発生要因を明らかにし，発病前にその要因を取り除き，発病を予防することを重視したのである。つまり，「成人病」から「生活習慣病」に名称が変わったのは，それまでの「成人になると罹る病気を早期発見・早期治療し，悪化を防ぐ」という二次的予防の見地から「生活習慣が発病の要因と考えられる疾患に関しては，生活習慣を改善することで発病前に予防する」という一次的予防の見地からの対策へと転換したことによる。また，長寿社会の中で，人生の質（QOL）を高める上でも生活習慣を改善するこ

とは意義あることであるという考えが広まったこともひとつの理由である。

老化（衰退）は，だれもが避けられない加齢現象であるが，日々を活動的に送るか否か，運動のある生活をするか否かで，老化現象の速度は大きな違いが出てくるといわれている。また，運動習慣のある人とそうでない人では，先に述べたような運動不足症，すなわち生活習慣病の罹患率や体力年齢にも差が出る傾向にあることは，多くの研究結果で明らかにされている。

次に生活習慣病の予防に役立つ主な運動をあげる。

これらの運動は食事療法と併せて行うことが基本であるが，運動の習慣化によって相乗的な効果があるといわれている。

(1) 有酸素運動

① 体内の脂質を燃焼させ，肥満を予防し，コレステロール値を低下させる。

② 全身の血行が改善され，適度に行うことで疲労感が緩和される。

③ 心肺機能を高め持久力を養う。

(2) レジスタンス・トレーニング

① 筋量を増加させ，基礎代謝を高める。

② 正しい姿勢を保持し，腰痛・肩こり・膝痛などを予防・軽減する。

(3) ストレッチング

① 筋肉の伸展性が増し関節の可動域を広げる。

② 緊張した筋肉をリラックスさせる。

③ 筋内の血行を促進させ筋肉疲労を予防・軽減する。

わが国の健康づくり施策として2000（平成12）年3月に示された「21世紀における国民健康づくり運動の推進について」では，生活習慣病の第一次予防対策として，「栄養・食生活」「身体活動・運動」「休養・こころの健康づくり」「たばこ」「アルコール」「歯の健康」「糖尿病」「循環器病」「がん」の9項目について，具体的に予防のための目標数値を掲げている。例えば，高齢者については，1日の歩数を男性6700歩，女性5900歩の目標値を掲げ，また，ADL障害を予防するための個人目標として，年齢や能力に応じて次の運動のうちひとつ以上を行う。

① ストレッチングや体操を1日10分程度行う。また散歩やウォーキングを1日20分程度行う。

② 下肢（脚筋，大臀筋など）及び体幹部（腹筋，背筋など）の筋力トレーニングを1週間に2回行う。

③ レクリエーション活動及び軽スポーツを1週間に3回程度行う。

長寿・高齢化がすすむ今日，ただ単に長生きするだけではなく，できるだけ長く健康で活動的な毎日を送るという「健康寿命」が問われている。そのためには，若い頃から適度な運動習慣を身につけ生活習慣病を予防することが重要である。

●健康・スポーツレポート学習参考例●

45-3 身体機能の仕組みと人生を送るための身体運動について

　人間にとって生きていく上での最も重要な要点は健康な心身であることである。それは，人間の幸福や人生を語る上での起点と考えられるからである。それゆえ人間は，自分自身の健康を確立するために身体運動などを行い管理して人生を送っていかなければならないのである。

　健康な生活を確立し，維持することは，人間だれもが願う欲求であり，すべてに与えられた権利でもある。人間が健康であるためには，あらゆる点から自分自身の身体に関わる基礎知識をもち，身体運動によって向上させていくことと，体内に取り入れる栄養素等についての知識を貯えることが必要である。

1　身体機能の仕組み

　人間はもともと生物であり，人体の積極的な活動により本来的な身体機能が確保されるようになった。そこで人体について考えてみる。人体には200余りの骨があり，その骨を臓器や筋肉が取り巻いて結成されている。身体を動かすために直接的に働くのは，筋肉であるが，運動をするときに主として働くのは骨格筋である。胃や腸を動かしているのは平滑筋，両者の中間の性質をもっているのが心筋である。

　平滑筋は体内の器官から腸，腺腔，血管などの壁に存在し，体重の約3％を占めており，自律神経の支配を受ける不随意筋である。心筋は，骨格筋と同様に横紋筋からなる。そして，平滑筋同様に自律神経の支配を受ける不随意筋であり，意識的に動かすことはできないのである。

　骨格筋は横紋筋で，筋繊維が長く，横紋がある。骨格筋は，両端のうち少なくとも一方が骨に付随しており，人間の体重の約40％を占めていて，この筋は随意筋であり，意識的に動かすことができる筋である。

　骨格筋は多数の筋繊維からなり，筋膜に包まれている10個以上の筋繊維は結合組織によって筋束を形成し，これが数個集まって筋を構成している。筋繊維はそれぞれに運動神経の支配を受け，興奮し収縮して，筋力となって運動ができるようになる。

　1本の筋繊維は，さらに微少な筋原繊維が束になって出来上がっていて，この筋原繊維は蛋白質の分子である太い繊維のミオシンと細い繊維のアクチンからなり，アクチンの一端は，Z膜という膜に付着し，もう一方はミオシンの間に入り込んでいるのである。Z膜とZ膜の間を筋膜といい，長さが筋

の収縮，弛緩により変化して，筋肉が収縮する単位となるのである。

　筋繊維の数は成人になるまで一定と考えられ，筋繊維が太くなることにより，筋が肥大する。筋繊維の組成は，発育期の栄養摂取の内容や身体運動の状況により変わるので，発育発達の著しい時期には動物性蛋白質を中心とする栄養摂取に，また併せて身体活動を十分にするよう，心がけねばならないのである。

　人体の筋のほとんどが神経系からの刺激によって動き，その神経系は中枢神経系と末梢神経系で構成されている。中枢神経系は脳と脊髄からなり，受容器としての感覚器で捉えた外部環境から刺激を受け入れる。受容器で捉えた刺激は中枢へと伝達される。

　中枢からの反応を興奮として筋肉へ伝達する神経が末梢神経系である。機能としては，大別すると2つの神経系がある。栄養・成長・呼吸・循環などの植物性機能に関する自律神経系と，感覚器官を通じて外界の状況を知りこれに対応して身体の姿勢や位置を変えるための運動に関する本性神経系である。以上のような神経系が健康を維持するための身体活動を活発にするために最も大切なものと考えられている。

2　人生と身体運動について

　人間は年齢に従って成長発育し，ある一定の年齢に達すると活動力は低下していく。しかし，その変化の程度は人によってさまざまである。それは，発育時に身体活動をどう行ったかによっても違いがでてくる。人は生きていく上でいろいろと考え，行動する。しかし何の意味もないような行動も時にはしている。頭の脳から神経へと刺激を与えなければ，筋肉は反応しないわけであるから身体運動は意識しないうちにも行われているのである。

　だが良き生活を行うためには意識しない身体運動では，あまり意味がない。健康ということを考えればいつも自分自身の頭の中で意識し行動することが大切なのである。そのため人間はスポーツなどをすることによって，自身の身体を向上させていくことが必要であると考えられる。

　身体運動は，身体機能の発達状況により，加齢に伴う体力や生理的機能の低下などに関わっていく。つまり機能の低下に抵抗するひとつの手段ともいえる。

　加齢に伴う身体機能の低下は一律ではなく，特に低下の著しいのは，聴覚，視覚などの感覚や平衡感覚などの運動調整能力である。また，記憶力の低下は目立つが，分析判断力には著しい低下はみられない。病気に対する抵抗力や疲労に対する回復力などは目立って低下してくる。このような症状を老化現象ともいうが実態は明らかではない。しかし生理的老化が，心身機能のあらゆる分野に関係しているのは事実である。

　加齢とともに起こる身体的変化の特

徴は，柔軟性や弾力性の低下と組織が粗しょうになることであるから，発育時には自分自身の限界を程よく伸ばす身体運動を行うのがよいが，高齢者が身体運動を行うときは，過度にならないように注意しなければ，逆に低下の原因となってしまう。

人が身体運動を行うにあたってエネルギーは大切な要素である。おもな人間のエネルギーは，一日3食の食生活で摂取することにより発生させ活動を行っているのである。体内に摂取された栄養素は複雑な化学反応の過程を経てエネルギーを発生し，その大半は熱エネルギーに転化する。

健康に生きるためにはさまざまな栄養素が必要であるが，大別すると，エネルギー源となる糖質，脂質，蛋白質のグループと，体調を整えるビタミン，ミネラルなどのグループがある。

糖質は，消化により単糖類になり，小腸から吸収されて肝臓に入り，その多くはグリコーゲンとして貯えられる。一部はブドウ糖として血液中に入り，血液の循環をよくし，身体運動がしやすい体調に近づけてくれる。そのほか，脂質は消化器内で他の栄養素の消化吸収を助け，体温保持の役割も果たす。また，蛋白質は人間の体成分の15％を占め，さまざまな生命現象に重要な役割を果たしている。だが，健康づくりに侮れないのはビタミンであり，それと競合し，体のバランスを保つ保全素としての栄養素がミネラルである。このような栄養素を自己の生活スタイルに合わせ，その時期の健康状態に適した栄養素を，バランスよく摂取することが望ましいのである。

人間の目標は健康で長生きすることであり，良い人生を送るためには，身体運動は，いつも自分自身の健康管理について意識するように行われていることが大切である。

● 健康・スポーツ試験学習参考例 ●

45-4 人生とスポーツ活動との関わりについて

　日常生活や労働がコンピュータの使用などにより自動化機械化されるにつれて，運動不足が生じ，それによりスポーツ活動のもつ意味はますます大きなものとなった。スポーツ活動は，「楽しさ」「気分の爽快さ」という精神的な効果と同時に，仲間意識をもはぐくむ。スポーツ活動を通して，われわれはより豊かな人生を送ることができる可能性をもっているといえる。

　人間の体は，スポーツ活動という働きかけを受けると変化する。その変化を①筋・骨格系機能，②呼吸・循環系機能，③神経系機能の3点から見ていきたい。

　①　身体は，骨と筋肉，特に骨格筋によって支えられている。骨格筋は，自分の意志で動かすことができる随意筋である。骨や筋肉は，運動という刺激を受けて強くなる性質をもっている。筋肉は，運動することによって，構成する筋繊維を肥大させて筋力を増大させる。骨や筋肉を発達させることで，われわれは「力強さ」を手に入れることができる。

　②　運動は，1回の呼吸で取り入れられる最大の呼吸量（最大換気量）を増大させる。それに伴い最大酸素摂取量（1分間あたりに体内に取り込むことができる酸素量の最大値）も増大させ，呼吸の効率が高まる。その結果，トレーニング者はより少ない呼吸数で非トレーニング者と同じ運動ができるようになる。

　また，運動によって筋肉が多くの血液を要求するようになり，そのために心臓が大きくなること（スポーツ心臓）で強い力を発揮するようになる。その結果，1分間に心臓から送り出される血液量である心拍出量が増える。しかし，トレーニング者は1分あたりの心臓の心拍数は安静時，運動時ともに減少する傾向がある。これは，スポーツ心臓によって，心臓の1回の拍動で送り出される血液量（1回拍出量）が増大したためと考えられる。

　③　スポーツ活動における「上手な身のこなし」「より速くなめらかな動き」は，神経系機能の向上によってなされる。

　ニューロン（神経細胞）は感覚器官で受け取った刺激を神経の中枢である脳（反射の場合は脊髄）に伝え，脳から最終的に運動をおこす筋肉に伝える。また運動は繰り返すことで「自動化」され，意識しなくても自然にできるようになる。これは脳に新たな伝達経路ができるためと考えられる。運動によ

って脳の神経細胞は常に変化しているといえる。

　次にこうした運動を引き起こすエネルギーについて考えてみる。

　筋肉を収縮させるエネルギー源は，ATP（アデノシン三リン酸）という化学物質である。ATPは，食物として摂った糖質や脂肪を分解したときに得られるエネルギーでつくられる。糖質や脂肪のもととなる炭水化物，筋肉を構成するタンパク質，身体の調整や疲労回復のためにビタミン類やミネラルも欠かせない。

　エネルギーはまた，運動の強さで供給のしかたを変える。強い運動は，無酸素状態で主に糖質を分解しながら，筋肉内に蓄えられたATPを使って行われる。しかし，ATPはすぐになくなってしまうので長く続けることはできない。弱い運動は酸素を利用して炭水化物と脂肪を分解しながら長時間続けられる。この運動には脂肪が使われること，さらに身体にとって「善玉」といわれるコレステロールを増加させる働きなどが認められるため，健康を維持するために必要だとされている。

　適当なスポーツ活動は，人生を活性化させる。人生とスポーツ活動との関わりについていえば，スポーツ活動に対する正しい認識をもち，積極的にスポーツ活動に関わることによって，身体を動かす喜びを知り，よりよい人生，健康で意義ある人生を築いていくことができるということではないだろうか。

45-5 ●健康・スポーツ試験問題学習参考例●
栄養素と運動エネルギーとの結びつきについて

　身体の運動は筋肉を収縮させることによっておこる。筋肉を収縮させるとき，直接の運動エネルギー源となるのは，アデノシン三リン酸（ATP）という化学物質である。この物質は，筋肉の中にあり，体内に取り入れた食物の栄養素を分解して，二酸化炭素と水に分解するときに得られる。栄養素には，炭水化物や脂肪，タンパク質の三大栄養素とビタミン類，カルシウムなどのミネラルなどがある。

1 運動エネルギーと直接的に結びつく栄養素

　直接運動エネルギーに結びついているのは，炭水化物と脂肪である。炭水化物と脂肪は，分解される過程で酸素の供給がどの程度なされるかどうかで，利用のされ方が決まる。酸素の供給が十分な場合，炭水化物と脂肪がそれぞれ分解されて，アデノシン三リン酸が筋肉に供給される。逆に，酸素の供給が不十分な場合は，脂肪は利用されることはなく，炭水化物のみが運動エネルギー源として分解されて筋肉に供給されて利用される。

　酸素が十分に供給された状態で，軽い運動が長時間行われるとき，有酸素運動（エアロビック・エクササイズ）が行われ，酸素が供給されない状態で，激しい運動が短時間行われるとき，無酸素運動（アネロビック・エクササイズ）が行われる。無酸素運動は，乳酸という疲労物質ができるため，短時間しか続けられない。しかし有酸素運動は，長時間続けることができる特徴をもつ。脂肪を燃やして利用する有酸素運動は，動脈硬化を防止し，肥満の治療，予防に効果がある健康づくりのための運動である。

2 運動エネルギーと直接結びつかない栄養素

　タンパク質は，飢餓の状態といった特別な場合や長時間にわたる運動以外は，分解されて運動エネルギーとして使われるのは，ごくまれである。しかし，タンパク質は，筋肉，血液，骨など身体を構成する主要な成分であるので欠かすことはできない。

　その他に，運動エネルギーと直接結びつかない栄養素には，タンパク質以外に，ビタミン類，ミネラル（食塩，鉄，カルシウムなど）がある。ビタミン類やミネラルは身体のコンディションを整えたり，身体の疲労回復をうながす働きがある。特にビタミン類は体内での運動エネルギーの発生をよりなめらかにする。

45-6 酸素摂取と酸素負債について

●健康・スポーツ試験問題学習参考例●

人は生命を維持するための運動エネルギーをつくり続けるために，常に体内に酸素を取り入れなければならない。体内に酸素を取り入れることを酸素摂取という。一定時間あたりに体内に取り入れられる酸素量を表したものを酸素摂取量といい，運動中に体内に摂取される酸素量の最大値を最大酸素摂取量という。最大酸素摂取量は，体内への酸素の摂取能力と，体内での酸素の運搬能力を示す値で，有酸素運動能力のめやすとなる。

運動が開始され，運動のはげしさが増すにつれて，体内にエネルギーがより多く必要となり，必要とされる酸素摂取量も増大する。これに対応して，呼吸・循環系機能も活発になり必要な酸素を供給しようとする。しかし，酸素が供給できる状態になるには，多少時間がかかるので，運動開始直後には，一時的に酸素が不足する状態になる。運動はそのまま続けられ，酸素も供給されるが，開始直後の不足分をおぎなうには足りない。この不足分の酸素は，運動後におぎなわれることになる。運動が終了しているにもかかわらず，激しい呼吸状態がある時間続くのは，不足分をおぎなうために酸素摂取が続けられているためである。

このように運動中の酸素の不足分が，運動後におぎなわれることを酸素負債という。つまり，酸素負債とは運動に必要な酸素をすぐに供給できず例えば借金をしているような状態である。

運動に必要とする酸素量から運動中に供給できた酸素量（運動中の酸素摂取量）を差し引いたものを酸素負債量という。酸素負債量は，酸素が供給される有酸素的運動では少なく，酸素が供給されない無酸素運動状態では多くなる。最大酸素負債量は，無酸素運動能力の指標である。また運動の強さによって酸素負債量はかわってくる。

(1) 運動の強さが弱い場合（軽い運動の場合）

運動開始直後は筋肉の中にたくわえられたエネルギーを使って，無酸素の状態でエネルギーが供給されるので，酸素負債が生じる。しかしその後有酸素運動が行われ始めると，呼吸循環機能が適応して酸素が充分に提供されるため，酸素負債はあまり生じない。

(2) 運動の強さが強い場合（激しい運動の場合）

運動の間中，たくさんの酸素が必要になるため酸素の供給が間に合わず，酸素負債を抱えたまま運動が続けられるため，酸素負債量も大きくなる。

45-7 ●健康・スポーツ試験問題学習参考例●
運動時における呼吸・心拍・血圧の数値について

1 呼 吸
　一般成人の安静時の毎分の呼吸数は10〜15回，1回の呼吸によって肺に出入りする空気の量である換気量は0.5ℓである。最大の運動が行われると呼吸数は，安静時の約4倍の60回，1回の換気量は安静時の3倍，1.5ℓに増える。
　トレーニング者の安静時の呼吸数は8〜13回で，一般成人より少ないが，1回の換気量は0.6ℓと一般成人より多めで，最大の運動が行われたときは，1回換気量は2.5ℓと一般成人の1.6倍にもなる。トレーニング者はトレーニングによって呼吸筋が強化される結果，呼吸数が減っても1回の換気量が増えることで逆に酸素摂取量は増える。

2 心 拍
　一般の健康な成人の安静時の1回の心拍出量は70mℓ，心拍数は70回で，最大の運動をすると1回の心拍出量は120mℓ，心拍数は180回に増える。
　一方，トレーニング者の安静時の1回の心拍出量は80mℓで一般の成人より少し多い程度であるが，心拍数は60回と逆に少ない。最大の運動をしたときは，心拍数は180回で，一般成人と変わりがないが，1回の心拍出量は160mℓで，一般の成人よりあきらかに増えている。トレーニングをした者は心臓の容積が大きくなり，心拍数の上昇が少なくても，1回の心拍出量が大きくなり，心拍数が少なくても十分な血液を送り出すことができる。

3 血 圧
　心臓の収縮によって大動脈に送り出されるときの血圧を最大血圧（収縮期血圧），心臓が拡張したときの血圧を最小血圧（拡張期血圧）という。血圧は，健康な成人で，最高血圧は110〜120 mmHg，最小血圧は60〜90 mmHgの数値を示す。
　運動を行うと血圧が上昇する。運動の強さによっても，血圧の上昇度が異なるが，安静時より70 mmHg 以上，場合によっては安静時の数値の200 mmHg 上昇する場合がある。しかし，ジョギング，ウォーキングなどの有酸素運動では，最大血圧の上昇はわずかで，最小血圧は低下する。また，有酸素運動を長期間続けることで安静時の血圧は低下する。

レジスタンス・トレーニングについて

「レジスタンス・トレーニング」（抵抗運動，抗重力運動）とは，ダンベルやバーベル，トレーニング・マシン等を使用して行うウェイト・トレーニングのほか，自分や他人の体重などを利用して行う筋力トレーニングのことである。身体の各器官は適度に使えばよく発達するが，使わなければ衰える（ルーの法則）といわれている。

この法則は，特に筋肉（筋力）について顕著に表われる。昨今では，中高齢者に対する筋力トレーニングの有効性も認められ，健康・体力づくりの運動として，レジスタンス・トレーニングが推奨されるようになった。

筋力を維持・向上させるためには，ある水準以上の筋力を適度な時間内で発揮または維持し，かつそれを一定期間以上続けるという過重負荷の原理（オーバーロードの原理）に基づいて行う必要がある。

本格的に筋力トレーニングを行う場合には，まず最初にトレーニングする筋肉の最大筋力を測定し，その約60～80％の負荷（重力）をかけると，効率よく安全に筋力を向上させることができるといわれている。

また，トレーニングの効果をあげるための原則として，①全面性の原則，②意識性の原則，③漸進性の原則，④反復性の原則，⑤個別性の原則があげられる。

また，「レジスタンス・トレーニング」は，筋肉の収縮の仕方で分類すると，次のようになる。

① アイソメトリック・トレーニング：等尺性収縮（筋肉の長さを変えずに筋力を発揮させる）を用い，筋持久力や姿勢保持のための筋力を養う。

② アイソトニック・トレーニング：等張性収縮（筋肉の長さを変えることによって筋力を発揮させる）を用い，最大発揮筋力や筋パワー（強さにスピードが加わる）を養う。

③ アイソキネティック・トレーニング：筋の収縮速度を一定に保たせながら筋力を発揮させる。安全性が高く，スポーツ選手の筋力トレーニングのほかに，リハビリテーション領域で使用されることが多い。

「レジスタンス・トレーニング」は，筋力・筋持久力の向上のほかに，

① 骨代謝が増し，骨密度が増加する。

② 糖代謝を刺激し，血糖値を下げ糖尿病予防となる。

③ 筋量が増すことによって基礎代謝が高まり，肥満予防・解消に役立つなどの効果が実証されている。

45-9 ●健康・スポーツ試験問題学習参考例●
有酸素運動について

「有酸素運動」は、広く（エアロビクス・エクササイズ）の名称で知られており、心肺機能（心臓や肺の機能）の働きを活発にし、身体に酸素をたっぷり取り込むための運動をいう。

エアロビクス理論は、アメリカのケネス・クーパー博士によって、1968（昭和43）年に提唱された。彼は、アメリカ空軍兵5000名のデータ分析から「心拍数が、1分間に140拍以上になる運動を5分間以上続けることにより、身体は健康で活動的になり、精神的にもリフレッシュされる」との結論を得、ここから体力向上・健康維持のための運動方法として「エアロビクス理論」を確立したのである。

「有酸素運動」は、エアロビクス理論に基づき、酸素を取り込みながら、つまり呼吸をしながら継続する運動である。体内に取り込まれた酸素は、肺胞・心臓・血管を介して、細胞の隅々まで送り込まれ、代謝を活発にさせることにより、運動の効果が期待される。

① 心臓の筋肉（心筋）を強化し、身体各部の代謝活動を盛んにする。

② 酸素の供給や栄養の補給が十分行われるとともに、老廃物の搬出も盛んになる。

③ 総コレステロール、トリグリセライド（脂質）の減少、HDLコレステロール（善玉コレステロール）の増加がみられ、動脈硬化・肥満などの予防に役立つ。

④ 肺機能を向上させ、最大酸素摂取量が増して、全身持久力を高めることにより、スタミナがつく。

次に、「有酸素運動」を行う際の運動強度・持続時間・頻度の目安は次のとおりである。

① 運動強度：測定が簡便であることから、脈拍数（または心拍数）を目安にすることが多い。運動効果と安全性を考慮し、以下のとおり表される。

運動中脈拍数＝｛(220－年齢)－安静時脈拍数｝×0.5〜0.7＋安静時脈拍数

② 運動持続時間：15〜40分間

③ 運動頻度：週2〜3回

④ 運動種目：ウォーキング、ランニング、サイクリング、ハイキング、水泳、体操、縄跳びなど

「有酸素運動」は、上記のように効率よく脂質を使うことから、生活習慣病予防のために活用されている。また副次的な効果として、運動することにより脳下垂体から生成されるβエンドルフィンの影響で、精神的爽快感も得られるといわれている。

45-10 ストレッチングについて

●健康・スポーツ試験問題学習参考例●

　「ストレッチング」とは，骨格筋や腱を意識的に伸ばすことにより，筋の血行を促し，筋疲労を予防し，柔軟性を向上させるための運動である。1962年，アメリカのデブリーズ博士らによってストレッチ理論が発表され，その後1970年代にボブ・アンダーソンらによって紹介され，普及していった。

　「ストレッチング」には，大きく分けて次の２つのタイプがある。

　①　反動をつけないで筋肉をゆっくり伸ばし，その状態を維持するスタティック（静的）ストレッチング。

　②　反動や弾みをつけて行うバリスティック（動的）ストレッチング。

　この２つのタイプは柔軟性を向上させるには大きな差がないが，筋肉痛の予防や回復，安全性の面では，スタティック・ストレッチングの方が優れているといわれている。

　筋肉内には，筋の張力（長さ）を感知する筋紡錘という器官と腱器官がある。筋紡錘は，筋肉が伸ばされたり縮んだりすると，その張力と速度を神経を介して中枢に伝えられ，「筋肉が伸びている」という感覚を知ることができる。また，伸ばしすぎたときには「痛い」と感じたり，意志とは別に腱器官が筋断裂などの危険を察知し防御反応を起こしたりする。したがって，ゆっくりと筋肉を伸ばしていく，スタティック・ストレッチングの方がこの感覚を自覚しながら行えるため，筋緊張が起こりにくい，また筋断裂等の障害を起こしにくいという利点がある。そのため初心者に適した方法であるといわれている。

　それでは，バリスティック・ストレッチングの方が劣っているかというと，そうではない。ある程度の柔軟性や関節可動域を確保している熟練者にとっては，血行を早く促進させたり，運動機能に刺激を与えたりリラックスさせる効果については，スタティック・ストレッチングより効果がある場合もあるので両者を使い分ける必要がある。

　上記のほか，最近ではPNFストレッチング（固有受容器神経筋促通法）という新しい方法も普及しつつある。

　この方法は運動前のウォーミングアップ，障害予防のための運動としても行われるほか，スポーツ・トレーニング効果をあげるための手法やスポーツ障害を起こした後のリハビリテーションとして有効である。しかし，PNFストレッチングには専門的な知識の習得と施術方法の習熟が必要なため，まだ広く普及するには至っていない。

《社会福祉士「指定科目」(教育カリキュラム) 新旧対照表》

　社会福祉士試験を受験するには,「社会福祉士及び介護福祉士法」(第7条)に基づき,大学等において文部科学省令・厚生労働省令で定める「指定科目」を履修する必要があります。この指定科目は,同法の改正にともない,下表の通り変更され,平成21年4月入学者(編入学を含む)から,新科目が適用されています。
　なお詳細は,社会福祉士国家試験「受験の手引き」等でご確認ください。

新科目名	旧科目名
人体の構造と機能及び疾病	医学一般
心理学理論と心理的支援	心理学
社会理論と社会システム	社会学
社会保障	社会保障論
社会調査の基礎	社会福祉援助技術論
相談援助の基盤と専門職	社会福祉援助技術論
相談援助の理論と方法	社会福祉援助技術論
地域福祉の理論と方法	地域福祉論
福祉行財政と福祉計画	社会福祉援助技術論,社会福祉原論
福祉サービス組織と経営	社会福祉援助技術論,社会福祉原論
現代社会と福祉	社会福祉原論
高齢者に対する支援と介護保険制度	老人福祉論,介護概論
障害者に対する支援と障害者自立支援制度	障害者福祉論
児童や家庭に対する支援と児童・家庭福祉制度	児童福祉論
低所得者に対する支援と生活保護制度	公的扶助論
保健医療サービス	医学一般
相談援助演習	社会福祉援助技術演習
相談援助実習指導	社会福祉援助技術現場実習指導
相談援助実習	社会福祉援助技術現場実習

根拠法令
① 平成20年文部科学省,厚生労働省令第3号「社会福祉に関する科目を定める省令」
② 平成20年3月28日　社援発第0328001号　厚生労働省社会・援護局長通知「社会福祉士養成施設の設置及び運営に係る指針について」

《参考文献》

第1章　社会福祉原論
『社会福祉原論〈社会福祉士養成講座①〉』福祉士養成講座編集委員会編（中央法規出版）
『現代社会と福祉〈新・社会福祉士養成講座④〉』社会福祉士養成講座編集委員会編（中央法規出版）
『社会福祉原論』星野貞一郎著（有斐閣，1998年）
『社会福祉概論（改訂版）』仲村優一著（誠信書房，1991年）
『社会福祉用語辞典（第7版）』山縣文治・柏女霊峰編集代表（ミネルヴァ書房，2009年）
『国民の福祉の動向・厚生の指標2009年』厚生統計協会編（厚生統計協会）
『社会福祉論』古川孝順・庄司洋子・定藤丈弘著（有斐閣，1993年）
『社会福祉の基礎』西尾祐吾編著（八千代出版，1996年）
『社会福祉のあゆみ──日本編』一番ヶ瀬康子監修／鈴木依子著（一橋出版，1996年）
『よくわかる社会福祉（第7版）』山縣文治・岡田忠克編（ミネルヴァ書房，2009年）

第2章　老人福祉論
『老人福祉論〈改訂社会福祉士養成講座②〉』福祉士養成講座編集委員会編（中央法規出版）
『高齢者に対する支援と介護保険制度〈新・社会福祉士養成講座⑬〉』社会福祉士養成講座編集委員会編（中央法規出版）
『図説高齢者白書　2004』三浦文夫編著（全国社会福祉協議会）
『高齢社会白書（平成21年版）』内閣府
『厚生労働白書（平成21年版）』厚生労働省監修
『保育児童福祉要説』東京福祉大学編（中央法規出版）
『ボランティアが支える豊かな高齢化社会』岩見太市著（秋桜社，1992年）
『国民の福祉の動向（2009年版）』厚生統計協会編
『よくわかる社会福祉（第7版）』山縣文治・岡田忠克編（ミネルヴァ書房，2009年）

第3章　障害者福祉論
『障害者福祉論〈社会福祉士養成講座③〉』福祉士養成講座編集委員会編（中央法規出版）
『障害者に対する支援と障害者自立支援制度〈新・社会福祉士養成講座⑭〉』社会福祉士養成講座編集委員会編（中央法規出版）
『よくわかる障害者福祉』（第4版）小澤温編（ミネルヴァ書房，2009年）
『保育児童福祉要説』東京福祉大学編（中央法規出版）
『障害者問題の基礎知識』石渡和実著（明石書店，1998年）
『自立生活の思想と展望』定藤丈弘・岡本栄一・北野誠一編（ミネルヴァ書房，1993年）
『リハビリテーションを考える──障害者の全人間的復権』上田敏著（青木書店，1983年）
『「ノーマリゼーションの父」N.E.バンク＝ミケルセン〈福祉BOOKS⑪〉（増補改訂版）』花村春樹訳・著（ミネルヴァ書房，1998年）

第4章　児童福祉論

『児童福祉論〈社会福祉士養成講座④〉』福祉士養成講座編集委員会編（中央法規出版）
『児童や家庭に対する支援と児童・家庭福祉制度〈新・社会福祉士養成講座⑮〉』社会福祉士養成講座編集委員会編（中央法規出版）
『よくわかる子ども家庭福祉』山縣文治編（ミネルヴァ書房，2009年）
『厚生労働白書（平成21年版）』厚生労働省監修
『保育児童福祉要説』東京福祉大学編（中央法規出版）
『少子化社会白書（平成21年版）』内閣府
『児童福祉論〈新・幼児教育演習シリーズ5〉』鈴木政次郎編著（ひかりのくに，1992年）
『これからの児童福祉（第4版）』福田志津枝編著（ミネルヴァ書房，2006/2009年）

第5章　社会保障論

『社会保障論〈社会福祉士養成講座⑤〉』福祉士養成講座編集委員会編（中央法規出版）
『社会保障〈新・社会福祉士養成講座⑫〉』社会福祉士養成講座編集委員会編（中央法規出版）
『保育児童福祉要説』東京福祉大学編（中央法規出版）
『厚生労働白書（平成21年版）』厚生労働省監修
『よくわかる社会福祉（第7版）』山縣文治・岡田忠克編（ミネルヴァ書房，2009年）
『社会保障入門』真田是著（労働旬報社，1990年）
『社会保障論』古賀昭典編著（ミネルヴァ書房，1994年）
『自ら築く福祉──普遍的な社会保障を求めて』一圓光彌著（大蔵省印刷局，1996年）
『世界の社会保障』柴田嘉彦著（新日本出版社，1996年）
『現代の社会保障論』柴田嘉彦著（青木書店，1990年）

第6章　公的扶助論

「生活保護制度の在り方に関する専門委員会報告書」2004年12月
『公的扶助論〈社会福祉士養成講座⑥〉』福祉士養成講座編集委員会編（中央法規出版）
『低所得者に対する支援と生活保護制度〈新・社会福祉士養成講座⑯〉』社会福祉士養成講座編集委員会編（中央法規出版）
『よくわかる社会福祉（第7版）』山縣文治・岡田忠克編（ミネルヴァ書房，2009年）
『保育児童福祉要説』東京福祉大学編（中央法規出版）
『生活保障をめぐる課題──不服申立て・権利保障について』須賀賢道著（八千代出版，1994年）
『行政法の基礎』金谷重樹著（晃洋書房，1993年）
『現代社会保障入門（第3版）』窪田隼人・佐藤進編（法律文化社，1996年）
『行政法──法治主義具体化法としての（改訂版）』高田敏編著（有斐閣，1994年）
『福祉行政報告例』（厚生労働省，2007年）

第7章　地域福祉論

『地域福祉論〈改訂社会福祉士養成講座⑦〉』福祉士養成講座編集委員会編（中央法規出版）
『地域福祉の理論と方法──地域福祉論〈新・社会福祉士養成講座⑨〉』社会福祉士養成講座

編集委員会編（中央法規出版）
『よくわかる地域福祉』上野谷加代子・松端克文・山縣文治編（ミネルヴァ書房，2009年）
『社会福祉法の解説』社会福祉法令研究会編（中央法規出版）
『新時代の地域福祉』野口定久編／後藤卓郎・柴田謙治・高森敬久・永岡正己・山口稔著（みらい，1995年）
『社会福祉用語辞典（第6版）』（ミネルヴァ書房，2007年）

第8章　社会福祉援助技術総論

『よくわかる社会福祉（第7版）』山縣文治・岡田忠克編（ミネルヴァ書房，2009年）
『社会福祉援助技術論Ⅰ〈社会福祉士養成講座⑧〉』福祉士養成講座編集委員会編（中央法規出版）
『保育児童福祉要説』東京福祉大学編（中央法規出版）
『社会福祉概論（改訂版）』仲村優一著（誠心書房，1991年）
『ソーシャルワーク理論の歴史と展開——先駆者に辿るその発達史』小松源助著（川島書店，1993年）
『新社会福祉方法原論』硯川眞旬編著（ミネルヴァ書房，1996年）
『新高齢者ソーシャルワークのすすめ方——豊かな老いをささえる実践の展開』硯川眞旬編著（川島書店，1996年）
『ソーシャルワーカーの倫理綱領〈改定最終案〉2004年』社会福祉専門職団体協議会・倫理綱領委員会

第9章　社会福祉援助技術各論

『社会福祉援助技術論Ⅰ〈改訂社会福祉士養成講座⑨〉』福祉士養成講座編集委員会編（中央法規出版）
『社会福祉援助技術論Ⅱ〈改訂社会福祉士養成講座⑩〉』福祉士養成講座編集委員会編（中央法規出版）
『新社会福祉方法原論』硯川眞旬編著（ミネルヴァ書房，1996年）

第10章　医学一般

『医学一般〈改訂社会福祉士養成講座⑭〉』福祉士養成講座編集委員会編（中央法規出版）
『保健医療サービス〈新・社会福祉士養成講座⑰〉（第2版）』社会福祉士養成講座編集委員会編（中央法規出版）
『国民衛生の動向・厚生の指標2009年』厚生統計協会編（厚生統計協会）
『公衆衛生学』曾田長宗［ほか］著（医歯薬出版，1983年）

第11章　介護概論

『介護概論〈社会福祉士養成講座⑮〉』福祉士養成講座編集委員会編（中央法規出版）
『高齢者に対する支援と介護保険制度〈新・社会福祉士養成講座⑬〉』社会福祉士養成講座編集委員会編（中央法規出版）
『介護概論〈社会福祉学習双書編集委員会編〉』（全国社会福祉協議会，2008年）
『保育児童福祉要説』東京福祉大学編（中央法規出版）

『介護概論〈最新介護福祉全書14巻〉』西村洋子責任編集（メヂカルフレンド社，1997年）
『介護福祉概論〈介護福祉士選書・14〉』津久井十編著（建帛社，1997年）
『介護概論〈新・セミナー介護福祉⑫〉（三訂版）』一番ケ瀬康子・上田敏・北川隆吉・仲村優一監修／一番ケ瀬康子・井上千津子・鎌田ケイ子・日浦美智江編（ミネルヴァ書房，2007年）
『介護福祉職にいま何が求められているか〈シリーズ・介護福祉②〉』一番ケ瀬康子監修／日本介護福祉学会編（ミネルヴァ書房，1997年）
『厚生労働白書（平成21年版）』厚生労働省監修（厚生問題研究会）
『新・介護福祉学とは何か〈シリーズ・介護福祉①〉』一番ケ瀬康子監修／日本介護福祉学会設立準備委員会編（ミネルヴァ書房，1993年）

第12章　家族福祉論
『社会福祉用語辞典（第7版）』山縣文治・柏女霊峰編（ミネルヴァ書房，2009年）
『よくわかる家族福祉（第2版）』畠中宗一編（ミネルヴァ書房，2006年）
『男女共同参画白書（平成21年版）』内閣府
『家族福祉論』相澤譲治・栗山直子編著（勁草書房，2002年）
『家族援助論』柏女霊峰・山縣文治編（ミネルヴァ書房，2002年）
『保育児童福祉要説』東京福祉大学編（中央法規出版）
『厚生労働白書（平成21年版）』厚生労働省監修
『家族福祉の視点――多様化するライフスタイルを生きる』野々山久也編著（ミネルヴァ書房，1992年）

第13章　司法福祉論
『司法福祉論』栗村典男著（佛教大学教育部，1996年）
『保育児童福祉要説』東京福祉大学編（中央法規出版）

第14章　教育福祉論
『文部科学統計要覧（平成21年版）』（文部科学省）
『保育児童福祉要説』東京福祉大学編（中央法規出版）

第15章　養護原理
『よくわかる子ども家庭福祉（第6版）』山縣文治編（ミネルヴァ書房，2009年）
『増訂　養護理論と実際』須賀賢道・硯川眞旬・鬼崎信好編著（八千代出版，1981年）

第16章　社会心理学
『社会心理学を学ぶ人のために』間場寿一編（世界思想社，1986年）
『社会心理学』岡部慶三・竹内郁郎・飽戸弘編（新曜社，1972年）
『社会心理学を学ぶ（新版）』大橋正夫・佐々木薫編（有斐閣，1989年）

第17章　社会病理
『成熟社会の病理学』米川茂信・矢島正見編著（学文社，2003年）
『保育児童福祉要説』東京福祉大学編（中央法規出版）

第18章　ボランティア論

『よくわかる社会福祉（第7版）』山野文治・岡田忠克編（ミネルヴァ書房，2009年）

『基礎から学ぶボランティアの理論と実際』大阪ボランティア協会監修／巡静一・早瀬昇編著（中央法規出版，1997年）

『ボランティア・コーディネーター──その理論と実際〈ボランティア・テキストシリーズ⑦〉』筒井のり子著（大阪ボランティア協会，1997年）

『ボランティア──もうひとつの情報社会』金子郁容著（岩波書店，1992年）

『心の復活──ふれあい社会とボランティア』堀田力著（日本放送出版協会，1997年）

第19章　精神医学

『精神医学〈精神保健福祉士養成講座1〉』精神保健福祉士養成講座編集委員会編（中央法規出版，2002年）

『精神医学〈改訂精神保健福祉士養成セミナー／第1巻〉』精神保健福祉士養成セミナー編集委員会編（へるす出版，2002年）

『精神医学事典』加藤正明他著（弘文堂，2001年）

『精神疾患・痴呆症をもつ人への看護』小林美子・坂田三允著（中央法規出版，2000年）

『DSM─Ⅳ・精神疾患の分類と診断の手引き』高橋三郎・大野裕・染谷俊幸訳（医学書院，2000年）

『精神医学』加藤伸勝著（金芳堂，2004年）

『臨床精神医学講座15精神療法』松下正明著（中山書店）

『図説精神医学入門［第2版］』（日本評論社，2001年）

『標準精神医学（第2版）』野村総一郎・樋口輝彦著（医学書院，2001年）

『縮刷版　精神医学辞典』加藤正明編集代表（弘文堂，2001年）

『学生のための精神医学』太田保之・上野武治編集（医歯薬出版，2002年）

『精神医学テキスト』上島国利・立山萬里編集（南江堂，2001年）

『新精神医学（改訂第2版）』稲見允昭監修／稲見允昭・石郷岡純・高橋明比古・若田部博文／執筆

『改訂精神保健福祉士の基礎知識上』岡上和雄・京極高宜・新保祐元・寺谷隆子著（中央法規出版，2002年）

『心の臨床家のための必携精神医学ハンドブック』小此木啓吾・深津千賀子・大野裕編著（創元社，1998年）

『STEP精神科』岸本年史監修／高橋茂樹著（海馬書房，2002年）

『臨床精神医学』西村健・清水彰・武田雅俊編（南山堂，1996年）

『精神医学』仙波純一編（財団法人放送大学教育振興会，2002年）

第20章　精神保健福祉論

『国民の福祉の動向　2009』（財団法人厚生統計協会，2009年）

『精神保健福祉論〈精神保健福祉養成セミナー第4巻〉』（へるす出版，2004年）

『よくわかる精神保健福祉（第2版）』藤本豊・花澤佳代編著（ミネルヴァ書房，2007年）

『精神保健福祉白書（2010年版）』（中央法規出版，2009年）
『障害者福祉の世界（改訂版）』佐藤久夫・小澤温著（有斐閣，2003年）
『精神保健福祉論〈精神保健福祉士養成講座④〉』精神保健福祉士養成講座編集委員会編集（中央法規出版，2003年）
『精神保健福祉論』相澤・篠原編著（久美株式会社，2002年）
『障害者問題の基礎知識』石渡和美著（明石書店，1998年）
『精神保健福祉法〈その理念と実務〉』金子・伊藤・平田・川副編（星和書店，2002年）
『精神障害者の地域生活 三訂版』牧野田恵美子著（一橋出版，2002年）
『厚生労働白書（平成21年版）』厚生労働省監修

第21章　精神保健学

『国民の福祉の動向　2009』（財団法人厚生統計協会，2009年）
『国民衛生の動向　2009』（財団法人厚生統計協会，2009年）
『精神保健学〈精神保健福祉養成セミナー第2巻〉』（へるす出版，2004年）
『ストレス対処法〈現代新書1198〉』ドナルド・マイケンバウム著／根建金男・市井雅哉監訳（講談社，1994年）
『子どもの精神保健』高野清純・佐々木雄二編（教育出版，1993年）
『精神医学ハンドブック』山下格著（日本評論社，1996年）
『事例発達臨床心理学事典』高野清純監修／杉原一昭・渡辺弘純・新井邦二郎・庄司一子編（福村出版，1994年）
『社会性の発達心理学』繁多進・青柳肇・田島信元・矢澤圭介編著（福村出版，1991年）
『発達心理学辞典』岡本夏木・清水御代明・村井潤一監修（ミネルヴァ書房，1995年）
『臨床心理学〈現代心理学入門5〉』倉光修著（岩波書店，1995年）
『教育・臨床　心理学中辞典』小林利宣編（北大路書房，1990年）
『イラストレート　心理学入門』齊籐勇著（誠信書房，1996年）

第22章　精神科リハビリテーション

『精神科リハビリテーション学』精神保健福祉士養成セミナー編集委員会編（へるす出版，2004年）
『精神科リハビリテーション学〈精神保健福祉士養成講座③〉』精神保健福祉士養成講座編集委員会編（中央法規出版，2002年）
『リハビリテーション』砂原茂一著（岩波新書，1999年）
『リハビリテーションを考える――障害者の全人間的復権』上田敏著（青木書店，1997年）
『リハビリテーション論〈介護福祉士養成講座〉』福祉士養成講座編集委員会（中央法規出版，1997年）
『精神障害者のリハビリテーションと福祉』秋本波留夫他編（中央法規出版，1999年）
『ICF国際生活機能分類――国際障害分類改訂版』世界保健機関（WHO）（中央法規出版）
『改訂リハビリテーション概論』竹内孝仁著（建帛社，平成8年）

第23章　精神保健福祉援助技術各論

『精神保健福祉援助技術各論〈精神保健福祉士養成セミナー第6巻〉』（へるす出版，2004年）

『精神科リハビリテーション学〈精神保健福祉士養成講座③〉』精神保健福祉士養成講座編集委員会編（中央法規出版，2002年）

『社会福祉援助技術各論Ⅰ』新・社会福祉学習双書編集委員会編（全国社会福祉協議会，1998年）

『障害者ケアガイドライン』厚生労働省社会・援護局障害保健福祉部（2002年）

『ケアマネジャー養成テキストブック』白澤政和編著（中央法規出版，1999年）

『精神保健福祉士の基礎知識上』岡上和雄・新保祐元・寺谷隆子編集（中央法規出版，1998年）

『改訂精神保健福祉士マスター・ノート』日本精神保健福祉士協会編（へるす出版，2001年）

『精神科リハビリテーション・地域精神医療〈臨床精神医学講座20〉』松下正明編（中山書店，1999年）

『精神保健福祉用語辞典』社団法人日本精神保健福祉士協会・日本精神保健福祉学会監修（中央法規出版，2004年）

『精神科ソーシャルワーク』住友雄資著（中央法規出版，2001年）

『利用者主導を貫く精神障害者ケアマネジメントの実践技術』日本精神保健福祉士協会監修（へるす出版，2003年）

『三訂　社会福祉養成講座　社会福祉援助技術論Ⅱ（各論Ⅰ）』福祉士養成講座編集委員会編（中央法規出版，2000年）

『三訂　社会福祉養成講座　社会福祉援助技術Ⅰ（総論）』福祉士養成講座編集委員会編（中央法規出版，2000年）

『精神保健福祉援助技術各論　第3版』（へるす出版，2005年）

『セルフヘルプ運動とソーシャルワーク実践──患者会・家族会の運営と支援の方法』岩田康夫著（やどかり出版，1998年）

『エンパワメント　実践の理論と技法』小田兼三・杉本敏夫・久田則夫著（中央法規出版，1999年）

『精神保健福祉援助技術各論』精神保健福祉士養成セミナー編集委員会編（へるす出版，2001年）

『精神保健福祉援助技術各論』精神保健福祉士養成講座編集委員会編（中央法規出版，2004年）

『指導者のためのＰＳＷ実習指導ガイド』牧野田恵美子・荒田寛・吉川公章著（へるす出版，2002年）

『改訂精神障害者ケアマネジメントマニュアル』寺田一郎著（中央法規出版，2003年）

『精神障害者のケアマネジメント』日本精神保健福祉士協会編（へるす出版，2001年）

第24章　精神保健福祉援助演習

『精神保健福祉援助技術演習〈精神保健福祉士養成セミナー7巻〉』（へるす出版，2004年）

第25章　国際福祉研究

『市場原理とアメリカ医療』石川義弘著（医学通信社，2007年）
『病院の外側から見たアメリカの医療システム』河野圭子著（新興医学出版社，2006年）
『欧米の介護現場』河畠修［ほか］著（一橋出版，1998年）
『世界の社会保障』柴田嘉彦著（新日本出版社，2002年）
『第3版　各国の社会保障』足立正樹著（法律文化社，2003年）
『厚生労働白書（平成21年版）』厚生労働省監修
『社会福祉士養成講座　心理学』福祉士養成講座編集委員会編（中央法規出版，2003年）
「アメリカにおける社会福祉教育——歴史的発展と現況」平山尚『ソーシャルワーク研究』Vol. 30 No. 2 Summer 2004, 118 掲載
『改訂　老人保健福祉事典』（中央法規出版，1992年）
『厚生労働』2008年3月号（厚生労働問題研究会，2008年）
『Health, United States, 2009 with special feature on medical technology』（U.S. Department of Health and Human Services, 2009年）
『ウォール・ストリート・ジャーナル日本版』（http://jp.wsj.com/layout/set/print/US/Politics/node_45378）2010年

第26章　社会福祉政策論

『社会福祉計画』定藤丈弘・坂田周一・小林良二編（有斐閣，1996年）
『地域福祉論〈社会福祉士養成講座⑦〉』福祉士養成講座編集委員会編（中央法規出版，2003年）
『社会福祉援助技術論II〈社会福祉士養成講座⑨〉』福祉士養成講座編集委員会編（中央法規出版，2003年）
『社会福祉援助技術論』新版・社会福祉学習双書編集委員会編（全国社会福祉協議会，2002年）
『社会福祉法の解説』社会福祉法令研究会編（中央法規出版，2001年）
『新社会政策を学ぶ』西村豁通・荒又重雄編（有斐閣，1989年）
『21世紀への社会政策』渡辺貞雄編（法律文化社，1996年）

第27章　社会福祉法制

『よくわかる社会福祉（第7版）』山縣文治・岡田忠克編（ミネルヴァ書房，2009年）
『社会保障行政入門』岡光序治著（有斐閣，1994年）
『社会福祉法制要説（新版）』桑原洋子著（有斐閣，1994年）
『社会事業法制（第4版）』小川政亮著（ミネルヴァ書房，1992年）
『女性と福祉』桑原洋子著（信山社出版，1995年）
『社会福祉行政』桑原洋子著（佛教大学通信教育部，1975年）
『地方自治読本（第6版）』磯村英一・星野光男編（東洋経済新聞社，1990年）
『社会福祉の法と行財学〈講座社会福祉⑥〉』佐藤進・右田紀久恵編（有斐閣，1982年）
『国民の福祉の動向・厚生の指標2009年』厚生統計協会編

第28章　社会福祉史

『日本における社会福祉のあゆみ』池田敬正著（法律文化社，1994年）
『全訂版　日本社会事業の歴史』吉田久一著（勁草書房，1994年）
『現代社会事業史研究〈吉田久一著作集３〉（改訂増補版）』吉田久一著（川島書店，1990年）
『日本仏教救済事業史研究』宮城洋一郎著（永田文昌堂，1993年）
『社会福祉の展望――日本における自立と共同の形成』池田敬正著（法律文化社，1992年）

第29章　国際社会と日本

朝日現代用語『知恵蔵2005』朝日新聞社
『政府開発援助（ODA）白書（2004年度版）』外務省
『国際関係学講義』原彬久編（有斐閣，1996年）
『国際関係論（第二版）』衛藤瀋吉・渡辺昭夫・公文俊平・平野健一郎著（東京大学出版会，1989年）
『国際関係学』百瀬宏著（東京大学出版会，1993年）
『国際関係論とは何か――多様化する「場」と「主体」』高田和夫編（法律文化社，1998年）
『国際連合――軌跡と展望』明石康著（岩波書店，2006年）
『国際機構の機能と組織』渡部茂己著（国際書院，1997年）
『ハンドブック　NGO――市民の地球的規模の問題への取り組み』馬橋憲男・斉藤千宏編著（明石書店，1998年）
『［新］地球環境読本――21世紀への提言とメッセージ』原剛編著（福武書店，1992年）

第30章　社会学

『考える社会学』小林淳一・木村邦博編著（ミネルヴァ書房，1991年）
『社会学用語辞典（全訂版）』鈴木幸壽・森岡清美・秋元律郎・安藤喜久雄監修／天野正子［ほか］編（学文社，1992年）
『基礎社会学（増補版）』岩見和彦・岡田至雄・徳岡秀雄編著（福村出版，1994年）
『社会科学概論』高橋伸一編著（法律文化社，1997年）
『社会学の基礎』今田高俊・友枝敏雄編（有斐閣，1991年）
『社会学入門（新版）』秋元律郎・石川晃弘・羽田新・袖井孝子著（有斐閣，1990年）
『社会学と現代社会』鈴木廣・木下謙治・友枝敏雄・三隅一人編（恒星社厚生閣，1993年）
『現代社会学』宮島喬編（有斐閣，1995年）
『よりよい社会調査を目指して』井上文夫・井上和子・小野能文・西垣悦代著（創元社，1995年）

第31章　法　学

『保育児童福祉要説』東京福祉大学編（中央法規出版）
『日本国憲法概説（全訂第４版）』佐藤功著（学陽書房，1991年）
『憲法を学ぶ（第３版）』奥平康弘・杉原泰雄編（有斐閣，1996年）
『日本国憲法綱要』上田正一著（高文堂出版社，1997年）
『法学〈改訂社会福祉士養成講座⑬〉』福祉士養成講座編集委員会編（中央法規出版，1992年）

『現代労働法入門　第3版〈現代法双書〉』窪田隼人・横井芳弘・角田邦重編（法律文化社，1995年）

第32章　心理学

『DSM—IV—TR 精神疾患の診断・統計マニュアル』アメリカ精神医学会／高橋三郎・大野裕・染谷俊幸訳（医学書院，2004年）

『発達障害児の心と行動』太田昌孝著（放送大学教育振興会，2002年）

『心理学辞典 CD—ROM 版』中島義明他編（有斐閣，1999年）

『心理臨床大事典　改訂版』氏原寛他編（培風館，2004年）

『知能指数』佐藤達哉著（講談社，1997年）

『不思議現象　なぜ信じるのか——こころの科学入門』菊池聡・宮元博章・谷口高士編（北大路書房，1995年）

『パーソナリティー形成の心理学』青柳肇・杉山憲司編著（福村出版，1996年）

『発達心理学の基礎を学ぶ——人間発達の生物学的・文化的基盤』バターワース＆ハリス著／村井潤一監訳（ミネルヴァ書房，1997年）

『教育学キーワード』小澤周三他編（有斐閣，1998年）

『無意識はどこにあるのか』小浜逸郎著（洋泉社，1998年）

『心理療法のできることできないこと』鍋田恭孝・福島哲夫著（日本評論社，1999年）

第33章　心理学研究法

『人間科学研究法ハンドブック』高橋順一・渡辺文夫・大渕憲一編著（ナカニシヤ出版，1998年）

『実験心理学への招待〈新心理ライブラリ8〉』大山正・中島義明共著（サイエンス社，1998年）

『心理学入門』渡辺浪二・三星宗雄・角山剛・小西啓史編著（ブレーン出版，1993年）

『新版　心理測定法』繁桝算男編著（財団法人放送大学教育振興会，2000年）

『最新　心理テスト法入門』松原達哉編著（日本文化科学社，1999年）

第34章　心理学基礎実験

『実験心理学への招待』大山正・中島義明著（サイエンス社，1993年）

『心理学入門——実例から原理へ』中島信舟著（日本文化科学社，2002年）

第35章　カウンセリング演習

『カウンセリングを学ぶ』水島恵一他著（有斐閣新書，1998年）

『心理学辞典』中島義明・安藤清志・子安増生・坂野雄二・繁桝算男・立花政夫・箱田裕司編（有斐閣，2000年）

『カウンセリング入門』前田重治著（有斐閣選書，1997年）

『心理学療法の進め方——簡易精神分析の実際』前田重治著（創元社，1998年）

『交流分析』杉田峰康著（日本文化科学社，1997年）

第36章　児童心理学

『児童心理学〈保育士養成講座〉（第3巻）』保育士養成講座編纂委員（全国社会福祉協議会，

1997年）（教科書）
『児童心理学』無藤隆著（放送大学教育振興会，2002年）
第37章　障害児・者の心理
『障害者心理　その理解と研究法』中司利一著（ミネルヴァ書房，1988年）
第38章　政治学
『保育児童福祉要説』東京福祉大学編（中央法規出版）
『世界政治をどう見るか』鴨武彦著（岩波書店，1993年）
『政治学原論序説』大塚桂著（勁草書房，1994年）
『議会制民主主義と政治改革〈憲法理論叢書1〉』憲法理論研究会編（敬文堂，1994年）
『ワークブック政治学』飯坂良明・堀江湛編（有斐閣，1994年）
『政治学原論』丸山敬一著（有心堂高文社，1993年）
『参加民主主義の思想と実践』佐竹博著（中央大学出版部，1993年）
『現代政治学』堀江湛・岡沢憲芙編（法学書院，1995年）
『概説　国民と政治』三田清編著（学術図書出版社，1994年）
第39章　経済学
『経済学入門（上）』篠原三代平著（日本経済新聞社，1996年）
『経済学入門（下）』篠原三代平著（日本経済新聞社，1992年）
『経済学入門（新版）』荒憲治郎・飯田経夫・大石泰彦・大野忠男著（有斐閣，1990年）
『これからの経済学』佐和隆光著（岩波書店，1991年）
『日本経済2004——持続的成長の可能性とリスク』内閣府政策統括官室（平成16年12月）
『現代用語の基礎知識』大越正実編集（自由国民社，2005年）
『朝日現代用語　知恵蔵』（朝日新聞社，2005年）
『ウィキペディア（Wikipedia）』（フリー百科事典，2005年）
第40章　哲　学
『ニーチェ入門』竹田青嗣著（筑摩書房，1994年）
『ニーチェ〈実存思想論集IX巻〉』実存思想協会編（理想社，1994年）
『イデアと世界』藤沢令夫著（岩波書店，1980年）
『プラトンII〈世界の名著7〉』田中美智太郎編／藤沢令夫・森進一・山野耕治・田之頭安彦・長坂公一訳（中央公論新社，1978年）
『エピクロス——教説と手紙』エピクロス著／出隆・岩崎允胤訳（岩波書店，1959年）
『哲学の歴史——哲学は何を問題にしてきたか〈現代新書977〉』新田義弘著（講談社，1989年）
第41章　倫理学
『西洋哲学史（古代・中世編）——フィロソフィアの源流と伝統』内山勝利・中川純男編著（ミネルヴァ書房，1996年）
『保育児童福祉要説』東京福祉大学編（中央法規出版）

第42章　死生論

『ターミナルケアとコミュニケーション』柏木哲夫著（サンルート・看護研修センター，1992年）

『ターミナル・ケアのための心身医学』河野友信編（朝倉書店，1991年）

『プライマリ・ケアのための心身医学』河野友信編（朝倉書店，1991年）

『医療と人間〈第2巻〉——医療と倫理』A.デーケン著／伊藤幸郎編（メディカ出版，1994年）

『死の臨床Ⅵ——これからの終末期医療』日本死の臨床研究会（代表：水口公信）編（人間と歴史社，1995年）

『改訂老人心理学〈介護福祉士選書7〉』長嶋紀一・佐藤清公編著／一原浩・長田由紀子・加藤伸司・河合千恵子・須藤演子著（建帛社，1995年）

『ホスピスケアの選び方』斉藤弘子（春秋社編，2004年）

第43章　性と役割

『男女共同参画白書（平成21年版）』内閣府

『保育児童福祉要説』東京福祉大学編（中央法規出版）

『ジェンダーの社会学——女たち／男たちの世界』江原由美子・長谷川公一・山田昌弘・天木志保美・安川一・伊藤るり著（新曜社，1989年）

『現代社会学』宮島喬編（有斐閣，1995年）

『基礎社会学（増補版）』岩見和彦・岡田至雄・徳岡秀雄編著（福村出版，1994年）

『現代家族の社会学〈有斐閣ブックス666〉』石川実編（有斐閣，1997年）

第44章　生物学

『教養の生物（三訂版）』太田次郎著（裳華房，1998年）

『高等学校　生物』川島誠一郎・佐藤七郎・佐原雄二・関口晃一・松本忠夫・吉田邦久・相沢敏章・下川嗣朗・滝澤利夫著（数研出版，1994年）

『最新　図表生物』浜島書店編集部編著（浜島書店，1994年）

第45章　健康・スポーツ

『病いと健康のあいだ』立川昭二（新潮選書，1991年）

『「健康」という病』米山公啓（集英社新書，2000年）

『「健康」の日本史』北澤一利（平凡社新書，2000年）

『健康観にみる近代』鹿野政直（朝日選書，2001年）

『数字で読む日本人　2002』溝江昌吾（自由国民社，2002年）

『イラスト運動生理学』朝山正己・彼末一之・三木健寿編著（東京教学社，1995年）

『健康・スポーツの生理学〈フィットネスシリーズ・3〉』青木高・太田壽城監修／角田聡編著（建帛社，1996年）

『健康と運動の科学』九州大学健康科学センター編／徳永幹雄著者代表（大修館書店，1993年）

		レポート・試験はこう書く　新・社会福祉要説
2005年6月10日	初版第1刷発行	検印省略
2023年3月20日	初版第19刷発行	定価はカバーに表示しています

編　　者　　東 京 福 祉 大 学
発 行 者　　杉　田　啓　三
印 刷 者　　田　中　雅　博

発行所　株式会社　ミネルヴァ書房
607-8494　京都市山科区日ノ岡堤谷町1
電　話　代表(075)581−5191
振替口座・01020-0-8076番

©東京福祉大学, 2010　　　　創栄図書印刷・新生製本

ISBN978-4-623-04379-8
Printed in Japan
本書記載内容の無断転載、無断複写を禁じます

社会福祉小六法
[各年版]
ミネルヴァ書房編集部 編
四六判／本体1800円

ミネルヴァ社会福祉六法
[各年版]
野﨑和義 監修　ミネルヴァ書房編集部 編
四六判／本体2800円

最新保育小六法・資料集
[各年版]
大豆生田啓友・三谷大紀 編
Ａ5判／本体2000円

―――― ミネルヴァ書房 ――――
https://www.minervashobo.co.jp/